U0560502

荆楚文库

〔康熙〕公安縣志

〔清〕楊之駢 修 〔清〕龔三捷 纂

〔同治〕公安縣志

〔清〕周承弼 修 〔清〕王慰 纂

〔光緒〕重修公安縣志

〔清〕佚名 纂修

荆楚文庫編纂出版委員會

崇文書局

荊楚文庫

〔康熙〕公安縣志
KANGXI GONGAN XIANZHI
〔同治〕公安縣志
TONGZHI GONGAN XIANZHI
〔光緒〕重修公安縣志
GUANGXU CHONGXIU GONGAN XIANZHI

圖書在版編目(CIP)數據

〔康熙〕公安縣志 /〔清〕楊之駬修 ;〔清〕龔三捷纂.
〔同治〕公安縣志 /〔清〕周承弼修 ;〔清〕王慰纂.
〔光緒〕重修公安縣志 /〔清〕佚名纂修.
— 武漢 : 崇文書局, 2023.12
(荊楚文庫. 方志編)
ISBN 978-7-5403-7535-5

I. ①康… ②同… ③光… II. ①楊… ②周… ③佚… ④龔… ⑤王…
III. ①公安縣—地方志—清代 IV. ① K296.34

中國國家版本館 CIP 數據核字(2024)第 006067 號

責任編輯：王 璇 叶 芳
整體設計：范漢成 曾顯惠 思 蒙
責任校對：董 穎
責任印製：李佳超
出版發行：崇文書局有限公司（中國・武漢）
地址：武漢市雄楚大道 268 號 C 座
電話：（027）87677133 郵政編碼：430070
録排：武漢鑫偉創圖文設計有限公司
印刷：湖北新華印務有限公司
開本：787mm×1092mm 1/16
印張：43.25
版次：2023 年 12 月第 1 版 2023 年 12 月第 1 次印刷
定價：218.00 元

ISBN 978-7-5403-7535-5

出版説明

湖北乃九省通衢，北學南學交會融通之地，文明昌盛，歷代文獻豐厚。守望傳統，編纂荆楚文獻，湖北淵源有自。清同治年間設立官書局，以整理鄉邦文獻爲旨趣。光緒年間張之洞督鄂後，以崇文書局推進典籍集成，湖北鄉賢身體力行之，編纂《湖北文徵》，集元明清三代湖北先哲遺作，收兩千七百餘作者文八千餘篇，洋洋六百萬言。盧氏兄弟輯録湖北先賢之作而成《湖北先正遺書》。至當代，武漢多所大學、圖書館在鄉邦典籍整理方面亦多所用力。爲傳承和弘揚優秀傳統文化，湖北省委、省政府決定編纂大型歷史文獻叢書《荆楚文庫》。

《荆楚文庫》以『搶救、保護、整理、出版』湖北文獻爲宗旨，分三編集藏。

甲、文獻編。收録歷代鄂籍人士著述，長期寓居湖北人士著述，省外人士探究湖北著述。包括傳世文獻、出土文獻和民間文獻。

乙、方志編。收録歷代省志、府縣志等。

丙、研究編。收録今人研究評述荆楚人物、史地、風物的學術著作和工具書及圖册。

文獻編、方志編録籍以一九四九年爲下限。

研究編簡體横排，文獻編繁體横排，方志編影印或點校出版。

《荆楚文庫》編纂出版委員會

二〇一五年十一月

總目録

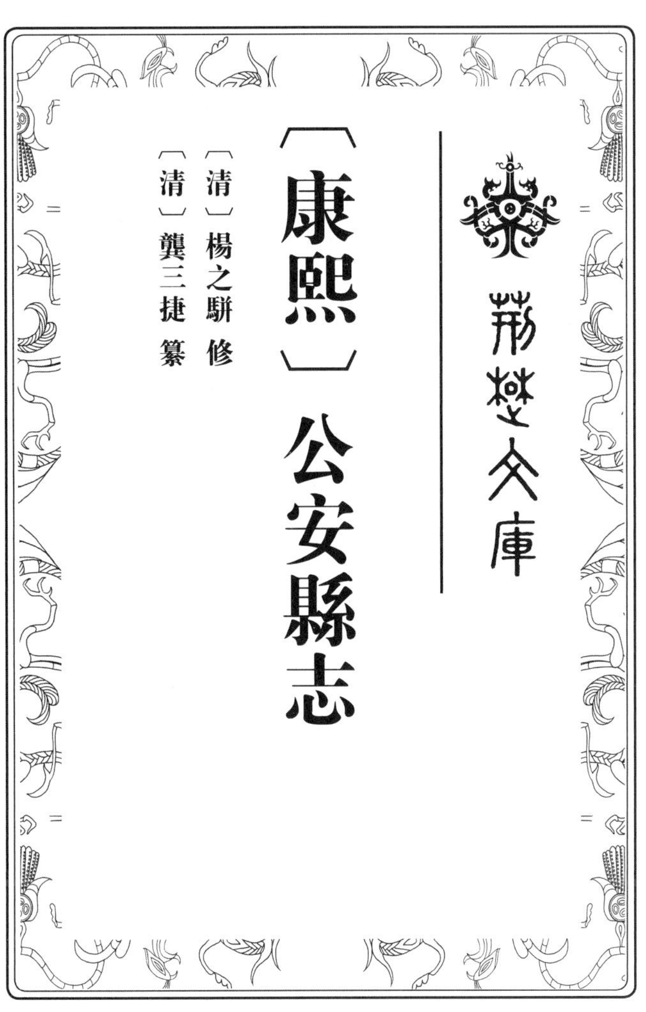

荆楚文库

〔康熙〕公安縣志

〔清〕楊之騏 修
〔清〕龔三捷 纂

前言

《〔康熙〕公安縣志》六卷，清康熙六十年（一七二一）刻本，清楊之騈修，龔三捷纂。楊之騈，字錫山，一字仙田，安徽宿松縣人，貢生，康熙五十五年（一七一六）官公安縣知縣。龔三捷，邑人，諸生。

公安有志始於明永樂，知縣鮑綸創修；正統時，教諭房陵續修付梓；成化朝梁善復增修。萬曆三十二年（一六〇四），袁宏道所修之志以兵燹佚。清順治間，孫錫蕃撰《楚荆公安縣志略》，其後，錫蕃以《志略》爲基礎，又撰成《公安縣志書》，書未付梓而錫蕃去，後人視之未竟。康熙七年（一六六八）時任公安知縣者何國棟，延邑人毛壽登纂修志書。其志於楊之騈上任時已僅存三卷，後佚不存。

適時清廷纂修《皇輿圖考》，楊之騈以不遺一州一邑，又因前志諸多殘缺放失，認爲邑志之事不容緩，遂取毛壽登遺稿，宗其編次，發凡起例，博采旁搜，斟酌舊文可尋繹者，繁者汰之，略者詳之，凡十閱月而志事告竣。襄助者，以邑人龔三捷之力居多。

志分六卷四十目，體例大致依康熙元年（一六六二）孫志而設，分目更細。在存世公安志中，首現『隄防』一目。凡例有言：『闔邑半是低鄉，以堤爲命，江堤以及支河、垸堤，俱載修督之功，能勸民事，應以不朽。』孫志『堤』爲『關梁』子目，而後同治志於堤防一事更爲重視，之騈獨設『隄防』一目，可謂承上啓下。之騈期志有裨於世道、人心，詳明國計民生相關之土田、賦役等事，采名人名言以觀感鑒戒，又多審校，徵以文獻，傳信而不傳疑。

志無總綱，分目順序稍顯雜亂，志中卷一『城池』一目附有兵防，卷六又見兵事，似有重複之嫌。

據《〔同治〕公安縣志》中《毛壽登傳》記載，『邑乘六卷，今之編次者，皆宗其遺稿也』，是志書成，前人之功不可没。

據《中國地方志聯合目録》，北京、故宫、北大、民院、旅大、江蘇師院等地藏有該志。本次據北京大學圖書館藏本影印。該底本原缺卷三『進士』第一、二葉，卷四『人物列傳』第三十二葉，『榮命』第七、八葉。（彭筱溦）

目録

跋言

光緒九年七月北中家刻　六本一函　天放樓記

志者史之一體自漢儒撰地理風俗諸篇郡邑始皆有志要皆昉小史外史之義以稗益吏治考鏡得失賈誼曰移風易俗使蒸庶同心而嚮道類非俗吏所能為在昔朱文公守鄱陽首問郡志識者謂其知大體我

邑侯楊公之所為豈復異是捷以稀年衰老名應鈔寫之役竊窺　公之苦心其誌以扶植世道黼黻泰平儒術卓有本源而附驥之蠅遂得因之以千里抑何厚幸聊識數言於簡末邑老生龔三捷

謹跋

記載往事準以公論則信少涉私意則穢明有人非幽有鬼責昔馬欽作青州志夜夢趙先生語以其交節義章天下所說乃孫嵩也及閱趙岐傳始知之錄此以告後之從事斯役者

公安邑志序

余昔年讀書家塾極愛扶風地里志一篇長而遊歷四方所過通都大邑覽其山水緬彼人風往往質言以歌詠之而匪安南淹博未免寧爲闕畧因思傳稱

登高能賦遇物知名必以耳目見聞參之古今卷帙夫而後可以深信不疑無媿鄉大夫才也歲丙申春余謁銓得公安令偶憶杜子美路危竹木杪之句又范石湖孫黄渡詩云棘刺近人

牢關眼泥塗亢馬緊扶鞍心竊訝爲匪山城亦郎澤國大約鮮可人意者及下車求土地衰延風俗醇厚秀者事詩書樸者勤稼穡彬彬乎文獻區焉則斯邑也其涵濡雅化已非朝夕之故

余幸承乏是邦苟不更進而噢咻之其何以仰副我

皇上子惠元元至意乃撫治五年四野桑麻空邮雞犬民氣自覺和樂禮讓於以繁興余於是進紳士而謂之曰一邑者天下之分

天下者一邑之積今
聖天子擴從來未擴之疆圉
命廷臣纂脩　皇輿圖考遠而殊
方絕域罔不並録兼收下自不
遺夫一州一邑公邑舊志余嘗
取而披閱之其出袁中郎先生

手筆者原序云屬兵燹茲已不
可復覩其為前學博孫公續纂
者亦未經卒業即前任何公肖
石所編輯今亦三卷僅存他若
節孝若隱逸與夫藝文諸篇悉
皆殘缺故失邑志之脩在今日

難須臾緩矣爾多士其謂之何
諸紳士唯諾以聞揚美盛昭示
來茲在斯一役咸欣然色喜而
退余於是發凡起例博採旁徵
殫日夕之力以究之大旨自山
川土田外祇期約而該嚴而不

濫夫昔者張魏公作事不滿人
意紫陽綱目無貶詞讀者尚不
無疑議一統志永平府名宦載
有唐張仲素考盧龍節度前後
三人皆張姓曰仲武曰允伸曰
公素志乃合二名而曰仲素徒

貽識者姍笑卽是以推可見著作家遺言徵事益兢兢難之非可苟為已也余於是編每一擱管懼来後來疑議姍笑必不肯稍有附會畧為矯誣舊文之可尋繹者更為斟酌繁者汰之畧

者詳之間有增入取之多而核之審校魯魚分甲乙自去秋迄今凡十閱月而告竣襄其事者邑子衿龔子三捷之力居多云今者登諸梨棗付之剞劂氏顯微闡幽雖不敢云罔有遺漏而

要欲以傳信而不以傳疑則是書之作與余暨年所嗜長而詠歌區區之心不相剌謬矣異日輶軒所至倘有足供採擇用以黼黻昇平公邑之幸也夫抑亦宰斯邑者之幸也夫是為序

皇清康熙六十年歲次辛丑孟秋月

文林郎知公安縣事加二級紀錄五次仙田楊之驊錫三甫撰

公安縣志

纂修　知縣加三級楊之騂

參訂　儒學教諭　夏策謙

訓導　何其乂

討論　生員　龔三捷

校閱　舉人　李也白

毛廷中

李應贅

周　玿

沈俊掄

鄒敬謨

毛維熲

王□蘭

周士楨

曹□璋

杜志瑚

貢生候選教諭　王道隆

冉祚綿

洪　範

致仕訓導　咼燧儀

候選訓導　張雲龍

馬必遇

蔣　鉞

馬維捷

公安縣志凡例

一志以紀一邑之全所載應詳於郡然辨物居方徵文考獻博則涉于泛濫約則易爲嫌尤人適其意則近於誣妄收慾卝之口則流於穢愼而覈之實不敢忽

一邑城池舊在江干避江之患始遷今之祝家岡前此或有仍以舊縣爲說者今俱從改正

一志以有關國計民生爲主故土田賦役驛遞錢糧俱照全書首先詳明

一闔邑半是低鄉以堤爲命江堤以及支河垸堤俱載修督之功能勸民事應以不朽

一志期有稗於世道人心明萬歷間袁中郎先生纂修大成亂後片紙無存各處購求都不可得自康熙壬寅孫志艸創大畧壬子毛志更爲增定演逆之變刻板盡失今太平生聚又將五十年招撫軼事闡發幽潛增補漏以待傳洽

一成敗不可論人瑕瑜固不相揜而輿論不爭罔敢任其傳疑所期下協公論上副大典

一文字益人可以感發善心懲創逸志其有名人名言可以觀感鑒戒者不惜採輯以垂觀覽

一子以孝聞人間之瑞其有毁傷體膚者則於啟手足爲相背謬本非中道不可爲訓然天性真至一時迫而出此固不可沒也至於婦之因其夫以推隻其姑亦不辭擐肌之苦更爲難得所以悉爲表揚

一女子節烈事在深閨然而蘭生幽谷其香自達必其出於鄉黨紳士素所敬服公論允愜方敢收錄

一傳以傳其人或出而在國處而在野有可傳之事蹟必得之於其後人之文獻可徵確有條目然後可以爲之立言匪是固不敢臆爲之說也

一藜藿小人有能爲常人之所難爲爲大人之所不肯爲者筆之於書可以礪世磨頑

公安縣志　卷之一

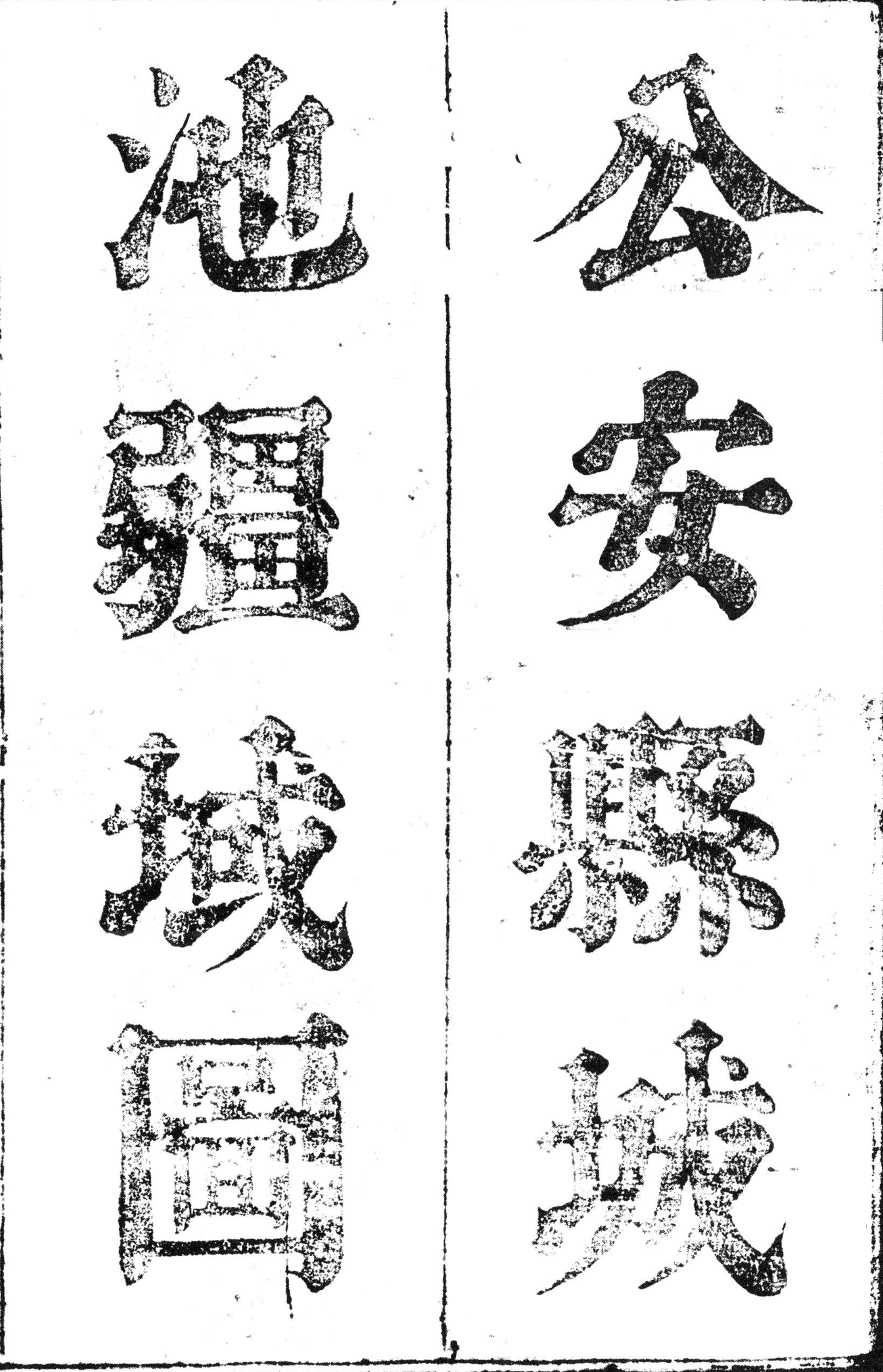

公安縣城
池疆域圖

觀音庵
三元宮
東門
南門

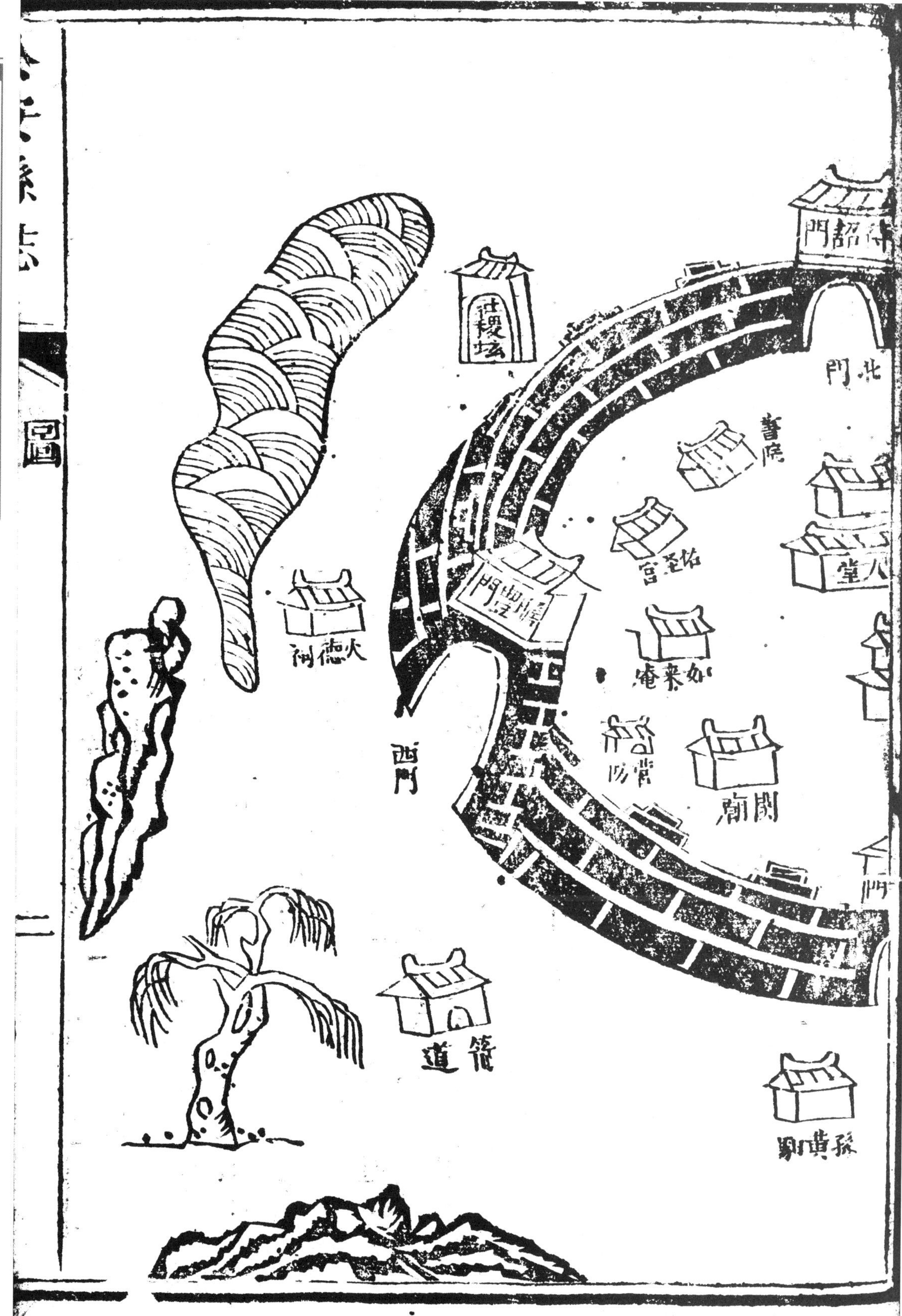
北門
書院
社稷壇
火德祠
佑聖宮
如來庵
西門
關廟
八堂

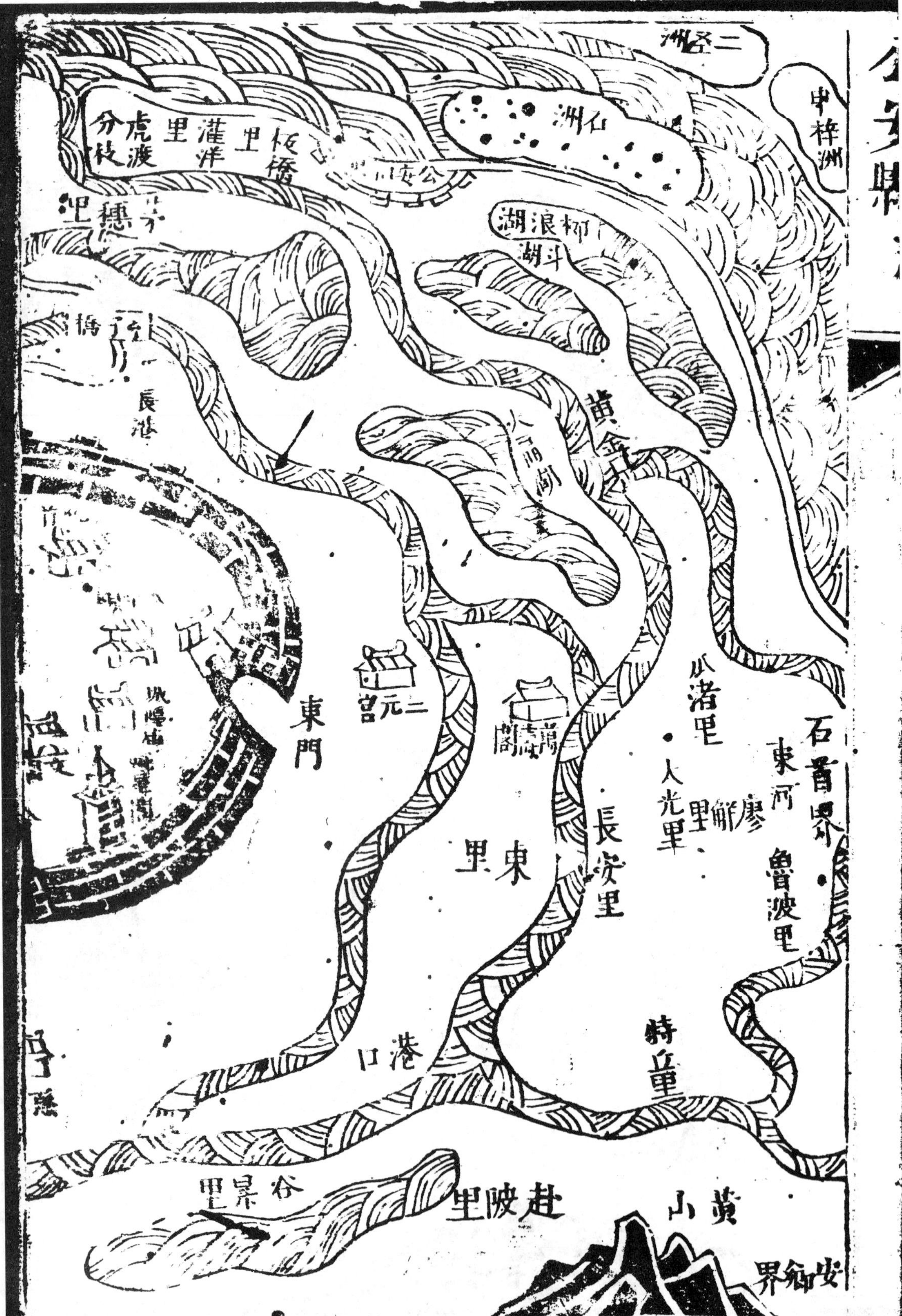
二聖洲
中梓洲
石洲
公安
柳浪湖
斗湖
黄金
東門
二元宫
東里
長安里
光里
渚里
廖解里
東河
石首界
魯渡里
特章
港口
谷昇里
赴陵里
黄山
安鄉界

江陵界
牛頭里
松滋界
北門
西門
書院
關帝廟

公安縣志　圖考　四

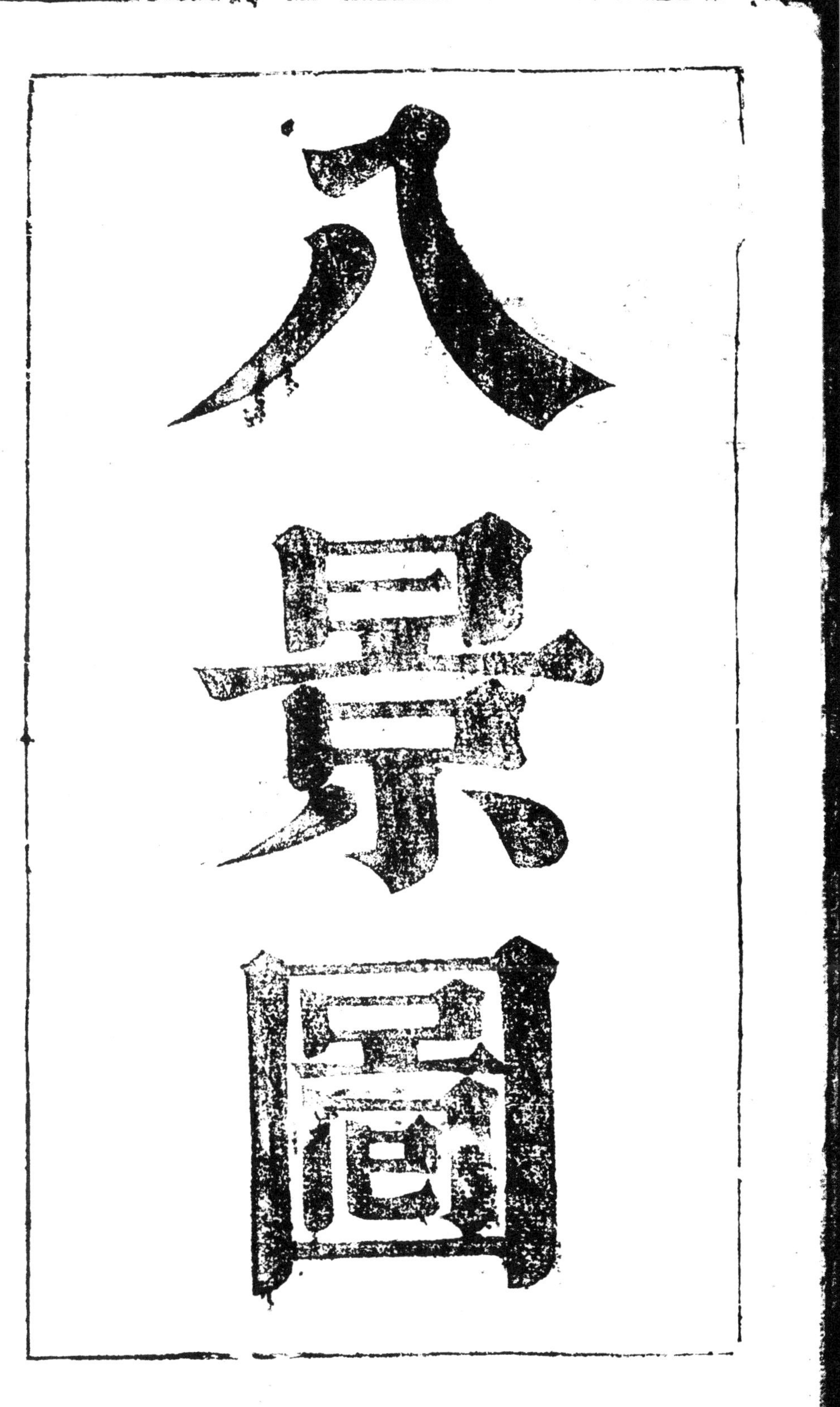

黃山曉黛

圖考
五

竹林晚翠

圖考
六

柳浪含烟

仙池帶雲

石洲待月

平湖釣雪

圖考　十

河田發浪

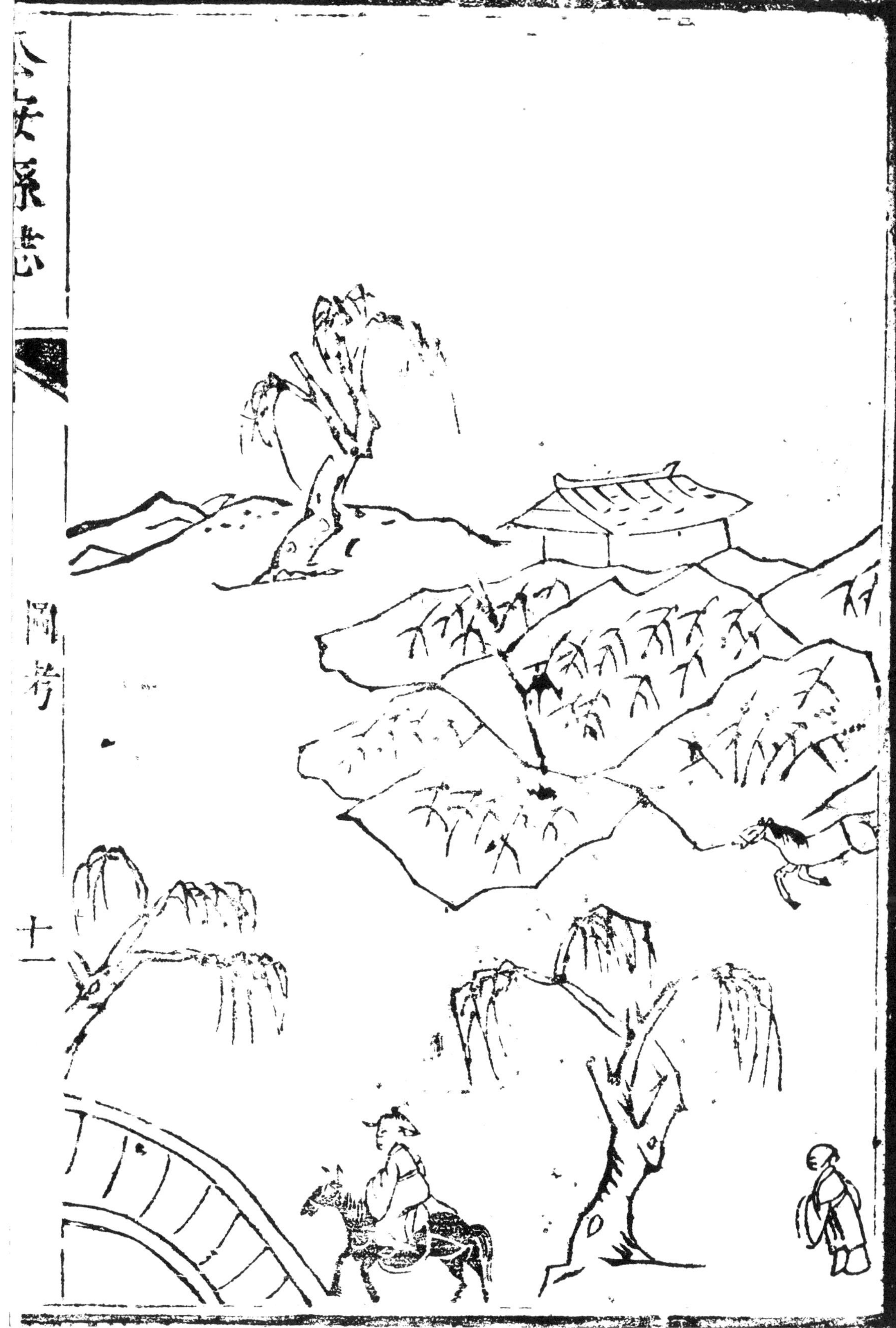
圖考
十一

便河新柳

安縣志
圖考
十二

公安縣志目錄

公安縣志卷之第一

建置沿革

自古者建諸侯而歸命天子郡縣既立亦復設官分職以爲民猶其疆理之廣狹名稱之更改統轄之變遷或數百年而不易或不百年而數易沈郎云公安亦要害地故其勢卑下邑治所以三遷而定今之祝家岡江患始遽然而七省孔道地劇而民貧亦大綮難矣

禹貢荆州之域北距南條荆山南盡衡山之陽九江孔殷即今之洞庭公安與處其中自秦拔郢置南郡以前無事實可考

漢孱陵作唐地屬武陵郡劉備以左將軍領荆州牧居此稱左公後因號爲公安

吳曰孱陵孫權得荆州以吕蒙爲南郡太守封孱陵侯即此

晉亦曰孱陵於荆州立南平郡置孱陵令於此

劉宋曰南平　齊亦曰南平　陳曰荆州

隋省孱陵永安二縣入公安縣改稱公安鎮

唐曰公安

宋曰公安南渡後以孟珙開閫荆南築江陵公安一帶堤壁爲公安軍尋復爲縣隸荆州

元以公安置尹增縣又設置荆湖北道提舉司屬中興路

明太祖吳元年自將兵伐僞漢陳理克湖廣荆南悉

定仍名公安隸荆州府

國朝公安屬荆州府第二縣

漢置孱陵而屬之武陵是畫江而二之也自茲以後或置州郡於公安以居南而制北或置郡於江北以公安屬之形勢便利百世不可易已

星野

天有列宿地有州域在周禮則有保章氏掌之察其五物以詔救政訪序事僧一行之言曰星之與土以精氣相屬而不係於方隅徐天池譬之數里之山松生其南而苓生其北但仁言果徙熒惑則三百餘度皆有其驗豈特十二次劍氣央主豐城則千八百國皆有所屬豈特十二國全楚而有公安其占驗之係於翼軫不亦鮮耶鄭康成云州中

諸國於星亦有分書借其書亾矣杪分而縷剔之當以俟之專門名家

翼軫之分 史記天官書曰翼軫荊州漢志楚地翼軫度之分野歷考州郡世紀躔度南陽入翼六度南郡入翼十度江夏入翼十二度零陵入軫十一度桂陽入軫六度武陵入軫十度長沙入軫十六度以地勢按之公安在南郡而密邇武陵當入翼十度及軫之交也星經云翼二十二星凡十九度軫四星凡十七度

辰曰巳 中興天文志按黃帝分星次自張十七度至軫十一度於辰在巳楚之分野稱荊州爾雅歲在巳曰大荒落說文四月陽氣已出陰氣已藏萬物見成文章故巳爲蛇象月令七月日在翼昏箕中旦畢中又巳宮藏有庚金丙火戊土皆屬荊楚分

次曰鶉尾 七月太陽之躔次凉風至白露降寒蟬鳴鷹乃祭鳥天地始肅禾乃登共三十度有奇南方七宿曰鶉首鶉火鶉尾蓋鶉無尾故以翼爲尾也

宮曰雙女

律曰仲呂 管四寸七分零巳月日躔實沈之次則律中夷則管五寸

方曰巽 楚國之野荊州之區八卦列位是爲巽方

宿曰北斗衡星 春秋緯文耀鉤曰大別以東至雷澤九江荊州主衡星星經玉衡北斗第五星又云一主秦二主楚則是第二星天璇也又云玉衡主荊占以五卯丁卯爲武陵

五車中一星曰司空主楚 五車五帝車舍也東南司空主鎮楚次

須女之下十二國其一曰楚 十二國凡十六星一星在秦南鄭北爲楚

天市西垣第二星曰楚 天市一名天旗爲國市兩垣二十二星其西垣前第一星爲韓次楚楚有三曰東楚西楚南楚南楚爲江陵今之荊州府也公安隸焉

吳楚之疆候熒惑占鳥衡 熒惑火星赤帝象主南方爲衡爲荊楊爲吳楚日丙丁時夏五常禮五事視禮虧視失逆夏令傷火氣罰見熒惑 爲執法常以十月入太微受制而出行列宿伺無道見隱不恒以其舍命國爲悖亂爲殘賊爲疾爲喪爲饑爲兵爲童謠妖言南宮曰朱鳥衡太微天子之庭也

費直周易起張十三度
蔡邕月令起張十二度至軫六度爲荆州
陳卓郡國躔次自張十七度至軫十一度爲鶉尾
皇甫謐帝王世紀自張十八度至軫十一度建在巳
　推測各有所據而汔難一定今一以大學初函西
　洋曆法爲準
按史記天官書軫南衆星曰天庫樓庫有五車
星明彗出五車口奏應江陵次夕張居正甍而彗
不見則荆南似應軫南故春秋元命苞云軫星散
爲荆州持志之以備考

疆域

古者各君其國而今亦各子其民故昔有爭我公
於界上者守内分治碁布綳錯所以土田不至相
淆賦役不至相通進取不至相冒人民之肥瘠戶
口之增損不至相蒙教化之隆替風俗之醇醨不
至相揜畫疆而履域天府掌之亦春秋子男邦也
公安邑治漢時在孱陵街即吳呂蒙城至今廢址垣
塹甚具城北大道甃砌磚街猶存孱陵後人譌爲

柴林
一遷至二聖州洲在江之北及洲地崩
再遷江南岸之油河口地名梅園城池又崩入江明
末故復圜旋又改遷祝家岡今之縣治是也
縣東西廣一百三十里南北袤一百一十里
東七十里至黄山安鄉縣界
南六十五里至順林驛澧州界
西五十里至草坪松滋縣界

北七十里至普化觀江陵縣界又東北八十里至石首縣界四界所至以新城爲遠近

鄉五

淳風鄉縣東北轄六里　永安鄉縣西轄四里　長安鄉縣東轄九里

平樂鄉縣北轄六里　長樂鄉縣南轄七里

里三十二

平樂村一里　爪渚村一里　西辛村四里

大光村二里　茅穗村四里　刀環村一里

東村二里　白湖村一里　長安村二里

廖解村二里　魯陂村二里　谷昇村二里

赴陂村二里　牛頭村二里　市鎮村二里

特郎村一里　板橋村半里　灌洋村半里

城池

其在詩曰宗子維城以喻守也昔者趙簡子使尹鐸以保障爲晉陽及智伯之難襄子卒賴以全是故金湯之設天時遜焉公邑爲劇驂要地漢唐以來城池俱在江干所以不常厥居者江害之也明神廟時廣西楊公早知水國之不可與爲鄰斷來梅園縣治於堤之外且語父老云日後城必遷撤園百年之計視家罔千年之計今果然已

縣城周圍三里崇禎末張公大爵修砌寇亂　國初闢荒居之康熙十年何公國柬重修康熙四十年許公磐四十七年陸公守垜相繼修理而雉堞壯觀

城河舊開日久僅存其跡康熙三十八年許公磐以新開便河之餘濬深五尺廣一丈五尺四季與便河之水通

城門明時四門有樓俱燬於賊　國初袁公傑苫覆三楹後許公磐陸公守垜相繼修城四門俱建瓦樓門李居守五十六年丞之之騏更加修葺爲題扁額東爲雲翹門南爲金華門北爲待詔門西爲瞻豐門

吊橋四門之外城河俱設板橋

水門城內東南地勢低窪竟實城爲洩水之門往者堵防水門有二一近南門一近東門康熙五十九年霪雨彌月水漲沒城腳倒塌水門一處及東北城崩二十二丈承乏之驛損俸修治如舊

街由東門直達縣前稍折而至西門爲大街由南門至大街折而西過縣前再折而過北門亦爲大街其餘委巷參差不經規畫有狹不堪旋馬者東門外直街過李生橋沿便河兩岸居民輳集船舶亦衆西門外順大道有肆客店城內外皆多種楊柳雨中春樹闤闠如在畫裏承乏之驛節次修理街道益甃爽塏

許公河邑治南五里外有孫黃河水北十五里外有馬長港水東有南池口唐家湖水而不相貫通居人苦之前此楊公春星派里役人夫欲開便河工半而罷康熙三十八年許公磐時已奉革里役示諭保甲烟戶借用力役於是趨赴者日數千計不十日上自南池口過東南二門下入孫黃河遂通舟楫民甚便之至今稱爲許公河河水流漸東關外邑庠李盛勳捐貲爲橋甃石爲墩上架板車馬徑度遠近利賴焉有碑記李生橋

城邑治北二十里三穴舖桑樹舖之間有孱陵街並城杜詩所謂對驢呂蒙城也漢以來邑治因之後遷二聖洲又遷油江口先是楊公雲才以水患預請遷城之所及崇禎戊辰城內外火竟晝夜民舍官署城樓祠廟俱盡是日天晦風烈飈發叵測男女煨燼七百餘口侍御毛公羽健奏聞於朝請遷城已改築椒園丁丑錦衣衛鄒公之有復請遷祝家岡　國朝荊榛四塞順治八年哀鴻少集始立官署移居新城嗣是蒞任凡數公多方招集流亡及康熙壬寅西山用兵數年至甲寅僞逆陷境又數罹土寇人稀賦壽粟死而人不聊生於時有無糧受扁之謠甲子奉革里役以來賦輕而田價漸增至十倍烟火繁盛鄉落之間牛馬成群所愧者撫茲民庶不能即爲致富之而教也

附兵防

荊州營分防把總駐城內於舊察院公館官地造作營房水陸分塘

公署

南面而出改重門洞開體統不期而尊觀聽不期而肅官署之麗於作邑非可後也昔人云吏從冰上立人在鏡中行將無謂迩習操文法者不可無戒心野外質厥成者但使民自以不覺耶公安刼火之後春燕盡巢林木數十餘年來縣正栖有廳舍佐僚尚在僦居其不敢勞民以事興作者休而養之以有待耳

治署

正堂一重順治年內合縣里役修建康熙年內節次修理

川堂一重在大堂之後先年合縣修建後趙公希瞻捐俸重修題額

川堂之前爲封墻宅門時時封鎖門傍有轉筒傳鄉說話買辦之類俱由轉筒投遞

川堂之後堂樓一重爲內宅許公磐捐造

東書房在川堂之左高棚濃陰

東書房之東有亭爲箭道俱陸公守球捐建手植楊柳今比之甘棠焉

東書房後承乏之暇又捐修退食靜室一重

綠遠艸堂在川堂之右沈公爾璟捐修茅茨三楹後來修葺覆以陶瓦

川堂西翼有幕廳六間

大堂左爲東庫右爲西庫

大堂前左右瓦房十間上爲書吏科房下爲快役班房

甬道傍左右瓦房二間爲皂隸班房

二門一座右東西脚門

二門外左有土地祠昔借作寅賓館

二門外右有營兵宿房　監倉二重棘圍嚴密

頭門一座　外有樹塞屏墻

縣正署東原爲縣丞衙門

縣正署西原爲典史衙門　今俱廢

教諭衙署在東廡之東前有尊經閣

訓導衙署在西廡之西前有明倫堂

城內西原有大察院年久圮盡今爲駐防官兵營房

驛丞公署在各驛地方

衙內原有瞻豊樓一座楊公春星建今廢

田賦戸口 附屯田鋪田學田湖河蘆政

考之成周冢宰任民以九職歛民以九賦此田有租丁有庸自古體國經野之先務也公安大亂之後版籍無存

國初官吏皆披荊棘於是請之上憲設法招徠墾荒者粮隨田科報畝者丁隨粮派民始便之然而哀鴻初集土曠人稀久之得江北流人儎地而耕漸有增額所苦者天吳之虐昔之城池今已盡爲水國

其他崩洗毀壓未有底止方今生聚日蘩有人有土有財有用亦惟慎德之爲兢兢耳

公安縣

明原額上中下田地山塘湖共壹萬叁千伍百貳頃玖拾伍畝玖分玖厘

額載秋米壹萬玖千壹拾肆碩貳斗叁升四合

額徵條銀並新加顏料絹價共銀壹萬伍千玖百壹拾玖兩玖錢貳分壹厘柒毫伍絲零肆微陸塵陸纖 奉文扣派玖厘餉扛銀伍千玖百捌拾貳兩玖錢柒分肆厘柒毫

額載夏稅貳麥折共壹千玖拾碩貳斗柒升柒合柒勺陸抄七圭伍粒

額徵銀壹千壹百兩肆錢陸分捌毫貳絲伍忽[illegible]

額載稅絲陸觔貳兩壹錢叁分叁厘三毫三絲

額載桑絲壹觔四兩　二項俱秋糧內帶派

原額人丁捌千柒百伍拾四丁

額徵並新加顏料共銀叁千五百五拾四兩玖錢叁分肆厘壹毫捌絲五忽九微壹塵九纖八沙

以上係故明舊額故老相傳公安元末紅巾之亂僅存者數十家有明休養二百餘年閭閻與寨鷄犬相聞斗湖一堤闤闠比棟尋丈之地價重百金郊外則村落相望牛馬成群城門不閉斗米數錢士子惟講文藝父老不識城市故人民殷阜家有餘積雖遇水旱之災人無饑饉之色此邑之盛也

及壬午流寇之變闖賊殺擄如洗獻賊繼手如阜
川壑流人之血田畝厭人之膏至
本朝戊子己丑年間野無居人間有來歸者無牛可耕
率數家通力以四人曳犂一人秉耒日墾數分以
啚粒食江堤多年潰決昔日禾黍之區俱化爲風
濤之窟嗣是設法招倩流人田漸墾賦漸增至康
熙甲寅又遭吳逆之亂糧戶預支數年烟戶納解
草料當此日月晦暝之時脩民叔夫得遂其猖狂

投營勾引書則借採伐薪木擄去擄來望屋索騙
夜則公行刧掠炮烙之外納人於沸湯中風鶴愁
苦逃亾者衆田地又多荒廢十八年 督部蔡公
毓榮渡江而南目擊具題有荊榛將成拱把之語
嗟乎變亂日短剥者必復恢復以來屢豐年已踰
租之
詔養老之 頒屢下已生斯時者樂耕鑿而忘
帝力幾不知有政猛於虎賦毒於蛇之苦畧紀往昔艱
難使皆知泰平之福有自來也

康熙六十 年分公安縣
見在成熟上中下田地山塘湖共伍千柒百肆拾
玖頃肆拾陸畝壹分陸厘捌毫
成熟麥玖百壹拾叁石柒斗柒升貳合肆抄玖撮柒圭
玖粒玖顆
成熟條銀玖百貳拾貳兩壹錢玖分肆厘陸毫捌
絲叁忽伍微　陸纖叁渺貳漠叁茫

成熟田湖秋米柒千捌百貳拾伍石柒升陸合陸勺壹
抄叁撮肆圭玖粒玖粟
應徵條銀陸千陸百陸拾伍兩柒錢肆分陸厘柒毫柒
絲伍忽叁塵玖纖捌渺壹漠玖茫
內有免米伍百石每石免銀肆錢共免銀貳百兩
扣解兌餉
應徵銀叁百肆拾叁兩叁錢陸分伍厘壹毫四絲
壹忽

無免米柒千叁百貳拾伍石柒升陸合陸勺壹抄叁撮
肆圭玖粒玖粟
應徵銀陸千陸百陸拾伍兩柒錢肆分陸厘柒毫柒絲
伍忽叁塵玖纖捌渺壹漠玖茲
原額玖厘餉扛銀伍千玖百捌拾貳兩玖錢柒分
肆厘七毫除荒外
應徵銀貳千叁百柒拾捌兩柒錢玖分玖毫
陸絲貳忽肆微肆塵捌纖叁渺肆漠叁茲

見在人丁叁千陸百肆拾壹丁
應徵丁銀壹千伍百柒拾玖兩柒錢肆分柒厘柒
絲伍微貳塵壹渺叁漠
內有免丁五百丁每丁免銀肆錢共免銀貳百兩
奉文止免本身丁銀共肆拾柒兩壹錢貳分餘抽
充餉銀壹百伍拾貳兩捌錢捌分
無免人丁叁千壹百肆拾壹丁
應徵銀壹千伍百柒拾玖兩柒錢肆分柒厘柒絲

五微貳塵壹渺叁漠
更名地租
原額租銀叁百九拾柒兩壹錢伍分陸厘柒毫壹
絲玖忽除荒外
原額餉銀捌拾捌兩肆錢貳分捌厘伍毫三絲七
忽除荒外
應徵租餉扛銀肆百陸拾兩伍錢伍厘玖毫壹忽
壹微肆塵壹纖陸渺肆漠

一起運
戶部項下
解南糧條正扛額銀柒錢叁分伍厘除荒外
實徵銀貳錢捌分叁厘壹毫貳絲肆忽柒微陸塵
玖漠
京庫米折稍珠共額銀玖拾壹兩陸錢叁厘玖毫
貳絲貳忽伍微肆塵除荒外
實徵銀叁[illegible]伍兩壹錢陸分貳厘玖毫柒忽玖絲

叁微捌塵柒纖柒渺柒漠
派剩本色米折額銀肆百叁拾玖兩肆錢玖分壹
厘叁毫陸絲除荒外
實徵銀壹百陸拾捌兩陸錢玖分玖厘陸毫玖絲
玖忽玖微叁塵貳纖捌渺五漠
兌軍米折正扛額銀壹千伍百壹拾叁兩柒毫貳
絲除荒外
實徵銀伍百捌拾兩柒錢柒分柒厘貳毫陸絲壹

忽肆微玖塵伍纖柒漠
解南農桑户口鈔正扛帯閏共額銀壹百柒拾伍
兩貳錢陸分貳厘捌毫玖絲玖忽壹微陸塵伍
纖捌渺　除荒並故夫外
實徵銀陸拾柒兩貳錢柒分伍厘玖毫伍絲伍忽
捌微玖塵柒纖捌渺陸漠
新舊黄絹正扛共額銀肆兩壹錢貳分肆厘伍毫
除荒外

實徵銀貳兩柒錢叁分壹厘肆毫肆絲玖忽壹微
肆塵叁纖陸漠
北京乾魚正扛共額銀貳拾柒兩壹錢捌分陸厘
貳毫肆絲叁忽柒微伍塵除荒外
實徵銀壹拾兩肆錢叁分五厘玖毫柒絲陸微叁
塵壹纖玖渺叁漠
江南乾魚正扛共額銀肆兩貳錢陸分玖厘叁毫
叁絲壹忽貳微五塵　除荒外

實徵銀壹兩陸錢叁分捌厘柒毫玖絲玖忽壹微
貳塵肆纖捌渺
南漕運官盤費共額銀貳拾貳兩除荒外
實徵銀捌兩肆錢肆分五厘五忽壹微貳塵陸纖五渺
解竹園頭共額銀壹百壹兩陸錢叁分貳厘叁毫
貳絲除荒外
實徵銀叁拾玖兩壹分貳厘柒毫四絲玖忽玖微
陸塵四渺陸漠

一摘裁
宗祿折色共額銀壹千捌百玖拾壹兩叁錢四分
貳厘陸毫玖絲貳忽捌微除荒外
實徵銀陸百捌兩肆錢肆分柒厘叁毫陸絲叁忽
柒微柒塵玖纖壹渺貳漠
官役俸薪共額銀肆拾玖兩陸錢除荒並故夫外
實徵銀壹拾伍兩玖錢伍分陸厘四毫柒絲玖忽
壹微柒塵貳纖柒渺

民快等役工食共額銀貳百伍拾玖兩伍錢貳分
除荒並故夫外
實徵銀捌拾叁兩肆錢捌分捌厘貳毫四絲伍忽
玖微四塵四渺叁漠
茶價雜用共額銀叁百貳拾玖兩肆錢玖分四厘
柒毫四絲叁忽除荒並故夫外
實徵銀壹百伍兩玖錢玖分玖厘玖毫四忽四微
陸塵玖纖捌渺捌漠

賦役冗款共額銀叁千壹百壹拾貳兩伍錢伍分
陸厘柒毫壹絲伍忽伍微貳塵柒纖四渺
除荒並故夫外
實徵銀肆百捌拾肆兩肆錢肆分叁厘捌毫玖絲
陸忽四塵貳纖叁渺貳漠
除荒並故夫外
順治九年會裁各役工食銀貳百伍拾兩肆錢
實徵銀陸拾柒兩捌錢肆分玖毫伍絲捌忽貳微

貳塵捌纖壹渺四漠
順治十二四年新裁銀肆百伍拾柒兩叁錢壹分
捌厘貳毫柒絲除荒並故夫外
實徵銀壹百貳拾叁兩玖錢貳厘壹毫貳絲玖忽
伍微叁塵陸渺壹漠
順治十八年裁民壯馬快草料銀貳百陸兩肆錢
除荒並故夫外
實徵銀伍拾伍兩玖錢壹分玖厘玖毫伍絲四忽

叄微壹塵玖纖四渺壹漠
康熙元二年裁書辦廪糧銀壹百捌拾壹兩貳錢
除荒並故夫外
實徵銀肆拾玖兩玖分貳厘伍毫伍忽玖微捌塵
壹纖四渺叄漠
康熙四年裁訓導俸薪銀玖拾叄兩玖錢貳分
除荒並故夫外
實徵銀貳拾伍兩肆錢肆分伍厘柒毫肆絲叄忽

貳塵壹纖伍渺
正扛偏原額銀伍千玖百捌拾貳兩玖錢柒分肆
厘柒毫 除荒外
實徵銀壹千陸百壹拾壹兩陸錢捌分肆厘叄毫
肆絲叄忽伍微伍塵伍纖
一禮部項下
北京藥味正扛額銀陸兩玖錢玖分柒厘伍絲
除荒並故夫外

實徵銀壹兩柒錢伍厘捌毫四絲陸忽玖微陸塵
伍纖陸渺
牲口共額銀叄拾伍兩柒分柒厘壹毫四忽伍微
除荒並故夫外
實徵銀捌兩伍錢伍分玖厘叄毫伍絲貳微壹塵
貳纖叄渺捌漠
一工部項下
緞疋正扛共額銀柒拾叄兩陸錢伍分柒厘

除荒並故夫外
實徵銀壹拾叄兩叄錢捌分捌厘叄毫壹絲四渺
天鵞正扛共額銀貳兩伍錢貳分貳厘伍毫
除荒並故夫外
實徵銀陸錢貳分玖厘玖毫貳忽壹微柒塵伍纖
翎毛正扛共額銀玖兩陸錢 除荒並故夫外
實徵銀貳兩叄錢玖分柒厘四毫四絲玖忽貳微
叄塵貳纖陸渺貳漠

黄蔴正扛共額銀叁拾伍兩伍錢壹分陸厘捌毫
除荒外
實徵銀捌兩捌錢陸分玖厘玖毫貳絲
熟鐵正扛共額銀柒拾兩壹錢叁分柒厘叁毫柒
絲五忽玖微叁塵 除荒外
實徵銀壹拾柒兩伍錢壹分肆厘捌毫玖絲柒忽
伍微
線膠正扛共額銀壹兩貳錢壹分捌厘 除荒外

實徵銀叁錢貳厘叁毫伍絲四忽四微柒塵
獐鷹等翎共額銀壹兩貳錢玖分貳厘八毫八絲
貳忽壹微伍塵 除荒並故夫外
實徵銀叁錢貳分貳厘捌毫捌絲柒忽四微壹塵
伍纖柒渺
虞衡司料共額銀叁百陸拾柒兩肆錢叁厘壹毫
叁絲四忽 除荒並故夫外
實徵銀玖拾壹兩柒錢伍分貳厘四毫四絲伍忽

肆微伍塵
軍器共額銀伍拾伍兩肆錢捌分肆厘玖毫柒絲
伍忽叁微 除荒並故夫外
實徵銀壹拾叁兩捌錢伍分陸厘玖絲叁忽五微四塵
白硝鹿皮共額肆拾玖兩壹錢 除荒並故夫外
實徵銀壹拾貳兩貳錢陸分壹厘玖毫貳絲捌忽
柒微柒塵伍纖
胖衣褲鞋共額銀玖拾陸兩 除荒並故夫外

實徵銀貳拾叁兩玖錢柒分肆厘伍毫玖絲陸忽
伍微貳塵陸纖貳渺捌漠
外縀疋遇閏加銀壹拾貳兩叁錢陸分捌厘
除荒外
實徵銀貳兩捌錢伍分伍厘玖絲
丁糧外派
新加鹿皮京扛共額銀肆錢肆分壹厘玖毫
除荒外

實徵銀壹錢伍厘玖毫肆絲伍忽伍微柒塵
新加匠班銀叁兩陸錢奉　文攤入地丁帶徵
一光祿寺項下
甲丁庫供應等銀叁百壹拾玖兩貳錢陸厘陸毫
壹忽伍微　除荒並故夫外
實徵銀柒拾柒兩玖錢肆分捌毫伍絲伍微捌塵
柒纖捌漠
新加顏料等叁百玖拾壹兩捌錢壹分伍厘捌毫

除荒並故夫外
實徵銀玖拾伍兩陸錢陸分玖厘肆毫壹絲捌忽
肆微玖纖貳渺捌漠
藥品共額銀捌拾陸兩叁錢伍分陸厘貳毫玖絲
肆忽　除荒並故夫外
實徵銀貳拾壹兩捌分伍厘伍毫貳絲柒忽陸微
陸塵貳纖陸渺柒漠
各部寺共額銀柒拾兩叁錢陸分壹厘捌毫壹絲

伍微柒塵捌纖陸渺　除荒並故夫外
實徵銀叁拾　兩伍錢肆分壹厘毫玖絲陸忽壹微
柒塵　叁渺伍漠貳茫
一兵部項下
江濟水夫共額銀壹千陸拾壹兩捌錢捌分陸厘
柒毫叁絲伍忽　除荒外
實徵銀肆百壹拾捌兩貳錢伍分柒厘伍毫陸絲
柒忽伍微貳塵　肆渺柒漠柒茫

撥運
歷日並解費額銀玖兩伍錢壹分玖厘貳毫伍絲
貳忽　除荒並故夫外
實徵銀肆兩叁錢貳分陸厘玖毫玖系貳微貳塵
柒纖壹渺伍漠陸茫
表夫額銀貳兩貳錢壹分　除荒並故夫丁銀外
實徵銀壹兩伍厘　伍忽壹微肆塵陸纖
玖渺柒漠柒茫

科舉並解費半留額銀貳拾伍兩肆錢伍分四厘
柒絲四忽貳微四塵柒纖　除荒並故夫丁銀外
實徵銀壹拾壹兩伍錢柒分　貳毫叁絲陸忽壹微
壹塵叁纖伍渺壹漠玖茫
新舊會試舉人長夫額銀肆拾兩
除荒並故夫丁銀外
實徵銀壹拾捌兩壹錢捌分貳厘　玖絲玖忽
陸微伍塵伍纖捌渺壹漠叁茫

起運項下各　部寺解費額銀柒拾兩叁錢陸分
壹厘捌毫壹絲伍微柒塵捌纖陸渺
除荒並故夫丁銀外
實徵銀叁拾　兩伍錢肆分壹厘伍毫玖絲陸忽壹微柒塵
叁渺伍漠貳茫
一存留坐派
本府清軍廳皂隷貳名工食額銀壹拾貳兩
除荒並故夫丁銀外
實徵銀伍兩肆錢肆分貳厘玖毫捌絲叁忽叁微叁塵
貳渺伍漠
捕糧廳步壯壹名工食額銀陸兩
除荒並故夫丁銀外
實徵銀貳兩柒錢貳分壹厘伍毫四絲陸忽肆微玖塵
玖纖玖渺捌漠叁茫
經歷司門子壹名工食額銀陸兩
除荒並故夫丁銀外

實徵銀貳兩柒錢貳分壹厘伍毫肆絲陸忽肆微玖塵
玖纖玖渺捌漠叁茫
司獄司皂隷貳名工食額銀壹拾貳兩
除荒並故夫丁銀外
實徵銀伍兩肆錢肆分貳厘玖毫捌絲叁忽叁微叁塵
貳渺伍漠
沙市巡司弓兵工食額銀叁兩陸錢叁分玖厘陸
毫伍絲　除荒並故夫丁銀外

實徵銀壹兩貳錢伍分玖毫叁絲貳忽柒微玖塵

玖渺伍漠捌莁

支剩米折額銀壹拾伍兩伍錢壹分伍厘柒毫伍

絲肆忽　除荒並故夫丁銀外

實徵銀柒兩伍分貳厘柒毫肆絲肆忽柒微玖塵貳渺

肆漠玖莁

次定本縣經制

知縣俸薪額銀肆拾伍兩　除荒並故夫丁銀外

實徵銀貳拾兩肆錢壹分叁厘玖毫壹絲捌微叁

塵肆纖陸渺叁莁

門子貳名工食額銀壹拾貳兩

除荒並故夫丁銀外

實徵銀伍兩肆錢肆分貳厘玖毫陸絲壹忽捌微

叁塵叁纖叁渺玖漠伍莁

皂隸壹拾陸名工食額銀玖拾陸兩

除荒並故夫丁銀外

實徵銀肆拾叁兩伍錢[illegible]分伍厘肆毫肆忽叁微陸塵捌纖

伍渺玖莁

燈夫肆名工食額銀貳拾肆兩

除荒並故夫丁銀外

實徵銀壹拾兩捌錢捌分伍厘玖毫柒絲壹忽陸微

貳塵肆纖叁渺貳漠壹莁

馬快捌名工食額銀肆拾捌兩

除荒並故夫丁銀外

實徵銀貳拾壹兩柒錢柒分貳厘陸絲四忽

肆塵伍纖叁渺柒漠叁莁

禁卒捌名工食額銀肆拾捌兩

除荒並故夫銀外

實徵銀貳拾壹兩柒錢柒分貳厘陸絲伍忽

肆塵伍纖叁渺柒漠叁莁

民壯伍拾名工食額銀壹百捌拾兩

除荒並故夫丁銀外

實徵銀捌拾壹兩肆錢肆分肆厘柒毫玖絲肆忽
柒微捌塵捌纖叁渺叁漠叁茫
轎傘扇夫柒名工食額銀肆拾貳兩
除荒並故夫丁銀外
實徵銀壹拾玖兩　伍分伍毫柒忽捌微伍塵
捌纖壹渺捌漠四茫
皁子肆名工食額銀貳拾肆兩
除荒並故夫

實徵銀壹拾兩捌錢捌分伍厘玖毫柒絲壹忽柒微
伍纖玖渺叁漠壹茫
斗級肆名工食額銀貳拾肆兩
除荒並故夫丁銀外
實徵銀壹拾兩捌錢捌分伍厘玖毫柒絲壹忽柒微
伍纖玖渺叁漠壹茫
縣丞俸薪額銀肆拾兩　除荒並故夫丁銀外
實徵銀壹拾捌兩壹錢肆分叁厘叁絲肆忽捌塵

伍纖肆渺捌漠叁茫
馬夫壹名工食額銀陸兩　除荒並故夫丁銀外
實徵銀貳兩柒錢貳分壹厘柒毫伍絲柒忽捌微
伍塵叁纖肆渺貳漠陸茫
門子壹名工食額銀陸兩　除荒並故夫丁銀外
實徵銀貳兩柒錢貳分壹厘柒毫伍絲柒忽捌微
伍塵叁纖肆渺貳漠陸茫
皁隸肆名工食額銀貳拾肆兩

除荒並故夫丁銀外
實徵銀壹拾兩捌錢捌分伍厘玖毫柒絲壹忽柒微
伍纖玖渺叁漠壹茫
典史俸薪額銀叁拾壹兩伍錢貳分
除荒並故夫丁銀外
實徵銀壹拾肆兩叁錢　壹厘貳毫玖絲柒忽
叁微壹塵貳纖捌渺柒漠陸茫
馬夫壹名工食額銀陸兩　除荒並故夫丁銀外

實徵銀貳兩柒錢貳分壹厘柒毫伍絲柒忽捌微
伍塵叁纖肆渺貳漠陸茈
門子壹名工食額銀陸兩　除荒並故夫丁銀外
實徵銀貳兩柒錢貳分壹厘柒毫伍絲柒忽捌微
伍塵叁纖肆渺貳漠陸茈
皂隸肆名工食額銀貳拾肆兩
除荒並故夫丁銀外
實徵銀壹拾兩捌錢捌分伍厘玖毫柒絲壹忽七微

伍纖玖渺叁漠壹茈
孫黃驛驛丞俸薪額銀叁拾壹兩伍錢貳分
除荒並故夫丁銀外
實徵銀壹拾肆兩叁錢壹分捌厘貳毫玖絲柒忽
叁微壹塵貳纖捌渺柒漠陸茈
皂隸貳名工食額銀壹拾貳兩
除荒並故夫丁銀外
實徵銀伍兩肆錢肆分貳厘玖毫陸絲壹忽玖微

陸塵叁纖叁渺玖漠伍茈
孱陵驛驛丞俸薪額銀叁拾壹兩伍錢貳分
除荒並故夫丁銀外
實徵銀壹拾肆兩叁錢　壹厘貳毫玖絲柒忽
叁微壹塵貳纖捌渺柒漠陸茈
皂隸貳名工食額銀壹拾貳兩
除荒並故夫丁銀外
實徵銀伍兩肆錢肆分貳厘玖毫陸絲貳忽陸塵

柒纖柒渺壹漠伍茈
奉裁民安驛驛丞俸薪額銀叁拾壹兩伍錢貳分
除荒並故夫丁銀外
實徵銀壹拾肆兩叁錢　柒厘伍毫貳絲叁忽
捌微玖塵伍茈
奉裁皂隸貳名工食額銀壹拾貳兩
除荒並故夫丁銀外
實徵銀伍兩肆錢肆分陸厘玖毫叁絲玖忽柒微

貳塵玖纖貳渺柒漠壹茈

儒學俸薪額銀叁拾壹兩伍錢貳分

除荒並故夫丁銀外

實徵銀壹拾肆兩叁錢　壹厘貳毫玖絲捌忽

叁微壹塵貳纖玖漠陸茈

齋夫陸名工食額銀叁拾陸兩

除荒並故夫丁銀外

實徵銀壹拾陸兩叁錢貳分捌厘玖毫陸絲叁忽

肆塵肆纖肆渺壹漠陸茈

門斗五名工食額銀貳拾壹兩陸錢

除荒並故丁外

實徵銀玖兩柒錢玖分柒厘叁毫柒絲玖忽伍微

陸塵捌纖叁渺玖茈

新復廩糧三分之一貳拾名共額銀肆拾捌兩

除荒並故夫丁銀外

實徵銀貳拾壹兩柒錢　玖毫伍絲陸忽伍微

捌塵壹纖叁渺捌漠捌茈

膳夫貳名工食額銀壹拾叁兩叁錢叁分叁厘叁

毫捌絲　除荒並故夫丁外

實徵銀陸兩肆分捌厘叁毫捌絲伍忽　壹塵

玖纖　玖漠柒茈

歲貢生員花紅旗匾酒席脚力額銀陸兩伍錢

除荒並故夫外

實徵銀貳兩玖錢肆分玖厘肆毫伍絲柒忽玖微

玖塵叁纖　玖漠陸茈

各舖徭編陸拾柒名永克舖司兵壹百叁拾玖名

共貳百陸名後里排奉華徭編未復額在工食

銀肆百玖拾伍兩柒錢肆分陸厘捌毫

除荒並故夫丁銀外

實領工食銀貳百貳拾肆兩捌錢陸分貳厘肆毫

伍絲　柒微壹塵捌纖叁渺玖漠

共每舖原額有食田叁百畝因明末兵燹田地荒

無舖丁消乏老役丧亡幼丁不知田地下落於
順治十年控上奉　驛鹽道黄轉奉
撫都院運行令道府縣給牒開墾其間亦有多寡
不一俱未復額現今墾種已止貳千柒百陸拾
捌畝零原不在全書之內理合登明
遞送吹手捌名工食額銀伍拾捌兩伍錢陸分
除荒並夫丁銀外
實徵銀貳拾陸兩伍錢陸分貳厘壹毫貳絲叁忽

壹徵貳塵玖纖叁渺叁漠玖茲
各河渡夫工食額銀壹拾伍兩捌錢陸分
除荒並故夫丁銀外
實徵銀柒兩壹錢玖分捌厘貳毫四絲捌忽叁微壹塵
柒纖壹渺捌漠四茲
遞送皂隸壹拾捌名工食額銀玖拾壹兩肆錢玖
分玖厘叁毫陸絲柒忽　除荒並故夫丁銀外
實徵銀肆拾壹兩伍錢　貳厘捌毫柒絲陸忽肆微玖塵

柒纖陸渺壹漠叁茲
文廟二祭額銀肆拾兩　除荒並故夫丁銀外
實徵銀壹拾捌兩壹錢肆分叁厘叁毫陸絲叁忽
叁塵玖纖伍渺抄漠叁茲
啓聖祠二祭額銀柒兩　除荒並故夫丁銀外
實徵銀叁兩壹錢柒分伍厘壹毫柒絲陸忽壹徵
壹塵肆渺肆漠肆茲
名宦鄉賢二祭額銀柒兩　除荒並故夫丁外

實徵銀叁兩壹錢柒分伍厘壹毫柒絲陸忽壹微
壹塵四渺四漠肆茲
山川壇二祭額銀壹拾貳兩　除荒並故夫丁外
實徵銀伍兩四錢四分貳厘玖毫捌絲貳忽四微四塵
玖纖玖渺柒漠伍茲
社稷壇二祭額銀壹拾兩　除荒並故夫丁外
實徵銀肆兩伍錢叁分伍厘捌毫肆絲伍忽捌微陸塵
叁纖捌渺玖漠壹茲

邑厲壇三祭額銀壹拾貳兩　除荒並故夫丁外

實徵銀伍兩肆錢肆分貳厘玖毫捌絲壹忽肆微四塵

肆纖壹渺柒漠伍埃

霜降祭祀額銀貳兩　除荒並故夫丁銀外

實徵銀玖錢柒厘壹毫叁絲柒忽捌微叁纖玖塵捌渺

肆漠玖埃

鄉飲額銀陸兩　除荒並故夫丁銀外

實徵銀貳兩柒錢貳分壹厘肆毫肆絲壹忽

捌塵陸纖叁渺壹漠柒埃

香燭米折額銀壹兩貳錢陸分

除荒並故夫丁銀外

實徵銀伍錢柒分壹厘伍毫柒絲壹忽柒塵陸纖柒渺

陸漠壹埃

縣倉廒祭米折額銀叁兩壹錢伍分

除荒並故夫丁銀外

實徵銀壹兩肆錢貳分捌厘捌毫壹絲捌忽壹微捌塵

陸纖陸渺柒漠四埃

孤貧布花額銀壹兩伍錢　除荒並故夫丁銀外

實徵銀陸錢捌分壹厘肆毫貳絲貳忽叁微伍塵

叁纖柒渺貳漠肆埃

孤貧口糧額銀玖兩　除荒並故夫丁銀外

實徵銀肆兩捌分柒厘陸毫柒絲貳忽陸微

捌塵伍纖肆渺伍漠貳埃

以上撥運存留等項共額銀壹千玖百肆拾玖兩

叁錢壹分捌絲柒忽捌微貳塵伍纖陸渺除荒

銀壹千伍拾捌兩陸錢　叁厘捌毫陸絲伍

忽叁微貳纖柒渺伍漠柒埃又除駱免運夫丁

銀柒兩柒錢陸分肆厘玖毫壹絲伍忽陸微陸

塵玖纖肆渺

實徵銀捌百捌拾貳兩玖錢肆分壹厘叁毫陸忽

捌微伍塵叁纖肆渺肆漠叁埃

學道歲科考生童試卷額銀壹拾玖兩於順治十四

年請裁存留可緩等事案內全裁充餉

除荒並故夫丁外

實徵銀肆兩玖錢捌分柒厘陸毫四系陸忽

本府心紅紙張額銀壹拾貳兩伍錢於順治十四年

請裁存留可緩等事案內全裁充餉

除荒並故夫外

實徵銀叁兩叁錢壹厘玖毫柒絲陸忽

本縣心紅紙張額銀貳拾兩於順治十四年請裁存

留可緩等事案內全裁充餉　除荒並故夫外

實徵銀伍兩貳錢柒分肆厘叁毫

修理監倉額銀貳拾兩於順治十二年酌議捐省

等事案內全裁充餉　除荒並故夫外

實徵銀伍兩貳錢柒分肆厘叁毫

喂馬草料額銀　拾貳兩於順治十四年請裁存

留可緩等事案內全裁充餉　除荒並故夫外

實徵銀叁兩壹錢肆分貳厘

本縣腳馬肆拾匹工食帶閏共銀玖百柒拾陸兩

除荒並故夫外

實徵銀貳百伍拾柒兩肆分陸厘伍毫

本縣應朝盤纏紙劄正佐首領該吏除裁外存額

銀玖兩於順治十四年請裁存留可緩等事案

內全裁充餉　除荒並故夫外

實徵銀貳兩叁錢柒分柒厘伍毫捌絲叁忽肆微

捌塵肆纖肆渺玖漠

科舉生員三年一次每年該銀肆拾壹兩叁錢叁

分於順治十二年酌議捐省等事案內裁半於

順治十四年請裁存留可緩等事案內全裁充

餉　除荒並故夫外

實徵銀壹拾兩玖錢柒分柒厘

歲貢生員盤纏額銀壹拾伍兩於康熙二十九年

請停歲貢等事停其赴

京廷試全裁充餉　除荒並故夫外

實徵銀肆兩貳錢捌厘壹毫
修埋龍亭儀仗額銀貳兩於順治十四年請裁存
留可緩等事案內全裁充餉　除荒並故夫外
實徵銀伍錢貳分捌厘叁毫
南糧
原額南糧正耗共米伍千捌百捌拾壹石伍斗除
荒外
實徵南糧正耗米貳千肆百叁拾石肆斗肆升肆合

貳勺玖抄肆撮柒圭玖粒陸粟
原額南糧驢脚米折共柒百伍石柒斗捌升奉
文每石折銀壹兩該折銀柒百伍兩柒錢捌分內
除貳錢給解役該銀壹百肆拾壹兩壹錢伍分
陸厘除荒外
實徵驢脚銀貳百玖拾兩肆錢伍分貳厘貳毫貳絲
壹纖壹渺

一漕糧
原額漕糧正耗共米貳千玖百玖拾石壹斗貳升
除荒外
實徵漕糧正耗米壹千肆百　陸石叁斗肆升
貳合玖勺捌抄貳撮玖圭陸粒陸粟

原額里納盤脚米壹百玖拾貳石貳斗貳升貳合
除荒外
實徵盤脚米柒拾玖石壹斗壹升壹合貳勺玖抄肆撮
柒圭伍粒伍粟
一隨漕項下
退船並運水盤費額銀陸拾陸兩柒錢玖分陸厘
除荒外
實徵銀叁拾捌兩　玖分柒厘　玖絲壹忽

陸纖玖渺壹漭
解費共額銀貳兩陸錢柒分壹厘捌毫除荒並故
夫丁銀外
實徵銀壹兩貳錢玖分叁厘叁毫陸絲陸忽叁微
捌塵叁纖捌渺伍漠伍漭
楞木松板共額銀捌兩伍錢肆分叁厘貳毫除荒外
實徵銀叁兩叁錢伍分叁厘伍絲柒忽叁微柒塵
貳纖壹渺叁漠四漭

運糧官軍行月二糧共額銀叁百伍拾壹兩壹錢
叁分陸厘除荒外
實徵銀壹百伍拾壹兩肆錢叁厘玖毫伍絲伍忽
伍微柒塵貳渺伍漠壹漭
兌糧官軍盤纏共額銀壹拾兩捌錢除荒外
實徵銀肆兩貳錢捌分壹厘捌毫捌絲叁忽伍微
壹塵捌纖柒渺叁漠
二六耗輕賫銀共額銀叁百玖拾玖兩柒分四厘

柒微玖塵玖纖捌渺貳漠壹漭
解費共額銀貳兩陸錢柒分壹厘捌毫除荒並故
夫丁銀外
實徵銀壹兩叁錢壹厘伍毫肆絲捌忽伍微捌塵
叁纖柒渺玖漭
楞木松板共額銀捌兩伍錢肆分叁厘貳毫除荒外
實徵銀叁兩叁錢柒分肆厘貳毫陸絲玖忽柒微
伍塵陸纖柒渺陸漠貳漭

運糧官軍行月二糧共額銀叁百伍拾壹兩壹錢
叁分陸厘除荒外
實徵銀壹百伍拾貳兩叁錢陸分壹厘柒毫柒絲
玖忽伍微玖塵玖纖壹渺伍漠貳漭
兌糧官軍盤纏共額銀壹拾兩捌錢除荒外
實徵銀肆兩叁錢捌厘玖毫柒絲壹忽玖微壹塵
捌纖捌渺壹漠柒漭
三六耗輕賫銀共額銀叁百玖拾玖兩柒分肆厘

貳毫叁絲除荒外
實徵銀壹百伍拾陸兩肆錢伍分叁厘叁絲壹忽
肆微肆塵伍纖陸沙貳漠壹菰
以上六項除荒外實徵隨漕銀叁百伍拾伍兩捌
錢玖分陸厘陸毫玖絲叁忽壹微叁纖捌沙捌漠貳菰
屯田屬之衛所而地在公安圖內康熙七年里民王
趙朱控　院清丈民田魚鱗號冊奉委松滋縣公
以嚴酷幹又復沿鄉抽丈合邑百二十排騷擾兩

公安縣志　卷之二　賦役　三六

載軍戶自認塊段不經丈量
國初各舖司走遞未有工食均令其開荒自食並不報
糧康熙七年清丈舖司亦各認塊段不經丈量
附學田　公安原無學田康熙二十六年奉文
皇仁例應均被案內搜查無礙官區撥充學田當查得舊
縣柘橋二圖官地報上至三十二年奉
學憲批駁爲數不多不便草率咨　部于是闔學呈
請再查中伏舖一帶廢堤並舊驛之放馬湖放馬

岡等處詳報擬竟而其地皆久爲奸人竊據貽囑
經胥結党告訐本學顏公冀洄主其議諸生李之
芬龔三捷力爭之先經捕衙侯王輔驗明條詳隨
經署篆縣丞吳公元祉審驗三次又經繼任縣正
趙公希皆審驗二次俱已詳報　上憲而豪强黨
衆猶恃主人又復上控李龔二生奔走質成　本
府捕糧廳李公六澄太守魏公勷審斷覆擬通詳
而案始定復經捕衙趙禧署事長陽縣正朱公登

公安縣志　卷之二　賦役　三七

俊履丈塊畝造冊賫報轉報　院　司　學道各
衙門擇訟七載正署縣及捕官勘丈凡七次廢堤
零星遼遠往返動經六七月李龔二生始終之而
同志經營則又有李生盛熱江生新州朱生方升
庠生克勤及孝廉毛獻珺庇爲陞地除荒並集
湖有糧若干又經禀明藩憲同入民賦不致另立
欽項忽三十五年曾一里八甲重立儒學單名載
米陸斗柒升零麥叁升捌合李龔二生又以陸糧

星鳴本府署縣朱公責戀政撥而學田之案始結
顏公刻有學田紀畧但
朝廷設立學田所以贍給寒生恩至渥而考成極嚴公
學無田而有田不知貴戍經營勞怨利之所在果
能使寒生實受其惠則善矣

附蘆政

江外淤洲由水影至生蘆柴可開墾者錢糧俱在蘆
政項內公安原有蘆課　兩　錢五年一清丈出

於生者報增崩坐者報除
只征連閏科共銀壹拾叁兩陸錢伍分貳厘
捌毫貳絲

附湖糧徵正免雜榜示

荊州府爲湖糧遭厄覆盆莫伸等事奉　布政司牌
奉　治院王批據本司呈詳先奉　本院批據荊
巡道呈詳奉本院批據公安縣生員鄒昂毛翔雲
呈告湖糧附入里甲之後徵正免雜緣由奉批仰
布政司確查報奉此行據該府回稱覆看得公安
生員鄒昂等控告湖糧原與田糧各異者蓋有出
産且查湖糧遞年止獲魚蝦之利而田糧所獲乃
稍殺料粒畀湖之與田根底已有厚薄差等自應
分其輕重若責之一例均當難免不均之歎宜乎
昂等以偏累激籲也前奉　治憲批示巡憲轉行
卑府業經詳請允附里甲之後徵正免雜在案今
奉　憲覆查但湖根田根貫有高低之分在全書
之首亦有上中下三則之例即附里甲之後豎立
湖糧名色可與全書相符確於國賦無虧應與士
民剖其均平也仰候批示以便遵照等因據此該
本司覆看得寸土納賦分別等則係一定之理至
田地湖水異例輸納更相懸遠矣今公安生員鄒
昂等以湖糧籲免雜差控憲批查業已經該道府
審勘該縣湖糧原有舊例因祭籍之經承物故難
以寃詰本司覆遵嚴行該府再加細勘堅稱湖糧
與田糧實有分別今除正供與田糧一例完納外
惟雜項諸差請賜寛免仍豎立湖糧名色以垂永
久等情詳覆前來本司覆核實亦協情紓困仰體

憲仁也相應詳請批示飭行等因奉批既經確議
仰司飭行奉此合行飭知該府查照奉　院批事
理轉飭公安縣遵照將生員鄒昂等呈控湖糧其
正供一例完輸至雜項諸差照議寛免仍豎立湖
糧名色以垂永遠無得遺玩等因奉此爲照公安
縣湖糧一案前據生員鄒昂等連名具呈　治憲
批行　道憲轉行本府確查湖糧名色果有湖糧
册籍應附各里甲之後徵正免雜本府累經行縣
確查隨據該縣詳報其湖糧有據者應載里甲之
册尾無疑是以本府再加覆勘詳報　治憲轉批
藩憲方准通行申飭在案矣此不過爲湖糧不產
秋成爲民甦困之舉非有偏袒今查積里蠹胥違
悖上行不遵入册尾之後意欲藐抗　院司批詳
希圖魚肉鄉民肆行苛徵橫歛聞之不勝髮指除
已往不究外合行給示曉諭爲此示仰公安縣官
吏書悉遵將生員鄒昂毛翔雲等湖糧一槩編入

沿江九都乾尾徵正免耗仍嚴諭通縣里書遵行遵照併刊立木榜於縣前以垂永久不至違悖上行禁約速具遵依回報以免鄉民受其虐之害敢有故違定行申報官恐吏虐不姑從貽害地方也康熙三年閏六月二十四日示按公邑地處窪下上田之外則有湖河蕩港舊有河泊所官徵納魚租原無秋糧今常岳等府湖水止納魚稅益循仍舊制因獨公邑以明末裁河泊所附縣徵以遂濫派秋根賦循附諸里中之尾名曰尾糧止徵係餉南漕不科經總徭役仍與田糧有別也國初仍然迨順治十四年經承紊籍將湖根混入田糧冊內正供雜徭槩責均當是以數年中邑民凡有湖糧無不破家者蓋湖中所獲止魚蝦微利原不足以當秋糧況北北雜差乎曾湖北李拔臺檄各屬清湖根不許田根混入是各府尚有以田附湖冀免徭役者獨公邑反以湖入田而偏受苦累

也山是邑人鹽撥公列愚及豢明示仍附斛尾民始稍蘇焉

倉庫　附義倉社倉

國課有程守土所領錢穀賦於民而貯之以轉而輸之天府公邑糧數無多頻年以來徭輕賦薄而民益急公在在歲終全完解支則倉庫梯然如虛設獨是積穀一項額盈萬計是古荒政散利之遺間奉撥賑寅呼卯發鵠念嗷嗷饑民仰升斗而活君門遠於萬里緊催平糴出入有核不憂壯哉之雀鼠一旦有急使蒙袂而來者克囊而去庶幾仰體

堯舜之心耳

東庫在大堂東收貯官物　庫吏經承

西庫在大堂西收貯錢糧　戶房經承

倉

一常平倉應貯穀壹萬石

一案積貯天下本計等事俊秀捐貯

一案欽奉　上諭事士民捐貯

一案重農積粟等事官員捐貯

一案籲懇捐積等事俊秀捐貯

除奉文支賑外今現存捌百貳拾捌石

倉厫在孫黄驛河邊收貯南漕二糧並積谷以便趲運

有指日高陞　元亨利貞　民安物阜

豐年大有　仁義禮智信　公寬信斂惠等號次

以上共倉厫二十二口

社倉在四鄉各里民間自捐積穀以備凶荒

惠民藥局

養濟院

隄防

惟土可以制水伯鯀實搦為之耿而九載無功者下流鬱湮之過也自禹導之就下而南瀆衍亨久矣岷江自瀘觴來所遇無非石者及其赴荆門拂宜都則兩岸塗泥而江得遂其遷漸所謂非方舟避風不敢涉者南北經度約十里東下經公安百二十里邊江一帶倚堤為命自來每歲修築間有停減而不能貽吾民以永逸承之之斯目擊淡念從此盪剔而變通之廢興立為治法垂之可久乎

大江堤　江之南岸上接江陵呂江口下至石首長一百一十里舊城之西舊有地名象鼻嘴橫亘插入江中與舊縣之上流虞仲翔所謂公安地形如箕者也上有觀瀾閣即古靈均祠今皆久為水國而舊治亦崩入江心偽朝五年之內堤決大河灣黄家淵陳家潭三處及康熙十八年恢復節年修築二十九年金剛廟隄壞沈公爾燝捐俸修整大旱之後又復沖崩邑庠李之芬具呈議法加修得以保全三十六年斗湖堤小閘廟老堤崩坐許公磐負修月堤長三百六十丈立有碑記三十七年又頂修興隆廟月堤長三百八十丈三十九年又頂修黄家灣月堤長五百四十九丈至今舊堤崩潰全仗新堤承水未雨綢繆之功不可沒也四十七年陞公守埭縣丞李公尚公勘得大河

灣何家潭兩工一當北風浪洗一當南風浪洗撑修高厚置木城護浪二處俱有碑記四十五年莅公告垛詳請大堤停修一年五十五年承乏之驛親勘民安驛大河灣何家潭小関廟四處堤身單薄內外加修撑幫堅厚沿堤蟻穴獾洞搜剔無遺民間感堤之穩固請建太子水神之廟於何家潭即爲尸祝之所亦有碑記至於所屬支河垸堤烟夫修築歷來不無偏累不均五十七年親勘各處俱丈畝派夫而力役均平於是復修馮家壋鄒家湖毛公壋黄絲嶺名公溪瓜渚皆口各處堤壋並木閘以便蓄洩

虎渡口下支河垸堤 江自虎口支分而南自江陵之李家入公安由三穴橋黄金口港口渡合孫黄河便河之水由拓林潭夔出洄水口而下入洞庭兩岸皆有遥水堤民之自衛

其田者每年照田率烟戸夫修之

孫黄河垸堤 溪河自西松滋來入公安北岸有范家垸等處南岸有馬牛蔣三壋等處俱有私垸堤烟戸夫修康熙庚子南水驟漲孫黄河支隄横溢大道承乏之驛捐制錢六千一夜召募加修閱二日直垸堤又決十餘丈又捐制錢九千名集百餘人設法堵塞一晝夜而堤以保全茅穗牛頭六里數千家幸免其魚衆議勒石豎禁未立

黄金口入東河垸堤 虎渡口支分江水至黄金口又支分東流入茶舖口下至流橋孝港又合吳達河諸水爲東河下至箭子溪而入洞庭一路以來有田之處俱有私垸堤烟戸人夫修之中作石閘以備蓄洩垸岸李之芬倡首督修先將支河俱無堤李生創議公呈至今賴之

油河堤 今河久湮塞

石浦河堤 明正統初俞公雍築爲石壩以潴水便民漕運今崩入江

孟公堤 宋都督孟拱開闢荆襄於公安築堤五處一爲趙公堤在舊縣東一爲斗湖堤在縣南一爲油河堤在縣西北一爲倉堤在縣東北一爲横堤在布政分司今趙公堤横堤崩入江油河堤存其跡斗湖堤明時諸宦家所居閥閱雲連今爲市肆所謂王謝堂前燕不知止於誰之屋已倉堤廢可耕久奉撥查撥克學田一切廢堤皆在撥克之內

楊公堤 先時築堤江岸以護城輒崩入江楊公雲才內築堤而置城于堤之外專以護一帶田廬順治年間復行加修至今二百年餘尚以此堤爲保障以其中劃斗湖堤故又謂之中堤舊有楊公

生祠在北門大堤上今俱入江

江潰堤 在縣陵衙側被江水衝決邑中受害侍御毛公奏請築堤長亘數里舊有牌坊碑記

太子廟堤 堤之上舊有水神太子廟 國初潰口三百六十丈以石首安鄉華容俱在下流奉上協濟人夫順治己亥楚公煜縣丞聶公琰不用協夫而堤成後遂爲例

馬長港堤 通東接三穴橋通南接新縣禾田岡相傳松滋之水下洩公安故松民爲築此堤以遥水而護祝家岡一帶之田者

黄絲嶺堤 在茅穗康熙五十七年江陵支河堤潰舊藤口水大至承乏之驛無從相視教民全築黄絲嶺爲堤以禦之民間製有頌德碑記豎禁未立

公安之堤完固則下流之石安華俱受其福江松之堤不戒則公安先受其禍康熙癸卯松滋大堤潰黃木坑我城內縣堂俱沒登衙聚散俱以筏四十五年江陵大堤潰防浪嘴水淹我茅穗牛頭諸里無收五十四年江陵支堤潰王家庵水淹我灌洋板橋平樂永渚西辛諸里無收五十七年江陵支堤潰向家工水淹我茅穗諸里以急築黃縣嶺堤未至大害今名太平多年堤之險處都爲預備其餘亦已加幫自後

修築之工可以日減而總不能寧語民以休息者此澤國之苦也然幾見誠心衛民人定亦遂以勝天亦惟有保障之責者不以爲民事而以爲家事不以爲康功而以爲功決使崗無添指危無漏滴長江之靈實式憑之萬民之口如碑載道噫所得不既多乎

驛遞 附橋渡

長江自古天塹而南有公安爲七省必由之地勘合之在來羽書之旁午尤爲衝繁往者
王師南征星飛電發而驛路水潦　上憲題請奉
青松滋分站亦發而中止自奉華里役以來夫馬錢糧本縣坐支要之工料之支給以時則芻豆得以預收而斯馬斯臧已今者九烟清晏皇華安舒惟日欲至於萬年耳

孫黃驛　孱陵驛　民安驛　明設三驛每驛丞一員
本朝裁止有孫孱兩驛吏一名三驛共馬一百四十匹每匹工料銀三十兩夫七十名每名工食銀七兩二錢載在舊賦役全書自罹兵火後額糧戶口不及舊十分之一故各驛靡弛遇因兵馬使節往來公邑特爲要衝於順治八年始奉院檄動支正項銀買馬十匹每匹工料銀十兩八錢募夫二十名每名工食銀七兩二錢與後孫黃一驛及順治十一年世漸平事漸繁復與孱陵驛馬與夫之數如孫黃例十六年大兵南征用夫馬益多公地窪下歲七水漲孫孱二驛道路淹沒往來艱阻人馬陷溺督撫兩臺委道府踏看驛路看得松滋陸路依山高埠可行且較公邑路遠近亦不甚殊議令公松二縣合並分走公松各添設馬一百夫一百二十五千松滋地名菓盒洲設新起驛爲一站大溪橋設新建驛爲一站

公走冬春松走夏秋皆遥澧州順陵驛所以避公邑夏秋水漲也其交替之期公自四月交松松自十月交公各以六閲月爲限過閏則兩驛均任其半不得逾期而交替時公仍協松馬二十五匹及期滿仍以其數還公至康熙七年公邑令袁懋議謂夫馬一體應差未有驛馬在松而公邑民夫獨征松應役者中詳兩臺蒙批允遂以夫馬同交十餘年永爲畫一其公安孫孱二驛錢糧前此除正項動支外江陵石首枝江滋安監利五處協濟俱於驛傳道按期領給

康熙六十年本縣驛站錢糧

公安縣原額驛站銀伍千陸百捌拾壹兩柒錢叁分玖厘玖毫除荒銀叁千貳百壹拾捌兩叁錢貳分陸厘貳毫伍絲四忽柒微玖塵叁纖叁渺四茫五沙又除豁免逃夫丁銀肆拾兩貳錢六毫壹系

實徵銀貳千肆百貳拾叁兩貳錢壹分叁厘叁系壹忽捌微五塵

叁微五塵六纖六渺玖漠五茫五沙

原編江濟水夫正損改協驛站銀壹千陸拾壹兩捌錢捌分五厘柒毫叁系五忽除荒銀陸百肆拾陸兩陸錢壹分柒厘捌毫陸系壹忽四微五塵捌纖

陸渺貳漠捌茫

實徵銀肆百壹拾五兩貳錢陸分柒厘捌毫柒系叁忽五微四塵壹纖叁渺柒漠貳茫因驛站夫馬錢糧不敷於

康熙二十年十二月二十日欽奉

恩詔事案內動支本縣民賦銀肆千陸百叁拾捌兩叁錢壹分玖厘柒毫四系五微陸塵

以上共實徵銀柒千四百柒拾陸兩捌錢陸毫四系柒忽四微五塵陸漠柒茫五沙

一孫孱二驛額設例馬價銀柒百貳拾兩

一起解　驛鹽糧儲道驛站項下新增丁壐銀玖百伍拾捌兩陸錢玖分玖厘捌毫伍系捌忽陸微　捌纖貳渺肆漠伍沙

實存銀伍千捌百壹拾捌兩四錢支給孫孱一驛夫馬工食工料支應藥餌及排夫工食

一本縣孫孱二驛額設排損夫貳百名每名日支工

食銀貳分叁毫叁系叁忽叁微年應支銀柒兩叁
錢貳分　共應支銀壹千肆百陸拾肆兩
一孫房二驛每驛各設馬玖拾匹每馬一匹日支豆
五倉升每升價銀捌厘該價銀四分日支草二束
每束價銀五厘該價銀壹分日支銀五分二驛年
共支銀叁千貳百四拾兩又每馬一匹年支藥餌
銀壹兩二驛共支銀壹百捌拾兩又每驛各設獸
醫一名每名年支銀柒兩貳錢二驛共支銀拾四

兩四錢
一孫房二驛每驛各設馬夫四十五名每名支工食
銀柒兩貳錢二驛年共支銀陸百四拾捌兩
一孫房二驛各設支應廩糧並修理號[illegible]𦡐屋等銀
壹百叁拾陸兩二驛年共支銀貳百柒拾貳兩
以上本縣驛夫馬工食工料及排夫工食支應藥
餌並買馬價銀俱在項實徵銀內撥月支給二驛
分給各項

康熙十一年公安縣申　院詳文
爲違
旨虐鄰激請通詳以甦民命事十一年七月初三日據
闔邑紳衿里老等赴縣公呈前事詞稱政莫重于郵
傳法莫
嚴于違
旨有以先經道府之公議　各憲之會題奉
欽定之驛政而欲紛更於十有八年之後者也查荆屬
公松二邑均爲七省孔道羽檄
皇華絡繹不絕古路在公安因滄桑變更道路成河遂
以虎渡小路權作官道柰江湖水漲不時屢阻郵傳
至順治十三年阿將軍淹死禁旅官兵民逃慘難圖
繪幸蒙前任　督撫院楓暨　道府會議公安舊有
孫房二驛復添松滋建起二驛每縣腳馬一百匹排

夫一百五十名夏秋水漲俱歸松滋冬春水涸俱歸
公安按季應差會題請
旨無互諉者十有八年豈松滋去任居縣官聽積棍
奸胥之言於九年九月內捏詳申上推卸驛站獨累
公安幸　各院　驛道淡慮郵政重務俱蒙　憲批
定例已久難以遽更本府回詳亦稱事久例定難以
遽更應請飭行兩縣照舊分季在案詎遭松滋勢棍
歛費通縣百計脫卸遂于六月二十三日　本府李
同兩縣父母不驗松邑之高阜而獨勘公邑之焦旱
反令驛并公安勒令修葺虎渡一路切虎渡一路水
衝之處約共五十里自縣城孫黃驛塌岡廟一帶又
計二十餘里共形勢低窪大雨水沒通長八十里工
有沿途橋梁九處久經傾頹不特修葺甚艱即竭盡
民力必旋修旋壞此有目者所共見而府憲不念郵
政重務止聽奸計左袒勒取私抑印結不但老父臺
心念民瘼勢不敢從而闔邑士民寧死不甘切以郵

縣分季之差松南獨苦而獨苦公安一邑是何公道
況現在之陸地不行而議修水路豈法令必勞
民傷財而後快乎淹死藩旅往事可鑒無故而更害
將無底伏乞俯鑒輿情通詳各憲等情該知縣何國
棟看得公安形勢低窪但遇春漲不特路道成河而
居民房舍田禾十什靡國官民受害不知凡幾矣所
有驛站一項自順治十三年淹死阿將軍[illegible]之後
蒙前任各憲公議均撥兩驛夫馬按季輪管會題在
案誠不易之良法而驛路每處官民荷成平之福者
十八年於茲矣今松滋忽欲頓翻
有歸併公安之請雖會蒙府憲按臨公邑躬勘不
過因本年旱魃爲虐涸土皆焦遂有修築之議但公
邑路道水漲淹沒者通長八十里又有橋梁倒壞者
九處工程浩大實爲緊難不特闔邑不服卑職亦何
敢輕遵卽使卑職不得不從之勢而各憲會議具
題倘經大部覆核今日之歸併與當日之改還而後

公安縣志　卷之二　驛道　六

互異駁覆不當實煩憲臺之盛心害非卑職輕諾之
咎乎況闔邑黎口不服卑職實難勒從今據實由合
無申請伏乞　憲臺敕行驛憲會同　巡憲親臨踏
勘俾查事久例定之
欽安小民不致紛更於一旦亦使水國窮民免使修築八十里
之大工照舊分差均沾苦樂庶驛務各有攸歸而吏
民永藏生成矣本月二十日蒙
督憲部院董批公松歸併驛路務期兩驛各服今據
公安詳稱闔邑士民嘵嘵不已再承人之策仰糧驛
道再行會同巡上荊南道從長酌妥據實通報八月
驛巡兩道親臨公安勘驗是時大水步堤公安四野
淹沒巨浸稽天又與前六月之焦旱者不同凡來勘
者咸見水勢亦無異詞及兩道過松驗路驗馬松令
故不迎見以示無私但以驛馬數十匹呈驗述詞公
邑既尚司文而松邑乃從人□不堪走遞備併驛公
安而松民又復出名四作代籲公安爲首糧里以

驛其口其計亦險矣十二月幸又奉
上駁不准則此弊已如觀火但事關闔邑利害民間
嘵嘵實未
遠黙肰也
公安縣驛站明末錢糧不給報取民間富戶當之者
破家行求脫役則豪勢宦奸胥之囊又外派馬募一
項偏累小戶民重困而世遂大亂
國初順治八年始立孫黃一驛馬十匹十一年復設孱
陵驛十三年征南兵過驛路水漲溺死
禁旅奉上勘路會題得

公安縣志　卷之二　驛道　七

旨於松滋縣新設兩驛冬春路走公安夏秋路走松滋迄
爲定例康熙十年太守李公左祖翻案　兩院屢駁
不允延至十三年甲寅吳逆掠去驛馬差使俱用人
夫竹轎松邑道上亦肰十八年恢復後公民役告分
站楊公春星時康熙二十年兩驛工料本縣坐支而
分站之說甍寢今各堤案堅固低鄉之路一線通行
倘異日者天災不戢則公安城外南北大道數十里
望洋可畏有若分站松滋依山爲路之穩實可久也

哉自昔里役未革之時差使繁難多借用民今則一以官役辦之風塵下吏何敢言勞耶亦官之瘦民之肥也歟

附舖遞橋渡

孱陵舖　窑頭舖　下灌洋舖　上灌洋舖

申伏舖　井子舖　積善舖　芭苡舖　梁家舖

民安舖　沙堤舖　板橋舖　桑潭舖　三穴舖

范林舖　灌子舖　孫黃舖　塌岡舖　郝鄔舖

張庄舖　黃仲舖　以上共二十一舖

本縣舊治原在江干地名油河口舖道三路分遞上通荊郢自油河口孱陵舖起上至窑頭舖接遞下灌洋上灌洋至江陵界舖止東過岳陽自油河口孱陵舖起接遞申伏舖井子舖積善舖芭苡舖梁家舖民安舖沙堤舖至石首交界舖止西通滇黔自油河口孱陵舖起接遞板橋舖桑潭舖三穴舖范林舖灌子舖孫黃舖塌岡舖郝鄔舖張庄舖黃仲舖至澧州交界止自明崇禎元年題請縣治改遷祝家岡西去舊城五十五里附孫黃驛僅五里現今舊縣雖廢孱陵舖河接遞公文如故

橋 木石而梁曰橋

石浦橋 舊日杉木橋在舊縣城內知縣俞雍甃建　鎮安橋 舊縣東一里永樂中令鮑綸建　正統中令俞雍用磚石砌萬曆中邑人楊元禧更砌　馬驛橋 舊縣城內　蒙城橋

南華橋 俱在舊市鎮　石馬橋 近王襄簡先墓有翁仲石馬故名　銀杏橋 在今二聖寺後　流橋 久廢康熙庚子相近居人募捐修復架木爲梁　東壁橋 明錢令乞

遐濟石浦故道甃石爲之常舊縣學宮之東故名　板橋 橋之東北二里有皂英樹相傳鄉試以結貢之數驗登科之多寡　三穴橋 明正統中俞公雍建也關偉爲一邑之最俞公易其額曰太平橋觀教諭院禮銘影橫星月臥偃蒼龍七門洞玄鉅派奠衡是知其雄偉矣傾圮已久　馬長港橋 明中發帑金司理王公督建多年倒塌片石無存邑令李盛勳捐建甫興工今七十舉一子數年運石李卒孀妾劉氏撫子光成之　黃鐘橋　界溪橋 俱白湖村正統中邑令張元凱建　孝港橋 因謝聯樞過此故名橋亦俞公建成化中令陳鏞史新之後圯正德十四年司徒鄒公屬臨海蔡公爲文以助其略曰惟茲萬港之途匯直奔蒼之經昔名長橋有影五洞勝於千艘今也春漲無情一瀛盡爲二界華洋浩瀚如拔登樓之檣欲渡無由偕女中流之楫徒爲躁進不能奮飛無驢背而長吟

典猶劉陵之雪生殲頭以久俠迫筯椒迹之霜柱棹亭先恐生短景柳陰高與心急修程雖雜大之山間趨胡越之間隔公私病涉乘與所接者幾何往來典嗟折葦而航者安在設若馮河而溺顛同抱石之貞言及於斯心亦何忍爰扣門而告功新發篋以典丁不分中產豪家豈論一錢尺布願如毛義士善學古人無俾遽大夫獨爲君子

孔尚倫 倫甚峻潤洪熙初後囚江漲不時竟未修舉僧智昶建也萬歷間圯方伯龔公同夫人趙氏子鴻臚仲純筌修之仍建閔帝廟於橋南今人可曰紫微橋

永生橋 龔方伯建有大閔廟東又有紫祥頌德碑

尚家當橋 明萬歷邑人尚文邦等建

新堤堰橋　湖尾橋 一俞公建一嘉靖中邑人何佑建也今圯路當南鄉之衝每淋漓之時行人多於此苦之 俱在瓜洛村

橫溪橋 在刀環俞公建

積善橋 在西辛村正統中令俞雍建

車公橋 在西辛村相傳車尤曾居此故名明萬歷中邑人楊福修

秀峯橋 秀峯宣德中智昶建疑其法號也

高家堵橋 在蘆洋洪武初邑人張友直建

浮盆橋 在芽穗里令俞雍建也相傳橋未成時有僧以盆浮水上渡人因有此名

趙公橋 在谷昇村俞公廷

鮑家堵橋 明嘉靖中邑人鄒廷齊建今圯

大陽橋 在東西里近大陽寺

判官橋 在長安村

任公橋 在特郎村

傳家橋 在走陂村

吳氏橋 在平樂村久圯今募捐修復之

磚橋 在廖解村

白馬橋 在曾陂嘉靖十四年司徒鄒公致政時建也自爲記畧曰縣西南隔六十里有橋曰白馬不知得名之始辦荒廿卜里實一人要津也每秋夏之交奔潰漫衍遂爲巨浸或行徑取道亦有徒涉而遭溺者行旅病焉宏[illegible]木埜先封公於橋之南畀覯此津爰稱有志爲而力不逮於嘉戊子乞休疏三上始得請荷蒙皇恩勑給川支歲役歸田幸有餘祿故得遂前所欲爲陶甓採石因高度下聯絡疊砌爲巨塹今則通衢往來其額以後君恩名曰恩波橋久圯

界溪橋 在白湖里俞公建

鄭公橋　龔喜橋 俱在谷昇里今圯

李生橋 在東關外便河

謝堰橋 廩生平廷薦年世選京貢年光世全建

便河橋 在江陽寺前邑庠周克勤建

利濟橋 在西家堵子衿熊天熾捐貲倡建

渡

油河渡 遥舊城北即大河渡口

三穴橋渡 舊有石橋正統中邑令俞雍建今毀石埒俱崙上即江瀆堤是爲油河水下五里即黃金口是爲西河

港口渡 在新城東南十五里孫黃

湳水與虎渡江合南入洞庭立權閣於此非舊制也

馬長港渡 在新城北十五里驛站之衝渡南有堤東達三穴橋爲驛路亂後民掘此堤引湖水南下斷路以自固於是堤圯冬湖之水與南北爲家湖口直達港口渡小民魚利盡失而新邑形勝亦索然矣

蕭家渡 在縣東南十三里

流橋渡 在大光村

芭茨渡 在西辛

簡家渡 在西辛

蒿港渡 在瓜渚郎考港音訛

太歲渡 在平樂

嚴灘渡 在平樂

江管渡 在平解

栢林渡 在廖郎栢林潭

雙田渡 俱在長安

惠果渡 在特郎

新渡　尹家渡　鄭公渡 俱在谷昇

太陽渡 在東西里

王家堵渡 在芽穗里

灞成河 在走陂村

毛么河渡　辛家渡　蓉浦河渡 俱在刀環里毛萬興避紅巾之難

洞於蓴浦遣妻車氏茅氏得以全身後子孫孳盛科第綿延明末之亂闖逆據荆毛族結聚自守數年賊未能犯乙酉丙戌間虎賊南波扎譚家草坪遊騎至刀環鄉人伊焉乃戕其強半壘宇盡毀於是邑無完村三義橋康熙癸亥春張忘吾曹君奇建廣濟橋庠生李能行之刁隙氏建矣

南平橋即馬長港橋年久頹廢馬公士偉倡議捐修有鄉宦候選州同鄉暐穀禾起而獨任其事橋長十二丈寬二丈洞高二丈五尺南北立華表二𠕋建利涉亭於橋北規模宏敞峻瀾壯觀行人稱便馬公題其額曰南平橋並書一律以誌之馬長港擁古昰橋重整宏規紫氣饒愧我無詩題玉柱羨他有彩與金題春深華表聽鶯唱月滿豐碑看斗標從此緬角應底定南平嘉兆壯雲霄乾隆丁亥仲冬附記

野史氏曰觀諸津梁之上俞公可謂勤矣公之料理如櫛之於髮荒村僻遠皆公精神也賴史哉

形勝

自禹貢敷土九州皆表以山川故其紀荆州曰荆及衡陽曰江漢曰九江曰雲夢在周禮其山鎮曰衡山其澤藪曰雲夢其川江漢其浸潁湛公安荆之次邑地實蕞爾似無可紀所可紀者水陸俱質南北為東南之咽喉至今孫劉之所經營孟公珙解公濟之所措置蔚為要害固非止昔人所云江湖藪片自黃山一點青已也

泰葳山在廖解村鼓地而立連起岫巒其中峰最高名曰泰葳牌

黃山在赶陂村中峯高矗平地三里許每旱涸雲出山頂則雨人稱為黃山戴帽撰之玉女披衣界石首安鄉之交三縣皆望祀之於公安在巳方學宮官署皆指為文星天馬云

大江之水自江陵呂江口下公安界經灌洋板橋舊縣椒園西辛村大湖灣而至石首每波濤洶湧聲

震如雷古天塹也

虎渡支分江水由江陵彌陀寺李家口至公安過三穴橋黄金口港口渡泗水口而南入於洞庭

黄金口之水又分支流東過舊縣前爲流橋孝港爲東河又折而南趨黄山之麓合衆水歸湖

孫黄河水西自土司天平麻寮所松滋而來經縣前之孫黄驛合許公河下至港口合流而南入洞庭

皇華大道北自江陵渡江至普化觀入公安界經孱

陵孫黄西驛南至澧州之順林驛夾道多湖蕩中通一線自昔水漲圮湖堤毛二港趙公橋數處率皆以舟代馬曠日稽程康熙四十七年陸公守埰以江堤餘夫撥令修築亦一時補救之計耳

北帶蜀江則益州之樓船錦水之木柹可朝發而夕至也南連洞庭則百越之珠象三湘之帆檣可指搴而目覩也西有丹陵天門之聳列則洞壑精夫之所窟宅盤旋也東有洪湖巨澤之沮洳則萑徒

鼓人之所出沒隱見也故遠而屏蔽辰常啣娖滇筑近而應接襄鄧呼吸漢沔上可以扼兕渝夔下可以振傾岳鄂明建偏沅制府於湖南而獨以公安屬之控制要地非無謂也

古蹟

自有宇宙便有山川賢豪之遊歷者多矣陂陀峴山必待羊公之聞望德業以與之俱傳此地以人重後世頑廉懦立之藉也若夫河山之險可以固圉池臺之勝可以壯觀則昔耳筆者所不廢公安彈丸可傳者僅耳滄桑數變益復電滅漚沉遊覽勝地憑吊往迹能無感慨係之耶

先主營 在油河口今椒樹一帶荒丘頹壘溪流宛轉疑即故址其地多美箭嘉樹郊遊最勝處也

邑人洪子彥詩曰漢家中葉幾凋枯帝子稱戈起義圖司馬史編空予魏杜陵詩句失吞吳烟生斷岸平蕪合日落荒村舊壘孤極目江干嗟往事蕭蕭苦竹間黃蘆

孱陵城 前漢置縣於此南朝因之至隋始易名公安宋末徙縣於油江口遺址猶存令魏奇有過孱陵詩曰秋風禾黍迹冈陌夜雨桑麻蒲故城舊日甘棠今在否月明猶聽頌歌聲蓋爲庚子貞作也

夫人城 與舊孱陵城接相傳孫夫人居此然孫吳時王夫人亦曾居公安未知夫人誰也

呂蒙城 世傳以爲孱陵舊址或云即今舊城也按子明在公安封孱陵侯即卒不應有城當是從人以侯故追名之

古城 在舊邑南十五里大光村

雞鳴城 在郝郟鋪北一一溝壘具整

龍墻 在東西里臨河西岸亦舊城址也上者曰上龍墻下者曰下龍墻中有城亦曰雞鳴城遺址甚具此地乃永安鄉疑即永安僑縣故址

走馬堤 云昔左將軍走馬處一在大光村街將徵具一在東西村近趙公橋

劉郎浦 在油江渡口宋趙抃過公安詩曰劉郎浦上公安渡我過高吟老杜詩烟浪幾重江幾曲箏應風物似當時少陵詩曰掛帆蚤發劉郎浦疾風颯々昏亭午舟中無日不沙塵岸上空村盡豺虎十日北風々未回客行歲晚々相催白頭厭伴漁人宿黃帽青鞋歸去來呂溫詩曰吳蜀成婚此水潯珍珠步障幄黃金誰將一女輕天下欲換劉郎鼎峙心今石首亦有劉郎浦

濯足池 在石馬橋相傳呂洞賓濯足於此池小且汚不稱名故老云舊與湖接後人劃斷之耳今平田一望皆昔湖也又云舊有碑題曰回道人濯足處侍御龔公仲慶欲重勒石會卒未果

呂僊亭 當斗湖勝處其地堰出湖面十餘丈今樹色蓊萃居然勝地但無亭耳地底有杉椿早淵時見之當是舊日用以捍水者湖之疾闊可想見也令魏奇詩霜葉遠樹千林暗月冷平湖一鏡明大是賞景

僊女臺 距呂仙亭半里許相傳洞賓度一女子於此公於湖湘間多著異蹟至近年猶有人見之市上除商疾者公於此地緣熟耶抑偶然耶今大光亦有仙女堆禱雨輒應

大賢里　智者生處佛祖統紀引荊州碑曰智顗禪師初欲出家父謂之曰汝出家當誰供耶師遂指茅穗後人神之因以名村呼其里曰大賢里乎按智者傳潛大賢山誦法華等經或即此里而後人疑爲因師而名也

神油湖　載府誌今不知其處

聖母塔　即智者之母在茅穗里據本傳智者大師遷於華容當陳時華容屬公安非今之華容有塔在寺中明末傾圮本朝里人王德溥捐建整理

油水　荊州碑所載有指水爲油事問之故老云茅穗有神油湖井由河口也按智者父以益陽侯居公安見陳鍼爲參軍師因此家何甘言之足虞好事者欲神其說故强爲附會

油水考　桑欽水經江水運南平郡孱陵縣之樂鄉北又東南油水從西南來注之又東右合油口又東逕公安縣北鄙置元狂劉備之奔江陵使築而鎮之曹公聞孫權以荊州借備臨書落筆杜預克定江南罷華容置之謂之江陵縣南郡治矣以華容之南鄉爲南郡晉太康元年改曰南平也縣有油水水東有景口即武陵界景口東有淪口淪水南與景水合又南通澧水及諸陂湖此是淵也相接悉是南蠻府屯故側江有大城相承云倉儲城即郡闕也又桑欽水經油水出武陵孱陵縣西界註縣有白石山油水所出東逕其縣西與洈水合水出高城縣洈山東逕其縣下東至孱陵縣入油水也縣治故城裏更名孱陵劉備孫夫人權妹也又更城之其城背油向澤經又東北入於江注油水自孱陵縣之東北逕公安縣西又北流注於大江按油水在舊縣十里湖既西皆山此入江後於今且並其迹處之矣水經作孫水後人於偏傍増水因曰油水則知指水爲油之訛矣

靈溪　隋地里志公安有靈溪水今亦不可考按沈約宋書武帝記何無忌劉道規既至江陵與桓振戰於靈溪

龜穴　在廖解村吳孫亮初有靈龜鳴此其穴也空去聲

上明　晉書江陵縣界北名上明田土膏粱可以資業今松滋有上明城疑即晉刺史桓沖治所非此上明也

少陵艸堂　相傳在中堤口有亭曰杜息今廢已久子美有言數月憩息此縣考史公安在隋唐徙治孱陵草堂不應在此而子美詩有江湊風浪等語則爲油河口無疑

山館　當是古郵少陵公安山館詩曰南國晝多霧北風天正寒路危行木杪身遠宿雲端山鬼吹燈滅廚人語夜闌雞鳴問前館世亂敢求安

憩息亭　在孝港渡亦子美遺蹟也久廢

觀瀾閣　在油河口象鼻嘴即舊靈均祠也前有亭俯仰迴瀾最稱勝地久已化爲水國天台潘誄詩曰江自西來復東逝遊子迨乞寄所思更好觀瀾適幽賞逢人休說大夫祠

車公橋　車允之祠有官主簿流寓公安居此

孟公隄　即斗湖諸隄也也加萊公竹二聖洲石洲皆已別見

桑棗園　諸鄉落皆有之其初官置也今廢

梅園 舊縣治今盡崩入江

椒園 崇禎間遷縣於此後改遷祀家岡

孟撫莊 忠襄舊置莊也在舊城南門外

斗湖書舍 在斗隄口王祭酒恂舊讀書處

西庄艸亭 在板橋旁恂別墅自爲記畧曰西庄王氏故廬也

白蓮莊 鄒司徒文盛庄也距舊城三里數十項皆湖蓮風香花色搖蕩數里莊上有倦還亭

空明亭 何方伯珊水亭也在城西北閧周廻皆水公爲空明亭詩又有驪書臺今俱廢

長春堂 龔方伯大器致政歸老處也在梅園城內

杜機園 龔侍御仲慶之園也在孱陵河之東岸有光碧堂雲在亭軒窗欄楯大似吳兒布置又壘石爲山高數丈其巔可席因山爲洞口瀟湘下爲池飛瀑注於簷端有若生成花木皆名品不遠千里而致之吳人申少師時行劉侍郎鳳皆有詩後以江漲欲移家斗隄遂書撤毀

荷葉山房 袁太史宗道讀書處也入門有老松數十株高古入韻澗水出淡竹截松下過曰松風澗跨以木橋古槐歷澗生蔭可十餘丈其下爲臺曰清蔭臺黃山葱然一點在望弟中道有記見集中後有室曰白蘋齋公生平酷嗜二公每至之處必以白蘋爲額益自況也一時名流多有賦者室之後有土阜高廣可眺遠曰慕巢嶺阜上古梅一株虬曲偃蹇開時香雪蒲庭其旁爲回廊曰斜月廊從此阜益坦修竹萬竿搆草堂曰淨綠堂後有澗淡丈許濶三倍而水常竭少時常與諸弟騎於此因名曰騎手坡渡澗而北爲荷葉山蛇蜒皆土嶺遠見灃陽諸山及谷昇一帶湖水浩淼晶芒搖蕩號曰山中古松千本翠蓋入雲大者可三人圍餘樹稱是一老栗中空而前缺可容定僧名之曰栖庵山前有池濶可四十畝曰荷葉池繫小舟其中山與池皆故名也袁氏自宣德間已家此至太史爲孝廉始稍治亭榭以妝綴之然地實據勝畧爲友除居然名苑矣按山房長安村兵火後村落林木毀伐殆盡獨此地巋然如舊然亦幾易他姓孝廉袁夢奚力寘復之過此者徘徊遠想覺三先生芳躅之迹猶隱隱蒼松紫薇間也

彩石洲 在大江中去舊城十里上產石子紅白如瑪瑙邑人常掉舟遊飲以蒐石子爲優劣近蒞增長蒞舊城水口臺秀所鍾也伯修小修俱有記

黃山 土石皆黃一名金華山廣輿記入岳州安鄉公安界也上有謝姆祠又名謝山姆劉宋時刺荊州嘗登黃山徘徊者久之及卒柩過公安至此不肯去因瘞焉民爲立祠宋封顯應公又云柩過公安一夕風雨大至而柩竟移黃山遂瘞焉迤西連絡圓秀名曰甑算山相傳舊有伏波將軍祠古驛道由此

段洪古墓 黃山柳宗元誌洪古安鄉人剛方寡合不事生產人或交以非義輒面叱之故終其身無所遇宗元稱曰畏友

栖浪湖 袁中郎先生別業有記

篔簹谷 袁小修先生別業有記

小竹林 通于王軿以明先生絕居也先生爲中郎師聽百舌嗚蒼烟盡處看若行梨花雨漲春流疾柳初絮風香盡槳輕寶劍危冠眞國士高牙大纛盡門生秋來怒翮天池老不怕垂天化不成和王以明山居韻八首錄其二詩云蠟屐先春試新詩倍月吟爲花常駐馬有字郎題髝竹老雲辭去廊空月到淡將何件幽冷水響與桐音細鳥藏舊葉幽花綴靜枝亂心生翠管冶習露春詩爲髮添塵胃因寒罷講期貪嗔眞可去何事弁除癡袁石浦送王以明歸小竹林詩白襴著破換青衫歸去山齋白在脈醫俗且留千箇竹買開先賣一區田攜妻燒笋旋沽酒遊客澆花自引泉吟得新詩奇僻甚苦吟剌骨類枯禪具高致亦可想見矣崇禎時先生上萬言書上嘉納之著有小竹林集十二卷

日石山房 袁夢淡讀書處譚友夏題曰江淡草堂

鄜園 毛鄜庵讀書處在二聖寺

致遠堂 尚孝廉重望讀書處

遠青閣 尚氏建黃山天際送青紫碧

遯庵 古遯禪師之遺址今進士馬芝之弟蘭及子姪讀書處中祠其先人邑何侯標額曰錫類祠

會萬軒 進士鄒養赤讀書處孫敬謨嘅而拓之

土產

凡物之生各因其土之宜是故鸜鵒不踰濟橘不渡淮昔周公以土會之法辨五地之物生五地者五行之地也於是有山林川澤邱陵墳衍原隰之異因此五物者民之常而施十有二教焉公邑介在江湖動植之類鱗物膏物固也至於長鎗之江米熟則不羨小樹之棗花春守是土食是毛一惟休養之有法自當生息之有加

五穀之屬 粘稻 糯稻 黍粟 小麥 大麥 粱 蕎 菉豆 黃豆 黑豆
豌豆 香稻 芝麻

蔬菓之屬 菓菱 蕈 東瓜 蓮實 絲瓜 藕 慈韭 菘 芡實 橘 鳧茈 茭笋
薤 莧 芋 茄 梅 白菜 桃 李 柈 柿 榴 芹笋

竹木之屬 紫竹 鳳尾竹 筆竹 松 栢 檜 叢竹 槐 桂 桥 桑 梨 櫟 相 檀
杞 冬青 楊 楓

花卉之屬 菊 蘭 牡丹 瑞香 夜合花 蓮 葵 薔薇 金錢 觀音蓮 玉簪
木樨 紫荊 水仙 雞冠 碧桃花 鳳仙 扁竹 芭蕉 桂花 百合 宜男草 蘋 藻

鱗介之屬 鯉 青魚 鯽 鱔 龜 鰱 鯿 尖魚 鯤 鱉 黿 鱧

羽毛之屬 鸛 鴉 雞 鴨 羊 豕 鳧 雉 鵝 牛 犬 兎

藥材之屬 萆薢 枸杞 天門冬 山梔子 薄荷 茵陳 益母草 香附子

貨之屬 綿布 絹紬

張景新粟冬瓜之對已符其槩近武陵相過公安有句云麥分湖一半柳割縣平分亦實錄也

風俗

本乎上者爲風君是國子是民三物以教之八刑以糾之五禮六樂以防之久其道而化成者也本乎下者爲俗四民之中士實倡之有一善鄉之人慕而效之有一不善則舉爲口實久且習焉而安之是故移風易俗自古不責之庶人者流也公安古南國地三南之風猶有存者至於今民間胥務力作急貢賦不喜逐末爲利士子讀書知自愛者多有樸鄙而無媚

淫風俗之美因非無自孝友克施家國有異政哉

上好讀古文辭爲文多自出機軸不事飣餖亦無雷同亦有學爲詩者戀嘉隆間諸家習氣務爲精實而傷靡弱制舉業多出性靈但數十年前明末奇僻之習未殄甚之以米儒爲窩今則潛心靜榮於傳註從前仕進者以貧相高以進退相勸以克囊盈篋爲羞以求田問舍爲戒故發身科甲而貧無擔石者相望邑人以爲常殊不怪也

民有恥負氣一朝入仕雖親故多不肯往或頻往則
鄰里笑之以爲炎凉其人聞而慚恚若大惡不可解
至若郡邑有播族黨雖貴有力絕不相聞寧負而受
科不仰面也
俗尚農輕末雖士人亦勤播植至於糞灌耘揷皆躬
自督之昔司徒鄒公巡撫貴州時寄予書曰自蓮莊
田縣中聞有的糞者人蚕晚挑運老農云潤一丈不
若厚一尺觀公此帖雖縉紳家亦務力作也

佈種最早花朝以後即有下田者至五月望後皆新
謂之夾粘農家以新之蚤晚爲勝負也
鄉村多湖居民有湖業者秋冬之間招諸漁戶聚族
業魚艄艋既集數百齊張銀刀丈尺飛舞水面鄉人
好事者治酒具輕舸而逐之
婦女勤紡績布衣無華飾雖士紳家正婦皆躬繰紡
染湼以八百縷布爲工婚嫁皆用布亦有躬蠶者發
穫而蠶細絲亦生硬織爲土紬亦有取與繭作紬者

同撚紬
俗儉薄不復節侯元旦舉家夙興各盛服祀神男女
序拜尊長已交拜男子出拜族黨謂之賀新年婦女
則否大約辰卯二時彼此拜望便周
立春前一日邑大夫兩下俱簪花盛服迎春於東郊
或令諸行戶扮古今故事手執春條謂之迎春至日
邑大夫率僚屬祀芒神鼎擊土牛碎之謂之打春
正月十五爲元宵剪紙爲燈飾以五彩城市人家跨

街爲棚彼此競勝士女縱觀花燈徹曙
社日賽土神燕飲以爲樂秋亦然鄉村皆行之
清明祭掃墳墓通貴賤皆然剪紙爲錢插於墓上牲
殺酒肴隨家貧富率長幼俱往先日寒食修理不忌
先人之葬邱也亦有城市流寓之家携壺榼郊外席
地而飲謂之踏青
四月八日爲浴佛節
端午採艾懸於戶上取筍籜裹米爲角黍相餽遺雜

[illegible]菖蒲雄黄於酒中飲之謂之開聲婦女佩艾符小
氏競渡龍舟或躍入大江中平行水面鶩心駭目荆
楚歲時記曰靈均死汨羅日人傷其死并將舟楫以
拯之至今爲俗
六月六日浴頭晒衣
七夕治酒露坐徹夜謂之觀巧雲會
七月十五爲中元會俗傳是日亾者當返其家焚紙
錢割豕通貴賤皆然盡室凜凜若先魂之至

中秋各家置菓酒玩月
重九士紳携酒登高觴吟爲樂
臘月二十四日家家掃塵是夜命丁男祀竈
除日掃庭祀神換桃符門神寫春帖燃紙爆遠近交
應從此至元宵不絶
婚禮尚儉易俞用釵釧茶禮問名男女家皆以庚帖
付媒妁謂之草茶次納采禮倍於前俗謂之正茶此
後有送鞋緞及布疋者俗謂之過麻最後舉納幣禮

奩玉釵飾羅綺之類皆視家爲豐儉女家則爲床几
箱籠車騎婢侍中人之家大率具體亦有士紳遵形
相與六禮俱闕徑行親迎者其初爲高雅脫俗其後
則俚裔小人借之以自文甚不可也
喪用文公家禮明季則遵會典葢會典無壓服無三
殤等與家禮稍異
公邑舊俗載於中郎先生所記者可考矣類皆質直
康退稱善俗焉迨明末戶口繁盛踵事增華風氣又

一變矣其長者多畏謹避事自託於無聞知見後生
豪舉者避而去焉其子弟躍冶者則尚奢浮遊
比議刺其賢者喜馳聲譽高自標置所在結社以文
藝相角一篇一句傳頌人口招搖市過衆必指而目
之足高氣昂視擁厚貲而無禮據高位而無義者不
啻如厠蟲藩蠅之過於前耳然矜已而不凌人故一
時文風甲於荆楚學使者每校試輒榜其文以厲風
城而科第亦蟬聯不絶蓋其盛也大亂之後鄉鬨裁

破遷老淪亡大家舊姓僅存十一至有失其姓者生
兹時者習於聞見不覩先民之典刑加以徭賦襍遝
水旱洊臻奔走一切安事訐書夫民也貧則俠監苦
則磯激於是勃磎相向鄙薄日生仕宦則以清貧爲
愚而貴貨賄鄉里則以畏謹爲愞而尚告訐市井之
黠胥吏之奸乘其退縮加以恫喝下者漁獵鄉黨上
者挾制官府勝則威嚇朋輩以爲武負則聚歛貨賂
以求伸鮮服怒馬馳騁於通衢梟鳴狐嗥盤踞於都

邑小加大淫破義惡奴逆子無所顧忌而風俗於是
大壞矣本朝近年奉華里役以來養之以輕徭薄賦
教之以老老長長守兹土者復承之以清靜守之以
氷蘖但覺士知自愛者漸多民之狂逼者日少一二
宵紙含沙無所售其影射而公邑風俗幾及于厚一
隅如是天下可知此正小往大來歟
國家萬年有道之昌運也承之司牧何幸而際此自當益勵官箴上不負吾
君下不負吾民耳

市鎮附關津

自軒皇日中爲市而周有司市之官掌其治教政刑
量度禁令以敘次分地而經市懋遷有無不可少也
公邑民鮮末作鄉村走集抱布握粟名爲場埠有朝
市而無大市夕市市者爭利之所君子不入也是故
周制國君過市則刑人赦夫人過市罰一幕世子過
市罰一帟命夫過市罰一蓋命婦過市罰一帷先王
恐利之蕩人心而變其守也善乎曹平陽之言曰以

獄市爲寄愼勿擾而已

孱陵市今爲斗湖堤　民安市今爲余家巷黃廟子　灌陽市
三穴市　熊家店市　郝郢市
孫黃市　張莊市　楊賽所市今俱無
孚金橋市無　新店市今復盛　索家市無俱在茅穗里
吳達河市在魯陂　栢林市無　豐田市今爲鄒家塲
孟家溪市今爲楊刻口　泗水口市在長安今無
鄭公渡市在谷昇今復　王家市在瓜者無　祝家岡市在藿洋樵

高家壋市在灌洋　横堤市在曾陂無　毛家市在走陂今爲胡家塲

黄家市在刀環　干武橋市今俱無　埠浦河市今爲毛家塲諸市爲數十家或四五家舊誌載其名而今廢者多矣　普化觀市江公之界

鵝毛巷市　易家橋市　卓家塲市　草田寺市

谷昇寺市　黄屯橋市　范家塲市　油浪湖市

熊家嘴市　鼉空市　曾家灣　譚家塲

黄金口市以上俱新開

塘汛陸路

自普化觀起由孱陵驛至孫黄驛南至順林驛澧州界止十里一塘有兵防

水路

自李家口北來至港口渡至泗水口澧州界止節次有塘港口泗水口有百夫長領之

災異

聞之天地以成任壞空爲劫是有數焉惟聖人極數知來爲變通之以審趨避謹人事迨之人定乎下天應乎上而後知理可以統數聖人言理而不言數此易道也一隅之地不無災祥以地得民者無忌勤民而已不肰古蝗不入境虎皆負子渡河又何以稱焉

宋景德四年公安地上穭生稻穀居人収得四百斛

元至元八年十月大水　泰定二年夏河溢四年八月地震　至正九年秋大水

十一年八月地震

明洪武十年大水衝塌城樓民田陷溺無算

正德十二年冬城樓災旗杆震　嘉靖三十三年大水　萬歷十六年大旱　天啟元年旱饑

崇禎戊辰城內外群鳥啣物入茅房上以翼鼓之一時火發而人無避處

崇禎十六年旱蝗日無光

國朝　順治九年旱斗米銀伍錢　十五年七月大水

康熙二年八月松滋堤決水灌城腰民間漂溺無算

十一年壬子旱

十八年旱穀大貴　三十四年澇　四十六七年大疫

四十六年水湧　五十六年五月二十八地微震

五十六年春大風伐屋

五十八年春西門城內有龍夜升居人不驚至今湫水澄澈

先是長安鄉宅掘地得獸如初生犬子衆不能識問之傳學龔生學著龔謂或夫子所謂土之怪墳羊也鄒盛以畚數日死其質異常始信

明崇禎十年雷震彭姓蒲家湖人母苦節所撫之孤子也時鄉俗歉歲皆食粥怒其母以乾飯食衆工人大罵且傾飯餵于地母叩頭呼天登時雷震死

衆令其號呼哀求移數時空中霹靂一聲而甦其
人終身口吃每應對必以兩拳自椎其胸話纔能
一字字出

崇禎十年饑黃金口人家畜一豕販者以贋銀九
錢從其妻買之夫回看出大恚罵其妻妻憤甚且
饑無以糴自縊死次日方晨忽雷震死一人跪其
門外則買豬人也屢問假銀甚多縊婦以衆救甦

明末大亂之後六七年無居人草木禽獸幾與堯時

洪荒無異人相食牛頭里人自容美司歸省其鄉
有數人驚喜謂何處來此肥人欲擒而屠之其人
聞言飛奔衆不能追而免自此之後白骨遍地間
有爲收瘞者城西門外則有杜祥野作白骨塔前
任王公旌以善人匾額黃金口亦有塔長安則有
喻華楚僧貫休白骨冢各處十里五里都有

康熙三十六年雷震翟家車公橋人貸穀于富室
時春雨新霽自驅驢馱其父肩擔失足傾撒大怒
罵父父呼天行不二里許暴雷擊死跪于路頭左
一孔火燒高項黑色死痕觀者掩目

三月初一日理
見　聖濬等各
户部奏派管理
召見軍機　榮

上諭劉瑞芬前已
欽此　上諭恩承
會典館副總裁欽
昭陵應修各工請
內選擇吉期先行
謹與修另片奏前
飭擇吉興修等語

司牧 前

自秦漢划並五等而縣之義取其懸於郡在而下最爲親民分而爲師儒爲僚屬皆有專職然一庭備六官之政一身繫萬人之命責惟大尹公安流賊殘敗之後重之以西山之寇供滇逆之蹂躪民不聊生久矣噢而咻之汔有起色塞乎出宰百里當知所以生民而不至朘民以生太史公曰奉職循理亦可以爲治何必威嚴哉

周曰縣正 周書作雒篇曰千里爲縣縣有四郡

楚曰公曰尹 郎縣大夫也春秋時列國相滅各以其地爲縣故縣大而郡小

漢曰令長丞尉 其人皆闕紀載凡縣萬户以上爲令減萬户爲長侯國爲相皆秦制漢因之成帝綏和元年長相皆黑綬哀帝建平二年復黄綬其丞尉及諸曹掾多以本郡人爲之

漢末先主以左將軍領荆州牧治公安 靈帝中平五年改刺史爲劉焉劉虞並自九卿出領州牧牧之名始重今舊縣有先主營即故治所

時諸葛亮殷觀龐統法正等皆以軍師别駕等從

蜀志曰孫權欲與備共取蜀或以爲宜報聽許吳終不能越荆有蜀主簿殷觀進曰若爲吳先驅進未能克蜀退爲吳所乘即事去矣今但贊其伐蜀而自說新據諸郡未可輕動吳必不能越我而獨取蜀如此進退之計可以收吳蜀之利先主從之權果輟計遷觀爲别駕從事龐統傳先主屯公安時統以從事守耒陽令在縣不治免官吳將魯肅遺先主書曰龐士元非百里才也使處治中别駕之任始當展其驥足耳諸葛亮亦言之於先主先主與談大異之親待亞於諸葛亮遂與亮並爲軍師中郎將法正傳或謂諸葛亮曰法正於蜀郡大縱横將軍宜啓主公抑其威福亮答曰主公之在公安也北畏曹公之强東憚孫權之逼近則懼孫夫人生變於肘腋之下當斯之時進退狼跋法孝直爲之輔翼令翻然翱翔不可復制如何禁止使不得行其意耶按先主在公安孝直𨚗命而至未嘗被任觀武鄉此言孝直特已爲謀士矣

權表先主爲荆州牧命周瑜分南岸地以給先主

時劉表故吏士多歸先主主以瑜所給地少欲盡督荆州詣權請之瑜爲牋與權曰備有梟雄之姿而有關羽張飛熊虎爲之將非久爲人用者宜徙置吳中盛爲築宮室多美女玩好以娛之而分羽飛令各置一方使如瑜者挾與之攻戰大事可定也今猥割地以資業之聚三人於疆埸恐蛟龍得雲雨終非池中物也權以操在北方當以好結備又恐備難卒制拒瑜策而許備荆州且以妹妻之後備還聞瑜言太息曰天下智謀之士所見畧同曩孔明諫孤母入吳蓋慮此也

先主既西取益州權求荆州不許於是分荆州

權怒置長沙零陵桂陽三郡守關羽羽怒逐之權進駐陸口使魯肅屯益陽以拒羽肅邀羽見責數之

羽曰烏林之役左將軍身在行間寢甲枕戈以戮力破敵非直吳力也豈得徒勞無一塊土而足下雍容來收地耶肅曰不然始肅與豫州覲於長坂豫州之衆曾不當一校計窮慮極圖遠竄交廣王上矜愍不愛土田兵甲之力以來其患豈可負哉而飾情愆德已藉手於西川矣又欲終據荊土此凡夫所不忍行況網領人物之主乎肅聞貪而棄義必且階禍吾子當明道處分以輔王而恃力乎非所聞也羽無以答會曹操伐漢中於是分荊州長沙江夏桂陽以東屬吳南郡零陵武陵以西屬蜀以湘水爲界而罷軍

巳先王入蜀命將軍守之時三方鼎峙邑稱重鎮而孱陵當別有縣但志皆不載關羽傳將軍傅士仁屯公安

公安縣志　卷之三　司牧　三

吳得荊州以呂蒙爲南郡太守封孱陵侯會蒙卒以諸葛瑾代遷左將軍督公安假節封宛陵侯繼瑾爲督者瑾子融及孫遵鍾離牧時周瑜子允亦以兵千人屯公安督者督將帥也晉職官志使持節次之假節爲下吳書陸抗傳抗令公安督孫遵巡南岸餘見傳中

晉既立南平郡以太守治之置公安孱陵等令宋以來襲晉故或有封建稱內史令曰相其秩同也郡守秦官漢景帝中元二年更名太守郡爲諸侯王國者置內史以掌太守之任晉郡守皆加將軍無者爲恥晉宋守相內史並銀章青綬兩梁冠佐史有丞長史司馬參軍等官郡守銅虎符竹使符晉制大縣令有治績報以大郡不經宰縣不得入爲臺郎宋諸縣令銅符墨綬進賢兩梁冠縣佐有丞簿尉

晉郡守內史曰應詹夏侯承王矩陶稱桓石虔郭銓謝純王裕之郡主簿曰車育按晉南平初治作唐後治江安今不敢過爲揆別且作唐亦封內地也晉史桓石虔傳黃淮反石虔遣南平太守郭銓松滋太守王遐之擊淮斬之車育武子祖也爲郡主簿按郡主簿漢官晉曰錄事參軍按晉江安令王傴江夏人時張昌僭亂以僞爵誘傴傴率宗黨北投劉喬不預妖逆

宋內史曰王景文桓範之竺超民宋藏令曰朱道珍

公安縣志　卷之三　司牧　四

繆士通司馬休之表有南平太守桓範之委郡叛逆之語當是時宋武代休之委郡東下耳南郡王義宣傳世祖即位義宣將佐并加賞敘以司馬竺超民爲黃門侍郎仍除丞相司馬南平內史後與義宣同逆謝瞻傳有南平太守謝世猷此係僞職故不載宗藏南平守朱道珍孱陵令見楚志秩官表繆士通事見紀異

齊內史曰袁彖張欣泰栁忱令曰庾黔婁劉坦軍主曰周敷軍主宋齊以來有之蕭穎胄傳南平鎮軍主周敷

梁內史曰王褒賀革令曰王籍籍作唐令始附見之

陳置荊州於公安以刺史來鎮者曰陸子隆吳明徹

孫陽樊穀樊孟陳慧紀陳叔堅守曰陸子才漢刺史武帝置自魏以來庶姓爲州而無將軍者謂之單車刺史凡單車加督進一品都督進二品按陳大建四年以駱場都督荊州刺史出鎮公安增浚城池懷服邊遠爲鄰境所憚居職六年

隋罷郡置公安令唐仍之隋唐以來邑令皆闕紀載隋縣有令有長皆以所管閒劇及衝要之處以爲等級唐縣有赤畿望緊上中下六等之差按宋參政馮楫二聖靈蹟記唐大元間邑令周通

宋初監五代藩鎮之弊州縣守令多帶中朝執事官外補終宋之世令可考者纔得三人曰謝炎張戩

公安縣志　卷之三　司牧　五

程千秋簿一人曰黃洼按宋京朝幕官則爲知縣事有戎兵則兼兵馬都監人二萬戶以上置丞一員以幕置官或縣令人充千戶以上置令簿尉

紹興中克歸峽荊門公安軍安撫使者曰王彥解潛

嘉興中以京湖制帥屯兵公安者曰孟珙楚志及郡書秩官表有安瑱使歸峽恐誤

元置尹增監縣監縣達魯花赤也元制中縣秩正七品不置丞仍簿尉各一典史二

將邑中儒者輻輳詔置荊湖北道提舉司於公安其人可考者曰文子璋元制儒學提舉秩從五各行省所置之地皆置一司統諸省學政公安忝分司云

監曰禿忽赤曰只兒哈郎哈郎兼勸農事善屬文正誼堂所建立也皆大德人

尹曰薛友諒毛好義張元愷朱顯文簿劉讓鄧觀尉宋廷瑞典史楊文炳儒學諭汪公望而中書平章政事廉希憲楚國武定公阿里海牙皆有功德於邑故邑人至今述之按薛友諒見劉坦萊公祠記毛好義元成宗時知公安文學典縣政事嚴明令行禁止張元愷元統中尹公安爲政清簡不事浮靡崇尚風教民樂其業後爲膠州太守朱顯文知公安恪守清節文章政事爲時所重後罹兵變饑饉一家淪喪始盡而顯文絜

公安縣志　卷之三　司牧　六

身守義終不以利祿動心鄧觀巴陵人元統中進士按萊公書院長曰王公輔中典儒錄有曰李道淵亦不知其爲地方官或流寓故闕之以俟考定

司牧後

明朝設知縣一人掌一縣之政令教養其民秩正七

縣丞一人理河渠軍政秩正八主簿一人徵稅糧

秩正九典史一人司譏察分領縣條縣學官教諭

一人訓導二人主訓飭生徒凡學政一遵臥碑以

聽於督學使者明初視鄉舉多寡有無爲殿最後

弛不行今

國初裁主簿　訓導止一　漢郡國皆有文學掾後漢光武

問功臣曰諸卿不遭際會自度爵祿何所至乎鄧
禹曰臣少嘗學問可充郡文學歷代多闕梁齊薇
爲州博士唐府郡置經學博士各一人掌以五經
教授學正多寒門鄙儒爲之助教各有差宋初廬
山白疵洞嵩陽嶽麓應天四書院有教授景佑中
諸藩鎮立學慶歷詔州軍監各立學置教授訓導
掌諸生課試運司長吏薦本處舉人有德藝者充
熙寧詔中書門下選命於朝

知縣

明洪武

許德　二年凡學校公廨一一修舉

趙友應　續修公署

賈大用　俱未詳何處人

永樂

鮑綸　舒城人

正統

俞雍　武進監生有傳二年任

劉恕　宣城監生十四年任

景泰

劉敏　侯官舉人二年續修署廨

天順

俞縉　華亭監生元年任

成化

黃紹宏　宜黃監生元年任　吳奎　新淦監生八年任

陳鏞　長州監生九年任　魏奇　宣城舉人十四年修公署

馬良玉　成都進士　陳潤　泗水進士

王寅　巴縣舉人

正德

繆洙　饒州舉人元年任　周鉞　宿州進士五年築土爲城

彭珫　蘄州進士七年任　劉璡　吉安監生十四年任

王綱　全州舉人十四年任　江燧　歙縣人

嘉靖

周臣　雲南進士元年始修磚城建門樓

熊運　富順進士七年任　王曾　莆田舉人九年任

吳旺　莆田舉人十二年任　劉三省　簡州舉人十四年任

沈祐　餘干歲貢十九年任　龍雲　臨桂舉人二十二年任

周　鏜　貴陽人
張　美　長子舉人
毛自修　涪州舉人
聶汝孝　犍爲舉人
包世節　沈邱選貢
蔣仲梧　全州舉人
南　東　清江衛貢

隆慶

錢臣之　會稽舉人元年任
張朝東　璧山舉人四年任
李桂開　榮縣舉人六年任

萬歷

王　熺　慈谿舉人三年任
楊雲才　臨桂舉人有傳四年任
莊　重　長洲舉人十四年任
張　縣　全谿恩貢十四年任
方一正　龍谿舉人十四年任
李士宏　內江舉人二十二年任
陳夢斗　順治舉人十七年任
李中立　上海進士二十五年任
胡宜標　晉寧舉人十七年任
劉思中　成都舉人二十九年任
錢九選　慈谿舉人三十二年任建橋於縣城東名曰東壁橋是時邑乘殘缺公致請袁中郎先生重修爲政仁愛邑中祀之
孔宏願　吉水進士
李聞詩　雲南進士三十五年任

段　欽　蘭州舉人

天啟

張國用　貴州定番舉人二年任
高鳳翔　金壇進士有傳七年任

崇禎

劉承堯　貴州舉人五年任
朱希萊　晉江進士有傳六年任
羅兆階　江寧舉人八年任
張大韶　樂昌舉人九年任遷邑於祝家岡
趙繼鼎　武進進士有傳十二年任

國朝

順治

許奇遇　二年任
王百男　山東萊州拔貢四年任
衛藏天　遼東貢八年任
李長庚　正白旗杏山人
董祖洪　大興貢十四年任
楚　煜　宜陽貢監十六年任

康熙

劉文筱　河南貢士二年任
袁　傑　江西都昌拔貢五年任
何國棟　四川梓潼人七年任

梁　勤　陝西武舉十八年任始安民

楊春星　睢州進士十九年任雅善詩詞愛禮士子有加陞吏部驗封司

陳　琯　河南舉人二十三年任別號白大詩思淡刻

張亮玉　江西孝廉二十四年任

沈爾燝　烏程進士詞賦名西浙二十八年任

魏　莊　滑縣孝廉三十二年任

趙希階　南豐孝廉三十三年任致仕而歸有傳

許　磐　華亭貢監三十七年任有傳

陸守球　吳縣人河南籍明經四十三年任有傳

沈　寅　泰州教習五十一年任

楊之騂　宿松明經由太平諭陞公安五十五年任

縣丞

明洪武

彭　泰　吉水進士

崔　庸　開濬廣德楊石二塘

正統

江　達　浮梁人

天順

汪　愷　新門人

成化

李　玫　河南人

陳　愷　會稽人

馮　昌　棗昌人

柴　真　鄞縣人

宏治

汪　淵

王　金　高郵人

于　鑾　陝州人

正德

段　成　六安人

喬　尚　南宮人

尹　縉　泰和人

嘉靖

朱　扆 雲南人　吳　尢 淮陽人

王應武 建水人　魏潔欣 四川人

汪　錦 重慶人　曹邦盛 四川人

懷　銓 華亭人　任　相 代州人

黎仕明 梧州人　吳　鵬 鄱陽人

彭　鑾 洋鄉人　繆　文 山陰人

隆慶

何　遷 劍中人　周　塤 鎮遠人

熊　袞 蓬縣人

萬曆

夏尚賓 仁壽人　雍學詩 閬中人

時　艮 江西人　曹以試 四川人

朱家梗 石阡所人　浦　道 無錫人

胡國學 宣城人　孫繼京 奉化人

周　陞 會稽人

崇禎

呂望周　丁安仁

朝

順治

方仕俊 四年任　章士榮 石埭人

趙攀勝 栢鄉恩選歷兗州府同知　聶　琰 留順拔貢歷祥符縣知縣

胡應瑞 江西新喻人康熙三年任　楊千仞 福建人康熙七年任

臧國士 保定新安人貢士康熙九年任

僞署官不載

[illegible] 滄州人十九年任　蔡頭抱 山東貢二十年任

李　瑛 順天人二十四年任

吳元祉 閩縣明經二十七年任才優幹濟著本縣正印務一介不取院司重其操廉歷滑縣

陳果新 北直人四十一年任

李尚公 大興庠生由鴻臚寺鳴贊四十二年任有傳

楊守緒 武進明經寬惠儒素五十五年任旋丁內艱哀毀飦粥居喪有禮邑人至今化之

韓大沛 正紅旗例監丞中丞轉公安五十八年任才氣超越而家特封君太守公歸息終日

何色而動遇事敏
捷是以新政有聲

主簿

明洪武

正統

張　崖　鄱陽人

天順

鄭　善　臨川人

成化

唐　堅　定遠人　　張　瑾　臨川人

李　班　扶溝人

宏治

高　永　　趙　慶

正德

范守仁　宜賓人　　張　漢　新寧人

王　欽　沔縣人　　薛志魁　安東人

嘉靖

魏月枝　梓潼人　　陳　常　連州人

陳　蘭　承安人　　謝文鈵　羅城人

李九疇　掖縣人　　安廷章

劉　顏　巴縣人　　劉和陽　榮經人

何　孺　貴縣人　　張　幹　柏鄉人

萬歷

馮　蘭　浙江人　　楊師和　建昌人

林仁淑　　徐希孝　成都人

蕭　璜　丹徒人　　張桂林　岑溪人

沈尚賓　　顧　鐔

鄧東藩　　劉一桂　浙江人

蔣　鏞　祁門人　　王之碭　廣元人

王文炌　會稽人　　陳士憲　晉江人

朝

公安主簿　裁

典史

明洪武

景泰

吳　暹　吳江人

成化

史　通　滄州人　　李　庸　會稽人

向　銘　涪水人

宏治

黃仁傑　貴陽人　　陳　政　陝西人

趙大源　四川人

正德

曹　良　餘干人

嘉靖

王　章　霍邱人　　周天祥　莆田人

鄧仲勲　瀘州人　　鄒　章　當塗人

巫廷用　閩縣人　　甘　相　豐城人

張　鉦　丹徒人

隆慶

施道正　臨淮人　　張　岫　直隸人

王　綱　南昌人

萬曆

戴　山　浙江人　　何大森

區　奇　江西人　　鄧存學　四川人

蕭　敕　贛縣人　　余寧隆　豐城人

蔡華芳　四川人　　汪尚海　江津人

李三元　四川人　　何汝孝　萬縣人

國朝

順治

黃鶴鳴　山陰人　　潘良臣　華州人

田文元　擢州人

康熙

楊　偉　樂清人三年任勤慎能詩

十三年至十七年僞署不載

吳正賓　江南人二十一年任

劉永宗　陝西人二十七年任

侯[illegible]輔　陝西人三十年任

趙　福　山東人三十五年任

王　宣　滄州吏員四十六年任樸實宜人贊理劇務不辭勞苦在職[illegible][illegible][illegible][illegible]相安

丁以泳　[illegible]保定府容城籍浙江紹興府會稽縣人於雍正五年[illegible]月初八日到任

教諭

明正統

房　陵　南昌舉人善鎬文初修邑乘歷官翰林院檢討

院　禮　山陰人

景泰

楊　敬　江津人

天順

王　縉　渠縣人

成化

梁　善　臨川舉人有文藻取房氏志增修之

俞大經　南昌舉人

宏治

吳　燧　江都舉人　李　英　咸寧舉人

蔡　壇　南雄舉人

正德

艾　琥　金壇人　張　瀾　丹徒人

隆慶

余　楷　青神舉人　白　綖　臨桂舉人

吳可久　臨桂舉人　滿　球　天台人

周　謨　巴縣人　歐陽泉　太和人

滕　璜　臨桂人　陸九達　臨桂舉人

向　上　彭山人　劉　穧　成都人

萬歷

周　完　上堯人　楊際熙　容縣舉人

蔣遵烈　全州舉人　蕭繼祥　南昌舉人

趙廷信　臨州人　賀嘉士　溆浦人

鍾　韶　海鹽人　劉思明　成都舉人

劉　勉　衡州人　劉　穀　寧州人

史寧野　溧陽人　鍾　鼎　四川舉人

劉以昱　安福舉人　張一德　桃源人

馬必遂　廣西容縣舉人　俞有詒　浙江貢

孫景宗　南京青陽貢

天啟

熊應魁 襄陽貢

崇禎

藍尚彩 鄖縣貢

王家臣 恩貢

羅名臣 桃源舉人

熊頴捷 當陽舉人

周啟元 黃州舉人

國朝

順治

師覺先 武昌舉人

李宙皐 嘉魚貢

田之玉 澧州貢

彭一卿 嘉禾歲貢

梅聯甲 武陵孝廉

汪 沅 黃岡甲午舉人辛丑進士

康熙

袁向諫 潛江舉人

趙 捷 京山歲貢 千植婁桂

楊昌言

王 相 漢川孝廉意氣坦白劬衆會課人爭磨厲

顏翼祖 復聖裔沔陽孝廉盛德謙和課舉業盡心栽成受益者多捌設學田尤爲有功聖門

四子丙膺鄉薦

魏士俊 衡陽孝廉克盡教職陞靜海縣

汪基美 黃岡孝廉經學精邃意思深長人多愛敬之先時諭桃源粵東聘取分闈稱得人云

高承欽 江夏明經師道自重

夏策謙 孝感孝廉恬靜自愛尚會理學首舉會課講御製訓飭士子文下車恊恭司訓修葺學宮各廡陛三子伯與季同登辛丑進士並選翰林仲廪庠有聲家學積累一時榮之公洎如也

訓導

明正統

徐　鐸　金谿人　于　鈴　雲南舉人

王文英　長壽人　梁　亢　平南人

景泰

鍾　會　高安舉人　侯　宏　五河人

天順

楊　玫　彭山人　胡承秀　內江舉人

成化

王　璉　衢州舉人　劉　寬　嘉定人

周尚元　永州人　王　璽　太倉人

唐　瑾　浮梁人　劉　璲　巢縣人

宏治

劉齊望　安福舉人　章　越　癸丑舉人

黃　啟　確山人　朱　銘　衢州人

嘉靖

楊世顯　晉江人　王　球　高安人

蔣　燧　平樂人　劉邦輝　信豐人

康　進　新野人　高　魁　內江人

李文卿　建昌人　王伯爵

韓　元　金谿人　朱邦賓　大足人

李崇德　晉寧人　楊　錦　崇仁人

徐正言　資縣人　徐　式　開縣人

隆慶

趙承恩　成都人　黃　流　邛州人

冉德寧　東鄉人

萬歷

連　梧　禹州人　谷　乾　臨潁人

莊　誠　成都舉人　傅　賓　郫縣人

孫　瑞　漢陽人　李大明　青軍衛人

高　栢　黃岡人　陳廷秤　郴州人

陳　斌　湘鄉人　劉起鵾　巴縣人

倪宏宇 德安人　彭之年 衡陽人
曹國用 臨武人　支可久 衡州衛人

天啟

孫可敬 嘉魚貢　范文奎 衡陽貢
喬冲霄 河南貢　周尚文 京山貢
呂儀鳳 雲南貢　郭時卓 郴州貢
賈文明 襄陽貢　高應甲 河南貢
周應祥 南漳貢　趙居仁 長沙貢

崇禎

宋一本 陝西貢　易其堯 華容貢
崔進貴 河南人　朱之玥 潛江貢
孫迹曾 貴州貢　蔣毓德 遼東蘄州衛貢
曹之棟 黃州貢經史淹博衡文若龜鑑冦破荊逼
以官携篆赴會城獻逆居會城以其老而
免之少子大武死難于大夏大復皆能文與邑人
結社推爲三傑
胡承賓 永州人

國朝

順治

歐陽任 黃州貢　楊另闢 鍾祥貢
孫錫蕃 黃州貢有文藻修邑志
畧後陞遵化縣知縣
汪大潤 大冶明經
鄧之楨 辰州明經
吉聯芳 鍾祥明經
鄧致和 武昌明經
楊兆儒 江夏明經博學能詩賦古文詞賞奇析疑
餘則靜坐書法遒媚臨摹古法帖數十種

夜讀書必至雞鳴不矜所長詳修學宮敬書標題
舉業古文書法受益者多俸薄陞巴陵諭
何其乂 襄陽明經坦易謙抑古道照人函丈之間
應接無虛日學內外士皆坐春風之中是
蓋希聖而
得知者歟 [illegible]

學校 附書院義學

學制之可見於書者始於五帝明於夏備於商而莫詳於周當時教始於比閭設於州鄉本於家塾黨庠州序以達於王國蓋無人而不學無地而不設　學以教也迄於今由鄉舉成進士者皆取之茂才之異等耳公邑新造加之以兵燹黌宮鞠爲茂草一再政要頃已足稱瞻仰師儒而勤講課是其職也子衿而厲藏修是其業也若猶妄自畫　師生全無切磨棄篚篋而競刀錐家無可稱之孝國無可作之忠殊非

國家所以立學教人之意也

學宮在縣署前左高阜勝處其傍隙之地爲侍御毛公捐入

大成殿　順治九年王公百男捌修三楹嗣是司訓孫公錫蕃重修邑侯沈公爾燝趙公希階署篆朱公登俊相繼修葺沈公有記載後歲久材木朽盡勢將及人康熙己卯邑侯許公磐教諭顏公翼祖因太守魏公勤查盤之便率諸生面請擘畫魏公毅然主議做監利石首例于是紳衿公呈詳達批允照糧捐費士民又各具呈願捐士捐二尺捐一得千令不經吏胥以諸生忠實不苟者數人司

其出入教諭魏公士俊司訓楊公兆儒董之工始庚辰十月至辛巳冬　大成殿大成門落成重簷飛閣望出十里外奉

神主雕鏤工緻壬午復伐石建櫺星門太守魏公按驗嘉歎勤勞謂爲闔郡大觀偏沅巡撫趙公申喬有事修學宮記司訓楊公兆儒題跋陸公守採購石刊勒其抹木督工則爲諸生龔三捷李盛勳龔學詩鄒養源汪新鼎彭大松進士王彪舉人王娶熊貢生何又新國學生甘調燮何榮宋耆老王于喬趙聖趙蕭松若熊[illegible]也

大成門　在大成殿兩廡之前巋肰三門與大成殿同建

東西廡　在大成殿左右俱屢經重修

櫺星門　在泮池外石柱牌坊三門楗以木柵

泮池　在大成門外沈公貞修

啟聖宮　在太成殿東臺級三楹司訓鄧志和募修承乏之之騑捐助司訓何其又又經修理

名宦祠　在大成門左教諭顏翼祖募修康熙癸未偏沅巡撫趙公捐修神龕屏牆今將就圯承乏之騑捐助司訓何其又修理復整　崇祀武鄉侯諸葛亮以下諸賢

鄉賢祠　在大成門右年久倒壞承乏之之騑司訓何其又勸募諸裔重修

大成門外至櫺星門土築闌牆署篆長陽縣正朱公登俊捐𥻘年久承乏之之騑捐助司訓何其又又經修理

明倫堂　在鄉賢祠之左康熙辛巳司訓楊公以舊大成殿材木爲之

尊經閣左名宦祠之左陸公守埰捐建　年

屏牆右櫺星門之前左右騰蛟起鳳邑庠李盛勳捐建

文昌宮在學宮之東康熙十四年何公國棟新建正殿

魁星閣在城上東南隅沈公寅楊公兆儒募修

射圃在西關外關夫子廟前沈公寅建前廳三楹顏曰立亭

書院

竹林書院在舊縣寇公祠傍宋南渡後孟公珙剏建以處四方流寓之士今存廢址濱江崩岸日近丞之之駢卜遷寇公祠堂捐建於今縣北門外大道傍因為義館有記

培風書院在本城北門內正街坐西朝東康熙庚子闔邑士民捐貲百餘金為邑侯楊公建立有記勒石甃禁未立

福德祠在學宮之左文昌宮之右顏公翼祖建內神像李盛勳捐造

義學康熙四十八年以來陸公守埰捐俸贍給五十五年來丞之之駢捐俸贍給

學官

一教諭一員

一訓導一員明時訓導二今裁其一

學書一名郎克典吏五年役滿保送赴部考職門斗五名裁二名

齋夫六名　膳夫二名　馬夫一名裁

廩膳生員二十名　增廣生員二十名

附學生員歲考取十五名科考取十五名

武生員每歲考取十五名

皇清順治九年禮部奉

欽定條約八款頒刻學宮臥碑

朝廷建立學校選取生員免其丁糧厚以廩餼設學院學道學官以教之各衙門官以禮相待全要養成

賢才以供

朝廷之用諸生皆當上報

國恩下立人品所有教條開列於後

一生員之家父母賢智者子當受教父母愚魯或有非為者子既讀書明理當再三懇告使父母不陷於危亡

一生員立志當學為忠臣清官書史所載忠清事蹟務須互相講究凡利國愛民之事更宜留心

一生員居心忠厚正直讀書方有實用出仕必作良
吏若心術邪刻讀書必無成就爲官必取禍患行
害人之事者往往自殺其身常宜思省
一生員不可干求官長交結勢要希圖進身若果心
善德全上天知之必加以福
一生員當愛身忍性凡有司衙門不可輕入即有切
己之事止許家人代告不許干與他人詞訟他人
亦不許牽連生員作証

一爲學當尊敬先生若講說皆須誠心聽受如有未
明從容再問毋妄行辨難爲師者亦當盡心教訓
毋致怠惰
一軍民一切利病不許生員上書陳言如有一言建
白以違制論黜革治罪
一生員不許糾党多人立盟結社把持官府武斷鄉
曲所作文字不許妄行刊刻違者聽提調官治罪
康熙三十六年
書萬世師表匾額懸挂　大成殿
康熙四十一年
製訓飭士子文勒石　大成殿前
國家建立學校原以興行教化作育人才典至渥也朕
臨馭以來隆重師儒加意庠序近復愼簡學使釐剔弊
端務期風教修明賢材蔚起庶幾棫樸作人之意乃比
來士習未端儒效罕著雖因內外臣工奉行未能盡善
亦由爾諸生積錮已久猝難改易之故也兹特親製訓

言再加警飭爾諸生其敬聽之從來學者先立品行次
及文學學術事功源委有叙爾諸生幼聞庭訓長列宮
墻朝夕誦讀寧無講究必也躬修實踐砥礪廉隅敦孝
順以事親秉忠貞以立志窮經考義勿雜荒誕之談取
友親師悉化驕盈之氣文章歸於醇雅毋事浮華軌度
式於規繩最防蕩軼子衿佻達自昔所譏苟行止有虧
雖讀書何益若夫宅心弗淑行己多愆或蜚語流言脅
制官長或隱糧包訟出入公門或唆撥姦猾欺孤凌弱

或招呼朋類結社要盟乃如之人名教不容鄉黨弗齒縱倖逃褫扑濫竊章縫返之於衷能無媿乎況乎鄉會科名乃掄才大典關係尤鉅士子果有真才實學何患困不逢年顧乃標榜虛名暗通聲氣夤緣詭遇罔顧身家又或改竄鄉貫希圖進取囂凌騰沸網利營私種種弊情深可痛恨且夫士子出身之始尤貴以正若茲厥初拜獻便已作奸犯科則異時敗檢踰閑何所不至又安望其秉公持正為國家宣猷樹績膺後先疏附之選

哉朕用嘉惠爾等故不禁反復惓惓茲訓言頒到爾等務共體朕心恪遵明訓一切痛加改省爭自濯磨積行勤學以圖上進國家三年登造束帛弓旌不特爾身有榮即爾祖父亦增光寵矣逢時得志寧俟他求哉若仍視為具文玩愒弗儆毀方躍冶暴棄自甘則是爾等冥頑無知終不能率教也既負栽培復干咎戾王章具在朕亦不能為爾等寬矣自茲以往內而國學外而直省鄉校凡學臣師長皆有司鐸之責者並宜傳集諸生多方董勸以副朕懷否則職業弗修咎亦難逭勿謂朕言之不預也爾多士尚敬聽之哉

遷城祝家岡疏　鄒之有

欽差提督西司房官旗辦事錦衣衛管衛事都督同知臣鄒之有謹奏為流賊勢逼荆襄土城瀆水弃地懇乞聖明俯允輿情擇基遷建以資保障以垂永久事竊照流賊豕突鄖襄一入荆州有剥膚之勢臣籍隸公安正當要害雖蕞爾小邑實荆州之襟帶江陵之門戶洞庭之咽喉七省之孔道也邇至惟恐城守以無恐若臣邑則有不可恃者矣臣忝禁衛痛切時艱

棄梓利害不容不及時為我皇上陳之而有所請也臣邑地勢下流滄桑靡定二百年間自柴林街遷至二聖洲復自二聖洲遷至孱陵驛遷之者凡再而古蹟三清二聖皆隨縣並遷焉至崇禎元年又以江圮請遷蒙皇上鑒允下臣鄉撫按估費欲動錢糧一萬八千兩卜遷地名椒園計土址初成四門學宮建立並現存磚料等項護費七千金其餘將次第經營矣不期江水奔潰異常亡何遷基又復近大江之滸家靡蘖室民切魚心人情但趑趄而不前城工亦蹉跎以漸緩迄今七年仍成墟壤空立泥垣此何城也而可為要地保障耶目茲皇威振赫群賊旦夕就殄或可無慮但創建之初正欲為久安長治之計避江而遷則近江之地終不可卜迄今雉堞未底厥成錢糧尚餘多半不宜另擇安土以立不拔之基乎臣邑中父老子弟僉擇本縣西南四十里曰祝家岡前有峯嶺後有岡阜左右岫巒環遶層崇凝結世世保無水

患莽與其近而就淹不若遠以依高且地與新遷舟楫相通可以運載移此造彼朝發夕至遷果得地一勞永逸矣況暫成之而復淪於江朝廷金錢豈不可惜若遷祝家岡不惟永免波沉之害即未動之一萬一千用於實地並已費之七千亦歸實際矣臣思錢糧仍本舊估基址可為長業且時正切保障而事又下屬人心上關國計用是疏陳上請伏乞我皇上俯憐一方魚鼈之可悲洞鑒千里河山之所繫敕令臣

鄉撫按道府縣諸臣速給未發錢糧早遷催竣庶金湯永固帶礪長存萬民享樂利以無驚千載共乾坤而並久臣與闔邑士姓同戴皇恩於世世矣臣不勝激切待命之至崇禎七年二月初四日奏初七日奉旨遷城避水依高有裨保障但事關闔邑動費萬全着彼處撫按官會議具奏該部知道

催新城疏

欽差提督東司房官旗辦事太子太保錦衣衛掌衛

事後軍都督府左都督臣鄒之有謹奏爲遷城奉旨已久沉氛横突宜防伏乞嚴敕速竣城工以固保障事臣邑公安俱江水嚙城圮又罹火災臣因於崇禎七年二月内具有流賊勢逼荆襄等事一疏奉聖旨遷城避水依高有裨保障但事關闔邑動費萬全着彼處撫按官會議具奏該部知道欽此隨該巡按湖廣監察御史余應桂會同巡撫湖廣右僉都御史唐暉題覆前事奉聖旨該部議奏欽此又該工部尚書劉遵憲等部覆前事奉聖旨是該部知道欽此欽遵迄今三載矣時流賊遍薄臣鄉官民憑何守禦誠有足爲寒心者蓋因改遷以來縣官凡經五易掌篆有如傳舍是以朝受事夕忽輟工倘非久任責成難就金湯聳固兹頼撫臣余應桂爲按臣時加意地方苦心設處捐資助費錢糧陸續接濟今有新任按臣徐之垣激揚振作刻期可竣兼之道府協力贊襄縣官張大韶精練敏達諸務綜核並督工驛丞袁之彥等分任催趲群力方當畢舉工力正有頭緒但恐

轉盼瓜期銓陞忽至經手之人條而謝事將垂成之蹟爲半途之隳矣公安一邑不足惜其如皇上封疆何伏敕吏部暫停陞轉俟其工完優叙示酬庶責任專而城工可計日竣矣臣不勝激切待命之至崇禎九年内具奏旋奉旨公安奉旨改遷如何久不竣役着該撫按責成見任官作速鳩工措費勒限報完不得延諉該部知道

祀典

祠祀者自古崇有德報有功祈年而禳不祥凡以爲民也狄公獨留四祀盖以其有關於世道人心國計民生耳天下之大莫不首祀先聖而山川土穀之神皆有功德於民公安作爲新邑庶事草剏迄於今昇平既久廢者興茀者除神將有所悲依歟至若佛老之宅不載祀典昔人謂其可以容畜且其來已久例亦得書故附紀焉所愧者承乏

之駈改築竹林急公祠而勝國所給祀典無案可稽無從請復不得不待其人

學宮祭品

左籩八　芡　榛　鹿脯　菱　中燭　羊

爵鉶　和羹　棗　形鹽　栗　藁魚　大燭　燭

先師位　爵登　大羹　簠黍　簠稻　簋稷　簋粱　香　祝版　香帛與爵俱三獻

爵鉶　和羹　韭菹　菁菹　醓醢　鹿脯　大燭　燭

石豆八　芹菹　笋菹　兎醢　魚醢　中燭　猪

魚醢

四配祭品　曾思孟同

左籩四　羊肉

爵鉶　和羹　形鹽　藁魚　燭

復聖顔子　爵登　大羹　黍稷　獻帛位　香帛與爵俱二獻

爵鉶　和羹　鹿醢　菁菹　燭

右豆四　芹菹　笋菹　兎醢　魚醢　豕肉

十哲祭品　冉子以下同

栗　鹿脯　燭

形鹽　棗

先賢閔損　爵鉶　和羹　黍稷　帛　總獻　香牲　帛與爵俱一獻

菁菹　鹿醢

芹菹　兎醢　燭

兩廡祭品　每四位一壇　先儒先賢與祭品同
先賢　爵　栗　鹿脯　豕肉　燭
先賢　爵　黍　形鹽　棗　豕肉　燭
先賢　爵　稷　菁菹　鹿醢　豕肉　帛　總獻　香
先賢　爵　笋菹　兎醢　豕肉　燭　燭
啟聖祭品
與正殿同
啟聖先賢祭　啟聖先儒祭
品與四配同　品與十哲同
文昌祠　魁星祠　土地祠　三處祭品與十哲同無帛

正殿帛長一丈八尺凡三獻爵　四配爵帛
亦如之每帛有正印官印三顆　凡二次
十哲爵帛　啟聖爵帛三　啟聖先賢二　先儒帛爵
凡一次　與正殿同　與四配同　十哲同
每帛有正印
官印三顆　鄉賢祠　名宦祠　二處祭品與十哲同有祝文
經祠
社稷壇在縣治北城外
風雲雷雨山川城隍壇　舊志明洪武元年詔郡縣祀山川明年詔有司風雲雷雨師合爲一禮六年詔合祭風雲雷雨山川之神壹又合城隍祭之　國朝祀典同攺遷在新縣城南門外

大德祠　先在東門外楊公春星移建西門外康熙己亥大位和尚募邑人捐助重修
邑厲壇在縣治北
旗纛神　歲以霜降祭之於教場演武廳
鄉厲壇　舊志每里各一所今久廢
城隍廟　在城內國初衛公藏天建楚公煜重修趙公希膂改築殿基門臺高爽前濬爲池
關帝廟　一在城內一在西門外一在灌洋一在井子舖一在斗湖堤西戴名世建一在油河口壁公守琛捐俸遷附青蓮庵之右沈公寅捐磚瓦修前殿邑庠龔三捷捐間架木料
西湖廟　即三閭大夫祠一在油河口今崩入江一在雷森灣

左公祠　原在舊縣祀照烈也帝於此中有大功德邑因以名祠久崩入江今無地可卜不能振而興之亦大缺事
武侯祠　相傳謂呂蒙祠邑進士劉珠一日過此題詩有云千年面目猶慙爾誰信祠頭有鼓鐘是夜夢蒙長揖而謂曰何相讓之深乎一夕火焚其祠後人攺爲武侯祠在孱陵街楚炬之後舊石門柱上有劉珠題聯云漢業鼎新二表見出師之意蒙城廟食千年愧僣賊之心康熙庚子承之之雖即其舊址捐建新廟邑諸生龔三捷詩曰赤棘黃蘆大道傍武侯祠廟久拋荒相看不是覃光殿枯木寒鴉又夕陽
庾公祠　祀子貞也今無

文昌祠 在油河舊城南門內久崩入江今新祠在學宮傍

三義祠 先主關張今無

孱陵侯祠 即呂子明在斗隄後許德修今廢

竹林寇公祠 在舊縣斗湖隄之西公卒于雷州柩過公安士民感其忠義道傍致祭折竹掛紙錢焚之逾月枯竹盡生筍衆因為立廟號竹林寇公祠宋南渡後孟公珙拓其傍為書院後又改為學宮元薛公友諒重修有記載藝文嘉靖七年邑大司徒鄒公文盛請給祀典題畧兵燹亂後荒基烟蔓而江岸崩潰又將偏圮康熙戊戌承乏之斲改遷于新治北關外大道之傍捐俸建祠上下俱三楹人士咸喜載酒賦詩爾落之者甚衆種竹植楊柳將來東郭外勝地也邑諸生龔三捷詩曰七百年來寇相祠劫灰飛盡震江危只今烟雨瀟湘色多少行人問舊碑 有記載藝文志

戶部尚書鄒文盛

請給寇公祠祀典疏畧曰 臣原籍湖廣公安縣境內有宋臣忠愍萊國公寇準祠堂一區史誌所載故老所傳蓋謂準自雷州喪還道出公安邑民插竹迎祭後忽生筍成林即立廟祭祀以羽流主祭事號竹林道院宋南渡後孟珙制置荊襄於道院東南築書院以處四方流寓之士祀準于內因名竹林書院理宗親灑宸翰書額賜之及明朝書院改為儒學而書院仍舊數百年來邑人歲時致祭率以為常臣謹案史本傳準事太宗真宗朝為宰相忘身殉國固請上之立澶淵之議是其功之大者餘不能悉數也及其貶竄而感民弔祭能使既斬之竹含生出筍蓋其忠誠義氣有以動天地孚草木非偶然之故也今祠宇雖存而儀文不備伏望陛下追念忠賢祭需等項定立品式每歲春秋縣官舉行祀事永為定制實天下為臣子者之大勸也部覆如議行後有司遵行之宋王十朋詩曰油水江頭寇相祠纍然如生廟堂時精忠一點不負國枯竹知公人不知邑人王祭酒向寇公祠餞江編修還蜀詩曰偃舟西去湖流遲江上登臨弔古時錦纜纔攀巴子國椒園先拜寇公祠綠楊霧鎖迷芳徑修竹雲高長茂枝千載忠腸遺憾在天涯此日動君思王司馬軾詩曰大事當頭只自知誰能協力濟艱危君王不肯爲孤注宗社將應到色絲也有通天犀作帶更無插地竹生枝尋幽坐徹風篁影山鳥山花總寄思鄒司徒文盛詩曰名在當時 亦知北門鎖鑰係安危推鋒聊試千鈞弩補衮應須五色絲奸骨已消炎海瘴忠魂猶托澗川枝崖州咫尺還

相遇天道分明可再思諸生成已詩曰江上遺來寇相祠旋將舊竹插新枝北門鎖鑰偏遺憾南國蘋蘩重所思自昔樓臺無地起於今梁棟有人支春回精爽荒烟裏爲借鄒陽玉律吹南宮黃虞子輝詩曰誰謂公不祀祠堂南北存徵蓮花香屬江竹筍兒孫海瘴消歸路溪毛引斷魂憾無桃蒨淚重染弔湘痕桃蒨公侍姬也其餘碑記靈異詩俱載藝文志

三相祠 即竹林祠後人益孟龔二公而三之邑中又有四相之說謂武侯也

楚國公祠 阿里海牙也在舊二聖寺後即故白塔寺今崩没江中

刹宇

二聖寺 東晉太和三年道安慧遠二法師建寺凡數遷初在江邊即公安港舊寺也唐宋始改梅園

遠公懸記一千年後有肉身菩薩改吾道場於梅園是也洪武乙卯江水崩潰徙椒園故安成劉太常宣記曰再遷于椒園之坊而寺始定嘉靖丙寅江水復齧遂移東南郭外今人以舊寺爲梅園而此爲椒園者誤也大雄殿燬于天順二年前此易殿造像則給諫萱其始滿空蓴其終後從事拓基則應諒闢其荒輩心藻其績也二聖閣及繚垣皆靈心募造而皆過堂上法樓則龔侍御仲慶合諸宰官力市傍地爲之浚以貯藏經堂以待行腳其粥飯至人則十方衲子遍識之非寺所得轄也其隸事者爲臨湘僧圓相菴法師也寺有洲堂有田皆各隸主者宋參知政事馮楫二聖靈蹟記曰晉太和三年賓邱手菩薩道安法師護法菩薩惠遠法師卓錫開基建寺于邑之江濱額曰安遠寺迄太元元年春仲一夕邑令周通夢二神叩門語之曰汝輩多爲不善將陷泥塗今吾誓以西方之法

安鎮是壤翌日家傳戶告萬口一辭忽聞空中語云還見吾否往昔因中乃童子身于寶蓮花藏如來前得受菩提記號曰青葉髻王婁至德如來賢劫千佛下生之數也又有語曰今西北香木二根自洞庭溯洄至此已三歲矣將有西來二鄰行者立吾二像於是縣令同諸父老訪于江濱求得之復遇披褐剪髮者從容揖縣令曰得非西來鄰行乎荅曰朕具語其故行者許諾借之公安爲立二像運斤之日靈光四佈非烟非雲郁郁紛紛不聞其聲七日像成清風四來靈光忽散啟戶視之遂失西來二鄰行者惟見二金剛像屹然如山精光射人莫不震悚時仲春八日也嗣是四衆皈依有禱皆應既而夏秋洚水泛濫妖物作害崩潰隴岸有司禱于二聖見於雲中現像手執寶杵金環于是水患寢息民賴以安厥後或現足跡以驚群迷或示履痕以堅信或托諸夢寐或流爲讖兆

余披大藏經中二聖本願芬陁利經之所載驗于此矣昔遠法師頁記一千年後肉身菩薩改吾道場於梅園至唐貞觀二年杭商史清者駕舟自浙而來二聖化爲童子求與鼓棹商者曰二豎者力能勝吾舟耶童子曰客無慮但得夜行請各自睡至夜商者寢於舟中童子鼓舟商有從者密覘之童子現勇猛二神夾舟而飛從者報於商商亦覘之知其神也戒從者勿視莫知其舟所逝但聞草木之聲雞鳴商者起視舟在寺側不見童子商者趨見二像與夜鼓舟者無異遂感立化于寺俄而貌赤色垂領如龍衆皆驚愕沙門用麻覆身以香泥塗塑其肉像崇奉在寺一日附於童子曰吾是娑伽羅龍王化身感二聖救護衆生特來匡翊又曰百年後有一夫欲損吾軀終莫能至唐季巢寇犯境欲挽撲之力終不遂發矢亦不中遂委縣去顧有汗痕之迹種種靈通不可盡述迄我皇宋列

聖御宇以來佛神聖顯尤加昭灼遂以其寺爲薦嚴之所屢褒賜封額太平興國元年賜額興化禪寺天聖三年改爲萬壽禪寺崇寧四年敕加天寧萬壽禪寺紹興七年改爲報恩光孝禪寺景泰五年敕加青葉髻王爲精進如來婁至德爲妙果如來敕封娑伽羅龍王化身黃衣使者爲忠烈侯又敕佐感應判官爲助順侯易額二聖禪寺今年孟秋四日夜余以王事之西蜀舟經公安江上忽然晦冥風濤大作舟人莫能措手足舟幾覆沒忽聞空中語云爾等勿怖吾當救護須臾舟竟到岸迄曉視之且在寺側余乃知佛神之靈也於是秉香詣寺謁謝索其靈跡住持卓翁遂出本授余仍請更增益之余感佛神救護之惠故並其前靈蹟槃爲之記餘異跡甚多見別傳寺舊有辟支佛牙及有宋諸敕趙子昂十八羅漢叁元書金字法華經而羅漢爲當事者取進故相家後不知散失何處

又有羅漢十一軸名筆而失其四寺僧不知重今久蠹朽有唐鑄〔銅〕迦及二聖像精妙古峭長不盈尺今與失寺頹壞灰如禪僧令徒撿拾遺材重建大非故時矣飛空

香升寺　古寺也不知創基何年宋乾道中僧德智重建在谷昇村〔?〕有十八羅漢及水陸像皆古名筆相傳丁古樹中得之蓋兵亂時所藏也今失寺存有龔方伯詩載後

寶化寺　在茅穗里

天崇寺　宋景祐中僧無能建明初僧紹彬重修茶男時有舍利今嵌塑像之頂尚〔存〕里民周〔氏〕重修在刀環里里人毛廓菴志天崇寺詩曰野寺依族黨累世相依託眾號恒於斯杯盤不待約松開白鳥鷺〔?〕下碁竿落兒福喧虛應經〔?〕反寂寞牛犁分港共田器寄簷各去僧俗如同百年等今

明亂離獲生全不忍違行〔?〕敘述吾祖先聲容尚可學自笑三十載驅馳雙〔?〕早失以脫悟歸與起前諾

法華上　在刀環里庠生〔?〕修袁中郎先生墓在其〔?〕朱〔?〕郎公祠焉

中臺寺　在刀環村里人周氏修

太陽寺　太陽古寺也少陵集有太陽沙門詩易古〔?〕今作陽宋紹興中重修

大光寺　在大元里邑人周道遠建

牛頭寺　在牛頭邨古柱有龍乘風雲騰去至今相傳有龍池

之田寺　在牛頭里

齋居寺　在舊孱陵城宋嘉定中僧寅公建

淨居寺　宋紹興中僧法興建明村民周氏重修在刀環里

崇果寺　宋紹興中僧頓禪建在抃丘村

普光寺　在茅穗里元大德中建

北觀音寺　在茅穗里宋元豐中建

江陽寺　在茅穗里

清化寺　在江陵界上叢淨村

雙田寺　唐開元時遠法師建袁中郎先生有雙田開山自序唐之句龔仲元子世瀚姪世法讀書處

章田寺　宋太和壬寅婺婦王氏建

龍門寺　宋乾道中建在長安村

利濟寺　宋淳祐中森上人建在長安村

報慈寺　在特郎村唐時勅建開山說法者爲藏興禪師龍牙弟子也宋元祐中蓋庵禪師重修亂後僅存圓通一殿寺僧以殿作場舁于中用牛碾稻磚甃皆碎順治中邑人尚匪望等請灰如禪師住錫興復有邑生毛仁軌詩載後守備李淌捐修藏經閣老僧嬬石別修應院精舍

報本寺　宋元豐中建在茅穗

龍溪寺　宋紹興中僧明庵建萬治中邑人鄒廉修〔?〕司徒史也

大車寺 宋□和□僧□建今住持三□復重修

義堂 宋紹興中僧慈潤建元至正間鍾載岳武穆征楊么還祭陣亡將士處故寺以名在長安村□中郎小修墨跡

大德寺 宋景定中僧月溪建在長安里孝廉高重望明經袁世繼重修

南禪寺 宋紹興中傳霞上人建在西辛村

法海寺 元至元中僧法游建袁節母萬氏重修在廖解里

金果寺 □廖解村今修復

樂善寺 宋端平中僧惟鑑建前六龍淵在東河東今修復

白菓寺 宋紹興中僧正秀建二聖下院也久廢

南觀音寺 呼爲南觀音寺者以北茅□□□亭也宋宣和中柴□□尚□在□修復

古城寺 久廢

淨土寺 在魯陂村舊爲紅巾賊所毀

庵

二聖庵 在二聖洲大二聖公迹顯神之地也洲圖有田

洪華庵 斗堤後始于王孝廉承光李居士承芳僧眞惠成于袁公宏道中道僧置像黃太史輝題曰精進林今無

觀音庵 去法華庵二百步王孝廉諸公合成之今無

青蓮庵 在斗湖堤西南袁公中道太學安道建麻城顯宗和尚開山僧志雲重修

淨業庵 在谷昇里御史龔仲慶建

淨土庵 在谷昇里近嵐令龔仲敏墓其生時所立以在修行僧眞源者

淨慈庵 在長安里鴻臚龔世表建附近墓地

荷葉庵 一名珊瑚庵在荷葉山後三袁先生建

古佛庵 初名生生庵臬副王遂改題邑庠袁貽孫建子明經昌麒修僧雲省住持

板橋庵 在舊縣原有庵田並義塚

準提閣 在新城內通城居人建

萬壽閣 在東關外即舊地藏庵僧會江周孝政建沈公寅題額爲祝釐之地

廣慈庵 在西門外邑民毛茂先建

生七庵 里人劉士望建

觀音庵 在廖解里邑庠袁貽彥建子庠生雲翼重修

吉祥庵 在港口河東岸邑庠袁夢虞子庠生惇忠姪廩庠惇思仝建

觀

東嶽觀 宋元祐中建在西辛村今道會張得俊重修

南嶽觀 原在斗湖上明正統中祝楊大銘建邑人李德明重修兵火後此觀巋然獨存今移郎家营

竹林觀即寇公祠今廢故基存

紫霄觀宋慶元中道士楊復庵建今基已遷

廣德觀縣地數百里平衍至此始爲岡巒曰石子岡宋紹興中道士王公紹建道士何元靖及村民吳寶重修

白雲觀宋景定中道士王德演建在谷昇村

洞眞觀宋淳祐中道士景公建明成化中道士張道乾拓之今又復修

洞神觀宋淳祐中道士舒守庸建邑太學生龔仲安重修庠生余爕等再修在谷昇村

崇眞觀宋寶應中道士李公建在大光村

公安縣志　卷之三　祀典附刹宇　廿三

長生觀宋宣和中道士石法言建在牛頭村

東昇福觀宋紹興中建今修復

西昇福觀宋紹興中道士龍青全建在茅穗里

白馬觀在特邱村舊有梧桐樹合抱亂世死今樹兒又三尺圍已

福星觀宋宣和中道士王大有建在平樂村今修復

悟眞觀宋咸淳中道士邵月潭建在魯陂村今修復

刻木觀宋景定中月溪道人建其中有刻木若媪像者相傳其地有古楓樹一道人遠來每夕徘徊其下呼其母樹遂應聲遂伐木刻像肖之機閔若生至今存焉後人神其事遂爲立觀或云卽丁蘭也明天啟間龔世焜捐修重典其中有鼓大徑三尺許蓋木欑木所刻也今存

崇元觀宋景定中道士楊如眞建在魯陂里

玉淸觀在長安村今廢

玉虛觀元至正中道士張宇玉建在走陂村今修復

太平觀原在舊縣內隨縣遷新城東門內邑民何春華倡捐重修

佑聖觀在刀環里

香靈觀在刀環里

烏龍觀在杏昇里

公安縣志　卷之三　祀典附刹宇　廿四

古蘇菴在杏昇里蘇渡河南岸明萬曆初年誥封文林郎陳公宇伯凱建草菴讀書處後長子孝廉文林郎明中次三子邑庠選中選中重建在菴買祭田立石伍以小楊壹口明末兵火菴燬頹廢康熙甲戌孫中子邑庠士耀孫國學也平捐資重修僧智明募化全建每逢鄉試也平會試中選中子邑庠進南大鄉孫邑庠鉿宁鉿蒸鉿不楚雄國學鉿塈鉿癸鉿紳携子家釣家鉿家鉿讀書于中

名宦

生也名冠天下受天下重賞能使人稱道不絶尸而祝之可不乃賢已乎亦有當時無赫赫名去後能令人思三代斯民直道具在東里之猛也卒爲遺愛寢邱之封也進之負薪傳曰名者德之輿有是德有是名無是名無是德

後漢 軍師別駕

諸葛亮　殷觀

龐統　法正

三國吳 南郡太守

周瑜　諸葛瑾

呂蒙　周允

鍾離牧

晉 內史

應詹　臾侯承

王矩　桓石虔

鄧銓　謝純

王裕之　車育 主簿

宋 內史

王景文　桓範之

竺超民　朱藏

庾黔婁 令　劉坦

周敷 南平鎮軍主

梁 內史

王褒　賀革

陳 刺史

陸子隆　吳明徹

孫陽　樊毅

樊猛　陳慧紀

陳叔堅　陸子才 守

唐 邑令

王籍　周通

宋知縣

謝炎　張戬

程千秋　黄注簿

王彥安撫使者　解潛

孟珙京湖制置大使

元尹

薛友諒　毛好義

張元愷　朱顯文

禿忽赤監　只兒哈郎監

劉讓簿　宋廷儒尉

文子璋提舉司　廉希憲中書平章政事

阿里海牙楚國武定公

明知縣

許德洪武元年任勵精爲治一洗舊弊元習邑彬彬文治自公始

鮑綸舒城人永樂中任興利除弊頗稱神明捐建鎮安橋

俞雍有傳　楊雲才有傳

崔庸洪武間丞開濬廣德楊石二塘

錢允遐首濬石油河建東壁橋敦請袁中郎先生重修邑乘文治惠政至今父老能言之

高鳳翔有傳　朱希萊有傳

張大韶修築祝家岡城池留任三年邑人愛戴之

趙繼時有傳

國朝

沈寅

鄉賢

瞽宗之祀祀其鄉之賢大矣此治世鼓勵風教之盛事也近世以來子弟欲榮其先人例皆求入焉於是祠中之主纍纍濟濟不啻寂莫夫矍相之圃觀者如堵而延揚一觶存者寥寥孔門家法嚴厲如此而謂今之纍纍濟濟者皆足登闕里之堂陪兩楹之奠吾恐升階歷級足次且而顏泚汗也烝嘗肸蠁豈或異是

王偁 祭酒

王軾 兵部尚書太子太保謚襄簡

王貢 江津縣知縣

何臯 睢寧知縣

何□珊 廣西布政

鄒文盛 戶部尚書謚莊簡

毛廷爵 宏治戊午舉人

劉□珠 嘉靖辛未進士

王□格 黎平知府傳

咼棱 舉人

龔大器 河南布政使

李□台 成都知府

咼文光 巴縣知縣

袁士瑜 封編修吏禮二部郎中

咼文美 溧陽教諭

李守約 南道政使

袁宗道 會元

袁宏道 吏部郎中

袁中道 南吏部郎中

侯一莛 羅江知縣

蕭九疇 贈貴州監察御史

蕭毅中 巡撫都御史

熊膏 巡撫都御史

咼邦永 四川知縣

龐瑜 陝西崇信知縣

袁祈年 舉人

李菁 龍陽訓導

咼邦久 禮部儒士

朱輔 成化丁未進士

毛羽健 御史直諫有聲有傳

龔世淥 掌銓清名播海內有傳

侯偉時 吏部文選司王事死節

田昌 廪生殉難按孫志畧于鄉賢頗任意不典又王輅明時已入祠今不知何以削去豈以其後人不振故耶

國朝

咼重望 舉人封南陽府推官

咼正儀 南陽府推官

三閭大夫屈公崇祀鄉賢附錄

督學翰林院編修繆公諱沅行文查案節畧

公安縣儒學生員龔三捷呈爲敬陳鄉賢懇賜鑒賞高蹤懇恩賜文轉達事竊惟斯道之賞協民在籍移而默運經術以經世務亦崇在以風來生續楚詞大史公謂離騷之作自怨生生謂離騷之志又自慕生也當日之不忍其君彷徨山澤而處其山號泣等不幸而鬱結無告懷沙以死僧父野老至今不忘五日麥飯而獨不得與於黌宮之俎豆不無缺焉生會于同郡之監利縣見崇祀鄉賢者以伍員爲孝子以申包胥爲忠臣因之有感竊思公生于荆而遂志于長沙楚鄉之賢未有能先之者若得邀一筆之殊渥與千載之曠典使楚鄉賢俱得崇祀屈公人心有不大快者乎爲此具呈

鑒生性僻嗜古之愚原生思出其位之業俯酌下情賜文上達設芻蕘之言可採將汨河之波少廻三楚幸甚天下後世幸甚等情該學詳請前來爲照屈公忠貞盡瘁辭令爲經身入汨羅湘水之流波並紫歌傳蘭芷江皐之艸木齊芳精魂直追大伍員何羨素車銀鏡宗風依稀手未王自繼白雪陽春日月爭光里巷猶傳競渡之節春秋禮祀几楚可無泰鏘之文入

先聖之門墻作楚賢之領袖宜昭祀典洵洽輿情爲此備牌行府轉飭各屬擇吉置主入祀奉府除移會學遵照康熙六十年正月轉行到縣本縣當即移會儒學擇吉於二月二十四日奉主入祀仍將入祀日期徑報學院

並報本府

選舉

周制以鄉三物教萬民而賓興之大樂正論造士之秀者升諸司馬曰進士即今之甲乙科也當時賢書之貢必加拜受想其恭敬而不敢慢賓興之詩曰示民不恌君子是則是傚言用賓於王民之望也歷朝取士之法不一而總以德行經術才藝不隱而外標茲好爵者例得書名遂以不朽後之觀覽者其亦思不愧科名也與

晉

車允 南平人祖育爲本郡功曹少時篤學不倦家貧不常得油夏月囊螢照書及長甚有鄉譽桓溫在荆州引爲主簿太元中領國子博士遷吏部尚書王國寶諂會稽王道子諷八坐奏以道子爲丞相加殊禮允言不可忤道子意乃稱疾不出

宋

張景 字晦之公安人少從河東柳開遊開悉出家書畀之嗜學益力與孫僅朱嚴輩相麗益聲華日振真宗詔有司討借天下士景居首列爲房襄二州文學參軍轉贊應舒淮晁偉禑馮炅礦誣景剪除之從通理真州事所著有洪範王霸數十篇仁宗嘗召見問曰卿荆州有何勝對曰兩

岸綠楊邊虎渡一灣芳草護龍洲又問所食何物口新粟木炊魚子飯嫩冬瓜煮蟹裙美韻捷如此而風景土俗瞭然矣

宋

王邦直 官侍郎

毛仲材 江西吉水人進士理宗時諫議大夫以使事過公安樂刀環山水之勝曰此水之源山之盡也遂卜居焉至今子孫繁衍代有聞人所居今號曰官莊

元

普元理 其先高昌人徙公安至正壬辰進士任御史僉江南湖北廉訪司事時所治郡縣已皆入於逆賊遂詣湘憲假分司印徵兵屬郡未幾援嶺南叅知政事兵潰一門死者過半而元理終不屈

杜敏 漢嘉人其祖因避亂自蜀至公安遂家焉兄弟六人好學不倦俱以儒業顯仕元爲考作郎歐陽元讚其像

何廷蘭 其先鳳翔人徙居公安仕元踐登省臺三十餘年納忠陳言秉節不阿

張德遠 吉水人由鄉舉授大理寺事時蜀川紛擾奉命討平賜金帶致仕洪武間遊公安因占籍

明

田文質 公安人主事　熊達 公安人府同知　劉朝宗 公安人主事

崔英 公安人　祝暹 公安人知府　馬德 公安人知縣　郭棠 公安人推官

李明新 推官　杜宗貴 主簿　沈艮佐 縣丞　楊逵　張哲 府同知

明進士

洪武中

李本

李鳳 未詳科分

永樂甲申

王必寧 曾棨榜知縣

壬辰 韋國正 北大理寺評事

戊戌 張斌 福建道御史

辛丑 王仲實 曾鶴齡榜評事

宣德庚戌

王惝 林震榜初名振以同中官名故名惝官祭酒有傳

天順丁丑

周易同 黎淳榜知府

甲申 李芳 彭教榜官御史以言事謫湖州府同知

陝茂 陝原作自英宗閱榜賜今姓官參政

王軾 兵部尚書太子太保謚襄簡有傳

成化丁未

朱輔 費宏榜南陽同知右參政罷浙江鼎湖道纂海傳列循吏贈布政大夫

宏治癸丑

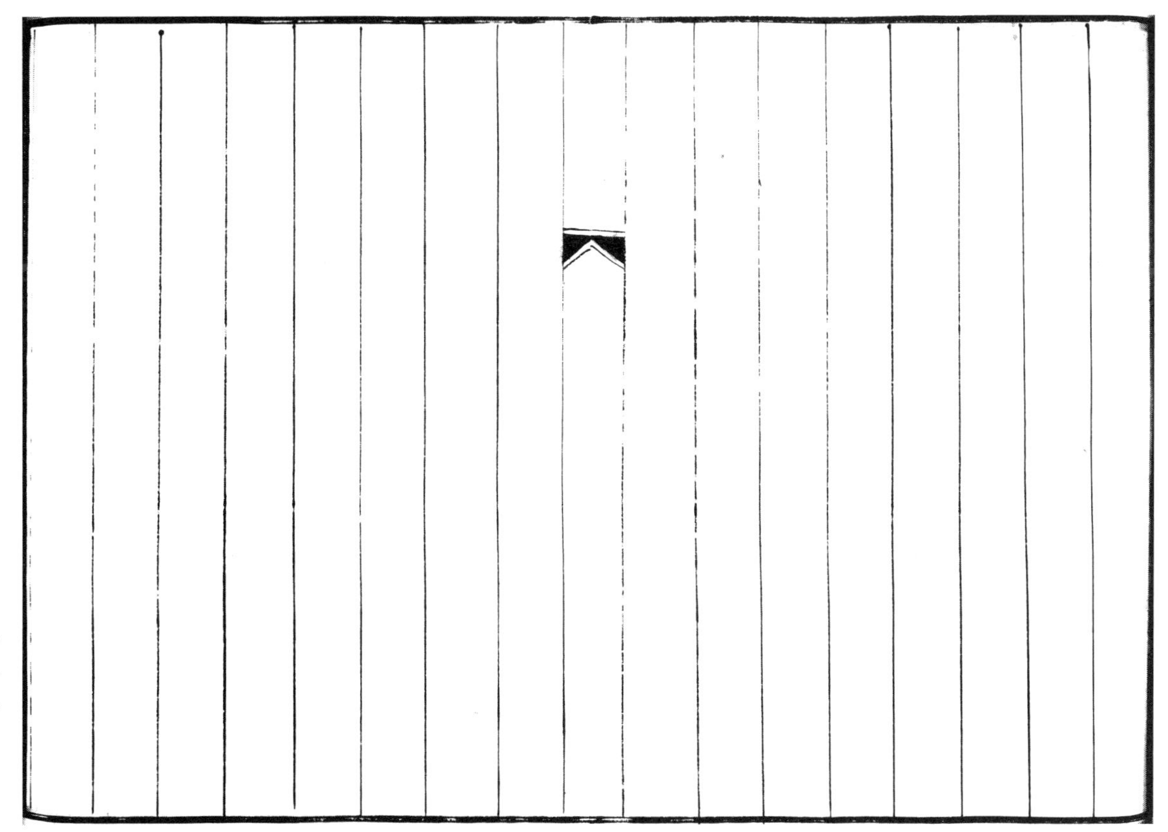

鄒文盛 毛愷榜戶部尚書謚莊僖有傳

嘉靖戊戌

鄒文瑞 茅瓚榜御史

李秀芳 御史

辛丑 李台 沈坤榜成都知府有傳

丙辰 龔大器 諸大綬榜河南布政使有傳

乙丑 周良臣 范應期榜戶科給事中舊有傳今失

隆慶戊辰

李長春 羅萬化榜

辛未 劉珠 張元忭榜主事有傳

萬歷丁丑

李守約 太常寺少卿有傳

庚辰 龔仲慶 仕侍御史至兵部車駕司郎中有傳

丙戌 袁宗道 會元官少詹事禮部侍郎有傳

壬辰 袁宏道 官吏部驗封司郎中有傳

乙未 王蕃 知府

丁未 蕭毅中 巡撫南贛有傳

喻守初 參政

劉惟忠 大僕寺卿

癸丑 熊膏 巡撫南贛有傳

龔世法 吏部文選司郎中有傳

丙辰 袁中道 南吏部文選司郎中有傳

天啟壬戌

毛羽健 文震孟榜侍御史有傳

崇禎辛未

侯偉時 吏部文選司主事有傳

甲戌 袁彭年 禮垣有傳

按楚志有方雄才公安人官德府祭酒科日未詳姑附此

順治戊戌

尚征儀 字又生別號敬峪仕南陽府推官理直而敏決一切獄決如流奉裁轉知廣寧塞外苦寒之地撫循有方卒於官民哭送之南陽有尚公橋人比之峴首云

鄒蓺亦 仕山東壽光縣知縣有傳

關以莘 字竹堅寶坻知縣

己亥　馬芝　字友蘭號紫崖盩厔縣知縣七有車擾最爲民害公下車詳請革除盩民感頌不已又夫婦睽絶事涉幽隱兩家父母皆無辭公不許斷爲伴侶逾年而生子邑詫爲神致仕而歸所著有時文長短篇及紫崖詩集

康熙丁丑　馬龍驤　字如周饒陽縣知縣才氣高邁文字雅贍每試必得雋以庚午高魁捷南宮所著有時藝稿擬續父芝長短篇爲合刻

陳文燦　字含輝西華縣知縣

明鄉舉

洪武甲子科　何永壽　教諭

庚午　林思義　縣丞

癸酉　易紹宗　運使　　丙子　林敬宣　教諭

張禮　知縣

建文己卯科　鄭壽　通判

郭繼宗　僉事　　馮文兕　學正

匡一定　教授　　徐子奇

永樂壬午科　陳如川　教諭

徐士奇　教諭　　王必寧　見進士

乙酉　陳元亨　　戊子　宋友謙　御史

胡文宗　　楊懋

甲午　王壽　　丁酉　張斌　見進士

張敏學　主簿　　庚子　王仲賓　見進士

癸卯　張輝　教諭　　龔富

宣德己酉科　　祝榮　教諭

王 絢 見進士　壬子 劉子歛 知縣
景泰癸酉科　陶惟恭 教諭
謝 賓 知縣　何 時 知縣
文 魁 同知　陳 和
丙子 李 茂 見前　朱 廉 知縣
王 吉
天順己卯　劉 昭
蔡 衡 同知　壬午 王 軾

陝 茂　李 芳 俱見進士
成化乙酉科　王 湞
辛卯 王 祥　甲午 周 敬 監丞
丁酉 李 英 知縣　癸卯 朱 輔 見進士
丙午 何 璿　鄒文盛 見進士
弘治壬子　何 珊 見進士
乙卯 王 贊　李 堅 通判
戊午 王 貢　尚 校

楊廷傑 知州　毛廷爵
正德癸酉科　朱 詩 通判
毛志忠 號黃溪生而穎異強記絕倫十二歲入鄉校十六中正德癸酉舉人赴省試時與書賈同舟取其書閱隨置江中賈客訝之則曰吾已閱記矣遂盡誦之客疑爲夙讀者遂抽他籍背以試一覽後悉背誦不遺乃皆驚服任江西安遠縣知縣
李大本 知縣　丙子 王 頤
嘉靖乙酉科
李 璋 號杏橋下帷攻苦無間寒暑錄科遺其名取青衿詣文廟焚之再拜而出妻劉預買舸備糗強令赴大收得入闈試出以文示同舍生生曰售矣顧且後予大怒唾之已而果膺中乙酉舉人仕蜀彭山令蠲煩去苛典行布愷蜀人稱爲未幾卒於官

李 台 見進士　李文芳 知縣
戊子 尚文光 知縣 有傳　辛卯 鄒文瑞 見進士
甲午 李和芳 見進士　丁酉 劉 珠 見進士
乙卯 周良臣 見進士　龔大器 見進士
王 格 知府　甲子 熊萬卷
隆慶丁卯　李守約 見進士

彭端吉 司務

萬曆癸卯

龔仲敏 仕嘉興太原知縣有惠政有傳

己卯 龔仲慶 見進士　　袁宗道 丙戌會元

壬午 王承先　　龔世薦 家居教授著有方湖講學集

乙酉 侯一定 知縣有傳　　戊子 袁宏道 見進士

龔世瀚 歷仕西華南鄭建始三邑俱有生祠

甲午 曹邦台　　丁酉 鄒昌會 戶部郎

公安縣志　卷之三　舉人　四

庚子 袁履道 先名宗中石浦先生題改今名才名超出原有文集行世

袁致道 號雪里庚子與從兄履道師李邢台同舉[illegible]鄉宦公同學試又同寓時以為盛公先名宗郢石浦先生在講筵題改今名從行派也選荊門州教諭陞河南登封縣令為人蕭灑有出塵之姿政惠愛和平不嚴而理卒於任邑人思之逸喪至家涕泣不忘

李邢台 知州兄三白宦歸聽　　李學元 推官

李元祚 以爵頌籍中　　崔子瑛 同知

癸卯 袁中道 見進士　　陝嗣宗 四川洪雅令邑自洪武來無開科者公有庸最貴三十許以必中人皆笑之丁卯秋公預製錄同名三以待榜發果俱售人皆驚服考南御史

陞山西督糧道副使

龔毅中 見進士　　丙午 熊齊 見進士

龔世法 見進士　　羅遇旦

崔秉 中書歷仕淮南道守害生靈難

田于野 知州

己酉 鄒得會 知府鹽運副使好學有讀書詩一子瓜館蕭蕭燒短樂鼓聲陳處懸聲間何見不解忘眠越報到樵樓己酉吏

周世顯　　壬子 文希俊 知縣

公安縣志　卷之三　舉人　五

乙卯 龔家啟　　戊午 李進卿

天啟辛酉　　毛羽健 見進士

李開美 知州　　王嗣美 同知號奕軒昇有名士風

甲子 袁祈年　　袁彭年 見進士

毛羽宸 為文根極理要丁丑會試取中折卷日主者係溫周党知為侍御芝田公兄也遂不錄是役有毛羽儀者孝感人中進士亦疑為侍御族姪番校緝其家書致之獄竟革戍奸党之忌公如此

崇禎庚午科

張問名 有傳

侯偉時見進士　于錦心

丙午王彥之　己卯袁從年經魁

張正乾　袁嵩年

鄒國儀　蕭子達

壬午周重望以子正儀封推官　馬之見進士

陳鳴中知縣　毛炳文烏程知縣

朝

順治戊子科

甲午龍之縉新會知縣　鄒養赤見進士

李友松邑中以德行文學推生平酷左傳其鄉塁選家評為左氏逸篇隱居設教後學多所成就侄孫應鶚其一也　鄒正儀見進士

丁酉闞以華以江陵入籍見進士

康熙癸卯科　陳士璉

乙酉徐應秉江陵入籍　庚午馬龍驤第三名見進士

陳文燦見進士

癸酉馬應烜銓授鎮遠縣知縣溫文爾雅但以儒素傳家

己卯顏星復聖七十代裔　壬午周應運襄城縣知縣新政有聲

戊子汪佐誥第三名　辛卯毛廷申

武科

癸巳李也門　甲午李應鶚

周琦　丁酉沈俊掄

鄒敬詵

明貢生

洪武

徐勝先 通判　陳順昌 知事

李德榮 縣丞　侯坦 知州

楊原玉　曾繼參 縣丞

陳鎧 縣丞　余勉

永樂

桑復禮　曾貴

張鐯　周文質

杜謙　劉友諒

馬德　易震

張智　易恭

楊濟　許必勝

宣德

蔡吉 寺丞主事

羅文用　楊宗哲 照磨

田埒　李德新 縣丞

楊文質　傅郁

何俊 知縣

正統

曹子徽 字士美監生授都督經歷擢漢中知府漢得士民心憂歸父老赴闕留之

王賢 知縣　鄧宥 知縣

杜宗賢 主簿　姚良佐 縣丞

胡文敬 知州　馮澄 經歷

胡禎 經歷　卿繡

周志中 主簿　張必達 典史

何愷

景泰

王忠　劉傑

祝安道　楊遜 訓導

何淵 縣丞　譚寗 縣丞

王英　王質

郝榮　張鳳

天順
李清　李秀縣丞
吳遜　毛錦
王來陞　陳溥縣丞
田苗
成化
張遇教諭　陳鑌
杜美　王偉

楚原吉吏目　林思恭巡檢
桑林　薛決訓導
李完　王鉞訓導
宏治
袁璟中　張璉
許鑾主簿　韋存仁
康益　廖儼知縣
杜衡知縣　[illegible]典

崔子城福州丞　嚴寧
馬友信　郭淳
正德
傅訓　鄒寅
曹文綱訓導　陳伯福
陳佐　王葢
伍廷佐　陳章
蔡武

嘉靖
劉定　曹文才
曹文道　李譽
謝文煥　何怡知縣
李遇春璧山知縣　陳民望吏目
文相主簿　文材主簿
董佐學正　劉賓訓導
朱裳　蕭塤縣丞

曹文會 縣丞　王璡

曹文芳　喦文昌

曹納　王廷賢

李世喬 縣令有詩名中郎先生嘗稱之

元大用 縣丞　喦文美 教諭

陳亶 教諭　曹廷相 蒲州知州

陳九春 知縣　李仲春 教諭

張應璧

隆慶

周伯顯 教諭　崔仲沂 黃岡教諭

陝部 教諭　李守乾 封奉直大夫

萬歷

沈承志　韋廷表

李世文 恩貢教諭　田璧 通判

張定　王和 縣丞

李詩 訓導　田頲 江西安遠知縣有傳

喦邦永 訓導　沈大相 訓導

董三輔　崔世忠 蒲圻教諭遷河南汝陽知縣

天啟

周祚豐　毛懿 恩貢翁源知縣歷南寧同知

祝朋臨　沈承思 考授知縣

萬夫望 考授訓導父名華號二酉袁氏父子兄弟皆從之遊

龔仲元 少有大志十九食廩儀選入臨南雍十年移北雍又十年盡讀中祕書仕雅州別駕入尸祀之

毛苞 善化教諭

毛炳綉 乙卯拔貢　胡詩

崇禎

羅遇奇 考授訓導有詩名　袁安仁

袁元吉 當陽教諭　王來聘

王龍光 平江教諭　馬遜 宜城訓導

喦養重　沈承志 湖陰教諭

李學光 孝友力學貽謀昌後　沈承宣

毛壽登 崇禎乙亥選拔後任天津道按察司僉司　李澔 訓導

李學亮 郁陽訓導　曾一唯
李開雲 石門訓導　周曰旦

歲貢生

田鍾雨 順治辛卯選拔教習通判衢州府轉廉州府同知陞太守門人大中丞金璽爲著有海浦遺愛編

陳信中 由綏寧縣教諭興學造士數十年不倦反陞青城縣知縣循良有聲致仕歸人尸祝之

龔學洵 由蘄州訓導歷任教諭漢川光化陞施州衛學正著有詩集

周克友 由教習知潛山縣陞河州知州有傳

公安縣志　卷之三　貢生　七

田夢張 龍陽縣教諭

周于文 由選拔教習授和順縣知縣邑古肖陽地塞外苦寒不產五穀教民種蘇蔬民賴以生上官檄取麻稅力爭得免日進士子於庭教之以爲時文論策故士多典於學且有舉於鄉者薪俸所入俱散之親党性至孝以母老不能之官乞休致至號泣以譜古之循良篤敬人也

龔家齊 候選訓導

龔家仁 司訓通山克盡教職紳士德之及遷濟南府經歷爲之勤石亦僅事也所著有燮田文集詩集四卷

袁世維 恩貢候選州司

李完 候選訓導

鄒國鼎 候選訓導刻厲讀書設教嚴而誠及門多成名者

李際盛 司訓麻城縣製禮樂器今公安大成門榜文廟二字具了虞庠王樹自麻學摹來者

王家官 司訓安陸縣轉永豐縣丞修學宮勤會課兩晋邑纂上思有碑有詩文行世年八十七卒子鈴楚俱庠

何履乾 候選訓導與其弟履旋俱推名宿

馬應煥 平江縣訓導致仕歸　魯瓊

馬應門 通城縣訓導致仕歸　鄧序陞 文行兼優

鄒莊仕 澧州訓導詳請分岳州考以岳舊之石門慈利安鄉及九谿永定兩衛于澧州設廠

公安縣志　卷之三　貢士

阮士子 免剖庭之險　尚周南 由歸州籍

何又新 銓授通城訓導事繼母以孝舉行優年八十五卒

尚端儀 黃州府訓導致仕歸　譚又春 丁酉副榜

洪範 庚子副榜　王道隆 選拔

冉祚繩 恩貢　馬呂祚

龍士衛　沈光斗 父喪廬墓著有性理五聲羅亭文集

張雲龍　袁呂熉 能詩古文詞

朱方升　馬必選 年百齡

馬霨之考選教習 蔣 鉽 鄒養絜候選訓導

袁惇治 徐 第 馬霨之候選訓導

馬維捷 馬劒之候選訓導 袁惇穆

胡文弘 陳楚才 冉遴士

監生捐貲刊刻

毛稼登 禹溥南廩生捐納 袁雲開廩生捐納

禹召南附生捐 鄒莊楷候缺縣丞 鄒莊行考授縣丞

張 偉 王逵謨 鄒莊儼考授縣丞

陳也平屢應鄉試 王 璠 胡光乾

龐士弘 胡 施 劉之宣

鄒莊佺 鄒莊奉 鄒莊泰

蔡士元 蔡士鳳 鄒莊正

鄒毅選 袁惇秩 袁惇程

鄭廷瓊

馬霨之考選教習 蔣 鉽 鄒養絜候選訓導

袁惇治 徐 第 馬霨之候選訓導

馬維捷 馬劒之候選訓導 袁惇穆

胡文宏 陳楚才 冉遴士

監生捐貲刊刻

毛稼登 禹溥南廩生捐納 袁雲開廩生捐納 張 偉

陳也平 禹召南附生捐 鄒莊楷候缺縣丞 王逵謨

王 璠 鄒莊行考授縣丞 鄒莊儼考授縣丞 胡光乾

龐士宏 胡 施 劉之宣 鄒莊佺 鄒莊奉

鄒莊泰 蔡士元 蔡士鳳 鄒莊正 鄒毅選

袁惇秩 袁惇程 鄭廷瓊 袁惇俊 袁惇傑

李蔚然 陳家璧 牟曰明 牟曰旦 楊宗莊

何業宋 唐士昌 雷乘龍 趙學普 熊嗣閎

何賔宋 張什儆 熊亦錫 楊啟俊 鄧明珠

桑忠杲 沈光著 沈光俊

何繼興 沈 煉

邑侯庾黔婁傳

庾公黔婁字子貞易之子其先新野人幼好學性至孝不失色於人仕南齊爲孱陵令有異績縣境多猛獸皆徙去未幾易在家遘疾黔婁忽心驚流汗即日棄官歸醫云當嘗糞甜苦黔婁輒取嘗之每夕稽顙北辰求以身代俄聞空中若有聲謂徵君命盡居喪過禮廬於塚側鄧元起爲益州刺史起爲長史成都珍寶山積元起悉分與僚佐黔婁一無所取元起惡

其異衆乃請經書數篋辭除南郡太守在職清素百姓便之元起死黔婁身親殯殮攜櫬歸葬以泰暨傳太子讀書甚見知重（按鄧元起傳元起當陽人梁天監初爲益州刺史以鄉人庾黔婁爲錄事參軍又得蔣光濟并厚待之任以州事黔婁峻肯光濟善謀相須爲善其克劉季連不私貨財勤恤人事後惑於讒遂疎黔婁等不用由此政迹遂損）

邑侯張戩程千秋傳

張公戩宋神宗初時御史出知公安誠心愛衆清簡自持爲御史時常諫堯舜三代之事舉劾無所避論王安石變法曾公亮陳升之依違不能救正呂惠卿附會疏十數上又詣中書爭之公亮俛首不答安石以扇掩面笑戩曰公亮枉直不分宜爲參政所笑天下笑參政者復奈何

程公千秋徽宗時知公安縣時群盜至千秋帥民禦之岳鄂賴以安民間多繪像祀之尋命通判荆南

邑侯俞雍傳

俞公雍武進人由監生於正統中任公安令清介有志節性尤簡易自奉甚約徵賦刑獄貢獻之類區畫詳盡拳拳以民事爲心便於民者無不爲重建縣署邑中橋梁津渡雖窮鄉僻塢皆經指畫修築邑人至今思之

邑侯楊雲才傳

楊公雲才廣西臨桂人由舉人萬曆四年任公安令才敏識達有所興舉規制方略皆爲數百年計久之

終如所期無以逾也其於民事大小聽斷若神而一出於至誠惻怛獄訟不用勾攝質民於庭數言立決凡差役皆給以米不許擾民間一僉當九年丈量田糧公單騎行鄉野履畝定稅著爲條編至今利賴徵賦隨民所有雞線縷布絮衣襪針箸之屬皆許價付市易直以充賦置金數十於庭村民之入城輸賦者不覓至就金炊食已即返不忍費民間一文一粟也故民詣縣如歸家見公如見父母歡然親愛不爲煩

文常言曰公安百年必爲江地不得已議遷其椒園乎矣則視家岡可因修孟公隄及中隄以達於西村曰此可保數十年後遷邑一二如公言作九年歷荆州府同知善政甚多荆郡適有修拓北城之役計工量材有定額擇日起工矣忽直指檄加城二尺一時議者請改期增費紛紛不定公曰是何難因舊甓模驗視客展數分及城畢已增二尺不加費不勞民而大功告成尺寸不爽公之才敏率如此至今邑人思慕不衰舊有傳失去撰其所附大槩如此以俟續考

詩舊有楊公祠在舊縣北門隄上碑亭屹然今淪入江

邑侯高鳳翔傳

高公鳳翔字心翹金壇人由進士天啟中任公安令公丰儀清逸性慈愛近者皆樂而親焉不事嚴厲而庶事咸理艾扶士類評隲文藝經其陶冶者皆成佳士値邑有遷城之役百費騷然公鎮之以靜持之以平不爲一切苟急未幾而城垣學宮寺舍隄防犂然

就功後邑治改遷成功復毀官府數易而督責煩瑣益思公之恩厚爲不可及也公在邑與某忤幾爲所齮齕侍御毛公因邑中公論力與辨救貽書於公曰父母如此而猶有譴心媒孽者宜其遭回祿之變也是時邑大火故云後陞戶部主事　知府終於家

公子蘄舉於鄉

邑侯朱希萊傳

朱公希萊字念祖福建晉江人少能文屢就督學試

竟不得補弟子員庚午以白衣叩閽闈獲售辛未成進士授公安縣令公少年丰姿玉立及涖任練達乃如耆宿興利剔弊卓有風力公邑一里十排而勢豪之家立爲十一排脫免襍徭公立革除與編氓均劳逸民庶感悅邑居水陸之衝夫馬絡繹晨夕不得休息馬以大耗公曰驛繁而丞困工料不預發之故也稱責舉債一馬而費數馬之資矣於是先爲支給丞省子毋之費馬以不斃課試諸生甄拔英異皆於沉

淪中特加獎勵後之舉於鄉者多出公所賞識調襄陽襄值寇訌琴鶴隨身不廢弧矢未幾陞兵部主事甫離任而襄陽陷益公之福也崇禎末京師疫大作有疙瘩瘟中之即死公病一日而卒卒之日公邑門人禺重望適以公車至親爲調視藥餌經理棺斂哭而送之

邑侯趙繼鼎傳

趙公繼鼎號止菴武進人由崇禎庚辰進士授公安令初邑以舊治江圯邑金吾鄒公疏請改遷祝家岡城池新就而民情憚徙因循不果赴公履任即遷新邑披草茅擴狐鼪躬立風雨荆棘中一切堂署廊廡學宮倉獄諸務皆以罰鍰爲之不動帑金一銖他人棘手公獨游刃他人瑟縮公獨籯餘故新邑之遷草創於樂昌張公萃成於武進趙公也方宜興復相公砥礪鋒鍔無所避勢家大姓蒼頭有犯嚴加笞撻不少貸邑多積蠹舞文錢糧扣除高下其手公剔弊

除蠹老吏爲奸利者皆束手不敢前鑿錢糧飛詭竄簷下戶無偏累之苦是時司農以州邑賦課爲殿最而兵與民困亦有才須適賦者公廉民之饒而黠者令代輸族里之賦否則取獄中囚鋃鐺其項而繫之於其蹕使飲食臥起不得離故賦趣完而考無負殿獎拔士類有人倫鑒如孝廉陳禺中李友松皆其所識拔會人覘荆亂公遂歸里吳中亦亂多難辛苦舌耕資生少子中喬己酉庚戌間成進士公庭訓也

邑侯趙希階傳

趙公諱希階字二徐南豐人以孝廉任公安經學涵養真誠古道自誓止飲江水城內火公朝服拜禱風果反江水驟漲漫堤而公夜履危濕操文以祭水果退用春秋治其黨羽以孤爲惡之義每折獄强梁無理者並懲其祖翼數人觀者大快往往喧聲徹公座用周禮讀察倚民之義數無事出忽命之市所見異服少年呼之列跪於前察其言貌狡黠者杖之游民

自此屏跡衣一補綴羊裘门謂舉於鄉時房師贈以禦寒者寢處蒲席敝氈冬無茵褥淡泊寧靜天性自然是真古所謂當時無赫赫名去後能令人思者也適有徵發不能稱指自咲謂我江右人性執拗耳豈有他遂致仕歸有子九人孫數十人大都皆遺之以清白而已

邑侯許磐傳

許公諱磐字漸于華亭貢監由萬載縣轉任公安外温和而內剛明簡於言每讞訟兩造盡其詞徐出一言折之雖甚奸佞亦塞默不能對獄遂決捐建學宮盡心討畫而任得其人幾期月大殿巋然太守魏公勤濬嘉之南撫軍趙公申喬爲記城外開通便河借用烟戶人力衆樂赴未匝月不動聲色而工就樵風往來萬世利賴之至今稱爲許公河公素癉不任勞苦然每年巡堤必履勘數次以故力役無濫數無折乾無漏巵偪江善崩之處則預築月堤在在頌

德其見事明且決吏胥凛凛幾於花落訟庭冉子所謂居敬行簡公庶與幾焉在任七年卒於郡之行署所積倉穀年久缺原數八百石有奇邑士民願爲捐補其得民驗於此矣

邑侯陸守琢傳

陸公諱守琢字濟成吳縣人殿元肯堂公同懷弟也出繼叔仕中州郡試爲娶李相公女以故寓籍商邱由明經訓葉縣歷任公安才氣高邁簿書過目便了

能久延寔巧吏劣胥不敢措其高下手於民事則無
不發[illegible]丙至立鄉約講　聖諭止許供識察清保甲
遣吏給費不擾民間一飯以土著互相保結做古比
長相受相親和相及之意二年內徵收銀米設平戥
制斛令花戶得自稱量兩屆編審人丁不取冊費料
理誕誕若皆失望民間亦但知當年爲續造黃冊大
典且又嘗詳免役堤夫一年於險要處則親臨指授
做河工制運石作堤脚設木城以禦淘浪所勒石有

願以黃金鑄甘棠之句民詞多批摘不准開有受理
者逆發其詐莫不驚服以是喜事者相戒鼠竊不敢
入境闔圄屢空公之才爲何如哉

貳尹李尚公傳

李公諱尚公字[illegible]由大興庠生考授鴻臚寺序班
遷鳴贊補外得公安丞一意治堤務士民信愛之適
閣部大人席奉
旨往定溪美土司爭事立遣呼日批

殿上鳴贊　李郎也何時官此令與俱蒞土司欲得
其父槻歸首郎壽公以二百金公不受力請歸之此
後土司以他事訟經我湖南北文武會審歷所掠要
犯不出質分梟恭戎冠蓋駐石門往復數四最後來
告願得李公一言以爲信先後奉委署遠安縣宜都
縣荊陵州事下車即革去舊派公費剖訟涉土田經
往聽斷於盱三邑俱萬山中日崎嶇百餘里不憚也
及代三邑皆豐其碑以誌去思在公安每冬徂春在

堤所久之饒一歸問寢門五十三年夏久雨水漲江
聲如雷蟻穴穿蕭家灣上下三處公風雨中親犯洪
濤率衆以絮挽土塞其罅外護以葦薦木板兩晝夜
至廢寢沐而救泛以濟公素豐且皙至是黧而癯見
者感嘆不已閱數日扶老攜幼來相慶謝者道路不
絕遂勒石焉以卓異舉陞福清邑人士設具祖餞不
忍別公並不忍別其封君鴻臚公數日舟次地皮俱
裂跡公所行皆自古人仲寧外渾厚而內慎密嶽以
獲上我觀察李公以循良宰領贈名哉

學諭顏翼祖傳

顏翼祖字敬只別號厚風汚陽州人按陋巷志系出復聖七十一代而唐文忠公真卿四十代裔也康熙戊午領鄉薦簡選改署公安縣教諭邑以大亂後文宮畧具規模而庠陋特甚公設法改修東西廡及名宦福德等祠以太守魏公查盤之便率諸生而懇學憲得請倣例義捐而

大成殿櫺星等門卒賴以成功先是創設學田勞費甚

數年載學田紀畧及邑候許磐邑庠士皆有序辭多不錄其矢誠盡職每月設具會諸生課訂潤不遺句字感厲多所成就生平善氣親人朕交密燕見亦必衣冠相對所談論文執于理行廸于厚　督學岳公甚重之稱爲璞玉渾金及己卯仲子星年二十舉于鄉父子同上公車以疾卒于京邸櫬歸汚公安紳士設位而奠無不泣數行下公數學俱務真實居家敦睦修譜請蔭以篤本源伯子晟舉于壬午冬闈叔季時暘俱食廩餼

孫錫蕃傳

孫錫蕃字斐臣號復菴黃岡人順治戊戌由歲貢司訓公安雖承平已久而絃誦尚寥寥集議邑紳士

學宮及東西廡易茅茨以陶瓦規橅已遠勝昔時善書本顏魯公法亦以教人編學規十二條請之學憲舉復以示彰癉而師道日尊士子孤陋者文字音義多不求甚解教以講求字彙一書時都人士往來尚多

刻後遺逸得以訪求一切山川土田人物風俗而孝廉尚拙菴袁斐溪舊生何梓中輩復贊之以所識前言往行於是纂修公安志畧每宗公按試必贄以詩箋邊幅整齊錚錚同僚閒其纂修邑志雖未盡雅馴然片言隻字俱經心思手筆其功不可沒也

人物

萬物皆生於土而人爲最靈自古賢豪誕降之氣鍾焉傳曰惟楚有材公邑之于楚亦甚渺末已肰而龍變蝶化扁舟騷雅之流風餘韻未有替也况乎襟洞庭帶長江肥仁毓其道德浩淼發爲文章千數百年來固有功在廟庠名埒歐蘇者矣至或愚夫而孝愚婦而節傖叟逸老潛德可風皆不可謂非地里之光也

人物列傳

事近則聚人習則信夫以邑人傳道舊事宜無不詳且盡者然兵燹之餘舊志淪失耆老凋落邑中先賢問之後生至有不能舉其姓字者况其他乎夫前有賢而莫爲之章使閭里無所矜式國史無所借手此後起者之責也懼芳烈之久而愈湮也無寧受疎漏之誚乎志列傳

王恂傳 曾孫格

王恂字伯宣公安人祖邦直宋侍郎明宣德庚戌舉進士初名振以同中官名改焉選入館號二十八宿爲英宗皇帝侍讀嗣兼大理丞以廵撫征黔凱旋有白雀數千飛與前數十日不離偶止一處往覶之則白骨也焚而瘞之餘一雀隨至家閱三年而後去歸所携者書劍藥物而已復入翰林院轉國子監祭酒賜書賜第公謹厚誘廸諸生循循不倦卒後追禮部侍郎蔭琦諭祭諭塟有詩行世名宦則居黔之首鄉賢則居孱陵之首王格祭酒公曾孫嘉靖乙卯舉人初授山東高唐州輕徭緩賦除奸剪强民幼不能育

者育之士貧不能娶者娶之老終不能塟者塟之繕治城池調停馬役無不曲盡其善祈禱輒應迄今勒石如新陞江西南康府同知考居合省清官第一復轉貴州黎平知府三處俱入名宦子承光登壬午賢書著有艶雪齋集次子輅鳳翔通判次子嗣美辛酉舉人孫光子彥之两子舉人皆清德所貽也

王軾傳 子貢

王軾字用敬號三湖公安人髫齡時常遇呂仙奇其風骨預為記授十六歲入鄉校天順壬午舉孝廉入京邸值場屋火次年甲申舉進士授大理寺評事任四川恤刑决斷冤抑多所平反值蜀中兵警即陞兵備道事平陞四川按察司副使兼布政司參議以程敏政薦題事廷推大理寺少卿公執法無所徇時稱為權頭授節鉞開府山海關轉南京操江都御史陞

戶部左侍郎一時宿弊清理殆盡陞戶部尚書還南京兵部尚書值貴州女苗米魯亂米魯者普安土知州妻夫亡殺其嫡子欲自襲鎮巡官不許欲正其罪遂反囚鎮守內臣戕殺文武藩臬官兵勢猖獗廷議進兵久不得人上曰欲紓朕南顧憂非王軾不克是任閣臣奏軾非本兵上不悅曰才能如王軾奚必本兵快寫勅與他於是以江南兵部尚書兼北都察院左副都御史督兵進勦郎差兵科都給事錦衣衛都指揮官二員賚敕南京公受命星馳布置險要八路進兵扼其歸路絕其糧道親冒矢石督率指麾中賊機要賊窮就擒餘黨伏誅取還鎮守太監斬首一萬九千級收回掠去男婦子女四千有奇燒毀儲糧房舍七百餘獲牛馬豬隻六千有奇五月蕩平凱旋獻俘上深嘉悅賜以伯爵公以權宦劉瑾索賂固辭不受賜麟袍玉帶世廕錦衣衛一員因深入賊穴冒山瘴正德丙寅乞休屢疏不允賜醫藥調治凡七辭始

命馳驛還鄉有司歲給月米人夫有差及還里復加存問既卒遣湖廣左布政華嵩等諭祭七壇工部主事姜桂諭塋贈太保謚曰襄簡襄以辟地有德簡以平易不訾之謂也蓋公出使司臬則讞獄明允入事司農則國用儲備委任留都則機務練達奉命南征則蕩滌凱還林下存問供給身後贈謚祭塋生榮死哀可謂備至爾矣王弇州云我朝南兼北銜惟公安之王襄簡乎楚詞錄云德業功勳赫奕一時歷官四

十功成身退入無訾議者惟公安之王軾華容之劉
大夏乎信乎不失爲一代名臣云
王貢字獻明襄簡公長子襄簡年二十四即通籍是
時公方七歲未嘗入官舍居家侍母童子有成人之
風俱太夫人患病醫罔效公飲食不茹而體癯羸母
病愈始復常及成人率諸弟講學攻苦一如寒素弟
贊年十七舉宏治乙卯孝廉公亦舉宏治戊午公與
贊皆年少才足以一第襄簡公因程篁墩鬻題事執

法太峻不乏飲忿者故不令二子上公車公遂就選
授四川江津知縣政聲大著有一乳三子麥吐二穗
之瑞

何皞傳

何皞字太古公安人明開科甲子鄉試何永壽孫也
由景泰癸酉舉人筮仕睢寧縣睢岩邑也久旱不雨
江南一帶饑饉載道公披髮徒跣齋宿於城隍廟飲
水飧果誓不雨不火食晝夜以身禱七日後果大雨
三日麥多一莖三穗時人競傳其事曰麥秀三岐遺
張堪而過之矣臺使者陳公澗特疏奏薦縉紳士民
詣闕哀請復任六年戒殺淫勸教誨其於決訟徵賦
一如家人謀計鹽米事不爲赫赫名而民安之歷任
九載百姓識其懿行有三異政集詩傳百餘篇立祠
紀石屢爲循良最留戶部辨事尋告歸以壽終於家
子璐成化丙午舉人珊宏治癸丑進士珊自有傳

何珊傳

何珊號梅庄宏治壬子舉人癸丑進士皞次子也童
時就塾道經社神廟每過則揖祝其護佑塾師忽夢
一皓首老人言何布政每過我必揖我我不敢當願
先生致之師覺往覘以爲侮神呼而樸之公復潛詣
廟中以秋爲杖加社神之項曰望汝說福乃反說禍
耶是夜師復夢前老人荷杖而訴曰望先生善言於
何布政何故相責以致相累若此師益驚覘之果然
遂語公父太古公曰此子異日方伯也公益自喜十

九歲成進士由郎署歷四川叙瀘道所至有聲寀災
捍患剸平猾亂不廢詩書而成功殁如鄢大藍二兩
賊者俱撒叙州實與韻之趙風于標表利懲者也當
時全蜀騷動西北漢中東南荆襄皆有震鄰之憂公
毅然以爲己任由是撫勦兩臺使合奏推公委以專
征公膺命提兵深入探穴取子以衛突埋伏致勝用
唐將薛仁貴浪戰法也不三月生擒鄢藍二賊首蘩
之闕下西蜀底定論功陞廣東左布政加正二品服

俸時年甫四旬公念當年社稷語郎致政歸當途名
卿賢相無不咨嗟贊異及歸里以詩酒著述自娛者
又四十年子怡右隸知縣凱沈邱知縣

鄒文盛傳　孫之有

鄒文盛字時鳴號黄山公安人生而方介美丰度當
爲諸生時謁邑中尚書王公王公見其舉止不凡商
相慶曰異日登我座者非此子不可鉃冠治癸丑進
士授吏部給事中俞擢兩廣兵備上言災異十事按
事遼東條列邊計進戶科疏陳崇節儉省稞稅裁撫
治飭邊備廣儲蓄浚圳時政忤逆瑾出守保定府擢
山東叅政會剿賊破州縣極意撫輯遷雲南布政使
正德十二年青平衛車枕等寨苗反其酋阿旁阿革
等皆僭稱王據香爐山爲巢穴朝廷以師出無功擢
公副都御史巡撫貴州親往偵賊喜曰彼毋常勝驕
而無備可急戰也於是進勦屢戰皆捷賊退保香爐
砦砦下狹上闊處群山中高入青冥公推誠撫諭解

散其黨三百餘砦反爲我用賊始困擒阿旁等獻之
闕寨破之日焚香告帝誓不妄殺一人賜敕褒賚進
右副都御史掌留臺力振風紀進南京戶部尚書召
入爲戶部僉四方水旱蠲租賑荒稽邊餉剔積弊悉
中時宜嘉靖中屢疏乞休久之始允朝士咸賦詩餞
别時人賢而榮之歸治白蓮庄與方伯何珊詩酒唱
和數年年七十八卒贈太子太師謚莊簡邮典有加
公篤於行誼官京師時城中病疫同僚舉家卧病多

鬼祟人無敢近者公即以己署與之而自遷其宅親爲相視其家賴以獲痊爲給事忤逆璫左遷海上聞中秋日有海市趣往觀之及至則過期矣有尉令云昔子瞻以正直謫東萊禱於海神蜃樓冬見今海若必爲公效靈矣至九月望果復見焉征香爐寨時嘗以數騎出覘形勢猝遇賊數千公駐馬暇整賊望麾蓋而遁其嚴重如此初朝廷嘉公平寇績廕一子入監讀書一子錦衣衛世襲百戶公皆辭免卒後數十

年萬歷間江陵當國思公功言之於朝乃遷其廕子廷澤以廕官至銅仁知府廷濟錦衣指揮孫璪富文學任澧州教諭感澧久乏科第力移學宮時六月落成有露如霜凝結一魁字於大成殿上後遂科第不絶事載碑石昌魯丁酉舉人官戶部郎中得魯己酉舉人官邵武知府質魯襲錦衣廕以子官累贈太子太保國儀己卯舉人養赤順治戊戌進士皆公諸孫麟趾振飛人以爲公不多殺之念釀之也質魯子存之

鄒之有號懷自天啟中襲錦衣廕陞指揮僉事崇禎間擢東司房掌印當是時上綜核名實以伺察詗探爲明舊例司禮監日發小封二紙付錦衣詗外陰事夕則刺闈以入謂之事互公掌印事日繁至加十紙威權赫然受事兩年如出總兵郭正奇死請釋撫賞一案重辟四十八人文選李彬職方鄒毓祚同日下獄上震怒疏數上不允彬祚知聖怒自顧以一死殉上意公爲抗疏竟得謫戍臺臣詹爾選科臣陳德璧

温相皆下獄陳母夫人擊體仁於朝門上大怒欲即致之法會法司力爭公亦爲上疏得免時論多之公安城圮於江已遷城矣公因議遷時偶不與恚焉且以仍近江請遷祝家岡即今縣治也後乞休恩加太子太保後軍都督府左都督以病終於家

李台傳　孫學元

李台字星伯號午溪公安人父大本正德癸酉舉人仕江西新城縣令縣署史走夜火起偕往欲焚越數

日有鐵艘載白鏹數萬從地湧出新城公命掩之設
香案冠帶拜辭曰願得賢子孫恪守吾意而已若富
不願也及一夕夢空中懸一榜列其名次註以合座
一人從旁語曰前子所應有子不受今所應有子亦
不受耶唯唯而寤寤而異之中郎邑乘詳其事公其
伯子也以是年生於署感夢中所見因名台嘉靖乙
酉舉於鄉辛丑成進士初授戶部主事出守成都矯
然以清節自厲病劇強起檢囊儲書史圖籍而外存

俸八百金出坐堂上命吏盡貯庫捐修郡城曰吾家
世清操不欲留以違吾性辱吾先也退而卒於寢蜀
人歌思紀其事蜀志中越數十年冢孫學元仕蜀讀
其遺碑泫然泣下蜀父老咸嗟歎戴學元盡親公輿
新城俱以酉年舉於鄉與侄守約俱以丑年捷南宮
與孫學元俱舉第六人天榜之祥驗於是矣孫學元
李學元字存齋少與中郎小修為六人社咸先後得
售萬歷庚子舉人授晉州知州丁艱服除補高唐州

州遷妖煽亂曹濮間洶洶不寧公申嚴守禦方畧捕
治卒擒賊渠當事以為能會魏璫私人為御史按晉
以楊公大洪故惡楚人遂逐公璫敗補惠州府推官
海寇起撫軍王公尊德知公幹力檄公往撫公單車
入賊壘委曲開諭賊皆解去查勘潮肇兩郡活死罪
二十八人著有矜情錄上官擬薦會公以目疾乞歸
歸數年有異人以針治其疾目復明學導引術謂長
生可得也卒年七十餘公湥中多數斤斤禮度不逾

尺寸諸子皆謹飭語云見稱恭知元規非假於公亦然

咼校傳　子文光孫邦永咼文美

咼校字育英公安人生有異稟日記萬言家貧誦歌
不輟一日讀書山齋天大雷電有三尺鯉從齋中躍
出縱之壑中俄頃雷電復作遙見有向空騰躍者人
以為此飛騰之祥也果以弘治戊午登鄉薦時年十
九先是公安詩文風會尚未大闢公弱冠時即力為
古文辭有黃鶴樓賦又與在位者無取淩人以自封

殖作蚊蚤嘲以寓意中郎常言公安詩文自咼氏肇啟焉邑人欽其德重其文禾子文光亦登鄉書孫邦永令吳川咸能以文世其家戴中郎咼氏家繩集敘號爲三咼

文光號懷峇棱遺腹子也嘉靖戊子舉人簡重雅飭好學強記旁羅百代毋成氏有苦節載楚志中公事毋孝養備至初授四川巴縣令勤慎慈惠視民若傷推鞫以情幾至無訟賦役與民期會不事鞭笞民亦

無後時興利除害皆以實心行之四民仰其廉平比入覲相宰繪像私祀無不願其復任者肰素不樂仕進懇乞休致銓司爲改廣之遂溪至任甫七日慨肰思隱遂三和淵明歸去來辭以歸當道莫能挽居家二十餘年絕跡公庭時或困於衣食有司爲餽粟帛皆不受清介之操終始不渝生平學陶評者謂與潛後先無忝云所著有擬陶詩及自祭銘傳等篇並北覲稿燕翼錄懷峇詩文若干篇

邦永號又峇爲袁玉蟠先生師經史淹貫詩文閎肆由明經授吳川令以抗直著聲逾年亦解組歸吟咏風雨不輟荊郡守熊元明先生性嗜古欽其博淹駐旌下訪叩以牡冊故實熊公待九十公口摘一百五十有奇孝廉袁田祖聞而驚異往叩之則云某某出何書計帙數行一一不爽人以是奇之中郎先生比之安平崔汝南應皆家有文集者也名位不甚赫赫幾於掩抑不彰肰其子孫皆醇謹能文

咼文美號二峯棱弟之子也長身美髯亮聲如鍾家貧教授爲業常服一布衣門徒見公一日不館則相謂曰此先生爲浣布衣也素不信鬼神事里中有迎木神祈禳者過諸塗公中道正色立不動木神爲廻轅避之邑瀕江多水患族衆有逋賦者自鬻妻產代輸人以是歸其義數奇不售以明經任溧陽教諭溧故濱江公率諸生講求屯田水利治民算數等書倣宋胡瑗教授蘇湖遺意務課以有用之學士稱良師

舜子十人孫重望崇禎壬午舉人曾孫三儀順治戊戌進士人謂德報

劉珠傳

劉珠字福井公安人少具穎異之才下筆數千言立就安世默識世叔強記殆無以過焉顧其所爲歌詩不啻不朱僅攄其意所欲言葢無心於雕龍繡虎之名而獨一其志於學乃先生之學不浸淫於二氏而一稟繩林爲繩尺文親見當時之聚徒講學者徒嚚

嚚其舌齎之生平如鏤冰畫空都非眞實故一一其諸履踐以其身爲圭璋乃世或曰先生晚達葢功名富貴中人也或曰篤行君子也皆非也當江陵相公盛時先生與爲布衣交温蠖其跡而絜白其心以先生爲介也耶則每討偕在來平津邸中爲上客卒未嘗畏其薰燎急逊之以爲高以先生爲通也耶則其指天回日之勢術嚦就之功名可唾取而先生白首乃得一第浮沉郎署間竟未嘗獵取一班一級以沒彼時與槐柳齊列者見馮于都王子方輩作刺刺可憐色而不足以當先生之一盼春蛩秋風豈堪點其胸次葢鷗機雖忿龍性難馴不可得而親疎榮辱先生於道也幾矣昔子瞻有言人生如國手碁末後著贏數子便是勝局先生少時侘傺不遇人或有賈島孟郊之嘆而晚年不槩用世之志竟取青紫馬文淵所云窮且益堅老當益壯者非先生烏足當之先生著作甚富其涉於風雲月露者盡汰之獨存數種而

以疑庵名其篇夫疑者悟之因也若楊慈湖於學大悟一十八遍小悟不計其數葢屢疑而屢悟也故儒門之學慈湖最爲光明先生以疑自居非苦心於學者烏足知之則先生於道已淡矣

龔大器傳　子仲敏仲慶

龔大器字容卿號春所公安人龔氏世耕谷昇里至公始讀書稱儒爲諸生時即拓落有大度人稀見其喜慍之色家酷貧舌耕猶不給環堵蕭然公于于然

晷無幾微侘傺性舒緩善詼諧雖至絕糧斷炊猶晏然笑語其發奇中令人絕倒或橫逆之來人大不堪者公受之怡然旋即忘之不復省憶也爲諸生屢試皆高等而連躓場屋凡應試者多先榜歸公獨徐徐候榜出閱罷徐徐看新孝廉赴晏買賢書數冊然後束裝失意者或藏匿避人公獨與得意人無異歲以爲常至四十餘嘉靖乙卯始舉於鄉赴公車同事者以年老慢易之曰公即嘗餬廣文選遷一老别駕足

矣何得同我輩上春官乎公笑而謝之如此者數四竟無忤也然公即以明年丙辰成進士授刑部主事嗣後佐廣西江西浙江南直隸藩臬爲河南布政使皆平易近民所之號爲龔佛始若汶文久多去後之思公不爲苛清矯激之行又素儉所得祿入自營產業之外分給族人居家時聞政有不便民者公即入告邑長令語甚激切長令素重其人悉聽之邑俗悍卽鄉之貴者或名之於公獨否是時公仲子久舉於

鄉公季子舉進士爲大行拜監察御史公之外孫袁宗道舉會試第一爲太史袁宏道亦成進士偶皆集於里公以藩長致政歸年七十餘矣每至四節之會簪袍爛然人以此榮之公能詩與諸子諸甥唱和推爲南平社長一日孝廉御史偕同社及諸甥游石洲以公老難於往來弗約已至洲拾石子俄見雪浪中有小舡迅疾而下中有一老翁踞胡床指麾江山旁若無人互相猜疑逼視則公也舟已近公於舟中大呼

曰何爲遂棄老子也登洲即於洲上舞拳數道以示勇諸人皆大笑極歡至夜深乃歸各分韻紀游公歸詩已成即於燈下作蠅頭細字書之明日黎明遣使持詩徧示諸人俱以游倦晏起不得一字皆大笑八十三以無疾而化次子仲敏字惟學性愷悌溫良聞人緩急不啻若已有之少有俊才博覽群書萬曆癸酉舉於鄉所爲文規秦漢漢邑人風氣爲之一變自後邑中始有以文章起家者皆公發其端既鵠選得

山東之嘉祥令期年大治訟庭寂然下簾焚香課士子經術以憂去起補太原當事者以嵐縣瘠不可治特薦公為之三為令皆罄產以供官費家遂貧其平易近民如其父廉乃次骨所之百姓愛之真如父母去則祠竟卒於嵐卒之日百姓數千人皆痛哭於堂下呼聲震地堂欲為崩公未卒之前數日預知死期自作書以貽弟及甥去來坦然若有得者公好學仙喜為黃白術竟不就於天文地理醫卜百家之書靡

不通曉所著嘉祥縣志若干贍典則為通人焦太史諸公所賞仲慶字惟長萬歷己卯魁於鄉明年成進士授行人行取御史以建言謫磁州判終兵部郎竟淹抑不獲大用愷悌愛人如其父兄生平不喜言人之短見人言人隱事則蹙蹙曰爾親見之耶其渾厚蓋天性也為人沉靜獨喜蓄書至數萬卷躬自校讐司理汝南時無所事事惟進善書吏數十人錄陳文耀所藏古今書數百部中年絕意仕進日以讀書為事

大愛種花所植異花草數百種曾於河花見垂柳婆娑委地即遣人取一枝種之其好事如此晚年斷葷血好布施亦以無疾卒有遯庵集外史氏曰甚矣龔氏之多長厚也有不慶劉寬之風焉卒享壽考子孫昌熾有以也生死之際可以觀人嵐縣公之卒也通邑之人皆狂走曰惜哉善人死矣及駕部卒人悼惜之多有泣下者可不為仁人乎古人所為嘆不言之蹊於桃李也

袁宗道傳

袁宗道字伯修號石浦公安人曾祖暎以任俠聞祖大化然賦為退讓君子性慷慨周人之急毋得耀貧擇其質金挪之秤金於人昂則喜嘉靖中邑大饑公出母粟二千石金千兩以貸盡焚其券家遂落明年封公士瑜生娶龔方伯女生伯修中郎小修三先生初先生生之夜祖母余夢一美人頭自天飛來若今所畫天人菩薩之飾寶給袁垂以祿承之甫覺而伯

修生實嘉靖庚申二月十六日也先生生而慧甚十歲能詩十二列鄉校見鄉先達祠曰吾終當俎豆其間二十舉於鄉下第歸益喜讀先秦兩漢之書是時濟南瑯琊之集盛行先生一閱悉能熟誦甫一操觚即肖其語然已疑詩文之道不盡於是矣弱冠已有集自謂此生以文章名世也性耽賞適文酒之會夜以繼日踰年抱奇病病幾死有道人教以數息靜坐之法有效閉門鼻觀棄去文字障遍閱養生家言是

時海內有譚冲舉之事者先生欣然信之謂神仙可坐而得也移家長安里中栽花蒔藥不問世事癸未父强之赴試行至黃河而返還至荊門舍於逆旅夜半夢有神人語之曰公速起如是者三先生醒復寐神人又語之曰公何不起吾老人為公特來何得不見念也徼以杖敲其足足隱隱痛攤被大呼而出甫出屋崩床碎為虀人以此識先生非常人然先生亦翻然若有所悟曰吾其以我死之身修不死之道也

歸而妻死不復娶父强之娶則娶田家女曰吾求可與偕隱者耳先生習靜久體氣愈充父謂之曰昔淨名依於忠孝自古之冲舉者豈盡枯槁耶先生曰諾時復拈筆為制舉義窮工極變丙戌遂舉會試第一年甫二十七官翰林求道愈切時同年汪儀部可受同館王公圖蕭公雲舉吳公用賓皆有志於養生之學得三教林君艮背行庭之旨先生勤而行焉己丑焦公竑首制科瞿公汝稷官京師先生就之問學共

引以頓悟之旨而僧深有為龍潭高足數以見性之說啟先生乃遍閱大慧中峯諸錄得參求之訣久之稍有所豁於是研精性命不復談長生事矣是年以冊書歸里中郎與小修皆知向學先生語以心性之說亦各有省互相商證先生精勤甚或終夕不寐逾年偶於張子韶與大慧論格物處有所入急呼中郎與語甫擬開口中郎即躍然曰不必言相與大笑而罷至是始復讀孔孟諸書乃知至寶原在家內何必

問外尋求吾試以禪詮儒使知兩家合一之旨著廣蠡篇既報命旋即乞歸七八年間屢悟屢疑癸巳走黃州龍潭問學歸而復自研求戊戌再入燕先生官京師中郎亦改官至小修入太學乃於城西崇國寺蒲桃林結社論學往來者爲潘尚寶士藻劉尚寶日升黃太史輝陶太史望齡顧太史天峻李太史騰芳吳儀部用先蘇中舍惟霖諸公先生見地愈明大有開發當是時海內談妙悟之學者日衆多不修行先

生深惡圓頓之學爲無忌憚之所託宿益深解爲修同學者矯枉之過至食素持珠先生以爲不可曰三教聖人根本雖同至於名相設施決不可相濫於是益悟陽明先生不肯逕漏之旨其學方浸浸乎如川之方至而先生卒矣先生素切歸山之志以東宮講官不獲補僅得三人先生曰當此危疑之際而拂衣去吾不忍也是時東宮未立中外多有言先生聞之私泣於室自丁酉充東宮講官庚子秋以病卒先生

爲人修潔生平不妄取人一錢居官十五年不以一字干有司讀書中秘貧甚將歸人有言銓者謂所知曰我知伯修貧幸主銓可爲地千金無害也所知以語先生先生笑而謝之某邑令以三百金交期爲設引事不發亟急還其人弟小修偶見問何令先生秘之竟不知爲何如人也生平却百金者累累或饋遺至十金則惶愧不受卒於官棺木皆門生斂金成之檢囊中僅得數金及妻孥歸不能具襄乃書賣生平

書畫几硯之類始得歸匕尚無宅可居其清如此然先生爲人平恕亦不以此望人且自多也興致甚高慕白樂天蘇子瞻爲人所之以白蘇名齋居官省交遊簡酬應蕭然枝花種竹掃地焚香而已每有月則邀同學諸公步至射堂看月率以爲常耽嗜山水燕中山刹及城內外精藍無不到遠至小方小西天之屬皆窮其勝詩清潤和雅文尤婉妙然性嬾不多作著有白蘇齋集若干卷先生與同學友黃公輝交若

兄弟先生死黄公哭之甚慟及瘞黄公請告過道登壠哭之爲誌其墓逾年先生舊社友董公其昌視學政因諸生之請祠於學宫卒如素志云萬曆丁酉戊戌間有東倭關白之警時議封貢先生歎曰石尚書其不免乎李卓吾刻藏書成先生曰禍在是矣已而皆驗如此者不可枚舉大都量與識皆全者也天不假以年未得盡抒其用世之略惜哉書法遒媚畫山水人物有遠致作小詞樂府依稀辛稼軒柳七郎風

味舊有傳奇二種置之笥中爲鼠子嚙壞鳳毛龍甲竟不存於世可爲永嘆光廟御極以東宫講讀晉詹事贈禮部右侍郎予祭葬蔭一子

袁宏道傳

袁宏道字中郎號石公公安人先生之生也毋夢月入懷及小字月少時即具倍年之覺毋龔先生不數哭一[illegible]大即痛絶人以是知其有隱慧焉總角工爲時義塾師大奇之入鄉校年方十五六即結文社於城南 社長社友年三十以下者皆師之奉其約束不敢犯時於舉業外爲聲歌古文辭已有集成帙矣戊子舉於鄉主試者爲馮卓庵太史見其後場出入周秦間急拔之明年上春官時伯修方爲太史初與聞性命之學以啟先生先生㴱信之下第歸伯修亦以使事返里相與朝夕商確索之華梵諸典轉覺茫然後乃於文字中言意識不行處極力叅究時有所解終不欲恃爝火微明以爲究竟如此者屢年一日

見張子韶論格物處忽然大豁以證之太史太史喜曰弟見出蓋經非吾所及也然後以質之古人微言無不妙合且洞見前輩機用一一提唱聊示鞭影命名曰金屑時聞龍湖李老冥會教外之旨走西陵質之李老大相契合贈以詩中有云誦君金屑句執鞭亦欣慕早得從君言不當有老苦蓋龍湖以老年無朋作書曰老苦故也仍爲之序以傳留三月餘殷殷不捨送之武昌而別壬辰舉進士不仕復與太史還

里居石浦之上偕外祖春所龔公及舅惟學惟長輩終日以論學爲樂當是時太史與公遊於千古不傳之秘符同水乳而於應世之跡微有不同太史則謂居人間當斂其鋒鍔與世抑揚萬石周慎爲安親保身之道公則謂鳳凰不與凡鳥同巢麒麟不與凡馬伏櫪大丈夫當獨往獨來自舒其逸耳豈可逐世啼笑聽人穿鼻絡首意見各不同如此已復同太史與小修遊楚中諸勝再至龍湖晤李老李老謂伯也穩

實仲也英特皆天下名士也然至於入微一路則諄諄望之公蓋謂其識力膽力皆迥絕於世眞英靈男子可以擔荷此一事耳乙未謁選爲吳縣令始以其學試之政人皆謂吳門繁劇而公超脫或足以困之乃公灑然攄然不言而物自綜事自集吳賦甲於天下猾胥朱紫其籍莫可致詰飛灑民間溢於額而不知公一目了然摘其影射之條若干呼猾胥曰此何爲者胥不敢欺皆俯首曰弊公俱眞之法而清額外

之征凡巨萬吳民大悅又不折徵収之封惟苛免者許民告白以其所羸代輸者爲傾瀉費上官由而使之下其例諸邑悉如吳縣機神朗徹遇一切物態如鏡取影即巧幻莫如吳而終不得遁故遁詞伺片語而折幽隱獄具吳人謂之升米公事自非重情無所罰贖杖之示懲而已以故署門酒家鬻傜皆移去縣行隸之類或三四爲曹共一役不食縣官惟借公事爲獵里閭公揀其宜用者食之無所差遣終日凡坐

不能餬口皆逃去歸農有屢投匿名牘者公出見縣前占星人覺黠甚念必此人也呼來占星一紙視手跡與匿名牘無二訊之立伏其妙於得情皆此類公爲令清次骨才敏捷甚一縣大治宰相申公時行聞而嘆曰二百年來無此令矣居常不發私書塵覆函數寸期年而政已成會吳中有天池山之訟公意見與當路相左居恒不樂遂閉門有拂衣之志嘗事卯其不可強姑令予告俟病痊補職公既得請走吳越

訪故人陶周望諸公同覽西湖天目之勝觀五泄瀑布登黃山齊雲戀戀烟嵐如饑渴之於飲食時與石簣諸公商證遊相取益而間發為詩文俱從真源中溢出別開手眼一掃王李雲霧天下才人文士始知疏瀹心靈搜剔慧性以蕩滌摹擬塗飾之病其功偉矣戊戌太史字趣公入都始復就選得京兆校官時太史官春坊小修亦入太學復相聚論學結城西之崇國寺名曰蒲桃社庚子補禮部儀制司主事數月

郎請告歸未幾太史下世公感念絕葷血者累年無復宦情時於城南得下窪地可三百畝絡以重隄種柳萬株號曰柳浪潛心道妙閒適之餘時有揮灑皆從慧業流出新綺絕倫而遊屐所及如匡廬太和桃花源皆窮極幽遐人所不至者無不到發於詩文煙嵐滋毫楮間蓋自花源後詩字字鮮活語語生動新而老奇而正又進一格矣丙午入都補儀曹主事曹務清簡蕭然無事乃以存問蒲圻謝公之便歸里

戊申春暮入都補驗封司主事攝選曹事猾吏多舞文僞當銓選之期故事掣籤時凡瑣屑事皆曹郎躬為之吏無敢近者一老吏忽排闥而入曰每次大選例與都吏一二美缺今有某驛缺已予都吏百金矣幸以見與公目攝之叱之出私念曰銓事一至此乎誓為國家除此大蠹少宰楊公喬曰吾輩身為大臣受制胥吏切齒久矣會猾吏私一婿成已罷官而仍留之刻報至公廉得其故大憤曰如此則銓柄盡歸

此輩矣時冢宰擬以疏文而後逮治之公曰此胥吏也但寘之於法以一知會疏上則疾雷不及掩耳雖有與援將安用之遂如言具疏而猾吏未知也公命兩隸持之曰去送汝入刑部郎繩之以在疏下竟以欺罔坐重辟銓曹設刑具自公始冢宰孫公知公為大用器甚重之己酉公主試秦中試官以避嫌不過搜求公遍場皆自取閱所取士大半得之落卷中及出榜多名士試錄為天下第一公典試後與左轄汪

公可受客以道相証遍游秦中諸勝歷中嶽嵩山登華山絶頂而還著華嵩游記居吏曹二年會考事竣遂給假南歸定居沙市中治一樓名曰硯北取段成式杯灑之餘常居硯北意也庚戌卒年四十三瀕内知已謂其識如王文成膽如張江陵而不逮下請以殁天下惜之所著詩文有檄篋集錦帆集解脱集廣陵蕪花齋瀟碧堂破硯齋華嵩游草若干卷行世吳縣祀名宦公邑祀鄉賢

袁中道傳 子祈年

袁中道字小修伯修中郎同母弟也萬歷癸卯魁北闈丙辰成進士改徽州府教授遷國子博士乞南得禮部儀制歷南吏部文選司郎中旋乞休晚深於禪理卒時鼻垂玉筋入以爲禪定云所著詩文有珂雪齋二十卷遊居柿録二十卷子祈年

袁祈年字未央[illegible]吏部中道之子爲太史宗道嗣事生母嗣母及諸庶母孝行純篤內外無間十五入郡校詩文疎快可喜爲人朗舞軒翥遇人皆作歡顏好語各得其意稱袁氏佳子弟也留心禪宗尤有意於檀度常遇一人以母衣典穀價中途遺失色還家如所需子之蜀尉舟中遇盜失兕沿江泣訴憐而資之又於府縣起文并寄書蜀當道相知者具道其情邑治近江每夏漲積屍漂流見之輒捐棺塋瘞又嘗載米百石往南嶽供僧舟過洞庭遇賊劫掠躍水中如有托其兩足者賊退浮水出仍載米至山飯僧而還南省儀曹公舟次吉祥寺禱定

光佛願生一弟以慰親心有千里隆機親拜禱阿雲何日始驚姜之句光宗郎位爲太史請祭塋廕邮以是入監讀書天啟甲子中順天鄉試辛未會試以犯御諱幾獲而復失之甲戌復以闈文犯七夫不錄作七夫詩時人傳之既久困公車又樹從中有先售者大不得意遂挫情進取讀大慧碧巖諸書皈依般若有發願文壽卒友人爲其生平謚曰文孝先生所著有梅花奧集南遊草二冬草篤蓐草續花源遊草若干卷

侯一定傳

侯一定字豫亭公安人少有文藻師事邑進士劉珠中萬歷乙酉舉人性清介賢書二十餘年絕不事干謁丙午爲應城廣文陞粵新寧令丁內艱服闋起蜀之羅江令毎讞獄手削刑書多平反杖人至十五則撫案流涕而起猾吏相曰笑公自若蓋其天性也寒月不能具服則葛衣視事久之事洽民安遠近信之

直指使巡部過邑候之江干久不至因還返而直指已及岸矣一時舟楫不具迎候之儀寂然使者人怒先是出都時邑紳在京者皆盛稱羅江長者篤厚可善視之及公謁見詞氣恂恂不吳不悚知公果廉吏無他遂勸公歸公亦厭吏事即日解綬歸里訓其子侄一如村塾老儒卒之日四子析產無絲粟遺但各分私債三十金令償而已吏部異度先生公李子也壬午典蜀試蜀士之受知於公猶有存者道邑人思

公久而愈篤既躋祀名宦又別立廟祀乞異度爲碑紀之異度學問淵源皆公自指授清風大節照灼古今其所紹衣居然可見矣

李守約傳

李守約號道宇公安人萬歷丁丑進士授行人累官刑部主事安慶知府南太常寺少卿生平一介不取予居鄉服官始終一節守皖尚清嚴治吏胥行　錢之法有張乖崖風人皆賦之在刑曹值江陵秉國鄒公元標以論奪情廷杖創甚時畏江陵之怒無敢過者公獨負鄒公出邸或勸鄒公服膽汁者鄒公語公吾尚無子服膽汁恐艱於嗣公然之遂不服所以周旋經理醫藥之具甚至及鄒公出都門公獨送之郊外執手殷勤而別是時江陵詞事者交錯公與江陵固同郡又其子榜眼同年也行之不少挫其不附權要崚嶒特立如此卒後數十年壬午邑人毛壽登言之督學葉楠高公曰李公高風峻節宜祀於鄉若復

循舊例往返查覆則其子孫衰落必不能達失此盛舉矣高公特檄入祠亦異數也

熊膏傳

熊膏字雨亭公安人家世業農至公始奮志讀書每試輒冠軍邑子弟願異者多就公學焉鄉居僅一白布禪衣每詣縣則挾之近郭數里方著以入及貴鄉人戲指此地爲更衣亭云丙午舉於鄉癸丑成進士授行人戸部主事參議河南布政使巡撫南贛未任

而卒公居官勤勵所至不言而辦稱爲練達有知人鑑侍御毛公羽健方爲諸生時公一覽其文大稱異即延致其家許以國器令其子楚蘭同讀書每奏一文輒賞譽不置後毛公果以辛酉壬戌聯捷蜚先輩知人之明固不可學而拔掖後進好善如渴視今之齷齪細人兩眼如眯且妒忌生心惟恐後輩之有聞焉者何啻霄壤語云蔽賢者宜無後則好賢者之克昌其後可知矣遭世大亂子孫衰替不振是可嘆也

公舊有傳今失姑載其軼事如此俟續考卒賜祭塟

龔世法傳

龔世法字竹山號蒼嶼公安人四歲失怙事母至孝文名日著丙午舉孝廉癸丑成進士授行人初封榮藩次封福藩苦節自甘皆人所難堪者二藩特疏奏聞擢吏部稽勳司已專轉文選司承銓五載稟冽冰霜銓曹例有堂餕皆胥吏供頓極豐腆公盡揮去餕脫粟下物止醬豉一味而已以爲常門絕私謁凡書疏往來者率不發封於函面大書龔某頓首還之其清峻絕物如此崇禎己巳起補銓司未至京道返爲忌者所糾謫戍常德終於家公多鬚髯儀貌甚莊見人不爲假懃亦未嘗見其笑家居時冬則一敝布袍夏一錠葛紗衣久而不易無事則獨立門前問呼過者與語人畏其清嚴皆趨而避之常夏日徒步遊二聖寺一纖縷小奚張雨蓋行烈日中不知者不識爲吏部也起補時至中途適武陵楊公嗣昌備兵中州

與公同年遣餽金四十貂帽一具囑其使曰龔公必不受可言公過吾境未有不相問者吾無事擾銓也公果堅辭所親苦勸始受貂帽寒甚著以即路人或聚而觀之公大悔曰凡觀者爲此物也即封識令所過縣令於道上致還武陵深以此爲憾然知其素性若此後楚撫方公孔炤疏請賜環會公卒公生平狷猜類不近人情然品行介介實爲時所推服也

李清傳

李青字滄浪公安人生七月而父卒時父年僅十九母出同祖母劉苦節共茸從襁褓中撫孤兒以至成立初族黠者輒覦兒一切徭役督促廹遽至入繫其饋婢以去兩母脫簪珥應未已乃鬻其室而移外家田氏庄以居久之公與兄俱補邑校兩母始挈兒歸舊里會祖母劉卒母田拮据茶蓼支撑內外邑先達侍御龔公爲文以頌之公生而明敏力學嗜古所閱書史百家率手四點定崇濂洛之學敦尚實踐小節

必謹以貢授龍陽訓導教士以開明心術變化氣質爲先龍士化之龍政有不便於民者必請於令蠲飭乃已不以權不自已出而有所斷不畏人之我忌而有所徇三年卒於官性孝友每言及父母事涕泣至老不衰伯兄長一歲事之如嚴父終身歡然無間少與兄就督學試已列名輒走匿諸舅知其意不欲先兄也遂以推兄及兄覆試訖乃歸而公次年亦補弟子員伯兄出應徭役久未歸一日昧爽聞剝啄聲不暇屐去柴鬚襲披衣起徑前啟戶抱兄而舞藥汙狼藉唇頰間僕婢皆笑喪子惟一孫友松兄亦無子兩人共一孫同室而居垂白相娛嬉如嬰兒也婦侯氏少寡矢節語在列女傳中益一門節孝云臨終訣兒云孫可教必以侯某爲師侯某即令邵先生友松舅氏也友松順治甲午舉於鄉

蕭毅中傳

蕭毅中字元恒公安人萬歷丁未進士啟榜夕夢關

帝賜之佩刀諭以珍惜授江西安福知縣考授監察御史疏上值神宗倦勤八年始報可是時官班寥寥公爲御史與垣中官公賜谷俱楚人皆當時翹楚也魏璫拔猖時應山楊公大洪特疏糾發其奸璫黨啣楚人如血仇以公楚人與楊公交好因此獲罪放歸公畏禍杜門不敢預黨事崇禎初璫敗起廢頗懲前事有所避就由大理寺丞陞南贛巡撫未幾卒於任子豈都公安初亂率壯士勦邑賊之糾聞者有膽力

禺都奉母避難爲賊所獲母老幾欲殺禺都而掠其妻妻羅厲聲大罵死賊汝殺吾姑吾夫婦豈更生耶我何人肯受賊辱何不先殺我使吾夫見之遂俱遇害

毛羽健傳

毛羽健字芝田公安人幼英異有器局讀書目數行下赴童子試受知於大司馬王公三善許以大器有神童之目嘗晝夢閣侯持墨瀋一器強飲之及覺豈

餘瀋猶漬衽榻也自此文思大進辛酉舉於鄉壬戌成進士初授四川萬縣知縣萬當孔道邑小而疲公撫孤貧鋤豪猾一不少貸摘發如神萬人至今稱頌不衰相傳以爲任其邑城隍神云重慶巴縣値奢酋變後邑里凋殘奸詭百出撫按迹公治狀以爲巴非公治理不可遂移巴縣公治一如在萬時是時當天啟五六年間邑紳王應熊三案小人也歸里氣燄甚盛凡不法事相干公一以法裁之王以危言怵公公不爲動丁卯以治績奏最崇禎改元擢雲南道御史首劾璫黨阮大鋮楊維垣等直聲大振

御史黃昌所糾衆議不予而推探侍錢公謙益體仁不與枚卜憾甚於是嫉謙益僞事以爲藺朝皆謙黨

震駭莫敢言者公以資席非可爭褻而對以朝廷之宇傾陷君子非國家之福遂上疏伏斧鑕一疏力救會議諸臣因指體仁之作方疏呈上特一排相知諸老習之名于而凡若以爲流上嘱且不則公陽對臾焚滴而險辭家窮期以死爭及揭辭絶權閹亦邏鉅器㚖鑄級酋恐上怒不測乾上爽知公忠直待旨免焉是時在廷懸不惑上意而服公之勇於是

周延儒之入也貪緣戚里與通譜姓
因得獨對至夜漏始出公上疏以爲所言公當公言
之所言私則巧言陰中讒害善類何所不至不當疑
群臣而偏信一夫之高張也語多激切不報會薊遼
缺出廷議咸推謝陞太宰王永光者與陞比以薊地
比歲孔棘不欲謝當其危遂違僉議置謝而以王元
雅當之公上疏劾永光庇私人誤封疆且言元雅必
不克勝任未幾薊果失守元雅死焉蔡奕琛者體仁

私人所指以傳衣鉢者也甫入京補選郎公即劾其
奸斥去凡公所論列最多皆其渠魁而此數人者後
先當國斥戮正士援引憸邪惡滿林甫奸甚盧杞尤
與崇禎相終始卒誤天下者也公省試出江陰繆公
昌期之門會試出華亭相國錢公龍錫之門繆公者
周所稱爲楊大洪草疏觸璫考死繆西溪者也錢
公尤爲烏程宜興所憾思甘心焉二公皆海內正人
之冠是公之淵源益有所自矣

溫周集政府伺公盡北闈鄉試體
仁嫌其親疏誣公爲從中下其事公以在闈中不得
中旨臺省皆畏奸相但擡擘竊嘆而已遂謫嶺表公
處之裕如也居粤東遊放山水閒凡當事餽問一皆
不受暇則讀書以自適崇禎末流寇張甚廷臣交章

以爲疆事非公莫辦上思公忠直起自戍所擢授總
督中州專辦勦事而公以避難捐館矣初水西奢酋
犯蜀公居臺諫上疏以爲從黔進兵正路較遲若以
師由黔牽制而以蜀師入趾節乘其後而擣其巢則
水西可破奢酋可獲已　監軍劉可訓總兵侯良
柱果由蜀進兵安奢積年逋寇一舉殲焉破其兵十
餘萬黔蜀由此底定朝議以是服公知兵是時溫周
覬消肆荼遺直故有是擢公治民廉明惠愛兩爲蜀

令有積案不得申者皆泣訴當道願付毛公死不憾公爲讞決立斷人自以不冤諸臺使者皆敬讚屢薦居第一至卓犖出奇多異政蜀人至今祀爲神明也其任滿不能具裝生平不名一錢親友有急需或平生故人困乏者叩門相告多指田間青苗取值周給之以爲常避難時與同行者分多共少籌追倉皇中誓死救護不遺一人嘗破產贖鄉人婦女爲亂兵所掠者數百人悉遣還家公儀貌玉立音吐瑱瑱每奏

對亡前上爲注目久之閣賜茶菓以示優異節慎庫者京商支領條爲先是與此者咸以賄敗有二八三七八分之弊商人困敝公奉差巡視差分久近挨次給與猾胥無所售奸差竣之日群商焚香拜送自署逵邸盈衢塞巷頌聲沸騰上詞知狀稱爲好御史親書其名於御座熱腸直性見事風發鄉人之難甚於爲身雖受禍不辭也及謫去黃公道周倪公元璐劉公宗周輩咸稱公爲鐵漢即宦與亦語人曰毛之田只得性氣偏脚跟甚是乾淨盏温周合謀下公獄羅織公事無毫髮之疵故爲是語也道卒於贛子壽登扶櫬走閩越江楚之間幾死數矣卒致反塟贈兵部右侍郎著有西臺奏議十卷和兒詩一卷委羽集一卷夫人袁氏名門女明識達禮能斷大事有古列女風操太史文公安之之言曰毛公居臺諫三年疏無慮百餘上其大指在審官方別流品剔積弊而尤髮指於諸奸之連結所糾彈如烏程德州桐城皆奸人

之雄也不懲前不怵後固剛腸哉余考史李林甫得君當開元二十五年識者以二十五年前不蚤彈射爲遺憾王安石惡稔於熙寧而禍胎於嘉祐雖涑水氏尚猶失之當侍御之論劾德州蔡奕珠時其方塡文選郎耳暨後烏程蔓引遂以掌銓蹶政府幸諸君子封弧群射而去桐焦頭爛額功抑知曲突徙薪芝田於二十年前早已洞識其奸乎是又呂獻可所挹臂稱快者也

冠陷荆郡猶與其門人偏撫李乾德同守岳常斬賊甚衆已而道病惟以國賊未滅燕京將危爲慮若公者可謂明達慷慨之死不回者矣太史之論如此

龐瑜傳

龐瑜字堅白公安人天啟明經初任京山縣學博臺使者疏薦有識有謨有學有品不特風高絳帳兼且才優花封癸酉陞陝西平凉府崇信縣知縣甲戌正月至任是時關輔久旱人民相食公多方撫恤捐俸粥賑齋戒祈禱精誠有孚卜霖大霈饑饉之衆稍有起色矣值流寇猖獗山陝尤甚公誓死殉城與邑紳朱弘道堅守甲戌九月初五日城陷公冠帶坐堂皇戟刃交身罵不絕口而死撫以死事入告朝廷悼傷贈固原州知州蔭一子入監讀書邑人欽公大節公舉鄉賢崇祀

野史氏曰龐公恂恂篤老語言如不出諸口者猶及見之長者也猶憶其之崇信也不能具冠帶先侍御解所服帶贈之未幾變聞其臨難慷慨有古烈士風仁者必有勇信夫

侯偉時傳

侯偉時字令郎又字異度豫亭公第四子也豫亭公

羅江歸貧甚卒之日分諸子各以貲三十金令償公於家事一無所問一意讀書凡一切公賦私責供諸兄代任之其兄弟友愛如此生平考試未嘗居第二庚午以恩貢赴京鄉先達毛公羽健見其文遍稱於諸公間許以聯捷是歲果舉於鄉辛未成進士選授廣東陽江縣令奏最召入應授臺諫是時上於奏對多取便給者公訥於言廷對不稱旨授工部主事壬午典蜀闈所取多名士復命改吏部文選司主事比

郡破公變服得脫已挈家走閩舟轉反異途備極辛苦丁亥大兵入武岡公從亡失馬不前土人舁致城中王已錄致其家公庭立不屈命之坐不肯席地一問一無所答雖曰吏部久應死矣如是者三止一子章華甚愛之是日被以華服擁泣膝前勸公降謂曰吾生汝猶一塊土耳蹶以足仆之階下語益厲左右捽其頰血流被面亦變於經僵仆地上竟不屈從容就義行道莫不掩涕王嘉其節以禮葬之所在立祠

與司馬傅作霖寶慶同知劉平并饗額曰三忠劉陝西人傅常德人也公為諸生時介然自異訥於辭辯然丰姿標舉義所不可輒勃發不可遏口不言人過人有言及默然微哂而已臨難賦詩剛毅猛烈洵仁人哉章華久之亦死

袁彭年傳　俊年附

袁彭年字述之號特邱中郎先生長子十歲隨中郎過廬山見其和詩喜曰此子律度似將來知詩者中郎兒可不科第可不詩乎後作詩多令扇和中郎憐年移居荆之沙市卒沙市故佳麗地公少不羈好狹斜遊常拉酒人服繡衣闖入青樓酒肆頗有小杜之風會小修先生成進士歸聞而弗善也語江陵令撲責之公大慨乃發憤下帷甲子舉於鄉數上公車不第益復閉戶柳浪湖中究心經史遇古人勝事儁句必手錄張壁上玩誦久之四壁皆滿若魚鱗然足不出閾者數年咯血如縷不少息作爲文章淡確有根

據而韻度淹遠非區區舉子逐時高下博一第者也甲戌成進士授淮安府推官公門第高華而文章能自豎立東南人士皆嚮慕之諸臺使監司咸重其才地名聲大起治獄恪謹無意外縱舍亦不隨人軒輊勘河工釐清宿弊以勞優敘陞禮部主事纂修會典公外吏五年砥礪樹聲譽自負當入詞林否則亦省垣臺諫耳儀曹閒秩冷署悒悒不得意請假家居則益讀書作詩與文人毛壽登唱和有宦語詩細數卷

假滿赴補上名對公面陳欲於大河以南建立藩鎮如唐故事使便宜置吏各自爲守上首肯之改授禮科給事當改亟宜興相頗相鬨未幾宜興事敗下廷議公疏其罪狀并及其黨二十許人政府擬嚴旨上手書付閣改票旋奉命催濟江北北都陷南中適有金華許都之變忌者欲轉金華守以困之太宰掌垣持不可乃以是時馬士英當國外結高劉等三鎮以挾制朝廷欲援引三案小人變亂朝政決忌南昌相

公安縣志　卷之四　列傳　五一

姜公曰廣持正不能有所爲江西宗室統鎮首入士英幕極詆姜相公據祖制駁之云中尉有奏當先令長史司具啓親王參詳可否然後給批賫奏若候考吏部則與外吏等應從通政司封進今何徑何竇亟達御前復刺顯攻捕風捉影宜加禁戢語多切直又疏陳三案始末分別邪正較若白黑以逆折士英之謀時論韙之士英黨阮大鋮等鄙公特甚因誣臟銜疏降級調外後避亂播遷由海道入閩爲時鈞致入

專雖屢受事任然念世難未夷每思畧輒但衣露頂坐風露中寢以病死及端州甸以振紀綱敢名賫重名器尊主權爲言引繩削墨無少假貸倖者憾之公好學深思讀書務爲精鑿雖兵戈搶攘中手不釋卷晚年詩益進指事言情傳於故實不爲浮談一滌王李叫囂蹈襲與近時幽冷佻小之音而中郎蕭灑俊逸之風亦少減矣嘗謂公詩工於用事而波瀾未闊故長於近體而蹟於古然當其得意新異精穩卓有

公安縣志　卷之四　列傳　五二

雅人深致亦近所未有也爲人高簡意忘不樂與俗人語意所不合寒溫外但張髯傲睨而已嘗有所屬於楚學使使者抑之後竟以他事中焉雖群從兄弟未嘗輕以口頰借惠也以是人多不喜而獨與毛鄗庵及族弟荃子善荃子名俊年以己卯第四舉於鄉有奇氣亮節不爲柴棘猥瑣稍忤意立勃發見顏色交友有氣誼可信不背者亦袁氏俊傑人也後挈家兼左右公家入避亂至吳公是時方以禮垣僑閶門

饒衎金外無他飲助其不知人痛癢亦天性也年六十四終於家著有史屑土風堂遺稿省垣奏議宇憲奏議詩細㡿語草間詩若干卷

李開美傳

李開美字秋實公安人年二十以文聞於鄉薰染於玉蟠中郎伯仲間習於詩及出遊所至多玩其名勝交其賢士大夫以爲名後詣宣城謁壟庵湯公見其文大加稱賞入國學舉北闈辛酉鄉試選鄆縣令方

載如力解劉生之難拯湯民之危皆可紀朝覲事夕謀訪鄧簿書鞅權而吟嘯未嘗輟歷壽州知州吟曰五年作吏腰千折萬里歸來鶴一雙其自況也年七十六卒著有治畧詩文諸稿子百齡字子壽邑庠生癸未闖賊渡江與宗室子士鶴糾門邑生用呂等倡義殲勝獲賊騎馬次日乘之以戰馬蹶被殺

張問明傳

張問明字惟遠號闇庵公安人起家卑寒生有逸群之姿作文簡練高俏不可攀躋其爲人則丰骨淹遠世俗齷齪較量曾不當其一笑也庚午舉於鄉闈文首藝奎乙數四幾於藁紙盡墨無字可辨日晡始成章主者異其峭勁置高第屢上公車不第或勸以家貧就仕者笑而不屑也偶得疾畏雷電乃留心出世法閉戶閱藏者數年其於五燈宗旨性相權實卓然知其指要高逸喜諧笑讀諸內典益增其曠然至性篤摯其尊人常督以瑣屑市井事不敢置對唯唯而

已雖加以不堪必婉曲承順晚益讀書爲詩有奇句筆益老文益奇嘔其柔毫掐思惜字如金半幅之間窶烟縈繚要皆非世人所尋味者粵東黃公景昉其師也特相知契嘗移書曷以體用兼備之學蓋先生氣度卓越自謂非幹濟材而實未嘗以世故屑意也嘗謂先生狎侮流輩嘲謔滑稽達士也精研宗旨解脫超邁逸士也然而孝親篤友內行淳主刻厲文藝鍥心掐腎又世法中人也數者皆不足以定之嗣宗

之誕也而以爲愼元章之顛也而以爲貞摩詰之苦吟也而以爲禪東野之寒閬仙之瘦也而或以爲龍或以爲佛先生則何容心哉亂後避兵卒於土司之靑山臨會有馬頭靑山之讖自作志銘號尹刀子蓋先知死日云客美士官欽其名恨不得見賻致其喪歸葬於邑之陶溪湖族弟正乾字南一始祖德遠江西吉水人元至正間由鄉舉授大理評事任中興路

使郎荊州也世亂因占籍公安洪武初以平瞿

塘衞功改授四川按察司僉事賜金帶致仕至孫斌中永樂丁酉舉人授無錫縣知縣擢福建道御史監軍北平著能聲賜敕褒諭今其墓在邑之西辛里號爲御史岡正乾其裔孫也少穎秀喜讀書能文家故饒於財父篤好形家言以千金買石首之麓湖山塋爲語諸子曰吾家中落自茲以後庶幾復振正乾果以己卯魁楚闈壬午之亂挈家隨邑侍御毛公避難於閩廣吳越間每以知慮深沉性情怡婉爲衆所推

南都者知縣日擊阮馬弄權正人斥逐知其必敗遂不就遂挈其家歸卒遂首邱可謂明哲士已

李芳傳

李芳公安人天順進士成化初由縣令擢御史臺首疏十事上嘉納之時妖僧繼曉內監梁芳與內閣劉吉萬安黨附爲奸科道舉劾多受杖謫會星變求直言公上疏言天象示警咎在閹豎乞除元惡以快人心名收患民以回天意疏入不報旋出知荊州府湖當震澤下流歲苦水患而適又旱蝗公至即發粟平價出糴復勸富民以粟出貸約年收償之故民雖饑

不至轉徙失業亦慢敏于決事臺使者行部至湖嘆服其明允先是上怒言事激烈沽名者疏列前後六十餘人于屏以故公在湖雖稱良二千石竟不得調致仕歸老焉

鄒德魯傳

鄒德魯大司徒文盛之孫也生于富貴而自幼嗜讀書性鈍恭自刻勵日夜以豆爲籌每文一首讀百餘過覆百餘過則終身不忘卒舉孝廉初仕巢縣令迎養其父寢食皆親侍奉忽病噎諸藥不效公憂惶無措每夜焚香飲泣籲天願以身代忽夜夢神人告之曰汝父病非吾醫不可但用蒸曬九次大黃爲丸公即起浣沐衣冠叩謝如法製丸不數服而飲食如平時嘗考校童子首拔單姓名世德者謂是大科之才及來謁貌寢而家酷貧尚未求凰公食之教之助之求婚于詩禮家不數年果聯捷南宮公以廉能陞郤

武太守善政甚多郡人立有祠廟尸而祝之

胡詩傳

胡詩公安人由明經教諭麻城遷祁門知縣邑獨窪下有堤名萬城者水湍悍難治公捐俸倡修之海賊汪直導倭入寇公受命督府胡公募鄉勇甫集而賊至公令急清野入保賊無所得食當自去賊攻城再晝夜城中禦之甚周公料賊必夜遁潛縋精銳伏于路賊果退倅遇伏發城中鼓譟乘之盡獲其所掠子

女散之督府奇其才後倭入欲復從御史曹邦輔大敗賊於岌舍倭自是不敢深入會胡宗憲以不能于華亭被逮去公亦罷歸家居苟有利於桑梓必從容爲長吏言之于祖墓傍築堤至今傳爲青龍堤

鄒養赤傳

鄒養赤字幼心公安人由進士出知壽光縣先是宦指斝公觀風得公文拍案大叫曰此董賈業也一時競傳紙貴江陵李其人先生爲之傳曰公之文固足

以楷模一世而往〻窺其省字閒隱然有不忍生民道濟天下之意及其膺壽邑也下車即訪民間疾苦是時爲壽民害者有二一爲逃人一爲鹽政邑當京畿往來之衝逃人不時見告凡偪發覺之時必圖維萬端不惜自解其囊壽人之得保聚生業而不知有逃人害也皆公委曲之苦衷有以覆庇之也壽邑三面邊海鹽課比之東南十不及一然鹽之所行不過數縣地隘而壅則有時課不敷且相率而散而課愈不能敷公多方招集于其中之力不克完者捐俸代之償以故刁殘之地不逾年而化爲淳厚族富歌頌之聲至今不衰循良汔以最奏而公竟解組賦歸來已公之足以楷模一世者又不獨以其文而以其行也

李友松傳

李友松字木公别號薇圃公安人生歲餘而孤母侯故羅江令一定公之女晝荻而教之及就外傳則有志古學年十三應童子試福清朱公賞其文置壓卷

遂補弟子員順治甲午舉于鄉再試春官不第遂無意功名先是潛江令柯公聮斜於辛卯秋闈爭薦公解頭不得竟置副車至是官儀部以釜貲留之公決計歸築圃教授後學多所成就生平酷嗜左傳所傳鄉墨遐家有左氏軼篇之評蓋得盲史之神而行之者也所著有制藝存稿薇圃集其曾孫煦煦亦工文字有祖風

周克友傳

周克友字來公公安人順治乙未選拔教習筮仕潛山知縣歲旱失誠步禱搽文告城隍神三日大雨驟起隣邑亦搽文祭之境上迄竟不入文俱載潛志其勤慎細密每夜分略就息與鷄俱興有爭田一址者兩造皆稱明萬歷間册在可據皆欺其多年難于撿査也專搜數何得之有黠無賴豫埋棺木于所佚水田下佚其棺以毀墳告隣比皆不直其說公往勘不似塋所及驗棺又非塋法而木且甚新遂啟棺棺內止有兩髑髏公思太平多年髑髏安所得憶初任時堤所破土得兩髑髏曾給錢命役某埋以木桶意必此也驗之果然一訊而服兵吏程姓以低色易所發工料餉銀驛丞來告苦程故置丞于宅門外使得際鏡而自持銀封來稟給發出則以他語誑丞公思驛站工料甚急二日前發出何至今日始來稟發耶亟入丞詰之丞辯嘖取銀開視得其奸狀公設座大門外欲與衆殺之衆以程有功老遂杖繫十餘年公

一清如水六廉有聲其門下皆世胄多列津要爭爲公地公不應俸滿陞戶部主事潛人赴闕留至十八年潛人立有祠　後遷河州牧卒於官邊人至今思之

毛壽登傳

毛壽登字恭則號廓菴公安人侍御芝田公之長子也生而穎異弱冠即遊泮刻志墳典去家居二聖寺每夜分時略就寢鷄鳴復挑燈朗誦博通今古聲色貨利之好淡如也明崇禎間詔天下學拔取貢士次第選用公獲中選旋授兵部主事駕司及癸未流賊大亂公挈家避亂江西而侍御公卒於贛公買舟扶櫬歸塋經洞庭遇盜公端立櫬前曰吾非客商乃窮官歸葬者及衆登舟公備述家世謂舟中物胥聽將去但無以刀劍叱咤驚我先靈也盜感其言而戢復叩首謝罪咸稱史爲忠臣子爲孝子歎息而去洲令一舟導之出湖得遂前郎焉公歸後仍力學不倦隱居田

圖上康熙癸卯咸蒙將軍督撫交薦其才
聖天子擢授天津衛　道職內陞道即臬司也公視事之
日閱河澗縣七十餘家造船入海一案時本嚴禁寸
板入海者斬妻子流徙前司獄者已照例定擬發公
覆勘公愀然曰吾何由救此生靈因詳鞫之得其以
刑條爲船外紙加油糊沿海灘捕魚之狀公大喜曰
若輩有生機矣即檄河澗撞驗其船詳請上憲並非
犯寸板入海之禁者

公安縣志　卷之四　列傳　六十三

題准開釋俱得全活畿輔饑發帑二十萬賑濟吏稟以
常例當出[illegible]萬金公正色曰爾欲使吾子孫爲饑民
耶吏復稟[illegible]無損於饑民止須多造戶口以開銷爾
公復拒之曰[illegible]是歟　君自利也非吏甚矣竟發河澗
府窮簷均沾　實惠稱頌不衰
聖駕巡行天津沿河[illegible]下民疾苦公對答如流[illegible]以安民
道何者爲先[illegible]就
御前給筆硯以廉[illegible]義立對稱[illegible]

旨旗營審旗民爭訟二[illegible]公即讞擬奏
聞欽[illegible]其慈愛廉決類[illegible]此後解組歸里行李蕭然天津
民老幼遮道呼籲[illegible]有數百人遠送百里外帝立[illegible]
不忍去著一時榮比二疏焉著有鄺園詩集四卷行
世已梓六卷今之編次者皆宗其遺稿也行年六十
有五卒長男麟生毛仁執博學强記著有詩文次仁
傑又次仁開孫翼泰獻訪皆入庠庠克繼書香易曰
積善餘慶詩曰貽謀燕翼其公之謂乎

公安縣志　卷之四　列傳　六十四

陝茂傳

陝茂字一清公安人少有奇童之目年二十二公車
北上以命詢日者謂當於中年發甲時癸未會試榮
諸其癸及春闈火改次年公成進士殿試二甲三名
先是姓從旨上問閣臣以陝對上命即用陝字好茂
家遂有天朝賜姓榜額授戶部主事出知漢中府廉
潔愛人將內召士民請題借寇留任四年坐陞布政
司參議分守漢中道卒於官櫬歸哭送數百里不絕

後邑孝廉龔公世瀚寧南鄭寄書公元孫御史嗣宗為言漢人士久為公請祀名宦遺愛可知矣

陝嗣宗傳 補

陝嗣宗字亢之號頵湛公安人于三袁為中表兄弟共筆硯家貧而才氣傲睨一世志不在雕蟲小技舉於鄉凡七上公車謁選得西蜀之洪雅縣山邑從無科第公課得三士收教之同年俱登賢書　皆稱為神奇擢御史巡視中城數日即上疏言懷廟有三不可及五不自知內云恐其子孫而不自知又云惑之中於中庸者可破惑之中於英明者難解又云太陽之照夜藏其輝雷霆之怒冬歛其聲未見皇上之能藏輝歛聲也上大怒然謂其新進沽名置不問又以公安疲苦吏胥肆虐奏旨下撫按即與嚴禁又上疏明郡守熊公秉鑑忝降非罪即起補荆西道疏參周延儒冒認內藏有愧枚卜遂革職延儒罷即田朋起補南兵部車駕司員外轉武庫司郎中陞山西督糧道調陝西按察司未到任致仕卒於金陵性雖傲物而正直不苟故至今父老能言之

陳鼎中

陳鼎中公安人字素若別號蘊甫自少穎敏英發童子試受知於武進趙公繼鼎壬午登賢書入朝屢上公車得除保昌令前令馬以邦墜地缺環目盡公詳請另鑄代補虧空數百金禮其子歸其櫬會有大盜案十一人獄已具公每閱監見內有五人涕泣感傷不勝因疑其枉及覆訊果得其酒肆群飲為捕役混拿不能致賄非刑拷服之狀彼六人亦具為之白公乃盡翻其案請釋之五人共為尸祝之迄于卧轍時送至百里外慟哭而去地故多癩疾且易傳染每疾發則送入痲瘋院中內有無人顧管者公捐俸為湯藥全活甚衆保民至今爾道之不絕公才氣兼人而性剛烈將大有為以內艱歸里遂不仕子十皆青衿孫曾問安亦點頷而已

鄧重堅傳

鄧重堅公安人字仲達別號拙菴幼有至性事父母以孝稱處異母兄弟極其友愛十八補弟子員讀書攻苦學使者王澄川公亟賞其文以斗湖練白黄山達青爲之評崇禎壬午登賢書旋避亂至江南寧國爲母孫太君稱齡壽得諸名士題詠軸可牛腰有夫婦殁身償責郗之焚其券及鴻集故土出粟以濟內黄倡義修建

書教其長子正儀以戊戌成進士司李南陽封如子職性最坦易喜奬善類鄉人嚴化之有饒生龜若命攸之河陽教姪旋起伏觀者比之毛氏白龜焉所著詩文有致遠齋遠青閣等集年七十五大書元神得旺四字而卒康熙乙酉與長子同祀鄉賢次子端儀司鐸齊安孫八人明經國學子衿一登進士眞可謂忠厚垂裕者矣

陳信中傳

陳信中字任　公安人順治六年以明經貢於

朝先銓道州司　敂湘鄉轉諭綏寧俸滿陞山東青城縣先是道州　寧糧餉半衿士由學徵收而積年重征爲累公誓　入羨金縣正從之及宰青城逋賦至八九年帶徵多入經役囊橐公摘其尤者斃之杖下親叩兩院口陳弊苦詳求題蠲竟得請士民如慶更生又邑四門爲市陋規入官歲可七百餘金公嘆曰

此皆得之於貧與小人者也亟除之自少精於舉業所至識拔士多掇科名童子試前矛學使者鮮棄置且循序署見參差而已在青兩載以日違丘墓不樂欲賦歸來邑人謀爲借寇公大署其門曰紛七士庶一片熱心留我落乚仙吏半開冷眼咲人此畫灰老人所謂急流勇退者也林下數年手不釋卷所著古文詞有斲遠集一經之遺子若孫皆能出頭地焉

孝子

林守盛早喪父事繼母曲甚謹母卒未葬鄰家火急守盛升屋呼天風果返卒無恙時人漢爲孝感

于三以孝稱事聞紀載至今傳其任處爲孝子岡有石碑尚在

王嘉善八歲割股事母以孝稱年少遊泮時上憲屢加旌獎

尚截母病割股以療

田垣字近薇父寅山鄉飲賓年九十六母夏氏偕老孝事兩闈內外無間言因寅山老病二齒禱於神齒復生人以爲孝感以明經任河南獲嘉縣訓導旋里所乘馬與龍交產麒麟獨角鱗甲有光生即能食金鐵聞於官一時異之後陞江西安遠知縣有惠政丁艱去官遂不仕民思之爲立祠致祀其子孫五世同居號曰義門田氏子學謨孝友敦行族里稱爲長者耆德世其家風焉

李泉字莪日道宇先生孫也邑庠生幼穎異強記屬舊縣時邑中大火焚燬殆盡泉親柩在室莫知所爲乃伏柩哀號火及門而返遂得獨完人皆嘆異之

馬貢功名畀里農人家貧母洪氏老善病功勿獲傭值或從人貸升斗必市肉以歸人以其貧而饗多責數之功不置辯蓄恒以供母也母卒無棺質身鄰人易棺以殮鄰人欲得其弟功不可曰弟幼塟母非其責也卒與妻同質以葬其母已而日夜勤

苦歲大旱所種數畝獨禾稻價克贖身乃復還孝友出于天性君子有取焉

汪士修母余氏年五十而病百藥不效士修號泣呼天自刲左臂之肉令婦爲丸湯以啖母而母病愈越十年士修已死其婦毛氏寡居養姑姑病亦刲其臂肉以啖之而姑病復愈迨後毛氏年老且病其子璞鼎遂效父母之所爲而母病亦愈士修有嫂張氏老亦病其子堤鼎復效璞鼎之所爲而母

病亦愈一門四孝遠近皆稱之

周希旦邑庠生母毛氏病皆暈醫藥不效旦自割臂肉糜爲丸以進母食之神爽而愈十餘日後病復發旦妻馬氏亦割臂肉膾以進旦之弟邑庠希召亦效之未幾名妻龔氏身已抱疾復效之皆不令其母知於是母病大愈不復發至今年七十康健無恙蓋隹兒隹婦誠孝可以格天矣

劉美公父病淋醫謂是石淋其梗塞有物藥之不可

必用人口吮而吸之方得通利美公年二十餘願爲父吮父不許越二日小腹脹痛楚不能忍始命吮之每吮則呼號欲絕最後醫令努力一吸便溺衝喉吐出血果如豆者二父病遂愈嗟乎庾公嘗糞所憂甜滑漢太子吮瘡遂有難色劉以匹夫之愚爲人之所難爲如此

陳岳子邑城內巷人母甘氏病割其臂上肉爲湯與母食之卽日母病愈後數年城中火岳子一居獨存[illegible]大疫城內外多死　獨岳子夫婦無恙人皆謂天佑愚孝耳

魏家祥魯陂里人僑居公安時家祥隨其父往撥募妹覓徑於地名陸遜湖蘆葦中虎突出啣其父而去家祥哀號求釋虎不顧隨之深入里許虎置人于地坐而守之家祥徑前奪父負之走虎且哮且追然不甚迫遂涉河而脫竟得完屍以殮又西辛鄉朱姓者駕牛車于江堤外河灘捆載新麥爲虎

啣去時仲子建兒牽牛遂解車上木棍奮往擊虎奪之歸而死建兒字得鄉恒情莫不畏死茲獨不

義士

毛貴章公安人讀書知大義明宣德間山東饑輸粟千二百石以賑京名文章奏入上御宸翰改今名或以其犯懿文建文諱號故耶朕是時不諱文而立爲特錫嘉名亦曠典也敕賜牌坊旌曰義民豎立大堰山

馬良公安人明正統四年山東饑時詔天下輸粟得補爵良輸粟三千石不受賜職奉詔勞以羊酒勑

書一軸特旌爲氏善良之門良築樓於池奉藏愼密爲流賊刦火所燬明史紀其事自良而後書香大其門閭登進士者二舉鄉薦者一明經茂才國學生世濟七恒三四十輩至今烟火數百家食指數千人皆公施濟謙讓之所積累其發祥正未可量也

陳我脩邑庠生明末大亂與兄信中俱爲賊所執拷索金錢賊欲留一人質遣一人歸取金我脩謂信中家實無金不來則質必死兄尚無子弟願留兄去切勿來但弟之子日後兄不以猶子視之可耳數日我脩遂遇害其子名士造依伯父慈孝兼至

國朝鼎固信中以明經教授綏寧陞山東青城知縣事晚畢二子以士造主家政三子俱青衿鼎分其產士造以中年卒妻生子斌嫡李氏撫教之遊泮而孀婦侯氏少年守節復以信中之曾孫主其後

張宏綱公安人幼孤善讀書有志未遂每朋儕談論理學經義文字終日夜不倦有從弟克恢兄弟以

腴田三十畝求售國同曾祖遺宏綱厚其値取之而克恢兄弟家益落漸致流離且失所宏綱晏居洟念謂其子櫨庠生卜年使人招之歸來以原田畀之任種批繳原約不取値復設其名集族人立爲質劑與者之子若孫不許日後借口受者世守不得再行拋棄嗟乎親兄弟爭錢財相殺傷職國去古未遠已有言之者已至於今日有以義爲利如張子者是可傳也

廖鬍子躉渡為生在於谷昇里之沅壁河日可給則不教人留錢以是數十年家酷貧未有知其字仁甫而呼之者故名以貌行邑中歲多蒲圻梓匠春來而冬歸適有十數輩暮投廖宿室固隘連蓐而寢雞鳴噪起悉謀渡東去比曉廖妻楊氏除室得包裹於薦下知其為匆忪中所遺金夫婦祕之不以語其子午後一人飛奔望渡便哭廖慰之歸以完璧其人欲以少許酬璧却之貧有所不取幾與被裘公似邑中曹姓字調臣者亦嘗還金于路狀而其家裕視廖則有間矣

殉難

晉元禮公安人元末忝知政事兵至仗節不屈死有墓在舊公安縣城東門外堤側今漸圮於入江矣

龐瑜明經任陝西崇信知縣闖賊破城瑜佩印篆罵賊不屈而死贈知州予祭

侯偉時事載列傳中其臨難詩曰天乎人事苦難留眷鎖湘江水不流鍊石有心嗟一木臨湘無計慰三洲河山滿目風悲角冠冕懷人雨滿秋盡瘁未成身已逝年年賜血染皇州婿孟某江陵人收者欲鎖其項手格之大罵而死塾師譚希侯亦死

袁喬年字天目登封令致道四子也壬午闖逆破荊邑人大恐獨率敢死士練兵于長安里中邑西村土賊勾闖過江與王生韶之蕭生煜都卒生光世等率兵勦破之闖謀遂沮會澧州陷前後受敵與賊首王老府戰於長安自晨及午兵敗被殺族子袁貽則等皆死舉客孫公毅聞而傷之有詩記其事

國朝儲字藍田以布衣拒賊於馬長港挺身奮擊殲賊數人賊攢及來戰遂遇害家人收瘞失其首見夢於邑人魏銀匠曰我田藍田也吾首在附近某田中煩送至我家次日魏果於田中獲之乃得合瘞

傳志載明末流賊陷荊州公邑士民倡義距賊盡江而守紈綺子弟則有袁嵩年李百齡袁貽則等故國王孫則有雲門士鶴等縫掖寒士則有田昌催善生等至若李奉先鄭尚衡等郡縣之胥史也閭

朝儲毛煥鄉等田間之農夫也劉門子金明之等大家之蒼頭也或結團拒敵或截渡邀擊大者數千小者數百毀家捐軀在匕皆是故當時偏撫題請有大江南北盡沒於賊獨公安義士如林合邑死守以待王師之語亦足以見公邑之人心猶有古道也

仙釋

孫錫蕃曰邑中氣節則有毛芝田蕭元恒諸公經濟則有王襄簡鄒莊簡諸公死節則有麗堅白侯令卿諸公清操則有李道宇龔蒼嶼侯豫亭諸公循良則有何太古王麓田諸公文章則有三袁　兄弟皆所謂長生不死之藥也然而仙佛異迹往往不絕三世諸佛不過血性男子耳

大二聖大聖青葉髻王二聖樓至德芬陀利經爾時

大師告第五童子娑羅浮殊與純金澡罐而告之曰汝可持此供養寶藏如來如來即與娑羅浮殊童子授菩提記當名青葉髻王如來於賢刧千三牟尼日出現後成佛持大力童子告佛發願如來即與授記呼爲無垢明藥王於賢刧千四如來青葉髻王成佛後當成阿耨多羅三藐三菩提號曰樓至德如來按芬陀利經樓至如來無德字

黃衣使者郎杭商史清娑伽羅龍王化身舊有宋封

敕書今失今永願保靖山中呼爲公安三聖黃衣
使者求禱必應
道安禪師即寶印手菩薩
慧遠禪師舊記大二聖寺初名安遠寺係道安慧遠
二師建今按智者傳有敕修報本崇禮安遠三寺
之語則安遠寺當爲智者重修耳今茅穗里有報
本寺當亦智者大師建所謂上鄉壤以答生地思
者也舊謂宋建非是

智者禪師牛頭村陳氏子隋開皇末出家於南嶽悟
道於天台大事已明回里省親敕修報本崇禮安
遠三寺傳燈錄及五燈會元記禪師所集小止觀
廣行於世俱入藏茅穗里聖母塔即師母塔也指
茅爲穗指水爲油皆出舊記
陳鋮音鉗智者之兄仕梁爲晉安王中兵參軍年四
十遇仙人張果謂之曰吾觀汝相陽筭已盡當死
在替月鋮以白大師師令行方等懺法授以童蒙

止觀珞受修習夙夜不怠未及一載復見果果大
驚異曰服何藥而致此鋮曰但修懺耳非藥也果
聞之以手加額曰奇哉道力易短壽爲長齡而卒
能越死趣生誠肰乎鋮常於禪定中升天宫見金
殿榜曰陳鋮之堂後十五年當生於此越十五載
徧謁親知言別端坐而化
圓悟克勤禪師臨濟宗十一代在公安天寧禪寺
祖珠遯菴禪師南平人臨濟十四代住公安天寧萬

壽寺即二聖寺也
虎溪錫禪師臨濟十六代住公安天寧寺
寶方戒律精嚴爲二聖且過堂開山祖中郎小修兄
弟及龔惟長蘇雲浦曾長石黃平倩諸公皆稱之
顯宗江南人幼授戒操行清苦邑長者捌青蓮庵居
之袁小修先生有碑載其事
回道人即呂洞賓河東人兩舉進士不第遊廬山得
異人長生訣多往來湘鄂州縣守崇蔚常邀之岳

陽樓自稱純陽道士崇諒絫令畫工圖其像賦詩
贈之大笑而别公安有濯足池在舊縣斗湖中湖
水雖漲而清秀傑出時有白鶴翔集其上
佚大中公安人號損齋通儒術元大定初應名建醮
授師號而歸未逾年靈芝二莖產於堂七朵色如
青玉有詩集學士元明善爲之記

建文遺事

壬子正月宣德七年師入楚或稱帝或稱建文按程濟從亡隨筆自壬午六
月以後君臣皆以師稱遵君命也至公安宿蕭寺二道士同宿不

相識夜漏將三鼓徼聞兩人泣聲既去觀遺紙知
爲郭良梁中節皆定海人同爲中書舍人壬午六月與聞出亡之事並棄官爲道士
師作蕭寺黃冠夜泣詩云壬子春正十三日幸遇
黃冠不相識結 桂杖坐西偏低頭不語意自閒
亡何一人岸冠簪髮黃面皺多愁顏拊掌遽驚還
嘆息漏分但聞聲唧唧似懷萬斛愁難傾哀猿夜
啜寒鴉泣余腸索結詎堪言布衾濕透皆淚痕晨

典任採訊其詳兩公蹤跡渺無根尋餘蟬蛻字數
篇依稀恍是亡臣名我欲把毫悉胸臆冰凍筆花
寫不得 出程濟從亡隨筆錢士升表忠記
醉叟不知何地人亦不言其姓字以其常醉呼曰醉
叟歲一遊荊澧間冠七梁冠衣緇衣高權潤輔修
髯便腹望之如偉將軍年可五十餘無伴侶子弟
手提一竹籃盡日酣沉白晝如寐百步之外糟風
逆鼻徧巷陌索酒頃刻飲十餘家醉態如初不穀

食唯啖蜈蚣蜘蛛癩蝦蟆及一切虫蟻之類市兒
驚駭爭捉諸毒以供每遊行時隨而觀者常百餘
人人有侮之者漫作數語多中其陰事其人駭而
反走籃中嘗畜乾蜈蚣數十條問之則曰天寒酒
可得此物不可得也伯修予告時初聞以爲傳言
者過名而飲之童子覓毒虫十餘種進皆生啖之
諸小虫浸漬杯中如雞在醯與酒俱進蜈蚣長五
六寸者夾以柏葉去鉗生置口中亦咀嚼之屈伸

晷髡聞見者肌栗叟方得意大嚼如食熊白豚乳也問諸味孰佳叟曰蝎味大佳惜南中不可得蝎蚣次之蜘蛛小者勝獨蟻不可多食多食則悶悶食則何益曰無益直戲耳後與予往來漸熟每來踞坐砌間呼酒痛飲或以客禮乜之即不樂信口浪談事多恠誕每數十語必有一二語入微者詰之不答再詰之即佯以他辭對叟蹤跡恠異居止無所覘宿古廟或闤闠簷下口中常提萬湊歸一

一歸何處凡行住坐眠及對談之時皆呼此二語有詢其故者終不對往余赴部時猶見之沙市今不知在何所矣石公曰余於市肆間每見異人恨不得其蹤跡因嘆山林巖壑異人之所窟宅見於市肆者十一耳至於史冊所記稗官所書又不過市肆之十一其人既無自見之心所與遊又皆屠沽市販遊僧乞食之輩賢士大夫知而傳之者幾何余在聞澧州有鮑仙姑及一瓢道人近自武漢間有數人行事亦隆有一人類知道者噫豈所謂龍德而隱者哉

司馬頭陀不知何許人或云姓劉名潛郎形家著水法者觀其語似非一人所在見佳山水輒爲秘記遊公安最久爲記十數亦異僧而隱於方術者也

德威字雲空漢中府人少時遇異僧携入終南石室中教之禪定草衣木食者十餘年後出乃祝髮遍遊名山止於公安新店菴居數歲脇不粘席每入

定竟日乃出一日[illegible]端告之曰弟子明日午時當歸端云向何處威云願出三界外

劍俠女解潛宋建炎初爲荆門公安軍鎮撫使開墾屯田不附和議公論韙之有甥洵獨陷北境後得歸見潛言項在河朔妻爲潰兵所掠孤單羇困或見憐爲娶婦奩資豐厚賴以爲活今在册下未敢參謁潛命卓往迎之時楚爲盜巨潛屯枝江別創一廬命洵居止且贈以四妾洵獲妾漸與婦疎一

夕因酒責詢曰汝不記昔乞食趙魏時事乎一旦得志便爾忘恩詢被酒連奮拳毆其腩婦噤不動又啞罵之至詆爲死老魅婦翻然起燈燭陡暗命氣襲人有聲四妾怖仆地少頃燈復明詢已橫屍地上喪其首婦忽不見從卒報潛乜率勇壯三千人出捕無所獲此蓋劍俠也

榮命

邑在前代簪纓奕世者非罕事也迄於今日高臺既已傾而池既已平宗廟之犧牲降爲畎畝其先世所賜朱戶層而行馬施者已盡化野水寒煙轉燐腐草矣即斗通之告十行之札且不能保況其他乎由是而讀綸誥誇貤封誠青鳳片羽耳今據存者錄於篇一以侈君恩一以志世變也君子觀於斯而知昔榮之易謝天運之靡常怡富貴之不足恃惟令德爲可久亦晏子牛山之義宜舉觴嚚之規也凡貤封任子附焉志榮命

尚書鄒文盛敕

敕戶部尚書鄒文盛鄉以端方之性勵大之才中第登莫諫垣振美出守丙糙邦畿遺愛之思載恭大藩齊當著條藩之譽薦登方伯晉位中丞勳績書於旗簡風聲騰於歲勳乃擢卿貳之亞要爾臣卿之排遠正位於地官俾總司乎國計勤以經畫

慎於度支宣蠲貸之恩用培邦本華貢緣之弊屢上封章宅心不阿臨事能執下有孚於士論上渙契於朕心忽興鄉土之思懇奏乞休之疏重違雅望特賜允俞馳驛還鄉寫勅褒諭仍令有司月給食米四石歲撥人夫五名應用於戲功成身退今古所難善始令終士論尤重惟卿踐居宦途幾四十五年事列聖進禮退義可謂得出處之正矣茲歸而其善自調攝慎重起居頤養天和茂膺景福

以副朕優老懷賢之意豈不永有譽哉故敕

贈尚書鄒文盛敕

制曰人臣事上之誠貴全夫始終朝廷報本之典無間於存亡爰念往勞載頒新命故戶部尚書鄒文盛器資厚重才識閎深奮跡賢科歷官諫署出遷大郡聿彰卓異之能薦長名藩茂著旬宣之績屢升憲府風紀肅清載佐卿曹輿情允屬西正司徒之位克勤國計之勞出入皇朝回翔四紀朕方求舊圖任老成比壓懇惻之辭獲遂優閒之請丕臻遐壽胡遽長終已切悼傷可無追卹茲特贈太子少保謚莊簡錫之誥命嗚呼進秩易名盛典盍難於並得光前裕後賢聲尚賴以長存冀爾明靈服膺殊渥

廣西按察司副使龔大器並妻誥命

制曰朕嗣宅丕基撫有方夏永惟封疆之臣克詰戎兵以贊朕安攘之治可無褒賚以勸忠勤爾廣西按察司副使龔大器博雅而文廉明有操往自筮

官秋省蚤練刑章繼佐臬藩茂宣聲譽以爾前任西粵宜其民人轉爾今官俾飭戎務氏爰攸賴朕甚嘉之茲用恩詔授爾階中憲大夫錫之誥命嗚呼宣力致忠臣有常憲酬庸進律國有彝章毋棄爾成以永終譽欽哉

制曰人臣勤勞王事靡有室家由內德之賢助之疏榮并命豈非稱哉爾廣西按察司副使龔大器妻封安人趙氏德載恭柔動存儆戒佐爾夫子揚譽

外臺嘉念爾勞宜從夫爵是用加封爾爲恭人祗服廷綸益修壺範

山西太原府嵐縣知縣龔仲敏敕命

敕曰陸贄不云乎六合元元之衆懸命於縣令夫以民命之所懸乃不得忠信之長撫循而調定之豈有賴焉爾山西太原府嵐縣知縣龔仲敏歐冶良金追風逸足掄英鄉國試政名封自繁簡大細之歷更知渾厚精明之互用庭無留牘席有凝塵化

起心閑下安上獲茲特以歲閱授爾階文林郎錫之敕命夫嵐固古樓煩地也介山而鄰邊爾之吏斯土也且有疆事焉夫政在民和民和則圉固以坐而折衝易易矣益壯壽猷其惟今日

兵部車駕司郎中龔仲慶敕命

敕曰朕儆戒無虞嘗咨詢執事愼簡本兵之屬有以賢聲著者朕將褒勞之矧其歷事最茂者乎爾兵部車駕司郎中龔仲慶絜操亮節偉識淵猷廷對甚英大行任職旋晉烏臺之選茂宏自簡之聲載聯雎鳩之班克愼盤輿之務兩都效績三載茂功茲授爾階承德郎錫之敕命夫唐制特重曹郎而清特尤嚴武備登延倚詰固將使之習安攘待大用也爾爲御史則賢在本兵則能豈令以不調嗟哉益懋之行且有崇畀矣

陝西漢中府南鄭縣知縣龔世瀚父母贈封敕命

敕曰士負淵抱羈散秩每嘆文采弗表乃若駿發其

子雋宸章之追賁亦可謂驥足雖淹燕貽早裕者矣爾原任四川雅州州判龔仲元乃陝西漢中府南鄭縣知縣世瀚之父也譽髦早歲期振翮於明廷吏隱餘年倦棲棲于別駕惟碩猷之蘊結故休澤之瀉流爰啟哲嗣聿與高閎茲用封爾爲文林郎式示箕裘之報用增松檟之輝

敕曰人子親承芝檢方荷紳組之榮聽頒瑣闥莫申鞠養之養非借國恩奚酬永慕爾王氏乃陝西漢

中府南鄭縣知縣龔世瀚之母熊氏有靜莊之美行依婉約之常貞順相夫榮未膺乎翟茀勤渠訓子享不逮夫斑輿兹慈淑之詒宜加象紵之命兹用封爾爲孺人彤管流馨元扃永耀

譽茲以覃恩封爾爲孺人於戲蘋蘩繼媺式揚彤
管之輝綸綍同褒勉賛素絲之德
制曰資父事君臣子篤匪躬之誼作忠以孝國家宏
錫類之恩爾周宗倫乃江南安慶府潛山縣知縣
周克友之父善積於身祥開厥後教子著義方之
訓傳家裕堂構之遺茲以覃恩贈爾爲文林郎江
南安慶府潛山縣知縣錫之敕命於戲殊榮必逮
於所親寵命用光夫有子承茲優渥永芘忠勤

制曰奉職在公嘉教勞之有自推恩將母宜錫典之
攸隆爾江南安慶府潛山縣知縣周克友母白氏
壼範宜家夙協承筐之媺母儀詒穀載昭晝荻之
芳茲以覃恩贈爾爲孺人於戲彰淑德於不瑕式
榮象服膺寵命之有赫永賁泉壚
制曰錫類推恩朝廷之大典分猷亮釆臣子之常經
爾江南安慶府潛山縣知縣周克友職任花封才
堪良吏清廉克彰乎庶事慈惠允著於當官慶典

適逢新綸宜沛茲以覃恩授爾為文林郎錫之敕
命於戲宏敷章服之榮用勵靖共之誼欽茲寵命
懋乃嘉猷

制曰恪共奉職良臣既殫厥心貞順宜家淑女爰從
其貴爾江南安慶府潛山縣知縣周克友妻曾氏
含章協德令儀夙著於閨闈黽勉同心內治相成
於夙夜茲以覃恩贈爾為孺人於戲龍章載渙用
褒敬戒之勤翟茀欽承永作泉原之賁

制曰臣子敦服勞之誼典既疏榮女士嗣淑慎之徽
恩宜並茂爾江南安慶府潛山縣知縣周克友繼
妻張氏素嫻內則動協女箴相夫載著勤勞宜家
克彰令譽茲以覃恩封爾為孺人於戲蘋蘩繼媺
式揚彤管之輝綸綍同褒勉贊素絲之德

貤封

王仁美 以曾孫軾貴贈吏部尚書　王原道 以孫貴贈尚書
王讓 以子軾貴贈尚書　鄒旻仕 以曾孫文盛貴贈戶部尚書
鄒演 以孫文盛貴贈戶部尚書　鄒康 以子文盛貴贈尚書
王貴華 以子恂貴贈國子司業　何暉 知縣以子珊貴贈刑部尚書
龔如鑾 以子大器貴贈按察副使　蔡仲榮 以子吉貴封主事
曹敘 以子吉貴贈都督府經歷　王衡 以子格貴贈知州
袁士瑜 以子宗道宏道中道貴封翰林院編修晉封禮部主事吏部郎中

蕭九疇 以子毅中貴贈監察御史　熊萬稟 以子膏貴贈布政司
龔仲元 明經仕雅州判以子世爵贈文林郎
毛薦 以子羽健貴贈監察御史　侯一定 知縣以子偉時晉贈吏部
咼重望 泉人以子正儀貴封推官

蔭子

鄒廷璋 以父文盛蔭任知府 鄒廷濟 以父文盛蔭世襲錦衣衛百戶

鄒之有 以曾祖文盛蔭襲百戶後陞都督府都督加太子少保

袁恭壽 以嗣祖宗道蔭國子生

僑寓

人足以重地而地勝亦足以致人公邑僻處江千古賢之寓焉者恆少又地當孔道舟車輻輳故富麗不似渚宮鄂渚使佳客留連幽靜不及鹿門雁峰使逸士遁迹今記子美以上及元明不數人使先賢遺跡不至泯沒無考用補一邑故實云爾

漢

韓暨 南陽名士漢末避袁術之命徙居山刘表復辟之逃遁居孱陵

劉璋 先主取蜀居璋于公安并其貲財遷焉

陳起祖 梁散騎常侍封益陽公智者禪師之父也

杜甫 避安史之亂入蜀依嚴武醉後唐謔為隙下居瀼西大歷三年秋至公安數月憩息

元

杜敏 漢嘉人其祖避亂自蜀至公安因家焉兄弟六人俱以儒業顯弟誨為著作郎

何廷蘭 其先鳳翔人徙居公安仕元既登臺省三十餘年納忠陳善秉節不阿

張得遠 吉水人由鄉舉授大理評事時蜀地紛擾奉命討平洪武間致仕遊公安因家焉

耆德

袁士瑜

公諱士瑜號七澤公安人年十五即冠童子試爲諸生食廩餼攜蹷屢躓未嘗有沮色丙戌長子宗道會試第一人公年纔及強仕諸年家子謂當顯養天和含飴自娛公拍案起舞曰吾程頤嵇何甘兒曹先鞭黑頭封公適足爲家辱愧己丑以宗道封翰林院編修次子宏道成進士官儀曹晉封禮部儀制司主事三子中道成進士官南吏曹晉封吏部文選司郎中綸章疊錫金紫燦爛鄉里榮之公益優游自得究心甚業時方伯龔公乞休林下爲南平社長偕公及子侍御外孫三袁先生論學於二聖蘭若日輪一人共伊蒲之供互相商證郵擊所得或靜坐禪榻覽貝葉或游東壁河邊觀滄瀾或彼此角詩至日暮始歸一種清閒快適之樂凡因攸鍾如世俗盬孫聲勿侈夸門閥在他人則爲希有盛事在公止作尋常觀耳卒

年七十著有四書解義行世季子安道字方平號南浦粤七歲見家學淸修雅飭以伯兄官史局次兄官儀曹肄業成均兩兄念久歷官途不可無膝下阿奴以慰懸盼天涯之憂趣其歸侍封公及王母以是伏處郎閭同封公諸社友搜尋無生置身於律度而呴人以春和絕無烏衣子弟習氣敦善弗怠喜聞人吉祥事無一切驕矜色宗黨嘉其德量焉孫祈年甲午舉人彭年甲戌進士嵩年己卯舉人前學使者徐公人龍許聚公行實題云讀三袁先生之書豈可溯其流而忘其源哉崇祀鄉賢

毛宗憲

毛宗憲號麓賓邑刀環里人敦尚義槩喜施予捐義田以贍族之貧者併冠婚塟祭取助焉邑令聞而嘉之榜其居以風里人子荃以高材生餼於庠先卒妻鄒氏莊僖公孫女守志二十餘年教五子皆成炳綸炳文先後舉於鄉

毛薦

毛薦字明宇毛氏自宋元來戶口繁多爲族衆中推素所服者一人爲之長凡戶事皆就决焉剖曲直均勞逸是以少長敦睦無輒訟公庭者公魁碩耆艾以公正爲衆所推族人有不直雖素所親愛及衆所憚者皆立召致祠中免冠詰責或加笞必取平而後已用是衆益敬服務爲自愛邑令廉知賜以竹刑使并耆里衆焉生六子咸以學業矯矯邑校中羽宸中甲

子舉人季子羽健即芝田公也嘗手植小桂數株指謂人曰桂長可折吾子當有貴者其在少子乎時芝田公尚幼公甚愛之然析室獨無所予人以爲訝矣而不答卒不予後芝田公果貴兩誥贈如其官焉至今族人恪守高曾之規無敢逾越邑中推治族有義者首毛氏

咼邦乂

咼邦乂字楚蘭文美第九子也長身美髯性孝友父亡有子教讀甚嚴不如指輒加叱扑諸昆仲皆走惟公含淚不忍去故於諸子愛最篤下帷好學邁世不偶無所成遂盡心於古其於通鑑大全皇極經世等書咸所究悉後爲禮部儒士縣令重其行誼皆敬時致禮其爲學以誠正爲宗嘗曰人非狂惑鮮有不惜名者然或矜慕聲名冥冥墮行清夜較明昭計乘危此大爲盜不操戈鋏者也鴟莫甚焉教子淡譚自一經外不一及貨殖事嘗訓子云歐陽文忠公尊人治獄

每悽傷見乎容內人詢其故答曰吾所治者重獄也吾筆一定生死判矣求其生而不得以此愴咽而不忍下也此所謂得哀矜勿喜者也故今稱道不衰我子孫如有治獄者幸無以人命爲草菅幸無殺人以媚人家若全犯亦須宥存其宗支意固莫毒於斬人之祀也嘗有世冑之後某某家計零落或詢公曰門風未泰世澤依然何今昔盛衰之頓異公曰子未觀燈光之燦乎前膏將盡後炬叠續故達旦累月而不

懲又不觀崔巍之木乎崇柯層蔭歷歲霜而不隕其節非邀天者厚亦其托根者固焉耳予欲燈之燦而莫思所以續之喜蔭之茂而莫思所以培之徒羨今昔之感抑末矣其持論如此子重望恪守先訓壬午舉於鄉嘗有燈膏因續承木本借培長之何勤爲堂聯蓋述公平素語也孫正儀成進士司李南陽每獄央憶公平日哀矜之言不敢忘歐陽治獄遺意則知公之教思深遠矣明末流寇肆虐邑人殲焉年八十

四終于正寢崇祀鄉賢

陳㨗　妻陳氏

陳㨗字伯凱公安人生而穎悟力學不拘拘八股業於書罔不涉獵每童子試輒冠軍以淹博爲邑諸生師諸生多出其門平生謹律度遵禮法雖布衣而儼然縉紳先生之度燕居無袒裸盛夏不脫冠箕踞訓子弟以坊表律身以和易接物喜施予樂爲人排解鄉里有鬬爭以談言釋之不爲焦頭爛額故鄉人德之性坦平無城府與人不計怨每歲時伏臘雖社會里燕必躬至醵金爲倡予弟輩或有以鄙俚無自任咎曰佻較雖鄙從俗可也有兄弟三人友愛最篤其季弟少乾父敬巖公憐之而屬於公撫愛倍至卒能成立父病侍藥餌經年不離寢榻適家有不得已之役父病中嚴切遣董其事不辭宵旦竣事以告父異之病中爲一破顏父卒遺命必塟我先人墓側族豪者不可遵命婉曲以請卒成先志既啟墓得其曾大

父前峯公志銘其文爲鄉先達方壺龔公所撰龔公實以前壬午舉於鄉公大喜曰吾先人抱志不售食報在後壬午之云或其左券乎長子愚中果以壬午舉於楚愚中字燕滄初隽邑俗新貴頗多誇詡出入公痛戒之買臧獲稍役甚輒斥公曰吾先人志厚傳家安用此輩歲甲申中冬闖逆餘孽焚劫其鄉屠戮殆盡燕滄幾不能脫公將抱病動履頻艱獨携其家人匆解舟載人瀏李務元吉出天祐善人亦其樂變有

方也未幾蘊潛脫歸父子相對如重生曰吾家荷天之福大難不蹶從此當益加敦培無急巾車耳運際鼎革其時邑尚未入新版公病欣然祈死丙戌冠帶終於正寢其生平節槩如此配陳氏公安有兩陳皆著姓也長歸於伯凱是時陳氏合爨蒼頭咸盡力稼穡家無閒人諸婦不免親操井臼母上事尊章俯鞠穉幼中理饋事烹飪葅醢及程課紡織較計米鹽每躬親至夜分乃息侍姑數十年孝養備至不敢以家

中有無闌白恐傷老人意一時執循子禮登堂拜母者必豐饌延款其同蘊潛伯仲論文考業必竚立聽後聽其言論故蘊潛學業日進得以成就者母之教也世亂寇起母左右陳翁艱苦備茹久之蘊潛以世方清晏擬北上爲母邀一命宋母不可言吾願以志養不願以祿養也蘊潛因不赴公車者廿載既檄催赴選母囑曰汝既爲時勢驅亦當佾幾勇退曾聞彭澤七十日事耶其恬於榮利如此蘊潛謁選粵東保昌令曰思歸養不日而母卒壽八十五母皈依淨土臨終沐浴隱几端坐而逝鄉里之道治家有法待賓友有禮教子孫有義者咸推母爲女宗云中外子孫數十人皆彬彬文雅蓋德報也

袁晨字彥猷袁氏爲邑名族凡爲子弟陽慕先人類以曠達自喜其於敦本務農或不屑焉公居鄉治生產獨不爲虛聲誇詡是以始詘而後裕儉於持身而豐於教子其於村里中所謂詩文遊遨事實爲之而

非其所樂也當中秋友人治盤餐歌呼達旦獨率其子姪嚴切誨戒以秫未作粥啜之飽而散時人以此笑其樸而識者服其裁制有方足以回頹俗而還淳風矣

常有異姓子昌袁宗衣儲豪甚訶叱之曰若何敢爾吾大植驅汝歸宗耳其質直如此子是絡少能文盼平縣令世經粵西宣化教諭世維辛丑恩選

周右文傳　子以純

周右文諱國昌以字行世居公安之板橋里少讀書言動不苟及長燕居必正衣冠矢志爲善數不得志於有司於是就觀察使辟爲刑曹掾自思所經手多大案得以陰行其善每事力贊平反當事信其誠多所全活其人不知也曾有知之者遭于路跪而泣謝公如無所容亟茶之且曰是上人之仁同事之轉移我無與也嘗中夜太息予以純問之謂是死獄爲求生

道而不得不覺愴然耳或公退色喜則必其救援多遂也如此者數十年益用孳孳案在分臬讞夾皆各郡邑遠地公固不言故至今子若孫皆不能悉數之所可傳者公安有詞連馬杜二姓三生論褫衣頂公力持之免越歲訊其實謝以白久忘之又縲斧衙門訪犯嘗救得釋袖十金爲壽公却之至作色其人退具粗葛一端始受之生平所行多如此其在鄉里排難解紛嘗謂陰德如耳鳴但可自知遠近皆稱善人

而獨介嚴正倜達少年多所忌憚子以純字在位年十三遊泮能先意承志雖蒙業僅足饘粥而堂上融融祗餘膝下有孝子耳執喪三載宿靈側斷葷酒卜兆十數里外非甚風雨必朝往而暮歸歲時薦食在在號泣不能起其存心仁恕固有所受而書香自此起矣孫二應運瑤俱能世其德事生以色養居喪如古禮識者稱爲不愧孝廉應運出宰襄城冰蘗自矢甫期月劇縣道上盛稱少年操守花落訟庭清可知也

能清則慎且勤又可知也

外史氏曰蔡敬夫先生曾祖夔舒爲永春縣吏有法如是而令辛于他請欲上下其文者公度爭之不得徑投筆去令感其誠慰止之請如掾吏吉鍾伯敬先生爲之傳有同世猶知慶人在官有能用去就存法者自公始且史引記嫣唐自可傳不必其爲子遂也予於周右文公亦云

逸士

成巳字仁卿號七洲少有奇氣家貧力學工詩神宗

朝入燕京以詩賦自命少所屈七洲先與江陵交是時昔江陵秉鈞七洲貽書箴規之久之江陵亦不堪會坐間七洲踞上座不少讓當事者怒飭遞解還先生性傲岸不羈每有所適興至輒附便舟去不聞之家人或數年始歸所遊則鬼國蠻鄉靡不到所交則緇衣羽流靡不御所學則琅函瑤笈靡不窺著有七洲

詩集若干卷中郎先生舊有傳今軼不存

王輅字以明黎平太守格次子十歲能屬文甫二十即知泛覽頗契無生之旨中郎小修兩先生少肄業門下一時如李卓老陶石簣袁伯修諸先生俱爲性命交年四十以貢授陝西鳳翔別駕六月即棄官歸茂林著書以高逸自處崇禎初遣子上萬言書上嘉納之著有法華般若諸經解小竹林集詩文若干卷崇禎五年督學蔡公入祠鄉賢

李世喬字孟野以明經佐縣有詩名

侯宗吉字八解爲文就奇聲大者有五經訓解

王從龍字卜鄰貧苦力學以徭賦爲里胥鎖之空舍中爇薪讀書達旦不輟邑中文士稱爲耐長異母弟因訟事縣令欲扑之苦求身代以慰繼母人稱爲孝

鄒國能字弼臣號石菴明執金吾鄒公之有之長子大司徒莊簡公文盛之五世孫也莊簡公以武功得蔭世襲錦衣衛　戶公少而偉岸喜讀書及殁後禮

部題授蔭職旋罹大亂濱於死者數以至於太平乃掃除刻灰於故宅之傍搆數椽外治小圃顏曰潛園終日徜徉其間美鬚髯善談論麈上有出塵之致初以家中落而身復不求仕進黙贊韋開有某訌之者公一以含忍委曲處之無不立化久之則人且敬而愛之遠近皆知名邑宰於公每加禮焉地當孔道過客多來相見挹其風度莫不醉心而去故所得名賢品藻甚富其弟國英亦以隱遯與之同心焉

節婦孝婦

劉氏邑人尚懋妻年二十二夫卒誓不再醮撫遺孤文昌教之以貢入太學諸名士甚推重焉守節垂三十年有司廉其實旌表其門

成氏邑人周梭妻梭舉於鄉卒成時年二十一守節三十餘年訓遺腹子文光亦舉於鄉嘉靖中事聞旌表

沈氏少適同里熊　姑獅苦蹙瘡潰爛草廬廼狹臭不可近呻吟不絕聲沈晝夜侍左右飲食浣洗無

難色婦夫至不同處者數年家貧以農爲業里人揶揄沈每受傭所饁魚餐之屬及有食物不宜於瘠者即與同伴易他物歸感忍饑以獻姑瘠需茶沈貧無以辦盡拾餘田已烹之蔾薁湯洗浴又擷作餌以救其瘠若是夕姑少安乃就榻否則通夕不寐一日姑手抉泥壁一牖沈問其故姑曰汝孝通天吾臥病久暗室不覩白日令開一隙庶幾天光告之上帝鑒汝孝賜汝福德男以酬耳後鄒與沈俱以遐齡終孫熊諧膏郎中丞公也此事久失採錄吾友尚仲達言之至爲流涕更塞亦以見懿德苦節久而不可掩而仲達至性懿好尤爲篤摯耳

胡氏太史袁公宗道貳室年十六太史卒於燕誓死守節齋素事佛撫袁氏諸子侄如已出家無閒言列臺旌其額曰彤史流香

劉氏侯令郎先生側室癸未春自金陵侍令郎因其母適梓溪劉公故以劉爲姓隨令郎赴北都闖陷

京師令郎語劉曰事急矣送同年某託爾身甫至門下輿厲聲曰若非侯君年譜乎柰何以兄弟之室爲若室列女不事二夫昔誌之矣某窘縮無以應急還之語令郎曰君早自匿無憂我弟封一室中饑餓惟命令郎如言避身潛去劉自履至領皆紐縫惟謹乃自縊賊去後鍼匠康德甫黃岡人感其義烈厚棺成禮而瘞之噫閨閫之事非文不傳若康某得之親見歷陳艱貞非傳聞也劉氏位業

正配德備剛中一室幽嫻而具千秋之浩氣雖與秋霜爭潔可也邑孝廉吕重望紀

張氏年十四適毛璣三月而璣亡誓守節操持嚴謹凡家人子侄稀得見其面女婢不通外語袁中郎先生修縣誌言於邑侯錢公胤選詳請列臺旌獎扁曰貞節免其丁糧年七十餘卒

侯氏令丘先生之姊適龍學博李滄浪之子萬年萬年性豪邁能文未壯而殁侯時年二十七矢志守

節事姑至孝生茸肯死葬祭皆拮据貧苦中教育子女家政井井以禮法自持延弟令丘於家課子友松爲文前邑侯高公朱公咸欲加旌表皆力辭曰守節自婦人恒事何事表襮吾無忝兩姓足矣不至以此爲名也卒後友松以順治甲午舉於鄉

龔氏諸生鄭名世母癸未闖踩荆爲賊所執誘其子出許以富貴大罵遇害滅焚其屍空室中

王氏中郎先生側室揚州人中郎卒時生子尚年未一月時氏年一十七歲守節撫孤三十餘年操凜氷霜教子讀書成立矣後遭亂隨子避地江陵龍灣市賊忽大至家人登舟不及待倉卒趨鄰舟拒不受爲賊所及欲掠以去氏詈罵不肯行遂遇害年五十歲

按中郎卒後有妾王李韓皆江南人俱以少年守節李隨養於嫡子彭年守特郎慈愛端靜年六十餘卒於粵東特郎爲殯殮持服雖忌者以此訾議不顧韓亦備歷艱苦年七十餘始卒李韓無子皆善終而王獨慘死亦可哀也　又按侯氏二侯令卯先生次女適同邑田生沉氛犯村公姑驚惶不

得脱女曰無憂也我必不辱第就擄闔室可奄全矣當尋我於泥湖之淵賊果載之牛背及湖躍入水死公姑因得免翊日尋之湖濱不得遲五六日其屍浮水色如生血自鼻出如泉

侯氏三吏部侯令卯第三女適江陵王生賊搜湖急赴水死嗟乎父死於武岡姊妹同死於里門一門大節炳耀冊書兩間之正氣振古所稀聞也

毛氏國學鄉賓田學謨之妻無子炎奎王氏生子三撫養如己子德範端肅衆稱賢淑乙酉冬爲虎賊所執厲罵不屈而死長子鍾雨每言及母遇害事

淚下如注不能已
龍氏毛士登妻夫生不能言力任家務夫亡年未三十無子守節遭世大亂有勸以改適者又有非義相干者皆怒罵以死拒貞操益厲今年六十族黨敬之元旦生辰必群集而拜焉
孫氏江陵沙市人爲禹邦久字楚蘭側室嫡李秉家嚴峻楚蘭見其勢猝不得已還之歸許以他適母斷髮自誓越五年嫡卒楚蘭欲撑家或有言母自

矢狀訪之誠然大嗟異遂迎歸偕老焉母歷苦如飴視生若寄古烈女何遜哉性慈甚見有負戴者必詢其饑渴而飲食之飯依大士誦淡多年嗣值流氛搶攘佩珠念佛端然不動賊釋不致敬因指示賊所不到方令從趨之乃脫重圍後寓宛陵七褒吳中士大夫賦詩贈頌其瑰瑛固逾袞章矣子重望登賢書廉下依依不違色養孫正儀成進士
毛氏刀環村人適邑庠生陳用中二十九歲而寡矢

志苦節家素貧三子皆幼躬歷辛勤課子卒能成立次子士璉康熙癸卯舉於鄉母之教也今[illegible]

旌表

毛氏侍御毛公之女適庠生袁汝成年三十汝成卒無子矢志守節艱苦備嘗雖髮長素讀持金剛普門品經居然一尼行尼也族里咸敬焉
羅氏邑生龔禹都妻事龔羅遇巳女夫妻事孝奉姑裳避難九谿山中袁郎中丞龔公嫡配也爲賊所

執賊欲掠羅公不從先殺其姑以恐之氏大罵死賊汝殺吾姑吾夫妻豈復從汝手中求活耶何不先殺我命吾夫見之遂俱遇害
節烈曹氏先明漢中太守曹公女孫邑庠生沈蓮蘆之妻善事舅姑夜事繼姑俱能以孝稱明末流賊殺擄所過如蒐沈生合宅避兵衆鄉流傳賊已退返其室晨飲未熟而賊飄忽至氏挈其九歲三子並去自誓一死遂罵賊而死及賊退收之其袒服

襦襪皆縫紉始知其能處死也久已

熊氏明經龔家齊之妻年二十九而寡翁姑在堂而翁性又最嚴膳羞少不如意輒斥去氏盡心侍奉必得其歡心撫兩子一年舞勺一在抱一女方孩龔故方伯世家是年内中奇禍而家落臧獲都不知操作氏治家内外整肅始令仆子習農女使工紡織延師教兩子俱入庠嚴督孫曾數十輩三餘書聲琅琅多遊泮者且復其先所棄之業而龔氏

賴以復振年八十無疾而終

張氏名淑嬋華容明經張希价之女幼讀書知大義其歸邑庠周應嵩也阿翁逵宦河州卒于官時嵩在病訃至慟哭數日而絶嬋年纔二十五矢養其姑撫教其子女僞時賊夜劫姑宜人張不能脱嬋冒刃而脱之燈火下賊不知覺賴其誠孝宜人年逾九十而卒教兩子逮其孫俱先後游泮水嬋今年已望七長子肎霖早喪無子妻馬妾劉俱願終節女適陳亦甘心稱未亡人次子操南斷絃不續家兩女使亦義不再匹正氣之所感乎一室堅貞至今父老論淑嬋家事多至隕涕焉

陳氏邑人杜光先之妻光先早死碁功俱無人家徒四壁氏子然一身時年二十八日夜操作女工父兄多其志節閒噓拂之上奉姑氏下教其子雖極艱難而堂上以樂康終其天年每歲載束修爲子求師貧偶朋儕聚論文字必爲之設具以永日後

十年兩子詩果遊泮且食廩餼爲人端而愿士林重之康熙乙未邑侯沈公寅題其門曰冰清貽穀

李氏邑儒生龔學邁之妻周氏石首人邁弟述之妻李以年二十三周以年二十一並爲未亡人先是李有子二周子其一未幾而兩孤俱以無服殤兩氏相依益厲初志時阿翁佐郡濟南逵不携家姑疾兩氏齋戒拜斗求以身代姑有季子學岱尚幼兩氏撫而教之迄以子衿食廩餼康熙五十七年

李年六十周年五十四通學上其苦節狀　督學
翰林院侍讀李公以冰霜雙清錫之旌額

鄒氏魯陂里人石有章之妻年二十五而所天殞當賦役繁興滇逆昺沸之時氏門戶操作奉堂上翁侍膳扶疾喪葬以禮撫二子長力田而祿次子羽喉聲膠庠夫有伯兄夫婦雙亡氏撫其遺子女如己出迄于嫁娶節而慈以議德行無媿也

王氏魯陂里人魏家璧之妻年二十三夫病侍湯藥甚謹夫念之囑其父母謂氏年少無子身後可令他適氏聞之悲慟不已誓夫以一死從地下及夫沒氏果絕飲食舅姑百計勸慰但曰舅姑侍奉有兩叔不須我也逾之二十七日家人防守少疎潛投池水而死

杜氏谷昇里人余日昊之妻年十七而歸余年二十而寡子在襁抱姑年又高夫遺命不可以死當善視老幼使地下得瞑目氏於是勤女紅持門戶奉姑不遺什昔撫教其子大慧善承先業今年近六

十宗族鄉黨皆賢之

貞女毛氏邑庠毛承祐之女孝廉毛維煥之孫目幼許字松滋國學伍翼權之子伍燧不幸而翁捐館舍壻且歿氏未于歸伍以訃至氏聞飲泣蒙頭而臥久之氣絕母救之甦詰其志意曰求往伍宅一事及往弔誓奉姑以終節姑憐愛之甚相依五載而姑又疾且革遺一子纔六歲以付氏曰伍氏惟此一綫幸汝植之我地下當告之忠勤祖公聞其之室氏惟審寒燠燥濕撫其幼叔汔就外傅以至於成人嗟乎衣冠假道學往往改顏事仇至于幽閨少寡徐天池先生云一夕改霜心曉鏡換粧顏若毛氏女者無一日之伉儷矢百年之艱貞以不忍成其堅忍發世人無限測隱羞惡之良心不可以懸日月而泣鬼神也哉

孝婦張氏邑東里人王潔之妻姑病氏致齋數日獨早起自刲其臂肉糜爲粉團以啖姑全無痛楚亦

無血漬是日姑久臥病忽起合室驚異始得其狀林幾姑又病其夫亦效之夫有弟婦潘氏亦效之族里報　公前任署縣理事貳府張公賜之旌額曰一門三孝

周氏邑谷昇里人陳家祚之妻年二十而家祚死氏父兄以氏家貧且無出諷令改適氏以死拒之偶粜疾父兄爲乞得藥氏泣曰我久當死但以翁姑年老不忍便自引決安用藥爲親搽井臼奉事得堂上歡今年已五十倪鴻寶先生所謂擇節取苦者也

龔氏明邑庠馬寛之妻十八而嫁六年而寡氏名門女讀書識大體以高堂白頭膝下黄口爲念旋丁大亂氏獨先見奉翁姑挈其屬遠避武陵雖在流離日夜晝荻教子及鴻集散土子應運年十六遊泮氏内外操持老而不倦嗇渥有得於敬姜勞逸之旨者以致家道復振迄於孫曾衣冠濟匕

萬氏邑廖解里人萬子聲之女邑庠袁又騰之妻閩祖雄於背亂後家産蕩佚及完娶遂復理先業一意下帷二十遊泮二十八病革囑氏以必靖家難而瞑目氏遵遺命風雨漂搖中卒完巢卵自此而内課耕織外供徭賦家政井井延師教二子惇典惇仁先後入黌序及孫叙兩叙品入辟雍先是家有箭樓一座上人諺語比之懷璧氏改造兩樓以示慨張長齋三十年年七十六而卒其初爲未亡人也能令死者復生生者不愧其言及其歸骨山足也知與不知莫不咨嗟嘆息此固非溝瀆之諒所可同日語也

文氏國學文貽斌之女邑庠袁惇穗之妻年十八而寡無所出舅姑父母咸憫之欲爲之圖改適氏覺毁容慟哭勢不求生百方防救乃以禮告舅姑立同懷周視貢生袁惇稷之子名叙綖爲嗣撫育相依以終未亡人之身家政肅穆鄉里賢之

馮氏邑庠龔家讓之妻龔故世家喜聲華內外都不事事氏爲季婦自幼雅習勤儉阿翁爲鄉無賴所構以象之有齒竟至破家又值西山用兵軍供繁難氏出其積復日夜繼之以操作故業少有保全年二十九所天中隕氏奉養翁姑不失舊膳延師教子伯仲俱遊辟雍季儒隱孫曾十餘人長國學餘皆能文字

涂氏邑長安里民郝碧廷之妾碧廷卽世氏年僅一

十九齡一女在襁褓誓以栢舟自矢碧廷分給有產業房屋家伙令其母女相依後因碧廷繼室以碧廷孫女許配伊前夫之孫將氏房屋佔據控告到案審實仍照遺囑斷給氏女令其相依終身董憫其苦節以燕樓媲美四字額旌焉

馬氏邑庠李漸之妻其歸李也公姑早逝事祖姑鄉倫極孝養遭流賊劫火之後家人散盡氏親操井臼俾夫子一意舉業未幾而漸病且死氏撫兩孤子撑持門戶不墜書香二十八稱未亡人勤苦四十餘年七十二卒長子邑庠次子治家頗殷孫其乘名嘉兆者膠庠有聲

鄒氏邑廪庠生陳士恭之妻保昌縣知縣孝廉諱鼎中之冢婦壽光縣知縣進士鄒養赤之女也作嬪於陳孝順有聲舉一子早殤年二十三而夫亡氏哀毀氣絶者數奉遺命事舅姑以夫弟之子主後撫而教之舉入辟雍又夫弟殁遺女方孩氏撫而

嫁之俱不異所生當賊軍暴虐徭役苛猛之時氏極力操持竟支門戶爲翁姑喪葬皆以禮妯娌十家和雙如在同居今氏年七十有四膝下三孫循承書香之教此又與子女已出苦志自持者有別矣

萬氏邑庠李之禎之側室年十九生一子子五週歲而所天隕氏性貞潔矢志孀守舉步不出閨幃惟以治女紅議酒食枝梧門戶教其子嘉德遊泮水

孫男廿二氏年已七十每午夜挑燈誘諸孫書聲
琅琅寒暑不輟李故家政嗃嗃至今猶欣

參恭陵追等情前來相
南平縣饒世纓智行前
該員短款業已恭追照
案造册結報俾免積歷
乞　聖鑒訓示謹
該部知道欽此
奏為副都統永德在
聖鑒事竊於本年二月
生母閉佳氏於二月十
同京等情前來查副都
成册扶柩回京除副都
報部外所有副都統
合恭摺奏　聞伏乞
上聖鑒謹　奏奉

藝文

言矣辭之不可以已也杜陵之詩曰文章千古事得失寸心知黼黻泰平揆華而行遠必賴此三寸筆端也公安吉遭大亂米脇鄰架盡付祖龍肰而可傳者在人善鳴者不朽若夫與善傳懿有裨於世道人心以及抽思吊古嘔心系物是皆不可磨滅者山以仙靈川以珠媚能無識乎

竹林萊公祠堂記　　劉坦

忠愍萊國寇公障蔽於讒謫死雷鄉喪歸次於公安野祭揷竹既乃芽茁竟成修林後人即其所祠之今餘三百年西洛薛君友諒來令茲邑伏謁祠下顧瞻遺像與家藏本不相似命工改作并神宇更新焉垂成而代至乃屬邑士徐森成之既成將伐石爲記俾圖授簡則相與言曰竹植物也於人爲君子當其雪霜寒擊萬物盡凋獨挺然不改其捺春雷發榮遍地

而出蟄焉固也今是竹出於芟薙之餘非有宿植而生意勃不可遏謂造物者表公之節非邪公出在朝無所阿附小人噂嗜必欲置之死地不知公之處死也素矣百世之下聞風起興凜凜猶有生氣彼丁謂王欽若輩雖衣冠廣庭視之而泉下人終與草木俱腐而已薛君景行先哲揭虔而妥靈恐其貌弗克肖其德必有與之肖者矣夫貌表於外者也德蘊於內者也臨大節而奪遇外患而怵惕夕身親炙如隔寺宙尸而祝焉其顙顧不有泚哉祠成之後甲午四月竹生於楹一本兩岐瑞應圖牒夫是竹也植萌於學祀之先騈産於新廟之變謂以是表公之節千萬世不易吾言矣其在後之人善封植之庶無媿于公亦無負于人之望云

東門護城堤記　　袁宏道

公安治倚江江水齧岸者百有餘年至近歲遂割城之半以予水議者畫爲三說以上一曰避勿與爭道

也將盡撤其堂皇閭井以就高而公私困竭不與者十常七也二曰築石堤於江之上流以殺水堤虹偃而出水勢北走遶南一帶庶免衝激而勢湍速投之石未必膠委千金於洪流塗之人知不可也三曰疏三聖洲之故道以分江勢夫江身在南本太原而就洪疏之不勝淤也策乃下會直指使者應公行部至邑慨然嘆曰江患逼矣而江議迄無定晝居者危危若簀下之火愚則處堂耶豈無智者也江防使者涂

公進曰適有薦紳大夫言未竟也邑三面負堤而缺其東孟公堤垂右臂下楊令增其支爲前障往年江決東門邑居漂盡者左臂虛故也邇來江患少定幸萬一之復而峻其左可以壘守此百世之計也應公曰善是邦也訕訕又不可以需則爲邑出錢若干監司郡大夫而下捐貲各有差閱月而堤成邑士民相與歌舞於市皆曰微直指使者重念災國不及此予與曰以佚道使民則不怨况其不使且爲出貲以貸

命也一時善形家者皆言邑形勢自西北來後疊而前削截之以堤則氣留留則能爲諸祥且於邑爲左左屬龍也地宜豐形勢之所資也是役之興發旋之議頓止自忠義公以來未之有也

儒學梁公生祠記

袁宏道譔

天之大也無所不有而非挾其有以角也聖人亦然使天嘵嘵然與春爭華與秋爭實與萬物爭洪纖大小天亦物耳故聖人之大以受不以勝天下之爲道者岐貳其道皆竊吾近似者也吾僕役之則吾用而角之必且外吾而求張故以宣尼之聖而識小師老聃問道不以是貶大暨於後儒挾吾之所有以求勝而吾之道一變而儒始名再變而儒退然居九流之

列三變而儒乃有爲異道用者是則角之而張者也且夫諸子百家固未有能出吾範者也芬而爲名法比而爲楊墨遁而爲老釋雖其竊吾似而甚焉則指之曰異學而實不出吾之所有夫聽所言觀所行書所試是聖人未嘗不名家也春秋之斧鉞雖隱必誅是聖人未嘗不法家也吾蔬食而愉快其樂我席不溫轍不解其愛兼是聖人未嘗廢揚墨也寢有經食有戒是聖人未嘗廢鬲生也幾研於未發道竟於無

雖其是聖人未嘗廢虛無也雖其無所不有而出之以平淡故其大至於不可名異學者竊其一以求耑其謦故迹詭而言放以爲不如是不足以自崇其道而不知千變萬化皆不出吾儒之固有吾取其精以供吾用而汰其甚者之以所敝彼亦且樂爲吾用吾覆之以天臨之以君庇之以父母彼安敢出而爲吾害雖吾自挾其道而與之角居然以敵名予之而彼亦傲焉以敵自居於是異端之禍與吾儒相終始名

曰尊吾道其實薄吾藩而益賊以戈者也孟氏善衛道者其言不過曰歸斯受曰反經而已矣反經者使天下曉然知常道之大而本之身以措天下皆綽肰而有餘吾常有餘而彼不足又安用借貸於彼天下皆知吾之不借彼所謂灌龍之宮白馬之舍其黨不得不少而道自衰此所謂不攻而破者也故今之欲廓吾道莫若遵孔孟之家法而明其書蕩其旨先是中丞梁公以監司臨敝邑見學宮圮慨然捐鍰新

之每至邑則進諸生徒告以聖賢之微旨其言樸直無雕飾已又出書傳若干多先儒之所未發蓋公之所以衛道者與孟氏反經之旨千古若一券也昔者昌黎氏衛吾道徒爲忿激之論而不標其本是以介胄衛也夫介胄所以攻非所以服也今公第發明孔孟之深旨使人知道之無遺覆而諸子百家無異載此猶禮樂盛而悍獷銷聖門之伊呂也邑士民戴公族爭請祠公邑錢侯聞之甚喜曰是王政之大者竟

如士民請祠成以記屬余余拜手曰公他日當俎豆於白沙諸公之間者也然使後世知邑中有聖學自公始公之從祀自敝邑始一時令長師儒薰其德而快其事而不肖某得以文字濫其役是皆不朽之藉也公名雲龍廣之瓊山人楚人戴公如羊叔子今者特祠冀序闕故畧述其功在聖門者其他威惠不具載以俟異日志峴首者

儒學尉公生祠記

袁宏道譔

邑學宮舊濱江江水齧其址宮遂遷邑頻歲苦陽侯殿材蠹過者岌岌然慮其壓則以孫木贅之又十餘年而贅者蝕其半邑人相顧嘆惋竟不敢議興葺夫邑之薦紳大夫以至縫衣綏帶皆誦法孔氏者也積縷而緡積塵而嶽邑之人亦能辦此獨以事重而地卑故不敢不緩其議以俟天子之命吏夫今鄉校雖一鄉其始益有所受之小至一籩一豆皆奉功令而行不敢輒增損故學宮之重與太廟等而其興葺一

稟於天子外焉者遐而不得達則稟於天子之命吏今夫佛老之舍朝而圮焉夕而呼于市市之居估傭保操其與革烏合而集事者何則其事輕也昔李師道請出私財贖魏徵舊宅白居易論奏以爲事關激勸合出朝廷夫此名臣舊第耳當時惜大體者慎且重若是其敢輕議數仞之宮墻與必有所操而後議故下之人不得不緩緩於下而急於上故體統尊而事行古之爲治者政學出於一故曰在泮獻囚在泮獻馘後之人特以爲文章之具觀故其修舉常後於官寺匽署一有興葺直付之一二章縫而其事僅與釋老之宮等于是學宮始輕而絃誦之地鬱爲苔蘚後生末學有經年不窺夫子之門屏者是亦爲政之責也監司周公醇儒也修姱之節聞於天下天子超常格拔之諭者以比胡威陽道州下車未浹月威夔大行聞邑大成殿傾卽與前分守梁公捐貲撤而新之旣命有所操無失體衆力遂集而邑人士數十年

嘆惋而不敢議者一旦如釋重負宮旣成邑錢侯李諸薦紳士落之皆曰非公余等何顏復見先聖汲汲然如唐子之入臣而忽見其鄉也則又曰邑公之毀壘也將世世子孫俎豆公舍學宮其安之遂並梁公兩祠于宮之左公名應中浙之會稽人夫非謂學宮之能重公而學宮待公而重將使後之作者知其重以時加修飾而後生末學望宮墻而肅然是祠之所以作也

公安縣志序

雷思霈

今大地皆志也而世所傳者隨州武功雍紀青齊隨州編季近迁武功叙事近簡雍青河山百二十二足以作其氣而壯其爲文旁引襍出不能成一家言由是觀之大地不必皆志也楚志昉自禹貢山海經惟言山川田土貢賦物産以至詭異神奸今人所畧古人所詳檮杌楚書始綜人理離騷九辯始侈聲歌而漢魏以來輿地圖經在在不乏厥後袁崧有宜都郡

記盛宏之有荆州記庾仲雍有江記宗懍有荆楚歲時記羅含有湘中記習鑿齒有襄陽耆舊傳郭仲産有襄陽記鮑堅有南雍記鄒閎甫有楚國先賢傳余知古有渚宫遺事范致明有岳陽風土記諸君子以該博閎廓之學發沉鬱藻贍之思高山仰止景行行止履其地者恍若曾遊想其人者欣如可作未嘗不惆悵終日也寥寥千古誰傳盛事而余友中郎始有公安志適幾令君屬之中郎文章言語俱妙天下是志也抉奇搜異辨物核情絶無老傳士一醜語予以爲獨類習襄陽予一至公安坐中郎及弟小修柳浪蕭碧館中玉條縧暢長塘曲巷晨凫夕鷺暇中勝鮮觴詠皆言頗有習池氣味而四海彌天風期俊邁政足相當襄陽首叙人物中及山川公安僅僅江湖數片白黄山一點青而已無隆中峴首鹿門楚望洞壑林泉之勝以爲其胸中之磊塊無司馬諸葛崔徐羊杜皮孟之流以寫其神韻表其文采而垂後世雖欣

陵谷遷變世界客授方言市容皆具妙語稗官小説皆至成文而况以一代才作一邑志井廬不改文獻足徵何必身覩時賢卿資異代也傳聞中郎爲予聽從身嗟乎予聽不敢作三國史而中郎能爲一國志豈隔世精靈乃更增益耶隨州武功瞠之矣今公安所患若窩城而齧隄者莫如江水請以水道問中郎中郎起家尚書禹貢導江東至於澧過九江至於東陵今江不入澧而入荆江自夔門而下荆門勢浩

瀚不可過江之入澧也禹導之也江之入荆也不知何時江自導之也書曰雲土夢作乂周官職方其澤藪曰雲夢曰土與藪其義自見昔以長江入九江故殺而漫今以九江入長江故扼而溢勢使然也舉已不能復故道獨不可解瞀儒疑經之大惑耶又請以水利問令君令君生長澤國習水形情於公安據油口上下數百里間凡十多口用洩江怒使四出耳今數百里皆隄矣水土激而蘊風雨乘之上溢而下漏而

决裂之勢成矣今口定不可鑿隄定不可太不曰善防者水淫之乎是或一道也油水出武陵自石山與洈水會而孱陵城背油河澤其油水流於公安西又北乃入江是古城皆去江遠甚今則江啓而與之爭安能當陽侯之波獨不可稍徙而築之高阜乎令君於忠廉平凋於文辭通於經術而以身捍隄隄不爲動以泫開渠渠不爲厲是必能辨此矣中郎絶慎許可國朝賢牧列傳不數人而津津乎賢

性習解　袁宗道

夫譚性者折衷於孔氏其云性相近習相遠蓋千古性學務契哉乃後世說者不無異同指性同者則有子與性善之說在指性異者則有荀卿惡楊雄渾告子湍水佛氏作用之說在而孔氏云性相近也習相遠也無乃處乎異而同同而異之間持兩端者乎嗟夫孟氏專言理以維世楊荀專言氣以感世而孔氏則理氣合一一語而備性之全體矣今試觀之嬰孺

其天性常未漓也固有醒然而慧者亦有憒然難解喻者固有相嬉而讓者亦有相聚而爭者固有逆之而色弗忤亦有觸之輒怒而啼者迺其見親也有不煦煦慰膝下者乎見兄也有不驩欣動色者乎此一嬰孺也有慧有憒有順有爭紛紛殊態安可謂之同乃又無不愛親無不敬兄安可謂之異蓋其異者出于氣而其同者出于理合理氣之謂性合異同之謂近故繫近于性也迨少長已始染世味染世味已始分

譔徑理制氣者肩聖賢氣械理者墮愚狂漸靡使然匪一朝夕而性之相近如故也故繫違於習也今夫明珠之隱水底水清者光立見稍濁者其光隱見半虞舜濬哲此水體之本清者也湯日新文緝熙此水體稍濁而能澄之者也太甲初服敗度悔悟桐宮卒紹先業此水體本濁能久澄之者也至于桀紂暴盜跖恣睢此水體愈濁而愈澆之者也是性習之徵也要之水可分清濁不可謂本無明珠質可分昏明不

可謂本無理義故孔子之論性語氣不遺理循之語水不遺珠所謂一語脩性之全體者乎雖然夫子言舉全體也而後世耳食者藉其側焉以勝其性惡渾杞柳作用之說性惡渾杞柳作用之說興而後世之恣行胸臆者又藉其假焉以便己無忌憚之為害將何極孟子深憂之故單取理義之性而日號於人曰性善性善斯語也陽似少悖夫相近之旨而陰實翼其師說故元儒曰孟氏有功于聖門不可勝言知言哉後之譚性者必合孔孟之論而後性學揭日月而行矣

忠清仁辯

袁宗道

或曰夫子蓋未嘗言仁哉故於人之過也而觀其仁里俗之美也而稱其仁至任術挾數如晉氏也首而亟仁之齊楚兩大夫業已被之忠清之號乃獨靳仁焉何哉曰論說於一特者其旨恕定品于萬世者其法嚴恕語迹嚴語心也夫語極於心則陰避而陽托

者非仁陰趨而陽托者非仁即無所趨避而未忘趨避之名者亦非仁何也有所為也故公旦稱德明保之忠天下信其仁非信其明保之迹也伊尹千乘弗顧之清天下信其仁非信其弗顧之迹也公旦伊尹惟出于無所為故即居攝疑於非忠五就疑于非清而竟不害其仁齊楚二子未必出于無所為是以其忠可仰其清可述非不足驚詡一世而竟不敢信其仁藉令信其迹不必原其心則潔身趨市者仁乎灌

圖於陵者仁乎甚而至于食桃請𪧶卧終南爲捷徑者亦可匿其不肖之心而掚於仁乎聖人滋慮之故於齊楚二子但彼之忠清之號而靳以仁夫固嚴之心懼其弗眞也或又曰有如眞忠眞清矣可以爲仁乎哉曰不然仁體無所不包忠與清仁中一事今夫有木而華實枝葉附焉指一葉而曰木在是也可乎有山而卉砂卉石生焉指一石而曰山在是也可乎故仁首萬善總百行其廣也天覆其發也川流無不

忠而無忠名無不清而無清名區區忠清以擬仁正如木之一葉山之一石耳胡能盡乎不然則聖門高弟由可治賦求可從政赤可立朝雍可南面已既稱不容口而至於仁何以皆曰吾不知耶則齊楚二子之止於忠清忠清之不可盡仁又何論也夫然後知聖人非特嚴於論心抑亦精於論仁是又朱子未發之意歟

救荒奇策如何　袁宗道

問者天災頻仍萬口嗷嗷東南苦于天吳西北困于旱魃山陝之間食石以延須臾之命何論懸磬鼓天子旰食公卿拊髀討可甦元元者不難胼手濡足圖之而二三臺諫皂囊屢上卽不能外蠲賑二議者以愚讀周禮荒政可稗今緩急莫如散利莫如薄征散利卽今之賑薄征卽今之蠲蠲賑二議卽令管晏持籌賈晁精算計必出此矣然而竟未能濟元元之急者何也拘其迹而拘攣弗變襲其名而奉行故實也拘攣弗變奉行故實卽絲綸時下日累載少府之

金而馳之郊何益乎故愚竊計蠲之策一善行其蠲之策三賑之策一善行其賑之策六今海內重菑郡邑之疏應存留者業已免徵而起運者尚未全豁也枵腹孑遺救死不暇而胡力辦此故起運之課宜省也流聞州邑不肖之吏黃封雖下白紙猶催畸龐之夫履無半菽而手足猶縶于桁楊藉當宁之曠恩爲潤橐之便計乃其姓名猶有不入撫巡之白簡者何

其食而熱也故苛徵之察宜落也民方草食不亮而大吏猶華軒盛騶烜赫載道軒輶之使至餽遺充斥供張豐腆此非民膏何以給之故官守之自奉宜薄茲善行其蠲之三策矣以幽遐蔀屋悉仰內帑其勢易窮而悉鑿州邑之庫藏贖鍰給州邑之窶者鮮不濟矣故從朝廷賑之則難從州邑賑之則易也一邑之中一都之內豈無豪貴財好施與者故令上賑之則難令下民自相賑則易也里之厚貨者所捐若而

百則賜棹楔旌之若而千則爵之若而萬則厚爵之富民有不竭匱以趨者乎故強之使賑則難勸之使賑則易也幽遠山民去城百里晨起裹糧躄躄趨城猾胥猶持其短長非少賂之弗得徑受賑得不償失柰何宜令者民之廉平者偕里之富好施者臨其聚落捋給焉乎有賞私有罰蔑不蔇矣故趨民就食則難移食救民則易也或量里之廣狹爲變若干令者民及富民之平者烹糜而日飼之則于使近民無藉水之頃得飽食矣故散粟給民尚難爲糜以飼民尤易也夫珠不可襦玉不可食有米粟之絕之處人至抱璧以殞者故即得州邑及貲户之賑而操金貿易轉移尚艱故使下民貨粟則難官司爲轉貨而給之尤易也凡此皆善行其賑之策矣語云中流失舡一壺千金小補鑄隙之計大都若此豈能商乎善哉乎先儒言之也有治人無治法今法非不犁然具而州邑之吏故紙尺一以壑藏澤何濟乎故在一天子清

心節用凡內府供應一切倣諸　祖制毫無所增上絕冗費則公府有節金而賑易私家不必濫取而蠲又易撫巡諸臣又痛見意指誰敢不堅羔羊之節以玷官箴一二奉行不謹之吏且解組法不爲蠹矣不然吾未知果有奇策之可以救民也

士先器識而後文藝　　袁宗道

夫士戒乎有意耀其才也有進才之本存焉有意耀其才則無論其本搖而神洩於外而其才亦與之竭

蓮無纖毫之用於天下夫惟朴樕蘇貞凝定于淵默之中郎自發其才卒不得不顯蓋其本立其用自不可秘也今夫花蕚蕃郁人睹木之華而樹木者固未嘗先溉其枝葉而先溉其根冊膄糾碧人睹室之華而治室者固未嘗先營其榱棟而先營其基者何也所培在本也良玉韞於石不待剖而山自潤明珠含于淵不待摘而川自媚莫邪藏於匣不待揉而精光自爍人不可正睨者何也有本在焉其用自不可秘

也而輓代文士未窺厥本吺吺焉日私其土苴而詑於人卑辭偶合㤥氣志淩厲片語會意輒傲睨千古謂左屈以外別無人品詞章以外别無學問是故長卿摛藻於上林而貽竊貲之行者汗顏矣子雲苦心于太元而誦美新之辭者靦顏矣正平弄筆於鸚鵡而誦江夏之厄者捫舌矣楊修闘捷於色絲而悲舐犢之語者驚魄矣樂史奇於春艸而耳其逆叛之謀者撫譚矣下逮盧駱王楊亦皆川以負俗而賈禍此

豈其才之不贍哉本不立也本不立者何也其器誠狹其識淺卑也故君子者口不言文藝而先植其本凝神而歛志回光而內鑑鍔斂而藏聲其器若萬斛之舟無所不載也若喬嶽之屹立莫撼莫震也若大海之吐納百川弗涸弗盈也其識若登泰巔而瞭遠尺寸千里也若鏡明水止纖芥眉鬚無留形也若龜卜蓍筮今古得失凶吉修短無遺策也故方其韜光養晦退然不勝如田畯野夫之胸無一能而比其不

得已而鳴則矢口皆經濟叱咳成謨謀振球琅之音炳龍虎之文星日比光天壤不朽豈比夫操觚屬辭矜駢麗而誇月露擬之塗稱土羹無裨緩急之用者哉葢昔者咎禹尹虺召畢之徒皆備明聖顯懿之德其器識深沉渾厚莫可涯涘而乃今讀其訓誥謨典詩歌抑何爾雅閎偉哉千古而下端拜頌哦不敢以文人目之而亦爭推爲萬世文章之祖則吾所謂其本立其用自不可秘者也譬之麟之仁鳳之德日爲

陸離兩漢之文是爲天下瑞而長卿以下行意耀其才若何異山雞而鳳毛犬羊而麟趾人反畏而逐之而或以賈鬻焉略其文乎信乎器識文藝表裏相須而器識優薄者即文藝并失之矣雖然器識先矣而識尤要焉蓋識不宏遠者其器必且浮淺而包羅一世之襟度固賴有胳聯六合之識見也大其識者宜何如曰務之以致知養之以無欲甚其度乎此又是以補行儉未發之意也

毛穎陳君泓楮素傳　袁宗道

毛穎本中山後也善昌黎昌黎傳之詳自唐遂由中山徙西蜀而其友陳元石泓楮素者相與同起處陳元者秦五大夫裔世居易水後散處都會間惟遊歙者貴盛甲天下自萬石君以躬行顯於漢而子孫能世其業者莫若石泓徙猜徙絳徙端溪俱有名而楮素者一名知白其業成於蔡黃門楮先生其昆季也初毛穎謂泓曰君塊處踈放不接物乃好遊乎泓應曰吾不能效若儗儗勞形也素亦謂元曰若黯黯自汙非夫哉元應曰若皎皎者乃易汙蓋穎皆動而泓嗜靜楮白陳黑故四人相調如此云一日毛穎目三人孰能知動不異靜靜不異動白不異黑黑不異白者吾與之友四人相視而笑莫逆於心於是始定交相與出囊求一試其長而值劉項逐鹿之時劉馬上習不能用項稍用亦不肯竟去學劍而四人者幾擯於世其後毛穎見班超而超投之楮素謁李意其意

其裂焉石泓性遲陳元嘿嘿徒懷忿俱不能爲二友爭已而入坐左思落溷與左相對幾十年四人非不知落溷之褻而重左之博雅不能捨去左賦三都膾炙今古四人與有功焉居無何有客以其能薦於王羲之者羲之亟招此四人相得甚驩王每謂人曰吾以毛君爲刀劍以陳君爲鎧甲以石君爲城池以楮君爲陣吾其遂爲天下勍乎羲之歿傳諸子孫子孫待四人敬不衰至今猶臨池業自烏衣一派外無兩

者本義之雁此四人之力也自是同人名迹重無論雅俗顯隱皆爭客之而敵後有藝圃主人者尤極禮遇焉凡主人有所任使則元與穎輒就泓謀定然後告於楮素使素傳布人間語云同功一體其此四人謂哉然此四人者自少迨今精銷力竭艮苦矣而感主人禮遇相議所以報德者於是泓語素曰吾聞主人方元覽逖搜爲不朽盛事此豈我輩貞潔一身之時以問穎穎曰願盡吾心乃已以問元元曰亦不敢

愛摩頂虛主人任用辛相與畢力任事終始無間云後各有茅土封世世勿絕太史公曰夫士遇合固各有時哉此四君者當其遇劉項時齷齪囊中以爲計畫無復之爾及其遭時遇主彈冠供與並有顯伐聲施到今豈不偉哉然令此四君懷忮並進各不相能功亦不就乃能相挽相推若左右手以有成績嗟乎可謂善始令終無負師濟之義者矣

錦石灘

袁宗道

余家江上江心湧出一洲長可五七里滿洲皆五色石子或潔白如玉或紅黃透明如瑪瑙如今時所重六合石子千錢一枚者不可勝計余屢同友人泛舟登焉淨練外繞花鏽內攢列坐其上似在瑶島中余嘗拾取數枚歸一類雀卵中分元黃二色一類圭璽青色紅紋數道如秋天晚霞又一枚黑地布金彩文約如小李將軍山水人物東坡怪石供所述殊覺平常藏篋中數日不知何人取去亦易得不重之耳一

日偕諸舅及兩弟游洲中忽小艇飛來一老翁向予戟手予則外大父方伯龔公也登舟大笑若等謗我取樂次日送遊錦石洲詩一首用蠅頭字跋詩尾曰老懷衰颯不知所云若爲我塗抹雖一字不留亦可嗟夫此番歸去欲再覩色笑不可得矣

古人喻論心者曰如有一人會於七處住止適人問月出沒於何地首則日月自水東出而水西沒會居水國見之又云月自山頂出而山下沒會居山中見

之又云月自城頭出而城外没曾居城中見之又或指月出没於舟之左右樓之上下村之前後郭之東西皆其曾居而見之而智者咸不許其說當知彼所指處未嘗非月也惟是月實不於此七處出没原其所指之謬者無他雖隨處見月惟未曾仰天一見耳如告子所指杞柳湍水食色無善無不善又或者謂性可以爲善可以爲不善有性善有性不善與輪月出没于七處者何異彼固非無所見而漫說者其奈

東于所見何哉世有能仰天一見者始默契孟子性善之說於言外矣

二聖寺遊紀

袁宗道

甲午清明諸舅率余兄弟出東門踏青行二里許至二聖寺息焉寺僧具茶菓仍出余少時題壁詩無漬蟲蛭似覩古人墨蹟不復知爲少時筆也寺有辟支佛牙方長寸許凹凸處如古篆又有宋黃衣使者敕絹墨若新僧爲言往有趙松雪羅漢卷已入故相家今存其贋者其松雪本覽畢出禪房倚門外叢樹間僧二聖因緣一老僧答曰二聖寺載芬陀利經中其顯異則始於唐此中老宿相傳唐某年邑令與沿江居民一夕同夢神人來告明日當候我江干次早官民相驚候江上有沉香二根逆水而上相率挽而至岸忽行者自西來云此木奇甚然非我等莫能雕鐫乃令官民移至安遠寺殿中闔扉七日煙霧迷空朝昏莫辨七日以後忽露光明啟扉視之則二像宛

然夾佛而立大約如世所塑金剛威猛異常而杭州有商人某者舟出揚子二童子求附舟至暮謂商曰今夕當爲汝牽舟但莫行即速也至夜舟行若飛耳惟聞風濤聲商穴蓬窺之惟見二金剛挾舟而翔懼甚不敢復窺比曉舟已達寺傍問知爲南郡公安葢一夜行三千里矣商大驚起視寺中佛邊所立二像即昨日挾舟人也商愈駭方欲瞻禮亦立化像前衆僧聞之競來瞻禮商頭顱忽長眼突而顴儼若龍形

食頃復活告衆僧曰吾二聖護法龍也二聖一爲青螺髻如來一爲盧至德如來皆過去恒沙刦前寶藏佛授記五百童子之二歷百年後吾肉身當有難然不敢加害更三百年香像肉身方歸刦火言已復瞑衆僧爲漆其軀祀二聖傍卽教所謂黃衣使者也黃巢之亂賊見像抽矢欲射像忽汗出若雨賊大懼引兵去一邑獲全至宋某年寺毁火年月一如所記余因嘆佛法在周末時芬陀經之入在六朝時而青葉盧至之跡顯于唐者與經所說若合符券嘻何其奇也同游俱携有酒肴布席樹下各賦一詩而歸歸憶此古佛獨顯異於吾邑而他處拈提卽未見有供二聖像者亦法苑中一併事也遂籌燈記之使局士觀此知佛法者廣大不可思議

遊荷葉山記

袁宗道

予别邱墓三年矣今年憂歸與二弟至里中拜於松楸而憩於先居先居傍有荷葉山齋本千章今日諸叔偶不見名日暮無事乃與二弟步於山中擇高阜處籍草而坐因思兒時常騎羊來此每一至不啻如四五十里外而今視之數步耳山之蒼蒼水之晶晶樹之森森自少至長習而安之不見有異今偶遊焉而覺其幽靜蓊鬱愛玩不能舍去久矣夫予之在城市也俄而月色上衣樹影滿地紛綸參差或纖而簫又穿而覩至于密樹深林迥不受月陰陰昏昏望之若千里萬里窅不可測劃然放歌山應谷答宿鳥皆騰噫嘻予生于斯長于斯遊戲于斯二十餘年而猶有不盡之景乎徘徊欲去而有聲自東南來慷慨悲怨如嘆如哭卽而聽之雜以轆轤之響予乃謂二弟曰此憂旱之聲也夫人心有感于中而發于外喜則其聲愉哀則其聲悽女試聽夫酸以楚者憂禾稼也沉以下者勞苦極也忽而疾者勸以力也其詞俚其音亂然與旱既太甚之詩不同文而同聲不同聲而同氣其詩其果在民間乎語終而天風夜起歌聲漸

迸二第無言予亦嘿嘿聲之悲怨有加于初嚮之歡
適者化爲悽愴矣遂相與踏月而去

柳浪湖記

袁中道

郭外西南柳湖與斗湖一湖也長堤間之爲大道達
於南門其内爲柳浪柳浪滙通國之水穿橋入於斗
湖柳浪實湖也田之然常浩々爲獨其中高阜者幾
四十畝可田絡以堤々内外皆種柳及楓帶以渠々
樹之内始爲田田之内地較阜復爲堤周之堤上復

種柳堤之内前爲放生池種白蓮亭臨之後漸阜爲
臺々之上則柳浪館在焉爲室三楹環以渠臺上及
渠内外皆種柳凡堤之襲者三渠之襲者二樹之襲
者六若筍蕉若陣若城郛碧醖醲不知紀極放生池
堤外右有窪地不可田築横堤與田隔中種紅蓮水
中有洲爲室三楹以待名僧及過客也右爲小堤以
出是爲門徑左爲小堤達於柳浪館欲泛舟則繞臺
下從右出橋下達於放生池盤旋亭前折而右穿橋

至紅蓮池繞僧舍而西穿於後渠後渠西可達斗湖
水最濶返棹乃從後渠達於左左既則前望見臺上
朱欄畫梁隱々繞而右後還後渠過僧舍從紅蓮池
舊路歸焉可三里許日午渠内無纖暘濃樹遮櫨參
差見碎天水清徹底此柳浪大略也暑中中郎與予
坐臥其中及起偕數僧塵譚倦則泛舟月夜尤佳常
有一客苦熱夜來避暑於榻穫夜半凍欲絶樹凡萬
株種楓柳者宜水也楚中柳色止一月黄落入秋楓

葉紅酣如錦土人云後有篔簹前有柳浪篔簹爲予
居柳浪爲中郎別業也

白蘇齋記

袁宏道

伯修賦性整潔所之必葺一室掃地焚香宴坐而所
居之室必以白蘇名去年買一宅長安堦上竹栢森
疎香藤怪石大有幽意乃於抱甕亭後潔治靜室室
雖易而其名不改其尚友樂天子瞻之意固有不能
一刻忘者詩云惟其有之是以似之予謂惟其似之

是以好之也夫不能似之而好之則其好之也爲浮
蓋予少而侍伯修山中長而依于京邸歷求其生平
與兩公眞有大同焉者吾觀樂天子瞻爲人大約皆
眞實淳篤不立城府而伯修亦温良重厚胸中無半
毫鱗甲是其心同也樂天典大郡所携不過天齋石
華亭鶴折腰菱晚年買履道里宅至鬻駝馬子瞻雖
處顛沛不輕規取絲毫無田可歸竟至流落而伯修
賦性梗介泊然自守雖居官十餘年無異寒士終不

以隻字干人是其操同也若夫醉墨淋漓於湖山間
情寄託於花月借聲歌以寫心取文酒以自適則樂
天子瞻蕭然皆塵外人而伯修少有遊興愛念光景
眈情水石塵鞅之暇招攜二三儁人或高齋聽雨或
射堂看月城內外刹菴遠自西山以至上方小西天
諸處鼓舞同侶遍往登臨是其趣同也樂天子瞻其
文詞皆爲一代宗匠而伯修少時操筆便有新意予
遊天下多矣若詩律之脫而當文字之簡而有致亦

未能有勝伯修者過此以往又焉可量是其才同也
樂天子瞻雖現宰官之身皆契無生之理而伯修參
訪既久偷心久絶是其學同也其不同者兩公矯七
諫諍覽風節外見耳然是時樂天身爲諫官子瞻起
家制科皆有議論之責今伯修方侍春宫育養元良
且暮簡鑄天下養其身以大有所用豈其出位而言
效制科人之習氣以爲極則乎假使伯修爲諫官其
又肯默默耶是亦未嘗不同也昔子瞻亦自以爲出

處老少同于樂天蓋庶幾此翁晚年閒適之樂而老
爲逐人卒飄泊于蠻塢獠洞之中竟不得與樂天同
樂蓋有故矣樂天當朋黨甫動時即奉身而退爲散
官爲分司而子瞻自元祐以後徘徊公卿間如食蔗
然曾不爲引決之計故宜未幾而禍生也樂天懷知
足之情子瞻多幹世之意然而禍福之幾亦可異矣
今伯修官漸高祿漸厚然每見必屈指謂予曰吾數
年內歸矣嗟乎伯修近日所欲同而吾輩亦必欲其

同之者其尤在自乎其尤在自乎

敘咼氏家繩集

袁宏道

蘇子瞻酷嗜陶令詩貴其淡而適也凡物釀之得甘炙之得苦唯淡也不可造不可造是文之真性靈也濃者不復薄甘者不復辛唯淡也無不可造無不可造是文之真變態也風值水而漪生日薄山而嵐出雖有顧吳不能設色也淡之至也元亮以之東野長江欲以人力取淡刻露之極遂成寒瘦香山之率也

玉局之放也而一累于理一累于學故皆望岫焉而却其才非不至也非淡之本色也里咼氏世有文譽而遂溪公尤多著述前後爲令不及數十日輒自罷去家甚貧出處志節大約似陶令而詩文之淡亦似之非似陶令也公自似也公之出處超然世味似公之性公之性真率簡易無復雕飾似公之文若詩故曰公自似者也今之學陶者率如響榻其勾畫是也而韻致非故不類公以身爲陶故信心而言皆東籬也余非謂公之才遂超東野諸人而公實淡之本色故一往所詣古人或有至有不至耳余束髮已知嚮慕公近者吳川公梓其家集始獲盡公及咼氏三世之藏吳川公者公仲子高才邃學先兄庶子之師也爲令以伉直著聲閱數月亦去連先輩也讀公集三十年出入必俱今春始成帙遂以先王父孝廉公三詩賦冠首而已所著若干卷綴其後孝廉公之生甫二十有二歲才思澎湃如川之方至吳川自出機軸

氣雋語快博於取才而藻於屬辭此之遂溪蓋由淡而造於色態者所謂秋水芙蓉也昔陶氏五男不好紙筆而遂溪之後雲蔚霞起豈黃頭歷齒所敢望哉王元禮論家門集曰吏稱安平崔氏及汝南應氏並累葉有文才所以范尉宗云崔氏雕龍文于三世然未有七葉之中人人有集如吾門者也余邑不能文而咄言文最爲惡習獨咼氏能世擅其業噫彼安知爲衣諸郎爲吏所黜稱若此也

募作板橋疏　　袁宏道

十一月杠十二月梁車跡格匕以驅以行惟茲紅板橋不得方木糟塊圯水遠道長稽首哲人閈籥啟囊無偏無頗來者堂堂題籍伊誰曰東省郎厥歲在寅厥律始商

募修吳氏橋小引　　袁宏道

澗如帶流且駛杠梁不飭徒者死舊鬼啾匕與新鬼小人無知君子恥橋南橋北皆仁里濟川題柱從此始

新修錢公堤碑記　　袁宏道

澤國之有江警猶西北之有■警東南之有倭警也倭■之患至於焚夷我赤子蹂踐我城郭而水之虐止等故捍衛之功比於折衝邑故窪[illegible]割江身為都會入夏後峽水暴涌雲昏天圍幾撼地軸白浪躍雉堞出居民望之搖匕然夜則萬雷發枕而號席輒彷徨起若此者十餘日或五六日每歲率三四至以為常倉皇有警則扶老負稚走郭而之外堤號泣之聲聞數十里而堤故孟公舊址前此去江遠今齧食且半文村之水直擣其背萬一水從後決地勢面雖高而方張之怒猝不得洩必且為旁齧必且為橫激我民欲別走則四顧皆壑如坳堂之蟻急而趨芥及芥一漂不可保則固末如何也已數十年來邑人岌匕議增護堤當事者檄縣覆按竟中輟而慈谿錢侯應遂以甲辰之秋來牧芟積與廢凡我民之所疾加其痾不盡其蠹不止也凡我民之所急如其家不擇怨

勞險易慨肰當之無避倖無郤退邑人士知侯將大有為遂先以堤為請而輩議者有數嗇郝虞其壓輒欲輟故械侯陰悉之偕今丞周君陛躬自按行見遮道者數輩侯逆問曰是故楊公堤址雖微可尋也若何訴數輩伏曰故堤也何敢言而堤之一角塚壘匕穿之則暴骸避之則廢工柰何侯顧丞笑曰若以余等不習其鄉令眂者曲為導可謾也叱騶人後去輿蓋與丞偕步叢莽間顧謂役夫曰視吾趾所及即為

堤經行至關廟前率贌土無斗崖群輩以爲神皆股慄反走量之得若干丈夫若干名丞周君督率之閱三月告成古父老有識者嘆曰子舒曰若無謂此舉易哉昔江陵公建議時首爲台使者言狀使者而下愀然動色至爲出涕觀其議上而一時狐鼠竟以他議奪昔出於上而難今出於下而易若謂侯何等父母也江防者舊郡守堯華也嗟夫今江水之懸陵靖康以後之[illegible]也邑頻徙頻郝大似南渡之跼

路幸此提復我民倚斗隄爲長城聞侯又欲疏北江之故道以分水勢如此則中興可望也諸澤國皆有堤雖甚重而之論可命唯是堤與我民爲存亡是與我民爲存亡故知侯與我民者命也非堤也夫閫外之寄唯命則重余之比於折衝非過也是記也固燕然之勒也

苦海序

袁中道

人心如火世緣如薪可愛可樂之境當前如火遇燥薪更益之油矣若去其所油灑以清涼之水火亦漸息吾嘗見人閱除書則進取之念愈熾睹廣郴則謀生之意少灰乃知心隨境變可用吾斡旋之法是以修行之人常處逝多林中借其無常之水以消馳逐奔騰之火此亦調心第一訣也袁崧好唱挽歌蓋亦有意彼慧人也姑借之以耗壯心而世目之爲癖則過矣予往馳求多端妄念不息取古今詩篇悶生傷逝之語都爲一集命曰苦海當如炎如爍之時一一

歌之念歲月之無幾感繁華之不永霹靂火化爲清冷雲矣每有斯病用斯方輒愈更須廣其傳以救衆生之熱惱實櫃度中事也故存之己酉秋日帚史袁中道書于舟中

福井先生集序

袁中道

蓋予少時誦福井先生詩而知其爲才人也已得先生疑菴諸集讀之而後知先生爲學問中人也先生少具穎異之才下筆數千言立就窮世累藐世叔强

龍殆無以過焉顧其所爲歌詩不唐不宋直攄其意
之所欲言蓋無心於雕龍繡虎之名而獨一其志於
學乃先生之學不淺涉於二氏而一禀緇林爲繩尺
又親見當時之聚徒講學者徒鸚鵡其舌質之生平
如鏤冰畫空都非真實故一切具諸履踐以其身爲
圭璋乃世或曰先生晚達蓋功名富貴中人也或曰
篤行君子也皆非也當江陵相公盛時先生與爲布
衣交溫嫂其跡而絜自其心以先生爲介也耶則每

計偕往來平津邸中爲上客卒未嘗畏其薰轑急逝
之以爲高以先生爲通也耶則其指日回天之勢稍
牽就之功名可唾取而先生白首乃得一第浮沉郎
署間竟未嘗攫取一班一級以沒彼時與槐棘齊列
者見馮子都王子方輩作刺刺可憐色而不足以當
先生之一盼春蠶齋鼠豈堪點其胸次蓋鷗機雖忘
龍性難馴不可得而親疏榮辱先生于道也幾矣昔
予聽有言人生如國于甚末後署藏敗不便莫驗局

先生少時侘傺不遇人或有賈島孟郊之嘆而晚年
不察用世之志覓取青紫馬文淵所云窮且益堅老
當益壯者非先生烏足當之先生著作甚富其涉於
風雲月露者盡汰之獨存數種而以疑菴名其篇夫
疑者悟之因也昔楊慈湖於學大悟一十八遍小悟
不計其數蓋屢疑而屢悟也故儒門之學慈湖最爲
光明先生以疑自居非苦心於學者烏足知之則先
生於道已淡矣先生之孫世臣從游中郎先兄之門

最久極得其沾衣霧露之潤是不媿先生之箕裘者
手持是集示予予畧述其梗概歸之若先生行事之
蹟具中郎邑乘中已有虎頭傳其神矣茲不復贅云

中郎先生全集序　袁中道

中郎先生少具慧業弱冠成進士郎有集行世其敝
篋集爲諸生孝廉及初登第時作也錦帆集令吳門
時作也解脫集以病改吳令遊吳越諸山水時作也
廣陵集去吳客真州時作也瓶花集爲京兆授爲太

學博士補儀曹時作也瀟碧堂集請告歸臥柳浪湖上六年作也破硯集再補儀曹出使時作也華嵩遊集官銓部典試秦中往返作也蓋自秦中歸移病還山不數月而先生逝矣其存者仍爲續集二卷

貞魂志　袁中道

丁未予以不第寓京師時薊鎮督撫蹇太保公理菴在客雲延予賓席太保公樂易愷悌待予若家人父子閒則秉燭話言娓娓不倦也一日酒半酣公語予

日我初不信有鬼神事今始知其有并悟世間一切事皆有定數不可逃也予曰何也公曰我昔視山東學政時校濟南府卷閱完刻案已定俟晨發予夜臥甫下睫見一婦年可二十餘許跪寢室外頭面并衣服下血涔涔狼藉予伸一紙若哀籲狀予忽驚醒自云偶也復瞑如故頃之前帶血婦人復來狀若前予醒自念曰此古署也豈老鈴下及宋無忌之妖耶冤耶也即有冤耶我銜文使不治獄胡爲來呼侍史明燭予復臥頃之則向婦人復伸紙室外其貌不異也而愁慘之狀有加矣凡三至以爲醒耶差不類以爲夢耶又了了無昏寐相予是時雖不知婦人所言冤者何事而知其決爲諸生妻以冤死無疑也遂整衣起坐中堂呼吏王遲問諸生案中有緣事者否吏曰止禹城縣生郝琚前以殺妻死降青衣今考二等應復廩予徵其牘曰在濟南道止批詳簿在此闔之不具顛末止見前學使周鶴臯公有批詞擬償而

後覺之緣此生素勤學屬邑及諸生多方湔雪止革其廩予乃取案所註復廩塗之吏曰謂條約何予曰吾自有說吏默然予是時雖不悉郝琚所以殺妻之故而知其以無辜殺妻死無疑也辰起案出楚人吳文學幸諸生爲琚請甚力且謂其貧而苦學須此廩自給予不之許且微笑諸生相視以目若悔來者予以夢中事涉恠終弗言遂罷去後抵省取原牘盡閱之乃知郝琚娶妻孫氏爲婦生二男貧寒相依無異

故琚與群儒結社講業是年將大比士琚笑謂友人路宗商曰今年我必得附鄉書宗商曰果也諺所云一中遞百醜矣琚出社自思祖父俱薄宦二弟年少一尚未室我家世清白斯人何毅此言此必屬吾閨闈事然我家中無他人惟妹夫秦東軒居前院得無與吾室人姦耶步歸家即取其父宦牢上劍入房捽其妻用刃亂砍妻口中方喃喃問何事頃之頭面俱爲血汚斃矣後孫氏弟[illegible]訟之肰亦以有二子故

難於檢視兹訊官及同邑諸生以其勤學憐之事得原夫郝琚恥其妻淫汚之故援刃殺之亦似有男子氣情誠可原但以一戲謔無憑之語竟不檢察遂傷妻命何其孟浪至此至于嘲謔者以一語致人殺妻尤可恨也事已久定矣可柰何特奪其歲廩亦足以少洩冤魂之忿乎可藉手報女鬼矣然竟以事涉幻恠不欲言之属憲長李公次溪憲副嚴公春門冀酒相邀乎私語以娛而左右多禹城人亮臬司吏者皆竊竊聞之閲數日嚴公告予曰異哉日來所言郝生事禹城人復與予道之甚悉大畧謂孫氏既死一年餘忽至其家常聞其聲或并見其形來甚忿且哭且言詈其夫曰我家世仕宦爲士人女粗知禮義既至汝家辛苦支持供汝讀書養育二男汝作好秀才向人與上立我豈不知體面作不肖事即有之亦當審察的實上有翁姑次有諸叔下有奴隸旁有四鄰細細詢訪豈無影響既得實跡殺我何遲且我實不肖

縱令汝碎砍萬段乃我自取我亦不怨如何听任且之言不分黑白將我膏血塗地使我生遭失節之名死爲含冤之鬼割肉傷心九泉不忘今者天日在上汝豈不知我早晩訴之冥司令汝金木纏身乃復希望前程耶汝勿謂蹇宗師考汝二等當復廩我當訴汝不令汝復也一家盡聞琚不勝怖第不知所謂蹇宗師者何予肰聞不令復廩殊憂之諸友謂郝生謀曰宜哀告其父令其父來分解鬼必听之遂如言懇

其效其父至呼其女名即應門語之曰自兒亾後念兒死得甚苦我老眼痛哭欲枯但汝夫一時錯疑致汝含冤事已往人鬼路異汝朝夕擾擾他家不得安又聞兒欲伸訴不令復廪廪家貧困靠廪支持且汝有兩兒渠父復廪若有寸進家計稍裕畧治田宅以貽兩兒不然汝兒在世衣不周身食不充腸縱汝在九泉之下心中何忍汝是賢女當听我老人之言郝𡨥逆理傷情誠不足怜百凡念兩兒在世我老年不

忍見外孫零落汝其許之言罷嗚咽鬼亦嗚咽答曰阿公言豈不是但兒素性貞良被人無故殺害空抱不白之冤兒名節亦重如何顧得兩兒我冤不報人將謂實有淫跡兩兒便是淫母所生在世反不如死兒已訴之冥司怜我許我報怨阿公勿復再言又知不可奪遂還後聞代督學者爲公郝生已黜落矣及後考居二等應復廪而督學不准復人皆以爲冥報所致而女鬼之言果驗禹城人之言若此然禹城人

尚不知公因女鬼之訴而詘之也異矣予備聞嚴公之言而太息曰方女鬼言時予尚爲東州守也不惟我之督學定郝生之考二等亦定矣予是時不惟知幽明之无遁而且知人士之一進一退真斷乎有定數無疑也明年移官江南道出禹城有二新孝廉過於郊詢郝𡨥事其言如嚴公而更詳自發案後郝復見婦來索命一夕自縊死予是時益信作無鬼論者之妄而太冤之必報爲可畏也因歸舟中艸一記

以爲世戒書而篋藏於家屬楊僉之變縹囊零落化爲灰燼邇年以來都不復省記今姑語其事於公未可以告人也予曰今聞之猶令人病悸也然惟公聰明正直其精誠足以通徹幽明故鵠亭之枯骨卽爾申雪以抒其憤非偶然也若夫朋友聚首不可輕爲戲謔至于人言不可輕信忿不可輕發鬼神不可不畏定命不可不安具見太保靈爽之中予遂次其語以爲志俾後之人覽觀焉

書出師表後　　袁中道

葉縣有諸葛武侯廟在平山下西南前朝斷碣尚存蓋諸葛先人從瑯琊遷于此地者也武侯後居襄中然不忘其所自始故曰躬耕南陽

試墨法　　袁中道

端溪之硯惟用其紫淨水洗滌拭以竹紙拭之既乾復貯淨水幾墨洗盡新墨可砥兩墨分研數百乃已舊墨泡盡新或泡起暴之日中令乾無滓寘水盆內

寘硯水裏取照曦陽以色校比白者爲惡黑者爲美急則滌器亢者可使兩墨磨之黑白分矣試墨之法莫妙于此

死不死　　袁中道

士君子蹈仁履義奮不顧身當必死之時固不暇有再生之慮也而往往趨死而得不死昔者晏子犯崔杼之怒哭莊公屍以爲必死矣不死欒布犯高帝之怒奏事彭越頭下以爲必死矣不死汝南郭亮犯梁冀之怒往收李固之屍南陽人董班亦往哭固以爲必死矣不死朱伯厚犯曹節諸宦官之怒往收陳蕃之屍匿其子事覺合門桎梏備受考掠以爲必死矣不死魏郃觸侯覽之怒詐爲家傭護史弼以爲必死矣不死孫嵩觸十常侍唐衡之怒家藏趙岐以爲必死矣不死李篤不顧竇禍藏張儉以爲必死矣不死趙戩不畏郭李棄官營王允之喪以爲必死矣不死脂元升犯曹公之怒收孔融之屍田子春犯公孫瓚

之怒哭劉虞于墓下以爲必死矣不死冀嗣祖爲袁紹所信任後紹死高帝責以不自紹逆事嗣祖宜申本懷以爲必死矣不死夫此趨死而得不死者史冊所載甚多予不能悉也至于求不死冀富貴而卒送死者如公子彭生爲齊侯殺魯公而卒爲齊侯所殺王諫諂王莽上書欲廢太后而卒爲王莽所殺王慶之諂武后欲廢皇嗣立武承嗣而卒爲武后所殺路粹爲曹操奏殺孔北海而卒以驕貴觸爲曹所殺伯

爹斬袁顗首詣俞湛之降而卒爲俞湛之所殺漢段
熲結宦官圖免死矣而卒爲宦官所殺夫此趨不死
而得死者史冊所載甚多予亦不能悉記也嗟乎以
死成仁即死猶甘之況不必死乎殺人媚人可以得
富貴且免死猶不爲之況冀不死反得死乎此古之
英雄豪傑去彼取此見危授命而挺然無再計也

袁伯修論人皆有不忍人之心

予往嶽居村中有人説傳記至龐氏拾柴買魚作衣
奉姑處其時坐客都下淚予覷一客其客收淚而咲
蓋其慙也予曰你不須慙孟子所謂苟能充之便是
充這一滴淚你這一滴淚不數皷人一滴珠也且你
一向是凡民今幸而作一刻聖人正宜時時思念擴
而充之而又慙乎

楚對（全楚之於公邑如人身之有黑子然不可謂黑子非身也故錄楚對一篇）　孔自來

豫章毛子司李河東句曲子擔簦策蹇躡土門陟
太行渡汾晉逕羊腸扣關涉險而進訪焉毛子下榻

授館禮以上賓相與講義道古出史入經泛覽周秦
之籍旁及韓柳之文毛子正襟而請曰予楚人也而
遊於晉山川之險固士風之貞淳昔人傳之于筆墨
吾于擬之以見閒僩是晉楚時雄迭爲盟長或建六
軍或乘二廣車騄馬馳中原榛莽豈南風之不競遂
無加于上寬予苟弗僤予掄揚余將折衷于想像
句曲子曰唯唯夫楚者天下之大國也瞿唐塞其西
淮海挹其左前控滇黔北距鄧火陳蔡角崩吳越纓
韓湘之背脅量之亟跋合縱橫而稱尊奚三晉之瑣
瑣雖然斯特全楚之雄風吾與子之所共姑舍是以
言荊尚不勝其自領其山則有荊門虎牙崒嵂盤廻
岑岑峩峩一闔一開巴邱吞象鹿溪孕甯倪山石鼓
巫峽陽臺烏翔其麓歎欷于興雲飛霧而競秀風曳
穴以鳴哀其水則大江浩浩漢沔湯湯爲潛爲沱爲
沮爲漳灂灂泱泱瀚瀚洸洸分以夏浦合以滄浪世
平則方舟而利涉昔危則書壘而分疆伊天險之圖

善圍豈復假借予金易毛子曰左洞庭而右彭蠡三
苗之所以亾也方城為城漢水為池楚不嘗屈於齊
乎語云在德不在險而子何夸焉請更道之
何曲子曰荆之埜有二閒焉跨江南北々曰雲中南
曰夢澤汚者為潴隆者為凸葭木鄂蘖紛々折々穰
則如烟潛則若雲爰届蒐獮駟車合轍蔽盛晃電冠
被鶡鷩韝盧逐彩大黄射葩豝鵷兕殪騊駼蹙蹈騤
停轉懋毛汗羽血楚王於是掀髯大笑洋々而自得

也乃伐靈鼉之鼓揗蒲牢之鍾擁南威之美躋章臺
之宮燭龍熠々呈鳳邑々魯侯捧大尾而蹈々鄭伯
聆發弧以忡々夫非一代之豪舉哉而子且奚羨乎
唐風毛子曰雲夢之獵昔之人言之矣而非其至也
章華之臺靈王以之納亾人焉乾溪客死殉以二女
于不以為耻而顧嘵々奚為乎
何曲子曰凡水之澄者珠必媚山之輝者玉必温汚
水之蚌荆山之璞天下所共寶也秦王識之趙王惜
之舍人逸之藺子尼之秦城弗償趙璧弗亾垂棘踊
多何如弁璐若夫山川之所産土毛之所宜魚則鱣
鮪鯖鰱鱔鰍鰕鯉陽喬杜父白小漫鱧沓牟擁劍蕃
翕挾矢囷々發々振鬐掉尾鮑鱅傾箱膾縷盈几衎
衎為飫々焉其腥脣膏腴者蓋不知幾千百里鳥則
交青翠碧批頰盧兹提壺布穀鷭河祢歸鴻鵠翱翔
而上下鳧鶩鶂頑以參差艸則蕙蘅蘭茝箘簬芎藭
鶵雞晃茈彫菰柔莧郢城之菱赤湖之藕璚漿琬液

克戹滿斗木則桂柟檜杞柹橘梨欒女貞冬翠蒲梛
秋刪梅榴代謝堯李交款柏梁挺乎澗谷蘭柚蕩於
江干亭々璟々矗々盤々鬱々九々若蛟龍奔騰於
淵獬虎兕蹲踞於巖巒雖鄧林董澤之無足比數而
何有於景霍之童山毛子曰孟氏言諸侯之寶三寶
珠玉者殃必及身蟲魚卉木不幾四累之下乎古稱
十年樹木百年樹人維楚有材豈斯之謂與幸吾子
更端以教我

荀曲子曰荆之爲言强也慓悍勁直爲虎爲羆爭雄蛸亂跡夾如飴組甲三千披練五百距踊超乘肝鵲腦礫養叔受矢䰩錡命殪宜僚弄丸芊勝墮魄諸梁免胄組烹石乞固天性之勇毅抑孕靈於地脈吾子之所云楚材倘即摩索乎數客毛子曰吳起芸將有五慎勇特數分之一耳豈無不戰而屈人決勝於千里者盍置此而進求之

何曲子曰晉之强也用賁皇吳之興也用子胥跡二

臣所繇起不過一亾國之大夫然晉得之以敝楚亡失之以霸吳甚哉賢材之關於人國也夫豈後智而先愚毛子曰似矣然而皆楚仇也子獨無秦庭七日之痛乎胡爲舍楚些而效吳歈

何曲子曰荆之先有鬻熊爲文王之師也其既也有莊王爲五霸之雄也或啟疆以蓽路或闢國以兵車江黄蓼鄧六蓼群舒奉我冠帶隸我版圖蔿敖握柄蒸慶剖符前以椒任後以申虞功鑄陸渾德紀[illegible]犨雖閒豈而無成己莫不崇其遺韻毛子莞爾而笑曰子誠楚人也知莊王孫叔而已顧不云乎維女荆楚居國南鄉鬻子之先何卑何王居今鏡古志爾惟桑

句曲子曰嗚呼子其有西方美人之思乎漢之廣矣江之永矣夫非詩人所以美南國者乎而禹肯南土蝦蟆二龍黄土婁又江漢朝宗則荆之所以度而畐者皆大禹之績而所以富而教者實文王之功沱於今誦行露而知風化之不淫也誦汝墳而知民心之

厚以仁也誦采蘩采蘋江有汜而知内外上下之克儉也推之以誦老莊而知清簡所以致治廣之以誦屈宋而知忠憤所以盟心子猶未身爲楚人也而專不余言之藐藐毛子喜而起離席而謝曰遠矣問一得三矣夫詩莫先於二南道莫邃於黄老文莫加於莊騷而皆於楚乎得之甚矣楚風之甲於天下也請採而陳之於朝

募修刻本觀殿文

袁中道

寺觀募疏槩不敢錄獨誌此文以風錫類且以見文士之筆端妙有役旨也

丁蘭者河內人也母歿蘭以木刻母貌祀之甚虔愠呈色隣人借鋤蘭適他出妻禀之母母色不允妻辭之隣人知其故過挟木人蘭歸見母貌不怡訊之妻大怒手刃其隣人事聞于官建之蘭辭木人木人潸淚建者以聞官神而貸之遂上聞於朝竟荷朝奨

天下以其孝格鬼神相與尸而祀之至於今不絕事該三教不宜專屬之道門第以至德精誠上帝所欽諸仙所重即屬之道門可也此觀之所由起也里中舊有觀殿堂已圮先舅靜亭公施基一所議折去樹立而舅氏亡矣表弟晦伯舜不忘父志竟如原議有丁公不没其親之遺意焉第繕修之費尚自蕭然不能無望于孝子仁人益二氏之說儒者之所不諱故其不施也非慳也以衛教也今大孝蒸嘗之所爲儒門之所首重正諸仙報賽捐財時也急相與共出金錢刀幣以廣大其室宇而恢廓其垣墉使一邑之人皆曰儒者之舉動果何如哉向爲闢邪則主慳今爲崇孝則主施慳施得宜所以爲儒者也是疏出而稱發一邑孝子之心與數十年鬱而未施之財乘此莭施當施不忍不施之處而盡出之此一片地當與濯龍青羊諸處同一華整矣何幸如之

公安縣學田紀畧序

許　磐

從來郡邑之設首隆　學宮重文教也士苟薰陶既久必能矜名節抑奔競雖操瓢與簞凛然持稼穡狷獨之志而聖　君賢相惻然念之廩餼常數外復有學田典綦隆矣獨是田無定所畝無定額故儼然號名邑而數詩說禮輩或致難以自給雖歷奉上行以無碍官區撥充而侵漁隱占視公地爲私物者在在有

之脫不加意剔釐將膏雨之沛實去而名存單寒之儒籲天而無從也公安撥充之學田止椒園一處爲田無幾歲入有限欲仰給於中者八載豪分升斗不亦難哉幸擢　司士顏先生自癸酉至己卯經營六七載動費數百金　司訓樹先生丙子受事後翊贊以終其美則延袤數百畝矣有放馬官湖一區有沿江廢隄數處曰官湖則非民田也曰廢隄則非民業也而兵燹之後考核無從竟爲豪强所竊據於康熙三十一年庠生李之芬與三捷等具控前署事吳當是時　顏先生秉鐸茲邑已一年矣隨詳請　府憲魏公轉詳　撫憲李公明鏡高懸釐蠹盡消由是侵奪者還隱占者復通詳各　上憲而其案始定磐承乏茲邑檢閱前案未嘗不歎嗟稱羨以數十年未有之舉一旦楚得楚弓豈其不廢一財弗勞餘力[illegible]亦俯首聽命耶率能勦奸去弊使畊畛釐然樹種蒔以穀士子吾誰之賜哉事既成　顏

先生邀余履畝踏勘爰是逐一丈量經界四至罔弗條分縷析放馬湖一處計地四百六十七畝四分八厘廢隄十處共地一百七十四畝所入之租據實造冊所給之人照冊分領俾彈丸不失之豪強絲毫必給之寒儒以廣

朝廷資給諸臣職也亦師道也異日諸君子相與食租衣稅稍穊既登稽古益力爲大儒爲名臣邇所自來知學産經理有人翊贊有人其無忘此日剏淵之仁

愚也哉

告城隍文

南豐 趙希階

維康熙三十有三年六月十三日新任湖廣荊州府公安縣知縣趙希階謹以牲醴庶饈香帛告于公安城隍之神曰歲三月乙酉膺天子簡命莅公安拜命之下悚惡不遑思公安據荊州扼塞地勢要區自昔聖賢豪傑歷漢唐而宋而元明史不絶書矣希階章句儒生當此重寄撫心自問其悚惡不遑者非敢爲

僞蓋直道其實也今入境循在側長跪而告于神夫神治于幽者也邑令治于明者也其同處此土也神于令有兄弟之誼焉詩曰孔懷兄弟又曰將伯助予故同氣一體義所不容辭亦情所不忍恝階三十年來困頓孤危足迹半天下民間疾苦竊幸周知每至津梁岐路觸目傷心又或旅夢聞鷄撫膺嘆息夫保民若保赤子良有司之責也好惡同民樂只之父母也有其心無其力令固不敢不勉于力以負天子然有其心有其力設力之所至勢有所阻遇有所窮而神且視爲泛常泄泄然而不知助是神又以負令者負天子其于孔懷將伯之誼未有當也令亦何必嚬有神哉令堅自自矢見信于磨涅者已非一日想神之信令者亦非一日繼自今伊始令之倚藉者惟神神之眷顧者惟令惟神正直其相令以才猷惟神聰明其啓令以智慧惟神剛毅其植令以果斷惟神寬大其肅令以容忍令所不逮者神匡之令所不給者

神助之令所危疑而不自能已者神安全而曲成之俾令以勢無所阻遇無所窮得勉于力以無負天子休命與神相終始斯固以明協幽以陰輔陽天地彌綸之大道也敢布愚誠尚其臨鑒謹告

重建公安縣學宮記

趙申喬

公安爲三國用兵地其在於今則荆南屬邑也邑舊有學屢燬於兵歲久不治許縣尹磐慨然念之偕魏教諭士俊傅訓導兆儒因紳士僉議捐修請之魏郡守勤報可而後庀材鳩工尅期告竣煥然可觀又新鄉賢名宦之祠於櫺星門之旁增祀有功德斯邑者以桐鄉遺愛之故諭先大夫治績久而益定升進凡筵事在壬午冬十月之望至已薦矣越匝月會余奉

簡命察審鎮筸紅苗之案軺車過焉謁祠下焄蒿悽

愴感念音容屑指先大夫去官之日與茲瞻拜之期相合事會適逢夫豈偶爾因歎甘棠舊澤已閱六十年在矣而三代直道猶在斯民孰謂今人之心必不逮古哉學博率其庠之弟子乞言於余余方戴星復命東下迫

鑾匆匆未果爲未幾由浙調撫楚南所駐長沙距公安不越數百里追思先德靈爽式憑爰爲之說以昻多士曰古昔盛時立學造士自成均迨閭黨皆有師也是以上無私師下無私學周衰王道寖湮士之不得位者輒相與授受於山野觀洙泗西河郯嶧之前事可見漢興適重經學歷考關西濟南瑯琊千乘生徒各不下萬人數葉之後猶著其傳者必曰出自某師良亦專矣要不可謂之非私學也若夫王道興則師道公諸天下今非其時乎多士生長同風之世遭逢

堯舜亦知

朝廷養士之意不專科舉尚實望之以希聖希賢之學

乎善乎王文成之言有云殿廡堂舍拓而葺之餼廪條教具而察之是有司之修學也求天下之廣居安宅而修諸其身是爲師爲弟子者之修學也公安即彈丸乎代多聞人科舉登進不足爲難其闡先王大同之教雅志修身治心而深疾夫馳騖功利之寵者將必有人焉從此嚮染成俗上應

昌隆因而逖聽風聲雲蒸霞蔚能遵

天子崇重

之道燕燕向上比戸可封始信德教覃敷不於山野而於庠序公安且歸首肅焉詎不休哉先大夫在任曾力爭公安取士之額遠不逮江陵偏乜學使者前必得所請後已嗣此士風翕變文章經濟卓犖一時正圖援本塞源養士於庠以期澤諸道德結竟楚才之盛願以輯瑞兆征斯志不克終遂矣幸値閟宮之有侐而闡幽典行多士徘徊棟宇瞻想儀型能無油然興起於佾舞工歌之際乎是則余之稱引弗後仰體

廟堂之良法美意以詔告多士實本先大夫設施未竟之心殆亦不出邑紳士踴躍樂襄之志矣夫雖然寧獨爲公安一邑言之也哉列其崖略鄭畀兩學博刻詞麗牲之石所靡白金若干鍰及經始落成月日具著於籍以非其大者不復書

重新公安縣學宮記　沈爾燝

公邑舊治濱江自明季戊辰以後城再遷學宮規橅略具陵谷代更洊經喪亂其人士僅以自保數廡間毀於鞠茂余奉命來尹茲土匃月吉祗謁未嘗不愀焉憂之顧數歲力勿逞也會肅川鄧君以司訓奉教事屢謀於余併力圖其事次年春度地於學宮之左創啟聖祠三楹厥工甫竣夏四月霪雨毀宮之後壁殿材且半蠹循墻蹴踖岌岌乎隕墜是懼亟偕鄧君悉捐俸入庀材料工易其蠹之缺者而堊焉汰其木之腐者而斲焉五閱月門觀既壯繚垣漸週凡此皆體國之常經肇造新邑以來數十季荆榛灌莽以有

待於今日者也嘗論世數之汚隆與文運之顯晦相爲倚藉公邑魁梧大儒如王襄簡鄒莊簡以高第乘時策勛譽流竹帛近代三袁先生領袖科名主持風雅海內士大夫樂得而道之曾幾何時而芳蕤不再鼎興數十年僅以戊亥間鳴其盛豈運會之推移抑絃誦之聲少衰息耶夫上有好爵之靡下有姱修之士舍是則維鵜貽刺矣歲周星紀景運其昌午之秋邑之人文蔚然丕振

八子方側席求賢洛明行修之選登進無少遺誠以是時端父兄之教慎乎弟之率尊聞行知以絶隱佐之趨教詩說禮以安雅言之訓而以歲時陳俎豆習于羽於中將業日修而德日進彼洋洋歌鹿鳴兎罝而來者非其嚆矢乎太史輶軒採風即以之比美齊魯焉可也是余之有事於新宮而不能無望于後起之士也

寇萊公祠堂記

龔三捷

帝御極五十有七年著雍閹茂之歲我邑侯廬江楊公蒞治再期上政通而人和慨然念宋忠愍萊國竹林祠堂之荒爲茂草也曰寇公之生而爲英殁難神感鳴鹿死而爲靈令道傍既折之竹復生雲車風馬在帝左右其不能忘情于茲也可知泰平既久對火寒烟中不得一盂麥飯此都人士之羞守土者之責也顧遺蹟在邑舊治南明季邑再遷舊治爲天吳剖截殆將盡祠址去江遠不三百步而岸文書鼎彝皆發之侯曰噫籲之就矣盤庚五遷云胡不國于是捐俸薪卜爽塏于新城之北亦傍大道縱橫若干步置屋上下各三楹上爲臺高三尺許奉神主使登降可觀下爲堂以待游息之過客兩翼爲書舍若干置館穀以處誦習之師弟子前對湖光千頃望嫣茲衆山秀出雲際如笏如圭如卓筆溪河千里曲折而來下合便河再合港口分江之水而始南遇以繚垣內蓄植竹闢以楊柳隙者雜樹蔬爲劃粥資

南藏大道仍闢門與城之北門相對使靈淑之氣相貫延顧其額曰竹林寇公祠有奸雄過此能無仔細思量耶或又疑之侯又曰祠之不南面而西面者避蠻蔽遷形勝也昔寇公之令巴東移邑治于白鹿崖之巔臨江流之有情不忍背之節其著北向手植雙柏後人比之甘棠矣今祠傍作南門與城之北門夾道而通行者亦將爲不忘當日鎖鑰之意也衆皆喜歎而落之則相與言曰竹之爲物虛中而高節不畏

歲寒其葉似鳳毛其筍號龍孫其于人稱爲君子公
安何有于寇公其所以示靈異于此君此土原非偶
肰勬聞羽流主祀事號竹林道院孟制置擴爲書院
理宗親灑宸翰以賜之而四方流寓之士之至者如
歸後三百年西洛薛公諱友諒者尹茲邑正其遺像
新其棟宇時則有竹生于楹一本兩岐之瑞明世廟
初邑人大司徒莊僖鄒公諱文盛者題請祀典大抵
祠之由廢而興存乎其人孟薛踵其事而鄒增其華

爲新以來蕪没者七十五年而有待於今日侯毅然
以獨力振興之首啟卜焉清風袖裏費若干金剏之
功遠過於繼雖祀典未易驟復而新廟奕奕依然舊
觀寇公之靈安巳侑巳侯之懿先務而大有稱于人
心可以不朽巳太史詠風而上之
公子必將曰吁黎民於變者有此乎

重修武侯祠記　李也白

邑名公安因先主也而當日之以仁易暴諸葛公輔
相之力居多故邑之祀名宦首武鄉乃孱陵街大道
之北又有專祠襟河流而帶湖澤南面對黃山不知
始于何時或謂先是以祀呂蒙明季進士劉珠醜呂
之昧於擇主詩以誚之祠一夕火因改祀焉今祠前
門石柱屹立有漢業鼎新二表見出師之意蒙城廟
食千年愧偕賊之心之句爲劉所題聯考古祀典五

而諸葛公兼有之能致其主翻然翱翔於蹈虎涉冰
之餘而猶能以德施民尸而祝之雖曰人心不死然
非君子之不可諼不及此祠之廢興不知凡幾自明
末流寇一炬七十年來赤棘黃蘆徒增過客感慨歲
己亥夏仙田楊公郎其舊址捐俸修之爲正殿三楹
奉安神主傍作兩廂房週以墻前至舊石柱而止爲
門七內亦三楹且購得曠近之土課其毛以食廟祝
一時父老相與流嘆曰茲役之繼寇公祠而起世道

人心之大幸也　楊公之蓟我子弟計深且遠固非不學無術者所敢知也　楊公之德其又可忘也哉祠之成閱兩載約費百二十金是不可無以記之

修築黄絲嶺隄碑記　　毛廷中

公安古夢澤地沿江上下倚堤爲保障而里名茅穗於邑中爲尤下江水自虎渡分流南入洞庭茅穗四里横當其衝所恃以畋田宅宅者又有支堤一線舊例半請檯天半役烟戶人自背患修理期以勿壞無如隣封失守餘波往往及我卽如去年丁酉夏秋之交我稼未穡江陵上流堤决渰沒我田廬郎墓幾盡我　愛民父母楊公下車未及期月顧飢溺猶己惄

性自肰卽往相視謂父老曰水自他來我不得以身塞洪流爲今之計不若急築黄絲嶺則茅穗西北尚有一隅可以托足人民幸無遠竄計被水於闔邑八分之一我又不得爲民請　命惟約少緩催科耳言下惻怵聞者莫不嗚咽一時感激更相告語不忍離徙且勉爲輸將然而澇荒之餘亦僅其矣公知之初冬檄修舊堤無食者不能前公乃割俸爲糴招災民之應有役者每人日給米一升錢十五文受役者數

百三閱月而我支隄遂與江堤同告成功嗟乎爲民父母與縣而補功之恒也然無是心則無是政無是政則亦無是心如　公以拊顧救其魚於倉猝使不至流離捐瘠告糴使不可緩之役迄濟而災民且因以得食是能推周禮荒政十二而行之以委曲者也只今愚夫愚婦感念稱述多至泣然誠能動物有如是哉勤石以紀功非公意也然慶更生而歌康功者不有以紀之都覺寢食難安故畧記其事以垂不朽

闔邑頌鄉宦侯公碑記　　文安之　西陵人　春坊庶子

皆謂今天下受朝廷股肱之托而動思吃緊以安社稷爲心者有人矣專喉舌之司而披肝攄素以弼直答聖明者有人矣職任樞要而賢能行其所學任在軍旅而封疆不倦於勤或省會之一而守土之一方而保綏頑以無虞休養得其至當比比而然矣要不過體
皇上奉天子民之德而各勉焉於其位之所當盡者試方之詩書所稱不媿於位民之依暨庶政惟和萬國咸寧奚以加焉若乃身居閭巷而賓朋故舊往來雜沓也車馬僕御靡焉相矜也以逸求田問舍耳厭目飫習尚紛如也獨有人焉志安社稷不忘聖明惟恐井里之多事而行所學以加惠保綏休養不殊服官任事之日則誠難哉則誠難哉夫寧矯俗違衆要譽爲名高乎蓋必其天性所成立身有基抑家世清廉遺子孫者厚故忠孝德業天脩之耳不佞曩以辛未

之春闈分校葩經午夜焚香默禱願得賢良士尤願得之吾楚可相切劘以報國家臚纂縹緗之際首拔一卷乃公安侯君異度理則淺摩度則春容詞則宏博想其人必如金如玉鼎鉉可期者及揖見之而對大廷實獲我心旋奉命治邑粤之陽江卓異有聲已拜　內召而讀禮家居更閑恬靜寡營手不釋卷仍然寒窓風味其有心於蒼生可知矣適不佞北上取道路京舟泊公安之油江口亦將進而切劘之以不

逮予初命名園曰覲耆權長逵巽而告曰唯公知人以有今日亟謂之則頌侯君德爲條其邑利弊於官路而刊行稱便者詞有之曰起我瘡痍解我倒懸匪身爲之實稱象賢其先君子令德綿延奕祚懷恩木鏤石鐫居有間予於數十輩投刺而進讀其事甚詳喜勤衿宇謂其鄉先達鄒非簡公政正南嬙省民于金方伯彙春所公疏辭以塞秋税若于真可媲美流芳公安年苦災疫荷此宏施乞公贈言以勸不朽不

侯初心露而與之嗣乃偵其實不爽也丞若君之文學不負科第政事不負天子德行不負前人友弟不負鄉鄰總不負不侯之鑒取者也尚有進焉者昔韓魏國公每謂保初節易保晚節難真牢相語也燕公題歐陽文忠公家書後曰凡人勉強於外何所不至惟考之於其終乃見真僞此皆名臣實錄士大夫之規箴　司務於官之訓誡者也侯于以此報公安歟邸之情而永終譽也庶有當乎是爲記

重建城隍廟記

毛仁軌

封建之天下所重在社稷郡縣之天下所重在城隍咸有神焉以王之故凡風化之醇疵刑政之當否年穀之豐歉與司牧者職有均任民胥聽命焉蓋顯設幽贊古今之治教一也而有祈有報上下之情詎亦殊異哉公安城隍廟其來尚矣嵩革後草創建置卑狹未稱久乃益敝甲戌之夏南豐趙侯奉簡命來蒞是邑下車詣廟爲文拜告于神以清白勤力自矢而

祈神之鑒佑其言誠摯痛切聞者感嘆以爲有清獻焚香告天之家法焉知其必奏循良之績矣越明年秋政教有成遂指俸以新是廟卑者增而高狹者增而廣巍然煥然像設畢具落成之日紳士父老畢集瞻仰欣悅相向而語曰懿哉侯之是舉也古者謂君子先成民而後致力于神侯自至止以來敦崇風化講法勸懲咸協乎功令至于聽斷風行狙獪屏息巨盜發而旋獲宄若有神助焉地衝務繁日不暇給矣

仍于其傾修廟宇治闤闠峻築江防廣置倉儲則莊莅之有嚴保障之足恃旱乾水溢之不作並無歲饑之待哺也茲乃復歸功于神而爲是舉朞年之間其何以臻此哉且祈報之舉力宜出于下者也今也咸自上爲之吾儕惡肰其何以解將有老生竊隨衆後聆斯言也進而諗于衆曰公輩不覩侯告神之文乎惟神正直其相令以才猷惟神聰明其啟令以智慧惟神剛毅其植令以果斷惟神寬大其牖令以容忍

夫是四德者我聖天子所以敦臨天下而足以容執敬別者也今茲海宇晏清百神受職公安于海宇萬國之一亦古子男之邦也吾神主是民而允惟是四德以教靈佐治彼夫言合而行違勤始而怠終偏聽茲奸臆斷拂衆克剛克柔之紊厥序者胥矯誣誕慢之爲神所弗佑也惟侯知之綦湙享之綦誠簠簋之必嚴馨香之罔懈夙夜寅清而力與合符爲所謂民和年豐而神降之福者夫非亦有是四者以致之歟是故侯之言神號之矣神之德侯體之矣始之祈爲民而祈也今之報爲民而報也繼自今以後侯其以敬神者敬百姓神恒以相民者相賢尹民咸以服神者服教令俾夫風化之罔不醇政刑之罔不當年穀之罔不豐足幽顯上下交相爲德也吾儕方承蒙厥庥咸發與起之不暇其又何惡乎衆以爲肰請記其事以識不忘且俾後之司牧有所考鏡焉遂謹記之

六瑞說

救穗兩岐　牛犢雙產　枯木復生
許田穭穫　龍升城內　蒲綴連珠

語有之和氣致祥和之義大矣哉今夫動植之物何地蔑有乃公安一隅居者相與嗟嘆於野行者相與傳說於路遠近奔走驗視狀其物之異而爲瑞者凡六以歸之　邑侯楊公公郤其詞謙讓不居且禁以必毋上達竟不能止嗟乎物之異非物爲之也造物者爲之也而民之效此媚茲非民爲之也宜民者爲之也民之言曰　楊公之守茲土也迄五年所土安於讀農安於耕工商安於市廛旣寬惠以柔民復明

愼而折獄事乜出於至誠是以惟德動天所謂取彊而人和并耶人和而天休至自然之理也李應薈識

培風書院記

夏策謙

書院之設所以宏文教育英才講學肄業養成材器爲國家用自昔楚有嶽麓與嵩陽應天白鹿四立爲大而各州邑因其名地爲游息所者不一總以作育人才亦綦重矣公安自宋端平間孟忠襄公爲竹林書院以處一時流寓之士而後莫有踵其事者郎明

之中葉袁氏三球樹起主盟騷壇遂有公安亦止各適其適而已今日者

聖天子崇重儒術薄海內外家絃歌而戶誦讀而我邑侯楊公尤加意作人甫下車首葺

學宮於茂草中復修諸葛公忠孝公兩祠堂並新鄉賢之宇爲楚三閭大夫神主捐修邑志凡此皆關教化之大體然而邑處多故作薄觀者亦已甚已農者諸生通名以捐公令倣江南例縣以剌鄉會二試贐儀有加禮所以崇斯文養士氣正所以厲廉恥故截修也至於館穀義學於新建之鬼公祠而公以地無專屬非所以居靜業嘗言得城市山林之處規而備之庶乎絃誦寒至於古教之七義始稱於時紳士父老咸相與謀曰楊公六年來一舉一動無爲我田疇子弟計眞父母也善事父母者先意而承志盍以我衆擧之舉慰公難返之深衆稱善適居人以所居求售其地爽塏其屋厰廣在北城内前臨街衢南面後豎

右有閣七有水有竹有樹想春風暢和秋月皓彰諸生以時習禮講談吟咏其間亦公安新邑之大觀也啟公閱觀公喜顏之曰培風就選義學師弟子而學焉予以甚希一瞻觀炙盛事宰爲之[illegible]予公且以

內召去與日者即以俎豆公爲去也思也者不第爲夫也思豈不與召棠狄樹並垂遺愛也哉始購得基宅七十五金修理續費約百金捐金人多不能記

公安送韋二少府匡贊　杜　甫　唐人

逍遥公後世多賢送爾維舟惜别筵念我能書數字至將詩不必萬人傳昔兆兵甲黄塵裏日短江湖白髮前古往今來皆涕淚斷腸分手各風烟

留别公安大易沙門

隱居欲就廬山遠麗藻初逢休上人數問舟航留制作長開篋笥擬心神沙村白雪仍含凍江縣紅梅欲放春先踏鑪峯置蘭若徐飛錫杖出風塵

曉發公安數月憩息此縣

北城擊柝復欲罷東方明星亦不遲鄰雞野哭如昨日物色生態能幾時舟楫渺然自此去江湖遠適無前期出門轉盻已陳跡藥餌扶吾隨所之

過公安　趙　抃　宋丞相

劉郎浦上公安渡我過高吟老杜詩烟浪幾重江幾曲算應風物似當時

張景銘　宋　企　宋學士

瞻才章兮懿孝至膺仕兮難老寵皇皇兮兆獲伸殘吾懷兮露珍神蕊蕊兮安宛尚立言兮不朽

竹林祠　王十朋　宋

油水江頭逸相祠凜然如坐廟堂時一點精忠不負國枯竹如公人不知

蕭寺黄冠夜泣　建文帝　明

壬子春正十三日寺過黄冠不相識結蒲在杖坐西偏低頭不語意自閒以何一人復冠簪髮黄而綿多

愁顔撫掌遽驚還嘆息潸分但聞聲唧唧似裏萬斛愁難傾哀猿夜嗷寒鷄泣余腸縈結詎堪言布衾濕透皆淚痕晨興往探訊其苦兩公蹤跡雲無根空餘蹕斷字數箇依稀恍是以臣名我欲把毫悉胸臆冰凍筆花寫不得以隨筆紀　出程濟從

鄒莊簡公文盛銘　顧問臣　明大學士

九川七澤地靈潴殷鍾賢毓秀乘會昌辰忠言直節爲國藎臣盤錯屢試器利如新樹勳巖廊匹笏垂紳

明良都俞一德有鄰惟德濟時惟德潤身功成身退
人稱哲人

王祭酒公恂贊　　廖道南 明學士

簪羽詞林綴班鑾坡有美一人秉性清和典教成均
文行忠信委心文定不失其正 恂爲廵撫祭酒淡爲楊文定公溥所推許

觀瀾閣　　潘球 天臺

江自西來復東逝舟子迢迢寄所思更好觀瀾適幽
賞逢人休說大夫祠 閣舊爲璽均祠

過劉郎浦　　王一翥 黄岡

牛斗雲横渡草荒漁舟爲鬓月爲璫黛横白帝千官
隊綺鎖青城一夜霜海內雄豪㤰漢德漢閨迢遞夢
劉郎分香無事悲銅雀石鏡高懸武擔傍

公安縣　　宋閎商翁

門沿大隄入路傍淺沙行樹短天根起山窮地勢傾
孤舟難泊岸遠水欲沉城夜半尋津渡烟中蓺火明

送荆南帥尸侯移鎮公安

明浦源 字長源無錫人洪武中中書舍人

悠悠旆旌碧雲端遠去孤城入亂山淮月上樓人奏
角海天低樹雁臨關幾家白髮遺民在千里青綠鎮
騎還舊日荆南多勝槩别來惟見畫圖間

賦得劉郎浦送友人　　新都楊慎 字升庵

吳蜀成昏此水傍至今江浦號劉郎停橈過客休留
詠不是劉皇感楚王

鄒大司徒致政歸里　　邑人何珊 左布政使

輔國功成便乞身錫歸尤荷聖皇仁崇階要秩隣三
少全節完名更幾人宦海共如專盛美周行誰不望
清塵居閒且作耆英會載酒尋幽莫厭頻

江平鄒歌爲伍松月賦　　邑人鄒文盛 戸部尚書謚莊簡

中丞執法統江防文武才兼孰短長石浦昔曾占宅
相松滋今已破天荒 石浦公外祖所居松滋科甲則自公始 勤王事業
真轟烈報主忠誠征幾鼎考最不須離信地殊勲多
日祀旂常

畫錦堂　　邑人劉　珠

丹青運盡精神巧山水移來畫錦堂透石筍根穿地竇撲花蝴蝶惹天香蛙鳴宿雨催春老魚躍東風引浪長自是化工真發育昆蟲無地不悠揚

懷友人　　戚　己

思君不見暫低垂漫倚瑤琴慰獨披天遠幾時靈劍合月明無那洞簫吹孤村碧樹劉郎浦澹月蒼雲兔老祠追憶同袍舊遊處鷄鳴僧榻夢迴時

別龔散木　　袁宏道

梅雨灌江干江風細吐寒紅亭一杯酒憐無賓主歡天風吹子墮倏忽送子還遊跡如電影聞樂太無端子曰爲官苦予嗟行路難各自相慰勞言言沁肺肝與予如林鳥升沉各羽翰別予如瀉水東西異波瀾何如一合併白首臭春蘭萍散有時聚雲老終還山江頭風日雨容易彫朱顔

南平社六八

外大父方伯公　　袁宗道

風神只似壯齡時鶴髮丹顔古接離此日南平白社長當年中土紫薇司燈前歷歷蠅頭字篋裏翩翩近體詩江月江花時共賞非仙非隱使人疑

孝廉舅惟學

少年經術兼詞學中歲空門又道家服藥前身應許遜博聞宿世定張華懷中明月珠堪售望裡神仙路不賒只恐鳳池須綵筆難從勾漏問丹砂

侍御舅惟長

顛傷人間惟叔夜閒居滕下似安仁雲霄調外沉冥客花月尊前感慨身圃學東陵瓜欲結家通北渚蕙堪紉長卿此日遊將倦醉月吟風幸托隣

中郎翁進士

前年羽獵獻長楊歸去三湘問鴈行作賦麗如袁彥伯通經精似蔡中郎角巾領袖高陽侶麈尾憑陵俠少場夢艸真堪對小謝種花無那去河陽

小修贈文學

却憐射虎人難偶祗覺雕蟲技益工自日悲歌燕市筑青春失意楚人弓瀧西不媿稱金友僕射從今避火攻如此無官窮亦得高名誰復杜欽同

苦雨時市酒者阻風未歸

風雨復風雨蕭條只暗愡昏沉真似病壘塊未曾降亦有到齊酒其如隔楚江出門覘雨色簷滴正淙淙

其二

今春多驟雨委巷絶經過跬步若爲去愁心當柰何歲月防桂玉卑濕畏江河屠食都無計年來憂更多

鼓吹又翻前意二絶

兒童村巷競走鼓吹驛路喧闐何似池塘雨部宫商漸近自然

驛路紅塵鼓吹池塘青艸蛙聲本來都無音響雅俗欲向誰論

過藕花莊　袁宏道

溪院竹編墻叢梢若箇長入門溪雨淺踏路麥風香好夢因凉得閒愁到水忘因循二十載未到藕花莊

勸王以明先生

王夫子有書如鄴侯何緣阿堵堆青銅君不見牀頭有心痴兒甫道上無人追楚弓

遊石洲

乞取春江一抹澄斜帆疊疊柳層層閒來袖得佳石子付與山中好事僧

其二

三番石上聽歌脣轉眼楊花一紀春座客十來消却五更無一箇六旬人

柳浪館同龔散木小修賦得雪中新柳

纈青縈白幾千條胡粉棚將贈舞腰當日輞川無此景强于雪裏寫芭蕉

七夕偶成

天上一昏一旦人間甲子周年不分黃姑織女夜夜

烏鵲橋邊

其二

兒女紛紛乞巧先生老矣何求不用巧雲烏鵲雖空

拙守斑鳩

憶谷昇寺　　龔大器

憶昔尋春古寺邊而今楊柳隔晴烟上方鐘磬自朝

夕客路琴書空歲年松月夜留華鶴語隴雲長伴老

僧眠幾時得遂青山約醉傍梅花艸太鈙

元宵　　袁中道

同雲急雨暗亭臺幾有瑶華照酒盃佳節風光雖不

似歡場懷抱也宜開時移人眼無塵物老嬾隨君作

散材歲歲願如燈上影兒童拍手說重來

朝耕二首

荷鋤出茅屋月色白如素過林莽雨聲一天好霧露

東方猶未光燦燦動霞路不覺叱牛聲驚起雙白鷺

半夜來原田月落天將曉溪流滑滑鳴今年雨水好

前種已生苗萬事無如早解軛與犬兒牽牛食露艸

贈袁平子謝諸生歸隱

黄鷄唱罷修無歡萬事勞人轉覺難君自愛看高士

傳予今欲弱儒冠朝耕西嶺雲千畝夜釣南湖月

一灘身似閑鷗心似水縱離大宅便輕安

讀錦帆集寄卓老　　湯顯祖

世事玲瓏說不周慧心人遠碧湘流都將舌上青蓮

子摘與公安袁六休　六休袁宗道字

待部公安袁進士中郎過訪　　陸懋龍　叅政

雙旌衝到郭片刺忽臨門命榻塵誰掃新茶火正溫

望君收白眼屏從接清言待漸官厨米留燈坐日昏

題畫松石贈侍御毛茂甫年兄　　倪元璐

石既崚嶒松亦傲岸有人如此豈非鐵漢

草堂　　龔仲元

聊且戢身羽如何捋虎鬚誰能妨性命醉不計頭顱

閱歷成今古幽尋近有無泗江千尺水夜夜月明孤

送初月弟還公安　袁彭年

久與流離習鄉情漸漸灰一聲吾弟去萬感片時來友戚今俱盡音書何處裁若逢兒在涕但說我將回

寇退寄毛恭則　華容貢生　嚴首升

兩年憐壘突今日尚吾廬雨歇林無雀春歸食有魚漸收既去仆喜看不全書念了猶行野言歸幸莫徐

築堤詠　知縣　梓潼舉人　何國棟

岷江萬派赴荊門三月桃花怒漲翻但使安流還禹

貢敢言真勇是王尊千家鼛鼓連涉沸百里虹霓載浪屯汙雨鍾雲民力普汚邪禾黍勝高原

泛舟柳浪湖　孫錫蕃

柳浪千年綠中郎故里墟雙星迷夕永孤月掛林疏棹泛銀河墮風高脫葉徐瓶花何處是隔岸冷紅蕖

湖江懷古　邑諸生　田藍玉

丞相濟吳師艱難此地支一枝鳩借楚半壁虎爭危駛闔闔換風橫舟楫攲但憑南北勢搓扼重當時

館中寄友人　羅遇奇

坐成枯寂勝蕭園月滿風清首蓿盤飽足黃山一片色携歸不得共君餐

丈勘二聖洲蘆政　知縣　烏程進士　沈爾嵘

弭櫂容城秋水清荒洲履勘又催程無邊野色連雲暮不斷征帆隔浦明少府金錢仍歲入漢京湯沐問遺民寒湖夜落蒹葭冷故國蒼涼幾變更

[illegible]歸晚舟　鄧養赤

山擁城市怯日落獨歸船遠火如浮水懸星不在天依稀記艸樹浩蕩傍葑田岸泊防饑虎呼童語咲還

送周來公之任　馬芝

亥氣日凋散吾子特善鳴因茲厭洛後暗室一炬明懷道不自私君子尚其貞勉莫爲仕貧冰霜寧錚錚

訓贈田二伯圻見和移居石坪什之一　毛壽登　天津道

思偕隱兵卤倚睥睨每嗟魚餒薄但覺馬通香林樾空笙歌丈裴忙餘生惟爾我且喜各能康

報慈寺鐘銘　尚重望

銘曰貞元交會無往不旋洪爐初啟簴簨斯懸清機遥警梵音遐宣上徹有頂下震重泉桔禪解脱輪苦罪蠲邦家之慶福曆延綿

天王隄　邑學生 毛仁毓

墻裏天王數指揮周堤蜿蜒象輪囷世塵迴隔應難到惟放鐘聲出翠微

明月池

堂前忽現琉璃地流潤還滋功德林最憶昔賢詩句好清池晚月照禪心

武侯祠落成　知縣 楊之騂 宿松明經

幼觀三國志師相倍生欽喜讀出師表愛誦梁父吟江南無專祀惆悵罔登臨出宰南平日入境首相尋人指三橋裡野曠鬱蕭森昔建武侯祠七荒榛棘深尚存雙石柱居民不敢侵未幾來事七黄鸝空好音停輿覽舊址忠魂髣髴沈垣楹難猝就五載捐俸金鳩工顧文子邑庠文聯煥廟貌煥幽岑雖乏參天柏聚然自成蔭行人肅瞻拜勝蹟留古今舉墜為予職悠然愜素心

舊縣感懷

荻葦蕭七一望迷當年曾此建城池殘碑猶識三袁里斷岸空存二聖祠柳浪名亭波浩七孱陵舊道草離七隄邊憑吊堪惆悵最是風清月照時

閱隄至民安驛遇雨口占

勞心修築堵狂瀾宵晝無分次第看細雨沾衣防淺滑微風撲面耐輕寒旁觀只道居官好局內方知作宰難但得崇墉開百室此行差不媿民安

丁酉仲春閱隄途中即事

輕煙初散燦雲霞極目郊原一望賒去七來七漁子艇三七兩七野人家菜黃映日凝香度麥綠乘風鼓浪斜田父邀余談歲事依七笑語樂無涯

楊公隄

全楚皆澤國南平素苦水大隄臨江渚綿亘百餘里下車正值興工時策馬閱視任奔馳在乙雖可堵狂瀾堅厚無過楊公隄楊公邑乘載其詳學問經濟誰能比當昔舊邑繁華日便識滄桑更變理遥憶數十餘年後城郭盡付波心裡頁築此隄廿里餘廬舍田園無傾圮至今俎豆崇祀典千秋萬世歌樂只吁嗟噫嘻四世三公吾家舊如君無媿關西後前有召父後杜母未識余能繼公否

寇公祠落成

北門鎖鑰古今傳廟貌重興地亦然劲羣雖非原插竹瞻依何異舊焚錢遠山秀色迎朝日近水波光盪晚烟從此行人爭駐馬鞭梢半揖拜公前

春日孫黃驛道上

雨霽雲飛天淨春明日暖花香流水幾灣凝碧遠山一抹微茫抱郭李桃紅白平田麥菜青黃繡錯郊原如畫野景大塊文章

竹林祠有感　毛獻文

早不為孤注其如國步艱忽投三至杼應遇萬重山廟食坳灰冷碑蘚雉子斑徘徊詰野老竹出莫輕删

舊縣大關廟　龔三捷

漢室三分此蜺師當年姓字止啼兒但將熱血酬知己誰謂斯文不在茲國士如龍堪共濟奸雄似鬼莫相欺春來風雨寒祠廟夜夜山頭叫子規

囊螢讀書賦　　龔三捷

明府廬江楊公具淵雲之才思裕冉季之猷爲撫民則燭照逃亡造士則斗揮衿履慨夏日之既去喜秋風之徐來於時鶴立一足琴弛七絃進諸生而告之曰貧者士之常焚膏繼晷底事皇皇爾南平舊境車武子讀書之鄉也警心午夜苦志縹緗感流螢之有耀故撮之以一囊卒成大器致身廟堂蔚儒林之所樂道抑爲之前而美彰子曷爲我賦之捷曰唯唯

塊洪鑪之大造兮化無情爲有情悲何草之不黃兮置之死地而後生具兩翼而六足兮托形體於蟁蠅羌渺細而蹇舉兮散入夜之微明竊夜光之大號兮曾何有於照乘顧收之以處囊中兮雅有裨於橫經聞之螢之爲物也載在月令鶉火之次腐艸斯競當其郁郁河上共此春暘遭薙氏之蘊崇致零落於道傍蕉灼兮趙宣之日酷烈浸淫乎魯僖之雨沱滂一燥一濕負陰抱陽初蠕蠕而蠢動漸熠熠而生明豈老鼃之含水而登陸兮尚燭龍之多子而光芒過目發鏡燧之徽層耳無聲吞之鱗羽翼相成翩然而起水瀨山顛荒畝錦里月下風前戲兒童女着血結行子之凄涼疏窺坐人之綺弄輝輝於花叢竄作明而作滅添個個於井欄似照子而和女乃有韓娥書客志吞萬兮憾鑿壁之無隣闔暑暑而浩嘆怨爾觸目懷然而曾用不在大效用以萃部聚蚊之威聲兮而集螢之不甚爾乃微微絲命刀尺線無取于折礪製彷

彿乎匆密聚蟻成之大如斗諒照夜之赤如日居然括囊以無咎吾何畏乎暗室陳書數篋翻緗揣摩白魚急而走死三豕安得渡河稷錦瀟入於肝腸要金石聲以吟哦想其處置或有縱擒顛艸木之若在抱豈昆蟲之傷不禁賴卜夜以揮煌當計日而踐更時或出入於行增減亦聚集而稠密亦離羣而疎散出返月露之場入張風雲之氣減壯大器之觀肖辨曾魚之細稠密進天祿之藜火疎散學金蓮之流麗二

酉窮三篋藏乎鐵剅墨莊既齒卷樓空富文閣閑慨黔首之未愚徒郎采之終秘斷秦漢而上之捧文武於未隆彼尤遠而自他有雜何惜乎委曲而益人神智在昔南平之南嗜學梁予之鄉乞靈宵燭餘足書長留芳名於車湝發澧蘭之幽香固非止風度矜宣武之座宗高登冢宰之堂而已也吁嗟乎莫讀書兮朝太廷御長檠兮歌短檠悵泪月兮上星辰竊獨念此流螢

兵事

自古帝王制置天下曷嘗一日去兵哉天[illegible]亂賴熊虎之將韜鈐之佐剪除禍難蕩一海宇及大亂既平假作靈臺習射澤宮一張一弛固文武之道爾周之盛時以井田出車則人皆爲兵敵王所愾非處處而守之村村而防之也故或歸馬放牛而天下晏然或宿兵於無用之地而亂卒莫支則自守之與天下守之之異也公邑始建於漢之孱陵是時幅幀廣袤兼該數縣計必有武備之修焉然年世久遠不可得而考已漢置孱陵澧州之地吳屬焉建武中析孱陵置作唐縣王聪烈始有公安之名吳孫皓分孱陵置南安縣即華容也又割作唐置南平郡梁廢郡析置安鄉縣隋開皇初省孱陵永安二縣入公安大業初又更作唐爲孱陵縣則公安之土宇始亦廣矣

嗣後世變多故更置不一或爲郡或爲州或爲軍爲鎮要皆因時制宜指歸於治兵所以就形便而控要害也劉宋以公安爲南平郡陳置荆州於公安隋開皇初廢南荆州爲公安鎮南宋

升爲公安軍孟珙屯兵于此爲重鎮云　然昭烈始據油口剏肰荆蜀遂振雲龍之勢孟珙屯兵公安北伐中原乃樹鷹揚之畧陸抗堅壘於樂鄉桓冲退守於江南中歷五季屢爲戰地則以居南北之衝介大江之險進取退守恒必由之故世平則但供徵役輸賦稅隸持片紙入村無煩叱咤呵譙之勞而民已奔走恐後一有風塵之警則雖用數肆之師費不訾之財而亦在所必爭蓋其地彌要故其戰爭彌力而民生其間乃益苦勢使肰也明末寇賊繼踵兵戎絡繹數十年間彼勝此負水去陸來貫嬰刳孕飲頭臚肝之慘不啻牢授而陆獄焉加以梟黠懷異在在蠭起始猶保聚以自衛繼遂屠裂以相雄善良化爲鯨鯢婚姻變爲豺蟒燒餉罷兵斬芟如草天下無王逝將誰告

國朝大定以來海內久脫干戈各州縣輸兵設守所以綢繆防衛者所在必遍則安民保治亦勤勤無

遺慮矣

漢建初三年冬漊中蠻覃兒健等攻燒零陵作唐孱陵界中發荆州七郡汝頼弛刑徒吏士五千餘人拒守募充中五里精夫不叛者四千人與戰於宏下大破之斬覃兒餘皆降　此公安被蠻寇見於史者也漊中蠻即古零陽今慈利所屬地九谿永定等衛所桑植茅岡等司臨皆是而永順容美爲大在明末亂後士大夫多避難於其中容美尤能文而好禮邑中士多往依之近湖荒徼非其舊矣大約治土司之法其大者宜示之以制而鉏其驕小者宜卹之以恩而毋令受蛩都之并吞斯又安之道也

建安十三年曹操敗於赤壁先主遂取江南武陵長沙零陵桂陽四郡

十四年先主領荆州牧周瑜據江陵分南岸地以給先主立營油口改名公安周瑜卒魯肅勸權以荆州借先主

權遣奮威將軍孫瑜率水軍欲上取蜀先主使関羽屯江陵自住公安不聽瑜兵西上權不得已招瑜還

二十年先主既得益州權求荊州不得怒遣呂蒙襲取桂陽長沙零陵三郡先主自蜀親至公安遣羽爭之會聞曹操將攻漢中遂與權和分荊州以湘水爲界

二十四年呂蒙襲南郡遣虞翻說公安守將傅士仁降之

權至公安置酒顧謂吳郡全琮曰卿前陳此計孤恐機泄故隱而不答今日之捷亦卿之力也封琮爲陽華亭侯以呂蒙爲南郡太守封孱陵侯

周瑜子允以兵千人屯公安

晉太康元年王濬伐吳攻孱陵之樂鄉城按樂鄉城陸抗所築獲吳水軍督陸景按樂鄉有二一在秭歸即巴東縣也一在孱陵即陸抗所築與羊祜對壘者也杜預傳太康元年正月預伐吳陳兵江陵遣牙師周旨伍巢等率奇兵八百舍舟登陸以襲樂鄉多張旗幟起火巴山出于要害之地以擬賊心吳都督孫歆震恐曰北來諸軍乃飛度也此巴東之樂鄉也王濬傳太康元年正月濬發自城都二月庚申克吳西陵壬戌克荊州夷道二城乙丑克樂鄉正孱陵之樂鄉也與水經合

桓沖督荊州伺苻堅强盛乃上疏曰自中興以來荊州所鎭隨宜回轉事與時遷勢無常定今宜全重江南輕戍江北且孱陵樂鄉北枕大江西接三峽若狂狡送死則舊郢以北堅壁不戰逆乘其疲撲翦爲易臣司閫外隨宜處分於是移鎭上明使將軍劉[illegible]之

宋齊以來有軍主齊南平鎭軍主周敷

南齊蕭嶷都督荊湘義陽封師張群亡命積年鼓行爲賊義陽武陵天門南平四郡界被其殘破沈攸之連討不能擒嶷遣中兵參軍虞欣祖爲義陽太守誘納之使降厚爲禮遣於是斬其首惡其黨數百人皆散四郡獲安

唐明宗天成三年馬殷將袁詮等侵荊州戰於劉郎洑

宋徽宗時群盜至公安邑令程千秋帥民禦之鄂岳兵漕皆賴焉

紹興元年解潛爲鎭撫使知[illegible]府兼措置荊南

公安一帶屯田至今人猶稱之

宋端平二年孟珙制置荊襄于公安措置屯田至今猶稱爲孟撫莊

元阿里海牙以荊湖行樞密院事廉希憲以行省荊南俱分兵防守公安

雜辨

堯囚禹化盜誣羿尹稱毋孔甲爲一共和爲二雲且誣害俊忽謬淺傳疑襲謬世間不少志者史之

一端取其信而有徵疑與謬安用之公安五方出入明社既屋文獻俱盡求其無所爲疑與謬難已不一辨析久益沿爲誕妄又何有乎詞不雅馴爲紳先生難言之耶陽爲而外有以公事至者不忍諮詢用以完志之不得不止匪敢曰山鷄之翠幸毋咲昼蛇之足云爾

雜辨

天文　白虎通曰天之爲言鎮也居高理下爲人鎮也釋名云天坦也坦然高而遠也　說文云天顛也至高無上從一大也　白虎通云地者元氣所生萬物之祖也　星者金之散氣其本曰火星衆國吉少則凶　漢者亦金之散氣其本曰水漢星多多水少則旱其大經也出史記　三光者陰陽之精氣本在地而聖人統理之日變修德月變省

刑星變結和　甘露者仁澤也老養得敬則松栢受之尊賢育衆則竹葦受之　日者實也太陽之精字從一象形也　水者五行之首也萬物之宗也浮天而載地也始天地而終天地也七十二候始于東風解凍終于水澤腹堅天地之始終亦若是而已矣出博物志　木者陽精生于陰故水者木之母也出春秋元命苞

輿地　吳越春秋曰鯀築城以衛君造郭以守民此

城郭之始也城盛也隍有水爲池無水爲隍
水渕之而益淡窮之而益遠火用之而彌明宿之
而彌壯水可析可合淸無人也火內闇因薪明無
我也火內暗而外明故離陽在外水外暗而內明
故坎陽在內
古者六尺爲步步百爲畝古百畝今之四十一畝也
六國表或曰東方物所始生西方物之成孰夫作
事者必于東南收功實者常于西北

十産
本乎天者親上飛鳥之屬陽也故雀日入夜而肽
鵬鳥不肽是謂不祥鬼道也本乎地者親下走獸
之屬陰也故百獸皆以晝伏牛馬不肽是謂晝力
天道也漢中國星曰天駟旁有一星曰王良王良
策馬車騎滿野河鼓南有星曰牽牛牛者耕稙種
萬物也鳥不可曰獸獸亦可曰禽蚓名鳴砌熊食
鹽而死獺飲酒而斃　出埤雅

周禮職方　九穀之數荆州宜稻周書云凡禾麥
居東方黍居南方稻居中央粟居西方菽居北方
穀梁傳曰五穀皆熟曰有年鄭元云五穀麻黍稷
麥豆又云有穀包黍稷粱菽三穀各二十種蔬菓
之實助穀各二十種
雲從龍者以類順也風從虎者以威勝也　爾雅
云鼠有十三種有鼷鼠　公安亦間
祭祀　五祀鄭元月令註云春祀戶祭先肝夏祀

竈祀先肺中央土祀中霤也　土神　祭先脾秋祀門祭
先肺冬祀行道路往來之處祭先腎按五祀見于
周禮諸書　白虎通及劉昭范曄以五祀爲戶竈
中霤門井揚升菴云井即行行者井間道八家所
行也陳祥道云門戶人資以出入中霤人資以居
井竈人資以養先王興此所以報之也
釋名云竈造也創造食物也月令云孟夏之月其
祀竈史記云李少君以祀竈之術見武帝于是天

子始親祀竈自漢以來始有竈神之稱淮南子云炎帝死爲竈神路史云燕伯始爲竈神東觀漢記云陰氏臘日晨炊見竈神以黃羊祀之家遂暴富奕世封侯抱樸子內篇云竈神每月晦日上天言人罪狀大者奪紀小者奪算

孫炎氏云古者爲室戶不當中而近東則西南隅最爲深隱故謂之奧而祭祀及尊者常處也曲禮云凡爲人子者居不主奧是也

封土爲社故變名爲之社別于衆土也爲社立祀始謂之稷社者土地之神也土生萬物天下之所主也尊重之故王者親祭之也

祭物 春韭卵 夏麥魚 秋黍豚 冬稻鴈 取新物相宜也

風雲雷雨山川壇 周禮祀風師雨師唐天寶五載始祀雷明加以雲洪武初祭有分合六年詔以風雲雷雨山川共爲一壇八年又合城隍祭之共壇制崇二丈五尺濶以恒四陛四門從南門入風雲雷雨居中左山川右城隍木主高二尺二寸

共工氏之子句龍爲后土能平水土祀以爲社烈山氏之子柱能植百穀夏以前祀以爲稷王殷以柱久遠而堯時棄爲后稷亦能植百穀故廢柱成祀棄明初循宋制分壇配享復詔天下祭所用配壇不用屋其制與風雲壇同從北門入置石主長二尺五寸方二尺埋于壇之南正中畧露圓尖外別爲木主高一尺二寸朱底青字左社右稷並南向

祭名 除惡之祭爲祓會福之祭曰禬告事求福曰禱道上之祀曰禓絜意以享曰禋以類祭神爲類祭司命爲祀祭豕先爲禧月祭爲禡禱雨爲雩禱晴爲禜出說文

元日畫神荼鬱壘四字貼門上神音伸荼音舒壘音律東海度朔山有神一曰神荼二曰鬱壘領衆鬼之惡害者執以葦索而用食虎

風俗 公安大族俱有祠堂以示萃渙之義往者

草率或有奉主于佛神之傍以僧人看守者近皆講究文公家禮主人主婦率衆致祭祖宗都爲專廟亦不令僧人看管又有族譜以聯同姓每祖父母父母生忌日必齋戒致祭仁孝者慟哭臨之但父母之喪富貴之家多惑于風水聽時不瘞

社祀數十家作一小廟供奉翁媼二像又有金甲神像謂爲穀神合而祀之總名之曰土地城市鄉村俱於社日前後牲醴慶賽古所報之義薄暮衆

人歡飲而散所謂桑柘影斜春社散家家扶得醉歸也

文義　五倫君臣者何謂也君羣也下之所歸心也臣者堅也屬志自堅固也父者矩也以法度教子也子者孳孳無已也夫者扶也以道相扶接也婦者服也以禮屈服兄者況也況父法也弟者悌也心順行篤也朋者黨也友者有也禮記曰同門曰朋同志曰友有善好之有患痛之貨財通而不計其憂患而相救

依類象形謂之文形聲相益謂之字著于竹帛謂之書　古者男子稱氏辨其族也女子稱姓厚其別也故制字姓從女

周禮冬官掌國之水禁幾酒譏察其沉酒謹酒戒其節飲禁川游者註掌水禁而並酒者酒之游人猶水也

方言謂楚人稱知曰黨稱慧曰譎稱跳曰蹠稱取曰挻　今亦多鄙俗語但又不與古同

南國考　路史曰江陵古南國奴姓號有南氏又云殷盤庚妃姜氏夢赤龍入懷生子于楫南字世長荊州則子姓之代奴者也呂覽云禹巡南土塗山之女作歌曰候人兮猗此南音之始周文受命化行江漢二南之篇遂爲四詩冠後雖騷賦迭更咸本風雅先聲含南奚歸哉南之爲言任也故其變也流爲任音任與南同公安稿在南國

先聖崇祀考　南史云梁元帝爲荊州刺史時起

州學宣尼廟常置儒林祭軍勸學從事帝工書畫自圖宣尼像爲之贊而書之時人謂之三絕按開元二十七年詔夫子稱先聖謚曰文宣王大中祥符元年追謚元聖像用衮冕至洪武十五年尊爲至聖先師始詔天下儒學通祀之正統中禁祀孔子于釋老宮嘉靖間從張孚敬議易像以木主

國朝因之更加隆重而典禮遂卓越千古矣

三閭大夫考　拾遺記曰屈平以忠見斥隱於沅

湘披蓁茹草混同禽獸不交世務採栢實以和桂膏用養心神被王逼逐乃赴清冷之水楚人思慕謂之水仙其神遊于天河精靈時降湘浦楚人爲之立祠漢末猶在唐封昭靈侯宋封忠潔侯元封清烈公明始復稱楚三閭大夫屈平氏之神命于五月五日祭之

李夢陽關張論　空同子曰關張死而蜀之事去矣傷哉或曰蜀存亡孔明哉曰惡何言也湯非伊

不治文非致不用何也撥亂世反之正其才殊也夫蕭張非信步者也然卒成漢者信也由是觀之將必有殊才不然萊朱周召非聖人耶而鳴條牧野之師必尹與姜行哉

張栻武侯贊　惟忠武侯識其大者仗義履仁卓然不合方臥南陽若將終身三顧而起時哉屈伸難平者事不辟者機大綱既得萬目乃隨我奉天討不震不竦惟一其心而以時動惟武侯此心萬

世不泯遺像有儼瞻者起敬

漢壽亭侯廟祀考　公在前朝無特祀

洪武二十九年方始建廟公乃火帝降生故宜顯于昭代也王世貞曰世稱公有云義勇武安王者元所封也有云西臺副陵誠魔上將者道家符籙所傳也今宗之曰漢前將軍漢壽亭侯廟曰將軍侯者何昭烈所命也繫之漢何公志也周聖楷曰萬歷四十二年詔封公爲三界伏魔大帝神威遠

鎮天尊內使捧袞冕至廟事甚顯赫以未經禮曹故不可許至天啟四年七月始奏定帝號詔海內遵行十是塑像皆易冕旒崇禎朝復加封多至百字護于瀆矣

梓潼帝君考　文獻通攷曰英顯王廟者梓潼張亞子神也仕晉戰歿人爲立廟唐元宗西狩追命左丞僖宗入蜀封濟順王宋眞宗咸平中以助平王均之亂詔改王號元祐二年加封輔元開化文

昌司祿帝君曰經云帝君姓張名亞子其先越嶲人因報母仇徙居梓潼之七曲山自秦伐蜀以後世著靈應宋建炎以來累封神文聖武孝德忠仁王北夢瑣言云梓潼張惡子古亞惡通用神乃五丁拔蛇之所也唐國史或言嶲州張生所養之蛇因而祀之人謂之張蝁子其神最靈以上諸說似屬傳疑此見化書二卷乃帝君箕語自言七十二化事幽元奇特聽廣升魚鬼神請恃盡于斯矣

附記　北斗之前有星六曰文昌天之六府也一上將二次將三貴相四司命五司中六司祿周禮槱燎司中司命元命苞云司祿賞功進士今寸子郡祀文昌或原於此洪武初詔以司中司命司祿司民壽星列爲五祀而世合文昌梓潼爲一或以元祐之封號偶符也風俗通曰汝南諸郡多祀司命刻木長尺二寸爲人像形于旅際作小屋大尊重之則此星偶祀已見於漢雖司命司祿不同而均爲文昌之次躔章劉宗伯云今之文昌像乃是孝陵御容是必有據矣劉定之文昌像贊云有以孝陵御容傳寫爲文昌帝君像者此定之稽首贊曰於皇開天自天陟降其寓于茲文昌帝像王抱之文緯地經天有赫厥用無私其權冲天烏紗朶雲龍袍就之日近望之天高臣拜稽首古亦有是宋仁宗像即眞武帝

江水東至於澧考　禹貢導江東至于澧今之江水由荊東下而澧水隔在二百里外峽州雷何思太史作公安志序曾拈以問中郎先生中郎亦未即答小修先生澧遊記內常及此謂當懷山襄陵之時雲夢一壑故江身不可復辨禹之導水必于高阜之處有山可識者乃可施疏瀹之功自夷陵以下高阜而多山者宜莫如澧自澧導之從九江以至東陵東陵今之巴陵也江偕九水入洞庭以

趙海而雲夢始出而江洪之在雲夢中者始了了可辨江始分而爲二酈道元注水經于江陵枝廻洲之下有南北江之名即江水由澧入洞庭道也方城及[illegible]襄城周襄王居之亦楚地所謂楚王城畔汝水東流者也前爲首山此山接紫雲山中一竇如永巷古置關楚之險正在此近方城山故曰楚國方城以爲城又云楚爭强中國多築列城于北方以逼蕭宴故號爲萬城唐勤曰我是楚也世

霸南土以越以至葉垂宏境萬里故號萬城因二字之相似故楊修疑方城即爲萬城非也萬城在今當陽盛宏之云葉東界有故城聯絡數百里號爲方城一曰長城其無基築處則連山相接而漢水亘其間是時列國各築長城故楚亦有之方城在葉此其一徵左傳襄公十六年楚及晉戰于湛坂楚師敗績遂侵方城之外湛水正近昆陽方城在葉此又一徵也漢書郡國志葉有長山曰方城杜預曰方城山在縣南屈完曰楚國方城以爲城

漢壽考漢時封侯帶一亭字如渚津亭侯士孫萌陽遷亭侯呂凱可見按名勝志云古荊州刺史治有漢壽亭即曹操表封關羽爲漢壽亭侯者楊用修曰漢壽郡在蜀之嚴道厥後先主帝蜀而侯鎮荊固有兆於此與殉漢爲代名下綴以壽延祚四十餘年非偶然也世俗但稱壽亭侯誤關夫子

啟聖公諱毅字道遠

聖祖諱審字問之別號石磐奉祀者修建後殿奉安

神主焉

逸公靈異

明嘉靖四十二年巴東有差役譚璧支出銀七十兩查盤使者按邑關領雜之積案中驗尋之不獲合議璧罪槩之獄璧矟禱於逸公祠極其誠懇使者夜夢公來謁袍服偉然獨背間有損污處一罪人

長鬚抱案牘隨公後踰堂下公直曰我冠巴東者是領謂壁宛且言領狀可必得使者覺遂召壁匕抱案牘踰堂下宛然夢中長鬚人也壁具稱宛使者心然之令于積牘中搜原領忽出遂釋之使者乃祭謁公祠體貌亦宛然夢中而背間果爲屋漏所點尤甚異之因出貲命修飾之而去

魯哀公十六年四月己丑爲
先聖忌日即今夏時之二月十八日也論法孔子者當知之

明初俞公雍之挪修三穴橋其計慮何深遠也由今觀之非止大道通行實因以鎖虎渡分江之水使不得逞其滮潰耳故先朝橋外止通輕舸米穀俱起脚在沙市橋斷礎存
國初數十年自彌陀寺出江冬時舊用小船撥淺今礎石烏有以致江日崩潤江流取捷徑下洞庭我腹裏一帶河岸俱已崩圮公安百年後之大憂也

康熙十七年戊子解州常平村士子于昌者濬井得磚上載
關夫子祖考諱 字生卒大畧循山而求得墓道爲告之州守朱旦朱作
夫子祖墓碑記諱字相符但
夫子生于桓帝延熹三年庚子六月廿四日娶胡氏於靈帝光和元年戊午五月十三日生子平世俗俱以五月十三日爲

夫子壽相沿已久未便遽更亦不可不記以俟考正事載宋牧仲先生筠廊二筆錢塘馮山公記中

補遺

閏月定而四時成歲此補遺之說也一邑之中關人成世有關于懲勸或聞之昔而舊所不載或見之今而事雖畸零乃確有可據不容泯滅者書之亦所以攷也况天地間不乏奇異姬經山海廣不逢不若之意魯史朱鵲想祥桑枯死之難夫不有大制作取象于鳥獸草木人情感起于昆虫者乎

附錄雷思霈荆州方輿書内公安節畧

江陵東南七十里而近爲公安城西二十里爲孫夫人所築孱陵城北二十五里爲呂蒙城西北二里許爲劉倫倫營領荆州牧屯營于此即今油河口也縣濱江而城垣以長堤城始循去江七里許今岸盡崩江水决堤齧城下城中皆堤矣江水支流由虎渡口經縣之三穴橋以入洞庭又油水從西北來注于江匕水衍溢入于油河三十里至三穴橋又會虎渡水以入洞庭近油河遂塞不與江水合又縣東一里又有石浦河淺不堪運正統初知縣俞雍築壩淅水以便民漕而流達於洋港五十里許近不復達城流矣則皆以江水嚙城堤爲之障也公安卑下若澤中焦其乾地而立者曰黍嶽山而已縣之東四十里有重白湖迴數里有蒲家湖西南七十里有覃湖西北十里有貴紀湖縣北有蔡公竹衆立祠祀范公是也其爲市者十鎮一街凡七渡凡七十其編戶凡三十五里而賦員稍狹於江陵矣

舊志序附錄　　　　孫錫蕃 邑訓

邑之有志猶國之有史也春秋終於獲麟盲左終於
三家宋徽國文公以綱目繼經司馬温公以通鑑繼
傳原夫作者之心自有深意然閉戶著述門窗置筦
不過十年工賦耳而上下千百年是非得失洞若觀
火豈必目擊而躬當其際乎蓋㠯年統月以月統日
其事其文必詳乎左右之史與言動之書抑衆以尙
論之識而比事屬辭焉然後可以觀國運之興衰隆

替與民風之奢儉貞淫悉取而著之於書庶使善者
足㠯爲勸而惡者足㠯爲懲所謂古今一大賬薄也
儻不得夫史氏世紀之所傳而以意匠經營縣空爲
三十一代之論雖董倚無所施其直班馬無所施其
巧京都無所施其麗也況夫志之爲言識也山川人
物土田賦役識其地識其名識其事識其實也且志
之爲言制也帝王方制天下畫野分州禮樂象數因
革損益如尺度然廣狹畢黍之不爽也然則志一史
矣故年代遼遠時異勢殊地閱九而或千百變焉脩
志正所以脩史也雖然金根姍笑亥豕貽譏蛺蝶之譏
也疾霆之鏤也非考之前言往行稽諸稗官野乘其
不穿鑿附會而成典册也明矣蕃生也晚猶記壬午
冬督學高棠嬀家師較脩楚志襄事二十人蕃亦以
髫齡叨濂溪書院首拔士與焉是時楚亂將萌集成
五千貝葉而未登諸梨固居然三楚洋洋大觀也癸
未一炬而幾篇斷簡罕有存者公安邑乘自明萬歷

甲辰重脩於袁中郎先生聞其編年紀事一倣大史
公體式通才如中郎輯舊志而釐新之尙自甲徂丙
三易寒暑而告竣可知其周詳而克單行於世矣惜
乎萑苻肆焰夜光銷沉今屬涒灘之歲豈可得哉蕃
㠯戊戌春司訓茲邑殺土塗泥上溯禹貢高陵界谷
近迹
國朝竊嘗欲綱羅二千年流風遺事於天門無字碑中
以思六經註我有志也而未之逮已亥冬仲適主長

源督學湖北達道鄭檄飭以縣志委理謹訪諸故老搜及殘碣斷爲攜囊隨問隨記諸如風節所存或得自高仲達之伏笥家乘所傳或取諸袁錦涼之孔壁間採歷代史志書傳雜以天官河渠等學粗具梗概彙成茲帙若文獻錄者十不及一僅以覘輿考所載自左公張景而外寥寥不見經傳者差足以窺三十輻共一轂矣至若以公安之志始之而以全楚之志終之庶幾令當代君子覽茲邑之士職人稱四民皆苦而思申書慎固保抱攜持之政爲感茲邑之金穀財貨軍需獨煩而思裒量盈縮開源節流之道爲審茲邑之藩屏荆襄阨塞要害而思扼握控御襟江帶湖之勢爲覘茲邑之人文秀傑科甲蔚興而思抑塞磊落左龍右鳳之才焉一本討果畫方之法而山水之縱橫長短人事之盛變起伏開卷而瞭若指掌見諸行事它邑例而推之然則脩公安志者脩全楚志之漸也亦猶夫一國之史踵事增華爲千百代之金鏡也與

舊序附錄　何國棟 知縣

丁未秋需次銓授得公安私喜曰此大文獻區也得聞所未聞焉之官以來見其邑里荒殘人民俚敝大非昔觀爰訪邑乘則袁中郎先生舊志亂後放失其續纂未卒業者出前學博孫君卒跡蕪寥落不副所聞頗欲延諸宏博君子勒成一書以卹來許心識之而未遑也今年秋奉

上檄取各郡邑志將上之太史以備收黎之觀志

皇朝一統之盛則集諸紳士耆老咸推廓庵毛先生昔修楚志實諳楚故先生始力辭衆不可乃唯唯從事不閱月而成書其別三十有一其卷六亍既繕閱至再捐貲付梓則昌言於纘紳先生曰凡邑之有志將以紀一方之故實雖藏在有司猶私之也今則上之太史氏是猶懸諸國門也編之一統志是將達之乙夜也

國家膺受天命德敷四海六師張皇文治炳蔚奇勝務

耳之侶炎山覆冰之鄉罔不奉琛來朝稽首請吏今斯考職方之廣繪王會之圖勒成大典以詔無極荆爲南服雄藩都邑瑋麗人物殷盛而公安則南北襟要樞紐四方其據廣輿而勤清問必也首是矣昔子虛夏夢之賦麗而近於夸洞庭飲馬之對遜而近於葸葸與夸皆非所以答農車來書輶軒采俗之義故玆編也事據實而不濫文典核而不靡庶幾可以上裨

國史下達民瘼非猶夫圖稱耆老之傳盛宏荆土之記但供研北流覽麈尾逸談而已由是攷其土宇版章則惻然封疆之思閱其風俗人物則殷然教化之隆博稽古今斟酌文質核名實權常變旁搜危言遐覽軼事於以薈萃纂組仰贊光華子囊之油素無煩劉幾之汗青易竟則一邑之私乘直石渠之祕所觀之藏也豈云天祿外史酉陽雜俎已哉夫是前光克闡後奕有開則荒殘者可起俚俗者

可文也斯實當今文治之風被於遐邇故予有司得藉手以塞一時之求而爲玆邑無窮之光也僉曰允矣下邑不以荒蕪寥落終而粲然文獻之舊復恩汪濊永世有辭矣於是各歡喜踴躍而因以予言弁之篇首是爲序

舊序附錄　　毛壽登

曩昔見先輩巨公長者多矣平生所歷頗有日記雖數十年之久一言動之微固可披籍而稽也蓋業荒於嬉而進於勤故有記寘諸於屏風之後驗風日於覆舟之餘者幸是物也治天下亦然摭方州之籍聚中秘之書可謂富矣日曆有記注之官太史受職方之副復爲之遒徇貢詩輶軒采風農車購遺黃車徵異其好學深思者又賚油素問計吏擬方言勤勤懇懇蓋慮前者之無傳而後者之莫考也由前言之一人之身之事且然況其大者乎由後言之天下之大且然況其小者乎夫一邑者小於天下而大於一人之身之事其不可以無所記使前無傳而後無考也的然矣公安自左公建邑以來紀載寥寥蓋宋以前無傳人焉明以前無傳政焉非無人與政也莫之傳故也予也嘗有志著述之業中更世難素好零落歸卧林丘傺侘一老農耳　邑侯何公涖茲邑明足以

造謀才足以立事忠足以勤上惠足以存下殆有如昌黎所稱者而又留意邑故適有徵志之檄訪舊乘不可得乃集紳士謀所以應上求而爲邑傳不朽者吾友也家富左史之秘人擅龍門之才顧強起老農旅周末行使供研摩編纂之後相聚數日凡例森如建章宮殿畫地成圖矣乃各以事散去獨老農者寄迹城隈鑿坏無所又念邑中舊事及今尚可知過此則益無從問而邑大夫嘉惠吾邑所以爲不朽計意甚殷玆皆不可負遂訪諸耆老之傳聞與平生所覩記不閱月叙次成篇以復於何公予因是而不能無慨然也公邑中郎舊志海內稱爲絕奇顧以譾薄繼其後續貂形玉顧已知其矣然以中郎之才當久盛之時官存舊典家有藏書猶需之三年乃克告竣今茲阪急於旬月之內攟拾於焚劫之餘問諸官府或有如蒙穀所獻鐸椒所述者乎而掌故無有也問諸私家或有如圖稱所傳汜勝所記者乎而巾箱無有

也萬卷之樓飛灰十乘之載掃地憶鮮三篋借愜一瑪文史遂簿書之重纍者謝譾誕之遊徒幸幸於物態騙嗎於時花是以臨筆聽頤吐口期吃明哉時哉聖人所不能爲也此予所爲嘅也然而事本覈實指則多有若機捷譏舉識洞微言則可以稽古今考治亂察緩急審輕重析利害甄臧否明勸戒正好惡衡升降推正變猶明鏡鑒形形形赴照而不設一形羣尼攝色色色映光而非住一色今弗曰使前者得以

傳焉耶雖蒐關邑勤業好學之流於以佐徵政術藻鑒人倫亦豈遽出日記方言下哉

明　周韶百歲至今有碑記　袁敬松九十八歲

周正晁九十七歲　胡美之九十七歲

國朝　局天庚九十七歲子孫俱昌

名墓附義塚

段洪古墓在黃山　毛皇親墓在申家波塋毛釗

王襄簡公墓在斗湖堤東諭賜祭塋　鄒莊簡公墓在張市鋪諭賜祭塋

伍忠襄公先塋在白湖里中台寺

三袁先塋一在長安義堂寺東一在特郎謝家湖南

何方伯墓在廖解里鄒家湖　袁玉蟠墓在長安荷葉山右

袁中郎墓在白湖地名白鶴山　龔方伯先墓在谷昇里婁田河西

龔銓部先塋在婁田河西地名竹山

毛御史先塋在刀環里土名黑龍潭　蕭巡撫先墓在特郎里土名定字溪

馬氏先墓在谷昇里土名馮腦山塋馬艮

局氏先墓一在平樂里土名局家墻一在谷昇里上名文家洲

李氏先墓一在廖解里土名纘九山一在東壁橋塋李大本

義塚

唐時公安有主簿封希𩔰見張說謝官表

元阿里海牙奏減田稅故公安有楚國公祠

廉希憲行省荊南公安饑公發沙市不入官籍米賑之公安祀之學宮

明時主修學宮公安學內舊有祠祀

兵巡道周應中浙江會稽進士　分守道梁雲龍廣東瓊山進士

國朝主修學宮

荊州府知府魏勷北直栢鄉麿生日後有復修周梁二公祠祀者魏公當同與享之

國朝鄉宦外籍

牟瑋宗邑廖觧里人仕九龍知縣十餘年先是流賊大乱有友龔相約避地湖南牟以郢姓曾托藏白金大錠木匣恐後彼此不知存亡爲難龔義之郎令家人相伴覓得郢還其金方同去至今稱爲梓潼縣士即孫子爲巨室

袁貽訓邑長安里人流寓京都由例監知慈利縣事初到任歲荒斗米白金半兩里民求赦軍供者盡放歸代民捐出七百餘金慈愛得民去之日合邑爲立去思碑羅拜泣下如雨

蔣其昌流寓浙江蕭山縣仕晉州訓導　李洞流寓陜西山投誠得授部劄守備

百歲老人尚齒引年壽者先王之所重也

在北關外半里地大道之東土名王家橋　承芝捐置

李孺人墳縣丞陸福清縣李公元配李氏並祔女櫬寄瘞北關外王家橋王士貞地內

官清水在茅穗里江陵公安求開通疏放江陵九湖之水　承之勘明有碍公安驛路城池田禾詳上永禁現在立碑

附錄官溝卷案節畧

康熙六十年有江陵胡之謨等妄請開放公安民以光棍請開圖無糧之利等事公呈詳明　道憲殿批灌河坪據公安之上游如一開放則水勢建瓴兩下害有不可言者胡之謨等不遵成例妄請開放殊屬多事仰侯檄飭江陵縣嚴行禁止毋任以隣爲壑可也此繳

附載祠廟常住田

祠廟如逆旅廟祝爲過客故凡香火田地俱名常住義取久而不變也公安寺觀間有常住田地各有流傳不能盡載外新置數處識其大槩於後

城隍祠有水旱田地叁處

一在舊縣椒園陸地十畝

一在西村東嶽觀地方廟基一處水陸田地共計五十三畝

一水田在長安黃田湖地方水陸共計二十五畝　康熙四十七年前任陸　捐俸買充

文昌祠田

有田貳石坐南門外大路東康熙[illegible]年邑庠袁惇忠施

武侯祠基田

一康熙五十八年承乏捐銀肆兩買到劉遠貞等基地壹畝貳分相連祠東四抵俱載文約存

一康熙五十九年冬承乏捐銀叁兩買龍禹三兄弟陸地壹畝相連祠西四抵俱載文約存

一康熙五十九年承乏捐銀貳兩買王會珍等田肆分并垛身壕田壹分文約存

一康熙六十年春承乏捐銀陸兩買王文煥陸地貳畝麥糧貳升四抵俱載文約存

范公祠

祠基原在斗湖堤西宋時枯竹生笋處也歷南渡以來屢有修復變遷明末流賊一炬廟基荒廢近大江崩岸承乏捐俸改建於新城北門外

右玉爭控不已斷
入祠內永奉香燈

培風書院

康熙五十九年捐買北門內毛瑞生瓦房基地一
則改修書院顏之曰培風以處義學師弟子價值
抵界竹樹俱載文約

二聖行宮

其先爲邑尉吳正賓自買署宅於任時衙民斂價
半施議作二聖行宮原有草房十餘間養僧割芸

螻蝕盡房舍而於今正基存

附錄義僕義犬孝竹孝木

邑板橋里人文子銳爲土賊所仇必索而殺之繫
其僕名從學者極刑拷訊終不告主所在賊怒縛
之樹碎磔其肉而死子銳得以逃避至今子孫尸
而祝之

邑中康熙十八年春滇賊敗走城內虛無人獨南
門楊姓者不於夜爲人所殺屍橫室地家所畜犬
守之時城中餓犬纍纍成羣楊犬見則嚙之不令
入門迄三日後方得收殮而犬以傷力不食死邑
庠王堯天爲之傳語多不載

邑中有竹如箭叢生四季出筍冬春筍在外以蔽
母寒夏秋筍在內母得取凉自來竹譜名爲孝竹
人家多栽植之

邑山木多檀而檀有兩種名望水檀者每年於發
則萌蘖盛長土人以此占水候如其年水不盛發

則此木亦槁而不萎水者木之母草木無知不忘
所生

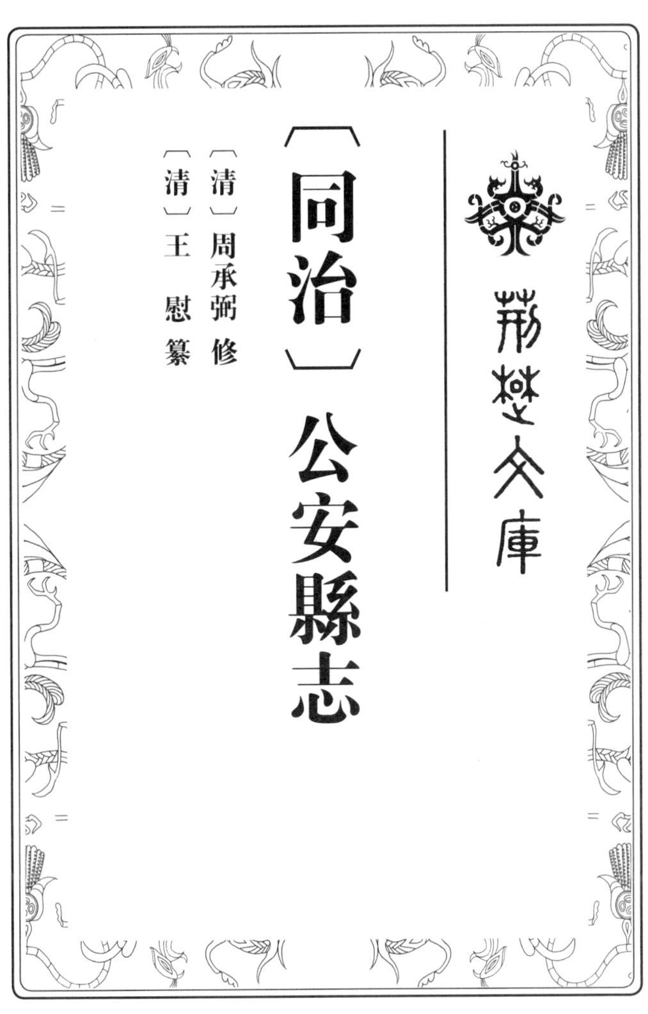

荆楚文庫

〔同治〕公安縣志

〔清〕周承弼 修
〔清〕王　慰 纂

《荆楚文庫·方志編》編纂組

組　　長：陽海清（執行）

副 組 長：劉傑民（執行）　王　濤　謝春枝　范志毅（執行）

參編人員（以姓氏筆畫爲序）：

王　濤　李云超　宋澤宇　范志毅　柳　巍　馬盛南　陳建勛

梅　琳　張　晨　張雅俐　陽海清　彭余焕　彭筱濈　劉傑民

謝春枝　嚴繼東

編　　審：周　榮

顧　　問：沈乃文　李國慶　吴　格

前言

《（同治）公安縣志》八卷首一卷，清同治十三年（一八七四）刻，清周承弼修，王慰纂。周承弼，字壽農，清江蘇江都縣人，官公安知縣。王慰，字星綺，清湖北安陸人，道光四年（一八二四）舉人，官至内閣中書，時任公安縣教諭。

明永樂間，知縣鮑綸創修公安縣志，其後明代三修。清順治、康熙間亦屢有修志之事，惜俱未卒業。至清康熙六十年（一七二一）由龔三捷修成志書，其後百五十餘年未有再修。同治三年（一八六四），知縣袁鳴珂集資修葺志書，然書未成即解任而去。同治十一年（一八七二）周承弼莅任，次年，『江漲大至，城圮於水，全境爲災』，承弼與士紳集議，力主遷城，於是『申之台司，借帑巨萬，寓振於工』，僅用四個月的時間完成了新縣城的遷建。遷城之役完成後，承弼『復以餘力蒐輯志乘』，集邑士考獻徵文，翻譯舊志，并博考省郡志，節繁補遺而訂承訛襲謬者，於同治十三年修成志書。

是志匯而爲綱者八：地輿志、營建志、民政志、職官志、人物志、藝文志及雜記。析分七十二門，每門立大序以晰其本義，每類立小序以揭其指歸，綱舉目張，秩序井然。因志事成於縣城遷建後，城垣、衙署、各官地悉以新治爲主，舊縣廢址經履勘丈量而備書之。方隅、古迹增舊志未收而見於通志者，新得於采訪者必確鑿可據方以次編入。增舊志不詳之文教相關各目。貞烈有采訪之確實者登之，補舊縣志與省郡志所遺。藝文去舊志無關邑事者，所收以朝代爲先後編次。公安縣瀕臨大江，地勢低窪，時有水患，故以堤爲命，堤防之事爲首務。邑有江堤，有支河堤，有子垸堤，而江、支二堤又有軍民之别。是志民政志『堤防』目將各堤段注明工名以防移易，注明丈尺以防羸縮，注明軍民以防混淆。工名若有今昔不同、任意增損變更者，爲防以軍作民之弊，注明以待清查。

據《中國地方志聯合目録》，北京、上海、天津、遼寧、甘肅、南京、浙江、臺灣、湖北、湖南、雲南等地有藏。該志另有民國二十六年（一九三七）鉛印本，藏於北京、上海、南京、湖南等地。本次據湖北省圖書館藏本影印。

（彭筱溦）

目録

同治十三年重修

公安縣志

板藏南平書院

公安縣志序

公安為岷江南入洞庭故道無崇山峻嶺之阻沮洳卑溼衆流所趨水漲輒成巨浸縣治倚隄為固道光辛卯以後城被齧者屢矣官斯土者率以脩防濬災為務而圖籍之散失紀載之闕略百餘年來無暇過而問者周君壽農攝政之明年江漲大至城圮於水全

境為災君謀於都人士力主遷城之議申之臺司借帑鉅萬寓振於工經營凡四月而畢復以餘力蒐輯志乘將付剞劂問序於余且云是役也與遷城一舉相為經緯余嘉君之言為嘗考作志之義也鄭漁仲曰古者記事之史謂之志昔商有河患仲丁遷囂河亶甲居相祖乙圮耿史皆有述

其存者獨盤庚三篇雖尚質之朝紀載武略亦安知非流離播遷圖籍散失後人無所據以為政興廢則君所云云不識為篤論哉夫遷城大役也春秋之法有役必書遷城之役乃政所自

生亂疆里之沿革田賦之等差人物之興替公私冊籍惟專城者司之令出政之地既空後綜其政之輕重緩急勤為成書俾後之覽者得所藉手用心抑何厚耶君以朞月之任創百年未成之舉大災大役措注裕如固足為其重之繼其治者籲懷益新邑按其圖籍權夫政之輕重緩

急偏者補之墜者舉之甚者改絃而更張之不下堂階從容就理行見畫里溝田賦充人物勃興灾祲不作即謂後日之公安公實貽之以安也是可書已

同治十三年歲在甲戌莫春之月
賜進士出身翰林院庶吉士前
刑部江蘇司郎中知荆州府
事望江倪文蔚豹岑甫謨并書

敘

事有似因而實創者爲治於荒廢之後纂書於散亡之餘是也公安地沃饒而濱江豐歲則富樂甲一郡遇水潦城邑隳壞圖籍因之湮沉致爲治者時有更張之勞而紀事者更有無徵之嘆然既已身任其責即不得不盡心乃職思有以彰前軌而示來茲同治壬申余涖茲土甫下車目覩境内流離困苦狀蓋水之爲害已四十餘年至是而尤劇焉思

邑自左公肇建以来代有名人令之所見迥不逮箸之所聞問諸故府舊志修於康熙辛丑版本俱失惟同治三年攝令袁君有重修之舉又甫及半而止惜其無成爰於遷城之際集邑士踵而

輯之釐為八卷分為七十二門大綱舉細目張並繪新圖付梓夫變古所以適今而居今不廢鏡古余之治公安適當回創之交其所行之果能濟旨而無後不敢知也袁君之志公安亦在回

創之間其所行足以信今而傳後固已見其梗槩矣余之吏術學識誠不敢望袁君而惓惓災黎起羸蘇困之意則先後同符閱者可冥契於簡牘間若曰此不過土苴糟粕聊以備一邑之掌故

則余與袁君之志事隱矣其修書刊版之費同治初紳捐所存無幾災後不欲重煩民力特為請於

太守倪公捐助并自分俸以濟之乃得蕆事蓋與遷城一舉相為經緯云

旨在

同治十三年歲次甲戌五月既望

誥授奉直大夫同知銜權知公安縣事江

都周承弼壽農甫譔并書

同治壬申余宰漢川適川志告成余覽而慚甚因憶甲子夏權公安慨邑志之不修者百五十年搜採之難倍於他邑爰進都人士集貲修葺閱二載書未竣旋解任去後迄無踵而成之者已歷七稔於茲矣前年冬周君壽農往攝邑篆余適病卧未及晤送而心識周君之爲人清勤廉敏勇於任事是書之成當屬於君益未嘗須臾忘懷也今果偕諸君子輯而梓之復不没余之微勞索叙於余余感君之謙不敢以不敏辭獨念公安地勢低窪環江湖之巨流沿川峽之宗脉累年暴漲建瓴而下堤屢築屢潰城旋修旋圮居人多鴻嗸之苦邑乘鮮鳩集之日不有以改絃更張之則載胥及溺其何能淑閒君近遷城於唐

家岡邑高阜廢也甫半載官署建廟社立民居定憂者以喜困者以蘇而志書適成蓋有非常之功必待非常之人而創始之與圖終則不可同日而語余治公也久深知災患頻仍民貧地瘠每有興作絀於經費智者束手嘆無能為君於期年之間政通人和百廢具舉成前人未竟之功貽後世無窮之福其識

力為何如哉夫還城之役實余力之未逮志書之成固余私心企望者也是不獨公邑士民之幸即袁杇如余能不感興起舞乎微周君余將長抱慚於漢川之志已

同治拾叁年歲次甲戌季春前知公安縣事山陰袁鳴珂撰於鄂渚寓次

原序

雷思霈

今大地皆志也而世所傳者隨州武功雍紀青齊隨州編年近迂武功敍事近簡雍青河山百二十二足以作其氣而壯其爲文旁引雜出不能成一家言由是觀之大地不必皆志也楚志昉自禹貢山海經惟言山川田土貢賦物產以至詭異神奸今人所畧古人所詳檮杌楚書始綜人理離騷九辨始侈聲歌而漢魏以來輿地圖經往往不乏厥後袁崧有宜都郡記盛宏之有荆州記庾仲雍有江記宗懍有荆楚歲

時記羅含有湘中記習鑿齒有襄陽耆舊傳郭仲產有襄陽記鮑堅有南雍記鄒閎甫有楚國先賢傳余知古有渚宮遺事范致明有岳陽風土記諸君子以該博閎廓之學發沈鬱藻贍之思高山仰止景行行止履其地者恍若曾遊想其人者欣如可作未嘗不惆悵終日也寥寥千古誰傳盛事而余友中郎始有公安志適錢令君屬之中郎文章言語俱妙天下是志也抉奇搜奥辨物核情絶無老博士一酸語于以爲獨類習襄陽于一至公安坐中郎及弟小修柳浪

瀟碧館中玉篠緑楊長塘曲港晨鳧夕鷺睥甲鵬鱗觴詠晤言頗有習池氣味而四海彌天風期俊邁政足相當襄陽首敍人物中及山川公安僅僅江湖數片白黄山一點青而已無隆中峴首鹿門楚望洞壑林泉之勝以角其胷中之磊塊無司馬諸葛崔徐羊杜皮孟之流以寫其神韻表其文采而垂後世雖然陵谷遷變世界密移方言而劵皆具妙語稗官小説皆成至文而况以一代才作一邑志井廬不改文獻足徵何必卑視時賢仰資異代也傳聞中郎爲子瞻

後身嗟乎子瞻不敢作三國史而中郎能爲一國志豈隔世精靈乃更增益耶隨州武功始置之矣今公安所患若嚙城而嚙隄者莫如江水請以水道間中郎中郎起家尚書禹貢導江東至于灃過九江至于東陵今江不入澧而入荆江自夔門而下荆門勢浩瀚不可遏江之入澧也禹導之也江之入荆也不知何時江自導之也書曰雲土夢作乂周官職方其澤藪曰雲夢曰土與藪其義自見昔以長江入九江故殺而漫今以九江入長江故扼而溢勢使然也業已不能復故道獨不可解晉儒疑經之大惑耶又請以水利問令君令君生長澤國習水形情公安據油口上下數百里間凡十數口用洩江怒使四出耳今數百里皆隄矣水土激而盪風雨乘之上盪而下漏而決裂之勢成矣今口定不可鑿堤定不可去不日善防者水滛之乎是或一道也油水出武陵白石山與澧水會而孱陵城背油向澤其油水流公安西又北乃入江是古城皆去江遠甚今則江昏而與之爭安能當陽侯之波獨不可稍徙而築之高阜乎令君公

忠廉平嫻於文辭通於經術而以身捍堤堤不爲動以涖開渠渠不爲厲是必能辨此矣中郎絶愼許可國朝賢牧列傳不數人而津津乎賢

原序　　毛壽登

曩嘗見先輩巨公長者多矣平生所歷類有日記雖數十年之久一言動之微可披籍而稽也蓋業荒於嬉而進於勤故有記賓語於屏風之後驗風日於覆舟之餘者率是物也治天下亦然擁方州之籍聚中祕之書可謂富矣日歷有記注之官太史受職方之

副復爲之巡狩貢詩輶軒釆風農車購遺黃車徵異其好學深思者又賫油素問計吏撰方言勤勤懇懇盖慮前者之無傳而後者之莫考也由前言之一人之身之事且然況其大者乎由後言之天下之大且然況其小者乎夫一邑者小於天下而大於一人之身之事其不可以無所記使前無傳而後無考也的然矣公安自左公建邑以來紀載寥寥蓋宋以前無傳人焉明以前無傳政焉非無人與政也莫之傳故也予也嘗有志著述之業中更世難素好零落歸卧

林邱倥倥一老農耳邑侯何公涖茲邑明足以造謀才足以立事忠足以勤上惠足以存下殆有如昌黎所稱者而又留意邑故適有徵志之檄訪舊乘不可得乃集紳士謀所以應上求而爲邑傳不朽者吾友也家富左史之秘人擅龍門之才顧强起老農旅側末行使供研摩編纂之役相聚數日凡例森如建章宮殿畵地成圖矣乃各以事散去獨老農者寄迹城闉蟄坏無所又念邑中舊事及今尚可知過此則益無從問而邑大夫嘉惠吾邑所以爲不朽計意甚殷

茲皆不可負遂訪諸耆老之傳聞與平生所覩記不閱月敘次成篇以復於何公予因是而不能無慨然也公邑中郎舊志海內稱爲絶奇顧以鄙薄繼其後續貂形玉顧巳知愧矣然以中郎之才當久盛之時官尨舊典家有藏書猶需之三年乃克告竣也今茲取給於旬月之內攟拾於焚𠠇之餘問諸官府或有如蒙穀所獻鐸椒所述者乎而掌故無有也問諸私家或有如圖稱所傳氾勝所記者乎而巾箱無有也萬卷之樓飛灰十乘之載掃地憶鮮三篋借慳一鴟

文史遜簿書之重繁耆謝諺誕之遊徒牽率於物態囁嚅於時化是以臨筆𥈭顧吐口期吃時哉時哉聖人所不能爲也此予所爲慨也然而事本蹠實指則多有若機撓讜舉識洞微言則可以稽古今考治亂察緩急審輕重析利害甄臧否明勸戒正好惡衡升降推正變猶明鏡鑒形形赴照而不設一形牟尼攝色色映光而非任一色今第曰使前者得以傳焉耳雖蕞爾邑勤業好學之流於權衡政術藻鑒人倫亦豈遽出日記方言下哉

原序　楊之騏

余髫年讀書家塾極愛扶風地里志一篇長而遊歷四方所過通都大邑覽其山水緬彼人風往往質言以歌詠之而匪世南淹博未免窜爲闕畧因思傳稱登高能賦遇物知名必以耳目見聞叅之古今卷帙夫而後可以深信不疑無媿卿大夫才也歲丙申春余謁銓得公安令偶憶杜子美路危行木杪之句又范石湖孫黄渡詩云棘刺近人牢閉眼泥塗兀馬緊扶鞍心竊訝爲匪山城亦郎澤國大約鮮可人意者

及下車來土地衰延風俗醕厚秀者事詩書樸者勤稼穡彬彬乎文獻區焉則斯邑也其涵濡雅化已非朝夕之故余幸承乏是邦苟不更進而噢咻之其何以仰副我

皇上子惠元元至意乃撫治五年四野桑麻空郁雞犬民氣自覺和樂禮讓於以繁興余於是進紳士而謂之曰一邑者天下之分天下者一邑之積今

聖天子擴從來未擴之疆圉

命廷臣纂修　皇輿圖考遠而殊方絕域罔不並録兼收下自不遺夫一州一邑公邑舊志余嘗取而披閱之其出袁中郎先生手筆者原序云屬兵燹茲已不可復覩其爲前學博孫公續纂者亦未經卒業即前任何公省石所編輯今亦三卷僅存他若節孝若隱逸與夫藝文諸篇悉皆殘缺放失邑志之修在今日難須臾緩矣爾多士其謂之何諸紳士唯諾以聞揚美盛昭示來茲在斯一役咸欣然色喜而退余於是發凡起例博采旁徵殫日夕之力以究之大旨自山川土田外祇期約而該嚴而不濫夫昔者張魏公作

事不滿人意紫陽綱目無貶詞讀者倘不無疑議一統志永平府名宦載有唐張仲素考盧龍節度前後三人皆張姓曰仲武曰允伸曰公素志乃合二名而曰仲素徒貽識者姍笑即是以推可見著作家遺言徵事甚兢兢難之非可苟焉已也余於是編每一搦管懼貽後來疑議姍笑必不肯稍有附會畧爲矯誣舊文之可尋繹者更爲斟酌繁者汰之畧者詳之間有增入取之多而核之審校魯魚分甲乙自去秋迄今凡十閱月而告竣襄其事者邑孝廉龔子三提之

力居多云今者登諸梨棗付之剞劂氏顯微闡幽雖不敢云罔有遺漏而要欲以傳信而不以傳疑則是書之作與余髫年所嗜長而詠歌區區之心不相刺謬矣異日

輶軒所至倘有足供採擇用以黼黻隆平公邑之幸也夫抑亦宰斯邑者之幸也夫是爲序

重修公安縣志採訪啟

陳澤霈

昔子瞻不敢作三國史司馬能自成一家言非唯紹述獨隆抑亦網羅綦富公安志刱始於袁石公續修於楊令尹異曲同工並難具美洵足稱

昭代同文之雅化爲名區紀盛之宏編第月積歲增星移斗轉遠青之大觀如故淨緑之幽賞若何一韉殘照過將軍走馬之臺萬丈文光訪武子囊螢之所登吾座者此生以後孰如莊簡任所之穷爲佛邇來詎乏容卿唯是抱殘守缺不及江梅泂柳之尙新茲非補輯重修終與山館水亭而並廢恭逢

太史陳詩心先得我幸有華英數典項喜說人精銳走雷霆摛天才奚難度地光芒冲霄漢書日筆盡許揚風然有美必收而無徵不信卅二里靈鍾秀萃毓幾許節義功名百餘年雲散烟銷願大家諏謀詢度或慷慨若侯麗或潔淸若龔李或績學累功若福井三湖之邁衆或剛腸傲骨若芝田七澤之超羣或誠孝感神若李生之克冋火燄或艱貞撫叔若毛氏之不解霜心顯微闡幽植綱常者率以録拔沙琢璞起頑

懦者無不颸勿以窮鄉僻壤憚於搜尋莫因祚薄門衰聽其磨滅他如稱神父頌慈君過客寓公算茲風景遊仙醉叟洩彼天機凡屬政教攸關均宜參稽罔漏某等難僅知五長未具三志局宏開潤色尙期東里華林共纂和衷試告南平疑傳疑而信傳信异徒闕靡誇多善其善而賢其賢且各鈎深索隱昭千秋之金鑒成一代之玉杯庶幾探自輶軒見習俗敢麗之上理亟諸史策郎承明著作之先聲豈不懿歟尙其敬爾

纂輯姓氏

鑒定

二品頂戴分巡荆宜施兵備道　鳳臺孫家穀

荆州府知府前翰林院庶吉士　望江倪文蔚

主修

同知銜署公安縣知縣　江都周承弼

同知銜前署公安縣知縣　山陰袁鳴珂

總纂

內閣中書現任公安縣教諭　安陸王慰

協纂

前任公安縣訓導現任鄖西縣教諭　黄安李廷簧

現署公安縣學訓導　漢陽李國賓

纂輯

揀選知縣甲辰恩科舉人　李洪巳

候選訓導歲貢　易秉璋

廩貢　鄒崇泗

參訂

候選訓導廩生　杜宜詩

揀選知縣辛亥 恩科舉人 譚光斗

拔 貢 李澤濤

候 選 訓 導 戴 高

揀選知縣壬戌 恩科舉人 鄒毓楨

候 選 訓 導 歲 貢 沈賜鈞

生 員 陳澤霈

生 員 牟治瀛

校刊

生 員 談遇甲

生 員 王 鋆

生 員 鄒開甲

生 員 田家炳

經理

州 同 附 貢 鄒詡中

生 員 王 樸

生 員 杜宜槐

候 選 訓 導 朱兆烜

生 員 謝夢巖

附 貢 陳濼清

督刊

公安縣屬陵司巡檢 陳若杜

公 安 縣 典 史 介休王桂棻

採訪

廩 生 邱昌淮 歲 貢 范廷瑄

恩 貢 鄧楚金 恩 貢 程紹伊

歲 貢 劉鼎新 廩 生 易秉琳

廩 生 田荊山 候選訓導司馬兆旭

增 貢 鄒崇衡 增 生 羅逢辰

生 員 袁立敬 生 員 王啟敏

生 員 雷子壯 生 員 龍逢源

生 員 章德霖 增 生 高東萊

附 貢 饒藝圃 生 員 袁勤餘

生 員 雷洪丙 生 員 黃培芝

生 員 龍納言 生 員 楊椿榮

生 員 宋炳烇 生 員 朱英華

生 員 魏墀烜 生 員 喻洪甲

生員　陳瑞庭　生員　侯傳珪
生員　竺子沅　生員　汪楨遠
生員　陳宗義　生員　咼受貴
生員　姜開誠　生員　何鑑湘
生員　羅光澧　生員　袁對春
生員　咼訓典　生員　趙林甲
生員　田毓金　生員　薛定沅
生員　桑長齡　生員　鄒希孟
生員　汪懷邦　生員　林向陽

生員　朱保瀾　生員　何春山
生員　田家瑞　生員　熊家泳
監生　王嗣美　生員　杜祉沅
監生　李名駒　監生　李名鈞
生員　林　爵　生員　侯家瑶
監生　沈昌熾　生員　王士經
生員　司馬垚　附貢　甘受和
生員　劉維漢　生員　陳道燮
生員　張坤珏　生員　楊化遠

生員　王家賓　監生　朱紹魁
生員　文志銓　生員　毛家[illegible]
生員　熊際濃　監生　趙世科
監生　胡祖斌　廩生　沈孝嗣
生員　張　杰　生員　鄒丙金
廩生　鄒士傑　生員　陳　詩
生員　陝曙先　生員　蕭德源
生員　陳杏林　生員　龍　駿
生員　田　碩　生員　唐義可

生員　劉元勳　儒士　龔八玉
儒士　戴觀舒

附康熙辛丑修志姓氏

龔三捷　李也白　毛廷申　李應鷟　周　玿
沈俊掄　鄒敬謨　毛維煥　王　蘭　周士慎
曹　璋　杜志瑚　王道隆　冉祚繩　洪　範
咼端儀　張雲龍　馬必遇　蔣　鉽　馬維捷

修志凡例

一縣志始於明正統中司諭房陵創修成化朝臨川梁善復增修之規模粗具至萬歷甲辰袁中郎公紀事倣襄陽耆舊傳例而其書始成經兵燹後無存
國初孫司訓錫蕃續纂三卷毛廓庵壽登縣志六卷俱未卒業康熙辛丑龔三捷先生彙輯成帙迄今百五十餘年考獻徵文率多闕畧茲集緇繹舊志並博考省郡志繁者節之遺者補之承訛襲謬者訂之非敢意為增損惟期共臻完善庶資觀覽

一門類該括古今事蹟宜綱舉目張舊志析類而未分門似無統紀今彙而為綱者八析而為目者七十二每門立大序以晰其本義每類立小序以揭其指歸亦有不立小序者以無關實義即由大序發明至舊志中小序可存者仍之不復另新機杼以眩耳目

一邑在兩漢屬武陵郡廣袤數百里厥後附屬離析遷徙靡常故紀城垣衙署各官地悉以新治為主而舊縣廢址亦必履勘丈量備書之以昭信守

一方隅古蹟流傳已久有舊志未載而見於通志者據通志補入亦有通志舊志未載而新得於採訪者必確鑿可據然後以次編入舊志圖繪八景未免湊合茲倣郢陽志之例僅存其名而圖繪從畧

一廟壇祀典郡邑志例得備書今祗詳
文廟儒賢姓氏而於儀注祭文與夫籩豆牲帛之數詳在會典天下通行者不載節繁文也

一邑本澤國以堤為命有江堤有支河堤有子垸堤而江支二堤又有軍民之別工段丈尺今昔異形備錄之以誌滄桑之感

一田賦為維正之供關係民生休戚現在坐支提解與實徵原額間有未合取近今縣書檔册及銀米折收定價排比鉤稽並錄原額全數證古所以知今也

一學校賓興書院考棚鄉飲各條事關文教不可畧而不書舊志未詳者今俱增入

一選舉人才之所自出前明邑之賢士大夫接踵而起經濟文章照耀古今舊志登載榮命無關事實姑從闕如
國朝由制科進者固不乏人至科貢外另立例選欲即

異日之事業勳名以覩其人之樹立焉

一貞節本閭閻之不幸舊縣志及省郡志所載無敢或遺乃其間又有家貧而未邀旌典或子孫式微不能具其事上達尤屬可憫故志延今貞烈從採訪之確實者亟登之以示風勵尋常節孝事實未詳止列其名非有所軒輊也

一藝文所以表其人紀其事也其文關邑之風土人情者備行收入若於邑事無關雖名公著述前志已登無容沿襲古今詩體惟以朝代爲先後不以各體分

編次輯志與選詩異也時下鴻章鉅製匪無可傳之作然必其人已往方可摘登非任情掩抑也體例固應如此

一志乘難免摭拾懼失煩尤懼失誣篇中敘怪異兵燹舊聞軼事必表年月地里志傳信不傳疑也未綴雜記則舉疆土之分析川澤之源委與夫古今之見聞異辭前志未及搜出者從寬字記省郡志及諸名家集逐一校正即以爲是編之總滙云

公安縣志目錄

公安縣志　卷六　官

三

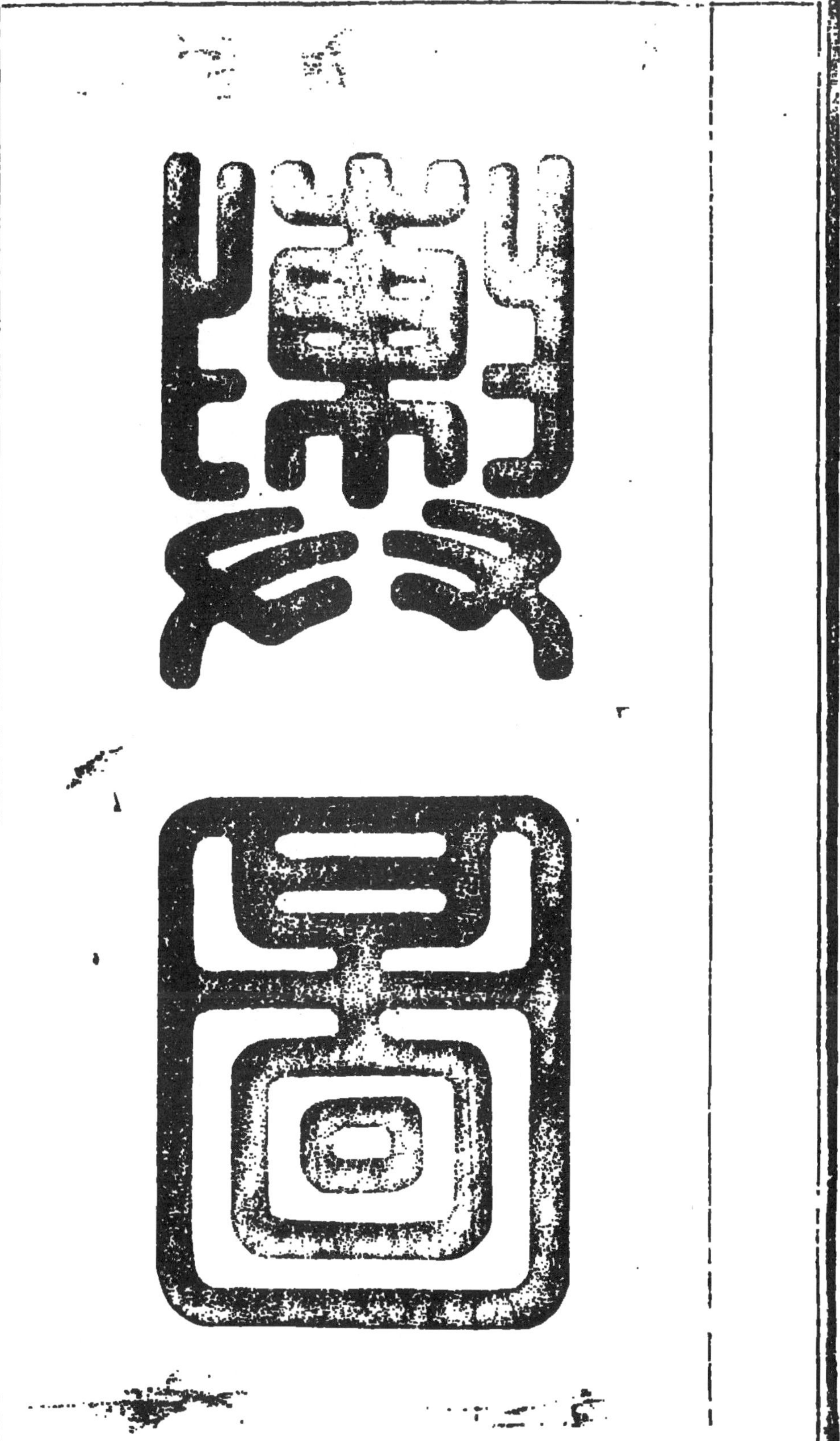

地輿圖　一

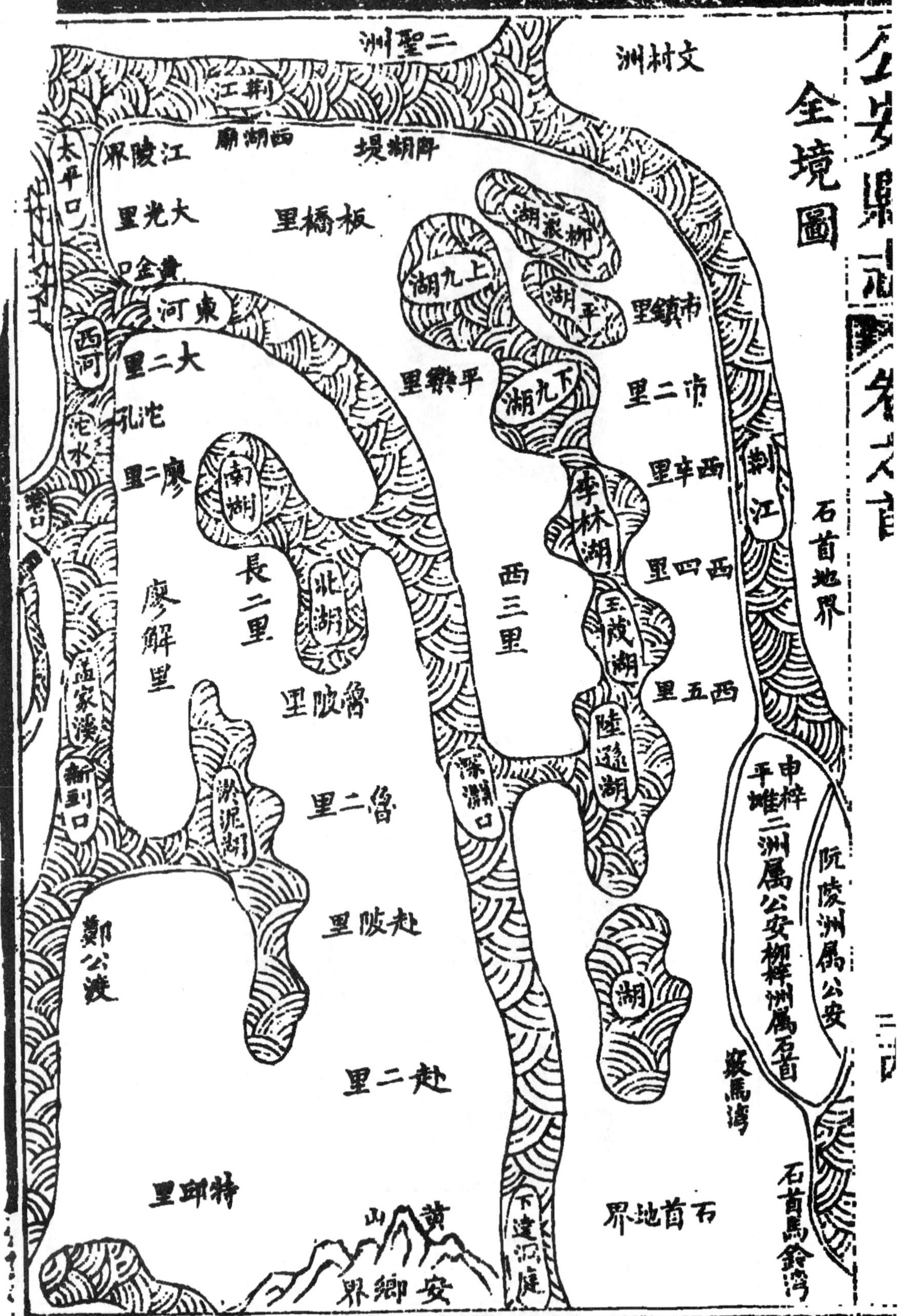

全境圖
二聖洲
文村洲
荆江
西湖廟
江陵界
太平口
大光里
板橋里
東河
西河
大二里
沱水
廖二里
南湖
北湖
長二里
廖解里
孟家溪
淤泥湖
魯陂里
魯二里
赴陂里
赴二里
鄭公渡
黄山
安鄉界
下達洞庭
石首地界
柳浪湖
上九湖
平湖
市鎮里
平樂里
下九湖
市二里
西辛里
李林湖
西四里
西三里
王茂湖
西五里
陸遜湖
深淵口
湖
荆江
石首地界
申梓平灘二洲屬公安柳梓洲屬石首
阮陵洲屬公安

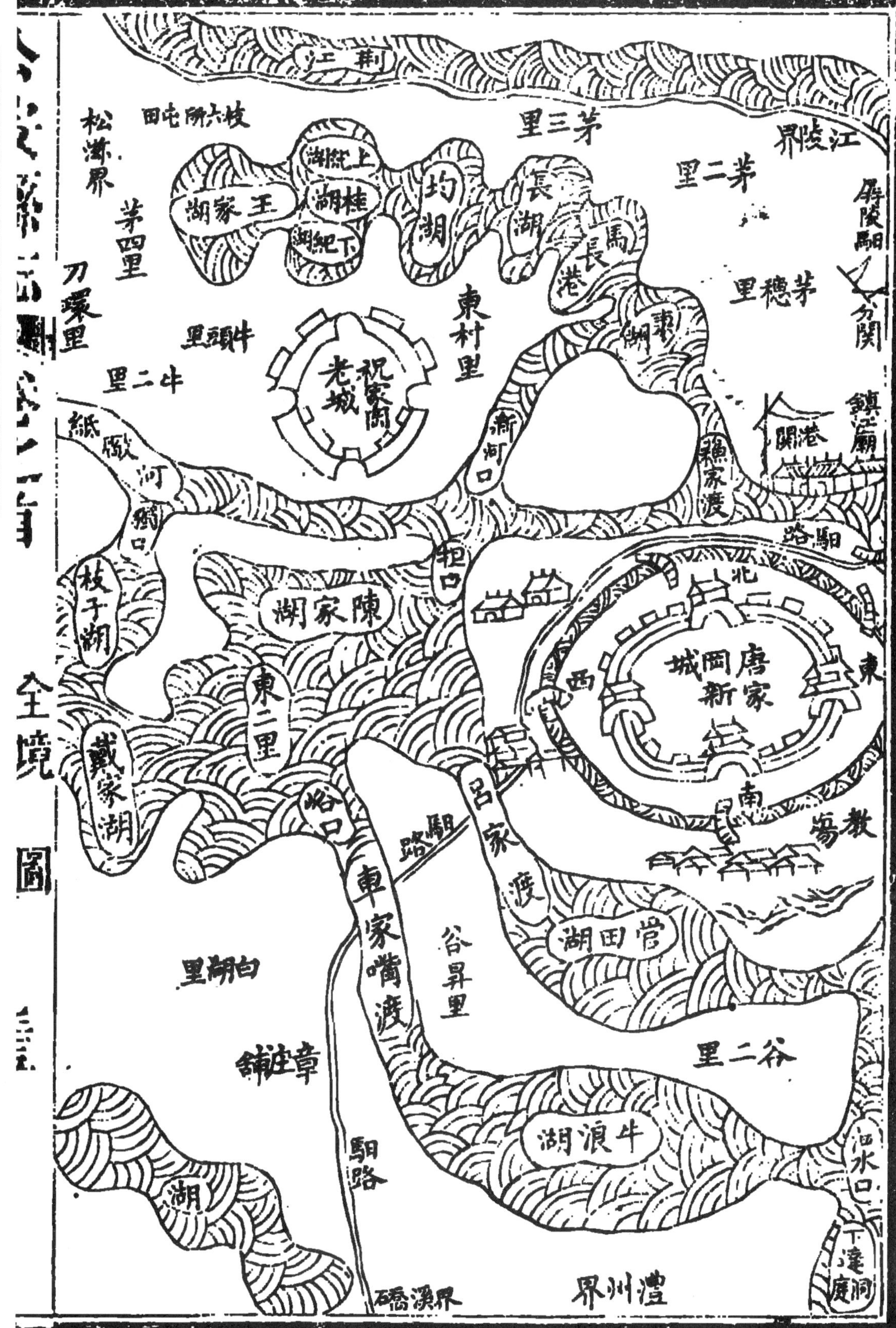
全境圖
荆江
江陵界
茅三里
茅二里
茅穗里
枝六所屯田
松滋界
茅四里
刀環里
牛頭里
牛二里
王家湖
上流湖
桂湖
下紀湖
均湖
長湖
馬長港
東湖
東村里
祝家閣老城
紙廠河
獅口
枝子湖
陳家湖
柜口
東二里
戴家湖
峪口
東家嘴渡
驛路
呂家渡
谷昇里
唐岡新家城
北
東
西
南
教場
營田湖
白湖里
章莊鋪
谷二里
牛浪湖
湖
驛路
磚溪界
澧州界
下達度洞
鎮江廟
關港
驛路
熊家渡
分關

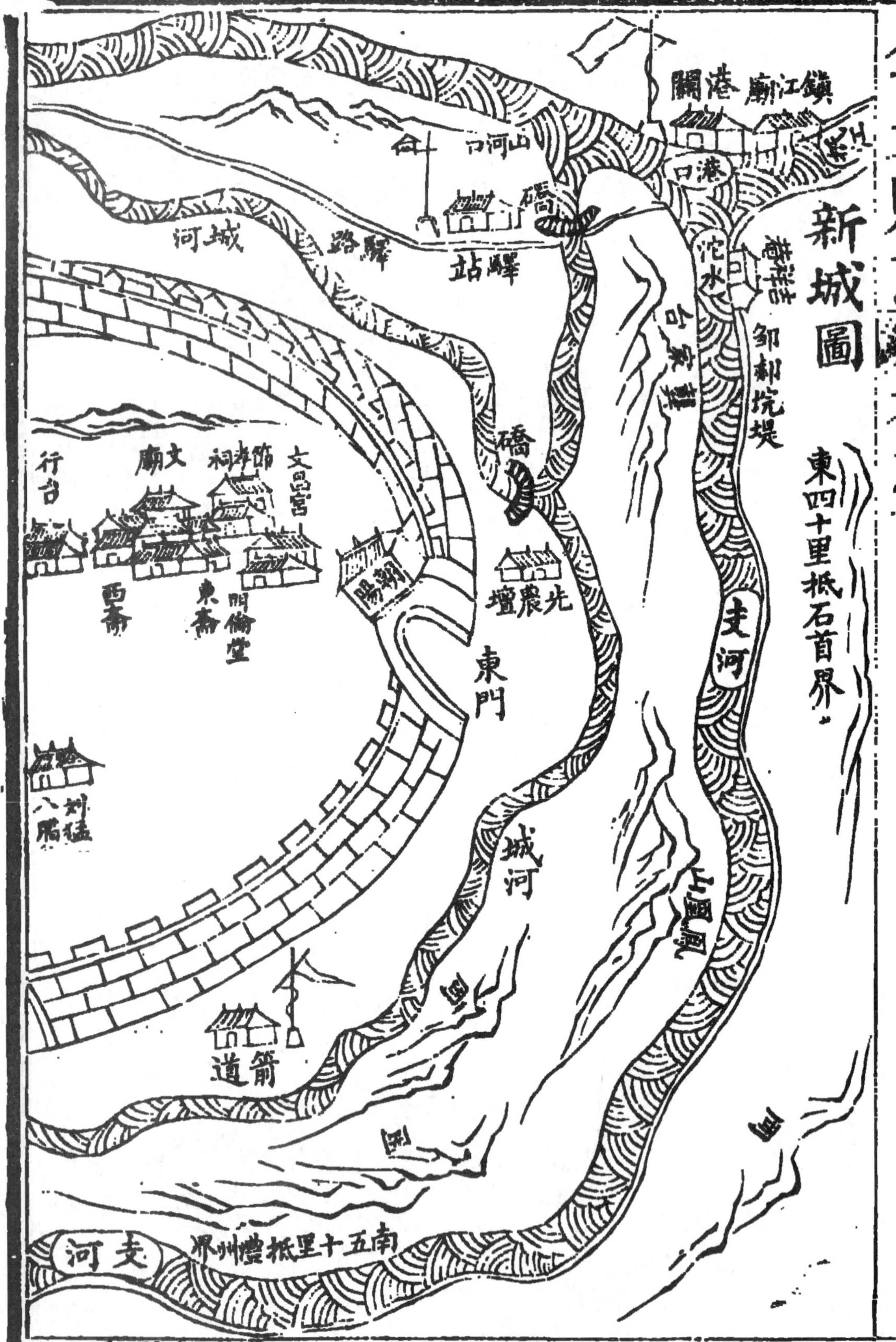
新城圖
鎮江廟
港關
港口
山河口
驛站
驛路
城河
橋
沱水
公安縣
東四十里抵石首界
支河
先農壇
東門
城河
文廟
節孝祠
文昌宮
行台
西齋
東齋
明倫堂
箭道
南五十里抵澧州界
支河

新城圖
北六十二里抵江陵界
松滋縣河
担口
橋
北門
迎恩
唐家岡
三福菴
觀音閣
火德寺
寶成
武廟
書院
考棚
營署
縣署
捕衙
堰
城隍廟
西門
驛道
橋
西四十五里抵松滋界
陳家湖
呂家嘴渡口
城河
文星
南門
橋
官田湖

文廟圖

啟

大戈

大戈

泮

星橋

櫺星橋

魁

名宧

照牆

櫺門

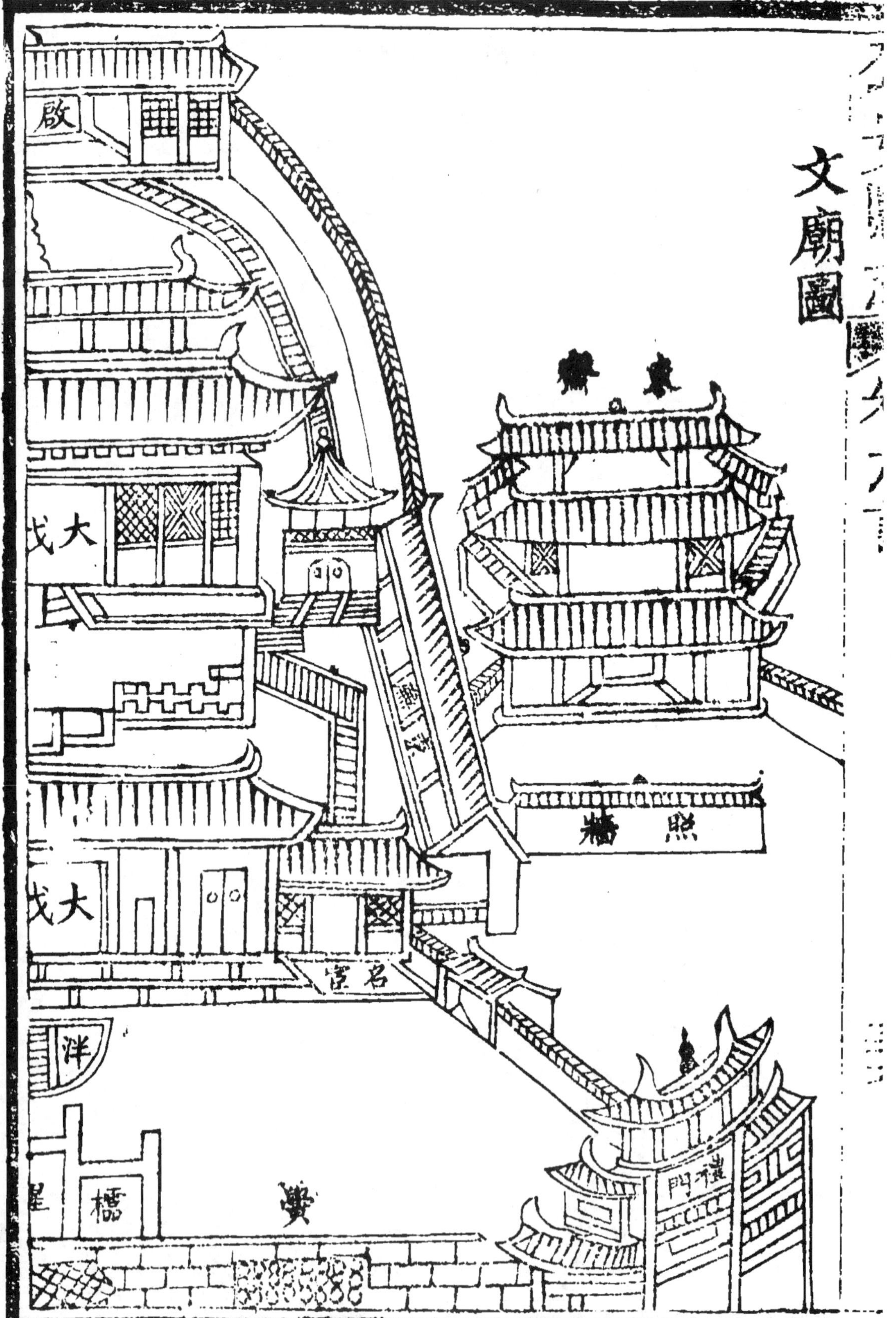

文廟圖　三

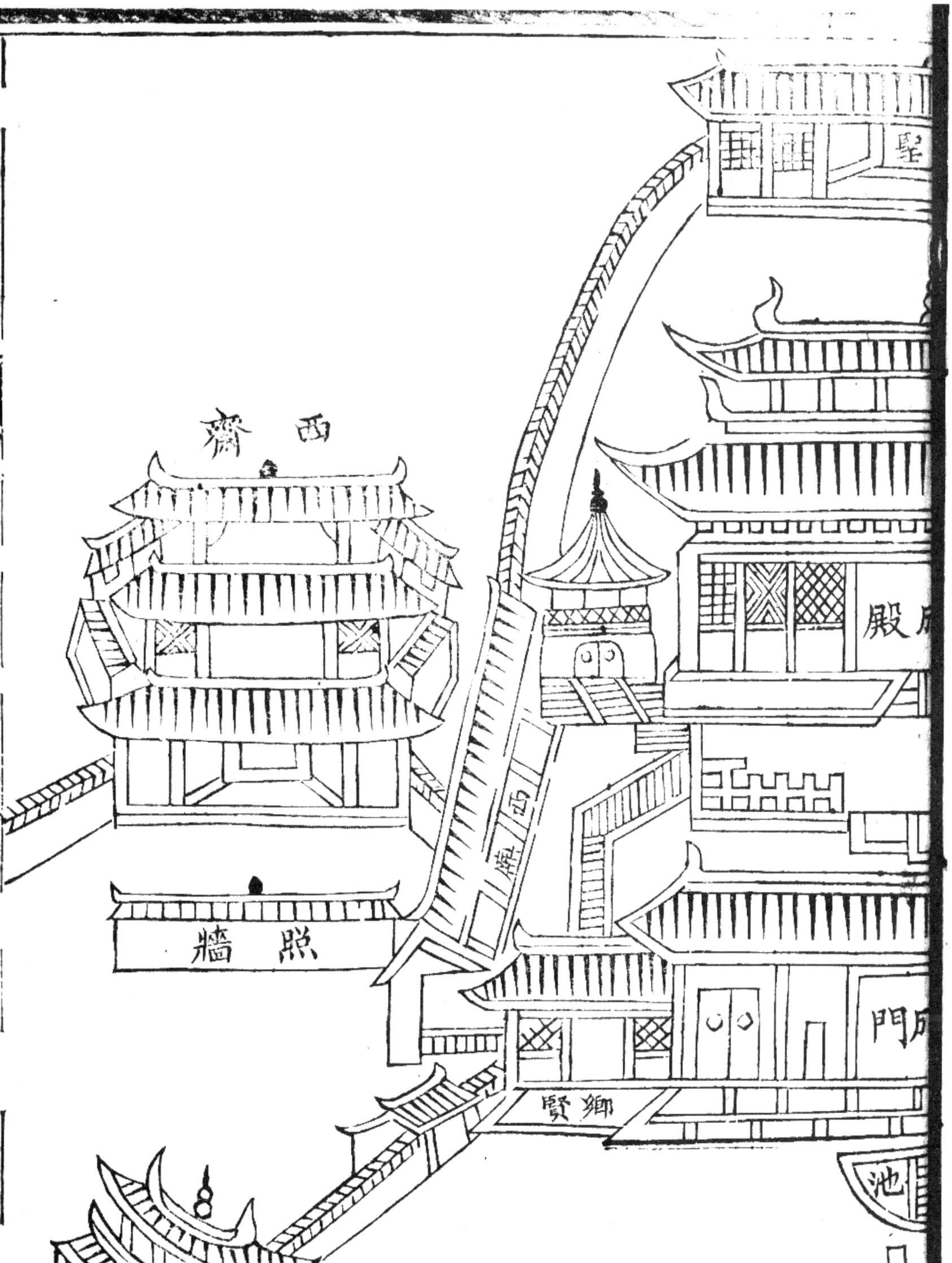

西齋
照牆
西廡
殿
鄉賢
門
池
義路
牆
門

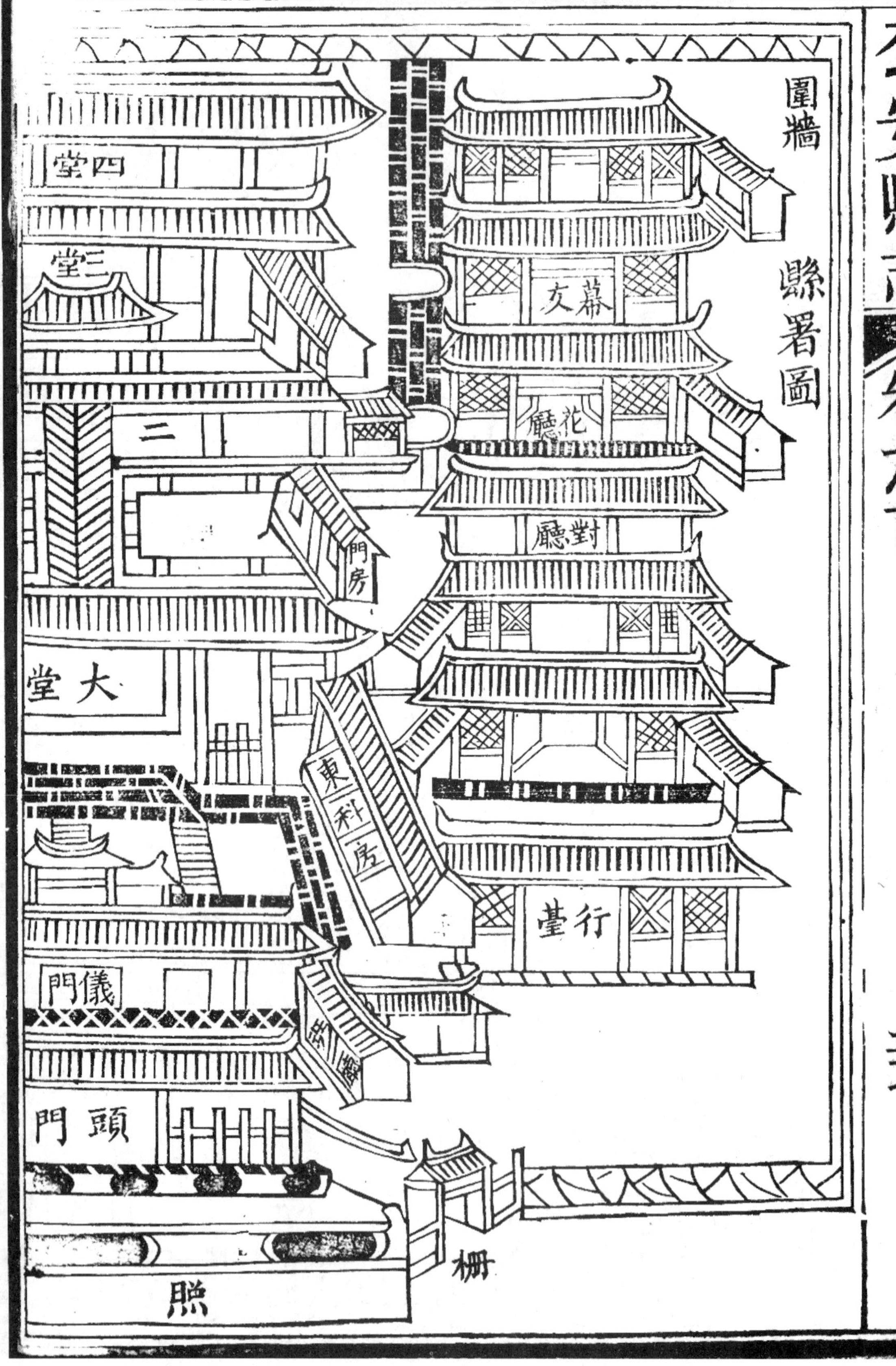
圍牆
縣署圖
四堂
三堂
二
幕友
花廳
對廳
門房
大堂
東科房
行臺
儀門
頭門
照
柵

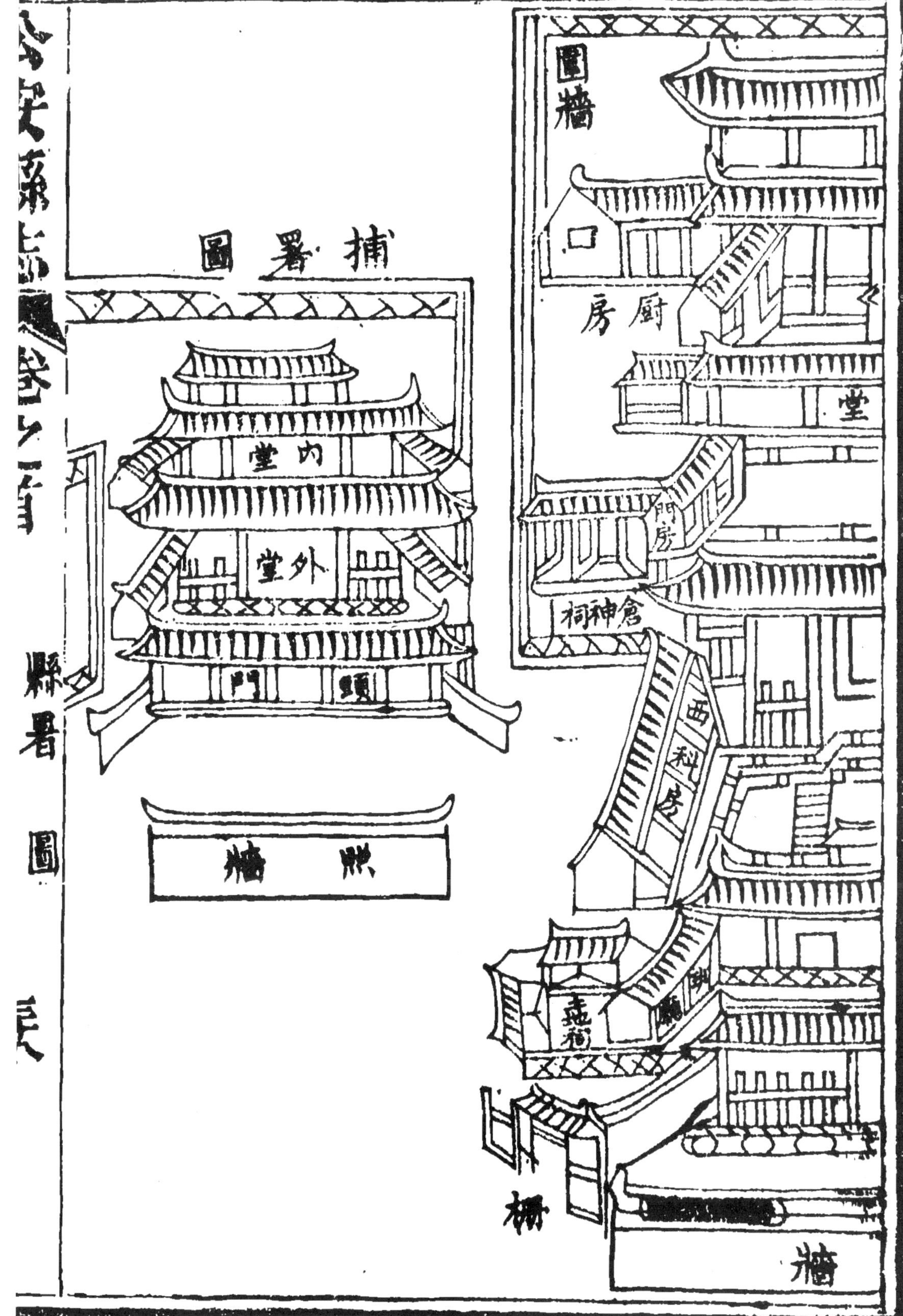
縣署圖
捕署圖
内堂
外堂
頭門
照牆
圍牆
廚房
堂
門房
倉神祠
西科房
柵
牆

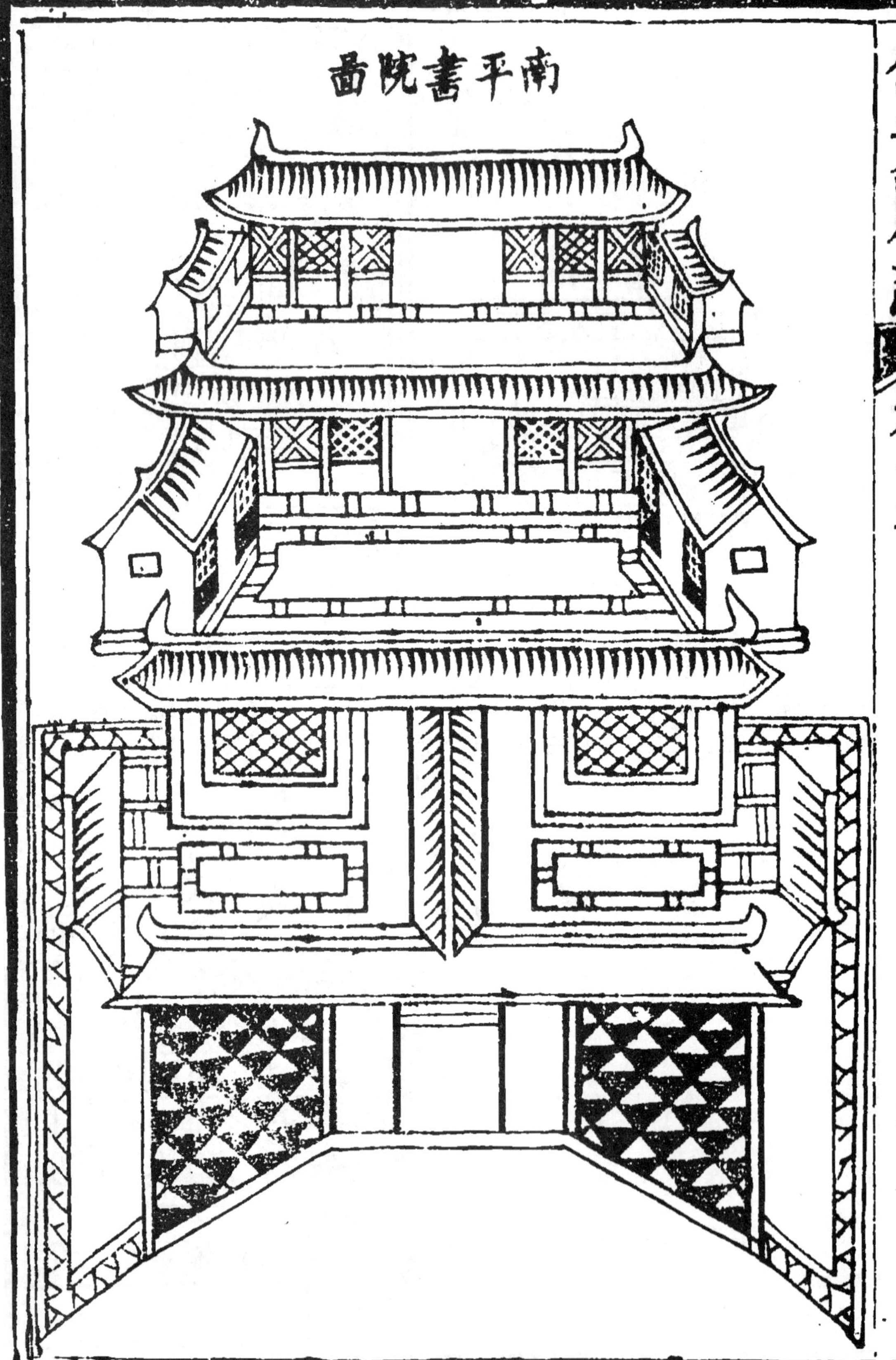
南平書院圖

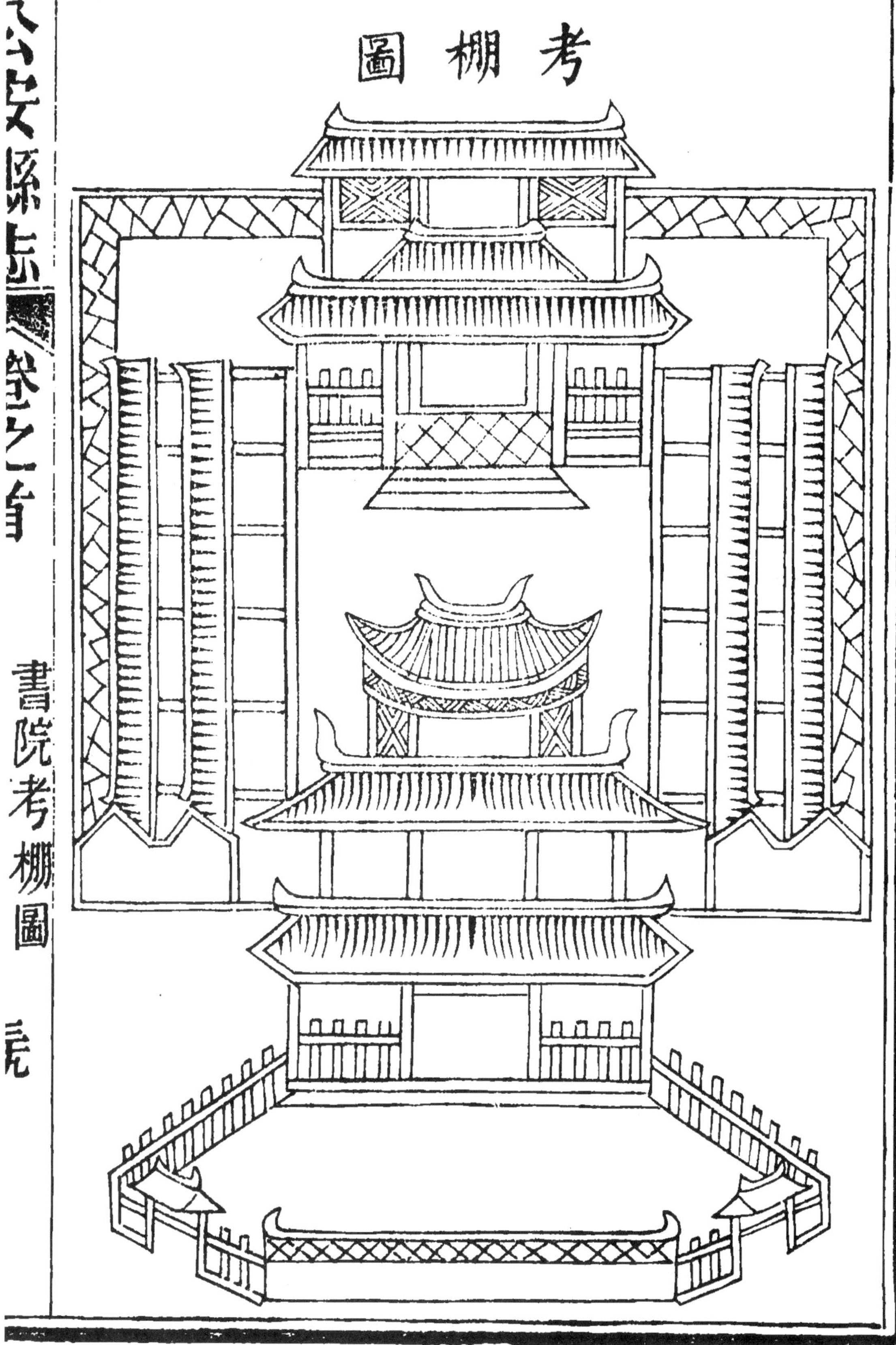
考棚圖
卷之首
書院考棚圖

八景

黄山曉黛　石洲待月

竹林晚翠　仙池席雲

斗湖釣雪　禾田麥浪

柳浪含煙　龍閣夕照

公安縣志
卷一
地輿

公安縣志卷之一

地輿志

古者以五等之爵建邦國皆置史官秦廢封建爲郡縣亦各有紀乘諸侯寶三莫不首言輿地矣公安漢孱陵縣地其時畫江而二之屬於武陵郡厥後或置州郡治以鎮南而制北或置郡江北以邑屬之星野有占驗建立有沿革疆域有廣袤山川有源委以故積爲政教習爲風俗久之成爲古蹟下逮街市里巷廢興不一非條分而縷析之何以使人瞭如指掌故志沿革首合表繼分敘庶考古者知所循轍云

星野

星野之書天官家詳言之矣徐天池譬之數里之山松生其南而苓生其北但仁言果從熒惑則三百餘度皆有其驗豈特十二次劍氣洪至豐城則千八百國皆有所屬豈特十二國至楚而有公安其占驗之係於翼軫不亦鮮耶杪分而縷測之當以俟之專門名家

史記天官書二十八舍主十二州正義星經云翼軫

楚之分野荊州漢書地理志楚地翼軫分野今之南郡江夏零陵桂陽武陵長沙及漢中汝南諸郡盡楚分也晉書天文志州郡躔次南郡入翼十度江夏翼十二度零陵軫十一度桂陽軫六度武陵軫十度長沙軫十六度　荊州府志軫宿所躔皆今湖南省地按漢武陵郡今之常德奄及辰沅諸邑越華容西境至安鄉澧州石門慈利極於永順保靖靖州舊志公安隸今府而密邇武陵當入翼十度及軫之交故止詳翼軫之分備此一門而考圖推占無俟牽合耳

沿革附表敘

昔先王眾建諸侯歸命天子郡縣既立亦復設官分職以為民極其疆里之廣狹名稱之更改統轄之變置或數百年而不易或不百年而數易要在因時制宜指歸於治而已考禹貢荊州之域北距南條荊山南盡衡山之陽九江孔殷即今之洞庭公安輿處其中第秦抜郢置南郡以前無事實可考故沿革斷自漢始

表

唐　虞　夏		
商		
周		
秦		
西漢	孱陵縣地	屬武陵郡荊州刺史部
東漢	孱陵縣地	建安十四年改公安縣屬南郡
三國	蜀漢公安縣	吳徙南郡治此
晉	江安縣	太康元年分孱陵立為南平郡治改縣自江安
宋　齊	江安縣	晉宋齊志書俱無公安蓋江安立南公安省安也八

梁	公安縣	南齊移郡治孱陵江安為屬縣梁復改縣曰公安
陳	公安縣	光大二年以江陵屬後梁移荊州治此
隋	公安縣	開皇中改公安縣自此以後皆屬本郡
唐	公安縣	
五代	公安縣	屬南平國
宋	公安縣	建炎四年陞公安為軍紹興中罷
元	公安縣	
明	公安縣	崇禎七年遷觀家岡
國朝	公安縣	屬荊州府第二縣同治十二年冬遷唐家岡

敍

漢高祖十二年置武陵郡屬荆州刺史部縣曰孱陵此邑治之始建武十六年析孱陵置作唐按漢時荆州刺史部治武陵漢壽作唐今安鄉

通鑑建安十四年孫權表劉備領荆州牧分南郡之南岸地以給備備立營油口改曰公安此邑稱名之始油口漢孱陵縣地水經所謂江水逕孱陵縣樂鄉北又東右合油口又東逕公安縣北是也

盛宏之荆州記時備爲左將軍稱左公故曰公安

三國志先主爲荆州牧治公安權稍畏之

吳徙南郡治公安以江陵爲屬縣孫權得荆州以呂蒙爲南郡

太守封孱陵侯舊志按漢置孱陵縣蜀廢吳復置封蒙於此

晉分孱陵置江安縣立爲南平郡治江安以江之安得名公安省入江安此邑稱南平之始水經注吳以華容之南鄉爲南郡按爾時華容今石首監利二縣地杜預定江南罷華容置江安縣爲南郡治後改曰南平郡湖北通志太康元年改縣曰江安郡曰南平孱陵仍屬焉府志南郡還治江陵後南平治作唐縣按宋書晉時南平郡初治作唐後治江安故袁中郎曰安鄉在晉爲南平郡

劉宋曰江安宋書武帝永初元年徙南平內史治作唐後移治於江安

齊亦曰江安通志南齊移郡治孱陵江安爲屬縣按齊時孱陵治作唐舊志宋齊俱曰南平失考

梁廢南平郡改縣曰公安

陳曰荆州歷代沿革表陳承梁緒僅有郢州與後梁分江爲界別置荆州治公安通志陳復爲公安光大二年以江陵屬後梁乃於公安置荆州陳書陸子隆傳時荆州新置於公安城池未固子隆修建城郭綏輯夷夏甚得民心

隋改曰公安鎭以孱陵永安二縣省入屬江陵總管府按孱陵漢縣吳大帝封呂蒙爲侯邑屬南郡隋開皇九年省入公安永安晉縣屬河東郡開皇中郡廢以永安省入公安河東郡今松滋永安今龍墻

唐公安縣屬江陵府寰宇記天寶元年改荆州爲江陵郡上元元年改爲江陵府

五代公安縣屬南平國五代史職方考高季興自梁時據荆歸峽三州後同光三年封南平王國江陵

宋公安縣屬江陵府宋史高宗建炎四年陞爲公安軍置鎭撫使紹興五年罷爲縣

元公安縣屬中興路元史世祖至元十三年改江陵爲上路總管府大歷二年改中興路隸河南行省曰荆湖北道領録事一縣七公安屬焉

明公安縣屬荊州府府志太祖甲辰年九月改荊州屬湖廣行省洪武九年以荊州府屬湖廣布政司尋改屬河南二十四年還屬湖廣布政司領州二縣十一公安為二縣

國朝因之

疆域附形勝

五方八位經畫所出疆域分焉今縣在兩漢時幅幀廣袤兼澧屬各境之大半自南北附屬以後境漸狹矣然壽疆而履域與鄰壤犬牙相錯因綜舉方隅里至繳以形勢諸說地雖蕞爾實為東南要區焉

縣治在府西南一百四十里東西廣一百三十里南北袤一百十里至省八百二十里至

京師二千八百四十五里

東至霧溪嘴交石首縣界三十五里

西至尚王廟交松滋縣界七十里

南至界溪橋交澧州界四十五里

北至普化觀交江陵縣界七十五里

東南至黃山交澧州安鄉石首縣界六十里

東北至呂江口交江陵縣界六十五里

西南至石子灘交松滋縣界六十五里

西北至顏王嘴交松滋縣界五十五里四至遠近悉從新治核計

鄉五寰宇記公安縣舊八鄉今九鄉元豐九域志公安縣五鄉涔陽孱陵二鎮湖北通志涔陽鎮在縣南以在涔水之陽故名里三十二　明一統志公安縣編戶三十二里

東曰長安鄉轄里九　東村二里　長安村二里　大光村二里　廖解村二里　瓜渚村一里

南曰長樂鄉轄里七　曾陂村二里　赴陂村二里　谷昇村二里　符邱村一里

西曰永安鄉轄里四　白湖村一里　刀環村一里　牛頭村二里

北曰平樂鄉轄里六　平樂村一里　茅穗村四里　板橋村一里一云里上為灌陽村

東北曰滄風鄉轄里六　市鎮村二里　西辛村四里按通志鄉里名目例合二字成文而胥吏圖省公牘中僅舉一字其流遂沿入志乘今從舊志查補

洲三　平灘洲　沅陵洲俱在縣東九十里

申梓洲縣東七十里

附形勝關隘

黃山東控荆水環抱湖湘闢一鎖鑰也府志

枕江而播爲湖澤戟地而立曰歲山通志

邑地勢平衍險峻無多然太歲山戟地峙立連起峯巒金華山中峯高矗常飛雲霧灣環河水吞虎渡而過龍牆蕩漾湖波舞鴛鴦而驚牛浪北帶蜀江則益州之樓船錦水之木桃可朝發而夕至也南連洞庭則百越之珠象三湘之帆檣可指麾而目攬也西有丹陵天門之聳列則洞盎精夫之所竄宅盤旋也東有洪湖巨澤之沮深則萑徙歛人之所出沒隱見也故遠而屏蔽辰常咽喉滇筑近而應接襄鄧呼吸漢沔上可以扼吭渝夔下可以振領岳鄂明建偏沅撫軍於湖南而獨以公安屬之控制要地參舊志

港口鈔關在縣東二里舊分支關在黃金口西岸塘嘴俱　荆宜施道監收

山川

禹貢導水必先導山蓋山者地之筋骨川者地之脈絡未有筋骨不析而脈絡得明者第縣屬山少川多大江自虎渡灌入分爲東西支河恣肆汪洋衍溢四境昔人云江湖數片白黃山一點青蓋紀實也

泰歲山在縣東廖解村戟地而立連起岫巒延亘里許其中峯最高曰泰歲碑

鍋山在廖解里以形似故名

黃山在赴陂村岳州府志山陽屬安鄉山陰屬公安中峯高矗平地三里許每旱涸雲出山頂則雨稱黃山戴帽又謂之玉女披衣界石首安鄉之交三縣皆望祀之府志土石皆黃一名謝山又名金華山上有雲井玉井二井相貫旱祈輒應廣輿記山上有謝晦祠晦劉宋時刺荆州嘗登此山徘徊者久之及卒柩過公安至此不肯去因葬焉民爲立祠謝祠辨詳雜記　袁宏道舟中望黃山詩識面三十年登臨纔半次濡雨出層嵐未曾酣一字青山笑主人何事迮相易壘瀋汗巉屼徹盡他家事主人忽沉想爲君搆幽麗兀然三四峰反覆無

可記孱陵一萬家家家立生翠倍遠倍高寒淡冶如
秋睡昔我登羣樓微茫見蔥髻越三峽而南千里盡
平地見培塿則喜何況發姿媚見色不見山此是山
三昧

附岡嶺

唐家岡新治　祝家岡舊縣治　河田岡東村里　牛頭岡一名四路岡牛頭里　渣子岡　四望岡俱廖解里　桃子岡刀環里　分錢岡大光里　杜家岡　鐵鋪岡俱長安里

禹田岡　行龍岡谷昇里　盤龍岡新城南　黃龍岡

達人岡俱魯陂里　走馬岡赴陂里　支脈岡一名芝蔴岡

牧羊岡俱特邱里

黃牛嶺塔岡鋪　黃絲嶺茅穗里　雷家嶺市鎮　戴家嶺魯二里陞逕湖南　刀環嶺一名林家岡　周家嶺大光里

沈家嶺廖解里　東河嶺在西辛里近觀音寺　廖家嶺在魯陂里

高陵三一在孟家溪東北三里曰白茅塚一在舊縣治北十里曰撲子堆曰嚴畲坡一在沱市南曰二聖堆相傳為大聖二聖所築　總之不離大阜曰陵也

岷江下夷陵至江陵枚廻洲分為二桑欽水經

大江之水自江陵呂江口下入公安縣界經灌陽板橋
舊縣椒園西辛村大河灣而至石首波濤洶湧聲震
如雷古天塹也舊志

虎渡支分江水自江陵彌陀寺李家口入公安界過三
穴橋黃金口港口渡滙孫黃河水東南流四十五里
至澗水口下與澧水會入洞庭舊志

黃金口水自虎渡支分江水至此東入茶船口合吳達
河諸水為東河下至鷹祖溪繞黃山之麓達安鄉袁
宏道黃金口詩鄉落也闌然籬花古岸邊田翁捫蝨
坐溪女帶竿眠小港蘆租戶低倉米稅船河刀與生

酒興劇不論錢

西三西四平樂等里自黃金口分流小河至馬家灣
分為二一自馬家灣起逕黑驢垱文家垸稅價灣觀
音寺羅家渡張家場吳達河出霧溪嘴曰長河一自
馬家灣起逕徐家番埠毛家溝金雞廟淌河垱古六合垱
淡頭吳老口下達霧溪嘴曰順河

油河在舊縣斗堤西今淤油河口即先主屯營處油水
考詳雜記

油水東有景口即武陵郡界景口東有
淪口淪水南與景水合又南通澧水及諸陂波寰宇

記據之於公安列景淪二水今考縣境無此水惟澧州安鄉縣東北四十里有景口上通荆江下達洞庭一名景源港疑即古景水而地屬安鄉酈元謂淪水又在其東則益非縣境矣俱不載府志　江水自虎渡分流。入縣東北境爲東西港府志

舊城河康熙三十八年許公磐以新開便河之餘濬深五尺廣一丈五尺四季與便河之水通　許公河上自南池口下入孫黃河亦許公磐開以通舟楫

孫黃河自土司天坪一作添坪麻寮所經松滋之街河紙廠

至孫黃渡合許公河水下港關與虎渡之水會邇志添平今石門縣地麻寮今鶴峯州地　紙廠河溪水發源於石門慈利灃諸山四十八溪之水自松滋縣流入縣境獨口經范家三淵至港關會沱水下達洞庭夏月山水驟漲邑之茅穗四里遂成巨浸驛遞不通文報遇滯水出蘇家渡而歸港關　孫黃河上支分經戴家湖口橫溪橋毛家廠䔰浦河江伍潭至石子灘交松滋縣界泗水口河自尖刀嘴至柳綠潭交澧州界支分經甘家廠至窰頭交安鄉縣界有港約四十里出安鄉之鐔按尖刀嘴爲地脈過峽處舊子口乾隆巳卯一夕雷雨大作衝斷地脈江水遂由港出鐔子口名新河一名龍坑河

附湖陂

董家湖　張家湖　劉家湖　杜家湖舊俱有堤水繞城西南北三門爲護城垸　桂湖茅穗里　紀湖舊驛道由此府志桂紀湖西相近有大金湖上接江陵之虎渡　均湖均舊作單　長湖按長湖有二源其一西北自松滋之澆市內湖起由是而東南則爲柳口爲新河子爲桂湖爲東西港爲均湖以達長湖順長湖而南則爲馬長港爲大扁湖爲南池口爲蘇家渡以達港關與江之沱水會其一東北匯於江陵之彌陀寺內垸由是而東南則爲丁家屋場爲太平橋爲窖口分流於新河子桂湖至東西港與澆市之水會而至長湖以出港關　以上李家口河西各里湖

斗堤湖堤形如斗邑之巨障　白蓮湖市鎮里接連板橋里九湖有櫻桃嘴走馬堤楊家巷汪胡二剅杜濠壋武侯淵等處昔俱通油河之水今多淤　李林湖　王茂湖西辛里　陸遜湖　成陽湖　白水湖今名重湖　南湖　北湖廖解里二湖籍隸公安糧納江陵生員牟治瀛採訪有句云棹泛朝雲法海之鐘聲遥應網晒夕照鍋山之草色平鋪雁聲達江管之浦漁歌徹湖尾之濱亦湖鄉韻事也

磨子湖今淤

荷葉湖俱大光里　瓜子湖一作瓜渚湖　以上東河上下各里湖

花湖刀環里　戴家湖　熊家湖　梔子湖俱由孫黃河出港關

與沱水會　陳家湖內包驛道有牛馬二坑杜家嘴等地名護道垸　洪家湖道光時生員雷耀等築南堤尋廢　蔡田湖　牛泥湖內通界溪橋小河出賽口交澧州界至松林湖　以上西河上下各里湖

鄰家湖今名鄒鄰垸　楊家湖　車抬湖　魯田湖　黃田湖　趙家湖　孫田湖　蒲家湖　烏泥湖一作淤烏孟家溪南高廟下里許道光時潰口新衝小河逕蒲家湖烏泥湖二十餘里出皮匠汊與尖刀嘴河水會　葛公湖交澧州安鄉界　斌石湖公安澧安三屬

大鯨湖澧州安鄉界糧納公安

以上孟家溪河東上下各里湖

古蹟

陂陀峴山賴羊公之聞望德業與之俱傳此坳以人重後世頑廉懦立之藉也彈丸下邑滄桑數變幾不免黿滅漚沉然故城舊壘昔時居守之資斷壠荒村後人憑弔之地果係古蹟皆理筆者所不廢夫何忍聽其湮沒乎

孱陵城方輿紀要在縣西二十里此指斗堤舊縣而言水經注其城背油向澤十三州志吳大帝封呂蒙爲侯邑卽此舊志前漢置縣於此南朝因之宋末徙縣於油江口

漢置縣晉改名江安陳復曰公安移荊州治此府志

先主營通志在縣東北四十五里此指祝家岡舊縣而言三國蜀孱陵遺址猶存油河口板橋一帶溪流宛轉卽其遺址地多美箭嘉樹爲郊遊最勝處邑人洪子彥詩漢家中葉幾凋枯帝子稱戈起義圖司馬史編空予魏杜陵詩句失吞吳烟生斷岸平蕪合日落荒村舊壘孤極目江干嗟往事蕭蕭苦竹閙黃蘆

孫夫人城元和郡縣志在孱陵城東五里漢先主孫夫

人所築夫人與先主相疑别築此城居之按舊志牽合孫吳王夫人事未晰今詳塚墓

呂蒙城【陸游入蜀記】光孝寺後有廢城彷彿尚存圖經之呂蒙城【湖廣通志】在縣北三十里舊志子明在公安卽卒不應有城後人以侯故追名之按地有呂蒙祠前明改爲武侯祠 詳祠宇

古城在西辛村週圍土城內地二百餘畝三國陸遜所築城前有放馬湖同馬臺官臺諸遺蹟 又大光里有向古城形勢畧小 邑人王楚材古城天台山詩天台高聳結靈胎朶蓮峯兩面排隔岸人家浮水出重湖帆影逐波來蒹葭翠擁雙龍格 里有雙龍格 楊柳烟迷十鴨臺一幅丹青眞畫本更於何處覓蓬萊

雞鳴城一在谷昇里一在東村里均城徑里餘溝壘俱整

龍墻 通志作龍城 在臨河西岸上曰上龍牆下曰下龍墻

馬頭城在縣東北一稱馬頭戍【荆州記】灌洋湖西三十里有馬頭戍【水經注】江津戍南對馬頭岸【通典】馬頭故城在公安縣西北

倉儲城【水經注】油水相接悉是南蠻府屯側江有大城相承云倉儲城卽邸閣也 按胡三省通鑑註晉武帝置南蠻校尉府於襄陽江左初省尋又置於江陵以刺史兼領 【名勝志】舊縣北倉堤一帶俱是城蹟但爲水所淹徵見遺址

走馬堤昔左將軍走馬處一在板橋油河口相近有武侯淵一在東村里近趙公橋

濺鶴墻三國時之六合墻今西辛里有張飛田張飛臺是其遺址 俗訛蘆花墻

象鼻嘴在油河口前明圮入江

觀瀾閣在象鼻嘴楚靈均祠前有亭俯仰趣瀾最稱勝地久已化爲水國潘球詩江自西來復東逝遊子迢迢寄所思更好觀瀾適幽賞逢人休說大夫祠 潘球大治人明隆慶時教諭

鼉穴一作龍空空去聲在廖解里三國吳孫亮初公安有靈鼉鳴童謠云白鼉鳴龜背平南郡城中可長生守死不去義無成明年諸葛恪敗弟融鎭公安亦見襲刮金印龜服之而死 江表傳

囊螢臺在西辛里晉車允讀書處臺東數十步有車公

橋相傳允之祖育官王傳流寓居此有碑車允辨詳雜記
呂仙亭當斗湖勝處明知縣魏奇詩霜寒遠樹千林暗
月冷平湖一鏡明大是實景舊志
濯足池在石馬橋舊有碑題曰回道人濯足處洞賓名回道人
仙女臺舊志距呂仙亭半里許相傳洞賓渡一女子於
此仙於湖湘間多著異蹟近猶有人見之市上緣熟
耶抑偶然耶又大光里有仙女堆禱雨輒應
大賢里智者生處後人神之因以名里佛祖統記載荆
州碑曰智顗禪師初欲出家母謂之曰甘旨當誰供

耶師指茅爲穗化水爲油遂入天台山後歸當陽玉
泉建道場詳仙釋按茅穗里有神油湖即荆州碑載
智者指水爲油處舊志智者父益陽侯居公安兄陳
鍼爲參軍師固世家何甘旨之足虞好事者欲神其
說故強爲附會
杜息亭在斗湖堤一名公安山舘一名少陵草堂因杜
甫憩息於此後人建亭故名通志大歷三年戊申正
月去夔出峽三月至江陵秋移居公安杜甫集中堤日
有少陵草堂亭曰杜息名勝志杜甫移居公安山舘詩

南國晝多霧北風天正寒路危行木杪身遠宿雲端
山鬼吹燈滅厨人語夜闌雞鳴問前舘世亂敢求安
山舘古郵也
萊公竹事載宋書寇準傳詳祠宇南宮黃庶子輝詩曰誰
謂公不祀祠堂南北存嶽蓮花眷屬江竹笋兒孫海
瘴消歸路溪毛引斷魂憾無桃倩淚重染吊湘痕桃倩
公侍妾也
二聖洲在大江北岸大聖二聖遺蹟舊置縣久圮
彩石洲在大江中距斗堤舊縣十里土產石子紅白如

瑪瑙人常掉舟遊飲以所獲石子爲優劣蓋舊城水
口靈秀所鍾也袁宗道彩石洲記詳藝文袁宏道遊石
洲詩愛取春江一抹澄斜帆疊疊柳層層閒來袖得
佳石子付與山中好事僧
柳浪湖在斗堤西南湖中袁宏道同曾退如雷何思過
柳浪湖詩醉裏烏藤手自扶閒隨鷗鷺過澄湖一江
浩雪浮箕舌虞翻謂公安地形如箕舌千畝深篁露頂顱且與青
娥刪白髮休將五岳換三孤烟巒好在逍遥侶慚愧
虛名老顧厨

梅園即油河口舊縣治圮入江

椒園明崇禎時遷縣於此

桑棗園在斗堤寇公祠西其初官圃也今廢

金雞臺府志相傳有赤色羽雞常鳴於此故名

袁中郎故里碑在斗堤古城隍廟側

舊志古蹟載劉郎浦靈溪上明唐段洪古墓按劉郎浦在石首靈溪在江陵上明城在松滋段洪古安鄉人墓黃山之南麓均非今縣境不錄

公安縣志
卷二
營建

公安縣志卷之二

營建志 舊志建置沿革合爲一門今析爲二而以建置改爲營建

天下之勢莫不有其漸患生於無形當思所以銷弭之患成於有象當思所以振作之邑城若於水屢議遷顧以費宏工巨未果庚午癸酉水益氾移於唐家岡新城庶事草創然自城郭官廨各　廟壇外以及書院考棚次第興修列而書之視當日孫劉之所經營孟公珙解公潛之所措置及張公大韶之所以遷移今昔一轍焉可以觀世變矣

城池

王公設險以守其國由來久矣顧値物力凋殘而爲金城湯池之固鮮有能濟之者新治畚築方興規制畧具若曰崇墉厚堞巋然於大陂廣野中須俟之民物阜蕃而後可

城周圍五百五十八丈計三里零一分同治十二年冬奉委吳公葆儀同　承乏會勘唐家岡地形綿亘秀麗當卽按方定址估定用土築城東爲朝陽門西爲寶成門南爲文星門北爲迎恩門磚砌如式

新城記

自古城邑之建必按地圖審高卑規畫經營爲民社久遠計非徒侈一邑之形勝示四方所歸往也顧時勢變移値萬不獲已之日而猶爲息事安人之說則因循適足以誤大事公安於荆郡七邑中最窪下爲鍾水區而亦未嘗無岡阜千百年來凡四易居由孱陵街而二聖洲而油河口而祝家岡皆以水之故自治祝家岡後富庶者又百七十年矣道光辛卯歲始復齧於江濤迄今四十有四年蕩潏日甚堤防罔功

予以同治壬申冬承乏於此次年夏六月松滋堤決奔流入境沛然莫禦城遂潰予破屋而出乘扁舟周視人民騎脊乘椽哀慘不可言狀因設法濟渡僉請賑焉撫綏多方流亡者幸罕顧以城圮署毀頻年補葺勞費無已乃建徙築之議相地於舊治之東南鄉曰唐家岡廣袤二十餘里據一邑之脊帶以沱水屏以黃山遠而常澧咽喉近而荆湖鎖鑰高顯沃衍數百世之利也　上臺韙之下民趨之凡借撥帑金貳萬緡士庶捐貲萬餘緡經歲而畢周三里有奇祠廟

官舍試院倉庫咸具張太岳曰不暫費者不終省不一勞者不久逸此自然之理也嗟乎救荒之政有先後而無輕重出治之區既定矣受治之地當若何禦災捍患俾昏墊之民復得安居粒食吾方亟圖之而未竟其緒也是役也始議雖自予創而贊成襄助實藉眾力維時估工定基則鹽運使銜湖北候補知府吳葆儀督理工程則湖北候補典史丁文熙

文廟監修則教諭王慰訓導李國賓稽查彈壓則典史王桂蓀把總曾芳貴承修紳首則舉人李洪巳鄒毓

楨候選訓導易秉璋候選藩經歷附貢劉承遇候選訓導杜宜詩戴高候選州同附貢鄒詡中千總武生司馬長青司馬煜附貢雷洪勳生員謝夢巖附貢饒藝圃千總武生雷業一廩生邱昌淮生員田家炳王楧章德霖貢生袁時曜袁勤瑜監生葛元裕郭光譜堪輿則監生袁光暐從九雷祖耀儒士李才柱予不敢沒人之勞攘為已功爰將在事諸君列名於策俾後之覽者咸知予志之所存

同治甲戌五月既望權知縣事邗江周承弼識

附

舊城紀畧

邑之變遷屢矣考舊治東北三穴舖桑檀舖之閒有孱陵街並城孱陵俗謂為柴陵即吳呂蒙城漢以來縣治因之後遷二聖洲洲在江之北及洲地崩又遷江南岸之油江口名梅園初未有城明正德五年知縣周鉞築土為之尋圮嘉靖五年知縣周臣甃以磚石周圍三里有奇四門建樓濱江衝決及崇禎元年戊辰城內外火竟晝夜男女煨燼七百餘口侍御毛羽健奏請遷城已改築椒園七年甲戌錦衣衛鄒之有改遷祝家岡知縣張

公大韶築城十三年趙公繼鼎重修十六年燬於賊

國初順治五年王公百男復建公署於斗湖堤八年又移居祝家岡袁公傑始立官署城門僅苫覆三楹康熙時涖任凡數公節次修理四門建瓦樓令李居守五十六年楊公之驊更加修葺東為雲翹門南為金華門西為瞻豐門北為待詔門周圍計五里三分四門外城河俱設板橋東門外直街過李生橋沿便河兩岸居民輳集舳艫亦聚西門外順大道有肆客店城內皆種楊柳雨中春樹閭閻如在畫裏近數十年

衙決漂沒不堪回首矣爰將官地廢址備列於左

一城池廢地一圍計長壹千玖百零捌弓內外脚寬壹拾陸弓扣田壹百零壹畝柒分叁釐

議入忠孝節烈二祠歸書院首士經管

一縣署堰一圍 東抵堰外董陳基朱王堰西抵楊張崔唐張戴朱王楊徐饒十一姓基南抵唐陳戴三姓基北抵溝外陳界南至北長壹百貳拾玖弓南橫拾玖弓中橫伍拾弓北橫叁拾弓扣田壹拾肆畝壹分玖釐

左一形東抵李基南抵街心西抵衙地北連衙堰南橫肆拾弓北橫拾玖弓長叁拾陸弓扣田叁畝五分肆釐

右一形東抵衙地南抵街心僉鋪地西抵陳王唐饒嚴鄧六姓基北抵衙堰東西各長叁拾壹弓南北各寬肆拾柒弓扣田肆畝捌分

以上衙地共扣田貳拾貳畝五分叁釐議入

文昌宮

一衙前舖地東抵劉姓基南抵饒唐基西抵毛基北抵街心南北各長貳拾弓東西各寬捌弓扣田伍分叁釐

一武營廢地在城西南 東抵桑地西抵楊堰南北俱抵桑地長二十七弓寬十五弓現挖成坑

一養濟院坐北門內 南北俱抵公溝東抵陶基西抵劉田南北長四拾五弓東西橫拾捌弓扣田貳畝陸分

一育嬰堂坐城東南隅 南北長叁拾貳弓東西寬拾陸弓現挖成坑

一觀音閣龍神祠坐北關內 東抵田西抵堰僉田南抵堰北抵溝東西寬貳拾柒弓南北長伍拾弓扣田四畝五分

一佑聖宮坐北門內 東抵北書院地南抵蕭基西抵塋

荒北抵溝東西長叁拾貳弓南北寬玖弓扣田玖分陸釐

一三元宮坐東門外 東抵河心南抵街心西抵萬基北抵湖東西長貳拾叁弓南北橫貳拾貳弓扣田壹畝陸分捌釐 廟前河一節係陳姓捐

文武廟書院考棚賓興及城隍廟廢地議歸各本項下

官署

聚集道德謂之府部署政事謂之署所以肅體統重官箴也新城官署悉仿舊制然地處爽塏内外完葺煥然一新規模較宏遠矣居之者仰名官而思政慨風俗而思變觀利病而思興革琴堂鶴署地以人尊宜何如整飭也是所望於後之吏斯土者

大堂一重三間左爲庫房右爲錢糧櫃兩廊下各起科房五間東爲吏戶禮倉稅承發各科西爲兵刑工糧戶南各科中爲甬道立戒石牌前爲儀門左右角

門外四班房各一間左爲衙神祠右爲東房班房西爲遞解房爲捕卡爲羈所頭門外兩旁八字牆正面照牆一道東西柵闌各立木栅一座大堂後爲宅門進加官門直接二堂三間中爲維新堂左爲簽押右爲帳房兩廊爲東西門房由二堂東首轉入爲大花廳四間花廳後爲幕友房兩進由二堂西首轉入爲倉神祠前爲西花廳後爲大廚房二堂後爲三堂再進爲四堂自前八字牆起繞作圍牆一道

附 畢督部通飭州縣碑記 乾隆五十七年

照得地方官僉差出票不得不用衙役而若輩中忠厚愿謹者少狡猾貪黠者多大都以硃票爲奇貨以詐賄爲生涯一票承行不論案情輕重事主貧富務欲飽其慾壑一案入手已將本官前程本戶身家不啻視同秦越戶婚田土説成駭地驚天桎梏鋃鐺逼到水窮山盡鄉愚飲泣雞犬不甯或因花戶憚於見官或因被告素來畏事或窺其家尚溫飽或案外巧以株連白役成羣乘軒坐馬其狀同於羅刹其惡甚於虎狼而其所以敢出此者祇緣城狐社鼠心有憑

藉官既以爲爪牙勢遂同於夥伴因而潑天膽大兇欲侈張幸而索詐無事固得安嚼民膏即威逼斃無辜又有本官曲庇蓋官已受其挾制祇得代爲包荒且謂小民可虐上司可欺而惡役必不可不護豈知天道昭彰人心忿激或被上司察出或被受害者告發或激成毆官毆差重案役固不保官亦何在乎何若平時嚴加駕馭慎重出差革除白役既可免約束不嚴之咎一有違犯先自通詳亟可免失察之愆而猾役奸胥知官不庇護失其負嵎之勢必歛飛噬之

威如此則民閒不受荼毒而功名亦得保全覩彼以護役爲能終歸瓦裂者智愚奚啻霄壤耶本部堂披閱案牘見衙役詐贓逼命之案始於本官釀成終於本官受害者不一而足合亟剴切通飭以覺昏迷備札行司即便通行所屬各自警醒悉心體認俞責成該府州縣將本部堂指陳利害之處與所屬州縣佐雜等動色相戒俾知痛懲衙役不令擾民約束既嚴犯案自少是不但爲民實以爲己何苦以辛苦得來之官職甘心付之蠹役之手即幸而獲免亦流殃後

世若經此番痛切提撕之後尚不幡然覺悟則登彈章于法罔紀亦其自取爾矣本部堂一片婆心不謂言之不切也凜之愼之仍將如何遵奉嚴行約束之後由該州縣各自切實稟覆並將此刊碑竪立該州縣大堂載入縣志以期觸目警心

典史司 在縣署西

營防 在縣署西北

教諭訓導署 見學校

驛丞 在孱陵驛

養濟院 在舊城北門內經費詳田賦今移新城道光年閒荊州知府裕公謙捐銀壹千兩遞年生息飭戶書按月散給使無告實受其惠

壇廟 祠宇附

山川土穀之神有功德於民者祀之故壇壝兆於四郊禜禬行於六沴秩祀之重有舉無廢而歷來大名垂於宇宙及大業光於地方者例得建祠致祭與正祀等爲因以附書

社稷壇 在北門外每歲春秋仲月上戊日出主於壇而祭之 壇不用屋其制與風雲壇同從北門入置石主長二尺五寸方二尺埋於壇之南正中露圓尖外別爲木主高一尺二寸朱底青字左社右稷並南向風雲雷雨壇制崇二丈五尺縱以垣四陛四門從南門入木主高二尺二寸

風雲雷雨山川壇 每歲春秋仲月與社稷壇同日致祭設城隍神合祭風雲雷雨之神居中山川稱某州縣山川之神居左城隍稱某州縣城隍之神居右．按漢唐宋風雷雨皆各壇以祭未嘗合而爲一亦未及雲明洪武三年詔風雲雷雨合爲一壇六年詔合祭風雲雷雨山川之神尋又合城隍祭於壇陸稼書曰城隍既壇祀之矣而又有廟春秋二祭則於壇朔望行香則於廟亦於彼於此之意歟

先農壇 在東門外祭以每歲仲春亥日

常雩壇 每歲孟夏龍見擇日於風雲雷雨壇內致祭以迎時雨

厲壇在北門外每歲淸明日七月望十月朔請城隍
之神出主其祭榜無祀鬼神分祀之按厲壇之設予
產所謂鬼有所歸乃不爲厲也會典所載祭文備極
鬼神之情狀今悉遵用

文廟
崇聖祠俱詳學校

武廟在營防右順治元年定期每年五月十三日行祭
九年
勅封忠義神武關聖大帝雍正三年

勅封帝三代公爵造神牌供奉後殿五月致祭外定於春
秋二仲月擇日致祭屆期先祭後殿後祭正殿咸豐

四年奉
特旨升入中祀每歲春秋仲月及五月十三日致祭
後殿中奉
曾祖光昭公正中南向
祖裕昌公東一室南向
父成忠公西一室南向
夫人九靈懿德武肅英皇后
長子平竭忠王
次子興顯忠王
部將周倉忠勇公
兩旁從祀
關平　楊儀荆州刺史
周倉　馬良荆州參軍
新增
關興　張苞
王甫　張嵩

華佗　趙累

武廟田　斜堤一形叁拾陸畝坐落董家車台
椒園拾畝圮
舊城廢地東抵城脚南抵公堰西抵東嶽宮基北抵
公堰南北橫各貳拾陸弓東西長各肆拾柒弓扣田
四畝
老關廟地生員杜成瑄捐坐城內三仙宮西南東抵公溝心南抵
公堰西抵唐基北抵公溝南北長貳拾陸弓東西橫
拾柒弓扣田壹畝肆分柒釐

文昌宮在學宮東嘉慶六年奉
特旨升入中祀每歲春祭祭期用二月初三日
聖誕秋祭祭期以欽天監選定吉期同治四年奉
旨續增一祭　祠舊有響石一面相傳先朝自水中浮出
邑人製作石磬懸於廟中叩之其音清越響喨盖數
百年物也咸豐時爲有力者奪去邑人士爭之乃還
祠田𠃵坡徐家台一形玖畝叁分南門外田一形貳
石坐落孫黃驛後康熙時生員袁惇忠捐孝港田一
形伍拾玖畝原係東嶽宮田咸豐年間知縣陳文炳

撥入祠內

名宦鄉賢祠見學校

龍神祠在城東南　乾隆二十四年　禮部議定於春秋
仲月辰日致祭

旗纛神軍牙六纛霜降日武官致祭

以上俱有祀典銀詳田賦

火德祠舊在西門外今移新城舊祠廢地東抵趙基西驛路南抵堰並陳基西北俱抵溝心南北長柒
十弓東西寬叁十四弓扣田柒畝九分

劉猛將軍廟

城隍廟國初知縣衞戴天建後知縣楚煜重修趙公希闇改築殿基門臺高爽前瀦爲池道光七年知縣關維紀重建同治四年署縣袁公鳴珂續修今移置新城縣署西南　城隍之神境
內廟祀紛紛初非祀典所宜亦無關市集興廢不載
水旱田地二處椒園陸地拾畝長安村黃田湖水陸
共計貳拾伍畝康熙四十七年知縣陸守埰捐舊廟
廢地東岳宮在內東抵　武廟基南抵池外劉堰西抵公
溝北抵公堰南北各寬叁拾壹弓東西長各肆拾柒
弓扣田肆畝捌分

附　祠宇

左公祠在斗堤舊縣祀昭烈也帝於此有大功德邑因以名祠久圮入江

武侯祠本呂蒙祠在孱陵街邑進士劉珠一日過此題
詩云千年面目猶慙爾誰信祠頭有鼓鐘是夜夢蒙
長揖而謂曰何相讓之深乎一夕火焚其祠因改爲
武侯祠復罹兵燹舊石門柱上有劉珠題聯云漢業
鼎興二表見出師之意蒙城廟食千年愧僭賊之心
康熙庚子知縣楊之騏即其舊址捐建新廟邑諸生
龔三捷詩曰赤棘黃蘆大道旁武侯門宇久拋荒行
人錯認靈光殿枯木寒鴉噪夕陽祠田四處知縣楊

公之騈捐置祠東相連劉逑貞等基地壹畝貳分價銀肆兩祠西相連龍禹三兄弟陸地壹畝價銀叁兩王曾珍等田肆分僉挨身墈田壹分價銀貳兩俱康熙五十九年買六十年春又買王文煥陸地貳畝價銀陸兩

庾公祠祀子貞也子貞南齊孱陵令庾黔婁也祠久圮

竹林寇公祠在斗堤舊縣西即枯竹生筍處公卒於雷州柩過公安士民感其忠義道旁致祭折竹挂紙錢焚之逾月枯竹盡生筍衆因爲立廟號竹林寇公祠宋南渡後孟公珙拓其旁爲書院後又改爲學宮元薛公友諒重修有記載藝文

國朝康熙戊戌知縣楊公之騈改遷於北關外大道旁捐俸建祠顏曰培風書院上下俱三楹人士咸喜載酒賦詩而落之者甚衆邑諸生龔三捷詩曰七百年來寇相祠刼灰飛盡震江湄只今烟雨瀟湘色多少行人問舊碑元劉坦萊公祠堂記明鄒文盛請給寇公祀典疏均詳藝文

按祠自楊公改遷後又遷於城內道光己酉祠圮復遷於南平書院之西今移置新城書院

三相祠即竹林祠後人益孟珙廉希憲而三之舊在儒學內宋書孟珙傳珙字璞玉隨州棗陽人嘉興中以荊湖制帥屯兵公安因蜀士流寓於此建竹林書院以沒入田廬隸之使有所教養理宗題榜賜焉舊志廉希憲行省荊南公安饑發沙市不入官倉米販之邑祀於學宮

楚國宮祠祀元阿里海牙也在二聖寺後即故白骨塔寺舊志阿里海牙奏減田稅邑人祀之久圮入江

鳳公祠在舊縣南平書院西久圮

周公祠祀兵巡道周應中也

梁公祠祀分守道梁雲龍也

周梁二公明時重修　學宮儒學舊有祠袁宏道有記詳藝文

國朝重修　學宮荊州知府魏公勷也北直柏鄉廩生舊志謂後有修周梁二公祠祀者魏公當與同享之

鄉市

自軒皇日中爲市懋遷有無之風尙矣曹參謂無擾獄市而周禮司市司虣司稽賈師胥師惟恐其疎不擾不疎是有道以處此若夫牙儈之濫衡度之欺鄉村無稽遊民習於其中而田蕪不治往往由之迺今市廠之弊所冀長民者隨在留心耳

涂郭市 在西辛里舊有縣丞署道光三十年裁舊志載民安市爲涂郭巷黃廟子查黃廟子在涂郭巷下三十里

章莊舖 在白湖里　新店市 在茅穗里

吳達河市 在平樂里　黃金口市 在大光里

段堤墻市 一名新廠在大光里小河北　沱孔市 在廖解里

孟家溪市 在長安里舊志卽楊湖口誤　鄭公渡市 在長安里

谷昇寺市　韋家廠市 俱在谷昇里

龔家廠市　鄒家廠市 俱在長一里

毛家廠市 在刀環里舊志蓴湳河卽此　甘家廠市 在特邱里

湖堤市 在市鎭里　界溪橋市 在白湖里公澧交界

申津渡市 在刀環里　章田寺市 在曾陂里

楊家廠市 赴特界　觀音寺市 在西辛里

澹頭市 在西辛里　黃廟子市 在西辛里

李家口市 在茅穗里江公交界　石子灘市 在白湖里新開

東嶽廟市 在白湖里新開　胡家廠市 在赴陂里

大門土地市 在赴陂里新開　杉木橋市 在廖解里新開

猴子店市 在曾陂里新開　伍家舖市 在廖解里新開

斑竹墻市　伍家廠市

同新廠市 俱在牛頭里　祝家岡市 卽舊城

王家廠市 在東村里

邑市如黃金口段堤墻沱孔楊湖口毛家廠觀音寺申津渡張家廠新店市章田寺等處道光以前商賈雲集一市而開數典邇來市多冲廢幸存者不過寥寥數家或數十家而已撫字之而招來之庶有鳩乎

補錄因水久廢各市

曾家灣市　孫黃市以上俱東村里

栢林潭市　楊湖口市

雙田市　泗水口市以上俱長安里

三穴市大光里　民安市西辛里

范家廠　張家廠以上俱牛頭里

沈家廠廖解里　橫堤市曾陂里

灌洋市　高家壋市以上俱板橋里

郝鄔市　牛浪湖市以上俱谷昇里

黃家市　江伍橋市以上俱刀環里

普化觀江公界　孱陵市

索家市以上俱茅穗里　王家廠一在平樂里一在瓜渚里

熊家店市　楊賓所市

浮金橋市　黃屯橋市

毿毛巷市　易家橋市

譚家廠　熊家嘴市

津梁

徒杠輿梁王政所重邑之津梁有司諸官者有聽於民者亦仁政之一端也况地當南北之衝水陸交馳爲東南咽喉言設險者顧可忽諸

石浦橋原名杉木橋在斗堤舊縣城內知縣俞雍甃石建

鎮安橋在斗堤東一里明永樂中知縣鮑綸建正統中知縣俞雍用磚石砌萬歷中邑人楊元福重修

棠城橋　南星橋俱在市鎮里

石馬橋近王襄簡先墓有翁仲石馬故名　桑家橋在赴陂里

銀杏橋在今二聖寺後　高家橋在赴陂里

流橋久廢康熙庚子附近居人募捐修復架木爲梁

東壁橋明知縣錢允選濬石浦故道甃石爲之當斗堤舊縣學宮之東故名

板橋袁宗道募作板橋疏十一月杠十二月梁車蹄格格以驅以行惟茲紅板軌不得方木糟塊圮水達道長稽首哲人開箱啟囊無偏無頗來者堂堂題籍伊誰曰東省郎厥歲在寅厥律始商

三穴橋明正統中俞公雍建橋下爲七門虎渡江水支流逕此瀾偉爲一邑之最俞公易其額曰太平橋教諭阮禮銘曰影橫星月臥偃蒼龍七門洞達鉅流莫衝足知其雄偉矣傾圮已久按俞公修三穴橋非止大道通行實因以鎖虎渡分江之水使不得遄其湍瀉耳橋外止通輕舸貨運沙市至此起脚橋斷磴存今磴石烏有江口崩潤江流取捷徑下洞庭此公安百年後之大患也舊志

馬長港橋 明時發帑金司理王公督建多年倒塌片石無存生員李盛勳捐建甫興工年七十始舉一子數年運石李卒妻劉氏撫子光成之年久頹廢乾隆丁亥知縣馬公士偉倡議捐修州同鄒毅才起而獨任其事橋長十二丈寬二丈洞高二丈五尺南北立華表二建利涉亭於橋北規模宏敞峻潤壯觀行人稱便馬公題其額曰南平橋書一律以誌之馬長港擁古星橋重整宏規紫氣饒愧我無詩題玉柱羨他有彩煥金翹春深華表聽鶯唱月滿豐碑看斗標從此緬酋應底定南平嘉兆壯雲霄

黃鐘橋 界溪橋 俱白湖村正統中知縣張元凱建

孝港橋 因謝鱗柩過此故名亦俞公雍建成化中知縣陳鏞更新之後圮正德十四年司徒鄒公爲臨海蔡公爲文求助其畧曰惟茲孝港之途匪直莽蒼之徑昔者長橋有影五洞勝於千艘今也

春漲無情一道化爲二界望洋浩嘆如披登樓之檄欲渡無由似失中流之楫徒爲躁進不能奮飛撫驢背而長吟興滿灞陵之雪坐磯頭以久候途窮板迹之霜桂棹爭先愁生短景柳陰高喚心急修程雖雞犬之相聞渺胡越之閒隔公私病涉乘興所接者幾何往來興嗟折葦而航者安在設若馮河而溺難同抱石之貞言及於斯心亦何忍爰扣門而告助祈發篋以興工不分中產豪家豈論一錢尺布願如毛義士善學古人無俾蘧大夫獨稱君子後因江漲不時竟未修舉

和尚橋 橋甚峻潤洪熙初僧智昶建也萬歷閒圮方伯龔公同夫人趙氏子鴻臚仲純等修之仍建關帝廟於橋南今人呼曰紫微橋

永生橋 龔方伯建在大關廟東舊有桑梓頌德碑

咼家壋橋 明萬歷時邑人咼文邦建 野貓壋橋 在祝家岡北

新堤堰橋 湖尾橋 一俞公建一嘉靖中邑人何佑建也今圮俱在瓜渚村

橫溪橋 在刀環里俞公建 積善橋 在西辛里正統中俞公雍建

車公橋 在西辛里晉車允居此明萬歷中邑人楊福建

秀峯橋 在茅穗里明宣德中智昶建 高家壋橋 在灌洋洪武初邑人張友直建

浮盆橋 在茅穗里俞雍建相傳橋未成時有僧以盆浮水上渡人因名

趙公橋 在東村里俞公雍建 太陽橋 在東村里近太陽寺

判官橋 在長安村 任公橋 在特邱村

傅家橋 在赴陂村 磚橋 在長安村圮

吳氏橋 在平樂村久圮袁宗道募修吳氏橋小引潤如帶流且駛杠梁不飭徒者死舊鬼啾啾喚新鬼小人無知君子恥橋南北望仁里濟川題柱從此始

白馬橋 在魯陂里嘉靖十四年司徒鄒公致政時建也自爲記畧曰縣西南六十里有橋曰白馬不知得名之始雖荒村下里實一大要津也每秋夏之交奔潰漫衍遂爲巨浸或紆廻取道亦有徒涉而遭溺者行旅病焉宏治己未葬先封公於橋之南畢觀此津渡竊有志焉而力不逮嘉靖戊子乞休疏三上始得請荷蒙聖恩勅給月支歲役歸田幸有餘祿故得遂前所欲爲陶甓採石因高度下聯絡疊砌昔爲巨塹今則通衢特更其額以侈君恩名曰恩波橋久圮以上舊志

二公橋 一名義公橋今成巨津改用船渡 松柏橋 乾隆三十三年監生易明揚建

廣福橋 以上俱在特邱里

馬驛橋 在斗堤舊縣城內 龔喜橋 在谷昇村久圮設渡

鄭公橋在谷昇里　李生橋在東關外便河

謝堰橋在廖解里廩生牟廷薦增生牟世選通判牟光世仝建圮

便河橋在江陽寺前生員周克勤建　利濟橋在西家塆生員熊天熾建以上舊志

長生橋在晛家闸舊縣東關外北久圮碑存　福星橋在長安里

杉木橋在長魯二里界一名紗帽橋邑人朱海表領修砌石道光丙戌圮於水易以木同治四年貢生袁時曜重修一在章家厰　白玉橋在大光里黃金口

陳祠橋在大光里壓市口有明時毛娘娘梳粧臺遺蹟

杜息橋在板半里生員杜添梁建近憇息亭今圮

緄武橋在道鎮菴東　雙濟橋在道鎮菴後

道鎮菴橋　積玉橋章莊鋪南以上四橋都司雷鳴遠建

喻家橋以上俱白湖里　會仙橋在觀音寺前久圮

儒鶯橋監生王裕謨建俱在西辛里　平　橋

健陽橋　陰善橋嘉慶時王蔣氏建

雷井口橋監生蘇作春建　大石橋

小石橋　洸家石橋

車家塆橋　二道橋

三道橋　永南橋圮

龍王橋圮　以上俱在牛頭里

太平橋　眾濟橋

東港橋俱在廖解里　文家橋在赴陂里

粵還橋謫為接風橋任廣西歸順州知州鄒毅煦柩還過此子按察司經歷敬敕建

寶善橋即戴家橋乾隆五十四年監生謝輔元募建子性孝孫龍光不次修復

公義橋俗云田家橋　花蕚橋在長安里

五里三橋在斗湖堤南一名通市橋通陷馬河一名汪公橋通新河一名卦命橋通林泗港古橫大路也近河港淤塞形迹全失

侯家石橋　鮑家塆橋明嘉靖中鄒廷濟建

酉家塆橋嘉慶丙寅年熊振先捐修石甕售田二石餘藏事同治三年其子瑞九續修

花梨港橋　以上俱在谷昇里

薛家橋　上閘橋

下閘橋　窖口橋俱在茅穗里

三義橋廩生龔承春張志吾曹君奇建　集雲橋在雲翹門外

渡

油河渡在舊縣斗堤城東即大江渡口

三穴橋渡上即江瀆堤是為油河下五里即黃金口是為西河

港口渡在新城東一里孫黃諸水與虎渡江合南入洞庭置榷關於此監生劉明振置田十餘畝

馬長港渡舊當驛站之衝渡南有堤東達三穴橋為舊驛路亂後居民掘此堤引湖水南下斷

路以自固桂紀均各湖之水俱南出唐家湖口直達港口渡小民漁利盡失而邑治形勝亦索然矣

蘇家渡在新城北入里　流橋渡在大光村

芭芒渡在西辛里　簡家渡在西辛里

蒿港渡在瓜渚里即孝港　太嶽渡在平樂里

嚴灘渡在平樂里　江管渡在廖解里

柘林渡即柘林潭在新縣東南六里　雙田渡在長安村

惠果渡在特邱里　新渡在谷昇里

尹家渡在谷昇里　鄭公渡在長安里

太陽寺渡在東村里　王家壋渡在茅穗里

瀾成河渡在赴陂里

毛么河渡　辛家河渡

尊浦河渡俱在刀環里毛萬興避紅巾之難掘洞於尊浦河邊妻車氏茅氏獲全後子孫繁盛科第綿延明末之亂闖逆據荊毛族結聚自守數年賊未能犯國初乙酉丙戌開虎賊南渡扎營譚家草坪遊騎至刀環鄉人狃焉乃戕其強半屋宇盡毀於是邑無完村矣

黃金口渡在港關上三十五里乾隆時龍家鳳建捐田二十餘畝

潘家渡在沱市上十五里　曾家渡在沱市上五里

沱孔渡在港關上五里　朱湖渡在沱市上

毛公渡在黃金口上　申津渡在新縣北四十里

孫黃渡在祝家岡舊縣南五里即孫黃驛國朝康熙四十四年設

二公橋渡在特邱里　漣子口渡在長安里

鳳凰山渡在谷昇里彭和城捐　傅家橋渡在赴陂里

八步港渡在長安里淤泥湖汝監生蕭知光設子信鑣捐附近田畝

丁家壋渡　窩棚嘴渡在還金渡下

鮑家壋渡道光二十二年雷震安捐田二石二斗

還金渡即廖鬍子還金處也在鮑家壋下見義士

車家嘴渡　魏家嘴渡

仙女廟渡彭姓捐建　以上俱在谷昇里

慈口渡在黃金口下杜姓捐田一石五斗　孟家溪渡在長安里

坊表

自來閭閻之英科名之彥以及達官顯爵事爲忠孝所關者均得請建坊表表厥宅里以示鼓勵風教之意也邑中坊表年久傾圮不一備錄於策誌
恩榮亦彰奇節也

明

祭酒坊 景泰時爲王　恂

御史坊 一爲成化時李　芳一爲萬歷時陝嗣宗一爲崇禎時毛羽健

太保坊 正德時爲王　軾

尚書坊 正德時爲鄒文盛

布政坊 一爲正德時何　珊一爲嘉靖時龔大器一爲萬歷時熊　膏一爲萬歷時蕭毅中

會元坊 萬歷丙戌爲袁宗道

太常坊 萬歷時爲李守約前明坊表俱在斗堤舊縣今圮

貞節坊 嘉靖時爲咼棪妻

國朝

進士坊 順治戊戌爲咼正儀

二進士坊 康熙丁丑爲陳文燦馬龍驤

解元坊 一爲雍正二年湖廣解元侯執信一爲道光丙午年解元鄒崇漢

太史坊 乾隆辛巳爲毛業溥

庶常坊 嘉慶丁丑爲毛家槐

貞節坊 康熙時爲杜光先妻陳氏

節孝坊 雍正六年爲季　燦妻李氏

節孝坊 雍正六年爲劉文訓妻李氏

貞節坊 乾隆三年爲饒裔六妻陳氏

貞節坊 乾隆三年爲雷自聲妻劉氏

節孝坊 乾隆四年爲孫文炳妻李氏

節孝坊 乾隆七年爲咼司南妻劉氏又爲咼郢城妻劉氏

節孝坊 乾隆七年爲陳家璧妻周氏

節孝坊 乾隆十三年爲毛廷瑞妻劉氏

節孝坊 乾隆十七年爲朱士林妻袁氏

節孝坊 乾隆時爲杜志秩妻鄧氏

烈婦坊 乾隆時爲鄒敬典妻王氏

節孝坊 乾隆二十九年爲陳緯國妻汪氏

節孝坊 嘉慶六年爲咼履直妻毛氏

貞女坊 嘉慶十四年爲司馬有泰聘室毛貞女

節孝坊 嘉慶九年爲朱儒楹妻陳氏

兩世節孝坊 嘉慶時爲馬光海妻陳氏馬盛學妻袁氏

節孝坊 咸豐時爲晏明良妻王氏

百歲老人坊 在舊縣北關外里許大道之東地名王家橋康熙時知縣楊之駢捐置久圮

第宅 書舍亭閣附

賢士大夫甲第雲連日銷月鑠感慨係之舊志彙入古蹟今從省府志另列以見華屋生存芳徽未艾

宋

孟撫莊 在斗堤舊縣南門外孟珙開閫荊襄時置久圮

明

斗湖書舍 在斗堤口 王祭酒惝讀書處

西莊草亭 亦惝別墅自爲記畧曰西莊王氏故廬

王襄簡軾宅 在斗湖堤

鄒莊簡文盛宅 在赴毆里 舊志倦還亭在白蓮莊莊簡所築

距梅園三里數十頃皆湖種蓮其中五六月時清芬襲人香聞數里 久廢

龔方伯大器宅 在長安村 舊志梅園有長春臺方伯致政歸老處

蕭都堂毅中宅 在長安村 舊志兩湖書屋都堂讀書處

空明亭何方伯珊水亭也 在城西北隅 四周皆水又有曬書臺 俱廢

李太守臺宅 在平樂鄉

·杜棲園龔侍御仲慶所搆在石浦河東岸中有光碧堂雲在亭又壘石爲山高數丈因山爲洞曰瀟湘下爲池飛瀑林端吳人申少師時行劉侍御鳳皆有詩今佚

小竹林在平樂村通守王輅鄉居也先生爲袁中郎師中郎和王以明山居詩八首錄二首　蠟展先春試新詩倍日吟爲花常駐馬有字即題襟竹老雲辭去廊空月到深將何伴幽泠水響與柯音細鳥藏窩葉幽花綴靜枝獵心生翠管冶習露春詩爲髮添塵冒因寒寵講期貪頓眞可去何事弁除癡袁石浦送王

以明歸小竹林詩白襴著破換青衫歸去山齋自在眠醫俗且酉千箇竹買閒先賣一區田攜妻燒筍旋沽酒避客澆花自引泉怪得新詩奇僻甚苦吟刺骨類枯禪

荷葉山房在長安村袁太史宗道讀書處澗曰松風臺曰清蔭後有室曰白蘇齋有土阜可眺遠曰幕翠嶺旁爲廊曰斜月廊自阜而下地勢平坦修竹萬竿搆草堂曰淨綠堂後有澗水常涸少時與諸弟騎羊於此曰騎羊坡渡澗而北曰荷葉山山中古松千本翠蓋入雲一老栗中空而前竅可容定僧名之曰楞庵山前有池曰荷葉池中郎白蘇齋記詳藝文太史夏日小齋雜詠最憐山氣爽徙榻傍窗紗徑僻能全草簾疎不障花無痾常伏枕小兜爲煎茶堪歎東陵客休官始種瓜

柳浪館在斗堤西南城外袁稽勳宏道別業中郎自題柳浪館詩偏將藍瀋浸春顔風柳鬖鬖九尺鬟鶴過幾廻沉影去僧來時復帶雲還閒疏滯葉通鄰水擬典荒居作小山欲任維摩容得否湖亭纔得兩三閒

一春博得幾開顔欲買湖居先買閒鶴有累心猶被斥梅無高韻也遭刪鑿窗每欲當流水詠物長如畫遠山客霧屯煙書篋裏不知僧在那溪灣雜咏四首柳匝層層水花紛曲曲堤古藤隨意茁熟鳥任情啼寄客詩題嶽招僧語隔溪芰蒲分外長漸與竹欄齊偶然修竹裡新鳥一回聞鶴下翻盆石僧歸語嶠雲縱風生水態任月織波文莫遣鷗鳧去頻來只有君饒水饒烟地臨花臨柳居經營成淨社穿鑿架僧廬小作番唐像閑堆農圃書主人嘗血斷鶴亦念溪魚

齋閣行將近迂回又隔溪入窗中遠水萬柳外長堤鑿曲添魚舍芟枝減鶴棲無人踐暴汝宜近亦宜低

袁小修詩鎮日無人至層溪與閉關幻雲作佛事流水寫僧顏歸鷺千園雪長楊一派山夜深纖月落清梵出林閒過橋三五次門徑宛村莊曲水纏茅屋深林護粉牆雨煙荷葉淨風露稻花香未可全無事疏經也學忙

篔簹谷 在柳浪館後 袁儀部中道別業中郎篔簹谷七夕露坐詩山亭漠漠冷秋烟只在懸藤古石邊眼裏何曾離好竹耳中恰似有鳴泉稍開僻徑通斜月坐看明河憶去年巳水正長天正濶綠楊門外有酤船

劉主事珠宅 在花栗樹巷

白石山房 在長安里 袁孝廉夢溪讀書處譚友夏題曰江深草堂

遠青閣 尚氏建黃山天際送青縈碧相近有致遠堂爲尚重望讀書處

毛御史健宅 在刀環里

鄒宮保之有第 在舊縣署後俗稱閣老府移置新城西門

國朝

廓園 毛廓庵壽登讀書處

遯庵 馬進士芝弟蘭及子侄讀書處知縣何公題曰錫類祠

會萬軒 鄒進士養赤讀書處 以上錄府縣志 以下新增

毛太史業溥第 在刀環里

羅觀察宏漳府 在赴陂里 石獒猊尚存

藏書樓 在赴陂里 廩貢鄒崇泗建以藏其父廩生美中所詒書籍併古人圖書有記 詳藝文

塚墓 義塚附

墓者慕也其人不足慕何以使人思慕之而不忘塚者崇也其人無可崇何以與山之崇隆而俱永

三國

吳主權王夫人墓 吳志以選入宮嘉禾中生孫休及孫和爲太子和母貴重諸姬有寵者皆出諸外夫人出公安卒因葬焉休即位遣使追尊曰敬懷皇后改葬敬陵名勝志孫吳舊塚在大光村其高若阜前臨青港湖

劉璋墓 名勝志在縣西南 先主遷璋於公安盡歸其財物故葬於是

隋

聖母墓 名勝志在茅穗村大賢里之西 智者禪師之母甃石爲塔高丈許今呼爲聖母塔 明季圮

元

曾參政元禮墓 在斗湖堤東門外堤側圮入江

明

王襄簡軾墓 在牛頭村丁家湖

王祭酒恂墓 在邱家營東

鄒莊簡文盛墓 在章莊鋪 顧鼎臣撰誌銘 見藝文

張御史斌墓 在西辛里御史岡

劉主事珠墓 在白雲峪西

何方伯珊墓 在沱市南

袁太史宗道墓 在長安村荷葉山

袁稽勳宏道墓 在白湖里白鶴山

袁儀部中道墓 與兄宗道同域

侯吏部偉時墓 在花栗樹港

馬義士貢墓 在谷昇里瑪瑙山

李太常守約墓 在牛浪湖雨壇岡

毛御史羽健墓 在黃茅湖和尚橋

二孝女墓 在板橋里 天啟間鄉民女黃妙金妙銀卒葬此地 傳見列女

國朝

周知縣于文墓 在牛頭里永鎮山南

羅觀察宏漳墓 在赴陂里大門土地南首

明以前照舊縣府志錄 國朝先達兆域周羅二公外各里採訪未收無從登載

附 義塚

一在舊縣西關外箭道東 典史戴士閔捐置道光年間義塚碑忽現五色梅花名梅花碑

一在舊縣北關外王家橋 康熙五十九年知縣楊之駿捐置

一在舊縣北關外牌樓岡 道光十四年典史汪翰垣捐置

一在申津渡 嘉慶六年監生林芳捐置

一在趙家嘴 理問王述濤捐置

一在申津渡後 嘉慶二十年王明遠捐置

一在同興垸西 監生龔巨源捐置

一在斑竹壋東 熊姓捐置

一在章莊舖 道光壬辰奇荒日有塗殍監生雷俊章捐置其孫生員洪丙以毗連之地附焉

一在赴陂里胡家廠 咸豐時咸甯人祝亨壽邑監生鄒丹中募置

一白骨塔 在舊縣西關外邑諸生杜祥野捐建知縣王濼及長安里邑人喻華獎以善人額又廖解里二聖堆茅穗里螺螄楚僧貫休均建有塔

寺觀

山厓水陬閒二氏之祠叢出蠧國耗民狄梁公所以奮然毀之而不惜也然相沿既久未便概從棄擲以殿營建不使與正祀混其亦存而不論者乎

二聖寺 東晉太和三年道安慧遠二法師建寺凡數遷初在江邊郎安遠舊寺也唐宋始改梅園遠公歷記一千年後有肉身菩薩改吾道場於梅園是也洪武己卯江水崩潰從椒園故安成劉太常宣記曰再遷於椒園之坊而寺始定嘉靖丙寅江水復齧遂移東南郭外今人以舊寺爲梅園而此爲椒園者誤也大雄殿毀於天順二年前此易殿造像則紹珍營其始滿空葺其終後從事拓基則應祿闢其荒靈心藻其質也二聖閣及繚垣皆靈心募造而員過堂正法樓則龔侍御仲慶合諸宰官力市僧地爲之樓以

藏經堂以待行腳具粥飯主人則十方衲子遞職之其隸事者爲臨淵僧圓相蓋法師也寺有洲堂有田皆名隸王者宋參知政事馮楫二聖靈蹟記曰晉太和三年竇印手菩薩道安法師護法菩薩惠遠法師卓錫開基建寺於邑之濱江額曰安遠寺迄太元元年春仲一夕邑令周通夢二衲叩門語之曰汝輩多爲不善將陷泥塗今吾誓以西方之法安鎮是壤翼日冢傳戶告萬口一辭忽聞空中語云還見吾否在昔因中乃童子身於寶蓮花藏如來前得受菩提記號曰青葉髻王婁至德如來賢刼千佛下生之數也又有語曰今西北香木二根自洞庭湖泅至此已三歲矣將有西來二鄒行者立吾二像於是縣令同諸父老訪於江濱求得之復遇披褐剪髮者從容相揖縣令曰得非西來鄒行乎答曰然具語其故行者許諸僧之公安爲立二像運斤之日靈光四佈非烟非雲郁郁紛紛不聞其聲七日像成清風四來靈光忽散啟戶視之遽失西來二鄒行者惟見二金剛像屹如山立精光射人莫不震悚時仲春八日也嗣是四

衆皈依有禱皆應旣而夏秋潦水泛濫妖物作害崩潰隴岸有司禱於二聖見於雲中現像手執寶杵金環於是水患寢息民賴以安厥後或現足跡以儆羣迷或示履痕以堅淨信或託諸夢寐或流爲讖兆余按大藏經中二聖本願芬陀利經之所載驗於此矣昔遠法師預記一千年後肉身菩薩改吾道塲於梅園至唐貞觀二年杭商史淸者駕舟自浙而來二聖化爲童子求與鼓棹商者曰二竪者力能勝吾舟耶童子曰咨無慮但得夜行請客自睡至夜商者寢於舟中童子鼓舟商有從者密覘之童子現猛勇二神夾舟而飛從者報於商商亦覘之知其神也戒從者勿覘莫知其舟所逝但聞草木之聲雞鳴商者起視舟在寺側不見童子商者趨見二像與夜鼓舟者無異遂感立化於寺俄而貌赤色重頷如龍衆皆驚愕沙門用麻覆身以香泥塗塑其肉像崇奉在寺一日附於童子曰吾是娑伽羅龍王化身感二神救護衆生特來匡翊又曰百年後有一夫欲損吾軀終莫能至唐季巢寇犯境欲挽撲之力終不逮發矢亦不中

遂委之去額有渙汗痕種種靈通不可盡述迄我皇宋列聖御宇以來佛神聖顯尤加昭灼遂以其寺爲薦嚴之所屢褒賜封額太平興國元年賜額興化禪寺天聖三年改爲萬壽禪寺崇甯四年勅加天甯萬壽禪寺紹興七年改爲報恩光孝禪寺景泰五年勅加青葉髻王爲精進如來婁至德爲妙果如來勅封娑伽羅龍王化身黃衣使者爲忠烈侯又勅佐感應判官爲助順侯易額二聖禪寺今年孟秋四日夜余以王事之西蜀舟經公安江上忽然晦冥風濤大作舟人莫能措手足舟幾覆沒忽聞空中語云爾等勿怖吾當救護語畢舟竟到岸迄曉視之正在寺側余乃知佛神之靈也於是秉香詣寺謁謝索其靈跡住持卓翁遂出本授余仍請更增益之余感佛神救護之惠故並其前靈蹟樂爲之記其餘異跡甚多見別條寺舊有辟支佛牙及有宋諸勅趙子昂十八羅漢卷元書金字法華經而羅漢爲當事者取送故相家後不知散失何處又有羅漢十一軸皆名筆而失其四寺僧不知惜今久蠹朽有唐鑄釋家及二聖像精妙古峭長不盈尺今俱失寺頹壞灰如禪僧令徒擴拾遺材重建大非故時宏麗矣舊志

袁宗道

二聖寺遊記　詳藝文

谷昇寺　東晉太和五年智公和尚建道光中僧德智重修公安三十二寺首二聖谷昇居二舊有十八羅漢及水陸像皆名筆相傳於古樹中得之蓋兵亂時所藏也今失方伯龔大器憶谷昇寺詩

憶昔尋春古寺邊而今楊柳隔晴煙上方鐘磬自朝夕客路琴書空歲年松月夜聞華鶴語隴雲長伴老僧眠幾時得遂青山約醉傍梅花草太元

太陽寺　在東村里唐以前建宋紹興中重修今圮　杜甫酬別公安太易沙門詩見藝文

靈化寺　在茅穗里圮

天崇寺　在刀環里宋景德中僧無能建明初僧紹彬重修茶毘時有青舍利今嵌塑像之額尚存里人重修　毛壽登遊天崇寺詩

野寺依族黨累世相因託耿龍恒於斯杯盤不待約松閒白鳥驚窗下棋聲落兜誦喧虛無經壇反寂寞牛犁分港共田器寄簷各老僧俗姓同百年等今作亂離獲生全不忍遠行屬敍述吾祖先聲容尚可學自笑三十載驅馳雙鬢掠早失以晚悟歸與赴前諾

淨居寺　宋紹興中僧法興建一云智慧僧建明時周氏重修兵燹無存　國朝順治閒鄭姓重建

中臺寺　周氏續修

清靜寺 道光乙巳僧戒登募修監生范厚榜建以上俱在刀環里

報本寺 滑智者禪師奉勅建宋元豐中重修精舍五進中殿柱礎似篋盒叩之有聲其梁似刨葉卷成里人取木屑以療心疾道光時圮今復修建

江陽寺 在茅穗里圮

龍泉寺 在新市圮

北觀音寺 宋元豐中建

普光寺 元大德中建今圮以上俱在茅穗里

牛頭寺 舊志石柱有龍乘風雲騰去相傳地有龍池

芝田寺 圮二寺俱在牛頭里

天甯寺 東晉太和二年遠勸二僧建康熙庚申年判宜施道鄧廷羅南征過此捐屯田六十畝

法華寺 隋時建諸生鄭名重修袁中郎墓在其側子特邱公祔焉

清溪寺 嘉慶戊寅知縣盛濂建右接縣治南卡以上俱在白湖里

雷寨寺 在谷昇里李家灣上

椒園寺 在市鎮里東嶽觀西

梅園寺 在斗堤南門外亦屬市鎮里

清化寺 在上灌洋高家壋東交江陵界今僅存遺址僧依堤結茅庵居之 進士陳文燦詩依堤起化宇蘚化石牆斑地僻何人到僧歸古殿閒浮雲陰野甸驟雨漲江灣寂寂上方境幽深常閉關

飛化寺 在高家壋西岸

普濟寺 明之三仙宮乾隆時廢址已壂為田道光已亥大水流一女神至此里人於堤土建寺以上俱在板橋里

齊居寺 在舊孱陵城宋嘉定中僧寅公建

樂善寺 在黃金口小河東宋端平中僧惟鑑建前有龍淵

大光寺 里人周道重修以上俱在大光里

南觀音寺 在瓜渚里宋宣和中榮安和尚建東西二廠舊有三橋 郡庠生黃永松橫木成林詩來自山巔與水涯橫陳樹樹掩平沙春深每借苔為葉冬至還將雪作花縱使斷根埋碧草

應多高節映紅霞雕梁畫棟終須汝大庇千家與萬家

華嚴寺 在東河嶺圮

南禪寺 在西辛里宋紹興中傳霞上人建

神臺寺 舊名廣福山有井七口名七星伴月

諸天寺 在太嶽岡袁中郎改名佛田寺有重修募修碑剎落荊杞中 邑諸生杜必清宿諸天寺詩地僻禪關靜鐘聲夜泊船心猿空半偈色相證諸天挂錫雲生壁繙經鉢咒蓮木榻松外馥移塌伴松眠

天光寺 在走馬堤後圮

古城寺 晉唐遺蹟康熙時重修石額聖壽山圮以上俱在西辛里

金古寺

法海寺 元至正中僧法海建節婦袁萬氏重建二寺俱在廖解里

白果寺 宋紹興中僧正秀建圮

章田寺 宋時婺婦王氏建

大車寺 宋宣和中僧達建 國朝康熙時重修

淨土寺 舊爲紅巾賊所毀以上俱在鬱陂里

大德寺 宋景定中僧月溪建舉人冉重望貢生袁世維重修

龍門寺 宋乾道中建藏有仙佛遺蹟相傳谷和尙成仙處圮

利濟寺 宋淳祐中森上人建在長安村

義堂寺 宋紹興中僧慈潤建元至正間鍾載岳武穆征楊么還祭陣亡將士故寺以名 袁宏道義堂寺詩枳林之南烏泥北中有靈芳大士國一迦陵引百鵰雛怒飛皆作垂天翼無香不出幽曇林有水皆涵玻璃色飛丹流碧徧郎廬卽今佛宮長荊棘銀杏熟果墮佛髻滿月無光粉虫蝕龍池蛙積藏輪傾寶閣蕓欹走彌勒誰能過此不欷歔篋箱有緡田有穡趁時且撒買窗錢波波城中眼雙壘

雙田寺 唐開元時遠法師建龔仲元子姪讀書處 袁宏道雙田寺詩雙田開山自李唐虛焰摧爲瓦礫場芟茅誅杞作雲堂鏡水不波菱芡香蘆荻花飛滿寺霜刻株爲佛如人長辟支羅漢儼成行頸腮不辨劈怒張腰弓劈曲包沮藏皺皮皺面苔蘚裝黃面老子面不黃雪山行苦骨羸厓爰有大心檀越王銅山金埒珠倉箱入門回顧淚沱滂融高治液告四方三十二相亦何常稽首誰家無橐囊東郎西舍皆蓮鄉 以上俱在長安里

報慈寺 在特邱里唐時勅建開山說法者爲藏輿禪師龍牙弟子也宋元祐中住持僧道甯重修元延祐間住持僧蓋庵奉勅重建宏廠莊嚴於時稱最明季兵燹僅存圓通一殿寺僧毀作禾塲每於中用牛

碾稻磚甃皆碎 國朝順治十五年舉人冉重望等延灰如和尙駐錫興復期年中法堂禪關次第具舉後灰如圓寂其弟子樹可雪幹募修大雄殿守備李涧捐修藏經閣老僧嘯石別修應院精舍皆極壯麗舊有常住田若干頃皆住持與外護合力贖回於既失之後者坵段著落載檀林文華 毛壽登避兵湖中過訪報慈寺詩乘閒訪老宿意象不無神梵誦魚龍度威儀虎豹馴接機摻小艇避難託孥身獨放桃花色莊嚴刦外春巖首昇灰如禪師塔銘 見藝文 王璲修葺大佛殿募疏 見雜記

惠果寺 在特邱里宋紹興中僧賴祥建

龍溪寺 在赴陂里宋紹興中僧明庵建宏治中鄒廉修廉司徒父也

白泉寺在赳陂里捲几山麓

太平觀原在舊縣明末遷舊城東關內後改武廟久圮

長生觀一在北關外一在牛頭里宋宣和中道士石法言建

東昇福觀在荸穗里宋紹興中建

西昇福觀紹興中道士龍青仝建

紫霄觀宋慶元中道士楊復庵建

洞賓觀宋淯祐中道士景公建明成化時道士張道乾拓之俱在瓜渚里

崇眞觀在大光里宋寶應中道士竺公建

東嶽觀在西辛里宋元祐中建康熙時道會張得俊重修

南嶽觀舊在㪷湖堤明正統中楊大銘建邑人李德明重修後移於邱家營北

福星觀在平樂里宋宣和中道士王大有建

廣德觀在廖解里縣地平衍至此始起岡巒曰石子岡宋紹興中道士王紹建嗣後道士何元靖及村民吳實續修

刻木觀在曾陂里宋景定中月溪道人建其中有刻木若嫗像者相傳其地有古楓樹一道人遠來每夕徘徊其下呼其母樹輒應聲遂伐木刻像肖之後人神其事爲立觀或云郎丁蘭明天啟時龔世煜重修觀中大鼓徑三尺許蓋木槿木所刳也

崇元觀在曾陂里舊志宋景定中道士楊如眞建觀中洪鐘一口文云創始於東晉復興於宋景定三年明季兵燹蕩然無存國朝道士陳紫垣移建越十一代道士劉道純遷還舊址門首有古楓香樹二株高十餘丈大數圍葉作三脊子大如卵爆乾燒之可辟疫氣

悟眞觀在曾陂里宋咸淯中道士邵月潭建

玉虛觀在赳陂里道士張守玉建

白馬觀在特邱里舊有梧桐樹合抱明季萎今又三尺圍矣

玉淸觀在長安村圮

烏龍觀在谷昇里

洞神觀宋淯祐中道士舒守庸建

三淸觀在谷昇里咸豐時大水有長生觀三淸神像漂泊至此里人建此觀

白雲觀宋景定中道士王德眞建以上俱在谷昇里　恩貢侯家光有詩云琳

宮簇簇倚山隈暮鼓晨鐘次第催笑煞神仙忙不住

白雲飛去復飛來

佑聖觀

香靈觀俱在刀環里

古城隍廟在斗湖堤

古關帝廟在斗湖堤明崇禎時舉人戴名世建置田百餘畝國朝乾隆間世曾孫魯章重修道光間章曾孫一村補修圮止存正殿

謝相廟在舊縣西關外以地濱兒黃山謝驕塚故名

晏公廟舊在外湖後遷中穴港改爲東嶽觀

塔岡廟在谷昇里明末建道光丁未里人重修 歲貢沈賜鈞詩蕭寺何年傍古驛收剔殘碑無片石相傳眞武自西來會於此地卓雙錫又傳明有進士公自言家住洱海東維時張李氛正惡滇黔蜀道梗未通祝髮寺內棄桑梓題額西崑走筆鋒高僧因緣結香火廟貌因之愈穹窿二百年來風和雨殿宇荒凉啼鼯鼠居士擲取黃金甎轉眼丹堊復舊觀吁嗟乎我不佞佛佛亦得恰有禪機向佛說自來禪語比水傾惟有因緣理最澈安知目前眾蘭陀非郎當年舊檀越我作蓮社客讀書

近十年既無坡公玉帶贈佛印又無白傅詩集藏佛龕只合捉筆題句溯緣起留此飛鴻指爪一參西來禪

金雞廟在西辛里初名五王廟乾隆時建

馬慈廟在西辛里左有白鶴觀右有蓮花庵今存大殿

殷家廟在西辛里舊有市今廢

黑神廟在赴陂里文家橋北道光二年里有爭界連訟者迎城內黑神判其曲直立廟祀之同治五年遷橋南按黑神唐張巡也城內舊有廟今圮 邑廩生鄒美中詩荒祠落日枕山阿猶憶當年獨奮戈千古美人悲夜月四郊戎馬渡黃河功爭郭李威名遠力障江淮戰蹟多風捲靈旗成幻相丹青姓字浪傳譌

江瀆廟

五王廟俱在魯陂里

得功廟在谷昇里一名昆盧庵明世宗邵太皇后病里人喻其珍業岐黃召珍診治愈上賜以爵不受詔封得功眞人

白鶴廟在白湖里創自明季相傳其地有白鶴三隻浮水面近視卽無居民募善泅者撈之獲銅鑄神像三卽其地立廟祀之越日忽飛洪鐘一口大數十圍全置廟中廟額白鶴留蹤四字

高廟一名廻龍庵在孟家溪南

仙女廟一在大光里一在油浪湖相傳爲白鶴仙娘遺跡

法官廟在谷昇里雨田岡相傳里有文九公者禱雨輒應近地居人塑像立石室奉之又長安里有眞官廟明劉益建廟前雨壇周卽禱雨處與此相類

五顯廟在特邱里

如來庵在舊城縣署西

白衣庵在東村里上殿稽勳袁宏道建下殿戶部尚書鄒文盛建圮常供田三石五斗銅佛三止存其一移供舊城觀音閣

藍衣庵在東村里久圮

淨慈庵在長安里圮

吉祥庵在港口河東邑諸生袁夢虞子庠生敦忠姪廩生敦思建 湯右曾詩暑光漸

退晚涼天羽扇絺衣就夜禪修竹徧栽鄰徑後淸江
橫遶寺門前無儕沙鳥應知我重刻山雲不計年一
室優曇花是否盆中草木總悠然

廻龍庵在白湖里舉人汪佑詩建旁有古鑑禪師塔

觀音庵在廖解里諸生袁貽彥建圮

二聖庵在二聖洲大二聖發蹟顯神處

法華庵在斗湖堤後始於舉人王承先居士李承芳僧眞惠成於袁中郎小修僧圓相黃太史輝題曰精進林

靑蓮庵一在斗湖堤西南袁宗道安道建麻城顯宗和尙山僧習雲重修一在孱陵城

荷葉庵在荷葉山後一名珊瑚庵三袁先生建久圮

古佛庵初名生生庵臬副王璲改題邑諸生袁貽孫建子貢生昌麟重修僧雲眉住持

板橋庵在斗堤原有庵田爲義塚

百子庵在斗堤圮

古蘇庵在谷昇里蘇家渡南岸明萬歷初陳伯凱建茅後長子舉人鼎中重修易以瓦捐田一石五斗小堰一明末燬於火康熙甲戌重修圮

白雲庵卽古闞山在谷昇里原在黃牛嶺明永樂時夏氾有神像泊此蓋鐵鑄也里人奇之爲建廟舊庵前有桂樹一株若華蓋人折之輒病

道鎮庵在谷昇里陳姓建

淨業庵在谷昇里御史龔仲慶建

淨土庵在谷昇里近嵐令龔仲敏墓其生時所立以住修行僧眞源者

三益庵在谷昇里馬家嘴

廣慈庵在西關外

靑龍庵在特邱里

太平庵在白湖里

龍興庵在特邱里龍溪山甘召循遺趾順治乙酉循禦賊死父榮吾痛其無子爲建祠置田給僧奉祀道光己亥生員甘湘浦重修

善慶庵在魯陂里

天福庵在魯陂里

奉先庵在魯陂里邑人何耀宗建圮

地藏庵在大一里孱陵街

三元宮在祝家岡舊縣東關外圮

東嶽宮在舊縣城隍廟東圮舊有田今撥入文昌宮

佑聖宮在舊縣北關內圮

顯聖宮在窑頭埠

永鎮宮在茅穗里新市乾隆時里人建

準提閣在舊城內圮

霜林庵 在茅穗里

萬壽閣 在東關外即舊地藏庵僧惠江周孝改建知縣沈寅題額爲祝釐之地久圮

觀音閣 原在城東北隅因水圮舊考棚尚存一進移像供奉同治癸酉復圮於水今移新城

玉虛閣 在白湖里韋莊鋪塘汛北有常住田四石入斗道光時廩生汪光世仝族姓重修

永鎮禪林 在舊城北關外十里

三福寺 在新城補廳後原古蘇庵高剅廟道光壬辰大水二廟傾塌神主借供福護庵復毀於水貢生袁勤瑜捐田二斗與衆姓捐費建寺於此

吳家廟 在新城南門外

盈安寺 在港關

公安縣志
卷三
民政上

公安縣志卷之三

民政志上

立政以爲民也而民之待治於上則視其切且要者圖之以爲民生之利賴而植其不拔之基邑治昔爲高原今爲澤國故役出於賦賦出於田而總視堤爲贏縮與養而後立教學校禮樂政典重焉文事兼資武備驛遞防汛軍制關焉長民者取而休養滋息之斯民生以厚民德以正而風氣蒸蒸日上以共享我

國家億萬年有道之長矣

戸口 附保甲

郡縣戸口之登耗視其時之盛衰此古今之常也若漢之爲口算晉之置戸調又近世丁賦所昉也我

朝聖明繼序海宇乂安戸口滋生遠軼前代康熙癸巳

欽奉

上諭永除徭賦繼又散丁銀於田畝俾無田者無絲粟之費深仁厚澤誠千古所未有已茲謹據乾隆十六年編審之數紀之用昭一方生齒之盛云爾

國朝定例人丁五年一編審凡鄉紳舉貢生員得免一身謂之優免人丁餘曰當差人丁每丁科徭里銀每縣各一則輕重不等康熙五十二年但據康熙五十年丁册定爲常額續生人丁永不加賦名爲盛世滋生戸口其定額徵收又於雍正六年題准隨田辦納在案

府志公安縣原額人丁八千七百五十四丁每丁徵銀肆錢陸釐玖絲貳忽伍微伍塵叁渺柒漠

康熙四年奉

文豁免運夫人丁二百四十三丁

又開除人丁五千九百一十七丁

又康熙二十五年至五十年六次編審共審復人丁一千四百七十丁

實在人丁三千六百四十一丁額徵丁銀總數見田賦

康熙五十五年至乾隆十六年八次編審共增滋生人丁一千三百一十七丁永不加賦

明續文獻通攷公安戸五千八百六十五口三萬五千七百六十七丁九千七百二十九

附保甲 共九十六名

城內二名　東一里三名
東二里二名　瓜渚里二名
長一里三名　長二里三名
大一里五名　大二里三名
白里五名　西一里三名
西三里二名　西四里三名
西五里四名　牛一里二名
牛二里二名　廖一里二名
廖二里二名　赴一里二名

赴二里三名　特郎里二名
魯一里三名　魯二里三名
板橋里三名　平樂里三名
谷一里四名　谷二里三名
市一里二名　市二里二名
刀環里六名　茅一里二名
茅二里二名　茅三里三名
茅四里二名　申梓洲一名
平灘洲一名　沅陵洲一名

田賦　湖河蘆課屯田附

古者任土作貢按戶出車田有租丁有庸山林川澤莫不有稅上恃此以治其下下恃此以供其上此體國經野之先務也公安自明季大亂死亡殆盡版籍無存

國朝休養生息二百年來漸臻繁盛自康熙五十五年停止編審至乾隆三十七年欽奉

恩詔永不加賦民間錢糧始有定額惟是舊志所載實徵原額以及坐支提解各項銀兩與現在數目多寡有

合有不合者蓋其閒有昔有而今裁者如利應驛丞各官俸薪銀及各役工食銀之類是也又有雖裁而尚未全裁者如鋪兵改爲馬夫酌留二成之類是也又有雖復而尚未全復者如廩糧銀酌復叁分之壹之類是也又有昔無而今增者如

武廟祭祀銀之類是也又有實去而名存者如玖釐餉之類是也今將舊志所載徵解坐支銀兩仍照數列於前幅庶幾考古者按籍而得知所緣起也其後幅臚列現在徵解坐支全數及銀米折收定價俾知經

制有常不容妄費因時制宜不泥成法也至遇年災
歉莊書於末者所以恭紀
皇仁不敢忘綏豁之
曠典與賑卹之
殊恩也惟冀堤防修復年穀順成俾澤國哀鴻盡有起色
斯人効輸將不至以一隅偏災屢煩入告耳

計錄舊志康熙六十年分賦役下

一成熟上中下田地山塘湖共伍千柒百肆拾玖項肆拾陸畝壹分陸釐捌毫

一成熟麥玖百壹拾叁石柒斗柒升貳合肆抄玖撮柒圭玖粒玖顆應徵成熟條銀玖百貳拾貳兩壹錢玖分肆釐陸毫捌絲叁忽伍微

一成熟田湖秋米柒千捌百貳拾伍石柒升陸合陸勺壹抄叁撮肆圭玖粒玖粟應徵條銀陸千陸百陸拾伍兩柒錢肆分陸釐柒毫柒絲伍忽叁塵玖纖捌渺壹漠玖茫

內有免米伍百石每石免銀肆錢共免銀貳百兩扣解充餉應徵銀叁百肆拾叁兩叁錢陸分伍釐壹毫肆絲壹忽

無免米柒千叁百貳拾伍石柒升陸合陸勺壹抄叁撮肆圭玖粒玖粟應徵銀陸千陸百陸拾伍兩柒錢肆分陸釐柒毫柒絲伍忽叁塵玖纖捌渺壹漠玖茫

一原額玖釐餉損銀伍千玖百捌拾貳兩玖錢柒分肆釐柒毫除荒外應徵銀貳千叁百柒拾捌兩柒錢玖分玖毫陸絲貳忽肆微肆塵捌纖叁渺四漠叁茫

一現在人丁叁千陸百肆拾壹丁應徵丁銀壹千伍百柒拾玖兩柒錢肆分柒釐柒絲伍微貳塵壹渺叁漠

內有免丁伍百丁每丁免銀肆錢共免銀貳百兩奉文止免本身丁銀共肆拾柒兩壹錢貳分餘抽充餉銀壹百伍拾貳兩捌錢捌分

無免人丁叁千壹百肆拾壹丁應徵銀壹千伍百柒拾玖兩柒錢肆分柒釐柒絲伍微貳塵壹渺叁漠

一更名地租原額租銀叁百玖拾柒兩壹錢伍分陸釐柒毫壹絲玖忽除荒外

一原額餉銀捌拾捌兩肆錢貳分捌釐伍毫叁絲柒忽除荒外共應徵租餉損銀肆百陸拾兩伍錢伍釐玖

毫壹忽壹微肆塵壹纖陸渺肆漠

起運

戸部項下

一解南農桑正損額銀柒錢叁分伍釐除荒外實徵銀貳錢捌分叁釐壹毫貳絲肆忽柒微陸塵玖漠

一京庫米折滴珠共額銀玖拾壹兩陸錢叁釐玖毫貳絲貳忽伍微肆塵除荒外實徵銀叁拾伍兩壹錢陸分貳釐玖毫柒絲玖忽叁微捌塵柒纖柒渺柒漠

一派剩本倉米折額銀肆百叁拾玖兩肆錢玖分壹釐

叁毫陸絲除荒外實徵銀壹百陸拾捌兩陸錢玖分玖釐陸毫玖絲玖忽玖微叁塵貳纖捌渺伍漠

一兌軍永折正損銀壹千伍百壹拾叁兩柒毫貳絲除荒外實徵銀伍百捌拾兩柒錢柒分柒釐貳毫陸絲壹忽肆微玖塵伍纖柒漠

一解南農桑戸口鈔正損帶閏共額銀壹百柒拾伍兩貳錢陸分貳釐捌毫玖絲玖忽壹微陸塵伍纖捌渺除荒並故夫外實徵銀陸拾柒兩貳錢柒分伍釐玖毫伍絲伍忽捌微玖塵柒纖捌渺陸漠

一新舊黃絹正損共額銀柒兩壹錢壹分肆釐伍毫除荒外實徵銀貳兩柒錢叁分壹釐肆毫肆絲玖忽壹微肆塵叁纖陸漠

一北京乾魚正損共額銀貳拾柒兩壹錢捌分陸釐貳毫肆絲叁忽柒微伍塵除荒外實徵銀壹拾兩肆錢叁分伍釐玖毫柒絲陸微叁塵壹纖玖渺叁漠

一江南乾魚正損共額銀肆兩貳錢陸分玖釐叁毫叁絲壹忽貳微伍塵除荒外實徵銀壹兩陸錢叁分捌釐柒毫玖絲玖忽壹微貳塵肆纖捌渺

一南漕運官盤費共額銀貳拾貳兩除荒外實徵銀捌兩肆錢肆分伍釐伍忽壹微貳塵陸纖伍渺

一篩竹園頭共額銀壹百壹兩陸錢叁分貳釐叁毫貳絲除荒外實徵銀叁拾玖兩壹分貳釐柒毫肆絲玖忽玖微陸塵肆渺陸漠

摘裁項下

一宗祿折色共額銀壹千捌百玖拾壹兩叁錢肆分貳釐陸毫玖絲貳忽捌微除荒外實徵銀陸百捌兩肆錢肆分柒釐叁毫陸絲叁忽柒微柒塵玖纖壹渺貳

漠

一官役俸薪共額銀肆拾玖兩陸錢除荒亟故夫外實徵銀壹拾伍兩玖錢伍分陸釐肆毫柒絲玖忽壹微柒塵貳纖柒渺

一民校等役工食共額銀貳百伍拾玖兩伍錢貳分除荒亟故夫外實徵銀捌拾叁兩肆錢捌分捌釐貳毫肆絲伍忽玖微肆塵肆渺叁漠

一茶價雜用共額銀叁百貳拾玖兩肆錢玖分肆釐柒毫肆絲叁忽除荒亟故夫外實徵銀壹百伍兩玖錢

玖分玖釐玖毫肆忽肆微陸塵玖纖捌渺捌漠

一賦役冗欵共額銀叁千壹百壹拾貳兩伍錢伍分陸釐柒毫壹絲伍忽伍微貳塵柒纖肆渺除荒亟故夫外實徵銀肆百捌拾肆兩肆錢肆分叁釐捌毫玖絲陸忽肆塵貳纖叁渺貳漠

一順治九年會裁各役工食銀貳百伍拾兩肆錢除荒亟故夫外實徵銀陸拾柒兩捌錢肆分玖毫伍絲捌忽貳微貳塵捌纖壹渺肆漠

一順治十二四年新裁銀肆百伍拾柒兩叁錢壹分捌釐貳毫柒絲除荒亟故夫外實徵銀壹百貳拾叁兩玖錢貳釐壹毫貳絲玖忽伍微叁塵陸渺壹漠

一順治十八年裁民壯馬快草糧銀貳百陸兩肆錢除荒亟故夫外實徵銀伍拾伍兩玖錢壹分玖釐玖毫伍絲肆忽叁微壹塵玖纖肆渺壹漠

一康熙二元年裁書辦廪糧銀壹百捌拾壹兩貳錢除荒亟故夫外實徵銀肆拾玖兩玖分貳釐伍毫伍忽玖微捌塵壹纖肆渺叁漠

一康熙四年裁訓導俸薪銀玖拾叁兩玖錢貳分除荒亟故夫外實徵銀貳拾伍兩肆錢肆分伍釐柒毫肆

絲叁忽貳塵壹纖伍渺

一正損餉原額銀伍千玖百捌拾貳兩玖錢柒分肆釐柒毫除荒外實徵銀壹千陸百壹拾壹兩陸錢捌分肆釐叁毫肆絲叁忽伍微伍塵伍纖

禮部項下

一北京藥味正損額銀陸兩玖錢玖分柒釐伍絲除荒亟故夫外實徵銀壹兩柒錢伍釐捌毫肆絲陸忽玖微陸塵伍纖陸渺

一牲口共額銀叁拾伍兩柒分柒釐壹毫肆忽伍微除
荒坔故夫外實徵銀捌兩伍錢伍分玖釐叁毫伍絲
貳微壹塵貳纖叁渺捌漠

工部項下

一緞匹正損共額銀柒拾叁兩陸錢伍分柒釐除荒坔
故夫外實徵銀壹拾叁兩叁錢捌分捌釐叁毫壹絲
肆渺

一天鵝正損共額銀貳兩伍錢貳分貳釐伍毫除荒坔
故夫外實徵銀陸錢貳分玖釐玖毫貳忽壹微柒塵

伍纖

一翎毛正損共額銀玖兩陸錢除荒坔故夫外實徵銀
貳兩叁錢玖分柒釐肆毫肆絲玖忽貳微叁塵貳纖
陸渺貳漠

一黃麻正損共額銀叁拾伍兩伍錢壹分陸釐捌毫除
荒外實徵銀捌兩捌錢陸分玖釐玖毫貳絲

一熟鐵正損共額銀柒拾兩壹錢叁分柒釐叁毫柒絲
伍忽玖微叁塵除荒外實徵銀壹拾柒兩伍錢壹分
肆釐捌毫玖絲柒忽伍微

一線膠正損共額銀壹兩貳錢壹分捌釐除荒外實徵
銀叁錢貳釐叁毫伍絲肆忽肆微柒塵

一獐麂等禽共額銀壹兩貳錢玖分貳釐捌毫捌絲貳
忽壹微伍塵除荒坔故夫外實徵銀叁錢貳分貳釐
捌毫捌絲柒忽肆微壹塵伍纖柒渺

一虞衡司料共額銀叁百陸拾柒兩肆錢叁釐壹毫叁
絲肆忽除荒坔故夫外實徵銀玖拾壹兩柒錢伍分
貳釐肆毫肆絲伍忽肆微伍塵

一軍器共額銀伍拾伍兩肆錢捌分肆釐玖毫柒絲伍
忽叁微除荒坔故夫外實徵銀壹拾叁兩捌錢伍分

陸釐玖絲叁忽伍微肆塵

一白硝麂皮共額銀肆拾玖兩壹錢除荒坔故夫外實
徵銀壹拾貳兩貳錢陸分壹釐玖毫貳絲捌忽柒微
柒塵伍纖

一胖衣褲鞋共額銀玖拾陸兩除荒坔故夫外實徵銀
貳拾叁兩玖錢柒分肆釐伍毫玖絲陸忽伍微貳塵
陸纖貳渺捌漠

外緞匹遇閏加銀壹拾貳兩叁錢陸分捌釐除荒外

實徵銀貳兩捌錢伍分伍釐玖絲

丁糧外派

一新加麂皮京掮共額銀肆錢肆分壹釐玖毫除荒外實徵銀壹錢伍釐玖毫肆絲伍忽伍微柒塵

一新加匠班銀叁兩陸錢此款攤入地丁帶徵

光祿寺項下

一甲丁庫供應等銀叁百壹拾玖兩貳錢陸釐陸毫壹忽伍微除荒并故夫外實徵銀柒拾柒兩玖錢肆分捌毫伍絲伍微捌塵柒纖捌漠

一新加顏料等銀叁百玖拾壹兩捌錢壹分伍釐捌毫除荒并故夫外實徵銀玖拾伍兩陸錢陸分玖釐肆毫壹絲捌忽肆微玖纖貳渺捌漠

一果品共額銀捌拾陸兩叁錢伍分陸釐貳毫玖絲肆忽除荒并故夫外實徵銀貳拾壹兩捌分伍釐伍毫貳絲柒忽陸微陸塵貳纖陸渺柒漠

一各部寺共額銀柒拾兩叁錢陸分壹釐捌毫壹絲伍微柒塵捌纖陸渺除荒并故夫外實徵銀叁拾□兩伍錢肆分壹釐伍毫玖絲陸忽壹微柒塵□□叁渺伍漠貳茫

兵部項下

一江濟水夫共額銀壹千陸拾壹兩捌錢捌分陸釐柒毫叁絲伍忽除荒外實徵銀肆百壹拾捌兩貳錢伍分柒釐伍毫陸絲柒忽伍微貳塵□□肆渺柒漠柒茫

撥運項下

一歷日并解費額銀玖兩伍錢壹分玖釐貳毫伍絲貳忽除荒并故夫外實徵銀肆兩叁錢貳分陸釐玖毫

玖絲貳微貳塵柒纖壹渺伍漠陸茫

一表夫額銀貳兩貳錢陸分除荒并故夫丁銀外實徵銀壹兩伍釐□□□□伍忽壹微肆塵陸纖玖渺柒漠柒茫

一科舉并解費半酉額銀貳拾伍兩肆錢伍分肆釐柒絲肆忽貳微肆塵柒纖除荒并故夫丁銀外實徵銀壹拾壹兩伍錢柒分貳毫叁絲陸忽壹微壹塵叁纖伍渺壹漠玖茫

一新舊會試舉人長夫額銀肆拾兩除荒并故夫丁銀

外實徵銀壹拾捌兩壹錢捌分貳釐□□玖絲玖忽
陸微伍塵伍纖捌渺壹漠叁茫
一起運項下各部寺解費額銀柒拾兩叁錢陸分壹釐
捌毫壹絲伍微柒塵捌纖陸渺除荒缸故夫丁銀外
實徵銀叁拾□兩伍錢肆分壹釐伍毫玖絲陸忽壹
徵柒塵叁渺伍漠貳茫

存留坐派項下

一本府清軍廳皂隸二名工食額銀壹拾貳兩除荒缸
故夫丁銀外實徵銀伍兩肆錢肆分貳釐玖毫捌絲

叁忽叁徵叁塵□□貳渺伍漠
一糧捕廳步快一名工食額銀陸兩除荒缸故夫丁銀
外實徵銀貳兩柒錢貳分壹釐伍毫肆絲陸忽肆徵
玖塵玖纖玖渺捌漠叁茫
一經歷司門子一名工食額銀陸兩除荒缸故夫丁銀
外實徵銀貳兩柒錢貳分壹釐伍毫肆絲陸忽肆徵
玖塵玖纖玖渺捌漠叁茫
一司獄司皂隸二名工食額銀壹拾貳兩除荒缸故夫
丁銀外實徵銀伍兩肆錢肆分貳釐玖毫捌絲叁忽

叁徵叁塵□□貳渺伍漠
一沙市巡司弓兵工食額銀叁兩陸錢叁分玖釐陸毫
伍絲除荒缸故夫丁銀外實徵銀壹兩貳錢伍分玖
毫叁絲貳忽柒徵玖塵□□玖渺伍漠捌茫
一支剩米折額銀壹拾伍兩伍錢壹分伍釐柒毫伍絲
肆忽除荒缸故夫丁銀外實徵銀柒兩伍分貳釐柒
毫肆絲肆忽柒徵玖塵貳渺肆漠玖茫

以下存留本縣坐支項下共四十五款

知縣衙門

一知縣俸薪額銀肆拾伍兩除荒缸故夫丁銀外實徵
銀貳拾兩肆錢壹分叁釐玖毫壹絲捌徵叁塵肆纖
陸渺叁茫
一門子二名工食額銀壹拾貳兩除荒缸故夫丁銀外
實徵銀伍兩肆錢肆分貳釐玖毫陸絲壹忽捌徵叁
塵叁纖叁渺玖漠伍茫
一皂隸一十六名工食額銀玖拾陸兩除荒缸故夫丁
銀外實徵銀肆拾叁兩伍錢肆分伍釐肆毫肆忽叁
徵陸塵捌纖伍渺玖茫

一燈夫四名工食額銀貳拾肆兩除荒缺故夫丁銀外
實徵銀壹拾兩捌錢捌分伍釐玖毫柒絲壹忽陸微
貳塵肆纖叁渺貳漠壹茫
一馬快八名工食額銀肆拾捌兩除荒缺故夫丁銀外
實徵銀貳拾壹兩柒錢柒分貳釐陸絲肆忽□□肆
塵伍纖叁渺柒漠叁茫
一禁卒八名工食額銀肆拾捌兩除荒缺故夫丁銀外
實徵銀貳拾壹兩柒錢柒分貳釐陸絲伍忽□□肆
塵伍纖叁渺柒漠叁茫

一民壯五十名工食額銀壹百捌拾兩除荒缺故夫丁
銀外實徵銀捌拾壹兩陸錢肆分肆釐柒毫玖絲肆
忽柒微捌塵捌纖叁渺叁漠叁茫
一轎傘扇夫七名工食額銀肆拾貳兩除荒缺故夫丁
銀外實徵銀壹拾玖兩□□伍分伍毫柒忽捌微伍
塵捌纖壹渺捌漠肆茫
一庫子四名工食額銀貳拾肆兩除荒缺故夫丁銀外
實徵銀壹拾兩捌錢捌分伍釐玖毫柒絲壹忽柒微
伍纖玖渺叁漠壹茫

一斗級四名工食額銀貳拾肆兩除荒缺故夫丁銀外
實徵銀壹拾兩捌錢捌分伍釐玖毫柒絲壹忽柒微
伍纖玖渺叁漠壹茫

縣丞衙門

一縣丞俸薪額銀肆拾兩除荒缺故夫丁銀外實徵銀
壹拾捌兩壹錢肆分叁釐叁絲肆忽捌塵伍纖肆渺
捌漠叁茫
一馬夫一名工食額銀陸兩除荒缺故夫丁銀外實徵
銀貳兩柒錢貳分壹釐柒毫伍絲柒忽捌微伍塵叁

纖肆渺貳漠陸茫
一門子一名工食額銀陸兩除荒缺故夫丁銀外實徵
銀貳兩柒錢貳分壹釐柒毫伍絲柒忽捌微伍塵叁
纖肆渺貳漠陸茫
一皂隸四名工食額銀貳拾肆兩除荒缺故夫丁銀外
實徵銀壹拾兩捌錢捌分伍釐玖毫柒絲壹忽柒微
伍纖玖渺叁漠壹茫

典史衙門

一典史俸薪額銀叁拾壹兩伍錢貳分除荒缺故夫丁

銀外實徵銀壹拾肆兩叁錢壹釐貳毫玖絲柒忽叁
微壹塵貳纖捌渺柒漠捌茫
一馬夫一名工食額銀陸兩除荒缺故夫丁銀外實徵
銀貳兩柒錢貳分壹釐柒毫伍絲柒忽捌微伍塵叁
纖肆渺貳漠陸茫
一門子一名工食額銀陸兩除荒缺故夫丁銀外實徵
銀貳兩柒錢貳分壹釐柒毫伍絲柒忽捌微伍塵叁
纖肆渺貳漠陸茫
一皂隸四名工食額銀貳拾肆兩除荒缺故夫丁銀外

實徵銀壹拾兩捌錢捌分伍釐玖毫柒絲壹忽柒微
伍纖玖渺叁漠壹茫

驛丞衙門

一孫黃驛驛丞俸薪額銀叁拾壹兩伍錢貳分除荒缺
故夫丁銀外實徵銀壹拾肆兩叁錢壹分捌釐貳毫
玖絲柒忽叁微壹塵貳纖捌渺柒漠陸茫
一皂隸二名工食額銀壹拾貳兩除荒缺故夫丁銀外
實徵銀伍兩肆錢肆分貳釐玖毫陸絲壹忽玖微陸
塵叁纖叁渺玖漠伍茫

一孱陵驛驛丞俸薪額銀叁拾壹兩伍錢貳分除荒缺
故夫丁銀外實徵銀壹拾肆兩叁錢壹釐貳毫玖絲
柒忽叁微壹塵貳纖捌渺柒漠陸茫
一皂隸二名工食額銀壹拾貳兩除荒缺故夫丁銀外
實徵銀伍兩肆錢肆分貳釐玖毫陸絲貳忽陸塵柒
纖柒渺壹漠伍茫
一奉裁民安驛驛丞俸薪額銀叁拾壹兩伍錢貳分除
荒缺故夫丁銀外實徵銀壹拾肆兩叁錢柒釐伍毫
貳絲叁忽捌微玖塵伍茫

一奉裁皂隸二名工食額銀壹拾貳兩除荒缺故夫丁
銀外實徵銀伍兩肆錢肆分陸釐玖毫叁絲玖忽柒
微貳塵玖纖貳渺柒漠壹茫

儒學衙門

一儒學俸薪額銀叁拾壹兩伍錢貳分除荒缺故夫丁
銀外實徵銀壹拾肆兩叁錢壹釐貳毫玖絲捌忽叁
微壹塵貳纖玖漠陸茫
一齋夫六名工食額銀叁拾陸兩除荒缺故夫丁銀外
實徵銀壹拾陸兩叁錢貳分捌釐玖毫陸絲叁忽肆

塵肆纖肆渺壹漠陸茫

一門斗五名工食額銀貳拾壹兩陸錢除荒金故夫丁銀外實徵銀玖兩柒錢玖分柒釐叁毫柒絲玖忽伍微陸塵捌纖叁渺玖茫

一新復廩糧三分之一二十名共額銀肆拾捌兩除荒金故夫丁銀外實徵銀貳拾壹兩柒錢口口玖毫伍絲陸忽伍微捌塵壹纖叁渺捌漠捌茫

一膳夫二名工食額銀壹拾叁兩叁錢叁分叁釐叁毫捌絲除荒金故夫丁銀外實徵銀陸兩肆分捌釐叁

毫捌絲伍忽口口壹塵玖纖口口玖漠柒茫

一歲貢生員花紅旗匾酒席脚力額銀陸兩伍錢除荒金故夫外實徵銀貳兩玖錢肆分玖釐肆毫伍絲柒忽玖微玖塵叁纖口口玖漠陸茫

鋪司

一名鋪徭編六十七名永充鋪司兵一百三十九名共二百六名工食額銀肆百玖拾伍兩柒錢肆分陸釐捌毫除荒金故夫丁銀外實領工食銀貳百貳拾肆兩捌錢陸分貳釐肆毫伍絲口口柒微壹塵捌纖叁

渺玖漠

一迎送吹炮手八名工食額銀伍拾捌兩伍錢陸分除荒金故夫丁銀外實徵銀貳拾陸兩伍錢陸分貳釐壹毫貳絲叁忽壹微貳塵玖纖叁渺叁漠玖茫

一迎送皂隸一十八名工食額銀玖拾壹兩肆錢玖分玖釐叁毫陸絲柒忽除荒金故夫丁銀外實徵銀肆拾壹兩伍錢口口貳釐捌毫柒絲陸忽肆微玖塵柒纖陸渺壹漠叁茫

一名河渡夫工食額銀壹拾伍兩捌錢陸分除荒金故

夫丁銀外實徵銀柒兩壹錢玖分捌釐貳毫肆絲捌忽叁微壹塵柒纖壹渺捌漠肆茫

祭祀禮制

文廟二祭額銀肆拾兩除荒金故夫丁銀外實徵銀壹拾捌兩壹錢肆分叁釐叁毫陸絲叁忽叁塵玖纖伍渺玖漠叁茫

啟聖祠二祭額銀柒兩除荒金故夫丁銀外實徵銀叁兩壹錢柒分伍釐壹毫柒絲陸忽壹微壹塵肆渺肆漠肆茫

一名宦鄉賢二祭額銀柒兩除荒缺故夫丁銀外實徵
銀叁兩壹錢柒分伍釐壹毫柒絲陸忽壹微壹塵肆
渺肆漠肆茫
一山川壇二祭額銀壹拾貳兩除荒缺故夫丁銀外實徵銀
伍兩肆錢肆分貳釐玖毫捌絲貳忽肆微肆塵玖纖
玖渺柒漠伍茫
一社稷壇二祭額銀壹拾兩除荒缺故夫丁銀外實徵銀肆
兩伍錢叁分伍釐捌毫肆絲伍忽捌微陸塵叁纖捌
渺玖漠壹茫

一邑厲壇三祭額銀壹拾貳兩除荒缺故夫丁銀外實
徵銀伍兩肆錢肆分貳釐玖毫捌絲貳忽肆微肆塵
肆纖壹渺柒漠伍茫
一霜降祭祀額銀貳兩除荒缺故夫丁銀外實徵銀玖
錢柒釐壹毫叁絲柒忽捌微玖塵叁纖捌渺肆漠玖
茫
一縣倉厲祭米折額銀叁兩壹錢伍分除荒缺故夫丁
銀外實徵銀壹兩肆錢貳分捌釐捌毫壹絲捌忽壹
微捌塵陸纖陸渺貳漠肆茫　香燭米折額銀壹兩
貳錢陸分除荒缺故夫丁銀外實徵銀伍錢柒分壹
釐伍毫柒絲壹忽柒塵陸纖柒渺陸漠壹茫
一鄉飲額銀陸兩除荒缺故夫丁銀外實徵銀貳兩柒
錢貳分壹釐肆毫肆絲壹忽□□捌塵陸纖叁渺壹
漠柒茫
一孤貧布花額銀壹兩伍錢除荒缺故夫丁銀外實徵
銀陸錢捌分壹釐肆毫貳絲貳忽叁微伍塵叁纖柒
渺貳漠肆茫

一孤貧口糧額銀玖兩除荒缺故夫丁銀外實徵銀肆
兩□□捌分柒釐陸毫柒絲貳忽陸微捌塵伍纖肆
渺伍漠貳茫
全裁充餉
一學道歲科兩考生童試卷額銀壹拾玖兩於順治十
四年請裁存留可緩等事案內全裁充餉除荒缺故
夫丁銀外實徵銀肆兩玖錢捌分柒釐陸毫肆絲陸
忽
一本府心紅紙張額銀壹拾貳兩伍錢於順治十四年
請裁存留可緩等事案內全裁充餉除荒缺故夫丁

銀外實徵銀叁兩叁錢壹釐玖毫柒絲陸忽
一本縣心紅紙張額銀貳拾兩於順治十四年請裁存留可緩等事案內全裁充餉除荒盆故夫丁銀外實徵銀伍兩貳錢柒分肆釐叁毫
一修理監倉額銀貳拾兩於順治十二年酌議捐省等事案內全裁充餉除荒盆故夫外實徵銀伍兩貳錢柒分肆釐叁毫
一餧馬草料額銀拾貳兩於順治十四年請裁存留可緩等事案內全裁充餉除荒盆故夫丁銀外實徵銀

叁兩壹錢肆分貳釐
一本縣腳馬四十四工食帶閏共銀玖百柒拾陸兩除荒盆故夫外實徵銀貳百伍拾柒兩肆分陸釐伍毫
一本縣應朝盤纏紙劄正佐首領該吏除裁外存額銀玖兩於順治十四年請裁存留可緩等事案內全裁充餉除荒盆故夫外實徵銀貳兩叁錢柒分柒釐伍毫捌絲叁忽肆微捌塵肆纖肆渺玖漠
一料舉生員三年一次每年該銀肆拾壹兩叁錢叁分於順治十二年酌議捐省等事案內裁革於順治十四年請裁存留可緩等事案內全裁充餉除荒盆故夫外實徵銀壹拾兩玖錢柒分柒釐
一歲貢生員盤纏額銀壹拾伍兩於康熙二十五年請停歲貢等事停其赴
京廷試全裁充餉除荒盆故夫外實徵銀肆兩貳錢捌釐壹毫
一修理龍亭儀仗額銀貳兩於順治十四年請裁存留可緩等事案內全裁充餉除荒盆故夫外實徵銀伍錢貳分捌釐叁毫

南漕二米

南糧原額正耗共米伍千捌百捌拾壹石伍斗除荒外實徵南糧正耗米貳千肆百貳拾石肆斗肆升肆合貳勺玖抄肆撮柒圭玖粒陸粟
原額南糧驢腳米折共柒百伍石柒斗捌升奉　文每石折銀壹兩該折銀柒百伍兩柒錢捌分內每石除銀貳錢給解役共該銀壹百肆拾壹兩壹錢伍分陸釐除荒外實徵驢腳銀貳百玖拾兩肆錢伍分貳釐貳毫貳絲壹纖壹渺

漕糧原額正耗共米貳千玖百玖拾石壹斗貳升除荒外實徵漕糧正耗米壹千肆百口口陸石叁斗肆升貳合玖勺捌抄貳撮玖圭陸粒陸粟

原額里納盤脚米壹百玖拾貳石貳斗貳升貳合除荒外實徵盤脚米柒拾玖石壹斗壹升壹合貳勺玖抄肆撮柒圭伍粒伍粟

一隨漕淺船並運米盤費共額銀陸拾陸兩柒錢玖分陸釐除荒外實徵銀叁拾捌兩玖分柒釐玖絲壹忽柒微玖塵玖纖捌渺貳漠壹茫

一解費共額銀貳兩陸錢柒分壹釐捌毫除荒並故失丁銀外實徵銀壹兩叁錢壹釐伍毫肆絲捌忽伍微捌塵叁纖柒渺玖茫

一椶木松板共額銀捌兩伍錢肆分叁釐貳毫除荒外實徵銀叁兩叁錢柒分肆釐貳毫陸絲玖忽柒微伍塵陸纖柒渺陸漠貳茫

一運糧官軍行月貳糧共額銀叁百伍拾壹兩壹錢叁分陸釐除荒外實徵銀壹百伍拾貳兩叁錢陸分壹釐柒毫柒絲玖忽伍微玖塵玖纖壹渺伍漠貳茫

一兌糧官軍盤纏共額銀壹拾兩捌錢除荒外實徵銀肆兩叁錢捌釐玖毫柒絲壹忽玖微壹塵捌纖捌渺壹漠柒茫

一三六耗輕賚銀共額銀叁百玖拾玖兩柒分肆釐貳毫叁絲除荒外實徵銀壹百伍拾陸兩肆錢伍分叁釐叁絲壹忽肆微肆塵伍纖陸渺貳漠壹茫

以上六項除荒外實徵隨漕銀叁百伍拾伍兩捌錢玖分陸釐陸毫玖絲叁忽壹微叁纖捌渺捌漠貳茫

附蘆政

一江外淤洲滋生蘆柴可開墾者錢糧俱在蘆政項內公安原有蘆課口兩口錢五年一清丈淤生者報增崩坐者報除實徵連陞科共銀壹拾叁兩陸錢伍分貳釐捌毫貳絲

附屯田

一凡屯田錢糧俱屬衛所徵解其屯作公安圖內者自康熙七年里民王超朱控　院清丈民田奉委松滋屈公以嚴酷聞及復沿鄉抽丈合邑百二十排騷擾

兩載所有屯田俱軍戶自認塊段不經丈量

以上係康熙六十年舊志賦役原文

田賦定額以下奉修新志載入並附雜稅倉庫

一原額八丁捌千柒百伍拾肆丁內除逃亡　優免八丁實存叁千壹百肆拾壹丁每丁派銀肆錢叁分肆釐外　優免伍百丁止免雜徭不免正供每丁派銀貳錢肆分四釐共派丁銀壹千肆百捌拾伍兩壹錢玖分肆釐內除雍正七年丁隨糧派案內減除丁銀壹百貳拾陸兩玖錢叁分壹釐實徵丁銀壹千叁百

伍拾捌兩貳錢陸分叁釐府志載實徵丁銀壹千肆百貳拾壹兩肆錢貳分捌釐有奇

一原荒田地山塘湖壹萬叁千伍百貳頃玖拾伍畝玖分玖釐實成熟陸千壹百叁拾叁頃柒拾貳畝叁分肆釐肆毫四絲內塘湖山塋基地捌百壹頃玖拾玖畝貳分叁毫伍絲上田壹千伍百肆頃玖拾捌畝貳分壹釐玖毫貳絲中田壹千壹百肆拾壹頃捌拾玖畝貳分柒釐貳毫叁絲下田伍百肆拾柒頃捌拾畝壹分柒釐貳毫下下田叁百壹拾頃伍拾叁畝玖分叁釐肆毫伍絲上稅地柒百伍拾頃伍拾玖畝玖分肆釐陸毫壹絲中稅地捌百伍頃陸拾伍畝玖分陸釐捌毫叁絲下下地貳百柒拾頃貳拾伍畝陸分貳釐捌毫伍絲以上科則不等共科成熟秋糧柒千玖百玖拾柒石陸斗玖升陸合叁勺內有免糧伍百石止免雜徭不免正供每石派銀陸錢伍分壹釐無免糧每石派銀捌錢陸分壹釐有免無免實共派銀陸千柒百柒拾捌兩捌錢陸分又科成熟夏麥玖百伍拾貳石壹斗陸升叁合實徵銀玖百陸拾壹兩玖分

伍釐

一原額應徵民田地畝玖釐餉撌銀伍千玖百捌拾貳兩玖錢柒分伍釐除荒實徵銀貳千肆百陸拾壹兩柒錢伍分肆釐

一原額緞疋熟鐵遇閏加徵等銀壹拾貳兩叁錢陸分捌釐除荒實徵銀叁兩壹錢陸分叁釐

一原額夏秒桑絲柒觔陸兩壹錢叁分叁釐係入秋糧帶派府志載桑絲壹觔肆兩

優免充餉銀壹百伍拾貳兩捌錢捌分內　優免丁銀

陸錢叁分前項丁銀自雍正七年爲始歸入闔省糧
銀均攤帶徵
一濱江南岸申梓平灘沅陵三洲更名地畝原額叁百
叁拾玖頃柒拾陸畝肆分成熟地叁百叁拾肆頃壹
拾肆畝叁分陸釐額派成熟租糧僉加派玖釐餉損
銀肆百陸拾兩伍錢陸釐又丁隨糧派案内新增丁
銀伍拾玖兩柒錢貳分捌釐實共徵銀伍百貳拾兩
貳錢叁分肆釐
以上七則除夏稅　優免二則外共實徵銀壹萬

貳千捌拾叁兩叁錢陸分玖釐
今實徵起運地丁存留驛站隨漕驢脚等款正銀壹萬
貳千伍百貳兩柒錢肆分陸釐　遇閏加增銀叁兩壹錢陸分叁釐
一解　藩庫起運地丁正銀叁千叁百陸拾伍兩壹錢
玖分
一存留坐支及撥解裁缺等款正銀玖百柒拾貳兩伍
錢捌分貳釐
一起運驛站正銀壹千玖百玖拾肆兩壹錢貳分肆釐
一坐支驛站正銀伍千伍百壹拾柒兩柒錢貳分陸釐

一解　糧庫隨漕淺船正銀叁百伍拾玖兩玖錢貳分
捌釐
一驢脚正銀貳百玖拾叁兩壹錢玖分陸釐
以上六款合正銀額數
又隨正額徵加一耗羨銀壹千叁百柒拾伍兩叁錢
貳釐　遇閏加增銀叁錢肆分捌釐
一解　藩庫起運地丁耗銀叁百柒拾兩壹錢柒分壹
釐
一存留裁缺等款耗銀壹百陸兩玖錢捌分肆釐

一起運驛站耗銀貳百壹拾玖兩叁錢伍分肆釐
一坐支驛站耗銀陸百陸兩玖錢肆分玖釐　內有坐支巡檢典史養廉銀各陸拾兩
一解　糧庫隨漕淺船耗銀叁拾玖兩伍錢玖分貳釐
一驢脚耗銀叁拾貳兩貳錢伍分貳釐
以上六款合耗銀額數
一清軍廳皂隸實補工食銀壹拾貳兩
一糧捕廳步快實補工食銀陸兩
一經歷司門子實補工食銀陸兩

一江口巡司皂隸實補工食銀壹拾貳兩
一沙市司弓兵實補工食銀叁兩陸錢肆分
以上五款俱解　府庫轉支各衙門
文廟祭祀實補銀肆拾兩
崇聖名宦鄉賢祠二祭實補祭祀銀壹拾肆兩
社稷山川壇實補祭祀銀貳拾兩
一邑厲壇三祭實補祭祀銀壹拾壹兩
武廟三祭實補祭祀銀叁拾伍兩柒錢肆分陸釐
文廟香燭米折實補銀壹兩伍分

一縣倉厲祭實補銀壹兩貳錢貳分
一本縣門子實補工食銀壹拾貳兩
一捕役實補工食銀肆拾捌兩
一皂隸實補工食銀玖拾陸兩
一禁卒實補工食銀肆拾捌兩
一轎傘扇夫實補工食銀肆拾貳兩
一庫子實補工食銀貳拾肆兩
一斗級實補工食銀貳拾肆兩
一典史馬夫實補工食銀陸兩

一典史皂隸實補工食銀貳拾肆兩
一典史門子實補工食銀陸兩
一孱陵巡檢皂隸實補工食銀壹拾貳兩
一儒學齋夫實補工食銀叁拾兩肆錢
一門斗實補工食銀貳拾壹兩陸錢
一迎送吹炮手實補工食銀伍拾捌兩伍錢陸分
一迎送皂隸實補工食銀玖拾壹兩肆錢玖分玖釐
一各河渡夫實補工食銀壹拾伍兩捌錢陸分
一民壯二十四名弓兵四名實補工食共銀壹百柒拾

兩捌錢捌釐（內應撥入巡檢弓兵四名銀拾貳兩捌錢捌釐又加增器械銀拾肆兩）
一鋪兵橫路四成實補工食銀壹百玖拾捌兩（貳錢玖分捌釐）
一孤貧五名布花口糧銀壹拾貳兩肆錢貳分伍釐
文昌宮二祭祭祀銀叁拾伍兩柒錢肆分伍釐
一常雩祭祀銀伍兩（以上二處祭祀係續增又文昌神誕期一祭同治四年續增）
一廩生二十名額支廩膳銀陸拾壹兩叁錢叁分貳釐（每名廩銀貳兩肆錢膳銀陸錢陸分陸釐陸毫陸絲）此款仍照　例飭戶書
如數給領　以上三十四款共銀壹千貳百陸兩
壹錢捌分叁釐（坐支統在實補內補荒及續增俱赴　藩庫請領）

又

武廟增設後殿祭祀銀拾伍兩玖分

龍神祠祭祀銀叁兩陸錢

劉猛將軍祭祀銀拾兩以上三款由縣捐奉

一存留知縣俸薪銀貳拾兩玖錢捌分肆釐

一存留儒學巡檢典史俸銀各拾肆兩陸錢玖分捌釐

一支巡檢弓兵工食銀拾陸兩柒錢捌分捌釐

一支補仵作工食銀拾伍兩內請領補荒銀捌兩肆釐

一解憲書科舉歲貢花紅文職官役等項正銀壹百陸

拾兩貳錢玖分玖釐

一解裁減鋪兵六成銀壹百叁拾捌兩柒錢肆釐

一解支剩米折正銀柒兩貳錢叁分伍釐

一知縣養廉銀柒百肆拾兩外巡檢典史養廉銀各陸拾兩見坐支驛站項下

一儒學巡檢典史補荒俸銀各拾陸兩捌錢貳分貳釐

一儒學加品俸銀肆拾捌兩肆錢捌分凡儒學款銀兩齋共

一巡檢弓兵二名補荒工食銀陸兩肆錢肆釐外弓兵四名銀拾貳兩捌錢捌釐由縣民壯撥充

以上四款及仵作補荒俱赴　藩庫請領

附

二聖洲蘆課

一外濱江北岸二聖洲蘆地陸拾捌頃玖拾肆畝叁分壹釐陸毫玖絲叁忽陸微內未載課泥灘柒拾畝貳分壹釐肆毫壹絲捌忽納課稀蘆地陸拾捌頃貳拾肆畝壹分貳毫柒絲伍忽陸微實徵蘆課正銀肆拾兩玖錢肆分伍釐

一又額徵蘆課隨正加一一耗羨銀肆兩伍錢肆釐

以上應徵銀每銀壹兩加耗銀壹錢壹分共折徵玖捌錢貳千伍百伍拾文所有火耗劵錢飽釐作

分諸弊經武舉邱　甲訓導杜宜詩朱兆烜州同司馬炳煥於咸豐二年呈懇　前憲海公　順概行革除

一雜稅牙稅銀奉改新章儘徵儘解

一牛驢稅銀儘徵儘解

一當稅銀伍兩

一田房契稅銀陸兩肆錢壹分伍釐

一額徵漕糧正米壹千肆百叁拾柒石叁斗陸升陸合伍勺

一額徵南糧正米貳千肆百柒拾叁石捌斗叁升玖合

壹勺

一漕南二二共正米叁千玖百壹拾壹石貳斗伍合陸勺

每石隨正加耗米壹斗共額徵耗米叁百玖拾壹石

壹斗貳升陸勺

徵解漕南新章

一改徵折價每漕南正米壹石照例隨徵耗米壹斗水脚

銀壹錢伍分共折徵足錢伍千文別無外費並給示

各州縣刻石永遵所有合勺飽升並券錢上費諸弊

概行革除

一漕糧每正米壹石折解銀壹兩叁錢每耗米壹斗折

解銀壹錢叁分水脚銀壹錢伍分南糧每正米壹石

折解銀壹兩伍錢每耗米壹斗折解銀壹錢伍分水

脚銀壹錢伍分又提解漕糧兌費軍餉銀壹千兩均

解　糧庫彈收

以上二條咸豐七年奉　撫憲胡釐定

一所有額徵隨漕淺船並南糧驢脚正耗各銀俱在前

地丁等銀項下起徵並詳前　糧庫解款項下

附湖糧徵正免雜榜示荊州府爲湖糧遭厄覆盆莫伸等事奉　布政司牌奉

治院王批據本司呈詳先奉　本院批據荊巡道呈

詳奉　本院批據公安縣生員鄒昻毛翔雲呈告湖

糧附入里甲之後徵正免雜緣由奉批仰布政司確

查報奉此行據該府回稱覆看得公安生員鄒昻等

控告湖糧原與田糧各異者實有由來且查湖糧遞

年止獲魚蝦之利而田糧所獲乃稻穀籽粒是湖之

與田收成已有厚薄差徭自應分其輕重若責之一

例均當難免不均之歎宜乎昻等以偏累激籲也前

奉　治憲批示　巡憲轉行　卑府業經詳請允附里

甲之後徵正免雜在案今奉　憲覆查但湖糧田糧

實有高低之分在全書之首亦有上中下三則之例

即附里甲之後監立湖糧名色可與全書相符却於

國賦無虧應與士民剖其均平也仰候批示以便遵

照等因據此該本司覆看得寸土納賦分別等則係

一定之理至田地湖水異例輸納更相懸遠矣今公

安生員鄒昻等以湖糧籲免雜差控憲批查業已經

該道府審勘該縣湖糧原有舊例因案籍之經承物

故難以究詰本司覆遵嚴行該府再加細勘堅稱湖

糧與田糧實有分別今除正供與田糧一例完納外

惟雜項諸差請賜寬免仍監立湖糧名色以垂永久

等情詳覆前來本司覆核實亦協情紓困仰體憲仁

也相應詳請批示飭行等因奉批既經確議仰司飭

行奉此合行飭知該府查照奉　院批事理轉飭公

安縣遵照將生員鄒昻等呈控湖糧其正供一例完

輸至雜項諸差照議寬免仍監立湖糧名色以垂永

遠無得違玩等因奉此爲照公安縣湖糧一案前據

生員鄒昻等連名具呈　治憲批行　道憲轉行本

府確查湖糧名色果有湖糧册籍應附各里甲之後

徵正免雜本府屢經行縣確查隨據該縣詳報其湖

糧有據者應載里甲之册尾無疑是以本府再加覆

勘詳報　治憲轉批　藩憲方准遵行申飭在案矣

此不過爲湖糧不產秋成爲民甦困之舉非有偏枯

今查積里蠹胥違悖上行不遵入册尾後意欲蒙抗

院司批詳希圖魚肉鄉民肆行苛徵橫斂聞之不勝

髮指除已往不究外合行給示曉諭爲此示仰公安

縣官吏知悉速將生員鄒昻毛翔雲等湖糧一概編

入各里九十甲之尾徵正免雜仍嚴諭通縣里書速行遵照併刊立木榜於縣前以垂永久不至違悖上行禁約速具遵依同報以免鄉民受欺虐之害敢有故違定行申報官叅吏處決不姑縱貽害地方也康熙三年閏六月二十四日示按公邑地處窪下上田之外則有湖河蕩港舊有河泊所官徵納魚租原無秋糧今常岳等府湖水止納魚稅蓋猶仍舊制耳獨公邑以明末裁河泊所附縣徵收遂濫派秋糧然猶附諸里甲之尾名曰尾糧止徵條餉南漕不科經總徭役仍與田糧有別也 國初仍然迨順治十四年經承紊籍將湖糧混入田糧冊內正供雜徭概責均當是以數年中邑民凡有湖糧無不破家者蓋湖中所獲止魚蝦微利原不足以當秋糧況比比雜差乎會湖北李按臺檄各屬清湖糧不許田糧混入是各府尚有以田附湖冀免徭役者獨公邑反以湖入田而偏受苦累也由是邑人疊控 列憲乃蒙明示仍附册尾民始稍穌焉載舊志

附倉庫

一常平倉正額穀玖千石附額穀玖千肆百貳拾壹石玖斗伍升玖合捌勺節年奉 文動用無存倉廒在縣署內被水倒塌無存

一四鄉社倉原貯穀叁千壹百叁拾捌石伍斗柒升貳合柒勺倉廒分貯各里均被水漂流無存

所有戶口田賦俱照縣書錄案登載

蠲卹

恭錄屢奉

恩詔豁免民欠錢糧各年分

一道光十五年奉 文豁免道光十年以前至道光十年止

一道光二十五年奉 文豁免道光二十年以前至道光二十年止

一咸豐元年奉 文豁免道光三十年以前至道光三十年止

一同治元年奉 文豁免咸豐九年以前至咸豐九年止

一同治十二年奉 文豁免咸豐十年以前至同治六年止

遞年災歉屢蒙 撫賑各年分

一道光十年被水成災 撫卹一次

一道光十一年被水成災 撫卹一次

一道光十二年被水成災 撫卹一次加賑一次

一道光十三年被水成災 撫卹一次

一道光十四年被水成災　撫卹一次
一道光十九年被水成災　撫卹一次加賑一次
一道光二十年被水成災　撫卹一次加賑一次
一道光二十一年被水成災　撫卹一次
一道光二十二年被水成災　撫卹一次
一道光二十四年被水成災　撫卹一次加賑一次
一道光二十八年被水成災　撫卹一次加賑一次
一道光二十九年被水成災　撫卹一次加賑一次
一咸豐二年被水成災　撫卹一次加賑一次

以上被災各年分　賑卹三月口糧者居多其未經註明者因縣屬頻被大水所有乾隆四十三年五十三年及嘉慶七年水旱大災各文案並

累朝蠲霈

恩綸俱漂沒無存茲僅就道光以來所記憶者錄之以矢不忘耳

堤防

公安濵大江蒞斯土者堤防其首務也惟江支三堤綿亘二百餘里按糧派土工艱費鉅諸弊叢出往往下爲民害上煩官慮幾令病噎者激欲廢食然有治人即有治法是在蒞斯土者之因時制宜耳茲將各堤段註明工名使將來不得移易註明丈尺使將來不得贏縮註明軍民使將來不得混淆其工名有今昔不同任意增損更變者難保無以軍作民之弊並註明以俟清查

一大江禦水堤在公安縣東上接江陵下抵石首長一百一十里縣治平曠朱端平三年孟珙築堤以禦水元大德七年竹林港堤大潰自是不時決溢迨明初修築沿江一帶堤塍西北接江陵上灌洋東南接石首新開堤長一萬二千五百餘丈其間雷勝明灣窖頭舖艾家堰竹林寺二聖寺江池湖狹堤淵沙堤鋪新淵堤施家淵諸堤尤爲要害

國朝雍正六年發帑修　通志

一江水自江陵尹家塲流入境下至石首楊林工長一

百一十□里上有虎渡支河分洩江流沿堤險工林立防護維艱自涂郭巷沙堤舖大堤四十餘里卑矮殘缺頼串梓平灘梛子三洲民堤爲護至西湖廟石工興隆工高李么坍岸逼近大河灣其險不待言矣

一大江堤工名丈尺舊志不備載今按江堤除單堤五工未更名外餘三十九工以道光八年案考之工名不同者十有四丈尺不符者二十九今據同治年間卷宗詳列工名丈尺以歸畫一

呂江口長二百一十丈立有界碑　毛家巷長一百八十七丈

上灌洋長一百四十丈　下灌洋長一百四十丈

郭魯灣長三百七十六丈　杜楊劉長三百五十丈

蔡尹工險要石磯二道長四百二十丈　一許劉周險要長三百九十丈

西湖廟長二百二十六丈　荊右衛白家灣長四百丈

荊正衛雷四灣長一百六十二丈　荊正衛田家灣長一百七十三丈

荊正衛雙石碑長四十七丈二尺　雙石碑長二百一十四丈

林家淵長一百五十丈　荊正衛黃家灣長二十七丈七尺零

荊右衛黃家灣長二十七丈七尺零　黃家灣長四百五十二丈

窰頭埠長五百一十九丈　興隆工險工長三百八十六丈

王家淵長三百八十七丈　油河工長五百三十八丈

楊公堤長四百四十丈　麻閘口長一百三十丈

東壁橋長二百八十丈　高李工長三百三十六丈

朱家灣長六百六十五丈　麗楊林長三百三十三丈

陳三工長四百五十丈　長濠堤長三百六十八丈

涂庭方長八百七十二丈險工　何家潭長七百一十一丈險工

張朝慶長三百六十八丈　荊右衛鄭家潭長二十丈五尺

鄭家潭長七百丈　羅楊黃長七百丈

青溪口長七百丈　陳張何長七百丈

周陳黃長七百丈　黃廟祠長二千丈

周張邱長一千三百七十九丈五尺　葉胡林長一千二百丈

沙堤舖長一千丈一切廢堤俟查丈歸公　張楊工長八百丈

張詹李長五百二十四丈五尺　龔張黃長三百丈

荊右衛新開舖長七十五丈五尺

自呂江口起至新開舖止共長二萬一千六百六十五丈七尺計一百一十里查府志西北接江陵上灌洋東南接石首

新開堤凡萬有二千五百餘丈

一虎渡口支河上接江陵李家口中澌港關山水下灌

澧州入洞庭原虎渡口門僅寬丈許與逆蹤躪折毀石磯今口門寬數十丈黃金口上之三穴橋又圮無所約束狂瀾奔溜刷岸摧堤勢極險惡雖有黃金支河分洩然久已淤墊盛漲時甫通舟楫支河兩岸民堤各長四十餘里單薄卑矮必須增高培厚乃得無恙

江堤

一東支堤工名丈尺除單堤一工名未更外餘二十二工以道光八年案考之名不同者十之九今詳記如左

觀音庵原名沙河口長二百一十九丈立有界碑

杜家工長一百一十七丈　萬家工長二百三十丈

羅家工長二百二十五丈　龍鄧工長一百四十九丈

六姓工長二百九十一丈　孫蔡工長二百四十九丈

張李工長一百四十七丈　杜丁魏長一百四十八丈

文蔡群長三百七十丈　蔣文劉長三百一十八丈

王徐張長二百六十三丈　羅李陳長一百四十三丈

池口工長二百六十二丈　吳湖堤長二百六十五丈

唐河洲長三百五十五丈　龍牆工長三百九十七丈

寺李大長三百二十六丈　潘家壋長一百七十丈

杜家剅長二百一十丈　夾竹園長三百三十三丈

蕭三口長八百二十三丈　大楊橋長二百二十三丈

陳家榨長五百三十丈　雙柳樹長二百五十丈

袁家工長二百二十七丈　荆正衞黑狗壋今僅長七十四丈查道光十四年東支堤四號龍墻至曾家灣衞堤三百一十丈曾家灣至沱孔衞堤二百二十丈

黑狗壋險工屢修屢潰長一百六十丈　丁家碼頭長三百丈

鄧家榨長三百五十丈

自沙河口起至鄧家榨止共長七千七百五十五丈計

四十五里

一西支堤工名丈尺除單堤一工名未更外餘二十二工名不同者十有五今詳記如江堤

李家口長二百四十二丈有江公界碑　鄧家工長二百八十四丈

龍秉習長一百九十丈　朱祥治長二百一十丈

魯田龍長二百八十一丈　郭仲述長二百五十八丈

徐龍李長一百九十四丈　田羅陳長二百二十丈

郭仲七長一百八十四丈　荆右衞響水灣長三百二十丈

蔣毛郭長二百七十一丈　吳張李長一百八十六丈

毛公壋長六百七十三丈　塘嘴工長三百五十丈

鷄鳴寺長四百四十一丈　池口工長七百七十五丈

小廟垸長四百四十九丈　半邊山長五百二十九丈

潘家壋長四百四十四丈　蔣花則長五百一十五丈

曾家灣長五百八十七丈　咼家汊長八百九十七丈

自李家口起至咼家汊止共長八千五百丈計四

十七里

舊志所載各堤

一江堤大河灣姜家淵陳家潭吳逵時決康熙十八年

後節年修築

一金龍廟堤康熙二十九年潰知縣沈爾燝修

一斗湖堤小關廟月堤長三百六十丈興隆廟月堤長

三百八十丈三堤俱康熙三十六年知縣許磐挽築

一黄家灣月堤長五百四十九丈康熙三十九年知縣

許磐挽築

一大河灣何家潭堤康熙四十七年知縣陸守琛嘗置

木城以護浪

一民安驛大河灣何家潭小關廟四堤康熙五十五年

知縣楊之騏加修沿堤蟻穴獾洞搜剔無遺

一虎渡口下支河堤見前西支各工

一黄金口入東河支堤見前東支各工

一孫黄河垸堤見後各子垸

一趙公堤在斗堤舊縣東三里潰入江

一斗湖堤在舊縣南半里今爲市肆

一油河堤在舊縣西三里今存其跡

一横堤在布政分司後潰入江

一倉堤在舊縣東北二里堤廢充撥學田以上五堤俱宋端平三年孟珙築

一楊公堤明知縣楊雲才築順治年間修其中斷斗湖

堤又謂之中堤

一江瀆堤在房陵街明御史毛羽健奏築長亘數里

一石浦河堤明正統初知縣俞雍築爲石壩以豬水便

漕運今潰入江

一太子廟堤堤上舊有水神太子廟故名　國初潰口

三百六十丈順治己亥知縣楚煜重修

一馬長港堤迤東接三穴橋迤南接禾田岡此堤保護

祝家岡之田今存其跡

一黄絲嶺堤在茅穗康熙五十七年知縣楊之騂築有記今存其跡以上節錄舊志

一沙堤在縣東南八十里

一蕭家灣月堤長七百丈雍正十一年挽築

一窑頭埠月堤長一百八十丈乾隆七年挽築

一陳七灣月堤長四百六十四丈乾隆十八年挽築

一涂家巷月堤長二百二十二丈乾隆十九年挽築

以上俱府志

一竅馬口月堤道光廿一年潰次年復潰代理知縣俞

昌烈挽月堤長七里三分碑記温良恭儉讓五字工始固

縣屬各子垸堤皆業民自修今俱圯丈尺未載

護城垸遶祝家岡舊城西北即范彭張三垸　小月垸祝家岡城南門外

西理垸牛頭里　辛向垸牛頭里

護道垸東村里即牛馬蔣垸　鰲山垸谷昇里

大昌垸谷昇里　管田垸谷昇里

馬子垸　松林垸俱長安里南接澧州

順河上垸　順河南垸

野猫垸　三合垸

同心垸俱刀環里　管驛垸東村里

胡文龍垸瓜大平廖等里　史家垸板市等里

武侯垸大光里　稔子垸

大秉垸俱東村里　白家垸茅穗里俗作毛

義和垸　范林垸

毛公垸俱茅穗里　王郭垸

小廟垸　侯老新興垸

六合垸　呙家垸

宋家垸俱東村里　東呙家垸魯陂里

永盛化家垸牛頭里　新興垸廖解里

鄒郝垸長廖二里　陳廖垸

軍民二垸俱刀環里　協心雙合垸廖解里

古驛垸西辛里　雙田垸長安里

官大垸西辛里　劉陳垸

接龍垸俱東村里　西泥垸茅穗里

淤泥垸長特魯赴等里　人和垸市鎮里

胡斌垸赴陂里即胡斌墻公澧安三屬

以上各垸俱係業民自修邇來惟鄒郝淤泥間有收穫餘悉淹沒查鄒郝以下自楊家灣至葛公墙等處各因地勢築順河堤俱各稱垸近被水廢不及備載

公安縣志

卷三

民政中

公安縣志卷之三

民政志中

學校

學校之制始於五帝明於夏商而莫詳於周自家塾黨庠州序以逮王國盖無人而不學無地而不設之學以教也恭維我朝崇儒重道尊孔子爲萬世師直省府州縣皆立學師長而勤講課是其職也子衿而勵藏修是其業也若甘自菲薄棄蠹篇而競刀錐務聲華而虧閑檢士習之壞悉由教化之衰凡官斯土者所宜隨時整飭以副聖天子立學教人之至意已

文廟明時王修者兵巡道周應中（浙江會稽進士）分守道梁雲龍（廣東瓊山進士）也在舊縣署前高阜勝處其旁隩之地侍御毛羽健捐置

大成殿順治九年知縣王百男捌修三楹嗣是訓導孫錫蕃知縣沈爾㷆趙希階朱登俊相繼修葺沈公有記載藝文歲久材木朽蠹勢將及人康熙己卯邑侯許公磐教諭顔公翼祖因太守魏公勷查盤之便率諸生面請學畫魏公毅然主議倣監利石首例於是紳衿公呈詳達批允照糧捐費士民又各具呈願捐士捐二民捐一得千金不經吏胥以諸生忠實不苟者數人司其出入教諭魏公士俊司訓楊公兆儒董之工始庚辰十月至辛巳冬

大成殿戟門落成重簷飛閣望出十里外奉神主雕鏤精緻壬午復伐石建櫺星門魏公按驗稱爲闔郡大觀徧沅巡撫趙公申喬修學宮記楊兆儒題跋（舊志詳藝文）

大成殿（三間）東廡（七間）西廡（七間）戟門（三楹）

櫺星門（一座在泮池外）石柱牌坊三門楗以木柵

泮池知縣沈寅修教諭陳維濬外泮知縣沈爾㷆濬內泮（以上舊志）

宮牆一圍左右有禮門義路文武官員軍民人等下馬碑

文廟地基包文昌宮在內東抵南門街心西抵朱基瓮書院節孝祠出水溝南以外泮爲界北以大街心（爲界）

南至北長五十八弓東至西長八十六弓扣地拾六畝六分每居民完學地課錢數百文以爲除夕元旦香紙燈燭之資今存廢址俟開墾後議租

至聖先師歷代異稱漢平帝稱宣尼公和帝封褒尊侯北魏孝文帝稱文宣尼父後周宣帝封鄒國公隋文帝稱先師尼父唐高宗贈太師武后封道隆公元宗謚文宣王宋眞宗謚至聖元武帝號大成至聖文宣王明嘉靖九年禮部議曰人以聖人爲至聖以孔子爲宗宋眞宗稱孔子爲至聖其義已備今宜去王號並

大成文宣之稱廟不稱殿其四配稱復聖顏子宗聖曾子述聖子思子亞聖孟子十哲以下皆稱先賢某子左邱明以下皆稱先儒某子凡一切公侯伯不宜復稱以混成周分爵之制又易像爲主居中東西則四配十哲以次上下列焉

國朝順治十四年定稱

至聖先師孔子

康熙二十二年頒

御書萬世師表匾額

康熙二十六年修禮樂器令學宮皆習佾舞

康熙二十九年議准民人經過下馬

雍正三年頒

御書生民未有匾額

雍正四年頒

上諭避孔子諱

乾隆元年頒

御書與天地參匾額

乾隆五年定樂用六佾舞生四十名免府縣試

乾隆九年頒祭祀樂章

嘉慶四年頒

御書聖集大成匾額

道光元年頒

御書聖協時中匾額

咸豐元年頒

御書德齊幬載匾額

同治四年頒

御書聖神天縱匾額

聖祖仁皇帝

御製至聖先師孔子並四配贊弁序康熙二十三年頒勒

蓋自三才建而天地不居其功一中傳而聖人代宣其蘊有行道之聖得位以綏猷有明道之聖立言以垂憲此正學所以常明人心所以不泯也粤稽往緒仰遡前徽堯舜禹湯文武達而在上兼君師之寄行道之聖人也孔子不得位窮而在下秉删述之權明道之聖人也行道者勳業炳於一朝明道者教思周於百世堯舜文武之後不有孔子則學術紛淆仁義湮塞斯道之失傳也久矣後之人而

欲探二帝三王之心法以爲治國平天下之準其奚所折衷焉然則孔子之爲萬古一人也審矣朕巡省東國謁祀闕里景企滋深敬摛筆而爲之贊曰

清濁有氣剛柔有質聖人參之人極以立行著習察舍道莫由惟皇建極惟后綏猷作君作師垂統萬古曰惟堯舜禹湯文武五百餘歲至聖挺生聲金振玉集厥大成序書删詩定禮正樂既窮象繫亦嚴筆削上紹往緒下示來型道不終晦秩然大經百家紛紜殊途異趣日月無踰羹牆可晤孔子之道惟中與庸此心此理千聖所同孔子之德仁義中正秉彝之好根本天性庶幾夙夜勖哉令圖溯源洙泗景躅唐虞載歷庭除式觀禮器摛毫仰贊心焉遐企百世而上以聖爲歸百世而下以聖爲師非師夫子惟師於道統天御世惟道爲寶泰山巖巖東海泱泱牆高萬仞夫子之堂孰窺其藩孰窺其徑道不遠人克念作聖

顔子贊

聖道早聞天資獨粹約禮博文不遷不貳一善服膺萬德來萃能化而齊其樂一致禮樂四代治法兼備用行舍藏王佐之器

曾子贊

洙泗之傳魯以得之一貫曰唯聖學在茲明德新民止善爲期格致誠正均平以推至德要道百行所基纂承統緒修明訓辭

子思子贊

於穆天命道之大原靜養動察庸德庸言以育萬物以贊乾坤九經三重大法是存篤恭愼獨成德之門卷之藏密擴之無垠

孟子贊

哲人既萎揚墨昌熾子輿闢之曰仁曰義性善獨闡知言養道氣稱堯舜學屏功利煌煌七篇丕垂六藝孔學攸傳禹功作配

東配

復聖顏子 名回字子淵魯人漢永平十五年祀七十二弟子顏子位第一魏晉祀孔子均以顏子配唐貞觀二年以孔子爲先聖顏子配享

述聖子思子 名伋伯魚子宋大觀二年從祀端平三年升列哲位咸淳三年配享

西配

宗聖曾子 名參字子輿武城人唐開元八年從祀宋咸淳三年配享

亞聖孟子 名軻字子車或曰字子輿鄒人宋元豐七年配享

東哲

先賢閔子 名損字子騫魯人唐開元八年從祀

先賢冉子 名雍字仲弓魯人開元八年從祀

先賢端木子 名賜字子貢衛人開元八年從祀

先賢仲子 名由字子路卞人開元八年從祀

先賢卜子 名商字子夏衛人貞觀二十一年以經師從祀開元八年以十哲從祀

先賢有子 名若字子有魯武城人開元八年從祀 國朝乾隆三年升列哲位

西哲

先賢冉子 名耕字伯牛魯人唐開元八年從祀

先賢宰子 名予字子我魯人開元八年從祀

先賢冉子 名求字子有魯人開元八年從祀

先賢言子 名偃字子游吳人

先賢顓孫子 名師字子張陽城人開元八年從祀咸淳三年升列哲位

先賢朱子 名熹字元晦婺源人宋建炎四年生慶元六年卒年七十一歲淳祐元年從祀 國朝康熙五十一年升列哲位

東廡先賢姓字

先賢蘧瑗 字伯玉衛人左傳魯襄公十四年始見卒年無考史記定公十四年孔子猶主蘧伯

玉家其卒後於公孫僑蓋三十餘年唐開元二十七年從祀明嘉靖九年改祀於鄉 國朝雍正二年復祀原西廡擬移東廡

先賢澹臺滅明 字子羽武城人開元二十七年從祀原西廡擬移東廡

先賢公孫僑 字子產鄭人左傳魯襄公八年始見昭公八年卒 國朝咸豐七年從祀原西廡擬移東廡

先賢林放 魯人開元二十七年從祀明嘉靖九年改祀於鄉 國朝雍正二年復祀原西廡擬移東廡

先賢原憲 字子思檀弓作仲憲宋人

先賢南宮适 字子容魯人

先賢商瞿字子木魯人

先賢漆雕開字子若蔡人

先賢司馬耕字伯牛宋人

先賢梁鱣一作鱧字叔魚魯人

先賢冉孺字子魚魯人

先賢伯虔字子楷魯人

先賢冉季字子產魯人

先賢漆雕徒父字子文魯人

先賢漆雕哆字子斂魯人

先賢公西赤字子華魯人

先賢任不齊字子選齊人

先賢公良孺字子正齊人

先賢公肩定字子仲魯人

先賢鄡單字子舉家語作縣亶

先賢罕父黑字子索一字子黑家語作宰父墨

先賢榮旂字子旂魯人

先賢左人郢字子行魯人

先賢鄭國字子徒魯人家語作薛邦

先賢原亢字子亢魯人

先賢廉潔字子庸魯人

先賢叔仲會字子期晉人

先賢公西輿如字子上魯人

先賢邽巽字子斂家語作邦選

先賢陳亢字子禽魯人

先賢琴張字子張一作牢魯人

先賢步叔乘字子車齊人

先賢秦非字之子魯人

先賢顏噲字子聲魯人

以上先賢俱開元二十七年從祀

先賢顏何開元二十七年從祀明嘉靖九年罷　國朝雍正二年復祀

先賢縣亶一云即鄡單

先賢牧皮原西廡擬移東廡

先賢樂正克

先賢萬章

以上四賢俱　國朝雍正二年從祀

先賢周敦頤字茂叔道州人宋天禧元年生熙甯六年卒年五十七淳祐元年從祀

先賢程顥字伯醇洛陽人宋明道元年生元豐八年卒年五十四淳祐元年從祀

先賢邵雍字堯夫范陽人宋大中祥符四年生熙甯十年卒年六十七淳祐三年從祀

西廡先賢姓字

先賢宓不齊字子賤魯人

先賢公冶長字子長魯人

先賢公晳哀字季沉齊人

先賢高柴字子羔衛人

先賢樊須字子遲魯人

先賢商澤字子秀魯人

先賢巫馬施字期陳人

先賢顏辛字子柳魯人

先賢曹卹字子循蔡人

先賢公孫龍家語作寵蔡人

先賢秦周字不玆魯人

先賢顏高字子喬魯人

先賢穰駟赤字子從秦人

先賢石作蜀字子蜀秦人

先賢公夏守字子乘一作首魯人

先賢后處字里之齊人

先賢奚容蒧字子楷魯人

先賢顏祖字子襄魯人

先賢句井疆一作井疆衛人

先賢秦祖字子男魯人

先賢縣成字子期魯人

先賢公祖句茲字子之魯人家語作公祖茲

先賢燕伋字子思秦人

先賢樂欬家語作欣魯人

先賢狄黑字晳之衛人一作墨

先賢孔忠字子蔑史記作孔子兄孟皮之子

先賢公西蒧字子商魯人

先賢顏之僕字子叔魯人

先賢施之常字子常魯人

先賢申棖字子周

以上先賢俱開元二十七年從祀

先賢左邱明魯人唐貞觀二十一年以經師從祀

先賢秦冉開元二十七年從祀明嘉靖九年罷國朝雍正二年復祀

先賢公明儀 國朝咸豐三年從祀原東廡擬移西廡

先賢公都子 國朝雍正二年從祀

先賢公孫丑 國朝雍正二年從祀

先賢張載 字子厚郿人宋天禧四年生熙甯十年卒年五十八湻祐元年從祀

先賢程頤 字正叔洛陽人宋明道二年生大觀元年卒年七十五湻祐元年從祀

以上先賢宋以前從祀者皆稱封爵明嘉靖九年改稱先賢某子周張程邵五子嘉靖時稱先儒崇禎十五年改稱先賢位在七十子之下漢唐諸儒之上 國朝俱稱先賢不稱子

東廡先儒姓字

公羊高 子夏弟子唐貞觀二十一年從祀

伏勝 字子賤鄒平人秦博士唐貞觀二十一年從祀

毛亨 年無考受詩於荀卿以授毛萇按史記楚考烈王二十五年荀卿廢居蘭陵距漢興三十二年太平御覽引毛詩正義荀卿授漢人魯國毛亨則是秦漢閒人 國朝同治二年從祀

孔安國 字子國孔子十一世孫漢武帝時爲博士侍中唐貞觀二十一年從祀原西廡擬移東廡

后蒼 字近君東海郯人漢宣帝時爲博士明嘉靖九年從祀

鄭康成 名元高密人漢永建二年生建安五年卒年七十四唐貞觀二十一年從祀明嘉靖九年改祀於鄉 國朝雍正二年復祀原西廡擬移東廡

范甯 字武子晉咸康五年生隆安五年卒年六十三唐貞觀二十一年從祀明嘉靖九年改祀於鄉 國朝雍正二年復祀原西廡擬移東廡

陸贄 唐天寶十三年生永貞元年卒年五十二 國朝道光六年從祀

范仲淹 字希文吳縣人宋端拱二年生皇祐四年卒年六十四 國朝康熙五十四年從祀

歐陽修 字永叔廬陵人宋景德四年生熙甯五年卒年六十六明嘉靖九年從祀

司馬光 字君實夏縣人宋天禧三年生元祐元年卒年六十八咸湻三年從祀原西廡擬移東廡

謝良佐 宋元豐八年進士生卒年無考與楊時同稱程門四先生 國朝道光二十九年從祀

羅從彥 字仲素延平人宋熙甯五年生紹興五年卒年六十四萬歷四十二年從祀

李綱 邵武人宋元豐六年生紹興十年卒年五十八 國朝咸豐元年從祀原西廡擬移東廡

張栻 字敬夫綿州人宋紹興三年生湻熙七年卒年四十八景定二年從祀原西廡擬移東廡

陸九淵 字子靜金谿人宋紹興九年生湻熙三年卒年五十四明嘉靖九年從祀原西廡移東廡

陳醇 字安卿龍谿人宋紹興二十三年生嘉定十年卒年六十五 國朝雍正二年從祀

眞德秀 字景元浦城人宋湻熙五年生端平二年卒年五十八明正統二年從祀

何基 字北山宋湻熙十五年生咸湻四年卒年八十一 國朝雍正二年從祀原西廡擬移東廡

文天祥 宋端平三年五月二日生元至元十九年卒年四十七 國朝道光二十三年從祀原西廡擬移東廡

趙復 安陸人學者稱江漢先生宋端平二年至北庭當元儒之首 國朝雍正二年從祀

金履祥 字仁山宋紹定五年生元大德七年卒年七十二 國朝雍正二年從祀原西廡移東廡

陳澔字可大都昌人宋景定二年生元至正元年卒年八十一國朝雍正二年從祀原西廡擬移東廡

方孝孺元至正十七年生明建文四年卒年四十六國朝同治二年從祀

薛瑄字德溫河津人明洪武廿二年生天順八年卒年七十六隆慶五年從祀原西廡擬移東廡

胡居仁字叔心餘干人明宣德九年生成化二十年卒年五十一萬歷十二年從祀

羅欽順泰和人明成化元年生嘉靖二十六年卒年八十三國朝雍正二年從祀

呂柟明成化十五年生嘉靖廿一年卒年六十四國朝同治二年從祀原西廡移東廡

劉宗周明萬歷六年生國朝順治二年卒年六十八道光二年從祀原西廡擬移東廡

孫奇逢明萬歷十二年生國朝康熙十四年卒年九十二道光八年從祀原西廡擬移東廡

張履祥字考夫桐鄉縣人學者稱爲楊園先生國朝同治七年從祀

陸隴其字稼書平湖人明崇禎三年生國朝康熙三十一年卒雍正二年從祀原西廡移東廡

西廡先儒姓字

穀梁赤字元始魯人子夏弟子唐貞觀二十一年從祀

高堂生字伯魯人秦末漢初人唐貞觀二十一年從祀

董仲舒廣川人漢武帝初年對策爲江都相元至順元年從祀原東廡擬移西廡

毛萇大毛公亨之子趙人漢武帝時河間獻王博士唐貞觀二十一年從祀

杜子春河間人漢永平初年年九十唐貞觀二十一年從祀原東廡擬移西廡

諸葛亮字孔明新野人漢光和四年生建興十二年卒年五十四國朝雍正二年從祀原東廡擬移西廡

王通字仲淹龍門人陳至德二年生隋義甯二年卒年三十五一作開皇二年生年三十七明嘉靖九年從祀

韓愈字退之修武人唐大歷三年生長慶三年卒年五十七宋元豐七年從祀

胡瑗字翼之泰州人宋湻化四年生嘉祐四年卒年六十七明嘉靖九年從祀

韓琦宋大中祥符元年生熙甯八年卒年六十八國朝咸豐二年從祀原東廡擬移西廡

楊時字中立將樂人宋皇祐五年生紹興五年卒年八十三明宏治八年從祀原東廡擬移西廡

尹焞字彥明洛陽人宋熙甯四年生紹興十二年卒年七十二國朝雍正二年從祀

胡安國字康侯崇安人宋熙甯七年生紹興八年卒年六十五明正統二年從祀

李侗字愿中劍浦人宋元祐八年生隆興元年卒年七十一明萬歷四十二年從祀原東廡移西廡

呂祖謙字伯恭婺州人宋紹興七年生湻熙八年卒年四十五景定二年從祀原東廡擬移西廡

袁爕字和叔鄞縣人宋甯宗初舉進士南宋純儒學者稱曰絜齋先生國朝同治七年從祀

黃榦字直卿宋紹興二十二年生嘉定十四年卒年七十國朝雍正二年從祀

蔡沈字仲默建陽人宋乾道三年生紹定三年卒年六十四明正統二年從祀原東廡擬移西廡

魏了翁字鶴山蒲江人宋湻熙五年生嘉熙元年卒年六十國朝雍正二年從祀原東廡擬移西廡

王柏字魯齋宋慶元三年生咸湻十年卒年七十八國朝雍正二年從祀原東廡擬移西廡

陸秀夫宋端平三年十月八日生祥興二年卽元至元十六年卒年四十四咸豐九年從祀

許衡字仲平河内人宋嘉定二年生元至元十八年卒年七十三皇慶二年從祀

吳澄宋淳祐九年生元元統元年卒年八十五明正統八年從祀嘉靖九年罷乾隆二年復祀

許謙字白雲金華人元至元七年生後至元三年卒年六十八 國朝雍正二年從祀原東廡撥移

西廡

曹端明洪武九年生宣德九年卒年五十九歲 國朝咸豐十年從祀原東廡撥移西廡

陳獻章字公輔新會人明宣德三年生弘治十三年卒年七十三萬歷十二年從祀

蔡清字介夫福建人明景泰四年生正德三年卒年五十六 國朝雍正二年從祀

王守仁字伯安餘姚人明成化八年生嘉靖七年卒年五十七萬歷十二年從祀原東廡移西廡

呂坤明嘉靖十五年生萬歷四十六年卒年八十三 國朝道光六年從祀

黃道周明萬歷十三年生 國朝順治三年卒年六十二道光五年從祀原東廡撥移西廡

湯斌明天啟七年生 國朝康熙二十六年卒年六十一道光三年從祀原東廡撥移西廡

以上先儒明嘉靖以前從祀者皆稱封爵嘉靖九年改稱先儒某子 國朝稱先儒不稱子

崇聖祠舊爲 啟聖宮雍正二年改今名奉

詔封孔子五世王爵

肇聖王木金父公正中南向

裕聖王祈父公東一室南向

詒聖王防叔公西一室南向

昌聖王伯夏公東二室南向

啟聖王叔梁公西二室南向

以上五世 聖王各立牌位合祀一宮而四配從之至周程張朱蔡五賢之父仍從祀四配分兩廡列焉

東配姓字

先賢孔氏孟皮 國朝咸豐十年配享

先賢顏氏名無繇唐開元二十七年從祀明嘉靖九年配享

先賢孔氏名鯉字伯魚宋咸淳三年從祀明嘉靖九年配享

西配姓字

先賢曾氏名晢唐開元二十七年從祀明嘉靖九年配享

先賢孟孫氏名激一字公宜明嘉靖九年配享

東廡姓字

先儒周氏名輔成萬歷二十三年從祀

先儒程氏名珦宋景德三年生元祐五年卒年八十五明嘉靖九年從祀

先儒蔡氏名元定宋紹興五年生慶元四年卒年六十四明嘉靖九年從祀

西廡姓字

先儒張氏名廸 國朝雍正二年從祀

先儒朱氏名松宋紹聖四年生紹興十三年卒年四十七明嘉靖九年從祀

按祠舊在

大成殿東壹級三楹訓導鄧志和修知縣楊之騂捐助

訓導何其乂重修久圮同治四年知縣袁鳴珂倡議

勸捐率邑人士改建於

大成殿後一時學宮次第修復巍然壯觀庚午癸酉大

水宮牆傾圮殆盡今移建新城

文廟規橅載在會典者俱照舊修理

名宦祠在戟門左教諭顏翼祖勸捐修康熙癸未偏沅巡撫

趙申喬捐修訓龕屏牆知縣楊之騂訓導何其乂重

修舊志

後漢軍師別駕

諸葛亮見西廡　殷　觀先主在公安以主簿遷別駕從事

龐　統士元先主親待亞於諸葛亮　法　正孝直先主在公安時孝直爲謀主

吳南郡太守

周　瑜公瑾廬江舒人代呂蒙督屬陵　諸葛瑾子瑜琅琊陽都人吳黃武元年督公安

周　允公瑾子以兵千人屯公安　鍾離牧未詳

舊志名宦載南郡太守呂蒙按蒙襲南郡說降傅

士仁挾數任術劉福井先生深責之不應入邑名

宦舊志云子明在公安即卒有何功德於民故不

載

晉內史

王　矩令式長沙人太安二年任　應　詹思遠南頓人永興二年任

夏侯承弗醇之子永昌元年起兵討王敦　桓石虔太元時以平閭震功封作唐侯

郭　銓太元十二年黃淮作亂銓擊斬之　王裕之隆安時任避桓元之難棄官隱東山

王鎮之義熙六年任　謝　純景懋陳郡陽夏人兼南平相

車　育郡主簿允之父

按晉時內史俱見澧志政績蓋晉時南平郡先治

作唐後治江安故澧志援入耳又應詹以下數人

澧志舉要作南平太守存參

宋內史

王景文未詳　桓範之見司馬休之表

竺超民荊州參軍見宋書劉義宣傳　宋　藏見楚志秩官表

庾黔婁齊永元初任詳宦績列傳　劉　坦建元初任

周　敷宦績未詳

梁內史

王　褒未詳　賀　革山陰人性孝在荆州歷爲郡縣

陳刺史

陸子隆見沿革　吳明徹見紀兵

孫　瑒見職官　樊　毅猛之兄

樊　猛俱太建間任見府志　陳慧紀高祖從孫至德二年任

陳叔堅長沙王高宗第四子至德三年任　陸子才未詳

唐邑令

王　籍未詳宋內史有王籍邑名宦祀唐令　周　逼見馮楫二聖靈蹟記

宋知縣

公安縣志卷之三　民政中學校　圭

謝　炎　張　戩俱見官績列傳

黃　注簿未詳　王　彥

解　潛俱見職官　孟　珙見祠宇

程千秋有傳

元尹

包好義舊志作毛　張元愷

薛友諒　朱顯文

禿保赤監　只兒哈郎監

劉　讓傳　宋廷瑞尉　以上俱見職官

文子璋提舉司　廉希憲見祠宇

阿里海牙楚國武定公　見祠宇

明知縣

許　德　鮑　綸俱見職官

俞　雍　楊雲才俱有傳

崔　庸洪武間縣丞見職官　錢允選見藝文錢公堤碑記

高鳳翔　朱希萊俱見官績列傳

張大韶崇禎九年任遷邑於祝家岡　趙繼鼎見官績列傳

國朝知縣

公安縣志卷之三　民政中學校　圭

沈　寅康熙間任修濬池建魁星閣射圃

鄉賢祠在載門右知縣楊之駢訓導何其乂勸募諸裔重修

舊志

成周

屈　原楚三閭大夫舊有祠國朝康熙時崇祀

明　以下鄉賢俱詳人物列傳並選舉

何廷蘭舊志佚以下補佚俱照府學宮鄉賢　王　恂

曹子敝舊志佚　何　皞

謝　鎮舊志佚　王　軾

李芳　李清
陝茂　朱輔
鄒文盛　毛廷爵
咼校　何珊
李大本　王貢 舊志佚
咼文光　李臺
王格　胡詩 舊志佚
龔大器　周良臣 舊志佚
劉珠　咼文美

李守約　袁士瑜
蕭九疇　侯一定
袁宗道　袁宏道
李致道 舊志佚　李學元
蕭毅中　熊膏
鄒得魯 舊志佚　李開美 舊志佚
龔世法　袁中道
王輅　咼邦永
咼邦久　毛羽健

袁祈年　侯偉時
田昌　龐瑜
袁彭年　咼重望
國朝
龍之縄　咼正儀
鄒養亦　周克友
陳鼎中　毛壽登
陳文燦　侯執信

附錄

三閭大夫屈公從祀鄉賢　督學翰林院編修繆

沅行文卷案節畧

公安縣儒學生員龔三捷呈爲敬陳芻蕘仰贊高深懇恩賜文轉達事竊惟斯道之覺斯民在潛移而默運經術以經世務亦祟在以風來生伏讀楚辭太史公謂離騷之作自怨生生謂離騷之怨又自慕生也當日之不忍其君徬徨山澤直與歷山號泣等不幸而鬱結無告懷沙以死僋父野老至今不忘五日麥飯而獨不得與於判宮之俎豆不無缺焉生曾於同郡之監利縣見祟祀鄉賢者以伍員爲孝子以申

包胥爲忠臣因之有感焉屈公生於荆而遂志於長沙楚鄉之賢未有能先之者若得灑一筆之波潤舉千載之曠典使楚屬鄉賢俱得崇祀屈公人心有不大快者乎爲此具呈鑒生性僻嗜古之愚原生思出其位之罪俯酌下情賜文上達設芻蕘之言可採將江河之波少廻三楚幸甚天下後世幸甚等情該學詳請前來爲照屈公忠貞盡瘁辭令爲經身入汨羅湘水之流波爲潔歌傳蘭芷江皋之草木齊芳精魂直追夫伍員何羡素車銀鎧宗風佑啟乎宋玉自繼

白雪陽春日月爭光里巷猶傳競渡之節春秋禋祀几筵可無奉儀之文入

先聖之門牆作楚賢之領袖宜昭祀典洵洽輿情爲此備牌行府轉飭各屬擇吉置主入祀奉府除移會三廳外康熙六十年正月轉行到縣本縣當即移會儒學擇吉於二月二十四日奉主入祀仍將入祀日期徑報學院爲報本府

三閭大夫祠卽西湖廟在油河口舊廟基崩入江者屢矣今建堤上道光十二年知縣焦家麟重修更名鎮江寺同治二年三月大風吹圮廟牆山門里人修葺復名西湖廟按雷淼灣亦有三閭大夫祠拾遺記屈平以忠貞斥隱於沅湘披榛茹草混同禽獸不交世務採柏實以和桂膏用心養神被王逼逐乃赴清冷之水楚人思慕謂之水仙其神遊於天河精靈時降湘浦楚人爲之立祠漢末猶存唐封昭靈侯宋封忠潔侯元封清烈公明始復稱楚三閭大夫屈平氏之神命五月五日祭之

忠孝祠 中奉麗瑜侯偉時各主

節孝祠 中奉節孝各主

明倫堂

尊經閣

魁星閣

教諭署在學宮左

訓導署在學宮右

射圃

國朝順治九年
頒勒卧碑
朝廷建立學校選取生員免其丁糧厚以廩膳設學院學道學官以教之各衙門官以禮相待全要養成賢才以供
朝廷之用諸生皆當上報
皇恩下立人品所有條教開列於後

一生員之家父母賢智者子當受教父母愚魯或有非爲者子旣讀書明理當再三懇告使父母不陷於危亡

一生員立志當學爲忠臣清官書紀所載忠清事蹟務須互相講究凡利國愛民之事更宜留心

一生員居心忠厚正直讀書方有實用出仕必作良吏若心術邪刻讀書必無成就爲官必取禍患行害人之事者往往自殺其身常當思省

一生員不可干求官長交結勢要希圖進身若果心善德全上天知之必加以福

一生員當愛身忍性凡有司衙門不可輕入卽有切己之事止許家人代告不許干與他人詞訟他人亦不許牽連生員作証

一爲學當尊敬先生若講說皆須誠心聽受如有未明從容再問毋妄行辨難爲師者亦當盡心教訓毋致怠惰

一軍民一切利病不許生員上書陳言如有一言建白以違制論黜革治罪

一生員不許糾黨多人立盟結社把持官府武斷鄉曲所作文字不許妄行刊刻違者聽提調官治罪

愿恭按此碑向嵌明倫堂東壁屢經水患堂宇傾圮至泥草埋沒數十年屢向同學議徙未果適俟選訓導易君秉璋修志在城慨然捐貲移砌書院之講堂以永遵守時同治十一年五月也今移置新城嵌明倫堂東壁

聖祖仁皇帝御製訓飭士子文

國家建立學校原以興行教化作育人才典至渥也朕臨御以來隆重師儒加意庠序近復愼簡學使釐剔弊端務期風教修明賢材蔚起庶幾棫樸作人之意乃比來士習

未端儒效罕著雖因內外臣工奉行未能盡善亦由爾諸生積錮已久卒難改易之故也茲特親製訓言再加謹飭爾諸生其敬聽之從來學者先立品行次及文學學術事功原委有序爾諸生幼聞庭訓長列宮牆朝夕誦讀甯無講究必也躬修實踐砥礪廉隅敦孝順以事親秉忠貞以立志窮經考義勿雜荒誕之談取友親師悉化驕盈之氣文章歸於醇雅毋事浮華軌度式於規繩最防蕩佚子衿佻達自昔所譏苟行止有虧雖讀書何益若夫宅心弗淑行已多愆或蜚語流言脅制官長或隱糧包訟出入公門

或唆撥姦猾欺孤凌弱或招呼朋類結社要盟乃如之人名教不容鄉黨弗齒縱倖逃褫扑濫竊章縫返之於衷能無媿乎況乎鄉會科名乃掄才大典關繫尤鉅士子果有真才實學何患困不逢年顧乃標榜虛名暗通聲氣夤緣詭遇罔顧身家又或改竄鄉貫希圖進取囂凌騰沸網利營私種種弊情深可痛憾且夫士子出身之始尤貴以正若茲厥初拜獻便已作姦犯科則異時敗檢踰閑何所不至又安望秉公持正爲國家宣猷樹績膺後先疏附之選哉朕用嘉惠爾等故不禁反復惓惓茲訓言頒到爾等務共體朕心恪遵明訓一切痛加改省爭自濯磨積行勤學以圖上進國家三年登造束帛弓旌不特爾身有榮卽爾祖父亦增光寵矣逢時得志甯俟他求哉若仍視爲具文玩愒弗儆毀方躍冶暴棄自甘則是爾等冥頑無知終不能率教也旣負栽培復干咎戾王章具在朕亦不能爲爾等寬矣自茲以往內而國學外而直省鄉校凡學臣師長皆有司鐸之責者並宜傳集諸生多方董勸以副朕懷否則職業弗修咎亦難逭勿謂朕言之不預也爾多士尚敬聽之哉

師生員額

宋置主學直學學諭賓齋諭元置學諭生徒來學
不拘多少明制置教諭一員訓導二員生徒始有定
額
國朝教諭訓導各一員廩膳生員二十名增廣生員二
十名附學生員歲科兩試每次取十五名撥入府學
無定額雍正二年奉
詔加增五名共二十名武生歲試取十五名

康熙六十一年
恩詔直省儒學增廣學額一次大學加取七名中學加取五
名小學加取三名
雍正十三年
恩詔增廣學額一次加取七名
乾隆六十年奉
旨朕臨御六十年二月上丁親詣
文廟釋奠禮成闕視辟雍新刻石經
加恩增廣學額大學加取五名中學加取三名其取進六名
以上者增額三名四五名者增額二名二三名者增

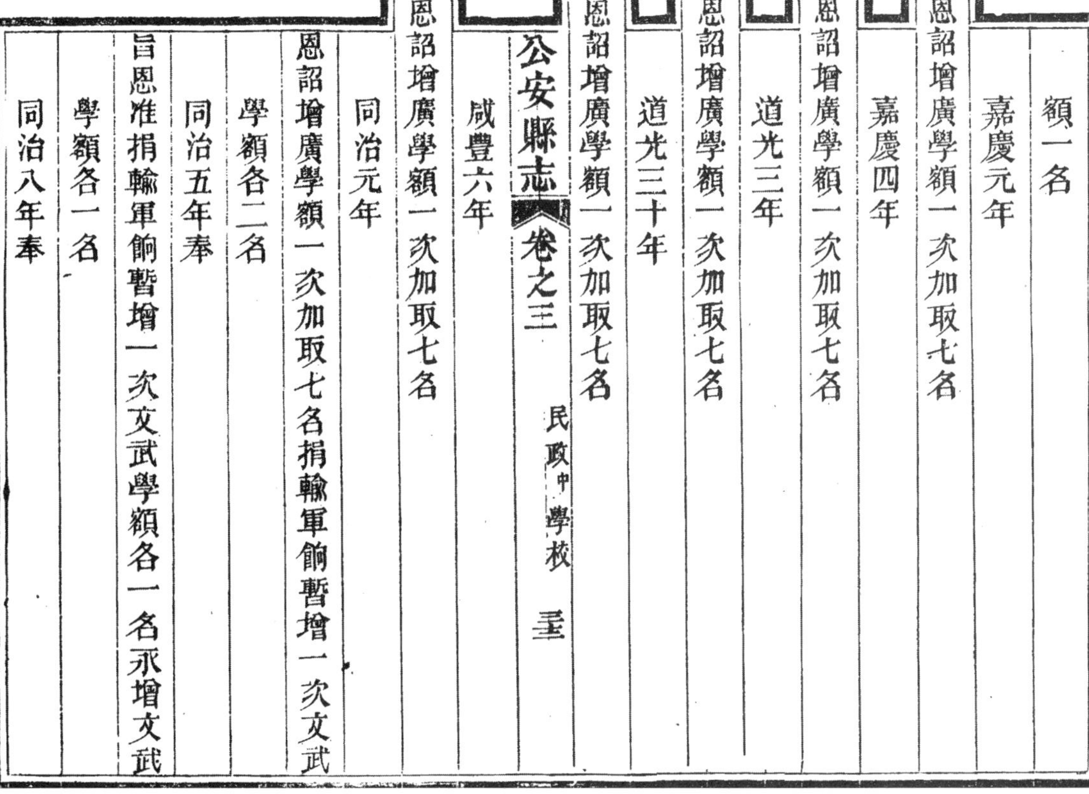
額一名
嘉慶元年
恩詔增廣學額一次加取七名
嘉慶四年
恩詔增廣學額一次加取七名
道光三年
恩詔增廣學額一次加取七名
道光三十年
恩詔增廣學額一次加取七名

咸豐六年
恩詔增廣學額一次加取七名
同治元年
恩詔增廣學額一次加取七名捐輸軍餉暫增一次文武
學額各二名
同治五年奉
旨恩准捐輸軍餉暫增一次文武學額各一名永增文武
學額各一名
同治八年奉

旨恩准捐輸軍餉暫增一次文武學額各一名

公安縣志　卷之三　民政中學校　三三

頒發學宮書籍

世宗上諭六十九本

明史十二函

十三經註疏一十二函

廿一史五十函

御纂日講四書二部共二函

御纂周易折衷二部共一函

欽定書經傳說彙纂三部共二函

欽定詩經傳說彙纂二部共二函

欽定春秋傳說彙纂二部共二函

公安縣志　卷之三　民政中學校　三四

御纂性理精義二部共二函

朱子全書二部共四函

御纂大學衍義二部各一函

御註孝經

御纂大學衍義補二部共一函

唐宋文醇每部四函

御纂五子近思錄與孝經註各二部共二函

御纂淵鑒古文二部各四函

欽定四書文二部各四函
學政全書新舊各一部新頒八本
御纂資治通鑑綱目三編四本
外官相見儀注一部
乾隆十六年奉頒
上諭二本十九年奉頒
清語册一本二十一年奉頒
學政全書一部八本二十三年奉頒
三禮儀疏十二函計一百八十一本二十六年奉頒

樂善堂一套二十八年奉頒
詩義折衷一部八本
周易述義一部四本
春秋直解一部八本三十四年奉頒
經畧公傳儀注一本
御製文初集一部
御製詩初集一部二十四本四十五年奉頒
御製詩韻各二部四十九年奉頒
學政全書二部計二十四本五十一年奉頒

御製儆行論一本
文廟樂譜一分計三本嘉慶五年奉頒
欽定詩韻一部計三本九年奉頒
聖諭廣訓直解二本十七年奉頒
禮部則例一函十九年奉頒
聖諭廣訓二本
新增學政全書二函共十六本

慰按以上頒發書籍悉遵湖北通志備錄年久無存自同治七年

八年崇文局新刊四次頒發書籍若干套於庚午九年大水潰城淹平屋脊圜牆倒塌盡被漂流十一年六月頒發一次共若干套於十二年六月十七日及七月十五日兩次城潰被水泡亂經具報在案所有目錄存列於左

同治七年七月二十日崇文書局頒發
四書六本　易經二本
書經四本　詩經四本
禮記十本　春秋左傳十二本

小學三本
以上七部共四十一本
同治八年二月二十三日崇文書局　頒發
周禮儀禮公羊傳穀梁傳爾雅孝經各一部計二十二本近思錄讀書分年日程康濟錄實政錄五種遺規手札撮要庸吏庸言讀律心得佐治藥言學治臆說學治續說雙節堂庸訓各一部計三十五本
荒政輯要救荒補遺捕蝗要訣各一部計五本
同治八年十月十七日崇文書局　頒發

文選醫宗備要各一部共六十本
同治十年五月初九日崇文書局　頒發
御製人臣儆心錄杜註春秋左傳經典釋文國語國策胡刻
聖諭廣訓明鑑大雲輪清兩經樂舞錄史記節義錄各一部
共五十二本
同治十一年五月初十日崇文書局　頒發
周易折衷書經詩經春秋傳說彙纂禮記周禮儀禮義疏各一部計一百七十本

附

免徭役案

郎補內閣中書任教諭事王慰申請飭禁生員充當堤工一切賤役稟稿碑記

敬稟者竊思士爲四民之首
朝廷設立教官以士屬之則所以與士相維持者甚鉅士之習不端教官之責也而士之品不尊非盡教官之責也卑職自咸豐八年履任以來月課季課諸務遵例奉行文風頗屬平正生員中閉戶自精力求進取絕不干預外務者不乏其人則於此尊重而培養之

令其蒸蒸日上是所望於司牧之能操其權者惟公邑地居低窪堤工爲要按畝派費士民一例輸納如有恃矜把持比照抗糧例治罪官督民修此係向來章程無可異議乃每年修築之役必派生員充當殊屬有玷士品況此等工程動輒一年半載無論應課不暇即遇科場年分亦不能伏案用功阻人上進之路爲害匪淺近年來愈趨愈下別立里總里催名色勒派生員充當催取土費如花戶抗延不繳准差拘該生到縣比催更屬蹧蹋士子查學政全書內載乾

隆元年奉
上諭任土作貢國有常經無論士民均應輸納至於一切雜色差徭紳衿例應優免乃各省奉行不善竟令生員充當總甲圖差之類殊非優恤士子之意嗣後舉貢生員著概免雜差俾得專心肄業倘於本戶外別將族人借名濫充仍將該生按律治罪等語今之里總里催卽總甲圖差之類恭繹例意濫充此役尙有應得罪名而派充此役者當有不應乃公安不遵此例推原其故總由縣中書役均藉辦理堤工罔利營

私其閒百弊叢生倚官作勢意以不先挾制士子恐難爲所欲爲以致當路甘爲蒙蔽每年編派任監修充里催之生員不下數十名此榜一懸聞信膽落書差以士子爲魚肉官長待士子如囚徒相習成風人旣不知士之爲可重卽士亦莫知己之爲可重與民夫共奔走任隸卒之指麾士民全無分別此種惡習竟屬牢不可破殊堪髮指 卑職 屢向縣中斥議輒以自衛田產爲辭謂此並非賤役不知自衛係指田土費而言並非必須生員親身修築兼催土費也且公

邑戶口繁盛卽令派充監修如一邑之廣豈無熟悉堤工急於自衛之人何以必不稍寬於素不諳公之士子皆由私謀鬭詐藉士子作鄉民榜樣以爲秀才都歸我制服爾鄉民其何能違由是威聲旣樹趨承供奉充溢門庭賣富簽貧無弊不作士子遂甘爲賤役而不辭積習莫挽後將何所底止且自士風不振歷任來如生員因事並未詳請斥革卽行收卡縣丁在外抓毆生員縣書當街拳打生員縣令無論事之輕重抓取生員頂帽擅行扑責縣差攣鎖生員到縣始行釋放見官若此之類不可枚舉教官不能與聞卽士子亦習爲固然而不知其非斯文掃地流弊至如此極則學校可廢教官可裁名器亦可以不設矣

此係 卑職 目擊情形萬難隱忍理合縷陳稟請
大人飭縣定案嗣後修堤土費諭令照糧完納如有恃符抗費不繳准其飭追至監修里總里催諸役凡貢生及文武生員一體禁革不准派充若書差魚肉士子相沿已久並請飭縣從嚴懲治勿得徇私故縱於以重名器而維士風 卑職 係爲整頓學校起見並

無干預徇庇情事是否有當伏乞
憲鑑施行　教諭王　訓導李廷贊　慰　仝稟　同治五年二月立案六年三月刊石

公安縣儒學王李告示碑記

為遵札出示曉諭事案奉
學憲札開照得例開乾隆元年奉
上諭任士作貢國有常經無論士民均應輸納至於一切雜色差徭紳衿例應優免乃各省奉行不善竟令生員充當總甲圖差之類殊非優恤士子之意嗣後舉貢生員著概免雜差俾得專心肄業倘於本戶外別將族人借名濫充仍將該生按律治罪又開生員所犯有應戒飭者地方官會同教官將事由具詳學臣酌斷批准然後照例在於明倫堂扑責如有不行申詳學臣不會同教官而任意呵叱擅行飭責者聽學臣查參各等語　本院蒞任以來尋訪士風聞公安地方每歲修築堤塍在學諸生有派充監修里催里總各項名目甚至生員被人告發差役私行管押種種情節今於按臨之始詢據該學稟稱積習相沿之語殊失

朝廷優恤之意除札飭該府即飭該縣將前項名目永行裁汰外合行飭遵為此札仰該學即便恪遵示諭諸生以挽頹風毋違此札等因奉此查公邑堤工為重按畝派費士民一例輸納通力合作自係向來章程惟每年監修之役並里總里催諸務派令生員充當殊屬有玷學校　本學自歷任以來屢思力挽頹風乃積習日深牢不可破前值
學憲按臨荆郡當即具稟備陳積弊業　允飭縣禁革永遠遵行茲奉札飭除牒縣存案外合行出示曉諭為此示仰闔邑貢生及文武生員知悉嗣後修堤土費務各按畝完納慎毋恃符抗延致干重究至一切賤役業已奉飭裁汰爾諸生其益知自愛敦品勵行以期上無負
朝廷珍重名器之意下無負
本學維持風教之心各宜凜遵毋違特示
同治五年三月奉札與前稟同日刊石

慰　按公邑堤工無論紳耆士庶均得派充監修以符通力合作之例自

國初迄今二百餘年矣第其初費由官徵不過擇熟悉堤工者董其成俾無僨厥事而已後因積久弊生抗費者多當路遂以重任相苛不僅使之督工程而且使之催土費每年輪派若干名每名各派土費若干串勒令包修包收必餞工兩完方能無事否則變產賠累受害無窮在巧黠者反藉以獲利而誠樸者遂視為畏途嗣復派充里總里催諸役如公事有誤不分士民一例差拘甚至鎖拿扑責無法不施貌功令若具文以士子為魚肉相沿成習孰敢指其為非

魁屢思力挽此弊柰叔季人情喜諂類皆阿附權勢以便營私幾格於議而不行然　魁卒不避嫌怨獨持其說舉夙昔之所欲盡言者著之稟牘以請於　學憲蒙　允飭縣禁革在案邑人士多韙之爰刊石於書院之講堂以示日久恐有變更之意（此案自同治丙寅起遵行已有八年）所願賢邑侯訪等務蕆永除弊政培養一邑士氣即以培植一己書香其勿以此為假義要名之見也幸矣夫

學田原額

公安原無學田康熙二十六年奉文

皇仁例應均被案內查無礙官區撥充學田當查得舊縣椒梅二園官地報上至二十三年奉　學憲批駁為數不多不便草率咨　部於是闔學呈請再查申伏鋪一帶廢堤僉舊驛之放馬岡放馬湖等處詳報撥充而其地皆久為奸人竊據賄囑經胥結黨告訐本學顏公翼祖主其議諸生李之芬龔三捷力爭之先經捕衙侯王輔驗明條詳隨經署篆縣丞吳元祉審

驗二次又經繼任知縣趙希階審驗二次俱詳報上憲而竊踞黨眾盜憎主人又復上控李龔二生奔走質成　本府捕糧廳李六澄知府魏勷審斷覆提通詳而案始定復經捕衙趙福署長陽知縣朱登俊履丈規畝造冊賫報轉報　院　司　學道各衙門搆訟七載正署縣及捕官勘丈凡七次廢堤零星遼遠往返動經六七日李龔二生始終之而同志經營則又有李生盛勳汪生新鼎朱生方升周生克勤及武舉毛獻廷王彪陸地除荒僉柴湖有糧若干又經

聲明 藩憲同入民賦不致另立款項忽三十五年魯一里八甲重立儒學單名載米六斗七升零麥三升八合李龔二生又以隨糧呈明 本府署縣朱公責懲改撥而學田之案始結顏公刻有學田紀畧

朝廷設立學田所以贍給寒生恩至渥而考成極嚴公學無田而有田不知幾費經營任勞任怨利之所在果能使寒士實受其福則善矣

一原歸學田濱江廢堤脚下砂漬漬灘陸形共壹百貳拾畝伍分柒毫

第一形叁拾畝壹分坐落申伏鋪地方其實堪承種大麥下下則地僅貳畝柒分叁釐貳毫每年計收大麥陸斗捌升叁合

第二形柒畝玖分叁釐坐落青丈老地方其實堪承種大麥下下則地僅壹畝每年計收大麥貳斗伍升

第三形貳拾畝壹分坐落民安驛其實堪承種大麥下下則地僅貳畝每年計收大麥伍斗

第四形玖畝壹毫坐落大河灣地方其實堪承種大麥下下則地僅陸分每年計收大麥壹斗伍升

第五形伍畝伍分坐落放馬湖地方其實堪承種大麥下下則地僅壹畝叁分陸釐陸毫每年計收大麥陸斗捌升叁合

第六形肆拾柒畝捌分柒釐陸毫坐落椒梅二園其實堪承種大麥下下則地僅壹拾壹畝陸分壹釐每年計收大麥伍石捌斗伍合

一原歸學內地叁形共壹百陸拾捌畝坐落放馬湖地方

第一形陸拾畝多屬不毛其實生茅草山地僅肆拾壹畝陸分每年計收茅草壹千餘束

第二形叁拾伍畝伍分與前形勢無異其實生茅草山地僅壹拾陸畝每年計收茅草叁肆百束

第三形柒拾貳畝伍分與前形勢無異其實生茅草山地僅陸拾畝每年計收茅草壹千肆伍百束

以上共收大麥捌石柒升壹合計糶銀叁兩伍錢陸分 又共收茅草貳千數百束計變銀壹拾肆兩柒錢二共變銀壹拾捌兩貳錢陸分

完納條餉支銀叁兩伍錢

完納南糟支銀壹兩伍錢貳分

支給貧生七名共銀捌兩陸錢捌分伍釐陸毫

支給社師四名共銀叁兩柒錢陸分

二共總扣減平銀柒錢玖分肆釐肆毫封固批解

慰按學田一案自康熙二十六年迄今近二百載其間不知幾經水患而地形不可復識已慰履任於咸豐庚申年五月偕西齋自備資斧詣斗湖堤官山一帶查勘請同該處紳耆丈得地一百九十餘畝甫經立册備案不數日大堤潰決水冲沙壓仍復不能成

熟自是水患頻仍復於同治庚午年兩處潰口其地遂與江合長年積水實屬不堪成種雖經出示招佃卒無人承任此官山一帶學地荒廢之情形也又同治四年訪聞得斗湖堤舊縣學宮廢基廣濶久被居民佔踞雖經清丈得地四十畝然歷年來絲毫無獲緣此地在濱江月堤外一臨水汛盡行淹沒現據佃戶呈請退佃承種無人以後難望有收僅存基址未失此自行清理舊縣學地荒廢之情形也至廢堤及民安驛一帶學地向聞不下數百畝未諗自何年代被奸人竊據失業經前同事於咸豐戊午年三月獨詣該處清查聞有私給頂租數十串之說故未勘丈僅議租二十八串後因此地坐落均係濱江佃戶等總以水大無收藉口不但租稞不繳而且抗不報災已有業不由主之勢雖有田如無田又何貴乎田為惟冀當路諸君子留心民瘼修固堤防永慶安瀾俾獲連年豐稔庶任職司者有所藉而後蒙賑恤者有所需耳

南平書院 附田

邑書院仿自宋代竹林書院者宋荆湖制置使孟公珙建以處四方流寓士也培風書院者邑侯楊公之駢建以培植士類者也鳳公書院者邑侯鳳公翔捐俸置產創興膏火邑人思其德因以名之志不忘也後因公有專祠改爲南平書院建於北門内而公之德固歷久而愈新也然邑數苦水屢修屢圮道光三十年復買宅於學宮之旁其地爽塏其宅閈閎可以肄業可以課士公請 縣主聘鄰邑之賢有文者主

講席以杜挾制貪緣之弊所置產亦以次加廣擇邑生廉正三人以時司其出入而給其膏火優者獎之劣者黜之獎之則加勸黜之則加勉亦既多歷年所矣今移建新城將使蘇湖弟子絃誦一堂庶楩楠杞梓遇匠氏而鳳樓重修騄駬驊騮逢伯樂而驥足大展則書院之有造於士林也匪淺鮮已

首士龍綸言牟治瀛雷業先於同治辛未冬買李繪臣等田叁石捌斗有印契爲憑查以前印契均失誠恐他人侵佔且驗課年分難保莊戶不移步換形特於壬申冬踏看坵段撮節登載書院印簿庶輪管者永昭信守

一陶家岡田拾肆石叁斗柒拾叁坵私堰捌口堰田伍坵陸地六塊屋基等項全

一陶家岡田叁石叁斗拾捌坵 公堰壹 私堰叁 口屋基等項全

一陶家岡田肆石貳拾肆坵 公堰叁 私堰壹 口陸地肆塊草山壹形屋基等項全

一横板橋田伍石貳拾捌坵私堰貳口陸地壹塊草山壹塊屋基等項全

一横板橋田叁石捌斗貳拾陸坵公堰叁口私堰壹口相連蘇溝壹圍内零星田貳斗由李姓田過水無阻陸地約計貳畝公草山貳段屋基等項全

一圓角土地田肆石貳拾坵私堰肆口陸地壹塊堰田壹坵屋基等項全

一魚栅嘴田貳石公堰貳口陸地叁塊屋基壹處

一蘇渡熟地貳拾畝基地壹處相連荒地候開熟丈量計畝

一胡尾渡田伍石肆斗伍升内屋基壹處

一王家廠田壹石玖斗肆升伍坵公堰壹口
一雷家坪田柒石貳斗叁拾坵私堰肆口私溝壹條內
有田叁斗由張姓溝過水無阻屋基等項全
一劉家嘴田拾石零玖斗公堰捌私堰肆口私壋壹個陸地貳
塊屋基叁荒基壹處
一鄧家嘴柴山壹形
一督口柴山壹形約計肆拾捌畝
一申津渡基地壹處
一北關外田肆石陸斗

一北關外氾公祠田肆斗
一西關外氾公祠田貳石貳斗
一北書院考棚南至北長壹百貳拾貳弓南北寬貳拾玖柒
弓扣地拾壹畝叁分公溝壹條
一南平書院東西長六五拾七六弓南北各寬貳拾肆弓扣地四
畝玖分貳釐內包節孝祠基地並私溝壹條
又田壹坵南北長貳拾肆弓東西橫拾叁弓扣田壹
畝零肆釐
一南考棚東西長叁拾陸弓南北橫貳拾叁弓扣地貳
畝柒分陸釐內私堰壹口
以上六處均係祝家岡舊城

考棚

考棚爲士子登雲之地曩者邑童試均在縣署負桌攜凳不勝其勞非所以嚴關防肅試典也道光六年邑侯關公西園捐廉協衆倡修遂使數百年未興之盛舉不二載而告竣士林頌焉後以基近北城爲水所圮同治五年邑侯袁公金和集衆議提公費更建於南平書院之右庚午癸酉復圮於水今移置新城凡爲號舍三十二間每間梟凳若干件內而至公堂閱卷房厨房外而龍門報亭頭門以及東西栅欄照

牆咸具雖規模草創而高爽軒豁居然邑中大觀已

附　前修考棚序　毛家槐

自古勝地名區恒藉士林以生色其山川之靈秀風俗之敦龐固足以鍾毓而醞釀之亦由官斯地者培植文風尊崇試典而後豪傑蔚起處則爲正士出則爲良臣邦家之光愈增閭里之榮此槐於邑侯關西園先生之作號舍所由深感其意美法良爲能欽承
聖天子育才愛士之深恩以錫福於邑人士也公安古南平郡漢唐宋元代有聞人洎乎前明登鄉科成進士者百數十人或入直詞垣或歷階保傅或盡職臺衙或掌銓政而清潔矢操或作諫官而直言不諱文章事業史志彰彰至於望樹明經選膺拔萃志篤忠貞行敦節義者難更僕數迄我
朝雅化作人崇熙累洽經明行修之彥鵲起蟬聯槐之不敏亦由庶常而官學博吾邑文風蒸蒸日盛矣夫文風既盛則應童子試者必多應試者多則典試者必鄭重而愼行之而考棚號舍之作乃歷百餘年

來議之屢屢輒畏其繁重而不果於行也歲在甲申西園明府以粵西名魁來宰斯土温慈惠和與民休息復於試士之日親見夫就廨署而應試者之不勝其勞擾也因與同寅諸公再三籌畫集邑紳倡捐廉俸而議修之一時聞風鼓舞慷慨樂捐者有人踴躍從公者有人公乃度地於南平書院之前庀材鳩工自乙酉秋季經始至丁亥夏仲告厥成功廣厦萬間士盡歡顏矣夫易渙者人心難集者公事是役也重大紛紜告竣誠非易易幸良有司開誠布公程功集

事以肅試典卽以勵文風繼自今名聯淡墨帖報泥金學士賦日而不迷太史奏雲而共覩所謂英豪蔚起處則爲正士出則爲良臣者必遠勝於往日焉孰非西園公之有以肇其始而兆其祥哉 槐 匏繫奚陵未能從諸君子後共襄其任而聞此盛舉竊不禁佩公之渥施而喜爲吾邑之文人墨士道也於是乎書諸石

賓興 附田

周禮大司徒以鄉三物教萬民而賓興之三年大比則書其賢者能者獻之於王王拜受之登諸天府其典綦隆三代以來取士之法不同而賓興之禮未之或廢宋宗室彥倓知紹興府復鹿鳴禮置興賢莊寒士悉得所佽助士自束髮受書雞窗雪案暨大比之年將以備天家賢能之選事未有急於此者也邑在前明登巍科膺顯仕者史不絕書

國朝一科獲雋者或七八人或四五人猶不失爲望邑近則科目迴遜於前大都因水旱災祲無力上進以致槐黃虛擲深堪扼腕道光十八年宋國堡捐田壹百零貳畝四釐著落北觀音寺以充賓興咸豐元年舉人李洪已訓導杜宜詩等因先年邑侯 李公紫藩勸捐育嬰存費稟請前徐公文灼改作賓興始置腴田伍拾貳石柒斗伍升此吾邑賓興所由昉也嗣又得江陵訓導鄧承義向在城內及沱市典鋪因水患歇業將兩處房屋捐入賓興歲獲租數十金所謂有其舉之不可廢也第前捐之田沙漬無用後捐之

屋在沱市者火燬無存在城内者移建新治所望官斯地者念切樹人諭飭董事精白乃心無稍侵蝕無許挪借有志之士以公廉爲繼述有力之家以樂捐爲擴充使此項善舉垂之永久斯邑人士所尸祝者耳

東鄉田共叁拾柒石零伍升

一杉木橋牛穿巷田拾柒石肆斗伍升壹百零壹坵公堰肆私堰肆口草山貳段陸地貳塊松園壹個屋基等項全

一岗家樓田玖石壹斗伍升肆拾柒坵公堰肆私堰叄口私坑

壹個陸地肆塊屋基等項全

一章田寺羅磨山田肆石貳斗拾肆坵公堰壹私堰壹口屋基等項全

一陶家岡田肆石貳拾坵公堰壹私堰壹口私坑壹個陸地貳塊草山壹段屋基等項全

一報慈寺東田貳石貳斗伍升拾坵公堰壹私堰壹口私坑壹個屋基等項全

西鄉田共拾伍石柒斗

一蕭家岡田柒石貳斗叄拾玖坵公堰肆私堰肆口私濠溝壹圍公溝肆條屋基等項全

一道鎭菴田伍石陸斗貳拾叄坵公堰貳私堰貳口公溝壹節陸地伍塊草山壹段屋基等項全

一道鎭菴田壹石壹斗伍坵公堰壹口地壹塊

一曹家溝田壹石捌斗六坵私堰壹口公溝一條

一祝家岡舊城賓興舘東西各長五十九弓南寬三十二弓北寬二十九弓扣地三畝零九釐東抵杜基南抵街心西抵馬基並公溝北抵公溝溝東上包杜地

補載前育嬰堂樂輸姓名錢數

千總司馬盛桂捐捌百串　監生雷貢荆捐壹百肆拾串

鄒三義典以上　恒宜典以上各捐　理問朱礽垜以上

履升典各捐　貢生袁憲垛捐錢捌拾串　千總劉承焯各捐

萃升典錢壹　千總馬德普以上各捐　監生傅長生錢伍

凝瑞典百串　尚秀山錢四拾串　唐肇選拾串

貢生鄒趙讓捐錢伍拾串　職員晏光炳捐錢伍拾捌串

監生陳萬春捐錢肆拾伍串　監生袁勤貴捐錢貳拾陸串

監生宋炳燵聖泉捐錢貳拾串　封員劉作翰捐錢壹拾伍串

州同齊大富大華以　廖億大以　千總馬德照以　晏明謙各

千總劉東來上　王協豐上　監生龍巨源上　廖掄秀捐

貢毛業精各　監生鄒能中各　李香山各　桂臨豐拾

生晏明椿捐　生員毛鶴齡捐　馬學德捐　劉德先串

監生李志鵬錢　貢生毛家麟錢　易珩光錢　余培九捌串

王家元叁　毛楚占貳　生余道選壹　貢生袁時曜伍串

陳必照拾　吳居義拾　劉紹邦拾　吳萬應四串

趙恒豐串　馬紀寬串　韋殿邦串

劉大士拾串　馬方太正　馬百川正　統共貳千伍百柒拾壹串

鄉飲酒禮

順治初令各府州縣每歲正月十五日十月初一日舉行鄉飲酒禮二次雍正元年

上諭鄉飲酒禮乃敬老尊賢之古制近聞年久視爲具文所備宴筵亦甚不堪應加舉行乾隆十九年會典舘

奏定各省舉行鄉飲令各省督撫轉飭所屬府州縣每歲遵照定例舉行二次先訪紳士之年高德卲者一人爲大賓次爲介賓又次爲衆賓皆由州縣詳報府尹督撫覈定舉行其本地有仕至顯宦偶居鄉里

願來觀禮者是爲僎賓依古禮坐於東北無則闕之仍將所舉賓介造具姓名籍貫清册送　部存案倘鄉飲後有過犯按所犯輕重詳報斥革咨　部除名並將原舉之官議處

鄉飲儀注

正印官爲主人如無正官佐貳代位於東南以教職爲司正以老成生員爲贊禮前一日司正率執事習禮於明倫堂依圖陳設坐次次日黎明宰牲具饌主官率僚屬出迎於庠門揖入三讓三揖而後升堂將入門揖至中門揖堂階下揖賓西主

東相向立拜各就坐 贊唱 司正揚觶司正至堂中北
面立賓主皆立共揖 執事者酌酒於觶以授司正 司正舉酒命衆
曰恭維 朝廷率由舊章敦崇禮教舉行鄉飲非爲
飲食凡我長幼各相勸勉爲臣盡忠爲子盡孝長幼
有序兄友弟恭內睦宗族外
和鄉里無或廢墜以忝所生 畢司正舉觶自飲以觶
授執事者司正北面揖賓主皆揖司正復位賓主皆
坐 贊唱 讀律令 執事者舉律令案於堂下 讀律令生由西階升詣
案前北面立賓主皆立讀曰 大誥鄉飲酒禮序長幼別奸頑異罪人其坐席
間年高有德者居上高年純篤者並之以次序齒而
列其有曾違條犯法者不許干預良善之席主者若
不分別致使貴賤混淆罪以違制論奸頑紊
亂正席者移出化外喧嘩失禮者司正責之 讀畢北

面揖賓主皆揖讀者退賓主皆坐 贊唱 供饌案 執事者舉
案至賓前及主前以次舉訖唱 獻賓 主出席北面立執事酌酒以授主 主受爵詣賓
席置於席稍退兩賓答拜訖主退復位 唱 賓酬酒 賓出
席執事斟酒授賓 賓詣主前置於席稍退拜答如儀各就位
坐介衆賓以次斟酒於席訖 唱 飲酒 酒三行 唱 奏樂
工升歌周詩鹿鳴之章卒歌笙奏
御製補南陔詩閒歌周詩魚麗之章笙奏
御製補由庚詩乃合樂歌周詩關雎之章卒歌工告備出執
事者行酒主賓以下飲無算爵訖 唱 徹饌 候徹案訖

唱 賓主行禮東西相向兩拜訖 唱 送賓賓介衆賓主
人分東西行出庠門一揖升興而退監禮者出主人
送禮畢乃皆退 忝錄

御製補笙詩

南陔三章 二章章六句一章八句

我逝南陔言陟其岵昔我行役瞻望有父欲養無由
風木何補

我逝南陔言陟其屺今我行役瞻望有母母也倚廬
歸則甯止

潔爾旨肴今爾不養日月其慆

南陔有筍籜賁勺之孱孱孩提孰噢咻之慎爾溫凊

由庚四章

王庚便便東西朔南六符調燮八風節宜

王庚容容朔南西東惟敎與勤百王道同

王庚廓廓東西南朔先憂而憂後樂而樂

王庚恢恢南朔東西皇極孰建惟德之依

鄉飲禮嘉慶十二年舉行

知縣任公鄂薦

鄉飲大賓王亞杜志玕

公安縣志
卷三
民政下

公安縣志卷之三

民政下

塘汛

塘之義取諸防汛之旨歸於信此即古晝郊圻慎封守謹關梁完要塞之道邑爲南北通衢險隘所關則守望綦嚴城汛外陸路有八水程有四各設兵譏察則內外交飭臂指相聯姦宄無能竊發已

縣城汛

把總一員駐防　外委　一員協防

一守城兵五名　四門守兵各一名　監卡守兵一名

一陸路八塘各設塘兵五名駐防管轄

郭大口即孱陵驛　紀湖堤　馬長港　孫黃驛

塔閘舖　郝鄔舖　章莊舖　黃鐘舖

一水路四塘各設塘兵叁名外委把總管轄

黃金口　港關　雙店　泗水口

通共守汛兵伍拾柒名

驛站馬政附

古者軍行日三十里吉行日五十里故僕無尤瘁而馬力不竭後世轉馳迅速而僕馬始交受其困邑屬皇華大道勘合之往來羽書之旁午最爲衝繁康熙甲子奉章里役夫馬錢糧本縣坐支要之工料之支給以時則芻豆得以預收而斯馬斯臧畜牧之阜蕃悉由之矣

一額設孱陵孫黃二驛孱陵驛北行江陵渡荊江至荊南驛計程柒拾里孱陵南至孫黃驛計程陸拾里自

孫黃驛至湖南澧州順林驛計程捌拾里孱陵驛西至松滋縣涴市驛計程陸拾里孱陵基舍原在孱陵廠廠口磚邊舊有馬場一處道光十二年江陵堤潰驛舍漂流道路衝淤詳移江陵屬上李家口孫黃驛原有基舍河東有牧馬草場壹處

一孫孱二驛額設馬壹百捌拾四馬夫玖拾名排損夫貳百貳拾名獸醫一名雍正六年奉部裁馬貳拾四馬夫拾名扣解工食工料等銀肆百伍拾貳兩又乾隆二十四年奉

部裁馬貳拾匹馬夫拾名扣解工食工料等銀肆百
伍拾貳兩今孫房二站各設馬柒拾匹馬夫各叁拾伍名擡夫各壹百壹拾名
一孫房二驛原額驛站正銀柒千伍百壹拾壹兩捌錢
伍分內除由縣每年坐支夫馬工料支應倒馬等項
共銀伍千伍百玖拾柒兩叁錢小建扣解閏月加增
餘銀解赴
藩庫至壹叁柒分耗羨銀兩統入地丁耗羨銀內開
消
一原額驛站銀伍千陸百捌拾壹兩柒錢叁分玖釐玖

毫除荒銀叁千貳百貳拾肆兩肆錢柒分壹釐又除
豁免運夫丁銀肆拾兩貳錢陸毫壹絲壹忽捌微伍
塵實徵銀貳千肆百壹拾柒兩陸分叁釐叁絲叁微
伍塵陸纖陸渺玖漠伍茫伍沙
一原編江濟水夫正損改協驛站銀壹千陸拾壹兩捌
錢捌分伍釐柒毫叁絲伍忽除荒銀陸百伍兩肆錢
貳分肆釐實徵銀肆百伍拾陸兩肆錢陸分貳釐因
驛站夫馬錢糧不敷於康熙二十年十二月二十日
欽奉
恩詔事案內動支本邑民賦銀肆千陸百叁拾捌兩叁錢
壹分玖釐柒毫肆絲伍微陸塵
以上共實徵銀柒千伍百壹拾壹兩捌錢伍分肆
絲零
一孫房二驛額設倒馬價銀伍百捌拾捌兩
一起解二驛鹽糧儲道驛站項下新增丁塟銀玖百伍
拾捌兩陸錢玖分玖釐捌毫伍絲捌忽陸微
實存銀伍千捌百陸拾捌兩肆錢支給孫房二驛夫
馬工食工料支應藥餌及排夫工食

一孫房二驛額設排損夫每年應支銀柒兩叁錢貳分
共應支銀壹千陸百壹拾兩肆錢
一驛馬每壹匹日支豆伍倉升每升價銀捌釐該價銀
肆分日支草貳束每束價銀伍釐該價銀壹分日支
銀伍分二驛年共支銀貳千伍百貳拾兩每馬壹匹
年支藥餌銀壹兩二驛共支銀壹百肆拾兩又每驛
各設獸醫一名每名年支銀柒兩貳錢二驛共支銀
壹拾肆兩肆錢
一二驛馬夫每名支工食銀柒兩貳錢二驛年共支銀

伍百肆兩
一孫牓二驛各設支應廪糧並修理號舍鞍屜等銀壹
百壹拾兩貳錢伍分二驛年共支銀貳百貳拾兩伍錢
以上二驛夫馬工食工料及排夫工食支應藥餌
並買馬價銀俱在正項實徵銀內按月支給一驛
分給各項
以上係康熙六十年舊志原文
以下係奉修新志查照同治三年詳案驛站定額
一原額驛站銀伍千陸百捌拾壹兩柒錢肆分內除荒

銀叁千壹百陸拾肆兩捌錢捌分陸釐又除豁免故
夫丁銀肆拾兩貳錢壹釐並除驛站增墾抵補重丁
充餉銀貳拾貳兩捌錢玖釐歸入起運項下造報外
實徵銀貳千肆百伍拾叁兩捌錢肆分肆釐
一原編江濟水夫正項改協驛站銀壹千陸拾壹兩捌
錢捌分陸釐內除荒銀陸百叁拾捌兩貳錢玖分玖
釐又除江濟增墾抵補重丁充餉銀叁兩玖錢壹釐
歸入起運項下造報外實徵銀肆百壹拾玖兩陸錢
捌分陸釐

一照依協濟徒多轉折等事案內徑支本縣民賦銀肆
千陸百叁拾捌兩叁錢貳分
以上三項共實徵銀柒千伍百壹拾壹兩捌錢伍分
一孫牓二站各設排夫加增夫壹百壹拾名每名日支
工食銀貳分叁毫叁絲叁忽年支銀柒兩叁錢貳分
額支銀各捌百伍兩貳錢
一二站各設馬柒拾匹日支草料銀伍分年支銀拾捌
兩額支銀各壹千貳百陸拾兩每馬壹匹日支藥餌
銀貳釐柒毫柒絲柒忽柒微年支銀各貳百伍拾貳兩

一二站各設馬夫叁拾伍名每名日支工食銀貳分年
支銀柒兩貳錢額支銀各貳百伍拾貳兩
一二站各設獸醫壹名年各支銀柒兩貳錢不扣建加
一二站每年各准倒馬貳拾壹匹隨斃隨補在坐支項
下各准銷馬價銀貳百玖拾肆兩
一二站各設支應廪糧修理號舍製備鞍屜籠繮鍬鑾
槽鍘什物等項銀各壹百壹拾兩貳錢伍分
以上每站每年應支銀貳千柒百玖拾捌兩陸錢
伍分除小建六日扣銀柒拾玖兩伍錢柒分捌釐

兩站實共支銀伍千伍百壹拾柒兩柒錢貳分陸
釐係坐支餘銀如數運解外應解倒馬皮張變價銀
肆拾貳兩
一起運驛站及坐支夫馬等款正銀壹千玖百玖拾肆
兩壹錢貳分肆釐每年無閏月者準此
如遇閏月小建大建加支驛站銀叁百捌拾肆兩陸錢肆釐叁百玖拾柒兩陸分柒釐
俱在此項銀兩動支
一起運驛站及坐支夫馬等款耗銀捌百貳拾陸兩叁
錢叁釐內有坐支巡典養廉銀壹百貳拾兩批解

附錄康熙十一年公安縣申　院詳文
爲違
旨虐鄰邀請通詳以甦民命事十一年七月初三日據闔
邑紳衿里老赴縣詞稱政莫重於郵傳法莫嚴於違
禁未有以先經道府之公議　各縣之會題奉
欽定之驛政而欲紛更於十有八年之後者也查荆屬公
松二邑均爲七省孔道羽檄
皇華絡繹不絕古道在公安因滄桑變更道路成河遂
以虎渡小路權作官道奈江湖水漲不時屢阻郵傳

至順治十三年阿將軍滃死禁旅官參民逃慘難圖
繪幸蒙前任督部堂祖撫部院林暨道府會議公安松滋
各有二驛每縣脚馬壹百匹排夫壹百伍拾名夏秋
水漲俱歸松滋冬春水涸俱歸公安按季應差會題
請
旨兩縣無互諉者十有八年豈松滋去任屆縣官聽積棍
奸胥之言於九年九月內揑詳申上推卸驛站獨累
公安幸各院深慮郵政重務俱蒙　憲批定例已久
難以遽更本府同詳亦稱事久例定難以遽更應請

飭行兩縣照舊分季在案詎遭松滋勢棍斂費通縣
百計脫卸遂於六月二十二日　本府李同兩縣父
母不驗松邑之高阜而獨勘公邑之焦旱反令驛併
公安勒令修葺虎渡一路切虎渡一路水滃之區約
共五十里自縣城孫黃驛塔岡廟一帶又計二十餘
里其形勢低窪天雨水沒通長八十里且有沿途橋
梁九處久經傾頹不特修葺甚艱即竭盡民力必旋
修旋壞此有目者所共見而府縣不念郵傳重務止
聽奸計左袒勒取允服印結不但　老父臺心念民

癘勢不敢從而闔邑士民甯死不甘竊兩縣分季之差松尙稱苦而獨苦公安是何公道況現在之陸地不行而議修水鄉爲路豈法令必勞民傷財而後快乎渰死禁旅往事可鑒無故紛更害將胡底伏乞俯電輿情通詳各憲等情該知縣何國棟看得公安形勢低窪但遇水漲不特路道成河而居民房舍田禾半付澤國官民受害不知凡幾矣所有驛站一項自順治十三年渰死阿將軍禁旅之後蒙前任各憲公議均撥兩驛夫馬按季輪管會題在案誠不易之良

法而驛路無虞官民荷生成之福者十八年於茲矣今松滋忽欲顛翻有歸併公安之請雖會蒙府憲按臨公安踏看不過因本年旱魃爲虐溼土皆焦遂有修築之議但公安路道水漲渰沒者逼長八十里又有橋梁傾頹者九處工程浩大實爲繁難不特闔邑不服卑職亦何敢輕遵卽使卑職有不得不從之勢而各憲會議具題倘蒙　大部覆核今日之歸併與當年之改遷前後互異駁覆不常實煩　憲臺之盛心豈非卑職輕諾之咎乎況闔邑衆口不服卑職實難勸從今據前由合爲申請伏乞　憲臺敕行驛憲會同巡憲親臨踏勘核查事久例定之

欽案不致紛更於一旦亦使水國窮民免使修築八十里之長途照舊分差均沾苦樂庶驛路各有攸歸而吏民永戴生成矣本月二十日蒙

督憲部院董批公松歸併驛路務期兩驛允服今據公安詳稱闔邑士民嘵嘵不已非永久之策仰糧驛道再行會同巡上荆南道從長酌妥據實通報驛巡兩道親臨公安勘驗是時大水決堤巨浸稽天又與前

六月之焦旱者不同凡來勘者面見水勢亦無異詞及兩道過松驗路驗馬松令故不迎見以示無私但以羸馬數十匹呈驗遂謂公邑馬尙可支而松邑馬瘦八疲不堪走遞併歸公安而松邑又復匿名四布欲羅織公安爲首糧里以箝其口其計尤險矣十二月幸又奉

上駁不准則此弊已如觀火但事關闔邑利害民間嘵嘵實未遽默然也

舊志明設三驛　國朝民安驛裁止有孫黃二驛

一孱陵驛故道上自江公接壤之普化觀南行十里至孱陵驛自孱陵十二里至紀湖堤八里至觀音寺二十里至馬長港過河遶大扁湖五里至嚴畬坡又十里由縣城西門外至孫黃驛道光十二年後江松二邑堤屢失防帶淹縣屬驛舍漂流道路衝淤詳請改遷江陵屬上李家口由本邑下李家口南行二十里至觀音寺又二十里至馬長港又二十里遶城至孫黃驛計程六十里水泛均設船渡

一孫黃驛在縣城南五里自驛渡孫黃河即山河越堤逾陳家湖十里今十五里至塔岡鋪原係護道垸近因江陵毛楊二尖停修夏秋水氾波濤洶湧必須船隻又地勢由北而西往來僱石尤風最爲凶險即冬春水涸亦有趙公橋土橋灣二處設船渡送自塔岡鋪十里至郝鄔鋪十里至章庄鋪內有姚家烟鋪水泛設船十里至黃鐘鋪內有積玉橋新建驛二處水泛設船五里至界溪橋水泛設船橋南屬湖南澧州查澧州接有關山鋪沙林鋪順林驛與孫黃驛遞送公文自孫黃驛至湖南順林驛計程八十里

一縣屬東南北三路額設貳拾壹鋪半共鋪司兵貳百柒名東路沙堤鋪起與石首新開鋪交界南路黃鐘鋪起與湖南澧州關山鋪交界工食額銀共肆百玖拾伍兩柒錢肆分柒釐內除荒故丁並抵算重丁充餉銀貳百陸拾陸兩柒錢貳分玖釐已奉 文赴省請撥外由縣實徵坐支銀貳百貳拾玖兩壹分捌釐咸豐四年奉山西巡撫恒

奏請通行各就地方情形裁減鋪遞奉本省

撫憲胡 奏請將湖北鋪遞一並裁汰公文有驛歸驛無驛專差遞送將額設工食銀兩酌留二成給差馬工食工料之用

鋪遞

一東由申伏鋪十里至井子鋪十一里至積善鋪十里至梁家鋪十里至芭芒鋪十一里至民安鋪十里至沙堤鋪十里至新開鋪石首界

一南由孫黃驛十五里至塔岡鋪十里至郝鄔鋪十里至章庄鋪十里至黃鐘鋪十一里至澧州關山鋪

一北由雞子鋪十里至范林鋪十里至三穴鋪十里至桑潭鋪十里至板橋鋪十里至孱陵鋪十里至窰頭鋪十里至下灌洋鋪十里至上灌洋鋪十里至江陵

下賓鋪昔設鋪司壹百叁拾玖名係永充鋪兵陸拾捌名係徭編咸豐四年俱奉裁汰
以上驛道鋪遞俱仍舊志　按縣屬二十一鋪俱有鋪基田畝向係各鋪兵佃種今奉裁汰東北路鋪地被水衝淤查考似難南路半在高阜理合歸公侯查

紀兵

自古帝王制置天下曷嘗一日去兵哉天下方亂賴熊虎之將韜鈐之佐翦除禍難蕩一海宇及大亂既平偃伯靈臺習射澤宮一張一弛固文武之道爾周之盛時以井田出車則人皆爲兵敵王所愾非處處而守之村村而防之也故或歸馬放牛而天下晏然或宿兵於無用之地而亂卒莫支則自守之與天下守之之異也邑在兩漢輻輳廣袤兼該數縣計不廢武備之修嗣後世變多故昭烈始據油口翩然荆蜀遂振雲龍之勢孟珙屯兵公安北伐中原乃樹鷹揚之略陸抗堅壘於樂鄉桓冲退守於江南中歷五季屢爲戰地則以居南北之衝介大江之險進取退守恒必由之蓋其地彌要則其爭彌力而民生其間乃益苦勢使然也明末寇賊繼踵兵戎絡繹數十年間彼勝此負水去陸來貫嬰刳孕飲頭脯肝之慘不啻牢搜而陸獵焉加以梟黠懷異在在蠭起始猶保聚以自衛繼遂屠裂以相雄善良化爲鯨鯢婚姻變爲豺蟒燒餉縋兵斬芟如草天下無王逝將誰告

國朝大定以來海內久脫干戈各州縣輸兵設守所以綢繆防衞者所在必遍則安民保治亦勤勤無遺慮矣 舊志

漢

章帝建初三年冬澧中蠻覃兒健反攻燒零陽作唐孱陵數縣四年發荆州七郡汝潁弛刑徒吏士五千餘人拒守募充中五里精夫不叛者四千人討之五年春兒健請降不許戰於宏下大破之斬兒健餘黨悉平 此公安被蠻寇之始舊志永定九谿等衞所桑植茅岡各司險皆漢澧中地而永順容美爲大容美

尤能文而好禮明末士大夫避兵多往依之按零陽充縣漢置今慈利永定地容美今鶴峯州地覃兒健舊志誤爲單兒健攻燒零陽誤作零陵又以斬覃兒絕句皆失考

獻帝建安十三年曹操敗於赤壁先主遂取江南武陵長沙零陵桂陽四郡 舊志

十四年先主領荆州牧屯公安 三國吳志 舊志先主領荆州牧周瑜據江陵分南岸地以給先主立營油口卽此

先主以所給地少不足以安民後從權借荆州數郡 江表傳 周瑜卒魯肅勸權以荆州借先主 通鑑 權遣奮威將軍孫瑜率水軍欲上取蜀先主使關某屯兵江陵自任公安不聽瑜兵西上權不得已召瑜還 舊志

二十年先主既得益州權求荆州不得怒遣呂蒙襲取桂陽長沙零陵三郡先主自至公安遣關某爭之會曹操將攻漢中遂與權和分荆州以湘水爲界長沙江夏桂陽以東屬權南郡零陵武陵以西屬備 通鑑

二十四年關某攻曹仁於樊時孫權攻合淝諸州兵戍淮南某使南郡太守糜芳守江陵將軍傅士仁守公安九月權遣呂蒙襲南郡傅士仁降之 通鑑 關某討樊留兵將備公安南郡呂蒙遂稱病篤權乃露檄召

蒙陰與圖計蒙至潯陽盡伏其精兵𦪇艫中使白衣搖櫓作商賈人服晝夜兼行某所置江邊屯堠盡收縛之某不聞知遂到南郡蒙令故騎都尉虞翻爲書說傅士仁爲陳成敗士仁得書流涕而降糜芳城守蒙以士仁示之芳亦開門出降 吳志呂蒙傳 權至公安置酒謂吳郡全悰曰卿前陳此計孤恐機泄故隱而不答今日之捷亦卿之力也封悰爲華陽亭侯以呂蒙爲南郡太守封孱陵侯 舊志

周瑜子允以兵千人屯公安 舊志

三國吳

建衡二年拜陸抗都督信陵西陵夷道樂鄉公安諸軍事三國吳志陸抗傳按信陵故城在歸州東吳置縣西陵即夷陵今東湖縣夷道今宜都縣

晉

太康元年正月王濬伐吳攻孱陵之樂鄉舊志樂鄉有二一在秭歸即巴東縣也一在孱陵即陸抗所築與羊祜對壘處晉書濬發自成都二月庚申克吳西陵壬戌克夷道乙丑克樂鄉城舊志此孱陵之樂鄉也與水經合按綱目正誤樂鄉今安樂鄉春秋郡國之地其城吳陸抗所築在松滋東一統志一在松滋縣東七十里一在荊門州晉安帝時置一在巴東縣治東據此則樂鄉城有三而舊志止注有二失考

懷帝永嘉五年巴蜀流民爲土民所侵苦蜀人李驤聚衆據樂鄉反南平太守應詹擊破之

桓冲督荊州値苻堅强盛乃上疏曰自中興以來荊州所鎭隨宜回轉事與時遷勢無常定宜全重江南輕戍江北且孱陵樂鄉北枕大江西接三峽若狂狡送死則舊郢以北堅壁不戰遠乘其疲撲剪爲易臣司閫外隨宜處分於是移鎭上明使將軍劉波守江陵諮議參軍楊亮守江夏舊志上明有二一在江陵界北一在松滋縣西水經江水又東逕上明城北是也其地夷敞北踞大江晉刺史桓冲治所

安帝隆安三年十二月桓元襲江陵南蠻校尉楊佺期與兄廣共擊元元畏其銳退軍馬頭義熙元年春正月劉毅次於馬頭桓振以帝屯於江津晉書安帝紀毅等旣戰勝以爲大事已定不急追躡時桓謙匿於沮中揚武將軍桓振匿於華容浦桓元故將王稚徽戍巴陵振聚黨得二百人謙聚衆應之復陷江陵劉毅至巴陵誅王稚徽何無忌劉道規進攻桓謙於馬頭桓蔚於龍泉皆破之通鑑

前五代

劉宋兵事無考舊志載宋齊以來有軍主齊南平鎭軍主周敷舊志

齊高帝建元三年義陽刼帥張羣亡命爲賊殘破義陽武陵天門南平四郡沈攸之進討不能擒豫章王嶷遣虞欣祖爲義陽太守誘納之使降於是斬其首惡其黨數百人皆散四郡獲安參澧志

梁武帝太淸二年秋八月侯景反荊州刺史湘東王繹移檄諸王入援又遣司馬吳曅同天門太守樊文皎

將兵發江陵繼遣世子方等將步騎一萬入援發公
安參澧志
陳臨海王光大元年九月吳明徹破華皎乘勝攻梁河
東郡今松滋 拔之二年三月進攻江陵梁主出屯紀南
以避之周總管田宏從梁副總管高琳與梁僕射王
操守江陵晝夜拒戰十旬擊明徹敗之明徹退保公
安通鑑吳明徹字通昭眾官征北大將軍太建五年封南平郡公
宇文周天和初巴峽諸蠻爲亂連結涔陽蠻爲聲援府志

隋

高祖開皇八年陳王遣其信州刺史顧覺鎮安蜀城荆
州刺史陳紀鎮公安皆懼而退走於是巴東以東無
敢守者通鑑 安蜀城在東湖縣西北周書趙熙傳時於江南岸置安蜀城以禦陳

唐

僖宗中和二年冬十二月武陵蠻雷滿陷澧州詔授滿
朗州兵馬留後歲率三四引兵焚掠荆南通鑑

後五代

梁太祖開平元年武貞軍節度使雷彥恭會楚兵攻江
陵荆南節度使高季昌引兵屯公安絕其糧道彥恭
敗楚兵亦走九月彥恭攻涔陽公安季昌擊敗之通鑑
涔陽鎮在公安澧界 二年淮南遣兵寇石首又遣將李厚將水
軍萬五千趣荆南高季昌逆戰敗之於馬頭四年楚
王馬殷遣將侵荆南軍於油口在公安 高季昌擊破之
斬首五千級澧志舉要馬殷字霸圖許州鄢陵人自唐僖宗中和三年爲秦宗權將孫儒麾下裨將乾甯三年拜潭州刺史武安軍節度使據澧朗岳衡二十三州及朱溫篡唐殷遣使修貢溫封爲楚王周顯德時武陵人周行逢竊據鼎澧十州日事殺戮荆南自梁時有峽州人高季興據荆歸峽三州朱溫以爲荆南節度使後唐同光三年封南平王國江陵傳其子從誨孫保融保勖及子繼沖五十餘年大江南北生民之禍亟矣

宋

徽宗時羣盜至公安邑令程千秋帥民禦之荆鄂鼎澧
悉賴以安舊志
高宗建炎四年七月程昌寓權湖北帥事以杜湛權馬
步副總管時公安石首松滋諸縣皆爲賊所據賊首
李合戎屯松滋之尹店市寓遣杜湛渡江擊之遂擒
合戎八月湛克復公安等縣建炎以來繫年要錄 九月湖賊夏
誠遣將李全功犯公安軍解潛遣統制林閏等擊斬
之通志

理宗端平二年孟珙制置荆襄於公安措置屯田稱孟撫莊 舊志

元

阿里海牙以荆湖行樞密院事廉希憲以行省荆南俱分兵防守公安 舊志

明

莊烈帝崇禎十五年冬李自成陷荆州癸未三月賊將孟長庚率衆下岳陽湖南巡按御史劉熙祚大破之冬十一月張獻忠圍澧州湖南右參議陳璸來援戰

敗與守道周鳳岐皆不屈死之賊遂南寇常德府擁楊嗣昌祖墓還過順林驛屠殺慘甚十二月擁衆自湖南來據荆州城自稱西王 參澧志

國朝

世祖章皇帝順治元年甲申夏五月

大軍定京師時南北未通寇氛甚熾上臺飭各屬遴士民之幹者給劄付爲團練官或因爲奸利出門肩輿張蓋鳴鑼吹角民稍拂意卽沉殺之沒其地田妻子爲己有又各爭長相戰殺人苦之甚於賊 澧志舉要

乙酉二年夏五月

王師定江南李自成聞英王南討走通城縣九宮山被居民誅死其兄子錦與自成妻高氏氏弟一功偕僞將袁宗第劉三虎塌天保馬鐵子羅汝傒劉小田等與一隻虎自瀏陽反兵北渡駐松滋草市坪十月十五日寇澧州衆三十萬南北千餘里燒殺殆盡公安賊陳政乘閒竊發殘毒鄰境明副將楊朝棟來旋去副將甄芳再來皆未能誅賊也 參澧志

癸丑康熙十二年冬吳三桂反於雲南明年甲寅正月

自辰州白馬渡遣僞前鋒吳國寶馬三保北寇岳常道遲日豫遣吏目梅標往探標降賊三月初八日賊陷澧州知州張聖宏急挈眷北渡岷江赴荆州府蔡綏道將軍營麾下泣求辦事置寬典遂以標爲僞知州遊堵胡魏夏等衆十餘萬屯城内外分營順林驛依山掘壕縱刼掠遊哨徧山村湖垸俘繫男女民急挾小舠走避蘆汀沙洲多溺死者三桂至澧居道署造銃礮馬仗立鐵木各局步騎四出催糧草夫役稍不遂意輒炮烙刼擄慘同闖獻二賊時公安松滋枝

江等縣相繼失守十六年丁巳三桂聞征南將軍穆
圍長沙急由常德至長沙督僞將與
大兵連戰大敗十七年戊午春三桂死於衡州十八年
己未僞將軍吳應期在岳州城中食盡潰圍宵遁
大兵乘勝追討貝勒王提督桑某等自岳至澧州順承
王綏遠將軍蔡自荊州至澧僞官遁逃於是大江以
南戍壘盡撤我民始得還定安集以長享億萬年
昇平之福已 參澧志

按公邑地稱澤國遇有兵警亦藉水防東自呂江

口界江陵至新開鋪界石首長江天塹南則泗水口接澧州界兩岸皆湖中郎虎渡分流與西南之界溪礄牛浪湖出水相通北爲江陵屬太平口至李家口爲公安界面水屯軍皆可自守咸豐四年夏五月粵逆由宜昌竄擾虎渡口舟行至縣境知縣喬守中率士民沿河皆張旗幟野樹多燃火炬賊擬轉港口至城團練倚西岸唐家岡徼擊賊船賊遂順流南竄

鹽政

公邑地屬偏僻並不與川省毗連從無私販入境每年額銷淮鹽三千二百二十引應銷子鹽一十四萬二千六十九包官有督銷考核俱係舖戶水販赴漢運售迨道光二十八年奉
兩江督鹽都堂陸公　奏奉
旨改章每引加增鹽六百六十觔將各岸費資裁汰南北通行咸豐二年粵逆竄擾省垣江路梗塞淮鹽不通各屬乏食本省督部堂　奏准借銷川鹽民便焉

風俗

王制天子巡狩命太史陳詩以觀民風周禮大司徒以本俗六安萬民是知風俗雖不同而采風問俗於以化民者無不同公安古南國地二南之風猶有存者良有司因時利導使邑之人交相勸勉日遷善而不知則俗敦仁厚風息囂陵行將蒸蒸進於古

邑俗好鬼神尚勁悍知恥負氣 府志

士重經學喜讀古文辭爲文多自出機杼不事飣餖詩徵有明嘉隆間習氣務爲新譽制舉業多宗尙先

輩

仕進者以貧相高以進退相勖以求田問舍為恥故往往有名登仕版而家無擔石者殊不怪也民尚恥負氣雖親故筮仕多不輕往否則鄰里笑其炎涼其人聞而漸恚若大穢不可解或因事搆釁族黨雖貴有力亦不相聞甯貧而受科不仰面也

布種最早花朝後即行耕作穀之先實者曰涑粘五月杪即可嘗新農家以新之早晚為勝負焉鄉村以三四月為農忙之月三更後呼集同輩各揉秧百餘

束黎明下田分插每人約田斗半日中竣事插時折腰俯首若揖若拜退行泥水中頗極困頓別有二人吹喇叭擊鼛鼓競唱村歌爆竹之聲聞於四野諸插者殊以為樂想見康衢擊壤景象

邑多湖民有湖業者秋冬間招諸漁戶捕魚艑艋既集網罟齊張玉尺銀刀飛躍水面好事者攜酒具輕舸尾而觀之亦快事也

婦女勤紡績布衣無華飾雖縉紳家主婦亦然布以寬一尺而經至六百縷者為極細亦有躬蠶者桑葽而蠶細絲亦生硬僅可織為土絹其敗繭仍收作線而織之名撚綢

立春前一日邑大夫而下俱簪花盛服迎春於東郊民間扮演故事遊行城鄉手執春條謂之迎春至邑大夫率僚屬祀芒神畢擊土牛碎之即出土牛以送寒氣之遺也

元旦寫神(音伸)茶(音舒)鬱(音律)壘四字貼門上按東海度朔山有神一神茶二鬱壘領衆鬼之惡害者執以葦索而用食虎 舊志

正月十五日夜剪紙為燈飾以五彩城市人家跨街為棚彼此競勝士女縱觀花燈徹曙各鄉村燃炬火以照田蠶聲徹遠近謂之趕毛狗食湯圓曰元宵

社日賽土神燕飲以為樂秋亦如之鄉村每數十家出貲作一小廟內奉翁媼二像並金甲神像翁社神媼蠶神金甲穀神也

清明祭墓通貴賤皆然剪紙為錢插於墓上牲肴酒醴稱家有無長幼俱往不忘先人之首邱也亦有城市流寓之家攜壺榼郊外席地而飲謂之踏青

端午採艾插戶上取菰葉裹糯米爲角黍相餽遺置雄黃於酒中飲之婦女兒童佩艾符小民競渡龍舟荆楚歲時記曰此靈均沉汨羅日也人哀其死𦨭舟楫拯之相沿爲俗

七月十五日爲中元節即釋迦盂蘭盆會也俗傳是日亡者當返其家初旬日即治具相迎謂之接亡每日奠酒以祭又以紙作袱包楮錢若干分題先人姓諱至十日外治酒以餞向夕焚袱包於門外送亡

臘月廿四日家家掃塵會飲名團小年夜命男丁祀

竈預以米麵食物相餽遺

三十日以牲醴祀神換桃符寫春帖向晚祭墓擧蘆作梔子燈插於先墓野田荒塚恍若燈市爆竹之聲遠近交應通宵不寢謂之守歲元旦黎明擧家盛服祀先擇吉時開門迎喜神謂之出行入男女遂拜尊長男子出拜族黨謂賀新年

婚姻納聘古禮也邑男女在襁褓中即有戚友爲之議婚從不索聘議定以單紅帖書女庚章付媒妁送男家其婚即定一諾千金綽有古風焉

喪用文公家禮及

大淸會典凡小歛大歛成服虞祭埋誌立石諸事皆如古富者更於墓近置祭田以爲香燭酒醴之費近惑冥福之說有作佛事以代祭奠者然士紳家仍遵古制也祭禮冠婚祭於堂祥禫祭於寢淸明戶長率族衆祭於廟入學鄉會試選官則旗蓋鼓吹祭於墓均羊豕酒醴雜時物而陳設之

按邑舊俗類皆質直廉退稱善俗焉其長者畏謹避事自託於無聞知其子弟多結社以文藝相角

故一時文風甲於荆楚學使者每試輒榜其文以勵各屬而科第亦蟬聯不絕近因水旱洊臻邑里荒涼流風半無存已所望守茲土者教養兼施寬猛相濟移風易俗以臻於郅治無難焉

物產

周公以土會之法辨五地之物生山林川澤均有常產天生以養民而資民用者各因其土之宜也公安土地平衍百穀諸鱗皆其所出不必侈談山海珍奇以開靡靡之風武陵相楊超曾過公安詩麥栽湖一半柳劃縣平分其大較也守是土食是毛誠休養之無怠自生息之有加

百穀類

稻凡數十種有粳有糯其一名香稻置少許甑中清香撲鼻

麥有大麥小麥米麥數種

蕎莖紅花白有甜苦之別春秋皆可種

粟有粳有糯凡數十種形如魚子邑宋文學參軍張景對仁宗曰新粟米炊魚子飯嫩冬瓜煮鼈裙羹

黍有赤黃黑白數種

高粱有赤黑二色粳糯二種米白穗如帚可飯可養可釀酒俗或以為六穀之粱者誤

稷有粳有糯凡數十種皆可釀酒

棉花有紫白二種織為布紫者用本色白者五色皆可染

紅花原有此種後失同治八年長安村復種

靛凡數種低田種蓼靛高鄉種廣靛

豆凡數十種有名美人豆者每粒眉眼皆具亦一奇也

其餘六畜蟲鳥如夏小正所載燕睇蜩鳴鼠化獺祭隨在多有無庸瑣紀

祥異

聖世不言祥瑞而天災流行事所恒有我

朝事天以實弗尚禎符水毀木饑隨宜補救蠲卹一篇詳哉言之矣然稽之前代茲地之見於諸書所紀父老所傳固不容畧也

宋

大中祥符三年庚戌春二月公安民田穫穭生稻四百斛文獻通攷

元

至元九年七月公安大水通志

泰定二年五月公安水元史五行志

四年八月地震舊志

至正九年七月中興路公安大水元史五行志

十一年八月地震舊志

大德七年竹林港大堤決自是堤不時決

十一年八月丁丑中興路公安松滋枝江三縣地震元史五行志

明

洪武十年大水衝塌城樓民田陷沒無算舊志

成化五年施家淵決舊通志

宏治十年狹堤淵決通志是年府屬皆被水災公安尤甚

正德四年冬城樓災

十一年郭家淵決通志

十二年公安城樓災通志

嘉靖十一年江池湖決通志

三十三年公安大水通志

三十五年新淵堤決通志

三十九年沙堤鋪決

四十四年大湖淵及雷勝明灣決

四十五年傾洗竹林寺

隆慶元年傾洗二聖寺

二年艾家堰決以上俱通志

萬歷二年七月公安大水湖廣通志

十六年大旱舊志

十九年辛卯六月己未公安大水有巨蛇如牛首赤身黑修二丈餘所至堤潰明史五行志

天啟元年旱饑舊志

崇禎元年戊辰七月公安火燬文廟延燒五千餘家明史五行志羣鳥啣物入茅屋上以翼鼓之火發人無避處舊志

十六年旱蝗日無光舊志

國朝順治九年旱斗米銀五錢舊志

十五年七月大水舊志

康熙二年八月松滋堤決水灌城垣民漂溺無算舊志

十年辛亥公安旱通志

十一年壬子旱舊志

十八年己未公安旱通志

二十四年水通志

二十九年公安旱饑湖廣通志

四十六年公安水大疫通志水湧舊志

四十七年戊子大疫舊志

五十六年春大風伐屋舊志

夏五月地震有聲湖廣通志

五十八年己亥春公安有龍見於西城通志

長安里鄒姓掘城得一獸形如犬子龔生學著謂即土怪羵羊也舊志

六十一年壬寅正月十八夜有鬼燐自公安過澧州遍野熒熒若有人馬之聲澧州志

雍正五年丁未公安大水湖廣通志

乾隆四十三年公安旱通志册檔

五十年乙巳公安旱通志

五十三年戊申公安水

嘉慶七年壬戌公安水衙署民房城垣倉廒均有倒塌人口無損通志

十七年壬申雙石碑決册檔

道光八年戊子麥穗兩歧

九年己丑許劉周堤決

十年庚寅大河灣決

十一年辛卯呂江口窖頭垸決

十二年壬辰春夏疫大水江陵江堤白廟子松滋江堤朱家垸同決秋八月十九至二十一日晝夜風拔樹伐屋人民溺死無算墳墓多衝損斗米價錢五百餘文人相食

十三年癸巳長安里民唐姓鄧姓田產瑞麥莖二歧三歧五歧不等夏五月大水江陵白廟子復決松滋涴市決

十四年甲午大水江陵九節工決

十五年乙未大旱蝗蝻蔽天害稼殆盡瓜蔕復

結實如貫珠

十九年己亥大水江陵五節工蕭二垸五通廟同決

二十年庚子水江陵八節工決

二十一年辛丑水江陵八節工決

二十二年壬寅水江陵張家工決

二十三年癸卯旱

二十四年甲辰大水松邑江堤涴市決

二十五年乙巳水西支文龍習決

二十六年丙午水何家潭決
二十七年雲翹門外張姓乳白燕二九月長安
里雷姓產一女手足各四三目而口有齒
二十八年戊申大水松滋江堤韓板窩決
二十九年己酉大水松滋江堤陶家埠決江陵
支堤向家榨決春夏霪雨連綿斗米錢八百餘
文人相食屍骸枕藉
三十年庚戌春三月二十八日戌時地震夏大
水江陵江堤龍王廟決

咸豐元年辛亥春三月地震夏大水江陵江堤小江
埠決
二年壬子大水江陵三節工決停修六載民不
聊生
文廟災時六月初二水浸城夜半雷雨大作城內平地
水深數尺火從頂起作碧綠色西北牆角裂尺許官
紳護救奔走水中民李仲芳踏燬椽逕上神座負
聖牌出如履平地身無微傷
冬十二月斤鹽銀二錢

三年癸丑三月地震
四年甲寅夏四月章田寺張仁義家貓鼠同食
五月十三日夜天鼓鳴隆隆有聲時粵匪犯境
士民起團練堵之自宜昌由虎渡而入冬月初五日水潯
六年丙辰秋大光里民杜敬洛田植棉花似牡
丹者數十本 是年大旱湖港淤墊溝洫不通
禾無收
十年庚申大水江陵江堤毛楊二尖決邑水高於城二尺許知縣慶明穿屋而出民棲屋脊者數晝夜

冬十二月雨木冰
十一年辛酉大水江陵饒二工決毛楊二尖停修
秋八月朔日月合璧五星聯珠
城西闓買吳姓牝犬孳一物色黑修不盈尺牛首豕身一角向外曲或以為角端
同治元年壬戌大水春三月府憲唐籌修毛楊二尖旋以江漲停修邑大水東支黑狗壋漫潰
二年癸亥大水籌修毛楊二尖費盡工停旋潰
夏四月大風屋瓦皆飛樹多拔斗米六錢
三年甲子大水江陵毛楊二尖停修斗米六錢

終年皆然民逃亡秋大疫
四年乙丑春二月雨豆色黑有孔拾而種之莖葉似槐孟家溪麥穗兩歧
五月大水江陵毛楊二尖停修高鄉旱自先年冬至本年夏不雨陂塘龜坼秧俱生節間有帶泥插者後得微雨穫亦强半斗米七錢民食日匱知縣袁鳴珂詳請上憲檄弛湖南遏糴之禁人心乃定
五年丙寅大水冬地震

六年丁卯春三月望地震大水
七年戊辰大水
八年己巳春夏霪雨二麥無收
九年庚午大水異常斗湖堤決二處是年蛟水盛漲江松二邑江堤俱決岡巒宛在水中水漫城垣數尺衙署廟宇民房倒塌殆盡數百年未有之奇災也
十年辛未大水江松堤俱停修　是年八月黃山雲霄宮桃樹華

十一年壬申水是年江松堤仍停修江水雖未盛漲而民力拮据荒蕪如前
十二年癸酉大水夏五月大旱
十三年甲戌春旱夏五月大水　是年平樂里生員田硯地麥穗兩歧

公安縣志

卷四 職官

卷五 選舉

公安縣志卷之四

職官志

自秦漢剗革五等而縣之義取其懸於郡二千石而下最爲親民分而爲師儒爲僚屬皆有專職然一庭備六官之政一身繫萬民之命責惟大尹昔何最願爲劇縣不願爲臺閣以其惠易及民也地方得一良有司不惟所至民樂抑且所去民思雖至年遠代湮追逃往事猶相與稱道其姓氏而不衰

國朝官制一倣有明舊志已載者照舊志編入餘就父老所傳聞及近時所目覩者次第錄之著於篇以俟後人之論定

周曰縣正 周書作雒篇曰千里爲縣縣有四郡

楚曰公曰尹 即縣大夫也春秋時列國相滅各以其地爲縣故縣大而郡小

漢曰令長丞尉 其人皆闕紀載

漢末先主以左將軍領荆州牧治公安 舊志靈帝中平五年改刺史置牧牧之名始重今舊縣有劉先主營即故治所

時諸葛亮殷觀龐統法正等皆以軍師別駕等從先主入蜀命將軍傅士仁守公安

吳得荆州以呂蒙爲南郡太守封孱陵侯會蒙卒以諸葛瑾代遷左將軍督公安假節封宛陵侯繼瑾爲督者瑾子融及孫遵鍾離牧時周瑜子允亦以兵千人屯公安 督者督諸軍也晉職官志使持節次之假節爲下吳書陸抗傳抗令公安督孫遵巡南岸

晉立南平郡以太守治之置江安 舊志作公安 孱陵等令 按晉分孱陵置江安縣孱陵仍有縣舊志載郡守內史曰應詹夏侯丞王矩闞稱桓石虔郭銓謝純王裕之車胤共九人今遵府志錄

江安縣令二人

王偪 江夏人見晉書張昌傳　鄧襃 見晉書桓元傳謀元不克遇害

孱陵縣令 晉屬南平郡齊移治於作唐

劉坦 建元初任

劉宋內史曰王景文桓鮑之竺超民宋藏令朱道珍繆士通 宋書武帝永初元年徙南平內史治作唐後移治於江安故王景文以下四人照舊志載入

齊令 通志南齊移郡治孱陵舊志載內史有袁彖張欣泰桺忱軍主曰周敷

庾黔婁 永元初任有傳　劉坦 再見

梁 舊志載內史王襃賀革

陳置荆州於公安以刺史來鎮者曰陸子隆吳明徹孫瑒樊毅樊猛陳慧紀陳叔堅守曰陸子才 舊志太建四年孫瑒

都督荆州刺史出鎮公安增浚城池懷服邊遠爲鄰境所憚居職六年

隋置公安令唐仍之隋唐以來邑令多闕紀載

唐邑令

王籍 舊志宋內史有王籍邑名宦祀唐令　周通 見宋參政馮楫二聖靈蹟記

顏□□ 名佚大歷初官公安尉見少陵集　封希曾 主簿見張說謝官表

宋知縣 舊志宋監五代藩鎮之弊州縣守令多帶中朝執事官外補終宋之時令可考者得三人

謝炎 嘉興人端拱閒任　張戩 天禧長安人熙甯閒任有傳

程千秋 徽宗時任有傳　補向友正 淳熙八年攝公安縣舊志佚

簿 舊志宋京朝幕官則爲知縣有戎兵則兼兵馬都監人二萬戶以上置丞一員千戶以上置簿

盧雍 端平初任盧多遜子見府志　黃汪 舊志載府志佚

黃夢升 金華人從分甯舉進士任興國軍丞興主簿調公安主簿見歐陽文集舊志佚

紹興中歸峽荆門公安軍安撫使

王彥 上黨人紹興五年知荆南府充安撫使因荆南曠土措置屯田自蜀買牛千七百頭授官兵耕營田八百五十頃分給將士有差宋史本傳

解潛 紹興初判南鎮撫使　孟珙 嘉興中判南鎮撫使

元置尹增監縣 監縣達魯花赤也元制中縣秩正七品不置丞有簿尉各一典史二

時邑中儒者輻輳詔置判湖北道提舉司於公安其人可考者有文子璋

監曰禿忽赤　只兒哈郎 哈郎兼勸農事善屬文正誼堂其所建立也皆大德

八

尹

薛友諒 見劉坦萊公祠記　毛好義 成宗時尹文學典贍政事廉明令行禁止

張元愷 元統中尹爲政清簡不事浮靡崇尙風教民樂其業後爲膠州太守

朱顯文 恪守清節文章政事爲時所重後罹兵燹餓僅一家淪喪殆盡而顯文潔身守義終不以利祿動心　盧 名佚元季尹見韓萊蔭松堂瑞芝記

簿

劉讓　鄧觀 巴陵人元統中進士

尉　典史

宋廷瑞　楊文炳

儒學諭

汪公望

明設知縣一人掌一縣之政令教養其民秩正七縣丞一人理河渠軍政秩正八主簿一人徵稅糧秩正九典史一人司譏察分領縣條縣學官教諭一人訓導二人主訓飭生徒

洪武知縣

許　德元年任凡學校公廨一一修舉　趙友應續修公署

賈大用里居未詳

永樂

鮑　綸舒城人　楊　華丹陽人舊志佚

正統

俞　雍武進監生二年任有傳　劉　恕宣城監生十四年任

景泰

劉　敏侯官舉人二年任續修署廨

天順

俞　縉華亭監生元年任

成化

黃紹宏宜黃監生元年任　吳　奎新淦監生八年任

陳　鏞長洲監生九年任　魏　奇宣城舉人十四年任修公署

馬艮玉成都進士　陳　潤泗水進士

王　寅巴縣舉人　金　深光山舉人舊志佚以上四人俱成化間任年分未詳

正德

繆　洙饒縣舉人元年任　周　鉞宿州進士五年任築土爲城

彭　昉蘇州進士七年任　劉　璉吉安監生十四年任

王　綱全州舉人十四年任　江　燧歙縣人

嘉靖

周　臣雲南進士元年任始修磚城建門樓　熊　運富順進士七年任

王　魯莆田舉人九年任　吳　旺莆田舉人十二年任

劉三省簡州舉人十四年任　沈　祐餘干歲貢十九年任

龍　雲臨桂舉人二十二年任　周　鑛貴陽人

張　美長子舉人　毛自修涪州舉人

聶汝孝犍爲舉人　包世節沈邱選貢

蔣仲梧全州舉人

南　東清江衞歲貢以上俱嘉靖間任年分未詳

隆慶

補錢匡之會稽舉人元年任

張朝東璧山舉人四年任　李桂開榮縣舉人六年任

萬歷

王　[illegible]慈谿舉人三年任　楊雲才臨桂舉人四年任有傳

莊　重長洲舉人十四年任　張　㸃金谿恩貢十四年任

方一正龍谿舉人十四年任　陳夢斗順德舉人十七年任

胡宜標晉甯舉人十七年任　李士宏內江舉人二十二年任

李中立上海進士二十五年任　劉思忠成都舉人二十九年任
錢允選慈谿舉人三十二年任為政仁愛邑中祀之
孔宏頤吉水進士年分未詳　李聞詩雲南進士三十五年任
段　欽蘭州舉人年分佚
天啟
張國用貴州定番舉人二年任　高鳳翔金壇進士七年任有傳
崇禎
劉承堯貴州舉人五年任　朱希萊晉江進士六年任有傳
羅兆階江甯舉人八年任　張大韶樂昌舉人九年任遷邑於祝家岡

趙繼鼎武進進士十二年任有傳
國朝知縣
順治
許奇遇二年任　王百男山東萊州拔貢四年任
衡戴天遼東貢八年任　李長庚正白旗杏山人
董祖洪大興貢十四年任　楚　煜宜陽貢十六年任
康熙
劉文箴河南貢士二年任　袁　傑江西都昌拔貢五年任
何國棟四川梓潼舉人七年任　梁　勷陝西武舉十八年任始安民

楊春星睢州進士十九年任愛禮士子　陳　琯河南舉人二十三年任
張亮玉江西舉人二十四年任　沈爾燝烏程進士二十八年任
魏　莊滑縣舉人三十二年任　趙希階南豐舉人三十三年任有傳
許　磐華亭貢生三十七年任有傳　陸守埰吳縣貢生河南籍四十三年任有傳
沈　寅泰州教習五十一年任　楊之騂宿松貢生由太平諭陞公安知縣五
十五年任有詳名官傳　于　漢漢軍鑲黃旗舉人六十一年任
雍正
孫鴻淦元年任有詳名官傳　石　韶單縣舉人五年任
高　鋼漢軍廩貢六年任　楊德長安邑貢生七年任

洪元聲儀徵監生九年任　方純儒固始進士十一年任
乾隆　補周世緒祥符人
張　沖太康進士六年任　王　笙南城進士七年任
曹　運固安舉人八年任　袁　琮龍里舉人九年任
李嵩齡翼城舉人十二年任　李　湄漢軍正紅旗廕生十四年任
吳虎炳山陽舉人十五年任　陳　銓大興舉人十九年任
鳳　翔長白人有傳　孫　泰宛平人
劉尚勤廬陵人　鈕秉忠漢軍鑲白旗
黃　卓南城拔貢　章階仁大興人

譚　燮 南豐拔貢　梁允林 介休人
董其表　顧憲周 蕭山人
吳翼行　張芳桂

嘉慶

施朝柱　任郿祐 山東章邱翰林十二年任有傳
李若璋 山西聞喜進士　秦樹松 廣西陽朔解元
劉廷謨 貴筑拔貢有傳　張開雲 直隸南皮舉人

道光

盛　濂 江蘇人元年任　陸　炯 浙江平湖翰林振拔寒士愛民如子四年任有傳　關維紀 廣西臨桂舉人六年任有傳

焦家麟 山東章邱人九年任　姒朝琯 四川嘉定經元十三年任
昇　太 鐵嶺舉人十四年任　蘇在中
德爾森 滿洲人　張爾璧 江西太和人
吳　璪 安徽全椒拔貢有傳　俞昌烈 大典人
李　櫄 安徽宣城人二十七年任後陞道銜禦賊死節有傳

咸豐

海　順 滿洲人　徐文灼 直隸天津人
喬守中 山西聞喜生員督辦團練鋤暴安良　孫安肅 直隸舉人

徐步雲 廣西臨桂進士　陳文灼 四川華陽人
慶　明 滿洲人

同治

李際春 直隸蔚州舉人二年任重名輕利愛士課農
袁鳴珂 浙江山陰人移建考棚續修縣志
張樹猷 四川三台解元
周承弼 江蘇揚州府江都縣原籍鎮江府丹徒縣人有傳

教諭

明正統

房　陵 南昌舉人善屬文初修邑乘歷官翰林院檢討
阮　禮 山陰人

景泰

楊　敬 江津人

天順

王　縉 渠縣人

成化

梁　善 臨川舉人有文藻取房志增修之　俞大經 南昌舉人

宏治

吳　燧 江都舉人　李　英 咸甯舉人
蔡　壇 南雄舉人
正德
艾　琥 金壇人　張　瀾 丹徒人
隆慶
余　楷 青神舉人　白　綖 臨桂舉人
吳可久 臨桂舉人　潘　球 大冶人
周　讃 巴縣人　歐陽泉 太和人
滕　璜 臨桂人　陸九逵 臨桂舉人

向　上 彭山人　劉　鐈 成都人
萬曆
周　完 上堯人　楊際熙 容縣舉人
蔣道烈 全州舉人　蕭繼祥 南昌舉人
趙廷信 隨州人　賀嘉士 溆浦人
鍾　韶 海鹽人　劉思明 成都舉人
劉　勉 衡州人　劉　穀 甯州人
史甯野 溧陽人　鍾　鼎 四川舉人
劉以昰 安福舉人　張一德 桃源人

馬必遂 廣西容縣舉人　俞有詔 浙江貢
孫景宋 南京青陽貢
天啟
熊應魁 襄陽貢
崇禎
藍尙彩 鄖縣貢　王家臣 恩貢
羅名臣 桃源舉人　熊穎捷 當陽舉人
周啟元 黃州舉人
國朝

順治
師覺先 武昌舉人　李宙臯 嘉魚貢
田之玉 澧州貢　彭一卿 嘉禾歲貢
梅聯甲 武陵舉人　汪　沅 黃岡甲午舉人辛丑進士
康熙
袁向諫 潛江舉人　趙　捷 京山歲貢手植雙桂
楊昌言 安陸歲貢　王　相 漢川舉人意氣坦白勤舉會課人爭磨厲　顏翼祖 復聖裔沔陽舉人盛德謙和課舉業盡心裁成受益者多捌設有學田尤爲有功聖門傳

魏士俊衡陽舉人克盡教職陞靜海知縣　汪基美黃岡舉人經學精邃人多敬之先時諭桃源粤東聘取分闈稱得人云

高承欽江夏貢生師道自重　夏策謙孝感舉人恬靜自愛潛會理學首舉會課講御製訓飭士子文下車協恭司訓修葺學宮各廢墜三子伯與季同登辛丑進士企八翰林仲廩庠有聲家學積累一時榮之公泊如也府志稱其專勤課士寒暑不輟以古學相助勉經其指授者多成名云

雍正

雷榮聲字藻舒澧州優生澧志作聲榮　華濱通城舉人

陳繼先江夏歲貢　李承與漢川貢生

吳念慈雲夢舉人　魏士隆應城舉人

潘伊琪蘄水舉人　乾隆時歷任無考

嘉慶

鄭蘭舉人　方恬舉人

王見炯江夏舉人

道光

徐翼亭蘄水舉人　吳炳文江夏舉人

陳準蘄州舉人品高學粹課士情殷　吳長庚漢陽舉人陞武昌府學粤匪潰城殉

嚴啟棠黃岡舉人品學精粹士爭師之　蔡焜蘄水舉人

咸豐

羅有文興國舉人　王慰德安府安陸舉人咸豐八年到任有傳

訓導

明正統

徐鐸金谿人　于銓雲南舉人

王文英長壽人　梁允平南人

景泰

鍾會高安舉人　侯宏五河人

天順

楊孜彭山人　胡永秀內江舉人

成化

王璉滑州舉人　劉寬嘉定人

周尚元永州人　王翼太倉人

唐瑾浮梁人　劉遜巢縣人

宏治

劉濟望安福舉人　章越癸丑舉人

黃啟確山人　朱銘衢州人

嘉靖
蘇世顒晉江人　王　球高安人
蔣　燧平樂人　劉邦輝信豐人
康　進新野人　高　魁內江人
李文鼎建昌人　王伯爵
韓　元金縣人　朱邦賓大足人
李崇德晉甯人　楊　錦崇仁人
徐正言資縣人　徐　式開縣人
隆慶

趙承恩成都人　黃　流邛州人
冉德甯東鄉人
萬歷
連　梧禹州人　谷　乾臨穎人
莊　誠成都舉人　傅　賓鄖縣人
孫　瑞漢陽人　李大明青軍衛人
高　柏黃岡人　陳廷評郴州人
陳　咸湘鄉人　劉起嵋巴縣人
仰宏宇德安人　彭之年衡陽人

曹國用臨武人　支可久筏州衛人
天啟
孫可敬嘉魚貢　范文奎衡陽貢
喬冲霄河南貢　周尙文京山貢
呂儀鳳雲南貢　郭時卓郴州貢
賈文鳴襄陽貢　高應甲河南貢
周應祥南漳貢　趙居仁長沙貢
崇禎
朱一本陝西貢　易具堯華容貢

崔連貴河南人　朱之瑚潛江貢
孫述曾貴州貢　蔣毓德遼東蓋州衛貢
曹之棟黃岡貢經史淹博具人倫之鑒無慚師表寇破荆逼以僞官攜篆逃會城獻逆屠會城以其老而免之少子大武死難子大夏大蘐皆能文與邑人結社推爲三益
胡永賓永州人
國朝
順治
歐陽任黃州貢　楊另闢鍾祥貢
孫錫蕃黃岡貢有傳　汪大潤大冶貢

鄧之熏辰州貢　吉聯芳鍾祥貢

鄧致和武昌貢　楊兆儒江夏貢博學工詩古文詞書法遒媚

臨摹古法帖數十種夜讀書必至鷄鳴詳修學宮

敬書標題舉業古文書法受益者多俸滿陞巴陵

教諭

雍正

何其乂襄陽貢坦易謙抑古道照人函丈之間應接

無虛日學內外士皆坐春風中是蓋希聖而

得和者與

陳俊房縣歲貢　牛天宿當陽歲貢

朱性蘄州歲貢

乾隆

左高鵬　江之永天門歲貢

段珖江夏歲貢　張錫潤京山歲貢

嘉慶

郭宏本舉人　葉本立隨州人

徐聞光蘄水舉人

道光

曾芝树竹谿優貢　覃旭和來鳳歲貢

周德裕遠安歲貢

咸豐

李廷簧黃安附貢八年任維持士類平易近人古所

謂冬日之日也同治十年陞鄖西諭

同治

陳宗岱咸甯舉人　李國賓漢陽附生

縣丞

明洪武

彭泰吉水進士　崔庸開濬廣德楊石二塘民享其利

正統

江遠浮梁人

天順

汪愷祁門人

成化

李玫河南人　陳愷會稽監生

馮富榮昌人　柴真鄞縣人

宏治

汪淵　王金高郵人

于鑾陝州人

正德

段　成六安州人　喬　鼎南紹人
尹　縉泰和人
嘉靖
朱　扆雲南人　吳　允淮陽人
王應武建水人　魏潔然四川人
汪　錦重慶人　曹邦盛四川人
懷　銓華亭人　任　相代州人
廖仕明梧州人　吳　鵬鄱陽人
彭　繡萍鄉人　繆　文山陰人

隆慶
何　選閬中人　周　塤鎮遠人
熊　衮遂縣人
萬歷
夏尚賓仁壽人　雍學詩關中人
時　艮江西人　曹以試四川人
朱家梗石阡所人　蒲　道無錫人
胡國學宣城人　孫繼京奉化人
周　陞會稽人

崇禎
吕望周　丁安仁
國朝
順治
方士俊四年任　章士榮石埭人
趙攀勝柏鄉選貢陞兗州府同知　聶　璨富順拔貢陞祥符知縣
康熙
胡應瑞江西新喻人三年任　楊千仞福建人七年任
臧國士保定新安貢九年任　張育才滄州人十九年任

張碩抱山東貢二十年任　李　瑛順天人二十四年任
吳元祉閬縣貢二十七年任才優幹濟署縣篆一介不取院司重其操陞滑縣知縣
陳果新北直人四十一年任　李尙公大興庠生由鴻臚寺鳴贊四十二年任有傳
楊守緒武進貢生寬惠儒素五十五年任旋丁內艱哀毀飦粥居喪有禮邑人化之
韓大沛正紅旗例監由中牟丞調公安五十八年任才氣超越而家侍封君太守公屏息終日伺色而動遇事敏捷政治有聲
雍正
洪元聲儀徵監生　顧憲周蕭山監生

孫　泰　宛平監生　　陳　光

來鳳翔　府志佚　　劉尚懃　盧陵監生

鈕秉忠　漢軍鑲白旗例監

乾隆

黃　卓　南城拔貢　　章堦仁　大興監生

譚　夔　南豐拔貢　　梁允甯　介休監生

桂正順

嘉慶

左熙世

道光

劉雲卿　　牛壽增

孔繼濂

三十年縣丞裁

主簿

明正統

張　瑾　鄱陽人

天順

鄭　善　臨川人

成化

唐　堅　定遠人　　李　班　扶溝人

宏治

高　永　　趙　慶

正德

范守仁　宜賓人　　張　漢　新甯人

王　欽　沔縣人　　薛志魁　東安人

嘉靖

魏月枝　梓潼人　　陳　常　連州人

陳　蘭　永安人　　謝文朝　羅城人

李九疇　掖縣人　　安廷章

劉　顏　巴縣人　　劉和陽　榮經人

何　孺　貴縣人　　張　幹　柏鄉人

萬歷

馮　蘭　淅江人　　楊師和　建昌人

林仁淑　　徐希孝　成都人

董　璜　丹徒人　　張桂林　岑溪人

沈尚賓　　顧　錞

鄧東藩　劉一桂浙江人
蔣鏞祁門人　王之鶚廣元人
王文炌會稽人　陳士憲晉江人

國朝主簿裁

巡檢府志巡檢二員

孫黃驛

陸履位　王日暐通州人
陳天德大興人
均見府志雍正八年裁

孱陵驛

張紹第　徐道昌
劉士鳳　吳翰章錢塘人
袁爾成大興人　邱永茂大興人
趙羽全會稽人
均見府志
陳天德雍正　李超元
黃叢桂道光　馬校艮順天大興人道光時任
陳若杜浙江山陰人咸豐同治間任

典史

明景泰

吳遇吳江人

成化

史通滁州人　李庸會稽人
向銘治水人

宏治

黃仁傑貴陽人　陳政陝西人
趙大源四川人

正德

曹艮餘干人

嘉靖

王章霍邱人　周天祥莆田人
鄧仲勲瀘州人　鄒章當塗人
王廷用閩縣人　甘相豐城人
張鉦丹徒人

隆慶

施道正臨淮人　張岫直隸人

王　綱 南昌人

萬歷

戴　山 浙江人　　何大森

區　奇 江西人　　鄧存學 四川人

蕭　敕 贛縣人　　余甯隆 豐城人

蔡華芳 四川人　　汪尚海 江津人

李三元 四川人　　何汝孝 萬縣人

國朝

順治

黃鶴鳴 山陰人　　潘良臣 華州人

田文元 耀州人

康熙

楊　偉 樂清人三年任勤慎能詩　　王之臣 北直人舊志佚

吳正賓 江南人二十二年任　　劉承宗 陝西人二十七年任

侯王輔 陝西人三十年任　　趙　福 山東人三十五年任

王　宣 滄州吏員四十六年任樸實宜人贊理劇務不辭勞苦在職十餘年上下相安

雍正

丁久沐 浙江會稽人五年任　　閆思恭 靜海人

夏正位 如臯人　　徐　浩

梁國寶 蕭甯人

乾隆

陳光耀 大興人　　戴士閎 旌德人捐義塚有碑記

嘉慶

汪明福　　楊　英

道光　　補汪翰垣

羅承恩 直隸人　　甘孝先 直隸人

咸豐

丁興枚 長興人

同治

周文瀓 商城人善詩畫　　王桂芬 介休人

把總 乾隆以前歷任姓氏無考

乾隆

楊　勲 陝西漢中府武舉

嘉慶

劉殿元 江陵人

道光

孫應才江陵人　熊兆渭遠安人歷任二十餘年

同治

曾芳貴江夏人

外委

亢應魁　李鳳翔江陵武生

曾德升　王國棟江陵武生

宦績列傳

生也名冠天下受天下重賞能使人稱道不絕尸而祝之可不爲賢已乎亦有當時無赫赫名去後能令人思三代斯民直道具在東里之猛也卒爲遺愛寢邱之封也遲之負薪傳曰名者德之輿有是德有是名無是名無是德已

庾黔婁字子貞易之子其先新野人幼好學性至孝不失色於人仕蕭齊爲孱陵令有異績縣境多猛獸皆徙去未幾易在家遺疾黔婁忽心驚流汗即日棄官歸醫云欲知差劇當嘗糞甜苦黔婁輒取嘗之每夕稽顙北辰求以身代俄聞空中若有聲謂徵君命盡居喪過禮廬於塚側鄧元起爲益州刺史徵爲長史成都珍寶山積元起悉分與僚佐黔婁一無所取元起惡其異衆請經書數條尋除南郡太守在職清素百姓便之元起死黔婁身親殯殮攜柩歸葬以參軍侍太子讀書甚見知重　按鄧元起傳元起當陽人梁天監初爲益州刺史以鄉人庾黔婁爲錄事參軍又得蔣光濟並厚待之任以州事黔婁皎潔光濟善謀相須爲善其克劉季連不私貨財勤恤人事後惑於讒遂疎黔婁等不用由此政迹遂損

張戩宋神宗初以御史出知公安誠心愛衆清簡自持爲御史時常陳堯舜三代之事舉劾無所避論王安石變法曾公亮陳升之依違不能救正呂惠卿附會疏十數上又詣中書爭之公亮俛首不答安石以扇掩面笑戩曰公亮枉直不分宜爲參政所笑天下笑參政者復奈何

程千秋宋徽宗時知公安縣時羣盜至千秋帥民禦之岳鄂鼎澧皆賴以安民間多繪像祀之尋命通判荆南

俞雍武進人由監生於正統中任公安令清介有志節

性簡易自奉甚約徭賦刑獄貢獻之類區畫詳盡拳
拳以民事爲心便於民者無不爲重建縣署邑中橋
梁津渡雖窮鄉僻塢皆經指畫修築邑人至今思之
楊雲才廣西臨桂人萬歷四年以舉人授公安令才敏
識達有所興舉規制方畧皆爲數百年計久之終如
所期其於民事大小聽斷若神一出於至誠惻怛獄
訟不用勾攝質民於庭數言立決凡差役皆給以米
不許擾民間一飯當九年丈量田糧單騎行鄉野履
畝定稅著爲條編徵賦隨民所有雖線縷布絮衣襪

針箸之屬皆評價付市易值以充賦庭置釜數十具
村民之入城輸賦者不覓主就釜炊食已即返不忍
費民間一錢一粟也故民詣縣如歸家見公如見父
母歡然親愛不爲煩文常言曰公安百年必爲江圮
不得已議遷其椒園乎次則祝家岡可因修孟公堤
及中堤以達於西村曰此可保數十年後遷邑一一
如公言任九年陞荆郡同知善政甚多荆郡適有修
拓北城之役計工量有定額擇日起工矣忽直指檄
加城二尺一時議者請改期增費紛紛不定公曰是
何難因索甓模驗視密展數分及城畢已增二尺不
加費不勞民而大工告成尺寸不爽公之才敏率如
此至今邑人思慕不衰舊有傳失去攝其所聞大槪
以俟續考焉（舊有楊公祠在舊縣北門堤上碑亭屹然今淪入江）

高鳳翔字心逸金壇人天啟中由進士任公安令丰儀
清逸性慈愛不事嚴厲而庶事咸理獎拔士類評隲
文藝經其陶冶者皆成佳士值邑有遷城役百費騷
然公鎮之以靜持之以平不爲一切苛急未幾而城
垣學宮寺舍隄防犁然就功後邑治改遷成功復毀

官府數易而督責煩瑣益思公之恩厚爲不可及也
公在邑與某忤幾爲所齮齕侍御毛公因邑中公論
力與辯救貽書於公曰父母如此而猶有蓮心媒孽
者宜其遭回祿之變也是時邑大火故云後陞戶部
主事以知府終於家公之子玠舉於鄉

朱希萊字念祖福建晉江人少能文屢就督學試竟不
得補弟子員崇禎庚午以白衣叩閽獲售辛未成
進士授公安縣令公少年丰姿玉立及莅任練達乃
如耆宿興利剔弊卓有風力公邑一里十排而勢豪

之家立爲十一排脫免雜徭公立革除與編氓均勞逸民庶感悅邑居水陸之衝夫馬駱驛晨夕不得休息馬以大耗公曰驛緐而丞困工料不預發之故也稱貸舉償一馬費數馬之資矣於是先爲支給丞省子母之費馬以不斃課試諸生甄拔英異皆於沈淪中特加奬勵後之舉於鄉者多出公所賞識調襄陽值猺訌琴鶴隨身不廢弧矢未幾陞兵部主事甫離任而襄陽陷崇禎末京師疫大作有死瘠瘟中之卽死公亦中適公邑門人高重望公車至親爲調視藥餌及卒復爲經理棺歛哭而送之

趙繼鼎號止菴武進人由崇禎庚辰進士授公安令初邑舊治圮於江邑金吾鄒之有疏請改遷視家岡城池難就而民情憚徙公履任後卽遷新邑披草萊毆狐鼪躬立風雨荆棘中凡堂署廊廡學宮倉獄諸務皆罰鍰爲之不動帑金一銖他人棘手已獨游刃他人瑟縮已獨贏餘故新治之遷卒獲子來之效方宜興復相乃更砥礪鋒鍔無所䩄避勢家大姓著頭有犯嚴加笞撻不少貸邑多積蠹舞文錢糧收除高下

其手爲剔弊除蠹吏之爲奸利者皆束手不敢前釐錢糧飛詭窮簷下戶無偏累之苦是時司農以州邑賦稞爲殿最而兵興民困亦有刁頑逋賦者乃廉民之饒而黠者令代輸族里之賦否則取獄中囚鋃鐺其項而繫之於其踁使飲食卧起不得離故賦趣完而考無負然奬拔士類有人倫鑒如舉人陳鼎中李友松皆其所識拔會入覲荆亂遂歸里吳中亦亂生逢多難舌耕養生少子申喬康熙庚戌進士益庭訓也

趙希階字二徐南豐人以舉人任公安邃於經學廉介自矢城內火朝服拜禱風遂反江水驟漲漫堤面夜履危濘操文以祭水果退每公閒命駕入市見異服少年呼之前察其言貌狡黠者薄懲之游民自此屏跡衣一補綴羊裘自謂鄉舉時房師贈以禦寒者寢處蒲席敝氈雖隆冬無茵褥適有徵發不能如指自笑謂我江右人性執拗耳豈有他哉遂致仕歸

許磐字漸宇華亭貢生由萬載縣令調任公安外溫和而內剛明簡於言每聽訟兩造盡其詞徐出一言折

之雖甚奸佞亦塞默不能對獄遂決叛建　學宮畫心計畫任得其人幾期月大殿歸然太守魏勤深嘉之南撫軍趙申喬爲之記城外開遞便河借用烟戶人力眾樂赴未匝月而工就樵風往來萬世利賴至今稱許公河貌素癯不勝勞苦然每年江堤必履勘數次以故力役無溢數無折乾無滲漏偏江善崩之處則預築月堤以備之民安事簡幾於花落訟庭在任七年卒於郡之行署所積倉庫年久缺原額八百石有奇邑士民願爲捐補其得民可知矣

陸守琛字濟成吳縣人肯堂殿元同懷弟也出繼叔叔仕中州郡貳爲要李相國女以故寓籍商邱由明經訓葉縣陞任公安才氣高邁簿書過目便了猾胥無所售其奸遣役自給費不許擾民間一飯以土著互相保結倣古比長相愛相及之意徵收銀米設平戥制斛令花戶得自秤量兩扇編審人丁不取冊費料理涎舐者皆失望嘗築堤於江之險要疊石作基而多設木樁以禦洶湧邑恃以爲固又詳免役堤夫一年民爲勒石有願以黃金鑄甘棠之句訟詞多批駁不准間有受理者逆發其詐莫不驚服嘆爲神明焉

李尚公字姜甫由大興諸生考授鴻臚寺序班遷鳴贊外補得公安丞一意治堤士民信愛之適闔部席奉
旨往定客矣土司爭事李趨謁遠呼曰此
殿上鳴贊李郎也何時官此令與俱南土司欲得其父櫬歸首邱壽公二百金公不受力請歸之後土司以他事訟經湖南北文武會鞫匿所掠要犯不出質分臬恭戎冠蓋來告最後駐石門往復數四願得李君一言以爲信公先後委署遠安宜都彝陵各州縣事

凡訟涉土田者往往聽斷於野三屬俱在萬山中目崎嶇百餘里不惜也在公邑時值康熙甲午夏久雨水漲江聲如雷沿堤蟻穴穿蕭家灣各處公風雨中親犯洪濤率眾以絮幾土塞其罅外護以草薦木板歷兩晝夜寢食俱廢堤賴以完貌素豊皙至是黧且癯見者莫不感嘆歷任四屬皆有豐碑志去思旋膺卓薦陞福清邑人士設具祖餞不忍別跡所行皆古人僅事外渾厚而內慎密誠以獲上觀察李以循良字額贈允哉

孫錫蕃字棐臣號復菴黃岡人順治戊戌由歲貢司訓公安時太平未久絃誦寥寥集邑紳議修學宮及東西廡始以陶瓦易茅茨規模畧具教士子編學規十二條皆謹身切己之學書法顏魯公都人士往來者多扨後遺逸得以訪求山川土田人物風俗而舉人尙拙菴袁婁溪及諸生何粹中輩復贊之以所識前言往行於是纂修公安志畧雖未盡雅馴然片言隻字俱費苦心其功不可沒也

顏翼祖字敬只別號厚風沔陽州人復聖七十一代孫唐文忠公眞卿四十代孫也康熙戊午領鄉薦授公安教諭時大亂後文廟畧具規模而祠廡卑陋公設法改修東西廡及名宦福德各祠値太守魏以盤查下縣率諸生面陳倡議捐修狀魏嘉之於是大成殿櫺星門各工以次告竣嘉培植士林創設學田勞費至數年事載學田紀畧每月設具課諸生多所成就生平善氣迎人然雖燕見亦必衣冠相對言論必以文行交勗督學使者岳甚重之稱爲璞玉渾金會

己卯仲子星舉於鄉與同上公車以疾卒於京邸櫬歸沔公邑士爲位而奠莫不飲泣長子晟舉於壬午鄉試季子晴暘並食廩餼

楊之騏宿松人知公安七年治尙寬簡嘗捐俸創建書院延師課誦士風聿興

孫鴻淦興縣人進士雍正初知縣事沈厚精敏案無留牘五年邑被水民多流亡自輸米五百石賑之又勸富民出粟勷事由是流移皆復

鳳翔字桐園長白人乾隆間以荆州理事府攝縣篆政務寬仁推誠御物培植士類捐俸置產以作諸生膏火之資邑人立專祠於南平書院

任郮祐山東章邱翰林嘉慶十二年改授知縣事學術粹精能以文章飭吏治居官清廉尤篤師生之誼在任民樂去任民思後擢歷安陸知府

劉廷模字觀亭貴州貴筑縣拔貢嘉慶間任精明練達百廢俱興嘗書其楹聯云不要錢固是好官若只合一邑之賦稅差徭善科斂善逢迎做出些能幹事情何曾克濟於公克稱其職知愛民方爲良吏還須使

四鄉之父兄子弟知愛親知敬長化成了淯美風俗庶幾無負所學無愧厥心公之治行概可見已後陞安陸知府

陸炯字遂邨平湖翰林道光初年散館改授公安知縣性清介留心風化與諸生講論經義晨夕不倦文藝輒加删改劄俸激賞縣試自初覆至蔵事俱捐設盛筵隨塲擬作以爲程式一切民詞過目即了了訊斷以誠時舉古人敦睦之義勸諭牘不留而民不欺論者謂其有邊貢風秩滿調黃岡囊橐蕭然猶攜所取

士數人■至黃署訓迪不倦至今稱實心教養者必首陸云

關維紀字西圃臨桂舉人道光六年涖任政尚寬恕慎重堤防江支各工必履勘摶計不假胥吏手暇則集士於庭訓課如塾師輒分鶴俸奬勵創修考棚三越寒暑判南書院捐膏火銀四百兩九年隄許劉周決請發撫賑厄無漏滴民霑實惠並代輸逋賦千餘金而茨其勞後引年告歸士民灑淚餞送至今三十二里猶傳歌頌聲

李禴字紫藩安徽宣城監生道光廿七年涖任勤儉慈惠尤注意於堤防江水漲時著犢鼻靴往來泥淖中晝夜無倦每退食飯一盂蔬菜二三肴而已逾歲上游堤決請帑設賑事必身親並收養遺嬰數十百口全活甚衆壽置育嬰堂率邑紳捐錢二千餘串生息令改作賓興其遺澤也折獄多平反隨控隨判不以羈滯累吾民至於培植士類穎異者列之門牆貧乏者貧以膏火任滿去賦留別詩六章多感激泣下後任鍾祥縣加道銜勦賊田家鎮戰没邑舉人鄒崇漢

悲田鎮詩曰男兒死不甘牖下熱血一腔平原灑生作神宰死鬼雄天下健者乃有公去歲大吏死城守重兵坐擁自雄若今年小官死野戰徒手奮呼增浩歎吁嗟乎守亦死戰亦死死守死戰等死耳一死捐生一偷生泰山鴻毛誰重輕

王慰字星綺安陸縣舉人咸豐八年履任賦性清介不苟貪財嘗作八字聯自銘云守身似璧疾惡如仇以故與時齟齬所入多不合然遇敦品績學之士每喜接見而成就之四子三列膠庠皆翩翩佳公子殆天

所以報之也邑新志告成多所手定云

周承弼字壽農揚州江都人同治十一年冬奉檄來攝縣篆縣故澤國甫下車見井里蕭條廨舍傾圮慨然曰是文獻數也胡荒廢若斯卽毅然以補救爲己任始進邑人議築上游尋知其無益且民力拮据不忍以既竭之脂膏盡委之洪濤因中止嘗念其 先曾人侍御公乙未典試楚北拔取多知名士深懼官箴偶玷貽 先大夫羞其素所自矢有趙清獻焚香告天之遺焉賦性廉明積讞多所平反俗多告訐

風自製榜文遍諭鄉村語語從肺腑流出以是訟簡刑清唆闘積習剔抉殆盡自奉儉約而性喜識拔單寒每書院課士備花紅以示鼓勵癸酉水圮城二次開有一二高阜亦荒旱秋賦申詳從緩民深感之鄉闈捐備士子試卷雖囊橐蕭然弗惜也當巨浸稽天之日官民失所思非遷徙不爲功爰稟請 上憲棄舊城移治於邑之唐家岡規畫區處凡踰數月城垣官廨
文武聖宮以及書院考棚規模甫定莫不踴躍從事非 上官知 公之深不能悉如所請非 公誠心愛民不能感欣然樂赴也邑乘自前縣 袁與修延擱數載 公捐俸籌費剋期告成蓋履任甫年餘而政通人和百廢俱興其事爲二百年僅見之事其功卽爲數百世不朽之功矣

吳璟字璞生全椒人道光時以拔萃宰公邑愛人以德判事如流會江水暴漲西湖廟堤不沒者尺餘公乘危履險令善水者塞其罅漏督圩甲實力用硪務揷錐不入自朝至暮無時休息蓋保堤卽以保城不敢

稍事姑息以邑地窪下故也曩時已有適樂郊之思矣去歲周公以遷城申請 臺司吳公從子鹽運使候補府覲臣保儀公奉委來相宅定基址計高厚量地程功備極經畫復以借欵過靡爲邑人憂其惓惓愛人之心後先同揆見覲公盌令人思璞公於不置也

公安縣志卷之五

選舉志

周制以鄉三物教萬民而賓興之大樂正論造士之秀者升諸司馬曰進士即今之甲乙科也邑在前明如王襄簡鄒莊簡文德武功炳燿丹青其時官風憲擢中丞任方伯者不一其人隆萬以後袁伯修兄弟出而文起歷代之衰力矯七子之弊天下翕然從風迨

國朝而一科或四五人或七八人猶不失爲名區茲於

舊志之臚列者錄之以寓趨步先民之意於新志之增入者詳之以示鼓舞後進之思科目之設今何必不如古哉亦視有志者之能自振拔耳

薦辟

晉

車允南平人父育爲本郡功曹少時篤學不倦家貧不常得油夏月囊螢照讀及長甚有鄉譽桓溫在荆州引爲主簿太原中領國子博士遷吏部尚書王國寶諂會稽王道子諷八座奏以道子爲丞相加殊禮允言不可忤道子意乃稱疾不出 舊志

宋

王邦直 侍郎

張景字晦之少從河東柳開遊開悉出家書畀之嗜學益力時富春孫僅洏國朱巖成紀李庶景相與麗益聲華日振眞宗詔有司計偕天下士景居首列調館陶簿坐累謫全州尋爲房襄二州文學參軍陳堯咨知其才薦爲寶應簿後通理眞州事天禧二年卒所著有洪範王霸論數十篇 楚紀 仁宗嘗召見問曰

卿在江陵地有何勝景景對曰兩岸綠楊遮虎渡一灣芳草護龍洲又問所食何物曰新粟米炊魚子飯嫩冬瓜煮鱉裙羹韻捷如此而風景土俗瞭然矣 舊志

元

曾元禮 一作理進士見忠義又見僑寓　杜敏 著作郎見僑寓歐陽元贊其像今佚

毛仲材 諫議大夫見僑寓　何廷蘭 臺省見僑寓

明

田文質 主事　田耔 洪武五年舉賢良任江陰知縣

崔英　馬德 知縣

李德新 舊志作明新官推官府志作知縣今遵府志

沈良佐 縣丞　熊　達 同知

劉朝宗 主事　祝　進 知府以人才薦

張　哲 同知　郭　榮 推官

杜宗貴 主簿　楊　達

國朝

田士玉 廩生國初薦舉任廣西天河知縣調北流知縣歷太平府通判

科第

進士

明

洪武

李　本　李　鳳 俱舊志科分未詳通志無

永樂二年甲申科曹　鼐榜

王必甯 知縣

永樂十年壬辰科馬　鐸榜

韋國正 北大理寺評事府志通志鄉榜俱遺

永樂十六年戊戌科李　騏榜

張　斌 福建道御史

永樂十九年辛丑科曾鶴齡榜

王仲賓 評事

宣德五年庚戌科林　震榜 初名振以同中官名改名震

王　恂 祭酒有傳　方雄才 舊志祭酒科分未詳

天順元年丁丑科黎　淳榜

周易同 知府

天順八年甲申科彭　教榜

王　軾 兵部尚書有傳　李　芳 御史有傳

陝　茂 參政有傳

成化二十三年丁未科費　宏榜

朱　輔 浙江嘉湖道有傳見忠義

宏治六年癸丑科毛　澄榜

鄒文盛 戶部尚書有傳　何　珊 布政有傳

嘉靖十七年戊戌科茅　瓚榜

卿文瑞 御史　李和芳 御史舊志作秀芳

嘉靖二十年辛丑科沈　坤榜

李　臺 知府有傳

嘉靖三十五年丙辰科諸大綬榜

龔大器布政有傳

嘉靖四十四年乙丑科范應期榜

周良臣戶部給事中舊傳失今錄蘇州府志傳

隆慶二年戊辰科羅萬化榜

李長春尚書載府志舊志通志鄉榜俱遺

隆慶五年辛未科張元忭榜

劉珠主事

萬歷五年丁丑科沈懋學榜

李守約太常寺少卿有傳

萬歷八年庚辰科張懋修榜

龔仲慶御史有傳

萬歷十四年丙戌科唐文獻榜

袁宗道會元有傳

萬歷二十年壬辰科翁正春榜

袁宏道主事有傳

萬歷三十五年丁未科黃士俊榜

蕭毅中巡撫有傳　喻守初參政

劉惟忠太僕寺卿

萬歷四十一年癸丑科周延儒榜

熊膏巡撫有傳　龔世法主事有傳

萬歷四十四年丙辰科錢士升榜

袁中道郎中有傳

天啟二年壬戌科文震孟榜

毛羽健御史有傳

崇禎四年辛未科陳於泰榜

侯偉時主事有傳

崇禎七年甲戌科劉理順榜

袁彭年給事有傳

崇禎十五年壬午科賜特用出身袁生芝

國朝

順治十五年戊戌科孫承恩榜

鄒養赤知縣有傳　呙正儀推官有傳

闕以華以江陵入籍知縣有傳府志傳載江陵科目載公安

順治十六年己亥　恩科徐元文榜

馬芝知縣有傳

康熙三十六年丁丑科李蟠榜

陳文燦 知縣有傳　馬龍驤 知縣有傳

乾隆十年乙丑科錢維城榜

洪　鐘 安化知縣

乾隆二十二年丁丑科蔡以臺榜

龔孔傳 襄陽府教授

乾隆二十六年辛巳科王　杰榜

毛業溥 傳臚有傳

嘉慶二十二年丁丑科吳其濬榜

毛家槐 翰林有傳

附

趙之經 嘉慶四年己未科恩賜進士翰林　龔夢龍 嘉慶十年乙丑科恩賜進士翰林

舉人

明

洪武十七年甲子科解元秦　進

何永壽 潚圻教諭

洪武二十三年庚午科解元賀守貞

林思義 縣丞

洪武二十六年癸酉科解元楊繼本

易紹宗 鹽運使

洪武廿九年丙子科解元張　璧

張　禮 知縣　林敬直 教諭

建文元年己卯科解元盧文政

聊　壽 通判　郭繼宗 僉事

馮文魁 學正　匡一定 教授

徐子奇

建文四年壬午科解元劉文斌

徐士奇 教諭　陳如川 教諭

王必甯 見進士

永樂三年乙酉科解元熊　傑

陳元亨

永樂六年戊子科解元李子春

宋友謙 御史　胡文宗

楊　懋

永樂十二年甲午科解元賀　獻

王　壽

永樂十五年丁酉科解元程　燧

張　斌 見進士　張敏學 主簿

永樂十八年庚子科解元高　信

王仲賓 見進士

永樂二十一年癸卯科解元費　升

張　輝 教諭　　龔　富

宣德四年己酉科解元王彥誠

祝　榮 教諭　　王　恂 見進士

宣德七年壬子科解元馬嗣宗

劉子歛 知縣

景泰四年癸酉科解元劉餘慶

陶惟恭 教諭　　謝　鏞 知縣有傳

何　皡 知縣有傳　　文　魁 知府有傳

陳　和

景泰七年丙子科解元賀　勲

周易同 見進士舊志佚　　李　茂

朱　廉 知縣　　王　吉

天順三年己卯科解元余本政

劉　昭　　蔡　衡 同知

天順六年壬午科解元田　倫

王　軾 見進士　　李　芳 見進士

陜　茂 見進士

成化元年乙酉科解元汪　洪

王　洎

成化四年戊子科解元樊　經

王　準 舊志遺

成化七年辛卯科解元辛　鑑

王　祥

成化十年甲午科解元李邦憲

周　敬 監丞

成化十三年丁酉科解元張　才

李　英 知縣

成化十九年癸卯科解元林　貴

朱　輔 見進士

成化二十二年丙午科解元華　巒

何　瑢 衡州府教授　　鄒文盛 見進士

宏治五年壬子科解元楊　禠

何　珊 見進士

宏治八年乙卯科解元陶　實

王　贊知縣　李　堅通判

宏治十一年戊午科解元張鏈靈

楊廷傑知州　王　貢知縣有傳

冎　校有傳　毛廷爵

正德八年癸酉科解元阮朝宗

毛志忠江西安遠知縣　李大本新城知縣

朱　諫通判府志作棟見朱輔忠義傳

正德十年丙子科解元羅　星

王　願

正德十四年己卯科解元唐愈賢

李友仁原籍襄陽人公安中式舊志遺

嘉靖四年乙酉科解元陳吉言

李　臺舊志作台見進士　李文芳知縣

李　璋知縣

嘉靖七年戊子科解元曠宗舜

冎文光知縣有傳

嘉靖十年辛卯科解元傅　願

卿文瑞見進士

嘉靖十三年甲午科解元汪宗伊

李和芳見進士

嘉靖十六年丁酉科解元姚　璋

劉　珠見進士

嘉靖三十四年乙卯科解元劉伯樊

周艮臣見進士　龔大器見進士

王　格知府有傳

嘉靖四十三年甲子科解元劉守泰

熊萬卷

隆慶元年丁卯科解元李廷楫

李守約見進士　彭師古司務

萬曆元年癸酉科解元李　登

龔仲敏嘉祥太原知縣有惠政

萬曆七年己卯科解元黄　國

龔仲慶見進士　袁宗道見進士

萬曆十年壬午科解元陳艮心

王承先　龔世薦家居教授著有方湖講學集

萬歷十三年乙酉科解元汪起雲
侯一定 知縣有傳
萬歷十六年戊子科解元吳 化
袁宏道 見進士
龔世瀚 歷任西華南鄭建始知縣三邑俱有生祠
咼文美　咼邦永 二咼府志科目有舊志佚俱有傳
萬歷二十二年甲午科解元秦繼宗
曹邦臺　喻守初 見進士舊志佚
萬歷二十五年丁酉科解元熊廷弼

鄒昌魯 戶部郎中
萬歷二十八年庚子科解元趙嗣芳
李學元 推官有傳　崔子瑛 同知通志府志俱佚
袁履道 原名宗中石浦先生在講筵題改才名超出有文集行世
袁致道 原名宗郢亦石浦先生題改有傳
李允祥 以富順籍中　李再白 山東沂州知州兄三白官鴻臚
萬歷三十一年癸卯科解元劉士埜
袁中道 見進士　陝嗣宗 南京御史有傳
蕭毅中 見進士

萬歷三十四年丙午科解元張希哲
熊 膏 見進士　龔世法 見進士
田于野 北直定州知州　羅遇旦
崔 釆 中書歷任至海南道子善生殉難　劉惟忠 見進士府志載舊志佚
萬歷三十七年己酉科解元王時化
鄒得魯 知府有傳　周世顯
萬歷四十年壬子科解元易文明
文希俊 江蘇績溪知縣
萬歷四十三年乙卯科解元何守約

龔家啟
萬歷四十六年戊午科解元陳君寵
李進卿
天啟元年辛酉科解元邱萬合
毛羽健 見進士　李開美 知州有傳
王嗣美 推官舊志作同知豁爽軒昂有名士風
天啟四年甲子科解元劉近臣
毛羽宸 有傳　袁彭年 見進士
袁祈年 順天中式有傳

天啟七年丁卯科解元譚元春
戴名世 舊志佚
崇禎三年庚午科解元王文南
侯偉時 見進士　張問明 有傳
王錦心
崇禎九年丙子科解元周壽明
王彥之
崇禎十二年己卯科解元曹應昌
袁俊年 經魁　袁嵩年

張正乾　鄒國儀 有傳
蕭子達
崇禎十五年壬午科解元沈會霖
冎重望 有傳　毛炳文 烏程知縣
陳鼎中 知縣有傳　馬　芝 見進士
國朝
順治五年戊子科解元胡在恪
龍之繩 新會知縣
順治八年辛卯科解元李奇星

鄒養赤 見進士
順治十一年甲午科解元陳飛星
李友松 有傳　冎正儀 見進士
順治十四年丁酉科解元楊輝斗
關以華 見進士
陳士連
康熙二年癸卯科解元黃士瑛
康熙八年己酉科解元簡　玫
徐應釆 江陵人籍

康熙二十六年丁卯科解元李如誾
陳文燦 見進士
康熙二十九年庚午科解元陳大華
馬龍騏 經元見進士
康熙三十二年癸酉科解元欽士佃
馬應烜 銓授鎮遠縣知縣溫文爾雅但以儒素傳家
康熙三十八年己卯科解元彭　灝
顏　星 復聖七十代裔
康熙四十一年壬午科解元朱和均

周應運襄城知縣新政有聲

康熙四十七年戊子科解元李　澍

汪佐誥經元通城教諭

康熙五十年辛卯科解元李天植

毛廷申

康熙五十二年癸巳　恩科解元金　相

李也白

康熙五十三年甲午科解元韓王錫

李應鶴　　周　珝

康熙五十六年丁酉科解元秦惟煥

沈俊掄　　鄒敬謨有傳

雍正二年甲辰補行癸卯科解元侯執信以後分闈

侯執信白水知縣有傳

雍正四年丙午科解元郭孫俊

劉生炳河南舞陽知縣陞雲南賓川知州

雍正七年己酉科解元宋楚望

杜志瑛直隸棗強豐潤知縣陞越支厰鹽務同知有傳

陳銘戒

雍正十年壬子科解元張　鰲

袁叙亭建始教諭

雍正十三年乙卯科解元李兆鈺

洪　鐘第四見進士　　蘇　璐

李　著性方正力學砥行琉球教習　　李　明潛江教諭

乾隆三年戊午科解元郭維本

伍端培

乾隆六年辛酉科解元張夢揚

劉克寬楚雄知縣　　鄧允光登壬戌會試明通榜

乾隆九年甲子科解元向來雨

楊德化

乾隆十二年丁卯科解元吳　沂

龔孔傳見進士

乾隆二十四年己卯科解元蕭　芝

李有光興國州學正

乾隆二十五年庚辰　恩科解元梁景暘

羅宏漳雲南迤東道有傳　　毛業溥見進士

冉紹詩

乾隆三十年乙酉科解元李 潢

李嗣燔

魯家慶 歷任鄖西教諭興國州均州學正德安府教授分發四川羅山知縣晚退歸除驛道夫徭積弊人多德之 朱克恒

袁廷巎 知縣有傳

乾隆四十二年丁酉科解元彭念祖

羅宏龍

乾隆四十五年庚子科解元萬 嵒

蕭信誥 揀選知縣

乾隆四十八年癸卯科解元鄭永江

羅宏珏 天門教諭

乾隆五十七年壬子科解元蕭 林

田國文 孝感教諭有傳

乾隆六十年乙卯 恩科解元李之勱

田業寬 監生改名業煒選竹谿教諭

嘉慶三年戊午科解元黃道衷

袁 潤

嘉慶十二年丁卯科解元劉學霨

蔡輝琳

嘉慶二十一年丙子科解元褚于杜

毛家槐 見進士

道光五年乙酉科解元萬時喆

蔡訓紳

道光二十四年甲辰 恩科解元孫玉田

李洪巳 揀選知縣

道光二十六年丙午科解元鄒崇漢

鄒崇漢 有傳

咸豐元年辛亥 恩科解元周禾田

張澤銑 候選知縣有傳 譚光斗 揀選知縣

同治元年壬戌 恩科並補行辛酉科解元王賡颺

鄒毓楨

附

恩賜舉人

趙之經 嘉慶三年戊午科見進士 龔夢龍 嘉慶九年甲子科見進士

袁遵源 廩生嘉慶十二年丁卯科

武進士

國朝

康熙三十九年庚辰科

王　彪　字兆頫號龍山仕懷來鎮守備膂力過人所領保安岔道塞外極衝御下以慈卒於官士卒言之輒流涕

康熙四十五年丙戌科

咼鵬南　才兼文武選廣東督標前營中軍守備

康熙四十八年己丑科

冉祚瑞　字輯五才技優長選授山西天成衛屯政守備

嘉慶十三年戊辰科

司馬茂魁　守備任京省提塘

武舉

康熙二十九年庚子科

王　彪　見進士

王夢熊　字東山便捷善騎射事嫡母極孝兄弟和愛

毛獻夔　字來章善詼諧有意氣王彪卒於保安旅櫬不得歸夔首捐二十金遂醵得百八十金歸首邱焉

康熙三十二年癸酉科

毛維煥　字嘉貞

康熙四十一年壬午科

咼鵬南　見進士

康熙四十四年乙酉科

唐應封　字帝錫才氣高爽

康熙四十七年戊子科

冉祚瑞　見進士　　王　蘭

周士慎

康熙五十二年癸巳　恩科

曹　璋

康熙五十六年丁酉科

杜志瑚

雍正七年己酉科

戴必勝

乾隆三年戊午科

樊廷炎

乾隆十八年癸酉科

鄭逢泰　　侯光國

乾隆二十一年丙子科

周世泰　　侯百里

乾隆二十四年己卯科

司馬俊 亞元　　雷一清

金國治

乾隆五十一年丙午科

羅元銘

乾隆五十九年甲寅科

趙夢元

嘉慶三年戊午科

廖萬春 運糧千總

嘉慶六年辛酉科

司馬安國

嘉慶十二年丁卯科

司馬茂魁 見進士　　趙開玉

嘉慶十五年庚午科

樊廷護

道光二年壬午科

鄧忠仁

道光五年乙酉科

劉國泰

道光八年戊子科

章明德

道光十四年甲午科

章傳甲 興山把總

咸豐元年辛亥恩科

邱甲 邑火耗券錢飽蠹諸弊呈請前憲海順革除

同治六年丁卯科

章家桂 亞元

貢生

明

洪武

牟長庚 評事舊志佚　　牟敬祖 山東棲霞縣主簿舊志佚見外籍

徐勝先 通判通志作讓先　　陳順昌 知事

李德榮 縣丞　　侯坦 知州

楊原玉　　曾繼參 縣丞

陳鎧 縣丞　　余勉

永樂

桑復禮　曾貴

張籍　周文質

杜謙　劉友諒

馬德知縣　易震

張智　易恭

楊濟府志作濬　許必勝

宣德

蔡吉寺丞主事　羅文用

楊宗哲照磨　田時

李德新津江縣丞　楊文質

傅郁　何俊津江知縣

正統

曹子徽漢中知府有傳　王賢知縣

鄒溍知縣府志作郁　杜宗賢主簿

姚艮佐縣丞　胡文敬知州

馮澄經歷　胡禎經歷

鄉繡　周志中主簿

張必達　何愷河南沈邱知縣

景泰

王忠　劉傑

祝安道　楊遜訓導

何淵拔清江縣丞　譚翱縣丞

王英　王質

郭榮　張鳳

天順

李清訓導有傳　李秀縣丞

吳遜　毛錦

王永隆　陳溥縣丞

田苗

成化

張遇教諭　陳繡

杜美　王偉

趙原吉　林思恭巡檢

桑林　薛泱訓導

李完　王鉞訓導

宏治

袁環中　張璡

許鑾 主簿　韋存仁

康益　廖儀 知縣

杜衡 知縣　冉興

崔子城 福州丞　嚴甯

馬友信　郭醇

正德

傅訓　師寅

曹文繡 訓導　陳伯福

陝佐　王蓋

伍廷佐　陳章

蔡武

嘉靖

劉定　曹文道

曹文才　李營

謝文煥　何怡 石埭知縣

李遇春 璧山知縣　陝民望 徐州同知

文材 主簿　董佐 學正

朱裳

文相 主簿　李世喬 知縣有詩名中郎先生曾稱之

王廷賢　冉文美 教諭

陳宣 教諭

王彝　曹納

陳九春 知縣　元大用 縣丞

曹廷相 蒲州知州府志州判　鄒封魯 衡州教授舊志佚

張應璧　鄒塘 重慶經歷舊志佚

李仲春 教諭　劉寶 訓導

蕭塤 縣丞　曹文會 縣丞

曹文芳　冉文昌

隆慶

周伯顯 教諭　崔仲沂 黃岡教諭

陝部 教諭　李守乾 封奉直大夫

萬歷

韋廷表　李世文 通志作仲文恩教諭

田璧 拔任贛州府通判　張定

王翔 縣丞　李詩 訓導

田垣 河南獲嘉縣訓導陞江西安遠知縣有惠政丁艱去官民思之爲立祠致祝見孝義

冉邦永 舊志府志作訓導傳作知縣　董三輔

崔世忠 蒲圻教諭遷河南泌陽知縣　沈大相 訓導

鄒國偉 墳縣知縣　鄒著之 青遠知縣

王輅 通判見逸士

侯一賢 由教諭陞江西白水知縣轉任湖口縣以上四人舊志佚

天啟

周祚豐　毛懿 恩翁源知縣陞南甯同知

祝莊臨　沈承恩 考授知縣舊志作承思

龐瑜 知縣舊志佚有傳府志載

萬夫望 考授訓導府志作通判父名華號二酉袁氏父子兄弟皆從之遊

龔仲元 選入南雍十年移北雍又十年盡讀中秘書任雅州府通判

毛苞 善化教諭有傳　毛荃 甲子副舊志佚

毛炳繡 府志作秉秀己卯拔　胡詩 知縣有傳

崇禎

羅遇奇 訓導有詩名　王龍光 平江教諭

袁元吉 當陽教諭　王來聘

馬遜 宜城教諭轉雅州府通判陞雷州知府舊志作訓導

冉養重　袁安仁

沈承志 湘陰教諭　李學光 孝友力學

沈承宣　李澹 訓導

毛壽登 乙亥拔天津道有傳　李學亮 邵陽訓導

曾一唯　李開雲 石門訓導

周曰旦　田九苞 壬午副

牟治世 歷任浙江永康山東濟東縣丞陞濟南府鰲山衛經歷後遷宛平知縣

牟光世 直隸通判見耆德　蔡伏音 湘潭訓導

張正斗 以上五人舊志佚

國朝

順治

陳信中 己丑知縣有傳　李友松 辛卯副舊志佚

田鍾雨 辛卯拔由教習任衢州府通判轉廉州府同知陞知府門人大中丞金璽爲著有海浦遺愛編

周克友 乙未拔知州有傳　田夢張 龍陽教諭

龔學洵 由蘄州訓導陞漢川光化教諭施州衛學正著有詩集

龔家齊 侯選訓導　袁世維 辛丑恩侯選州判

周于文 由選拔教習授和順縣知縣邑古首陽地塞外苦寒不產五穀教民種麻蔬民賴以生上官檄取麻稅力爭得免日進士子於庭教之爲時文論策故士多興於學且有舉於鄉者薪俸所入

俱散之親黨性至孝以母老不能之官乞休致至號泣以請古之循良篤敬人也

龔家仁 通山訓導克盡其職紳士德之及遷濟南府經歷爲之勒石所著有雙田文集詩四卷

鄒國鼎 侯選訓導刻厲讀書設教嚴而誠及門多成名者

何履乾 湘潭訓導與弟履旋俱推名宿　牟瑋宗 直隸盧龍知縣見鄉官外籍

竺　泓　王　倬

袁世紹 廣西昭平知縣　袁世經 廣西宣化縣教諭

田澆映 以上六人舊志佚

康熙

馬應煥 平江訓導　李　完 成化時亦有李完

李際盛 麻城訓導製禮樂器公安文廟二字其子稟生玉樹自麻學摹來者今被水毀

王家官 一作寬癸酉拔安陸縣訓導轉永豐縣丞修學宮勤會課兩署丞篆去思有碑有詩文行世年八十七卒子銓楚俱入庠

魯　環　馬應門 通城訓導

鄧亭壂 文行兼優　何又新 己卯優通城訓導有傳

尚端儀 黃州府訓導　冉祚繩 恩

馬昌祚　袁昌麒 工詩古文辭

王道隆 拔保康教諭　龍士衡

沈光斗 父喪廬墓著有性理五聲躍亭文集　譚又春 丁酉副

冉遂士　洪　範 庚子副勤以攻文靜以養品

鄒莊仕 澧州訓導詳請分岳州考以岳屬之石門慈利安鄉及九谿永定兩衛於澧州捌設廠院士子免洞庭之險　張雲龍 保康訓導

陳楚材　朱方升

馬必遇 歸州學正　袁惇治

袁惇稷　尚周南 由歸州入籍

鄒養潔 侯選訓導　馬霈之 考選教習

徐　第　胡文宏

馬霨之 侯選訓導　蔣　鉽 通志作趙鉽

馬維捷 德安府訓導　馬颺之 侯選訓導

王士璋　張　鵬

胡艮玉　文　軾

高士元　文　筬

陳　德 廣東肇慶府同知　羅宏謨

艾必遇 拔光化教諭　尚生鈞 以上十八人舊志佚

雍正

趙文炳　毛廷樞

嚴星聚 恩　李　著 拔

龍澤漳　咼圖南
甘調飴楊公之駢建義館延為義學師　馬之煒黄安訓導
咼甡篆己酉副　冉之桂乙卯副
嚴文謨乙卯拔歷任福建大田武平沙縣知縣署漳州府通判著有宦閩紀事集行世
乾隆
崔以恪　馬應煨慈利訓導
王朝銓　陳覲
王天祐　杜詩
侯儐壬戌　甘必湛乾隆二年舉鄉飲大賓長陽縣訓導

汪佐政通城教諭　鄒毅達
咼文獻乙丑　朱傑
龔傳聲丁卯　沈光遇
戴天因　張作相
陳于庭　楊士炳恩
曹遵洙拔　鄒毅迴
蕭山　王平圩
鄒敬詔　胡贍誥
趙士爍丙子　毛懌先恩

陳士道庚辰恩品端學優士林欽重　劉應諏恩
田遇時恩　王庭椿壬午副
陳鍊琳乙酉副　李珩戊子副
蘇作甸辛卯　蕭知德壬辰有傳　恩
張嗣翰壬辰　蕭信誥甲午副
龔經琳丙申　邱友白庚子精堪輿明數學
雷文達庚子遠安訓導　陳士壎壬寅
陝尚舉癸卯　李玉成拔
王家柱癸卯副　陳士鏕己酉拔

陳興洪武昌府教　龔經楚
徐開楨辛亥　陳士英
巖嗣陵　王德霖
侯文覲　胡銘國
徐士昌　范心洗
謝盛兆
毛有光來鳳訓導來本咨美舊地光至不時誘掖文風遂振卒之日門下執紼送者出郭門外十里許哭失聲來人士至今稱道不置
嚴灝乙卯　鄒恭讓鄖陽教諭

李彝南　李光甲

嘉慶

胡東旭己未　冉同鍾庚申

嚴學定庚申　李應燮辛酉恩

蔡輝瑾辛酉雲夢訓導　毛家槐辛酉拔

陳顯庠甲子副　易顯符戊辰恩

陝尚焜辛未　陳樸光癸酉拔

周旭東戊寅　李廷璧著跨鶴樓詩集

羅光斗

簡學謙　汪維來恩候選復設教諭

道光

李廷塾壬午選崇陽訓導　雷尚震癸未

李澤濤乙酉拔有傳　陝尚寬丁亥

郭正邦戊子　毛業峻己丑

田應山壬辰　袁清丙申有傳

侯家光丙申恩著有偃蓋山房賦　嚴有仁丁酉

陳洪仁丁酉拔　張敦恒戊戌

蔡訓經辛丑恩　徐子成辛丑

陳祖羣乙巳恩　田家崧乙巳候選訓導署安陸府教

龍節丁未　蕭炳忠己酉拔更名汝霖山西靈邱知縣

徐芳己酉　易光杰庚戌

李輝鍾庚戌恩

咸豐

邱大陽　易斗光候選訓導有傳

袁瑛恩　陳祖壽

劉子鳴恩候選州判　曹凌雲以上六貢兵燹後丙辰並出

易秉璋己未候選訓導

蕭敦忠己未恩科副更名銘壽湖南會同知縣

李楚鳳辛酉拔　張敦暐辛酉

同治

沈賜鈞壬戌候選訓導　易道卿壬戌恩候選直隸州州判

劉鼎新癸亥　鄧楚金乙丑恩

陳玉田乙丑試用訓導　范廷瑄丁卯候選訓導

晏曙鑾己巳候選訓導　劉元杰辛未

程紹伊癸酉恩　王受福癸酉候選訓導

張坤誠癸酉拔

附例選

陸稼書曰漢張釋之黃霸皆以貲進赫赫千秋儒者之論始進似稍隘矣然必如張黃而後可耳載稽史册勳績爛然誠能趨步前賢卓然樹立何遂不可以光鐘鼎而焕旂常資格之說其不足以限奇傑也久矣有爲者亦若是斯言良不誣云

鄒毅煦 知州有傳　　鄒振讓 廩貢選黃梅訓導

羅才櫺 貴州正安知州南籠苗變奉大將軍福檄調協辦軍務總理糧臺著有平苗紀畧

樊　櫺 一名廷楫廩生就縣丞選都勻知縣後陞羅湖州知州

王之傑 古北口殺虎林司政績卓異　　劉世第 宛平縣丞陞玉田知縣

羅光炳 安徽泗州州判　　李洸初 山西常州吏目

侯家璋 知縣有傳　　劉承寅 湖南岳州府經歷改河南知縣

袁憲健 湖南沅陵巡檢　　劉承鑾 安徽通判

劉聯甲 廩生分發湖南縣丞　　晏承烈 廩貢崇陽訓導與修崇陽縣志

易祥光 廩貢歷署巴東嘉魚教諭當陽訓導　　蕭以忠 江西永豐沙溪巡檢

雷壽春 署湖南華容縣黃穴巡檢　　劉仲勳 湖南湘鄉縣丞陞知縣

陳忠燠 生員分發湖南知縣　　劉範逵 生員湖南通判

袁　照 生員江蘇同知　　鄒崇澍 湖南縣丞加鹽提舉攝安鄉縣

蕭孝穀 安徽縣丞　　袁　煦 常德府經歷

蕭孝嶶 湖南通判　　童萬青 湖南巡檢

易秉壎 廩貢試用訓導　　陳輔仁 江西縣丞

附保薦

牟作貴 縣丞見孝義　　嚴　堃 廩生江蘇知縣

田德霖 生員雲南巡檢　　毛安邦 都司花翎

牟開春 都司花翎　　李大勝 都司花翎

封贈

明

王仁美以曾孫軾貴贈吏部尚書

王原道以孫軾貴贈尚書

王　讓以子軾貴贈尚書

鄒雯仕以曾孫文盛貴贈戶部尚書

鄒　渙以孫文盛貴贈戶部尚書

鄒　鏞以子文盛貴贈尚書

王貴華以子恂貴贈國子司業

何　緜知縣以子珊貴贈刑部尚書

龔如鑾以子大器貴贈布政

蔡仲雲以子吉貴封主事

曹　敏以子吉貴贈都督府經歷 從舊志

王　蕎以子格貴贈知府

袁士瑜以子宗道宏道中道貴封翰林院編修晉封

禮部主事吏部郎中

蕭九疇以子毅中貴贈監察御史

熊萬彙以子膏貴贈巡撫

龔仲元明經通判以子世瀚貴贈文林郎

毛宗孟以孫羽健貴贈監察御史

毛薦以子羽健貴贈監察御史

侯　璧生員以子一定貴贈知縣

侯一定知縣以子偉時貴贈吏部文選司

國朝

咼重望舉人以子正儀貴　封推官

咼正儀以子鵬南貴　贈武畧騎尉

侯諫臣以子執信貴　贈文林郎 杜必先以子志瑛贈文林郎

羅國甯生員以孫宏漳貴　貤贈朝議大夫

羅啟纂監生以子宏漳貴　贈朝議大夫

袁士信以孫廷瓛貴　貤贈文林郎

袁志化以子廷瓛貴　贈文林郎

陳伯凱以子鼎中貴　贈文林郎

毛騰先以子業溥貴　贈文林郎

毛作先以嗣子業溥貴　贈文林郎

毛荃以子炳文貴　贈文林郎

毛業沆以子家槐貴　贈儒林郎

田一州以子國文貴　贈修職郎

司馬訓以子茂魁貴　誥封武畧騎尉

司馬聰以姪茂魁貴　貤封武畧騎尉

例封

劉　廉縣學生以子世第　贈宣德郎

侯士組以孫家璋　貤贈宣德郎

侯　封監生以子家璋　贈宣德郎

鄒詣中以子崇澍　誥封四品

劉承遇附貢報捐布政司經歷　誥封奉政大夫

廕襲

鄒廷澤以父文盛蔭任銅仁知縣

鄒廷濟以父文盛廕襲錦衣衛百戶

鄒之有以高祖文盛廕襲有傳

袁恭壽以嗣祖宗道廕國子監

公安縣志
卷六
人物上

公安縣志卷之六

人物志上

萬物皆生於土而人爲最靈自古賢豪誕降川嶽之氣鍾焉傳曰惟楚有材公邑之於楚亦甚渺未已然而龍變蝶化屈宋騷雅之流風餘韻未有替也況乎襟洞庭帶長江肥仁毓其道德浩瀚發爲文章千數百年來固有功在廟廊名埒歐蘇者矣至或愚夫而孝愚婦而節傖父逸老潛德可風皆不可謂非地里之光也

列傳

事近則覈人習則信夫以邑人傳道舊事宜無不詳且盡者然兵燹之餘舊志淪失耆老凋落邑中先賢問之後生至有不能舉其姓字者況其他乎夫前有賢而莫爲之彰使閭里無所矜式國史無所借手此後起者之責也豈可使芳烈之久而愈湮乎

明

王恂字伯宣祖邦直宋侍郎明宣德庚戌舉進士初名振以同中官名改焉選入館號二十八宿爲英宗皇帝侍讀嗣兼大理丞以巡撫征黔凱旋有白雀數千飛輿前數十日不離偶止一處往視之則白骨也焚而瘗之餘一雀隨至家園三年而後去歸所攜者書劍藥物而已復入翰林院轉國子監祭酒賜書賜第公謹厚誘迪諸生循循不倦卒後遣禮部侍郎薩琦諭祭諭葬有詩行世名宦則居黔之首鄉賢則居孱陵之首

王格祭酒公曾孫嘉靖乙卯舉人初授山東高唐州輕徭緩賦除奸剪强民幼不能育者育之士貧不能娶

者娶之老終不能葬者葬之繕治城池調停馬役無不曲盡其善祈禱輒應迄今勒石如新陞江西南康府同知考居合省清官第一復轉貴州黎平知府三處俱入名宦子承先登壬午賢書著有豔雪齋集次子輅鳳翔通判次子嗣美辛酉舉人承先子彥之丙子舉人皆清德所貽也

王軾字用敬號三湖髫齡時嘗遇呂仙奇其風骨預爲記授十六歲入鄉校天順壬午舉孝廉癸未會試場屋火次年舉進士授大理寺評事遷右寺丞錄囚四

川平反百餘人值蜀中兵警節陞兵備道歲凶請官
銀十萬兩爲糴費以案嘉定同知盛崇仁贓罪被訐
下吏事白還職改陝西宏治擢四川按察使三年還
南京右僉都御史提督操江八年進右副都御史總
理南京糧儲旋命巡撫貴州明年以程敏政鬻題事
廷推入爲大理卿公執法無所徇時稱爲椎頭御史
詔與刑部裁定條例頒行天下授節鉞開府山海關
陞戶部左侍郎一時宿弊釐剔殆盡十三年拜南京
戶部尚書尋遷兵部尚書兼左副都御史督貴州軍

務討普安賊婦米魯亂米魯者普安土知州妻夫亡
殺其庶子欲自襲鎮巡官不許欲正其罪遂反時鎮
守中官楊友總兵官曹愷巡撫錢鉞共發兵討魯大
敗於河馬城都指揮吳遠被執普安幾陷友等請濟
師乃以命軾軾未至而友等遣人招賊賊揚言欲降
益擁衆攻圍普安安南衛城斷盤江道勢愈熾又乘
間刼執友右布政使閻鉦按察使劉福都指揮李宗
武郭仁史韜李雄吳達等死焉先是廷議進兵久不
得人上曰欲紓朕南顧憂非王軾不克是任閣臣奏

軾非本兵上不悅曰才能如王軾奚必本兵快寫敕
與之軾至以便宜調廣西湖廣雲南四川官軍土兵
八萬人合貴州兵分八道進使致仕都督王通將一
軍十五年正月參將趙晟破六隊砦賊遁過盤江都
指揮張泰等渡江追擊指揮劉懷等遂進解安南衛
圍而愷通及都指揮李政亦各破賊砦賊還攻平夷
衛及大河扼勒諸堡都御史陳金以雲南兵禦之賊
遁歸馬尾龍寨官軍聚攻益急土官鳳英等格殺米
魯餘黨遂平取還鎮守太監斬首一萬九千級收回

掠去男婦子女四千有奇燒燬儲糧房舍七百楹獲
牛馬豬隻六千有奇五月蕩平凱旋獻俘上深嘉悅
賜晉伯爵軾以權宦劉瑾索賂固辭不受賜麟袍玉
帶世廕錦衣衛一員因深入賊穴冒山瘴正德丙寅
乞休屢疏不允賜醫藥調治疏七上始命馳驛還鄉
有司歲給月米人夫有差及還里復加存問既卒遣
湖廣左布政華嵩等諭祭七壇工部主事姜桂諭葬
贈太保諡襄簡襄謂辟地有德簡謂平易不訾也蓋
公出使司臬則讞獄明允入事司農則國用儲備委

任蜀都則機務練達奉命南征則蕩寇凱旋林下存問供給身後賜諡祭葬生榮死哀可謂備至爾矣王弇州云我朝南兼北銜惟公安之王襄簡乎楚詞錄云德業功勲赫赫一時歷官四十年功成身退人無訾議者惟公安之王軾華容之劉大夏乎信不失爲一代名臣云　參明史校正

王貢字獻明襄簡公長子襄簡年二十四郎通籍是時貢方七歲未嘗入官舍居家侍母童子有成人之風偶太夫人患病醫罔效貢水漿不入口面體癯羸母

病愈始復初及成人率諸弟講學攻苦一如寒素弟贇年十七舉宏治乙卯孝廉貢亦舉宏治戊午與贇皆年少多才足以一第襄簡因程篁墩鬻題事執法太峻不乏歛怨者故不令二子上公車貢就選授四川江津知縣政聲大著有一乳三子麥穗兩歧之瑞

何皞字太古明開科甲子鄉試何亦壽孫也由景泰癸酉舉人筮仕睢甯縣睢巖邑也久旱不雨江南一帶饑饉載道公披髮徒跣齋宿於城隍廟飲水飧果誓不雨不火食晝夜以身禱七日後果大雨三日麥多一莖三穗時人競傳其事曰麥秀三歧邁張堪而過之矣臺使者陳公瀾特疏奏薦縉紳士民詣闕哀請復任六年戒殺諂勤教誨其於決訟徵賦一如家人課計鹽米事不爲赫赫名而民安之歷任九載百姓識其懿行有三異政集詩傳百餘篇立祠紀石屢爲循良最留戶部辦事尋告歸以壽終於家子璐成化丙午舉人珊宏治癸丑進士

何珊號梅莊宏治壬子舉人癸丑進士皞孫子也童時就塾道經社神廟每過則揖祝其護佑塾師忽夢一

皓首老人言何布政每過我必揖我不敢當願因先生致之師覺往覘以爲侮神呼而撲之公復潛詣廟中以荻爲校加社神之項曰望汝說福乃反說禍耶是夜師復夢前老人荷校而訴曰望先生善言於何布政何故相責以致相累若此師益驚覘之果然遂語公父太古公曰此子異日方伯也公益自喜十九歲成進士由郎署陞四川敘瀘道所至有聲禦災捍患剿平僭亂不廢詩書而成功晏如鄢大藍二兩賊者猖獗敘州實與蕭養趙風子標表相應者也當時

全蜀騷動西北漢中東南荆襄皆有震鄰之憂公毅然以爲己任由是撫按兩臺使合奏推公委以專征公膺命提兵深入探穴取子以衛兵埋伏致勝用唐將薛仁貴浪戰法也不三月生擒鄢藍二賊首繫之闕下西蜀厎定論功陞廣東左布政加正二品服俸時年甫四旬公念當年社神語即致政歸當途名卿賢相無不咨嗟贊異及歸里以詩酒著述自娛者又四十年子怡石棣知縣凱洗邱知縣

鄒文盛字時鳴號黄山性端凝器量宏遠爲諸生時謁

太保王襄簡公軾襄簡奇之面相慶曰異日登吾座者非此子不可成化丙午舉於鄉宏治癸丑成進士授吏科給事中命覈兩廣兵備戊午清甯宫災上災異十事奉敕按事遼東巡撫韓重劾鎭守中官廖玘公偕郎中楊茂仁勘實其罪謫長陵司香朶顔福餘泰甯三衛擾邊公還奏制馭六策尚書劉忠宣公大夏深善之下之邊吏尋出覈兩廣軍儲釐奸剔弊嶺表肅然中歷刑兵二垣疏陳崇節儉省課税裁撫治飭邊備廣儲蓄嚴督捕理番舶俱鑿鑿切治體賫望當得京堂以忤逆瑾出守保定府瑾誅擢山東布政使司左參政會劇賊劉齊等破州縣公撫民餉軍均有成績遷福建右布政使轉雲南左布政時内臣緣方貢恣索無厭公抗不從内臣銜之至借端訐奏公持益力竟亦無他先是貴州青平衛軍梲等寨苗反其酋阿旁阿階阿革叛青平興隆偏橋平越新添龍里諸衛咸被其毒至截殺敕僭稱王據香爐山爲巢穴滇楚交震巡撫曹祥以玩寇劾罷朝廷就近擢公副都御史巡撫貴州親往偵賊喜曰彼狃常勝驕

而不備可急戰也刻期進剿屢戰皆捷擒阿革賊退保香爐山山壁立數百尋四隅峭仄惟鳥道栅次如鱗仰攻不能克乃製戰櫓與崖齊乘雨夜緣崖登援其前栅賊奔後山絶頂官軍䌫藤蟻附而上斬關入縱火焚巢擒阿旁遂移師討龍頭都黎都藺都遂窬西大支馬羅諸寨黑苗斬賊渠阿兹先後降獲無算寨破之日焚香告天誓不妄殺一人時正德十一年也捷聞帝大喜璽書嘉勞錄功增俸一等芒部陳聰等作亂討破之四川重安土酋舍馮倫與凱里楊宏

子相讐殺侵軼貴州公督播州宣慰使楊斌撫定之進右副都御史掌留臺力振風紀世宗即位召爲戸部侍郎遷南京都察院右都御史改南京戸部尚書嘉靖六年特旨轉北戸部尚書首疏鹽政錢法十一事凡四方水旱奏請蠲租郵賑恐中時宜未幾以老病乞休優詔免留御醫診視疏十餘上始得旨賜敕乘傳歲給廪隸如制朝士賦詩餞別者莫不高其行歸治白蓮莊搆倦還亭與方伯何梅莊公珊詩酒唱和又八年年七十有八卒訃聞帝震悼輟朝賜祭葬

贈太子少保謚莊簡所著有瑣闈奏議香爐山事蹟默庵存稿黃山遺稿若干卷初朝廷嘉公平寇績增奉一級廕子錦衣世襲百戸辭免萬歷間江陵當國念公功言之朝還其廕長子廷澤官至銅仁府知府次子廷濟以孫貴歷贈太子太保後軍都督府左都督人以爲不多殺一念致之云　參明史校正

鄒之有號懷白莊簡公五世孫萬歷末襲錦衣廕陞指揮僉事自幼練習典章曉暢時務崇禎初擢東司房掌衞事時上綜核名實以伺察詗探爲明舊例司禮監日發小封二紙付錦衣詗外陰事夕則刺闔以入謂之事件公掌印時事益繁至加十紙威權赫然公一處以平恕受事兩年如出總兵郭正奇死請釋撫賞一案重辟四十八人糾參北鎮撫司究獄吏選李彬職方鄒鏞祚同日下獄上震怒必欲致之死疏數上不允彬祚知聖怒難回亦願以一死塞責公爲抗疏竟得謫戍臺臣詹爾選科臣陳德彈烏程相皆下獄德母擊體仁於朝門上大怒欲即致之法法司力持不能得公上疏申救得釋爲民時論多之崇禎初

公安城圮於江已遷椒園公因議遷時偶不與焉且以仍近江請遷祝家岡即舊縣治也後乞休恩加太子太保後軍都督府左都督致仕歸十一年以疾終於家

李臺字星伯號午溪父大本正德癸酉舉人仕江西新城縣令縣署中連夜火起楹柱欲焚越數日有鐵艘載白鏹數萬從地湧出新城公命掩之設香案冠帶拜辭曰願得賢子孫恪守吾意而已若富不願也及一夕夢空中懸一榜列其名次註以臺座二人從旁

語曰前子所應有子不受今所應有子亦不受耶唯唯而寤寤而異之中郎邑乘詳其事公其伯子也以是年生於署感夢中所見因名臺嘉靖乙酉舉於鄉辛丑成進士初授戶部主事出守成都矯然以清節自勵病劇強起檢囊儲書史圖籍而外存俸八百金出坐堂上命吏盡貯庫捐修郡城曰吾家世清操不欲留以遺吾性辱吾先也退而卒於寢蜀人歌思祀其事蜀志中越數十年冢孫學元仕蜀讀其遺碑泣然泣下蜀父老咸嗟嘆戴學元益親公與新城俱以

酉年舉於鄉與姪守約俱以丑年捷南宮與孫學元俱舉第六人天榜之祥驗於是矣

李學元字存齋少與中郎小修爲六人社咸先後得售萬歷庚子舉人授晉州知州丁艱服除補高唐知州蓮妖煽亂曹濮間洶洶不甯公申嚴守禦方畧捕治卒擒賊渠當事以爲能會魏璫私人爲御史按晉以楊公大洪故惡楚人遂逐公璫敗補惠州府推官海寇起撫軍王公尊德知公幹力檄公往撫公單車入賊壘委曲開諭賊皆解去查勘潮肇兩郡活死罪二十八人著矜情錄上官擬薦會公以目疾乞歸歸數年有異人以針治其疾目復明學導引術謂長生可得也卒年七十餘公深中多數斤斤禮度不踰尺寸諸子皆謹飭語云見稱恭知元規非假於公亦然

咼梭字育英生有異稟日記萬言家貧誦歌不輟一日讀書山齋天大雷電有三尺鯉從齋中躍出縱之壑中俄頃雷電復作遥見有向空騰躍者人以爲此飛騰之祥也果以宏治戊午登鄉薦時年十九先是公安詩文風會尚未大闢公弱冠時即力爲古文辭有

黄鶴樓賦又諷在位者無取朘人以自封殖作蚊蚤嘲以寓意中郎常言公安詩文自咼氏肇起焉邑人欽其德重其文采子文光亦登鄉書孫邦永令巴川咸能以文世其家載中郎咼氏家繩集敘號爲三咼

文光號懷谷梭遺腹子也嘉靖戊子舉人簡重雅飭好學強記旁羅百代母成氏有苦節載楚志中公事母孝養備至初授四川巴縣令勤慎慈惠視民若傷推鞫以情幾至無訟賦役與民期會不事鞭笞民亦無後時興利除害皆以實心行之四民仰其廉平比入

覲相率繪像私祀無不願其復任者然素不樂仕進懇乞休致銓司爲改廣之遂溪至任甫七日慨然思隱遂三和淵明歸去來辭以歸當道莫能挽居家二十餘年絕跡公庭時或困於衣食有司爲餽粟帛皆不受清介之操終始不渝生平學陶評者謂與潛後先無忝云所著有擬陶詩及自祭銘傳等篇並兆觀稿燕翼錄懷谷詩文若干篇

邢永號又谷爲袁玉蟠先生師經史淹貫詩文閎肆由明經授吳川令以抗直著聲逾年亦解組耽吟咏風

雨不輟荆郡守熊元明先生性嗜古欽其博淹駐旌下訪叩以牡丹故實熊公得九十公口摘一百五十有奇孝廉袁田祖聞而驚異往叩之則云某某出何書計帙數行一一不爽人以是奇之中郎先生比之安平崔汝南應皆家有文集者也名位不甚赫赫幾於掩抑不彰然其子孫皆篤謹能文

禺文美號二峯校弟之子也長身美髯亮聲如鐘家貧教授爲業常服一布衣門徒見公一日不館則相謂曰此先生留浣布衣也素不信鬼神事里中有迎木神祈禳者遇諸塗公中道正色立不動木神爲迴轅避之邑瀕江多水患族衆有逋賦者自鬻腴產代輸人以是歸其義數奇不售以明經任溧陽教諭溧故濱江公率諸生講求屯田水利治民算數等書倣宋胡瑗教授蘇湖遺意務課以有用之學士稱良師有子十人孫重望崇禎壬午舉人曾孫正儀順治戊戌進士人謂德報

龔大器字容卿號春所龔氏世耕谷昇里至公始讀書稱儒爲諸生時即拓落有大度人稀見其有喜慍之

色家酷貧舌耕猶不給環堵蕭然公于于然畧無幾微侘傺性舒緩善詼諧雖至絕糧斷炊猶晏然笑語其發奇中令人絕倒或橫逆之來人大不堪者公受之怡然旋即忘之不復省憶也爲諸生屢試皆高等而連蹶場屋凡應試者多先榜歸公獨徐徐候榜出閱罷徐徐看新孝廉赴晏買賢書數册然後束裝失意者或藏匿避人公獨與得意人無異歲以爲常至四十餘嘉靖乙卯始舉於鄉赴公車同事者以年老慢易之曰公即當謁廣文選還一老別駕足矣何得

同我替上春官乎公笑而謝之如此者數四竟無忤也然公即以明年丙辰成進士授刑部主事嗣後佐廣西江西浙江直隸藩臬爲河南布政使皆平易近民所之號爲龔佛始若汲汲久多去後之思公不爲苛清矯激之行又素儉所得祿入自營産業之外分給族人居家時聞政有不便民者公即入告邑長令語甚激切長令素重其人悉聽之邑俗悍即鄉之貴者或名之於公獨否是時公仲子久舉於鄉公季子舉進士爲行人拜監察御史公之外孫袁宗道會試

第一爲太史袁宏道成進士偶皆集於里公以藩長致政歸年七十餘矣每至四節之會簪袍爛然人以此榮之公能詩與諸子諸甥唱和推爲南平社長一日孝廉御史偕同社及諸甥遊石洲以公老難於往來弗約已至洲拾石子俄見雪浪中有小船迅疾而下中有一老翁踞胡床指麾江山旁若無人互相猜疑逼視則公也舟已近公於舟中大呼曰何爲遂棄老子也登洲即於洲上舞拳數道以示勇諸人皆大笑極歡至夜深乃歸各分韻紀游公歸詩已成即於

燈下作蠅頭細字書之明日黎明遣使持詩徧示諸人俱以遊倦晏起不得一字皆大笑八十三以無疾而化孫子仲敏字惟學性愷悌溫良聞人緩急若己有之少有俊才博覽羣書萬歷癸酉舉於鄉所爲文規秦蘗漢邑人風氣爲之一變自後邑中始有文章起家者皆公發其端既謁選得山東之嘉祥令期年大治訟庭寂然下簾焚香課士子經術以憂去起補太原當事者以嵐縣獷不可治特薦公爲之三爲令皆蠲産以供官費家遂貧其平易近民如其父廉乃

次骨所之百姓愛之眞如父母去則祠竟卒於嵐卒之日百姓數千人皆痛哭於堂下呼聲震地堂欲爲崩公未卒之前數日預知死期自作書以貽弟及甥去來坦然若有得者公好學仙喜爲黃白術竟不就於天文地理醫卜百家之書靡不通曉所著嘉祥縣志詳贍典則爲通人焦太史諸公所賞仲慶字惟長萬歷己卯魁於鄉明年成進士授行人司取御史以建言謫磁州判終兵部郎竟淹抑不獲大用愷悌愛人如其父兄生平不喜言人之短見人言人隱事則

頻顧曰爾親見之耶其渾厚蓋天性也爲人沈靜獨喜蓄書至數萬卷躬自校讐司理汝南時無所事事惟遣善書吏數十人錄陳文耀所藏古今書數百部中年絶意仕進日以讀書爲事大愛種花所植異花草數百種曾於河北見垂柳婆娑委地卽遣人取一枝種之其好事如此晩年斷暈血好布施亦以無疾卒有遯菴集外史氏曰甚矣龔氏之多長厚也有石慶劉寬之風焉卒享壽考子孫昌熾有以也生死之際可以觀人嵐縣公之卒也通邑之人皆狂走曰惜

哉善人死矣及驚部卒人悼惜之多有泣下者可不爲仁人乎古人所爲嘆不言之蹊於桃李也

周艮臣字相季嘉靖乙丑進士四十五年知長洲邑政紛雜釐剔有條一切裁以法諸豪滑素侵蝕悉核令自實以償夙弊頓清册籍環案王者盈庭一一勾校無敢搖其手夜分猶聽覽諸泛役浮費減節殆盡津路一無餽遺人亦憚不敢索以憂去　蘇州府志

袁宗道字伯修號石浦曾祖暎以任俠聞祖大化彬彬爲退讓君子性慷慨周人之急每得糶直擇其贗金擲之秤金於人昂則喜嘉靖中邑大饑公出母粟二千石金千兩以貸盡焚其劵家遂落明年封公士瑜生娶龔方伯女生伯修中郎小修三先生初先生生之夜祖母佘夢一美人頭自天飛來若今所畫天人菩薩之飾寶髻交垂以襟承之甫覺而伯修生時嘉靖庚申二月十六日也先生生而慧甚十歲能詩十二列鄉校見鄉先達祠曰吾終當俎豆其間二十舉於鄉下第歸益喜讀先秦兩漢之書是時濟南瑯琊之集盛行先生一閲悉能熟誦甫一操觚卽肖其語

然已疑詩文之道不盡於是矣蒻冠已有集自謂此生以文章名世也性躭賞適文酒之會夜以繼日踰年抱奇病病幾死有道人教以數息靜坐之法有效閉門鼻觀棄去文字障遍閲養生家言是時海內有譚冲舉之事者先生欣然信之謂神仙可坐而得也移家長安里中栽花蒔藥不問世事癸未父强之赴試行至黄河而返還至荆門舍於逆旅夜半夢有神人語之曰公何不起吾老人爲公特來何得不見念也徼以杖敲其足足隱隱痛擁被大呼而出甫出屋

崩床碎爲塵人以此識先生非常人然先生亦翻然若有所悟曰吾其以幾死之身修不死之道也歸而妻死不復娶父强之娶則娶田家女曰吾求可與偕隱者耳先生習靜久體氣愈充父謂之曰昔淨名依於忠孝自古之冲舉者豈盡枯槁耶先生曰諾時復拈筆爲制舉義窮工極變丙戌遂舉會試第一年甫二十七官翰林求道愈切時同年汪儀部可受同館王公圖蕭公雲舉吳公用賓皆有志於養生之學得三教林君艮背行庭之旨先生勤而行焉己丑焦公

宏首制科瞿公汝稷官京師先生就之問學共引以頓悟之旨而僧深有爲龍潭高足數以見性之說啟先生乃遍閱大慧中峯諸錄得參求之訣久之稍有所豁於是研精性命不復談長生事矣是年以册書歸里中郎與小修皆知向學先生語以心性之說亦各有省互相商証先生精勤甚或終夕不寐逾年偶於張子韶與大慧論格物處有所入急呼中郎與語甫擬開口中郎即躍然曰不必言相與大笑而罷至是始復讀孔孟諸書乃知至寶原在家內何必向外

尋求吾試以禪詮儒使知兩家合一之旨著海蠡篇既報命旋即乞歸七八年間屢悟屢疑癸巳走黃州龍潭問學歸而復自研求戊戌再入燕先生官京師中郎亦改官至小修入太學乃於城西崇國寺蒲桃林結社論學往來者爲潘尙寶士藻劉尙寶日升黃太史輝陶太史望齡顧太史天峻李太史騰芳吳儀部用先蘇中舍惟霖諸公先生見地愈明大有開發當是時海內談妙悟之學者日衆多不修行先生深惡圓頓之學爲無忌憚之所託宿益泯解爲修同學

者矯枉之過至食素持珠先生以爲不可曰三教聖人根本雖同至於各相設施決不可相濫於是益悟陽明先生不肯逕漏之旨其學方浸浸乎如川之方至而先生卒矣先生素切歸山之志以東宮講官不獲補僅得三人先生曰當此危疑之際而拂衣去吾不忍也是時東宮未立中外每有言先生聞之私泣於室自丁酉充東宮講官庚子秋以病卒先生爲人修潔生平不妄取人一錢居官十五年不以一字干有司讀書中秘貧甚時鄉人有主銓者謂所知曰我

知伯修貧幸王銓可爲地千金無害也所知以語先生先生笑而謝之某邑令以三百金交期爲汲引竟不發遂急還其人弟小修偶見問何令先生秘之竟不知爲何如人也生平却百金者累累或餽遺至十金則惶愧不受卒於官棺木皆門生歛金成之檢囊中僅得數金及妻帑歸不能具裝乃盡賣生平書畫几硯之類始得歸歸尚無宅可居其清如此然先生爲人平恕亦不以此望人且自多也興致甚高慕白樂天蘇子瞻爲人所之以白蘇名齋居官省交遊簡

酬應蕭然栽花種竹掃地焚香而已每有月則邀同學諸公步至射堂看月率以爲常躭嗜山水燕中山剎及城內外精藍無不到遠至小方小西天之屬皆窮其勝詩清潤和雅文尤婉妙然性嬾不多作著有白蘇齋集若干卷先生與同學友黃公輝交若兄弟先生死黃公哭之甚慟及葬黃公請告迂道登壠哭之爲誌其墓逾年先生舊社友董公其昌視學政因諸生之請祠於學宮卒如袁志云萬歷丁酉戊戌間有東倭闖白之警時議封貢先生嘆曰石尚書其不

免乎李卓吾刻藏書成先生曰禍在是矣已而皆驗如此者不可枚舉大都量與識皆全者也天不假以年未得盡抒其用世之畧惜哉書法遒媚畫山水人物有遠致作小詞樂府依稀辛稼軒柳七郎風味舊有傳奇二種置之笥中爲鼠子嚙壞鳳毛龍甲竟不存於世可爲永嘆光廟御極以東宮講讀晉詹事贈禮部右侍郎予祭葬廕一子

袁宏道字中郎號石公先生之生也母夢月入懷故小字月少時即具倍年之覺母卒先生不數哭一哭即

痛絕人以是知其有隱慧焉總角工爲時藝塾師大奇之入鄉校年方十五六即結文社於城南自爲社長社友年三十以下者皆師之奉其約束不敢犯時於舉業外爲聲歌古文辭已有集成帙矣戊子舉於鄉主試者爲馮卓菴太史見其後場出入周秦間急拔之明年上春官時伯修方爲太史初與聞性命之學以啟先生先生深信之下第歸伯修亦以使事返里相與朝夕商確索之華梵諸典轉覺茫然後乃於文字中言意識不行處極力叅究時有所解終不欲

恃爝火微明以爲究竟如此者屢年一日見張子韶
論格物處忽然大豁以證之太史太史喜曰弟見出
羣信非吾所及也然後以質之古人微言無不妙合
且洞見前輩機用一一提唱聊示鞭影命名曰金屑
時聞龍湖李老冥會教外之旨走西陵質之李老大
相契合贈以詩中有云誦君金屑句執鞭亦欣慕早
得從君言不當有老苦蓋龍湖以老年無朋作書曰
老苦故也仍爲之序以傳嵒三月餘殷殷不捨送之
武昌而別壬辰舉進士不仕復與太史還里居石浦

之上偕外祖春所龔公及舅惟學惟長輩終日以論
學爲樂當是時太史與公雖於千古不傳之秘符同
水乳而於應世之跡徵有不同太史則謂居人間當
歛其鋒鍔與世抑揚萬石周慎爲安親保身之道公
則謂鳳凰不與凡鳥同巢麒麟不與凡馬伏櫪大丈
夫當獨往獨來自舒其逸耳豈可逐世啼笑聽人穿
鼻絡首意見各不同如此已復同太史與小修遊楚
中諸勝再至龍湖晤李老李老謂伯也穩實仲也英
特皆天下名士也然至於入微一路則諄諄望之公

蓋謂其識力膽力皆迥絶於世眞英靈男子可以擔
荷此一事耳乙未謁選爲吳縣令始以其學試之政
人皆謂吳縣繁劇而公超脫或足以困之乃公灑然
澹然不言而物自綜事自集吳賦甲於天下猾胥朱
紫其籍莫可致詰飛灑民間溢於額而不知公一目
了然摘其影射之條若干呼猾胥曰此何爲者胥不
敢欺皆俯首曰弊公俱置之法而清額外之征凡巨
萬吳民大悅又不折徵收之封惟苛免者許民告白
以其所羸代輸者爲傾瀉費上官聞而便之下其例

諸邑悉如吳縣機神朗徹遇一切物態如鏡取影即
巧幻莫如吳而終不得遁故遁詞恒片語而折咄嗟
獄具吳人謂之升米公事自非重情無所罰贖杖之
示懲而已以故署門酒家蕭條皆務去縣胥隸之類
或三四爲曹共一役不食縣官惟借公事漁獵里閭
公揀其宜用者食之無所差遣終日兀坐不能餬口
皆逃去歸農有屢投匿名牘者公出見縣前占星人
覺縣甚念必此人也呼來占星一紙視手跡與匿名
牘無二訊之立伏其妙於得情皆此類公爲令清次

骨才敏捷甚一縣大治宰相申公時行聞而嘆曰二百年來無此令矣居常不發私書塵覆函數寸期年而政已成會吳中有天池山之訟公意見與當路相左居恒不樂遂閉門有拂衣之志當事知其不可强始令予告俟病痊補職公既得請走吳越訪故人陶周望諸公同覽西湖天目之勝觀五泄瀑布登黄山齊雲戀戀烟嵐如飢渴之於飲食時與石簣諸公商證遞相取益而閒發爲詩文俱從眞源中溢出别開手眼一掃王李雲霧天下才人文士始知疏瀹心靈

搜剔慧性以蕩滌摹擬塗飾之病其功偉矣戊戌太史字趣公入都始復就選得京兆校官時太史官春坊小修亦入太學復相聚論學結城西之崇國寺名曰蒲桃社庚子補禮部儀制司主事數月即請告歸未幾太史下世公感念絶葷血者累年無復宦情時於城南得下窪地可三百畝絡以重堤種柳萬株號曰柳浪潛心道妙閒適之餘時有揮灑皆從慧業流出新綺絶倫而遊屐所及如匡廬太和桃花源皆窮極幽邃人所不至者無不到發於詩文烟嵐溢毫楮閒蓋自花源後詩字字鮮活語語生動新而老奇而正又進一格矣丙午入都補儀曹主事曹務清簡蕭然無事乃以存問蒲圻謝公之便歸里戊申春暮入都補驗封司主事攝選曹事猾吏多舞文屬當急選之期故事掣籤時凡瑣屑事皆曹郎躬爲之吏無敢近者一老吏忽排闥而入白每次大選例與都吏一二美缺今有某驛缺已寻都吏百金矣幸以見與公目攝之叱之出私念曰銓事一至此乎誓爲國家除此大蠹少宰橋公喬曰吾輩身爲大臣受制胥吏

切齒久矣會猾吏私一姻戚已罷官而仍留之刻報至公廉得其故大憤曰如此則銓柄盡歸此輩矣時冢宰擬以疏文而後逮治之公曰此胥吏也但眞之於法以一知會疏上則疾雷不及掩耳雖有奥援將安用之遂如言具疏而猾吏未知也公令兩隸持之曰去送汝入刑部郎繩之以往疏下竟以欺罔坐重辟銓曹設刑具自公始冢宰孫公知公爲大用器甚重之己酉公主試秦中試官以避嫌不過搜求公通場皆自取閱所取士大半得之落卷中及出榜多名

士試録爲天下第一公典試後與左轄汪公可受啓以道相証遍遊秦中諸勝歷中嶽嵩山登華山絕頂而還著華嵩遊記居吏曹二年會考事竣遂給假南歸定居沙市中治一樓名曰硯北取段成式杯漉之餘常居硯北意也庚戌卒年四十三海內知己謂其識如王文成膽如張江陵而不逮下壽以殁天下惜之所著詩文有敝篋集錦帆集解脫集廣陵瓶花齋瀟碧堂破硯齋華嵩遊草若干卷行世與縣祀名宦公邑祀鄉賢

袁中道字小修伯修中郎同母弟也萬歷癸卯魁北闈丙辰成進士改蘇州府教授遷國子博士乞南得禮部儀制歷南吏部文選司郎中旋乞休晚深於禪理卒時鼻垂玉筯人以爲禪定云所著詩文有珂雪齋二十卷遊居柿錄二十卷

毛苞號小坡宗孟公少子昆季五人各以文顯苞由明經授善化教諭明季士畏東林之禍不敢談忠孝二字獨起而教之士氣大振

袁祈年字未央吏部中道之子爲太史宗道嗣事生母嗣母及諸庶母孝行純篤內外無閒十五入鄉校詩文疎快可喜爲人朗爽軒豁遇人皆作歡顏好語各得其意稱袁氏佳子弟也留心禪宗尤有意於檀度嘗遇一人以母衣典穀價中途遺失召還家如所需予之蜀尉舟中遇盜失憑沿江泣訴憐而資之又於府縣起文并寄書蜀當道相知者具道其情邑治近江每夏漲積屍漂流見之輒捐棺葬瘞又嘗載米百石往南嶽供僧舟過洞庭遇賊刦掠躍水中如有託其兩足者賊退浮水出仍載米至山飯僧而還南省

儀曹公舟次吉祥寺禱定光佛願生一弟以慰親心有千里陸機親拜禱阿雲何日始驚姜之句光宗卽位爲太史請祭葬廕邺以是入監讀書天啟甲子中順天鄉試辛未會試以犯御諱幾獲而復失之甲戌復以闈文犯七夫不錄作七夫詩時人傳之既久困公車又羣從中有先售者大不得意遂挫情進取讀大慧碧巖諸書皈依般若有發願文尋卒友人節其生平謚曰文孝先生所著有梅花奧集南遊草二冬草篤蓐草續花源遊草若干卷

侯一定字豫亭少有文藻師事邑進士劉珠中萬歷乙酉舉人性清介登賢書廿餘年絶不事干謁丙午爲應城廣文陞粵新甯令丁內艱服闋起蜀之羅江令每讞獄手削刑書多平反杖人至十五則撫案流涕而起猾吏相目笑公自若蓋其天性也寒月不能具服則葛衣視事久之事洽民安遠近信之直指使巡部過邑侯之江干久不至因遽返而直指已及岸矣一時舟揖不具迎侯之儀寂然使者大怒先是出都時邑紳在京者皆盛稱羅江長者篤厚可善視之及

公謁見詞氣恂恂不吳不悚知公果廉吏無他遂勸公歸公亦厭吏事即日解綬歸里訓其子侄一如村塾老儒卒之日四子析產無縣粟遺但各分私債三十金令償而已吏部異度先生公季子也壬午典蜀試蜀士之受知於公猶有存者道邑人思公久而愈篤既躋祀名宦又別立廟祀乞異度爲碑紀之異度學問淵源皆公自指授清風大節照灼古今其所紹衣居然可見矣

李守約號道宇萬歷丁丑進士授行人累官刑部主事安慶知府南太常寺少卿生平一介不取于居鄉服官始終一節守皖尙清嚴治吏胥行一錢之法有張孫崖風人皆憚之在刑曹値江陵秉國鄒公元標以論奪情廷杖創甚時畏江陵之怒無敢近者公獨負鄒公出邸或勸鄒公服膽汁者鄒公語公吾尙無子服膽汁恐艱於嗣公然之遂不服所以周旋經理醫藥之具甚至及鄒公出都門公獨送之郊外執手殷勤而別是時江陵詗事者交錯公與江陵固同郡又其子榜眼同年也行之不少挫其不附權要崚嶒特

立如此卒後數十年壬午邑人毛壽登言之督學彙旃高公曰李公高風峻節宜祀於鄉若復循舊例往返查覆則其子孫衰落必不能達失此盛舉矣高公特檄入祠亦異數也

熊膏字雨亭家世業農至公始奮志讀書每試輒冠軍邑子弟穎異者多就公學焉鄉居僅一白布襌衣每詣縣則挾之近郭數里方著以入及貴鄉人戲指此地爲更衣亭云萬歷丙午舉於鄉癸丑成進士授行人戶部主事參議河南布政使權河西稅舊多逋課

膏清介無苛索賦入反足還蘇松憲副僉二郡田賦甲海內而凋殘逋欠特甚乃酌便請獨貸改折所省民力不貲吳人至今思焉遷山東右藩天啟丙寅春兵譁膏開城撫諭之乃定晉山西藩入覲舉卓異以副都御史撫南贛未及任而卒賜祭葬公居官勤厲所至不言而辦稱爲練達有知人鑑侍御毛公羽健方爲諸生時公一覽其文大稱異即延至其家許以國器令其子楚蘭同讀書每奏一文出輒賞譽不置後毛公果以辛酉壬戌聯捷蓋先輩知人之明固不可學而拔掖後進好善如渴視今之齷齪細人兩眼如眯且妒忌生心惟恐後輩之有聞爲者何啻霄壤語云蔽賢者宜無後則好賢者之克昌其後可知矣遭世大亂子孫衰替不振是可嘆也

龔世法字竹山號蒼嶼四歲失怙事母至孝文名日著萬歷丙午舉孝廉癸丑成進士授行人初封榮藩次封福藩苦節自甘皆人所難堪者二藩特疏奏聞擢吏部稽勳司主事轉文選司秉銓五載凜冽冰霜銓曹例有堂餼皆胥吏供頓極豐腆公盡揮去飯脫粟下物止醬薑一味而已以爲常門絕私謁凡書疏往來者卒不發封於函面大書龔某頓首還之其清峻絕物如此崇禎己巳起補銓司未至京道返爲忌者所糾謫戍常德終於家公多鬚髯儀貌甚莊見人不爲慼慼亦未嘗見其笑家居時冬則一敝布袍夏一綻補紗衣久而不易無事則獨立門前閒呼過者與語人畏其清嚴皆趨而避之常夏日徒步遊二聖寺一艦褸小奚張雨蓋行烈日中不知者不識爲吏部也起補時至中途適武陵楊公嗣昌備兵中州與公同年遺餽金四十貂幘一具囑其使曰龔公必不受可言公過吾境未有不相問者吾無事擾銓政也公堅辭所親苦勸始受貂幘寒甚著以即路人或聚而觀之公大悔曰凡觀者爲此物也即封識令所過縣令於遞上致還武陵深以此爲憾然知其素性若此後楚撫方公孔炤疏請賜環會公卒公生平狷介類不近人情然品行介介實爲時所推服也

李清字滄浪生七月而父卒時父年僅十九母田同祖母劉苦節共甘從襁褓中撫孤兒以至成立初族黠

者穉視兒一切徭役督促追遽至入繫其饋婢以去兩母脫簪珥應未已乃鬻其室而移外家田氏莊以居久之公與兄俱補邑校兩母始挈兒歸舊里會祖母劉卒母田拮据茶蓼支撐內外邑先達侍御龔公爲文以頌之公生而明敏力學嗜古所閱書史百家卒三四點定崇濂洛之學敦尙實踐小節必謹以貢授龍陽訓導教士以開明心術變化氣質爲先龍士化之龍政有不便於民者必請於令蠲飭乃已不以權不自己出而有所靳不畏人之我忌而有所徇三

年卒於官性孝友毋言及父母事涕泣至老不衰伯兄長一歲事之如嚴父終身歡然無間少與兄就督學試已列名輒走匿諸舅知其意不欲先兄也遂以推兄及兄覆試訖乃歸而公次年亦補弟子員伯兄出應漕役久未歸一日昧爽聞剝啄聲不暇屏去染鬚囊披衣起徑前啟戶抱兄而舞蘗污狼藉唇頰間僕婢皆笑喪子惟一孫友松兄亦無子兩人共一孫同室而居垂白相娛嬉如嬰兒也婦侯氏少寡矢節語在列女傳中蓋一門節孝云臨終訣兄云孫可教必以侯某爲師侯某即令邱先生友松舅氏也友松

順治甲午舉於鄉

蕭毅中字元恒萬歷丁未進士啟榜夕夢關帝賜之佩刀諭以珍惜授江西安福知縣考擢監察御史疏上值神宗倦勤八年始報可是時官班寥寥公爲御史與垣中官公暘谷俱楚人皆當時翹楚也魏璫猖獗時應山楊公大洪特疏糾發其奸璫黨銜楚人如血仇以公楚人與楊公交好因此獲罪放歸公畏禍杜門不敢預黨事崇禎初璫敗起廢頻徵前事有所避

就由大理寺丞陞南贛巡撫未幾卒於任子煜都公安初亂率壯士勦邑賊之勾闖者有膽力鼎都奉母避難麻寮所爲賊所獲母考龔欲殺鼎都而掠其妻妻羅厲聲大罵賊汝殺吾姑吾夫婦豈更生耶我何人肯受賊辱何不先殺我使吾夫見之遂俱遇害

毛羽健字芝田幼英異有器局讀書目數行下赴童子試受知於大司馬王公三善有神童之目天啟辛酉舉於鄉壬戌成進士授四川萬縣知縣萬當孔道邑小而疲公撫孤貧鋤豪猾摘發如神不少貸重慶巴

縣值奢酋變後邑里凋敝奸諞百出撫按述公治狀以爲巴非公不可遂移巴縣時天啟五六年閒邑紳王應熊三案小人也歸里氣燄甚盛公一以法裁之王以危言怵公公不爲動公治民廉明惠愛多異政凡有積案不得申者皆泣訴當道願付毛公死不憾公爲讞決立斷人自以不冤蜀人至今祀爲神明焉生平不名一錢任滿去至不能具裝丁卯以治績奏最崇禎改元擢雲南道御史首劾閹黨楊維垣八大罪及阮大鋮反覆變幻狀二人遂被斥去王師討安

邦彥以無功公上疏言賊巢在大方黔其前門蜀遵義其後戶由黔進兵必渡陸廣奇險七晝夜抵大方一夫當關千人自廢王三善蔡復一所以屢敗也遵義距大方三日程而畢節止百餘里平衍從此進兵何患不克因畫上足兵措餉方畧並薦舊總督朱燮元閔夢得等帝即議行後監軍劉百訓總兵侯良柱果由蜀進兵安奢積年逋寇一舉殲焉黔蜀由此底定朝議以是服公知兵已陳驛遞之害兵部勘合有發出無繳人士紳遞相假一紙洗補數四差役之威

如虎小民之命如絲帝即飭所司嚴加釐革積困爲蘇當是時閹黨既敗東林大盛朝端王永光陰陽閃爍溫體仁猾賊周延儒同佞言路新進標直之徒尤競掊擊以爲名高體仁之訐錢謙益也以科場舊事延儒助之惡且目攻己者爲結黨欺君帝怒而爲之罷會推矣公憤其以朋黨二字傾陷君子非國家之福遂上先伏斧鑕一疏力救會議諸臣其畧曰彼附逆諸奸既不可用勢不得不用諸奸擯斥之人如以今之連袂登進者爲朋黨而來抑將以昔之鱗次削

奪者爲朋黨而去乎陛下不識在廷諸臣與諸奸之孰正孰邪不睹天啟七年前與崇禎元年後之天下乎孰安孰危今日語太平則不足語剔弊則有餘諸臣亦何負國家哉一夫高張輒疑舉朝皆黨則株連蔓引不且一網盡哉上責其疑揣而以公素忠直免之初上疏時相知多阻之謂禍且不測公陽對衆焚稿而陰辭家廟期以死爭至是獲免在廷無不感上之知而服公之勇太常少卿謝陞求撫於永光永光長吏部陞當推薊鎮而以薊地比歲孔棘遂置謝而

以王元雅當之公上疏劾永光庇私人誤封疆且言
元雅必不勝任後薊果失守元雅死焉永光召對文
華殿力詆公並究主使之者大學士韓爌曰究言官
非體也帝不從已而宥之蔡弈琛者體仁私人甫入
京補選郎公即劾其奸斥去公儀貌玉立音吐琅琅
每奏對上爲注目久之間賜茶菓以示優異節省庫
者京商支領系焉先是典此者咸以贓敗有二八三
七瓜分之弊商人困敝公奉差巡視差分久近按次
給與猾胥無所售奸差竣之日羣商焚香拜送盈衢

塞巷頌聲沸然上詗知狀稱爲好御史親書其名於
御座一日帝御文華殿獨召延儒語良久事秘舉朝
疑駭公上疏曰召見不以盈廷而以獨侍清問不以
朝參而以燕閒更漏已沈閣門猶啟所言公公言之
所言私則巧言陰中讒害善類何所不至不當疑羣
臣而偏信一夫之諜諜也語多切直不報凡公所論
奏皆一時渠魁而此數人者後先當國斥戮正士援
引僉邪尤與崇禎相終始卒誤國家者也溫周積憾
益深伺公監北闈鄉試體仁嗾所親疏誣公而從中

下其事公在闈中難申白臺省皆懼禍但扼腕竊歎
而已遂謫嶺表公處之泰然日遊放山水閒暇則讀
書凡當事餽問皆不受方被謫時黃公道周倪公元
璐劉公宗周咸稱爲鐵漢郎宜興亦語人曰毛芝田
只是性氣偏脚根甚是乾淨蓋溫周合謀羅織公事
無毫髮疵故也會流寇張甚廷臣交章薦公上思公
忠直擢授總督中州專辦勦事公歸自戍所道卒於
贑子壽登扶櫬走閩越吳楚間幾死數矣卒致反葬
贈兵部右侍郎著有西臺奏議十卷和兒詩一卷委

羽集一卷夫人袁氏名門女明識達禮能斷大事有
古列女風操太史文公安之評曰毛公居臺諫三年
疏無慮百餘上其大旨在審官方別流品剔積弊而
尤髮指於諸奸之連結所糾彈如烏程德州桐城皆
奸人之雄也不懲前不怵後固剛腸哉余考史李林
甫得君當開元二十五年識者以二十五年前不早
彈射爲遺憾王安石惡稔於熙甯而禍胎於嘉祐雖
涑水氏尚猶失之當御史之論列蔡弈琛時方補文
選郎耳暨後烏程蔓引遂以掌銓躐政府幸諸君子

封弧孥射而去稱焦頭爛額功抑知曲突徙薪之田於二十年前早已痛識其奸乎是又呂獻可所把臂稱快者也聞其道病時惟以國賊未滅燕京將危爲憾若公者可謂明達慷慨之死不同者矣參明史校正

龐瑜字壂白天啟明經初任京山縣學博臺使者疏薦有識有謨有學有品不特風高絳帳兼且才優花封癸酉陞陝西平涼府崇信縣知縣甲戌正月至任是時關輔久旱人民相食公多方撫恤捐俸粥路齋戒祈禱精誠有孚甘霖大霈饑饉之眾稍有起色矣循

流寇猖獗山陝尤甚公誓死殉城與邑紳朱宏道堅守甲戌九月初五日城陷公冠帶坐堂及賊刃交身罵不絕口而死陝撫以死事入告朝廷悼惜贈固原州知州廕一子入監讀書邑人欽公大節公舉鄉賢崇祀

野史氏曰龐公恂恂篤老語言如不出諸口予猶及見之長者也猶憶其之崇信也不能具冠帶先侍御解所服帶贈之未幾變聞其臨難慷慨有古烈士風仁者必有勇信夫

侯偉時字令邸又字異度豫亭公第四子也豫亭公羅江歸貧甚卒之日分諸子各以債三十金令償公於家事一無所問一意讀書凡一切公賦私責俱諸兄代任之其兄弟友愛如此生平考試未嘗居第二崇禎庚午以恩貢赴京鄉先達毛公羽健見其文遍稱於諸公閒許以聯捷是歲果舉於鄉辛未成進士選授廣東陽江縣知縣奏最召入應授臺諫是時上於奏對多取便給者公訥於言廷對不稱旨授工部主事壬午典蜀闈所取多名士復命改吏部文選司主

事北都破公變服得脫已挈家走閩粵還隱湖湘閒轉返畏途備極辛苦永明王在武岡往從之授太常寺卿仍掌銓事未幾定南王以

大兵至永明倉猝奔靖州偉時從行失馬不能前土人舁致城中王已錄致其家公挺立不屈命之坐不肯席地王問一無所答惟曰吏部久應死矣如是者三止一子章華甚愛之是日被以華服擁泣膝前勸公降公叱曰吾視汝猶一塊土耳蹙仆階下語益厲左右捽其頰血流被面刃交於蹕僵仆地上竟不屈從容

就義行道莫不旌渝王嘉其節以禮葬之所在立祠與司馬傅作霖寶慶同知劉平弁饗額曰三忠劉陝西人傅常德人也公爲諸生時介然自異詠於辭辯然丰姿標舉義所不可輒勃發不可遏口不言人過人有言及默然微哂而已臨難賦詩剛毅猛烈洵仁人哉久之章華亦死

袁彭年字逃之號特邱中郎先生長子十歲隨中郎過廬山見其和詩喜曰此子律度似將來知詩者中郎見可不科第可不詩乎後作詩多令屬和中郎晚年

移居荆之沙市卒沙市故佳麗地公少不羈好狹斜遊常拉酒人服纁衣闖入青樓酒肆頗有小杜之風會小修先生成進士歸聞而弗善也語江陵令撲責之公大憾乃發憤下帷甲子舉於鄉數上公車不第益復閉戶柳浪湖中究心經史遇古人勝事雋句必手錄張壁上玩誦久之四壁皆滿若魚鱗然足不出閫者數年咯血如縷不少息作爲文章深確有根據而韻度淹遠非區區舉子逐時高下博一第者也甲戌成進士授淮安府推官公門第高華而文章能自

豎立東南人士皆嚮慕之諸臺使監司咸重其才地名聲大起治獄恪謹無意外縱舍亦不隨人軒輊劾河工蠹清宿弊以勞優敘陞禮部主事纂修會典公外吏五年砥礪樹聲譽自負當入詞林否則亦省垣臺諫耳儀曹閒秩冷署悒悒不得意請假家居則益讀書作詩與友人毛壽登唱和有宦語詩細數卷假滿赴補上召對公面陳欲於大河以南建立藩鎮加唐故事使便宜置吏各自爲守上首肯之改授禮科給事當改垣宜興相顛相聞未幾宜興事敗下廷議

公疏其罪狀並給其黨二十許人政府擬嚴旨上手書付閣改票旋奉命催糟江北北都陷南中適有金華許都之變忌者欲轉金華守以困之太宰掌垣持不可乃已是時馬士英當國外結高劉等三鎭以挾制朝廷欲援引三案小人變亂朝政深忌南昌相姜公曰廣持正不能有所爲江西宗室統鏘首入士英幕極詆姜相公據祖制駁之云中尉有奏當先令長史司具啟親王參詳可否然後給批賫奏若候考吏部則與外吏等從通政司封進今何徑何竇直達御

前徽刺顯攻捕風捉影宜加禁戢語多切直又疏陳
三案始末分别邪正較若白黑以逆折士英之謀時
論韙之士英黨阮大鋮等銜公特甚因諫廠衛疏降
級調外後避難播遷由海道入閩爲時鈞致入粵雖
屢受事任然念世難未夷每退署輒袒衣露頂坐風
露中冀以病死及端州每以振紀綱覈名實重名器
尊主權爲言引繩削墨無稍假貸倖者憾之公好學
深思讀書務爲精鑿雖兵戈搶攘中手不釋卷晚年
詩益進指事言情博於故實不爲浮獵一滌王李叫

囂蹈襲與近時幽冷佻小之音而中郎瀟灑俊逸之
風亦少減矣嘗謂公詩工於用事而波瀾未濶故長
於近體而躓於古然當其得意新異精穩卓有雅人
深致亦近所未有也爲人高簡意忽不樂與俗人語
意所不合寒温外但張鬚傲睨而已嘗有所屬於楚
學使使者抑之後竟以他事中焉雖羣從兄弟未嘗
輕以口頰借惠也以是人多不喜而獨與毛廓庵及
族弟荃子善荃子名俊年以己卯第四舉於鄉有奇
氣亮節不爲柴棘猥瑣稍忤意立勃發見顏色交友

有氣誼可信不背者亦袁氏俊傑人也後挈家兼左
右公家人避亂至與公是時方以禮垣僑閩門餽四
金外無他依助其不知人痛癢亦天性也年六十四
終於家著有史屑土風堂遺稿省垣奏議掌憲奏議
詩綱官語草閒詩若干卷

李開美字秋實年二十以文聞於鄉薰染於玉蟠中郎
伯仲間習於詩及出遊所至多玩其名勝交其賢士
大夫以爲名後詣宣城謁睡庵湯公見其文大加稱
賞入國學舉北闈辛酉鄉試選鄆縣令五載如力解

劉生之難拯湯民之危皆可紀朝覩事夕課詩雖簿
書叢襍而吟嘯未嘗替陞壽州知州吟曰五年作吏
腰千折萬里歸來鶴一雙其自况也年七十六卒著
有治畧詩文諸稿子百齡字子壽邑諸生癸卯闖賊
渡江與宗室子士鶴雲門邑生田昌等倡義頗勝獲
賊駿馬次日乘之以戰馬馳被殺

張問明字惟逵號陶庵起家畢寒生有出羣之姿作文
簡練高削不可攀躋其爲人則丰骨淹遠世俗齷齪
齪量曾不當其一笑也庚午舉於鄉闈文首藝塗乙

數四幾於稿紙盡墨無字可辨日晡始成章王者畀其峭勁置高第屢上公車不第或勸以家貧就仕者笑而不屑也偶得疾畏雷電乃留心出世法閉戶閱藏者數年其於五燈宗旨性相權實卓然知其指要高逸喜諧笑讀諸內典益增其曠然至性篤摯其奉人常督以瑣屑市井事不敢置對唯唯而已雖加以不堪必婉曲承順晚益讀書爲詩有奇句筆益老文益奇崛其染毫措思惜字如金半幅之間雲烟縈繚要皆非世人所尋味者粵東黃公景昉其師也特相

知契嘗移書勖以體用兼備之學蓋先生之氣度卓越自謂非幹濟才而實未嘗以世故屑意也嘗謂先生狎侮流輩嘲謔滑稽達士也精研宗旨解脫超邁逸士也然而孝親篤友內行懇摯刻勵文藝鍥心掐腎又世法中人也數者皆不足以定之嗣宗之誕也而以爲愼元章之顛也而以爲眞摩詰之苦吟也而以爲禪東野之寒閬仙之瘦也而或以爲龍或以爲佛先生則何容心哉亂後避兵卒於土司之青山隘嘗有馬頭青山之讖自作誌銘號尹月子蓋先知死

日云察美士官欽其名憾不得見購致其喪歸葬於邑之陶溪湖族弟正乾字南一始祖德遠江西吉水人元至正間由鄉舉授大理評事任中興路□□使即荆州也世亂因占籍公安洪武初以平瞿塘衛功敘授四川按察司僉事賜金帶致仕至孫斌中永樂丁酉舉人授吳錫縣知縣擢福建道御史監軍兆平著能聲賜勅襃諭今其墓在邑之西辛里號爲御史岡正乾其裔孫也少穎秀喜讀書能文家故饒於財父篤好形家言以千金買石首之麓湖山葬焉語諸

子曰吾家中落自茲以後庶幾復振正乾果以己卯魁楚闈壬申之亂挈家隨邑侍御毛公避亂於閩廣吳越間每以知慮深細性情怡婉爲衆所推南都考知縣目擊阮馬弄權正人斥退知其必敗遂不就選挈其家歸卒遂首邱可謂明哲士已

李芳天順進士成化初由縣令擢御史臺首疏十事上嘉納之時妖僧繼曉內監梁芳與內閣劉吉萬安黨附爲奸科道舉劾多受杖謫會星變求直言公上疏言天象示警咎在閹豎乞除元惡以快人心召收忠

艮以回天意疏入不報旋出知湖州府湖當震澤下流歲苦水患而適又旱蝗公至即發粟平價出糶復勸富民以粟出貸約年收償之故民雖飢不至轉徙失業亦復敏於決事臺使者行部至湖嘆服其明先先是上怒言事激烈沽名者疏列前後六十餘人於屏以故公在湖雖稱艮二千石竟不得調致仕歸老焉

鄒得魯大司徒文盛之孫也生於富貴而自幼嗜讀書性鈍益自刻勵日夜以豆爲籌每文一首讀百餘過

覆百餘過則終身不忘舉孝廉初仕巢縣令迎養其父寢食皆親侍奉忽病噎諸藥罔效公憂惶無措每夜焚香飲泣籲天願以身代忽夜夢神人告之曰汝父病非吾醫不可但用蒸鸝丸次大黃爲丸公即起浣沐衣冠叩謝如法製丸不數服而飲食如平時嘗考校童子首拔單姓名世德者謂是大科之才及來謁貌寢而家酷貧尚未求凰公食之教之助之求婚於詩禮家不數年果聯捷南宮公以廉能陞邵武太守善政甚多郡人立有祠廟尸而祝之

胡詩由明經敎諭麻城遷荊門知縣縣獨羅下有堤名萬城者水湍悍難治公捐俸倡修之海賊汪直導倭入寇公受命督撫胡公募鄉勇甫集而賊至公令急清野入保賊無所得食當自去賊攻城再晝夜城中禦之甚周公料賊必夜遁潛縋精銳伏於路賊果退猝遇伏發城中鼓譟乘之盡獲其所掠子女散之督撫奇其才役倭入歙復從御史曹邦輔大敗賊於吳會倭自是不敢深入會胡宗憲以不能於華亭被逮去公亦罷歸於祖墓傍築堤至今傳爲青龍堤

陜茂宇一清少有奇童之目年二十二公車北上日者謂當於申年發甲時癸未會試衆訝其妄及春闈火改次年公成進士殿試二甲三名初姓仝上問閣臣以陜對上命即用陜字茂家遂有天朝賜姓額授戶部主事出知漢中府廉潔愛人內召士民請借冦留任四年陞布政司參議分守漢中道卒於官櫬歸吳送者不絕後邑孝廉龔世瀚宰南鄭寄書公元孫御史嗣宗言漢人士久爲公請祀名宦遺愛可知矣

陜嗣宗字亢之號穎湛於三袁爲中表兄弟其筆硯家

貧而才氣傲睨一世志不屑雕蟲小技舉於鄉凡七上公車謁選得西蜀之洪雅縣山邑從無科第公課得三士收教之同年俱登賢書一時稱爲神奇擢御史巡視中城數日即上疏言懷廟有三不可及五不自知內云恐其予聖而不自知又云恐之中於中庸者可破中於英明者難解又云太陽之照夜藏其輝雷霆之怒冬斂其聲未見皇上之能藏輝斂聲也上大怒然謂其新進沽名置不問又以公安疲苦吏胥肆虐奏旨下撫按即與嚴禁又上疏明郡守熊秉鑑

衆降非罪即起補荆西道疏衆周延儒冒認內戚有愧枚卜遂革職延儒罷公即起補南兵部車駕司員外轉武庫司郎中陞山西督糧道調陜西按察司未到任卒於金陵性雖傲物而正直不苟故至今父老能言之

陳鼎中字素君別號蘇湄自少穎敏英發童子試受知於武進趙公繼鼎壬午登賢書屢上公車得除保昌令前令馬以印墜地鈇壞自盡公詳請另鑄代補虧空數百金禮其子歸其櫬會有大盜案十一人獄已具公每閱監見內有五人涕泣感傷不勝因疑其枉及覆訊果得其酒肆羣飲爲捕役混拏不能致賄非刑拷服之狀彼六人亦具爲之白公乃盡翻其案請釋之五人共爲尸祝焉迄於卧轍時送至百里外慟哭而去地故多癩疾且易傳染每疾發則送入痳瘋院中內有無人顧管者公捐俸爲湯藥全活甚眾保民至今稱道不絕公才氣兼人而性剛烈將大有爲以內艱歸里遂不仕子十皆青衿孫曾問安惟默頷而已

冉重望字仲達別號拙菴幼有至性事父母以孝稱處

異母兄弟極其友愛十八補弟子員讀書攻苦學使者王澄川公亟賞其文以斗湖鍊白黃山遠青爲之評崇禎壬午登賢書旋避難至江南甯國爲母孫太君稱觴壽得諸名士題詠軸可牛腰有夫婦投身償責却之焚其券及鴻集故土出粟以濟凶歲倡義修建

學宮教其長子正儀以戊戌成進士司李南陽封如子職性最坦易喜獎善類鄉人皆化之有餽生黿者命放之河黿數迴旋起伏觀者比之毛氏白龜焉所著

詩文有致遠齋遠青閣等集年七十五大書元神獨
旺四字而卒康熙乙酉與長子同祀鄉賢次子端儀
司鐸齊安孫八人明經國學子衿一登進士眞可謂
忠厚垂裕者矣

曹子嶽字士美正統三年貢入監授中軍都督府經歷
清廉守正擢漢中知府深獲士民心以憂歸父老赴
闕留之不報

謝鑌景泰癸酉領鄉薦知宿松縣豈弟廉慎政務寬明
每剖訟獄必推誠以求其情未始見疾言遽色民愛

戴之

文魁世居大光里因號大光明景泰癸酉舉於鄉授蜀
郡同知蜀地多山巉巖險阻爲羣盜藪公謂盜之嘯
聚也飢寒使然請於守檄郡蠲薄稅歛緩徵求俾之
各遂其生境內遂靖秩滿遷青州知府青治近海濱
當下流之衝公於河流所經堙者疏之壅者導之溢
者防之由是水行故道民賴以蘇中丞嘉其廉能未
幾解組其殆急流勇退者歟

毛志忠號黃溪生而穎異强記絕倫十二歲入鄉校十
六中正德癸酉舉人赴省試時與書賈同舟取其書
閱隨擲江中賈窘訝之則曰吾已默記矣遂盡誦之
客疑爲夙讀者抽他新書以試一覽後背誦不遺乃
驚服後任江西安遠縣知縣

李璋號杏橋下帷攻苦寒暑無間録科遺其名取青衿
詣
文廟焚之再拜而出妻劉預買舸備糗强令赴大收得
入闈試出以文示同舍生生曰售矣顧後予大怒唾
之已而果然中嘉靖乙酉舉人仕蜀彭山令爾煩去

苛興行布愷蜀人稱爲未幾卒於官

袁致道字雪里有文名萬歷庚子舉人就荆門教職遷
登封知縣卒於官蕭然無以歸士民及上官歛金助
之其在荆門時治一梟衿誘以重賂怵以危言不爲
動卒暴其罪狀論死繫獄比令登封其人逸獄出更
名王象乾入魏璫幕濫竽錦衣害朝紳璫敗與田爾
耕同戮西市

國朝

鄒養赤字幼心由進士出知壽光縣先是直指聶公觀

風得公文拍案大叫曰此董賈業也一時競傳紙貴江陵李共人先生爲之傳曰公之文固足以楷模一世而往往竊其眉宇閒隱然有不忍生民道濟天下之意及其膺壽邑也下車即訪民閒疾苦是時爲壽民害者有二一爲逃人一爲鹽政邑當京畿往來之衝逃人不時見告凡値發覺之時必圖維萬端不惜自解其囊壽人之得保聚生業而不知有逃人害者皆公委曲之苦衷有以覆庇之也壽邑三面邊海鹽課比之東南十不及一然鹽之所行不過數縣地隘

而壅則有時課不敷且相率而散而課愈不能敷公多方招集於其中之力不克完者捐俸代之償以故刁殘之地不踰年而爲仁厚庶富歌頌之聲至今不衰　大府以最奏而公竟解組賦歸來已公之足以楷模一世者又不獨以其文而以其行也

咼正儀號敬帽順治戊戌進士仕南陽府推官才智敏捷讞決如流奉　裁轉知廣甯塞外苦寒撫循有方卒於官民衆送之南陽有咼公橋人比之峴首云

龍之繩字孝公順治戊子舉人好善嫉惡憐恤孤寡邑中利弊每剴切指陳康熙甲辰授新會知縣時甫定邊界民疲道路公力爲撫恤卻餽遺革加耗一意與民休息有搆訟者以理開諭往往懷牒去甫三月以疾致仕百姓送之哭失聲後人新會名宦祠

李友松字木公別號薇園生歲餘而孤母侯故羅江令一定公之女晝荻而教之及就外傳則有志古學年十三應童子試福清朱公賞其文置壓卷遂補弟子員順治甲午舉於鄉再試春官不第遂無意功名先是潛江令柯公昭斜於辛卯秋闈爭薦公解頭不得

竟置副車至是柯官儀部以斧資留之公決計歸教授後學多所成就生平酷嗜左傳所傳鄉墨選家有左氏軼篇之評蓋得盲叟之神而行之者也所著有制藝存稿薇園集其曾孫照煦亦工文字有祖風

周克友字來公順治乙未選拔教習筮仕潛山知縣歲旱矢誠步禱操文告城隍神三日大雨蝗起鄰邑亦操文祭之境上蝗竟不入文俱載潛志其勤愼細密每夜分畧就息與鷄俱興有爭田一坵者兩造皆稱明萬歷間册在可據皆欺其多年難於檢查也專搜

數旬得之有縣無賴豫埋棺木於所仇水田下俟其種植以毀壞告隣比皆不直其說公往勘不似葬所及驗棺又非葬法而木且甚新遂啟棺棺內止有兩髑髏公思太平多年髑髏安所得憶初任時堤所破土得兩髑髏曾給錢命役某埋以木桶意必此也驗之果然一訊而服兵吏程姓以倨色易所發工料餉銀驛丞來告苦程故置丞於宅門外使得隙窺而自持銀封來稟給發出則以他語誑丞公思驛站工料甚急二日前發出何至今日始稟發耶亟入丞詰之丞囁嚅取銀開視得其奸狀公設坐大門外欲與眾殺之眾以程有母老遂杖繫十餘年公一清如水六廉有聲其門下皆世胄多列津要爭為公地公不應俸滿陞戶部主事潛人赴

闕請留至十六年潛人立有祠後遷河州牧卒於官邊人至今思之

毛壽登字恭則號廓庵侍御芝田公之長子也生而穎異弱冠即遊泮刻志墳典去家居二聖寺每夜分時畧就寢雞鳴復挑燈朗誦博通古今聲色貨利之好

淡如也明崇禎間詔天下學拔取貢士㳄第選用公獲中選旋授兵部車駕司及癸未流賊大亂公挈家避亂江西而侍御公卒於贛公買舟扶櫬歸葬經洞庭遇盜公端立柩前曰吾非客商乃窮官歸葬者及眾登舟公備述家況謂舟中物胥聽將去但無以刀劍叱咤驚我先靈眾感其言而戢復叩首謝罪咸稱父為忠臣子為孝子嘆息而去別令一舟導之出湖得遂首邱焉公歸後仍力學不倦隱居田園

國朝康熙癸卯歲蒙將軍督撫交薦其才擢授天津衛道職內餘道即臬司也公視事之日閱河間縣七十餘家造船入海一案時奉嚴禁寸板入海者斬妻子流徙前司讞者已照例定擬發公覆勘公憮然曰吾何由救此生靈因詳鞫之得其以判條為船外紙加油糊沿海濱捕魚之狀公大喜曰若輩有生機矣即檄河間縣官驗其船詳請上憲並非犯寸板入海之禁者

題准開釋俱得全活畿輔饑發帑二十萬賑濟吏稟以常例當得二萬金公正色曰爾欲使吾子孫為饑民

耶吏復稟以無損於饑民止須多造戶口以開銷爾
公復拒之曰是欺君自利也罪更甚矣竟發河間府
窮簷均沾實惠稱頌不衰
聖駕巡行天津清問下民疾苦公對答如流試以安民之道
何者爲先之策就
御前給筆硯以廉能二義立對稱
旨旋發審旗民爭訟二案公即讞擬奏
聞欽允其慈愛廉決類如此後解組歸里行李蕭然天津民
老幼遮道呼籲更有數百人遠送百里外啼泣而不

忍去■一時榮比二疏焉著有廓園詩集四卷行世
邑乘六卷今之編次者皆宗其遺稿也行年六十有
五卒長男廪膳生仁軌博學强記著有詩文次仁傑
又次仁開孫翼泰獻諧皆入庠序克繼書香易曰積
善餘慶詩曰貽謀燕翼其公之謂乎
陳信中字任公順治六年以明經貢於
朝先銓道州司訓改湘鄉轉諭綏甯俸滿陞山東青城
縣先是道州綏甯糧餉半衿士由學徵收而積年重
徵爲累公誓不入羨金縣正從之及筆青城逋賦至

八九年帶徵多入經役囊橐公摘其尤者斃之杖下
親叩兩院口陳疾苦詳求題豁竟得請士民如慶更
生又邑四門爲市陋規入官歲可七百餘金公嘆曰
此皆得之於負販小人者也亟除之自少精於舉業
所至識拔士多掇科名童子試前茅學使者鮮棄置
且循序畧見參差而已在青兩載以日遠邱墓不樂
欲賦歸來邑人謀爲借寇公大署其門曰紛紛士民
一片熱心留我落落仙吏半開冷眼笑人此畫灰老
人所謂急流勇退者也林下數年手不釋卷所著古

文詞有新遠集一經之遺子若孫皆能出頭地焉
闕以華字竹堅漢壽亭侯五十代孫順治戊戌進士除
寶坻知縣天資忠厚在官清愼旣歸奉母孝孫朝柱
字襄鑾雍正癸丑進士入江陵籍
馬芝號紫崖崇禎壬午舉人　國朝順治己亥　恩科
進士陝西盩厔知縣縣有車稅最爲民害公下車詳
請革除盩民感頌不已又夫婦睽絕事涉幽隱斷復
合適年而生子邑詫爲神致仕歸所著有時文長短
篇及紫崖詩集

馬龍騏字如周饒陽知縣才氣高邁文字雅贍每試必得雋以康熙庚午高魁捷南宮著有時藝稿擬續父芝長短篇爲合刻

陳文燦字含輝康熙丁丑進士除西華知縣著有勞績性樂易與物無競好學工文有實齋詩文畧若干卷年七十卒

何又新康熙己卯優貢授武昌通城縣訓導興孝勸學以孝廉方正陞通城教諭修櫺星門捐修報慈寺山門繼母王病刲股以進學憲繆賜有纔算舍肉額

鄒敬謨字贊后酷嗜其曾祖養赤曾萬軒文稿所作四子藝味淡致永有古作者風康熙丁酉舉於鄉乾隆丁巳會試登明通榜授雲南大理府順盪井鹽課大使代騰越州篆下車剔弊興利布置周詳鹽課之數遐邇稱便又因地屬僻壤詳請分里役編保甲頒條例鑿鑿切治體有蠻苗楊節得等聚衆開礮釀成大案經年累月前官不能直公奉撫檄嚴審查誌係大石壁匱丁原隸麗江羅土舍憫其生長猓猓諭以漢文漢語未刑一人而威服其他善政甚多要皆息事寧人者也

侯執信字方來雍正甲辰舉湖廣鄉試第一授白水知縣在官以清勤致理尋改江夏教諭預修湖廣通志又主江漢書院講席一時成就者甚衆捐俸倡修學宮門牆通泮池溝洫爲地渠以達之約里許費舍一新乾隆十三年遷永州教授卒

杜志瑛字渭仁號松巖雍正己酉舉於鄉歷任順天棗强豐潤知縣初下車自書清慎勤三字裝潢座右振拔士林詰鋤强暴有豪姓佔貧民地欲廣其宅立斷

還一切訟事計道里遠近限期訊決臚列証佐僅摘傳一二人不事株連故所至皆有案無留牘之頌尋遷越支廠鹽務同知以剔積弊掣肘遂致仕善畫竹名冲霄圖建一室曰漪竹軒日與父老子弟嘯傲其中一日疾呼其子若孫囑曰吾家雖世居城市讀與耕本業也惟不可爲人役言畢端坐而逝

鄒毅煦字滄曉祖養元縣學生父莊倬生十有二歲而孤卓然自樹立始事其母與大母及撫小弱弟以孝友聞後弟卒弟之子亦卒又以子嗣則固能生死存

亡續絕者也少肆力詩古文詞所爲舉子業奇而有法書撫宋坊閒體乾隆甲子挾其藝戰於北闈比塡榜卷遺不果中癸未例授廣西永福縣丞任歸順州知州補向武州州屬粵西邊鄙多獞猺號稱難治以武則忿以憾以恩則橫而肆撫御非人往往滋事公至寬猛相濟設誠致行因其土俗爲之敎禁州人順賴稱有椰椰州遺風大中丞某知公爲非常人以軍功題陞同知不及見用而卒其子按察司經歷敬敕奉櫬歸葬先人兆側粵還橋其遺蹟也

羅宏漳號中峯乾隆庚辰恩科舉人丙戌大挑補湘潭知縣遷茶陵桂陽知州陞永順長沙知府充己亥庚子科內監試改雲南楚雄澂江知府署迤東兵備道旋任糧儲道所至皆有政聲致仕歸置學田數十畝以訓族中子弟貧不能讀者故至今書香不絕著有祟本堂文稿任湘潭時斷立公安碼頭界石尚存

毛業溥字際雲號鑑菴乾隆庚辰登賢書辛巳聯捷二甲第一人時年二十散館授編修公生而岐嶷幼時與弟業沆均有異稟其堂伯母太夫人甚鍾愛之因己無出遂以公嗣焉少從族芝亭先生遊芝亭固名士知公必貴盡心導之嘗曰是子詩賦文詞獨出冠時將來必掩吾名庚辰赴鄉試大主考爲蔡公得卷擊節嘆賞曰此館閣才也亟拔之明年禮闈獲雋以傳臚入選是科榜首爲韓城王修撰惺齋杰與公同出劉文正公統勳門下而文正公愛公殊甚視猶己子凡敎習館課卷必爲刪改又令與其子劉文成公墉就其第私課互相切劘散館授職後假旋生子一女二以疾不樂仕進會羅公宏漳授湘潭令延請主講書院與湖南諸名下遊覽山川唱酬甚富惜已散佚無存旣又主講本邑書院與邑侯張芳桂詩酒往來無閒朝夕公健談善飮工楷書尤善行草大有董思白筆意未幾卒夫以公遇名賢知顧之深使肯出山其官階固不可量乃部文屢促而公終不起其眞有得於己者乎

袁廷巍號梧林邑廩生乾隆乙酉舉於鄉丁未選山東知縣署曹州府通判接署曲阜甯陽縣篆庚戌實授曲阜縣公少鈍父使就田閒操作公不敢違晝耕夜

讀誦聲達旦父嘉其志使復讀公益自奮遂獲售計偕凡五次期以祿養未仕而父歿每以爲憾公之敀調甯陽也以爭修輦道道凋而費侈忤大府幾落職後大府以修道過凋被譴始回曲阜任公自奉儉約食無兼味四時裘葛不具丁巳會河決單縣東撫奏開引河檄諸縣分疏公與役以經費不足捐俸助修工竣而囊空笑語人曰今而後可以清白遺子孫矣以治河得脾溼病遂致仕歸又九年而卒著有竹嶼堂文稿若干卷

毛家槐字晉三號竹軒邑庠業沆之季子增生家椿之弟編修業溥之猶子幼多疾身孱弱母夫人百計調治始稍健入塾聰慧特異家素貧父兄課徒所入不足以供食指公朝齏暮鹽摒擋家事暇則苦讀吟哦之聲徹戶外年十七補弟子員十八食餼屢列前茅若不售前學使初亟賞公文後以巡撫道過公安猶問守土官毛家槐中否蓋皆具法眼知於未遇時者辛酉始得選拔丙子登賢書丁丑連捷入詞垣初未遇時夢人持卌示以科名次第至國子監助教而止館選後疑夢或舛及補宜昌教授官階適符始悟皆前定也宜郡本山地之科目自公陶鎔後遂有連登甲第者嘗與太守紀樹馨東湖令林小巖登絳雪之樓瞰三游之洞樽酒歡會分題校韻郡人士望而慕之以爲玉堂仙吏也旋告歸未逾年而卒公著作甚富惜壬辰水泛半爲馮夷攫去其存者人比之崑山片玉云

田國文字翰章號荆陽始祖自襄徙荆明初以賢良起家祖汝漢有隱德父一州乾隆丙戌生公幼讀書目

數行下辛亥補弟子員聯登壬子賢書四上公車不第益發憤下帷主講南平書院及家塾課士獲雋者不下百餘人若江陵之太史胡兆蘭石首之進士高家泰皆其門下士也性恬靜不耐繁劇道光丙戌任孝感教諭本蘇湖遺意以立教方伯居公之申雅重之致仕歸足跡未嘗履城市著有荆陽七藝訓世編等集行世年七十一卒子家瑞孫逢春皆列庠序

鄒崇漢字雲章號星溪廩生鄒美中次子性穎悟從其兄泗授書十歲學爲文出筆即超俊不凡作善人致

民一節題開講云今天下望太平久矣選拔李春溪翁見之謂髫齡有此吐囑邑偉人也十九冠童軍越三年以第一食餼又三年遂領解文有奇氣語多寄託人知其能文不知其尤長於詩喜讀屈子離騷庾子山哀江南賦及古今詩之悲涼感慨者諷誦至流涕不輟也兩上公車不第復值粵匪跳梁其感事愴懷見諸吟咏者忠憤之心悲壯之氣浮於紙上咸豐甲寅感憤詩云如此江山賊蔓延四郊何日靖烽烟男兒不具封侯骨枉在人間三十年岳州宜昌相繼

失守石首華容賊黨又復相持彌月里人議徙他所詩以慨之上遏三峽下三湘鎖鑰東南半壁强隼翼虎威憑假借風聲鶴唳頓倉皇兵戈颯沓湖山表羽檄飛馳道路傍滄海横流何日靖不堪翹首望江鄉震鄰烽火澈天紅指日分飛信轉蓬黃鶴落帆波上下青螺振策路西東亂離兒女嗟成累落拓文章那見功安得衝烽一長劍棱棱霜鍔倚崆峒邑團練成句云吕蒙營壘左公城戰伐飛騰古有名廿載蛟龍爭出沒一朝豺虎忽縱横東南殺氣迷荆楚西北祥雲擁帝京决策運籌唯奮武拚將戮賊仗書生冬夜書懷句云落葉下庭柯驚風撼撼過一年又容易萬事忽蹉跎歲晚心仍壯憂深鬢早皤擁爐看長劍竟夕幾摩挲嗚呼具此胸襟倘天假以年目覩 中興景象其和聲以鳴 國家之盛者當復何如乃多愁善病復不樂損年未及强仕遽爾物化斯人之不幸不獨斯人之不幸也

張澤銑字倬雲邑之吳達河人先世元超公以四川按察司占籍公安後有斌公官福建道監察御史君生

而穎悟讀書有大志不欲碌碌居人下道光壬辰避水患從邑庠王君至江陵沙市就婚馬姓孟子所謂動心忍性增益其所不能者實始於此弱冠即受知邑尊昇階平冠童軍辛亥舉於鄉公車北上者再吏部揀選以知縣用時粵匪滋擾東南半壁罹烽煙隱居不與外事教子自娛工書法文名重一時設帳數年諄諄以尚氣節嚴取與相勸勉經師人師兩有不愧云年四十六卒有玉燕堂文集十六卷待梓子一坤誠拔貢生

侯家璋字澧南號雲巘耽吟咏未遇時每晨起左挾布右執卷嘯歌道上旁若無人路人竊竊然相與目笑之已而隷身澧伍頻年兆上後援例爲丞筮仕山左未幾署茌縣實授鉅野令加同知銜入　覲京師以詩質石邑張劍潭矛劍潭序其詩曰其風雅本乎性情其感喟深於閱歷其雄直悲涼之氣則大有得於江山之助非虛語也又謂其胸襟濶達世故歷練及爲令判決如流寬猛相濟有得其片語隻字者皆寶而重之曰此吾使君之蹟也而政績著矣而詩傳矣雲巘因以不朽矣

補錄羅宏漳政績

宰湘潭時有彭氏奴職其主弱潛出冒捐職官主知之與邑士赴明倫堂列單出首奴敢以結黨哄堂訴於學使學使入其言竟褫諸生爲首者並落學官職一邑大譁羅至廉知其實申請　上臺盡復除名與官論奴如律昭潭書院舊無膏火獎賞富人某犯博賄金數千兩卻之飭令置田供給膏火又捐廉置田爲獎賞資於是潭士咸奮所拔取者多擢巍科迨守雲南調劑銅鉛各廠清釐鹽驛重務並爲孤貧增給衣糧甲辰歲大饑米升錢貳百文設法振濟民賴以安初市法大壞郡民爲大小斗斛凶歲更甚乃爲角斗甬正權概至今猶稱爲羅斛羅斗云卒之日貴州桂西兵備道張繼辛銘曰學究體用心秉塞淵發爲政事無黨無偏恩敷南楚澤被古滇志在初服引疾歸田銘茲片石永終譽焉

忠義

舊志載明末流賊陷荆州公邑士民倡義拒賊晝江而守或結團拒敵或截渡邀擊大者數千小者數百故當時偏撫題請有大江南北盡沒於賊獨公安義士如林合邑死守之語及

國朝定鼎而吳逆犯順粤匪跳梁慷慨赴敵毀家捐軀者正復不少足見公安之人心猶有古道也

元

普元禮 高昌人從公安 元至正壬辰進士任御史出爲嶺南參

知政事時所至郡邑皆沒於寇元禮詣湘憲假分司印徵兵蜀郡未幾遇賊兵潰一門被殺過半元禮挺然不屈死 按舊志元禮墓在斗堤舊縣東門外堤側今圮入江

明

朱輔字翼公成化丁未進士初任南陽同知有異政擢御史轉嘉湖道禦倭失援爲所獲弗屈死倭酋憐其忠以屍還民爲營斂于棟正德中舉人扶櫬歸里入告賜祭贈官

龎瑜字壁白事見列傳貌魁梧有膂力家貧躬耕自給夏轉水灌田執書從牛後朗誦喜讀易崇禎七年擢陝西崇信知縣筮易得姤之革驚曰吾其死於西乎且有兵警崇信舊無城兵荒貧民止百餘戶瑜知賊必至言於監司陸夢龍以無兵辭瑜集士民築土垣以守流涕誓死職閏八月天大雨土垣盡圮賊掩至瑜急解印遣家人齎送上官端坐堂上以待賊至捽令跪瑜罵曰賊奴敢辱官長拔刀脅之罵益厲賊掠城中無所有執至野外剖心裂屍而去贈固原知州 舊縣志明史忠義傳合纂

侯偉時事見列傳其臨難詩曰天乎人事苦難留眉鎖滄江水不流鍊石有心嗟一木臨湘無計慰三洲河山滿眼風悲角冠冕懷人雨溢秋盡瘁不成身已逝年年鵑血染皇州壻孟某江陵人收者欲鎖其項手格之大罵而死塾師譚希侯亦死

袁喬年字亥目登封令致道四子也壬午闖賊破荆邑人大去獨率敢死士陳兵於長安里中邑西村土賊勾闖渡江與諸生王韶之蕭煜都牟光世等襲破之闖謀遂沮會澧州陷前後殺敵與賊首王老府戰自

晨及午兵敗被殺族子袁貽則等皆死華容孫公穀聞而傷之有詩紀其事

田朝備字藍田以布衣拒賊於馬長港挺身奮擊殲賊數人賊攢及來戰遂遇害家人收葬失其首見夢於邑人魏銀匠曰我田藍田也吾首在附近田中煩送至我家次日魏果於田中獲之乃得合葬 俱舊志

田昌字百泉邑諸生生而負奇詩文俊逸所著有吳越草爵茲館緣映軒微尚亭等集行於世顧其制舉藝務矯時尚力追先輩益佳而益不售其才乃弗獲展

以爲憾崇禎季年寇浸震鄰則投策當事行保甲嚴關津髣髴第五營里中仗以安堵數載亡何寇大至土賊蜂起公破產結義勇與王孫九皋躬親戎馬擒斬無虛日寇乃悉衆以應不支被執即投僞銜加蟒帶其身昌厲聲叱之罵不絕口延十餘日終不屈遂遇害華容嚴首升爲之傳曰古今惟才與節並馳天壤子雲安仁以才故失節睢陽平原以節故掩才若百泉者履平見才臨危抗節事無兩成百泉乃兼之也哉霜雪之後春芳可期田氏之克延以世有由也

陳我備邑諸生明末與兄信中俱爲賊得賊縱一人還取金以贖我備度家無金因與訣促之逸無爲俱死已而賊殺我備信中以

國朝順治中由明經仕至青城知縣撫其子焉

甘召循明儒士甘榮吾次子築茅菴於龍溪山讀書其中會闖賊破荊土賊四起召循毀家募勇士團練以挫其鋒順治乙酉冬戰於河濱中流矢墮水死

鄭昌烈會陂里人咸豐四年粵匪犯境爲所執脅之去弗從賊刺以矛至死罵不絕口

易秉漢特邱里生員精數學咸豐五年粵匪蹂躪江北漢從江陵道銜林向榮勦賊至潛江李雲口陣亡

蕭孝瑞長安里人性豪邁咸豐甲寅五月紅巾賊犯村遇諸塗賊脅之去大罵不從刺之剖腹取肝而去妻陳氏生遺腹子貞靜苦守

魏成忠會陂里人粵匪犯村賊脅之不屈投水死其妻知之亦抱其女赴水死

龍天澤 兵丁 李志英 秦照雲 田貴 毛占先

陳開俊 馬勝祖 王家純 羅盛群 以上九人入祀省城昭忠祠

孝義

林守威早喪父事繼母曹甚謹曹卒未葬鄰家火急守威升屋呼天風返無恙時人稱爲孝感　湖廣通志

李景字葵日道宇先生孫也縣學生居斗堤舊縣時邑中大火景親柩在堂莫知所爲乃扶柩哀號火及門而返得無虞

于三以孝稱事闕紀載至今傳其住處爲孝子岡有碑在魯陂里　湖廣通志

田垣字近薇父寅山充鄉飲賓年九十六母夏氏偕老

垣孝事兩闈父老脫二齒禱於神齒復生其子孫五世同居號曰義門子孝謨孝友敦行檢里黨稱爲長者

馬寅功谷昇里農人家貧母洪氏老善病功每獲傭値或從人貸升米必市肉以歸人以其貧而饗多責數之功不置辨蓋恒以供母也母卒無棺貸身鄰人易棺以殮鄰人欲得其弟功曰弟幼葬母非其責也與妻同貿以葬母已歲大旱獨功田不次驟雨秋成如常身乃贖

劉美公父病淋醫云是石淋其便塞有物必用人口吮而吸之方得通利美公欲吮父不許越二日小腹脹痛難忍始命吮之每吮則呼號欲絕最後醫令努力一吮便溺衝喉吐出血果如豆者二病遂愈嗟乎庾公嘗糞所憂甜濁漢太子吮瘡遂有難色劉以匹夫之愚爲人之所難爲如此

魏家祥魯陂里人僞陷公安時家祥隨父往探寡妹覓徑於陸遜湖灌莽中虎突出啣其父而去祥哀號求釋虎不顧隨之深入里許虎置人於地坐守之祥徑

前奪父負之走虎且哮且追然不甚迫遂得渡河完屍以殮又西辛里朱姓者駕牛車於江堤外河灘捆載新麥爲虎啣去時僕子建兒牽牛解車上木棍奮往擊虎奪之歸而死建兒字得鄉

袁鈖縣學生年十七喪父哀毀骨立偶大盜至家人倉皇走呼鈖出鈖謂諸弟曰汝輩第去吾長也父柩在安之手一劍出逆賊怒以刄擊之折其二齒及八唇爲破鈖不爲動從容謂盜曰諸人第取貲則伏藏皆子有若驚先子靈吾且刎子亦無從摸索也盜然之

夜深嚴寒諸盜煮酒豪飲紛曰能以一杯見煖乎盜不可紛前奪魁盜手中巨觥自飲盜壯之爲酌數行徹明盜去血淋漓滿衣矣紛爲人方正有雅量平恕率物爲里閈所稱三楚文獻錄

侯章華父偉時殉節章華僅十歲賊帥撫爲已子持肉以食華淚下曰既殺吾父吾忍食殺父人手中食乎賊帥遂逐之尋以哀毀卒

鄒養唯明推官在澧州遷祖母柩同舟至牛浪湖風大作伴舟皆覆養唯恐祖棺難保躍入水中願以身代

風陡息得保無恙

侯諫臣字賁若少失恃事祖母唯謹父娶異母弟諫臣曲體其志恐以遺產授之族子某少孤有利其產者力庇之歲疫比閭闔室傳染諫臣躬饘粥調藥餌以保全之遇後進諄諄勉以孝弟子孫遵其訓三世同居不析箸云

王嘉善八歲刲股事母以孝稱年少游泮時上憲屢加旌獎

尚軾母病刲股以療

汪士修母余氏年五十病革士修號泣刲臂爲丸湯以啖之病愈越十日士修死妻毛氏值姑病復如士修所爲以進病亦愈後毛氏病篤子瓌鼎亦然嫂張氏子琨鼎事母以孝著復如其伯士修所爲一門四孝遠近稱之

周希旦縣學生母毛氏病眩暈旦刲臂爲丸以進立愈越十餘日病復作妻馬氏弟縣學生希召均效旦之所爲召妻龔氏身已抱疾復效之皆不令其母知由是母病不復作

陳岳子邑城人母甘氏病刲臂爲湯進之立愈後數年城中火近岳子居火遂熄歲大疫城內外多死獨岳子家無恙

以上參縣府省舊志

易象演特邱里人性至孝少時赴院試發案演已錄取聞母病篤學師諭令覆試歸演曰吾母與名孰重急治裝歸招覆不至學憲嘉其孝之篤而深嘆其遇之阨云

吳鏡涵刀環里生員儒士吳承榮之遺腹子初生胎髮

皆白長以未及事父爲憾遂繼志苦讀欲顯揚以慰父靈家貧事孀母凡所需必百計以供及母沒恒至墳所哭泣三年無間墓草爲之不殖

王家秀西辛里人善體親心父成榜母宋氏年老多病每有所召秀雖匆忙中聞聲輒至故其父母恒以孝順兒呼之今猶嘖嘖人口

田一成候選訓導家崧之祖也性至孝有盜賣公田者憾其父汝璜據理面斥結黨毆其父成憤往護身被重創昇歸氣息奄奄幾不可救忽夜夢神人噴以水遍身摩娑之既醒則蹶然起矣

徐文相板橋里人少孤母苦節撫之相力耕供子職年五十母艱於步履冬負諸暄夏負諸涼及病衣褥不潔相日洗滌再三侍疾凡十有九月無惰容

牟作貴邑城人少孤事母杜極孝嘉慶時從道憲崔征苗著績保舉縣丞以母老不就職事親先意承志雖瑣屑事必躬親之更有山谷滌溺風至老彌篤同治四年　撫憲鄭題請建坊子丕振次孫治策俱監生長孫治瀛生員

彭先瀛市鎮里人父述行年九十八衰憊甚出入起居瀛必扶持家苦貧人有以旨甘遺者悉供父冬寒不能具服常減己衣衣之

王士富平樂里監生父國臣早逝母陳氏守節定省七十年如一日父葬於江陵八井莊去家百餘里每歲佳節雖甚風雨必往祭時母年九十六卒士富年過古稀猶哀毀不能已子化陞孫楠森俱生員

陳善長邑城人事親至孝天寒著父母衣俟煖然後請父母起解而衣之一日其父攜籃趨市錢實被人攫取去歸色不懌善詢得故照原錢式密藏牀褥下故令家人搜得之以示未嘗攜錢往父心始暢凡曲意承歡類如此父故母愈老善長寢必溫席久而不衰其長子盛英亦以孝著季子澤霈生員

陳毓深增生邑歲貢士摠次子出繼江陵監生鏞虔爲嗣以孝事嗣母後迎養生母侍疾無惰容兄增生毓江目疾毓深撫姪若已出並劫嗣產充公撫憲胡題請給額

黃德祖農家子事親朝夕必問安否母年八十餘卒每

言及輒淚下如注殆至性過人者歟

趙斗珏幼業儒其父患疽藥不能愈珏乃以口吮之出血數碗而痊

魏順斌魯陂里武生刲股救繼母

田家昆平樂里人刲股救祖母

周道全王業煒廖解里人張居喜東村里人雷振清市鎮里人譚業欽刀環里人楊學詩赴陂里人陳申太板橋里人佘傳先西辛里人皆刲股救母

沈美發廖解里優生妻崔氏故誓不再娶母沒廬墓百

日父病侍湯藥匝月不解帶乾隆壬辰學憲　邊賜額

陳紹相西辛里七灣人父早逝母王氏道光壬辰染疾相割股籲天祈減己算益母疾遂瘳後十年母病痢卒腥血模糊不忍以巾拭口吮之且泣且吮室中忽現祥光照母尸若玉色弔者驚異

袁立朝父谷昇里人就婚長樂生朝旋沒遺命歸葬及朝長先奉母歸復之長樂負父骨植途值暴漲浮沉數四不釋手達岸投逆旅不納露宿崖下時山多虎患卒免人謂孝感神佑云

袁立榮邑增生父師遽久病瘵一日榮往購藥未及市而訃者至榮聞顛踣再四號哭大擗踊無算勺水不入口及殯日惟一粥席藁殯側三年不入寢門哀毀骨立及母卒居喪亦如之曾祖塋旁隙地爲他姓所侵堂弟清往爭之得復歸過榮舍有矜色榮訶之曰子孫爲先人料理塋地職耳何自伐爲體素羸卒以兩居憂時毀瘠甚致不壽

司馬志誠以祖父衛千總德普病篤禱神願減己算以

延祖壽病獲愈邑侯張給金匾旌美額

田鳳昺候選訓導家崧仲子弱冠補弟子員篤志於學事親孝母病甚禱於神請以身代侍疾逾月未嘗就寢體至骨立母愈乃復初其父館沙市隨之肄業後自病二十餘日猶彊起爲其父市衾席病篤輿歸已昏瞀矣其母手藥進不知服聞母聲乃飲未幾卒

張孔修廖解里人事親先意承志年三旬餘始入泮一日歸稍遲父令跪道旁衆請宥弗許或速之去修曰吾歸遲而傷父心去則罪益大矣修子求代乃免

耆德

袁士瑜號七澤年十五即冠童子試爲諸生食廩籍場屋屢躓未嘗有沮色丙戌長子宗道會試第一人公年纔及强仕諸年家子謂當頤養天和含飴自娛公拍案起舞曰雲程頗裕何甘兒曹先鞭黑頭封公適足爲家聲愧己丑以宗道封翰林院編修次子宏道成進士官儀曹晉封禮部儀制司主事三子中道成進士官南京吏曹晉封吏部文選司郎中綸章疊錫金紫燦爛鄉里榮之公益優遊自得究心慧業時方

伯龔公乞休林下爲南平社長偕公及子侍御外孫三袁先生論學於二聖蘭若日輪一人具伊蒲之供互相商證叩擊所得或靜坐禪榻覽貝葉或游東壁河邊觀澄瀾或彼此角詩至日暮始歸一種清閒快適之樂夙因倐鍾如世俗豔稱簪笏侈夸門閥在他人則爲希有盛事在公止作尋常觀耳卒年七十著有四書解義行世季子安道字方平號南浦凛凛父兄家學清修雅飭以伯兄官史局次兄官儀曹肄業成均兩兄念久歷宦途不可無膝下阿奴以慰懸盼天涯之憂趣其歸侍封公及大母以是伏處邱園同封公諸社友搜尋無生置身於律度而响人以春和絕無烏衣子弟習氣敦善弗怠喜聞人吉祥事無一切驕矜色宗黨嘉其德量焉孫祈年甲子舉人彭年甲戌進士嵩年己卯舉人前學使者徐公人龍詳覈公行實題云讀三袁先生之書豈可溯其流而忘其源哉崇祀鄉賢

毛宗憲號麓濱邑刀環里人敦尚義概喜施予捐義田以贍族之貧者俾冠婚喪祭取助焉邑令聞而嘉之

榜其居以風里人子荃以高材食餼於庠先卒妻鄒氏莊簡公孫女守志二十餘年教五子皆成炳繡炳文先後舉於鄉

毛薦字明宇毛氏自宋元來戶口繁多每族衆中推素所服者一人爲之長凡戶事皆就決焉剖曲直均勞逸是以少長敦睦無輒訟公庭者公魁碩耆艾以公直爲衆所推族人有不直雖素所親愛及衆所憚者皆立召致祠中免冠詰責或加笞必取平而後已用是衆益敬服務爲自愛邑令廉知賜以竹刑使并督

里衆焉生六子咸以學業矯矯邑校中羽宸中甲子舉人季子羽健即芝田公也嘗手植小桂數株指謂人曰桂長可折吾子當有貴者其在少子乎時芝田公尚幼公甚愛之然析室獨無所予人以爲請笑而不答卒不予後芝田公果貴爾誥贈如其官焉至今族人恪守高曾之規無敢踰越邑中推治族有義者首毛氏

尚邦久字楚蘭文美第九子也長身美鬚性孝友父有十子教讀甚嚴不如指輒加叱扑諸昆仲皆走惟公

含淚不忍去故於諸子愛最篤下帷好學遭世不偶無所成盡心於古其於通鑑大全皇極經世等書咸所究悉後爲禮部儒士縣令重其行誼皆歲時致禮其爲學以誠正爲宗嘗曰人非狂惑鮮有不惜名者然或浮慕聲名冥冥墮行清夜設阱暗計乘危此夫爲盜不操矢鏃者也惡莫甚焉教子深謹一經外訓以歐陽文忠公尊人治獄事曰此所謂哀矜勿喜者也我子孫如出仕治獄幸無殺人以媚人有世胄之後某某家計零落或詢公曰門風未忝世澤依然何今昔盛衰之頓異公曰予未觀燈光之燦乎前膏將盡後炬壘續故達旦累月而不熄又不觀崔巍之木乎崇柯層蔭歷嚴霜而不隕其節非邀天者厚亦其託根者固焉耳予欲燈之燦而莫思所以續之喜蔭之茂而莫思所以培之徒深今昔之感抑末矣其持論如此予重望恪守先訓壬午舉於鄉嘗有燈膏因續水木本借培長之句勒爲堂聯蓋述公平素語也孫正儀成進士司李南陽每讞決憶公平日哀矜之言不敢忘歐陽治獄遺意則知公之教思深遠矣年

八十四卒崇祀鄉賢

陳捷字伯凱大光里人生而穎悟力學於書罔不涉獵每童子試輒冠軍以淹博爲邑諸生師平生謹律度遵禮法雖布衣而儼然具縉紳先生之度燕居無袒裸盛夏不脫冠箕踞訓子弟以坊表平情接物樂爲人排解里有鬭爭以談言釋之故鄉人莫不高其誼性坦平無城府與人不計怨每歲時伏臘雖社會里燕必躬至醵金爲倡子弟輩或有以鄙俚無自在答曰獵較雖鄙從俗可也有兄弟三人友愛最篤其季

弟少瞽父啟巖公憐之而屬於公撫愛倍至卒能成立父病侍藥餌經年不離寢榻適家有不得已之役父病中嚴切遣董其事不辭宵旦竣事以告父異之病中爲一破顏父卒遺命必葬我先人墓側族豪者不可遵命婉曲致請卒成先志既啟墓得其曾大父前峯公志銘其文爲鄉先達方壺龔公所撰龔公實以前壬午舉於鄉公大喜曰吾先人抱志不售食報在後壬午之云或其左券乎長子鼎中果以壬午舉於楚鼎中字蘇湄初雋邑俗新貴類多誇詡出入公

牖戒之買臧獲稍狡黠輒斥去曰吾先人忠厚傳家安用此輩歲甲申冬闖逆餘孽焚刼其鄉屠戮殆盡蘇湄幾不能脫公時抱病動履頗艱獨攜其家人幼稚舟載入湖卒獲元吉固天佑善人亦其筭變有方也未幾蘇湄脫歸父子相對如重生曰吾家荷天之福大難不蹶從此當益加敦培無忘巾車耳運際鼎革其時邑尚未入新版公病欣然祈死丙戌冠帶終於正寢其生平節概如此配陳氏公安有兩陳皆著姓也長歸於伯凱是時陳氏合爨蒼頭咸盡力稼穡家無閒人諸婦不免親操井臼母上事尊嫜孝養備至世亂既平蘇湄擬北上爲母邀一命榮母不可言吾願以志養不願以祿養也蘇湄因不赴公車者二十年既檄催赴選得粤東保昌令日思歸養而母卒年八十五母皈依淨土臨終沐浴隱几端坐而逝中外子孫數十人皆彬彬文雅蓋德報云

袁晨字彤獻袁氏爲邑名族凡爲子弟陽慕先人類以曠達自喜其於敦本務農或不屑焉公居鄉治生產獨不爲虛聲誇詡是以始詘而後裕儉於持身而豐

於延師其於村里中所謂詩文讌會事雖爲之而非其所樂也當中秋友人治盤餐歌呼達旦獨率其子姪嚴切誨戒以秫米作粥啜之飽而散時人以此笑其樸而識者服其裁制有方足以回頹俗而還醇風矣子世紹少能文昭平縣令世經粤西宣化教諭世維辛丑　恩貢

周右文原名國昌以字行世居邑之板橋里少讀書言動不苟及長燕居必正衣冠矢志爲善數奇不售某觀察使辟爲刑曹掾自思所經手多大案得以陰行

其善每事力贊平反當事信其誠多所全活其人不知也會有知之者遭於路跪而泣謝公如無所容亟去之且曰是上人之仁同事之轉移我無與也嘗中夜太息子以純問之謂是死獄爲求生道而不得不覺愴然耳或公退色喜則必其救拔多遂也如此者數十年益用孳孳案在分臬讞決皆各郡邑遠地公固不言故至今子若孫皆不能悉數之所可傳者公安有詞連馬杜二姓三生論褫衣頂公力持之免越歲訊其實謝以日久忘之又繡斧衙門訪犯營救得

釋袖十金爲壽公却之至作色其人退具粗葛一端始受之生平所行多如此其在鄉里排難解紛嘗謂陰德如耳鳴但可自知遠近皆稱善人而狷介嚴正佻達少年多所忌憚子以純守在位年十二遊泮能先意承志雖蒙養僅足饘粥而堂上融融祇緣膝下有孝子耳執喪三載宿靈側斷葷酒卜兆十數里外非甚風雨必朝往而暮歸歲時薦食往往號泣不能起其存心仁恕固有所受而書香自此起矣孫二應運與翊俱能世其德事生以色養居喪如古禮不愧

孝廉應運出宰襄城氷蘗自矢甫朞月劇驂道上盛稱少年操守花落訟庭清可知也能清則慎且勤又可知也

外史氏曰蔡敬夫先生曾祖燊舒爲永春縣吏有法如是而令牽於他請欲上下其文者公虔爭之不得徑投筆去令感其誠慰止之請如掾吏吉鍾伯敬先生爲之傳有曰世猶知庶人在官有能用去就存法者自公始且引史記馮唐自可傳不必其爲子傳也予於周右文公亦云 以上舊志

易鍾秀儒士象演之孫存心坦白戚友有急輒助之臧獲効力者復其身且給以基產有傭某服役久秀出穀百餘石令泛舟糶於漢沔去十載無音耗盡已將其貲娶婦生子矣後妻子死無以爲生忽一日入跪伏涕泣曰僕乃今而知有天道也雖悔何及願負荊受主人責秀曳之起復給錢數貫俾置生計而去

牟光世字旭若明時人直隷通判後官總戎生平好義同寅趙名揚罷官去夫人卒於署無所歸光世帶柩回葬年饑賑穀數百石知縣趙公繼鼎贈以澤溥桑

梓額

王成九茅穗新店人家頗饒嗜施與乾隆戊戌歲大饑近地售男女者盡典之男女異處日給湯粥至冬授以棉衣明年麥熟遣歸還券不索原値每歲除輒於夜靜時蔦予貧者錢米馭家僕以恩有願出者輒予以貲産施義塚地數處義渡田數十畝載於碑縣學生瑞芝瑞麟皆其裔也

袁前昂廖解里庠生乾隆庚申歲歉昂糶粟減價僉廓常量梓里德之知縣張公統緒奬以善行可師額郡

伯張公亦賜義敦桑梓額

袁士信字義先號復亭行五於昆季以孝友稱初其父魁念從弟悝無子善病命信往侍往則家壁立信力奉甘旨醫藥無虧悝獲痊信以離家遠於所生久違定省家中諸人分析乃奉悝返僦屋而居視兩處晨昏偕妻喻氏胼胝拮据漸有蓄積置田五畝力耕自給魁愍信孝勤苦會有疾命已所置田二十畝諸子所未分者以五畝給之以五畝易信所置田餘田十畝命信備價券付之魁旋沒母與諸兄皆不欲事中止母病復與喻同侍疾革泣謂信曰諸子婦中獨汝兩人善視我一無所分夙負爾矣諸兄皆大感悟始給田契居家性不屑逐末有載其穀之他邑販者貨鹽歸鬻不售強歸信未幾湧貴或謂急鬻可得厚息不答悉以鹽假人價平始收其値乾隆中孫廷擬由孝廉爲曲阜令　貤贈文林郎

鄒美中字聖贊號華亭別號西林山人試用訓導振讓之子家於西林山之陽因自署山人云山人甫成童而孤能讀父書弱冠試第一補弟子員久乃食餼年

三十即謝棘闈楗戶課子時藝外壹肆力詩古文詞兼擅考證之學訓二子崇泗崇漢亦皆以第一食餼漢後首列鄉薦山人性耽書儲十三經二十二史下逮脞說叢談不下數萬卷日坐二分竹屋中丹黃不去手嘗有句曰聚書三十年讀書三萬卷有如蠹魚蟲形骸幾時變積沫不成篆食字不成仙生死於文字來結未了緣山人可謂樂此不疲者矣讀書事事求是不以人之說蔽己尤不以己自蔽於經義有八家同井辨祫禘辨韻學尤深所撰古韻今韻表判時

代以定音審啌嗟以出切凡舊韻乖斶瓜臻莊簪之附二等者改列一等責字之隸照母者改隸精母楚字策字之隸穿母者改隸清母衰字所字删字生字改隸心母雖字改隸審母其一出一入具有心得之妙昧者觀之茫如也於鳥獸蟲魚辨核無遺力鶺鴒鶻鵃笑本草之不分蛞蝓蚰蜒誤字通之誤合鸊鷉爲鸛巢之鳩證以古今註而益信桑扈爲竊脂之鳥得諸目驗而疑始決更因淮南蛬蛩而悟周本紀飛鴻滿野卽今之蝗蝻實前人所未剖者也易司訓湘

巖言里有白犬夜輒入人家逐之卽隱山人曰是名獴子能攝人精氣者見於浮山外史通雅檢之不謬安邑李上舍鳴盛言邑之後湖有物牛首昂出水上目炯炯然市人噪而觀之三日始去山人曰此埤雅所載龍有九似而首如牛者蓋蛟螭之類水祥也其貪奇多識如此旁通天官家言製有中星儀星漢平儀辨古今之垣宿攷中西之異同每暑月露坐指某星某部分歷歷不爽云著述凡十餘種載藝文志書目中自時藝盛而古學荒漢唐箋疏相棄若土苴山人獨能旁搜遠紹非眞讀書人不及此故終歲所入悉購異書有餘則散之親故無慮三千緡其弟璧中歲歉輒舉粟百餘石予之築淤泥垸塹八百金立社約以訓化鄉里使相友愛扶持胥由天性醇厚復從書籍醞釀而出非豪俠者可比也卒之日邑人士輓云訓俗型方一鄉善士著書立說尙友古人嗚呼盡之矣

易斗光字北有號碧峯歲貢居邑之橋梓溪世習儒業六世祖象演院試已錄取因母病遽歸報罷見孝義

父顯棟邑諸生衣冠古處庠序有聲公其冢嗣也生有異稟童時就塾卓然不羣師嘗言曰若宗與文教者其此子乎長遊安鄉孝廉席惺齋先生之門旣得師求爲根柢之學自周秦兩漢唐宋各家文外授以先儒性理語錄循習體驗必蘄至於有得而後已童試貴筑劉公廷謨南皮張公開雲皆其所受知者丁丑入縣學戊子領補諸生食餼時年已四十矣毅然輟舉子業猶肆力於古文手錄春秋左氏杜林合編悉心批點題籤曰讀左日抄實能抒其獨得別標新

義帙成授仲君秉璋讀後與仲君同貢明經就司訓
人咸惜其功名蹭蹬而公恬如也生平孝友性成類
能先意承志兄弟析居因新宅地處繁劇且距老宅
遠乃請於堂上願新宅自任之以老宅授其兩弟一
爲 公府伴官廳光煦一爲直隸州判道卿跡其優
游林下足不履城市者三十餘年諄諄然訓子弟培
本根蒐輯家乘籌辦祭產學田不遺餘力而胸懷坦
白飲人以和道光庚寅來歲屢祲叩門乞假者踵相
接出糶私粟於橐綻囊澀及筐篋傾欵者尤加厚莫

不大喜過望而去配陳孺人年俱八十餘白首相莊
先後數日終壽子姓十餘人率能讀其先世遺書蓋
其德量深遠平情恕物久爲里黨矜式而衿佩且驟
驟然跗麗而起已

晏大士號錫三世籍江右臨川其先子俯公起甲科爲
令嘗宰江夏後遂僑居於嘉魚縣之南塘官莊復徙
江陵其大父曰宗選始遷公安父悅善生子三士於
次爲長少好經史所居近市別搆樓誦習其中學使
按臨納卷巳入賞矣省墓未返覆試期誤竟除名乃
入都納監肄業成均數奇歸治賈人業得子錢殖產
暇猶探簏中書哦不絕口其寓都門時某孝廉客死
厚賻之得返其櫬同邑士人或小試闕資斧或公車
乏芻秣貸之不少恪尊禮塾師出於誠敬人爲之賦
緇衣里社招飲率罕至惟試而得雋置酒招客者則
往應盡心以儒術爲重云創建宗祠獨力仔肩又購
置學田新舊撥卹所以激勵後人嚮學不倦者備至
輯家乘搜採網羅手自繕寫成帙好排解隣人胡甲
與江南李乙以郤相陷禍不測力爲譬曉皆大悟事

遂巳劉姓夜遇刼盜號於眾操又助之盜乃走嘗至
沙津有所購賈人誤持其直昂者授之約羸數百金
巳上舟行數里從者言之命急返還其物賈人請分
半以酬不可悉舉而還之其介如此刑部主事王柏
心曰公之孫承烈語余謂年甫五齡公即授以綱目
提要時時講說則知公之識力得於史者深矣雖未
獲脫穎名場然子若孫皆擷華掞藻聲震膠庠閒且
控扶搖而上昔郎陵太邱未登貴仕子孫益繼起爲
名公卿以公方之食報固未有艾矣

義士

林守成成化初麻寮商人以漆一器寄之而去宏治中商始來適守成遠出商告之官守成歸致漆縣庭封識如故啟視漆乾結惟中一滴濡耳令嗟嘆良久杖其商賜守成肉米以旌其義

毛貴章讀書知大義明宣德間山東饑輸粟千二百石助賑事聞勑建坊旌曰義民毛原名文章上御宸翰改爲貴章特錫嘉名亦曠典也

馬良明正統四年山東饑詔天下輸粟得補爵良輸粟

三千石不受賜職乃勞以羊酒勑旌馬氏善良之門良築樓於池奉之爲流賊所燬明史記其事

禹重望字仲達崇禎壬午舉於鄉幼有至性事父母以孝稱敦睦族人貧不能婚葬者傾囊助之學宮頹敗捐貲倡修其輕財好義類如此

張宏綱慷慨好施予從弟克恢兄弟以腴田三十畝售人宏綱出厚値贖回及克恢兄弟家益落以原田畀之批繳文約不取値並戒子若孫無得藉口其子卜年廩生內行修潔亦善繼其志云

廖翶子以貌名未有知其字仁甫者在谷昇里之沉鱉河鷺渡度日可給則不受値以故數十年家酷貧邑中多蒲圻梓匠春來冬歸適有十數輩暮投廖宿室固隘連蓐而寢雞鳴噪起急謀渡東去比曉廖妻楊氏得裹金於薦下知爲匆忙中所遺夫婦秘之不以語其子午後一人飛奔望渡哭廖慰之歸以完璧其人欲以少許酬堅却之貧而不取幾與披裘翁似至今稱爲還金渡邑有曹姓字調臣者亦嘗還金於路然而其家裕視廖則有閒矣　以上舊志

王厚寬西辛里居士也好施與鄉里有急者助之無食者食之有粮湖三每年蓄魚可獲三百金嘉慶丙辰歲大饑不取漁者金不能漁者給以穀得免流徙者數百家

沈朝獻廖里監生家非素封遇鄉鄰有急者輒助貲嘉慶壬戌大旱出穀百餘石爲粥分給全活甚衆廩生孝嗣其孫也才氣超邁敦品力學士林推重焉

鄒授讓衞千總字君佐按察司經歷敬敷季子身玉立修髯目炯炯射人望之如對高山深林氣爲之肅負

經濟才邑有大興廢未嘗不與計生平嚴義利之辨經理堤局凡十載潔己奉公不名一錢邑袁某以訟事爲幕客詐白金二百爲責取還某某奉其半以酬峻却之隣甲女爲熊童養媳廹飢寒迎歸改字得錢十緡招而諭以禍福如其數償之俾完前婚從兄孤且貧爲之立嗣捐田二十餘畝人至今思之

宋國寶茅穗里監生生平好義道光時有貴州舉人某北上貧病不能前國寶邀至家延醫調治明年病痊厚贈之年七十餘卒先期創捐本邑賓興田百畝在

觀音寺

鄒勝中平里貢生世有隱德慷慨樂施鄰王某者素勤苦家貧無偶勝憐之爲娶婦飲食衣𧝠俱助之王由此生子成家

楊士義平里人其兄士哲與鄰爭田誤斃一人官吏索之急義出以身代罪死於獄

雷鳴運字景芳都司喜施予建邑橋梁數處助修邑城隍廟兩廊建光孝寺山門又捐義田以濟屯務屯下至今賴之子都司紹峯復助貲創舊考棚綽有父風

鄒毅遇縣學生世居蔫祖溪溪屬南北要津石邑張姓以河主據渡勒索行旅遇憤與姪縣丞敬軾舉張所爲鳴之官設義渡捐田四石五斗廩生崇緒軾孫也

袁廷翰監生一日自外歸途見彩輿哭聲殊異訶止之命人啟視則婦人縛置輿中得其逼嫁狀急遣人於四十里外覓其親鄰至歸之婦節獲全

雷魁字景陽武生世居谷里家不中貲性喜施予道光壬辰己酉歲大饑妻沈氏相助爲理活性命者五全婚姻者三學師王序其事

郭明德號乾占西辛里監生家稍裕道光庚寅後歲頻祲貸不能償者舉券焚之生員開誠開照其子也

崔以恪字立庭歲貢生候選訓導敦行誼與人不欺臨財不苟居家孝友一門百口同爨有江州陳氏風拾百金於途訪其人還之

劉明振廖解里監生謹厚喜施港關義渡振獨造大船捐田三石餘爲舟子衣食西岸有塘房捐鋪舍二十餘間助塘兵資斧又常製丸藥以給貧病無德色

年丕振邑城監生道光壬辰歲荒湖南周姓售女爲婢

丕厚待之後周鬻畜女去丕詰知其實卽遣歸助奩

婚配又有吳姓鬻子者爲說於雷姓收爲養子吳童

媳父因其易姓悔婚欲興訟丕力阻之乃止遂完配

公安縣志

卷六 人物下

公安縣志卷之六

人物志下

逸士

成已字仁卿號七洲少有奇氣家貧力學工詩神宗朝入燕京以詩賦自命少所屈七洲先與江陵交是時江陵秉鈞七洲貽書猶兄之久之江陵亦不堪會坐間七洲踞上座不少讓當事者怒付遞解還先生性傲岸不羈每有所適興至輒附便舟去不聞之家人或數年始歸所遊則鬼國蠻鄉靡不到所交則緇衣羽流靡不狎所學則琅函瓌笈靡不窺著有七洲詩

集若干卷中郎先生舊有傳今軼

王輅字以明黎平知府格次子十歲能屬文甫二十即知法要頗契無生之旨中郎小修兩先生少肄業門下一時如李卓老陶石簣袁伯修諸先生俱爲性命交年四十以貢授陝西鳳翔別駕六月即棄官歸茂林著書以高逸自處崇禎初遣子上萬言書上嘉納之著有法華般若諸經解小竹林集詩文若干卷崇禎五年督學蔡題祠鄉賢

王從龍字卜卿貧苦力學以徭賦爲里胥鎖之空舍中爇薪讀書達旦不輟邑中文士稱爲社長異母弟因訟事縣令欲扑之苦求身代以慰繼母人稱爲孝

鄒國能字翊臣號石菴明執金吾鄒公之有長子大司徒莊簡公文盛之六世孫也以莊簡公武功得蔭世襲錦衣衛千戶公少而偉岸喜讀書父沒後禮部題授蔭職旋罹大亂瀕於死者數次至於太平乃掃除刦灰於故宅之傍搆數椽外治小圃顏曰淡園終日徜徉其間美髭髯善談論瀟灑有出塵之致初以家

中落而身復不求仕進黠饕輩間有謀訌之者公一以含忍委曲處之無不立化久之則人且敬而愛之遠近皆知名邑宰於公每加禮焉地當孔道過客多來相見挹其風度莫不醉心而去故所得名翰品藻甚富其弟國英亦甘隱遯與之同心焉 以上舊志

李向春字方實增生恬淡寡營弱冠與伯仲二兄析爨家人持籌進春憮然曰某素不習會計長子世樸早歿聘室張貞女年十四矢志悉以家計委之次子世極成童能文邑令張因公造訪見其文嘉之謂當冠

一邑之首春恐遺物議竟不令極入場家不戒於火族里環集惟誦柳宗元賀王進士失火書其坦懷如此年九十六歲卒

侯宗旨字八解爲文躭奇聲大著有五經訓解舊志

蕭知德字果育號南池幼穎悟其族祖虞封公器之目爲千里駒授時藝即喜讀金陳文才思宕軼嘗道過樹下見樹皮剝落作卑污受辱之文寄慨時事年逾弱冠縣府院試皆列首選生平尤以孝著先孺人終柩停中堂夜半火起下飈風大作跪地號哭誓與母

柩同焚風乃反性嫉惡縣役被斥者甚夥其後差卒誣以折票逼溺案情身罹法網事白後紳士撫武令劣蹟上控卒罷職公嘆曰予以戇直招禍令以貪酷喪敗皆足爲鑒子三長信讓次信諾庚子領鄉薦季信韶邑諸生

田國芳字世傳號經畬祖遇礽縣學生父希康以謹厚聞子三公其仲也弱冠列諸生六赴鄉闈不售遂輟舉子業務實行顏其齋曰尊道專宗考亭居敬窮理於德性問學無偏廢晚尤喜陸稼書集謂其言與考亭合服膺不少倦於星象形家醫卜諸書靡不精卒年七十二

袁清字秩三別號西軒平生重氣節篤孝友終日危坐觀書插架萬卷披覽無遺由歲貢就職訓導少時庭訓嚴按日課經史非成誦即夜分不令就寢稍長至其祖梧林公曲阜任所從丹圃喬孝廉讀甫執筆爲文即蒙嘉賞采芹後復從白淦劉先生遊益教以先秦兩漢金韓柳歐蘇之文先生得所師承遂愈肆力於古一以古文爲時文四旬外以父年高家務倥傯

任軍民一切差徭鹽車絆驥從此風塵碌歷寓巴陵登岳陽樓覽洞庭波光與侯雲嶺倪磁圃諸人賦詩唱和未嘗一日廢筆墨也丁內外艱哀毀過甚課其弟立敬極嚴而親愛彌篤往來鄂渚漢臯閒不欲偶相離其天性友于如此授生徒使爲有根柢之學非能誠心求益者莫敢以藝呈年六十有五卒

李澤濤號春溪生員祖德之伯子也弱冠冠童子軍力學篤行文學王柳潭詩宗白太傅字法白雪齋道光乙酉選拔旋丁外艱教授生徒一以文行是勖師事

者多所成就好爲詩有蓉鏡堂集嗣因馮夷肆虐家無擔石晏然自樂性活潑時特立獨行自賦云憾煞天公生傲骨斯須不肯受人憐生平槪可見已同治丙寅前任知縣袁聘修縣志去取維嚴未幾卒長子楚材生員季楚鳳辛酉拔貢孫家榮生員

陳鐘璜邑諸生號旭齋一號葵園父輔公亦諸生邃於易數尤精天官書乾隆間緬酋搆逆王師征討輔公暑月納涼仰視星斗忽訝曰西南當折一大將後三日果得明將軍凶耗生三子旭齋其季也始入塾輔

公謂之曰汝髫齡穎異一經當能繼我但福薄不必覬覦科名旭齋謹識之故終身不與棘闈旭齋力學工詩尤精音律每同人讌集強之彈唱曼聲低度雖老樂工亦嘆弗如先居邑之東里頗足自給後因頻被水患家中落遷居谷里誅茆於南湖之濱自號對湖居士所著有對湖草堂詩集其性情瀟灑如此道光己酉奇荒石米八金歲除日食藜藿典衣換酒且飲且歌易曰或鼓或罷或泣或歌嘅無常也而先生獨能自樂如此其諸古之拾穗行歌善於自寬者與

嚴壽春字靜菴號伯仁新店市人也事親孝交友信生平尙任俠於人有急難則出死力拼之家貧不能具饘粥然性廉潔不苟合有憐而周卹者必卻之嘗作詩云亦有嗟爾來食者丈夫志不受人憐其風骨槪可見矣所著有竹秋集蠹魚編懷北草暮林草壬子年拾遺記海棠山院錄隨筆續筆諸集行世曾孫堃麐生江蘇知縣

僑寓

人足以重地而地勝亦足以致人公邑僻處江干古賢之寓焉者恒少又地當孔道舟車輻輳故富麗不似渚宮鄂渚使佳客留連幽靜不及鹿門雁峰使逸士遁迹今記子美以上及元明不數人使先賢遺跡不至泯沒無考用備一邑故實云爾

漢

韓　暨南陽名士漢末避袁術之命徙居不出劉表復辟之遂遁居孱陵

劉　璋先主取蜀居璋於公安盡其貲財遷焉

梁

陳　起祖梁散騎常侍封益陽公智者禪師之父也

唐

杜　甫避安史之亂入蜀依嚴武醉後戲譃爲隙卜居瀼西大歷三年秋至公安憩息數月有留別公安諸詩見藝文以上舊志

宋

毛仲材江西吉水進士理宗時諫議大夫以使事過公安樂刀環山水之勝遂卜居焉至今子孫繁盛代有聞人所居號曰官莊

元

杜　敏漢嘉人其祖避亂自蜀至公安因家焉兄弟六人俱以儒業顯敏仕元爲著作郎湖廣通志

何廷蘭其先鳳翔人徙居公安仕元踐登臺省三十餘年納忠陳善秉節不阿

杜淑賢其先蘄水人元總兵復一孫復一官荆州父竒秀愛公安土地平衍人民樸實卜斗湖堤家焉元季大亂邑城瀕江賊往來無虛日淑賢善騎射足智勇募衆與賊拒明東平侯韓政宣甯侯曹良臣皆危之

淑賢散貲財以固衆心旦夕籌畫水陸交防卒保無虞洪武初以功授總鎮將軍世襲百戶

李　黼江陵人統兵元帥元末守義不屈死明太祖憐其義厚葬焉子八員官評事因黄羊墳罹禍偕妻牟氏挈長子原誠徙公安遂命以牟爲姓

明

張得遠吉水人由鄉舉授大理寺評事時蜀地紛擾奉命討平洪武間致仕遊公安因家焉舊志

夏　端潁州別駕解組遷鄱陽縣隨父彪由進士任公

安知縣遂家焉明洪武四年分居黃岡復分居黃安

李　洪以父明初隨湘王調補荆州衛洪襲父職籍公安舊縣西門外有官衙西湖廟有官田洪沒子廷鳳承襲

禹文貴字天爵才略過人任淮海兵備道解組遊公安至長安村覽其山川秀麗人民誠樸心竊賞之遂去江陵而家焉

張嗣祖江西南昌縣人永樂閒進士任寶慶知府後遊公安遂家焉其子克恭置平里王姓產因里胥難易

易姓王今訓導王殿颺其裔也

附　鄉官外籍

牟志夔四川重慶府人萬歷甲辰進士官行人歷山西巡撫提督雁門等關都察院右副都御史轉戶部尚書原公安牟囘之裔乙卯歲來省故里閭連者旬餘

牟敬祖歲貢洪武三年任山東棲霞縣主簿因家焉其裔昌裕乾隆丁酉舉人工部員外郎因門人任公鄖佑援公安知縣獻水木興思額於邑牟姓祠並製楹聯云閱元明以成序別派分支已歷二十一世合齊蜀而同宗敦詩說禮至今五百餘年殆亦不忘其所自歟

牟璋宗廖解里歲貢任盧龍知縣十餘年先是流賊大亂有友龔姓約辟地湖南牟以鄒姓曾託藏白金大錠未還恐後彼此不知存亡爲難龔義之即令家人相伴覓得鄒還其金方同去後僑寓梓潼縣孫子巨室

袁貽則長安里人流寓京都由例監知慈利縣事初到任歲荒斗米千錢里民來辦軍供者盡放歸代民捐

出七百餘金慈愛得民解任時爲立去思碑羅拜泣下

蔣其昌流寓浙江蕭山任晉州訓導

李　洞流寓西山投誠授部劄守備以上四人俱舊志

崔　宷原姓毛入江陵籍嘉靖甲子舉人員外郎府志選舉

仙釋

孫錫蕃曰邑中氣節則有毛芝田蕭元恒諸公經濟則有王襄簡鄒莊簡諸公死節則有龎堅白侯令邱諸公清操則有李道宇龔蒼嶼侯豫亭諸公循良則有何太古王麓田諸公文章則有三袁兄弟皆所謂長生不死之藥也然而仙佛異迹往往不絕三世諸佛不過血性男子耳

大二聖大聖青葉髻王二聖樓至德芬陀利經爾時大師召第五童子娑羅浮殊與純金澡鑵而告之曰汝

可持此供養寶藏如來如來即與娑羅浮殊童子授菩提記當名青葉髻王如來於賢刧千三牟尼日出現後成佛持大力童子告佛發願如來即與授記呼爲無垢明藥王於賢刧千四如來青葉髻王成佛後當成阿耨多羅三藐三菩提號曰樓至德如來按芬陀利經樓至如來無德字

黃衣使者即杭商史清娑伽羅龍王化身舊有宋封敕書今失今丞順保靖山中呼爲公安三聖黃衣使者求禱必應

道安禪師即寶印手菩薩

慧遠禪師舊志大二聖寺初名安遠寺係道安慧遠二師建今按智者傳有敕修報本崇禮安遠三寺之語則安遠寺當爲智者重修耳今茅穗里有報本寺當亦智者大師建所謂上鄉壤以遠生地思者也舊謂宋建非是

隋智者禪師傳燈錄名顗姓陳氏公安茅穗里人七歲入果願寺聞僧誦法華經隨念之即記憶宛如宿昔十年誓志出家依僧法緒於果願寺陳天嘉元年謁

光州大蘇山慧思禪師師一見乃謂曰昔靈鷲同聽法華經今復來矣後辭思往金陵闡化七年謝遣徒衆隱天台山隋晉王廣迎師維揚執弟子禮既克金陵師因西上止於玉泉山廣奏請立寺尋還天台一日忽顧侍者曰觀音來迎不久去命筆作觀心偈唱諸法門綱要訖趺坐而逝　指月錄

陳鍼音鉗智者之兄仕梁爲晉安王中兵參軍年四十遇仙人張果謂之曰吾觀汝相陽算已盡當死在朞月鍼以白大師師令行方等懺法授以童蒙止觀容

受修習夙夜不怠未及一載復見果果大驚異曰服何藥而致此鍼曰但修懺耳非藥也果聞之以手加額曰奇哉道力易短壽爲長齡而卒能越死超生誠然乎鍼常於禪定中升天宫見金殿榜曰陳鍼之堂後十五年當生於此越十五載徧謁親知言别端坐而化

圓悟克勤禪師臨濟宗十一代住公安天甯禪寺

祖珠遯菴禪師南平人臨濟十四代住公安天甯萬壽寺即二聖寺也

虎溪錫禪師臨濟十六代住公安天甯寺

寶方戒律精嚴爲二聖旦過堂開山祖中郎小修兄弟及龔惟長蘇雲浦曾長石黄平倩諸公皆稱之

顯宗江南人幼投戒操行清苦邑長者捌青蓮庵居之袁小修先生有碑載其事

回道人即吕洞賓河東人兩舉進士不第遊廬山得異人長生訣多在來湘鄂中滕守宗諒常遇之岳陽樓自稱華陽道士宗諒密令畫工圖其像賦詩贈之大笑而别公安有濯足池在舊縣斗湖中湖水雖漲而清秀傑出時有白鶴翔集其上

侯大中號損齋通儒術元大定初應召建醮授師號而歸未逾年靈芝二莖產於堂七朶色如青玉有詩集學士元明善爲之記府志

建文遺事宣德七年壬子正月師入楚或稱帝或稱建文 按程濟從亡隨筆自壬午六月以後君臣皆以師弟稱遵君命也至公安宿蕭寺二道士同宿不相識夜漏將三鼓徹聞兩人泣聲旣去觀遺紙知爲郭良梁中節皆定海人同爲中書舍人壬午六月與聞出亡之事並棄官爲道士師作蕭寺黄冠夜泣詩見藝文

醉叟不知何許人亦不言其姓字以其常醉呼曰醉叟歲一遊荆澧間冠七梁冠衣繡衣高顴闊輔修髯便腹望之如悍將軍年可五十餘無伴侶子弟手提一竹籃盡日酣沉白晝如寐百步之外糟風逆鼻偏巷陌索酒頃刻飲十餘家醉態如初不穀食唯啖蜈蚣蜘蛛癩蝦蟆及一切蟲蟻之類市兒驚駭爭握諸毒以供每遊行時隨而觀者常百餘人人有傷之者漫作數語多中其陰事其人駭而反走籃中嘗畜乾蜈蚣數十條問之則曰天寒酒可得此物不可得也伯

修予告時初聞以爲傳言者過召而飲之童子覔毒蟲十餘種進皆生噉之諸小蟲浸漬杯中如鷄在醢與酒俱進蜈蚣長五六寸者夾以柏葉去鉗生置口中赤爪猙獰屈伸唇髭間見者肌慄叟方得意大嚼如食熊白豚乳也問諸味孰佳叟曰蝎味大佳惜南中不可得蜈蚣次之蜘蛛小者勝獨蟻不可多食多食則悶問食則何益曰無益直戲耳後與予往來漸熟每來踞坐砌間呼酒痛飲或以客禮禮之即不樂信口浪談事多怪誕每數十語必有一二語入微者

詰之不答再詰之即佯以他辭對叟踪跡怪異居止無所晚宿古廟或闤闠簷下口中常提萬法歸一一歸何處凡行住坐眠及對談之時皆呼此二語有詢其故者終不對往余赴部時猶見之沙市今不知在何所矣石公曰余於市肆閒每見異人憾不得其踪跡固嘆山林巖壑異人之所窟宅見於市肆者十一耳至於史冊所記稗官所書又不過市肆之十一其人既無自見之心所與遊又皆屠沽市販遊僧乞食之輩賢士大夫知而傳之者幾何余往閩澧州有菊

仙姑及一瓢道人近日武漢閒有數人行事亦怪有一人類知道者噫豈所謂龍德而隱者哉　中郎集

句曲子曰人無諸毒乃能茹毒螂蛆蚍蜉其小者也世有蛇虺其心蜂蠆其口者請與醉叟啖之醉叟隱者也亦仙者也醉而隱邱壑皆杯勺醉而仙天地盡糟醨與　郢書

司馬頭陀不知何許人或云姓劉名潛即形家著水法者觀其語似非一人所在見佳山水輒留秘記遊公安最久留記數十亦異僧而隱於方術者也

德成字雲空漢中人少時遇異僧攜入終南石室中教之禪定草衣木食者十餘年後出乃祝髮遍遊名山止於公安新店菴居數歲務不粘席每入定竟日乃出一日忽詣其師端告之曰弟子明日午時當歸端云向何處成云願出三界外

朱顛者不知何許人萬歷末往來荆楚閒衣百結寒暑不變不乞食有予之食者始食嘗卧叢蘭寺殿角下風雪累日弗起咸以爲死視之酣睡如故也性嗜酒每出必醉醉則裸而舞口喃喃歌如云海外玉皇撽

象皮不知何謂羣以顛目之袁小修嘗遇之於燈市見其醉中自語云且混且混因問燈佳否曰燈甚明路不平燈甚明眼不靈袁嘆爲異人焉有謀以酒困之者笑曰神仙醉不死費乃甕頭矣一日肩短梛挂不借之柄者十餘兩別所知入山去好事者從而踪跡之行甚緩而衆奔馳莫及移時不知所向或曰朱乃中州諸王孫殆亦謫仙玩世之流歟 郢書

湛然本公安李氏子住玉泉新關廟通內典兼曉聖賢經義遠近耳其名爭來就質隨問隨答無難之者或

曰少補弟子員中年披剃玉泉問之亦不答但微笑而已

釋巨鋒別號韻蒼南郡公安人少落髮二聖寺長而瓶盋遍天下往來江浙大叢林凡迎 鑾盛典及諸水陸道場皆禮請掌經讚書疏既而退老江陵東山寺性翁傲岸不與人往來後歸骨峨嵋生平工吟咏著有韻蒼詩稿若干卷江陵拔貢劉士璋爲之序

瀨花子者不知所自來遍體臭爛嘗病卧廣德觀側有道士汪姓者見而憐之舁置側室中調治之月餘不懈忽一日張目呼汪曰吾累汝無以爲報盍持一盂來道士將一巨盈至因大吐痰涎滿中迫令汪服之汪頗嫌穢俟其旁睨潑之倏起青烟道士驚詫亟以手承之而花子遠杳矣後汪道手持方響一擊輒有風雷起於掌中邑令聞其異値旱甚召令祈雨頃刻甘霖傾注蓋拾其遺唾故也

附耆壽

明

周　韶 百歲有碑

袁敬松 九十八歲

周正冕 九十七歲

胡美之 九十七歲

國朝

尚天庚 九十七歲子孫俱昌

田寅山 充鄉飲賓九十六歲

陳美璠 九十一歲

朱尊淮 魯陂里從九少極貧年五十餘貨殖起家創修南極橋壽九十三孫雲燦州同

列女

劉氏禹懋妻年二十二夫卒撫遺孤文昌由貢生入監肄業諸名士甚推重焉守節三十年有司廉其實表其門

陳氏禹校妻校舉於鄉卒氏年二十一守節三十餘年訓遺腹子文光亦舉於鄉嘉靖中事聞旌表

沈氏適同里熊姓姑鄒苦足瘡痛劇呻吟不絕聲沈晝夜侍左右無難色家貧每至農時爲里人代饁受雇獲所饁或食物不宜於瘡者即與同侶易他物歸恐

饑以獻姑瘡需茶洗不能得見有棄地殘葉燂湯敷貼患處姑安始就榻否則通夕不寐一日姑手抉壁爲洞一竇沈問故姑曰汝孝通天吾臥病久暗室不覩白日今開一隙庶幾天監汝孝賜汝貴子耳沈尋生子膺後與姑俱以遐齡終膺即中丞也 參府志

胡氏太史袁宗道側室太史卒於燕氏年十六誓守節長齋繡佛待袁氏諸子姪如己出家無閒言上臺聞而旌之

劉氏金陵人吏部主事侯偉時側室崇禎癸未隨偉時之京師逆闖犯闕偉時知事急陰以氏委某所寶賜之氏拒絕歸謂君早自匿勉圖報國弟封置我一室中勿以爲念偉時如言脫身去氏自領至履俱以線密縫然後自縊賊平針匠康德甫黃岡人買棺葬之

侯氏吏部侯偉時有三女一適田生值流賊至舅姑驚惶莫措女曰無憂兒就掠一室可免晚當尋兒於絕湖之淵語竟賊挈之去翼日尋之不得後五日復湧泣往尋屍乃冒水出面如生血自鼻流如泉適王生者避賊湖中復蹈水死爲諸生孟兆泰之妻者亦烈

婦時兆泰被賊執不屈死侯氏聞之竟以身殉

侯氏侯偉時之姊李萬年之妻萬年性豪邁能文章未壯而沒氏年二十七事姑孝子友松親課之稍長延弟令郎課於家知縣高朱欲爲請旌力辭曰守節婦人恒事何旌爲卒後松以順治甲午舉於鄉

張氏年十四適毛璣三月璣亡誓守節操持嚴謹家人子姪罕得見其面女婢不通外語袁中郎言於邑宰錢允選詳請上臺旌獎免其丁糧年七十餘卒明萬歷時旌 府志作貞女

龔氏諸生鄭名世母崇禎癸未爲賊所執使誘其子降許以富貴氏罵賊死賊焚其屍

王氏袁中郎側室揚州人中郎卒時生子岳年未一月氏年十七守節撫孤三十餘年教子讀書成立後遭難隨子辟地江陵龍灣市賊忽大至時家人已登舟不及待倉卒趨鄰舟拒不受爲賊所及欲掠以去氏詈罵不肯行遂遇害年五十歲

按中郎卒後有妾王李韓皆江南人俱以少年守節李隨養於嫡子彭年慈愛端靜年六十餘卒於粤東彭年爲發喪持服雖忌者以此訾議弗顧韓亦備歷艱苦年七十餘始卒李韓無子皆善終而

王氏獨慘死亦可哀已

毛氏監生鄉賓田學謨妻無子妾王氏生子三撫之如己出乙酉冬爲流賊所執罵賊不屈死長子知府鍾雨每言及遇害事輒淚汪不能已

龍氏毛士登妻夫生而瘠氏力持家政夫亡年未三十無子遭世大亂有勸以改適者又有非義相干者皆怒罵以死拒之六十年貞操益勵

孫氏江陵沙市人禹邦久妾嫡李氏嚴馭之邦久憐其劬勞遣歸且令他適氏斷髮自誓越五年嫡卒欲擇繼室有言氏自矢狀者遂迎歸偕老焉性慈甚見有負戴者必詢其飢渴而飲食之皈依大士茹淡多年嗣流賊搶擄佩珠念佛不動賊敬之釋又去後寓宛陵年七十吳中士大夫賦詩贈頌子重望舉人孫正儀進士

毛氏刀環里縣學生陳用中妻年二十九夫亡家貧三子皆幼茹苦撫之次子士璉康熙癸卯舉於鄉

毛氏侍御毛羽健女適邑庠袁汝成年三十成卒無子矢志守節薙髮長齋以壽終

羅氏諸生蕭鼎都妻舉人羅遇旦女夫妻至孝奉姑袁避難九谿山中袁即蕭公中丞嫡配也爲賊所執賊欲掠羅去不從先殺其姑以恐之羅大罵曰賊奴殺吾姑吾夫妻豈復從汝求活耶何不先殺我令吾夫見之遂俱遇害

曹氏明漢中太守曹公子瀓之女孫邑庠沈逢盛妻事舅姑復事繼姑俱以孝稱明末流賊殺擄所過如洗沈生舉家避兵東鄉訛傳賊已退返其室晨炊未熟賊忽至氏揮其夫挈三子亟去自誓一死遂罵賊遇

害賊退收其屍見其衵服襦襪皆縫紉始知其蓄志久已

龍氏貢生龔家齊妻年二十九夫亡撫遺孤事翁姑極孝龔故方伯世家忽中奇禍而家落氏令僕婢皆習操作延師教子及孫曾多遊泮者龔氏之業賴以復振年八十卒

張氏名淑嬋華容貢生張希价女歸縣學生周應嵩翁遠宦河州卒於官時嵩病訃至慟哭而絶淑嬋年二十五矢志養姑教其子女會流賊刼其姑嬋冒刃脱

之燈火下賊不之覺兩子及孫皆縣學生長子用霖早卒妻馬氏妾劉氏皆守節女適陳亦甘心爲未亡人次子操南斷絃不續兩女婢亦義不再四

袁氏總戎牟光世妻崇禎癸未兵變遇賊與妾王氏俱抗節不屈死

曹氏崔蜀觀妻明末流賊寇公安欲犯之駡不絶口賊怒支解之

陳氏杜光先妻年二十八夫亡奉姑孝教子詩食餼幾考貢若節四十六年康熙乙未知縣沈寅　表其門尋建坊

李氏儒士龔學遇妻周氏遇弟學遡妻李氏年二十三周氏年二十一皆寡先是李有子二周子其一未幾俱殤兩氏相依益厲初志時翁爲濟南郡佐姑在家疾革兩氏齋戒拜斗求以身代夫弟學岱幼撫而教之食餼康熙五十七年學憲李　賜氷雪雙清額

鄒氏曾陂里石有章妻年二十五夫故當賦役繁興濵逆鼎沸之時氏矢志守節閉戶操作奉堂上盡禮次子羽噪聲庠序夫兄夫婦早逝撫其子女如己出

王氏曾陂里魏家璧妻年二十三夫病侍湯藥唯謹夫囑其父母謂氏年少無子可令他適氏聞之慟哭不已許以一死從地下及沒絶飲食舅姑百計勸慰氏曰侍奉有兩叔不須我也遲之二十七日防守稍疎赴水死

杜氏余曰昊妻年二十而寡子在襁褓姑年邁夫遺命不可以死當善視老幼氏泣受命備歷艱辛卒成夫志

張氏東村里王潔妻姑病氏刲臂肉以啖姑久卧病是

日忽起未幾姑又病其夫效之弟婦潘氏亦效之署
縣張　賜一門三孝額

周氏谷昇里陳家祚妻年二十祚亡父兄以其家貧無
出令改適氏死拒之以節終

龔氏邑庠司馬寬妻年二十四寡氏讀書明理時大亂
將作奉翁姑率其屬遠避武陵雖在流離孝養備至
子應運年十六游泮

萬氏廖解里袁又閬妻閬祖雄於賊亂後蕩佚及完娶
一意下帷二十游泮二十八病革囑氏以必靖家難

比歿氏風雨漂搖卒完巢卵子惇典惇仁縣學生孫
叙兩叙品國學生茹素三十載卒年七十六先是家
有節樓一座氏改造雙樓以示愜張其亦不愧所囑
矣雍正癸丑學政蔣　題請建坊

文氏縣學生袁惇穗妻年十八寡無出父母欲爲改適
氏覺毀面慟哭誓不求生乃命以夫兄貢生惇稷之
子叙縱嗣之以節終

馬氏縣學生龔家讓妻龔故世家內外都不事事後翁
爲無賴所搆家且破又值西山用兵軍供繁難氏雅
習勤苦故業少復年二十九夫故延師教子伯仲俱
監生孫曾十餘人

涂氏長安里郝碧廷妾年十九廷沒一女在襁褓以柏
舟自矢初碧廷繼室妒廷疾革時分給產業房屋令
氏母女相依後繼室以碧廷孫女許字伊前夫之孫
奪氏所有而子之氏無以自存控諸邑照囑斷給並
憫其苦節以燕樓媲美四字奬焉

馬氏縣學生李漸妻公姑早逝事祖姑極孝遭流賊劫
火之後家人散盡氏親操井臼俾夫一意舉業未幾

夫沒時氏年二十八撫兩孤子長子與孫嘉兆俱入
泮苦節四十餘年終

鄒氏縣學生陳士恭妻保昌知縣陳鼎中冢婦壽光知
縣進士鄒養赤女舉一子早殤年二十三夫故以夫
弟之子嗣教之入監夫弟沒遺弱女撫而教之如己
出三孫皆能成立以節終

萬氏縣學生李之楨妾生一子嘉德甫五歲楨沒氏矢
志孀守教子游泮孫男十二每夜讀書聲琅琅不輟
年七十餘卒　以上舊志

李氏季燦之妻年二十三夫亡姑年七十子未週歲夫目不瞑氏泣曰養老撫幼妾俱任之乃瞑氏卒踐其言雍正八年　旌

李氏監生劉文訓妻年十七于歸五載夫故撫二歲子光前入監初其翁爲盜所迫氏毀粧垢面冒刄救翁得免雍正三年建坊

陳氏饒商六妻年二十八夫亡撫遺腹子姑疾不能飯氏朝夕哺之年餘疾愈若節三十三年乾隆三年建坊

劉氏雷自聲妻年二十六夫亡值吳逆倡亂氏攜子避難流離轉徙不忘教讀守節三十年乾隆三年　旌

李氏孫文炳妻炳幼失怙恃依叔叔母以長既沒氏奉之一如舅姑守節三十餘年乾隆四年建坊

劉氏呙司南妻年二十一夫亡撫繼嗣姑老多病以哭子失明氏朝夕祈禱越二載目有見氏年六十二卒乾隆七年建坊

劉氏長安里呙郢城妻年二十三夫亡無子以姪琦嗣後入監乾隆七年建坊

劉氏毛廷璘妻年二十八夫亡奉公姑育孤子承上就職州同乾隆十三年建坊其媳彭氏亦早寡依姑苦守建有雙節　誥封祠

袁氏朱士林妻年二十八夫亡乾隆四年鄰不戒於火時嫡姑殯於堂氏號泣曰姑柩若焚我當同死俄風反火滅事繼姑盡孝撫嗣子成立守節三十餘年乾隆十七年　旌

王氏司馬應騏妻年十六歸騏六月夫亡舅姑連喪哀慟幾死終身茹素娣姒皆憐而敬之雍正三年　旌

冉氏張世貴妻年二十誓死守節孝事公姑教子成立雍正五年　旌

黃氏張韜之妻年二十八夫亡姑年逾七十子甫四月氏奉姑鞠子茹苦完貞乾隆三年　旌

王氏陳開泰妻年二十三夫亡無子氏奉事舅姑撫育繼嗣後三十年嗣子又沒遺孫甫二歲氏復同媳王氏鞠之乾隆三年　旌

唐氏李士敏妻年二十九夫亡姑喪明氏扶持惟謹教子成立守節二十六年卒乾隆五年建坊東港

王氏劉毓珍妻年二十九夫亡氏奉事翁姑鞠育孤子
乾隆四年　旌
朱氏郭士麟妻年二十九夫亡氏奉姑育子矢守不渝
乾隆四年　旌
毛氏縣學生范文元妻年二十八夫亡無子氏孝事舅
姑長齋奉佛乾隆四年　旌
饒氏袁夢松妻年二十七夫亡奉事孀姑教子成名年
八十無疾端坐而逝乾隆四年　旌
張氏譚佑我妻年二十七夫亡無子撫育繼嗣後嗣子
又亡遺孫僅三月氏復辛苦鞠育乾隆六年　旌

謝氏縣學生曹三省妻年二十五夫亡僅一子九歲而
夭乃撫繼嗣同姑孀處乾隆六年　旌
周氏陳家璧妻年二十八夫亡孝事公姑未幾公沒與
姑相依教三子俱成名乾隆七年建坊
陳氏楊僑文妻年十八夫亡家貧子幼氏勤紡績以守
乾隆七年　旌
汪氏游大連妻年二十三夫亡無子奉事公姑撫育繼
嗣乾隆七年　旌

程氏劉青逵妻年二十七夫亡奉事舅姑育子成立乾
隆七年　旌
張氏嚴世亨妻年二十八夫亡未幾公亦沒氏竭力奉
姑撫子乾隆八年　旌
龔氏唐彩嶼妻年十九夫亡無子立嗣以主夫祀乾隆
十年　旌
趙氏樊國棟妻年二十六夫亡奉養翁姑課子成立乾
隆十三年　旌
劉氏戴世傑妻年十八夫亡無子繼嗣連夭備極苦辛
矢志壽終乾隆十六年　旌

高氏鄧振鷺妻年二十五夫亡撫三子成立守節五十
六年卒
王氏鄧傳忠妻年二十四夫亡孝事舅姑嚴課孤子守
節五十九年卒
許氏黃家裴妻年二十九夫亡遺二子撫之成立長子
維烈娶桑氏五載維烈亡氏復同媳撫幼孫守節四
十九年卒
張氏李之宏妻年二十五夫亡奉舅姑撫孤子守節三

十五年卒
陜氏邑庠生陳家煥妻年二十五夫亡孝事孀姑課子
勤學守節四十六年卒
周氏陳家祺妻河州知州克友之孫女年十六歸陳二
十六夫亡事姑撫子歷節四十七年卒
張氏楊懋煊妻年二十四夫亡遺一子娶婦後子復夭
乃立繼嗣與媳同守苦節二十九年卒
鞠氏周中烈妻年二十四夫亡奉翁姑撫遺腹子守節
二十五年卒

周氏鄒莊勄妻年二十六夫亡孝事公姑撫孤成立守
節二十九年卒
周氏李開連妻年二十八夫亡守節四十三年卒
王氏蘭逢谷妻年二十四夫亡守節四十四年卒
雷氏陳柱國妻年三十夫亡守節三十五年卒
許氏鄒養成妻年二十四夫亡守節四十一年卒
張氏栗月安妻年二十六夫亡守節三十八年卒
陳氏監生王順德妻年二十九夫亡守節三十四年卒
李氏龔傳紳妻年二十五夫亡守節三十八年卒

樊氏范如山妻年二十六夫亡守節三十七年卒
沈氏鄒莊勉妻年三十夫亡守節三十一年卒
周氏陳楨國妻年二十七夫亡守節三十五年卒
趙氏龔經鎬妻年二十四夫亡守節三十八年卒
李氏熊彬玉妻年二十六夫亡守節三十五年卒
鄢氏李四岳妻年二十三夫亡守節三十七年卒
鄒氏陶承安妻年二十二夫亡守節三十七年卒
龔氏監生馬維容妻年二十四夫亡守節三十四年卒
雷氏陳炳國妻年二十二夫亡守節三十五年卒

馬氏鄒莊容妻年二十夫亡守節三十五年卒有司給
額獎之
薛氏竺志仁妻年二十六夫亡守節三十一年卒
蕭氏劉毓英妻年二十七夫亡守節二十九年卒
桑氏黃維烈妻年二十二夫亡守節三十二年卒
鄧氏杜志秩妻年二十四夫亡守節三十一年卒乾隆
時建坊在舊城考棚右
孟氏袁叙政妻年三十夫亡守節二十三年卒
蔣氏朱之岳妻年二十三夫亡守節三十一年卒

楊氏趙完璧妻年二十九夫亡守節二十四年卒
鄒氏袁叙教妻年三十夫亡守節二十二年卒
咼氏監生李嘉祿妻年二十夫亡守節三十一年卒
陳氏田遇世妻年二十七夫亡守節二十五年卒
咼氏生員鄒莊楚妻年二十五夫亡守節二十六年卒
以上係府志
辛氏大同守備冉祚瑞之母繼姑有風痺疾氏扶持勤至旣而姑患他疾將死復嘗糞以驗差劇奉事七年如一日康熙間　誥封宜人

黄妙金妙銀天啟間鄉民黄柏之女因父無嗣矢志不嫁紡績養親皆年逾七十卒
龔氏咼岱望妻崇禎末賊至欲犯之抗志不屈死子庠生修儀媳劉氏見姑殞命抱持痛哭且大罵亦死於姑傍賊嘆息而去
蔡氏鄧楚賢妻年二十四而寡子四歲越十六年子亡撫幼孤備歷艱辛崇禎末氏遭賊掠自縊康熙初有司　賜以額
李氏府學生伍遷妻年二十八夫亡守節三十年牛里伍家廠坊表尚存
毛氏州同咼履直妻年二十八夫故子甫五月姑逾六旬奉姑教子循分守節嘉慶六年建坊
王氏貢生龍學澄妻年二十八夫故撫幼子濬後就職州同亦中年沒源楷綱言兩孫俱幼復與孀媳張氏熊氏撫之成立楷就職從九言縣學生氏樂施予武侯垸堤潰眾無力修復氏捐數百緡堵築知縣盛濂卸任宦囊空虛氏以父母官命子出五百金贈之梓里貧乏者周卹甚眾卒年八十六道光二年學憲楊

賜額同治四年撫憲嚴　咨請建坊
陳氏鲁陂里朱儒楹妻年廿一夫故遺子雲照僅八月氏撫子完貞嘉慶九年建坊　誥封安人孫祁埰理問麗會孫薫縣學生
吳氏監生彭世祿妻年二十一夫亡子光元幼氏督責頗嚴守節三十九年後光元入監孫先庚入泮道光八年學憲王　賜額
余氏儒士朱有年妻年二十夫故以夫兄鳳年次子兆烜嗣氏於嫂楊氏常敬愛之嫂曰婦何愛吾之甚余

曰媳止一子兆烜所鍾愛者而割愛以毋吾吾敢忘媳之德後烜就職訓導咸豐六年學使馮　奬以柏舟貽訓額咸豐十一年　旌七十八歲卒

龍氏廩生龍調元女監生譚世熊妻年二十四熊故無出撫夫兄庠生世勳子爲嗣時歲饑家貧父兄欲令他適氏對天誓志終身不歸省幼讀書能詩著有雪窗吟稾沒於水其警句云茶葉連根苦梅花透骨清積善終能大門戸安貧便是好兒孫孫二曾孫四長光斗辛亥鄉薦咸豐十一年詳請　旌表

羅氏儒士杜興烈妻訓導宜詩之母年二十七夫故時長子詩三齡次子章甫六月人咸爲氏危卒能撫詩成名章克家詩屢欲表揚以慰苦節氏曰守節分內事也何名爲尋以同學呈請學使馮　奬以貞孝女宗中丞胡　奬以巾幗完人咸豐十年入告獲邀旌典邑舉人譚光斗贈句九天丹詔輝彤管卅載幽光透紫垣蓋不勝慶幸也僉向其師枝江知縣朱錫綬詳述其事朱公賦五古奇贈

牛湖清且漣廟山聲未已中有百丈松嚴霜詎爲靡峩峩昭諫家禮法備姆氏來歸浣花堂思振鳴珂里何圖別鵠彈空嗟溟鵾徙身託慈竹生心隨井波死文犀掩鏡匳金翠捐塵笥淚痕枯畫荻燈影杲髮倚緊卜王翰鄰俾成杜華子博麓雅曲調蜚序英聲起茹蘗卅年甘松筠四時美喪祭哀且誠酒漿淡彌旨況復郵孤嫠庶幾恭桑梓麥舟古所難巾幗乃如此璇題綽楔光闡德雲礽紀小言綴家乘獨行補詩史褒揚無溢辭請視荆江水

樊氏謝金華之室年十八于歸三載夫故子盛泰甫五

月稍長訓之最嚴每至夫忌日必泣諭曰此而父與我永訣日也汝克有成庶幾可對而父子後入監旋沒撫孫性孝成立氏身歷多故中年失明至八旬頓炯然如少年時復自笑曰天開此老眼以見吾夫於地下也越三年卒曾孫龍光呈請建坊同治三年

旌

潘氏張家棟妻年二十五夫故甘貧撫子守節二十三年卒同治六年　旌

劉氏儒士禺荆南妻年二十二夫故守節四十年建坊

葉氏沈宏緒妻年廿七守節八十餘卒前憲李　賜額

樊氏范文章妻青年矢志子國璽縣學生乾隆十八年
府憲張　旌表

王氏儒士晏明艮妻艮豪於貲沒時氏年二十四遺二女遺家不造歷二十餘載始以夫從弟明椿子啟濤嗣咸豐九年　題請建坊七十六歲卒邑選拔李澤濤贊曰天胡爲而柱折地胡爲而維缺天荒地老有擢殘只未亡人心似鐵

張氏邑城儒生蕭前珏妻年二十五夫故僅一女珏臨

訣時以家貧無子令氏自爲計氏泣指懷中女曰若非君之門楣乎脫得佳壻君祀延妾志遂矣他何慮後壻入業緒就職縣丞同治二年　題請建坊

沈氏邑城儒士李盛源妻年二十七夫故家貧養老字孤迄今年逾六旬笑言不苟咸豐十一年撫憲胡
題請建坊

王氏儒士鄒敬典妻于歸四年夫故越十七日氏自刎方其垂歿也喘息囑夫弟簡堂曰余於乃兄義不獨生祖宗之祀乃兄之嗣惟叔是賴邑大史毛業溥聞而賛之曰此巾幗中烈士也使彼不爲婦人天下豈復有奇男子哉乃死計已決猶遲以十餘日慷慨之中仍有從容之致至不惜其身之死而獨念其夫之祀非所謂能見其大者歟乾隆閒建坊載省志嗣子振讓廩貢選黃梅訓導孫美中廩生曾孫崇泗廩貢生崇漢丙午解元

易氏特郎里易秉恒女甘鍾仁妻年十九于歸翁病氏刲股療愈嗣以不得於繼姑見棄秉恒憐其無罪擬再醮氏聞之投河遇救旋於夜分自縊邑訓導杜宜詩等據情稟請前知縣徐步雲批云條不干乎七出

緣忍斷於三生自知若翁即吾翁菽水何妨嚙臂拂因不慈而不孝糟糠倘願承顏天還待補命非謂夫也不良月可重圓豈敢望父兮生我是以割情欲斷語未聞姑惡之聲血淚既枯身竟化女貞之木其心愈苦其死彌甘氏志節已昭著矣旋經撫憲胡採訪
題　旌

趙氏儒士趙璧之女增生陳善之媳翁沒其夫蕩盡家貲逼氏再醮氏既慟翁姑之不祀又懼弱質之難全

於是棄二幼女服毒死時年纔二十有三同治四年
詳請建坊教諭王慰看語云節取乎直直以曲致婦
取乎順順以逆成當生者死雖死猶生節而兼烈巾
幗畸人
龐氏儒士鄒崇瀛妻年二十一而寡以夫從弟舉人崇
漢之子高煒嗣守節三十五年其娣牟氏崇濂妻十
七而寡以夫從弟崇洲子高垣嗣守節三十年一門
之內冰霜共勵二氏皆監生積中媳也積性仁厚而
子皆蚤喪有媳若此積目瞑矣龐氏同治十年咨

部建坊高煒食餼高垣貢生
汪氏陳緯國妻年二十五夫故守節五十年乾隆二十
九年建坊
司馬氏牟芹來妻年二十八寡子作玢甫二歲作琳纔
週歲家貧苦守督兒誦讀紡聲不輟書聲不敢任後
作玢補郡增生氏七十八歲卒乾隆三十四年學憲
戴　賜以歐荻柳丸額
陳氏廖解里司馬光海妻無出妾舉一子名盛學年二
十餘姑與妾繼逝撫子成立未幾子亦沒無孫與媳

袁氏相依苦守乾隆三十七年學憲邊　賜額
王氏監生梅正茂妻年十七守節乾隆時　旌
易氏按察使照磨甘鳴岐妻年三十夫沒氏屢歷艱險
終始一節夫弟監生鳴先後數年亦沒與娣婦易氏
兩寡相依撫子受和成附貢兼承二祧七十四歲卒
娣婦現年七十餘同治十一年　旌
雷氏沈承貴妻年廿一守節七十四卒前憲李　賜額
韓氏李應綺妻年二十于歸逾年綺亡以姪世棟嗣弱
冠為縣學生嘉慶七年學憲茹　賜額

陳氏東村里周汝明妻年二十八夫故矢志守貞卒年
六十七歲嘉慶十三年學憲涂　賜額次子仕爕入
庠
闞氏彭修業祖母少寡而貧撫子娶媳方抱孫而子亡
媳為母家奪志遺孫修業哺乳無人氏割豕肉為片
曝乾熟嚼而食之孫善病氏日夕呼天迄就外傅憑
織績以供束修嘗雪夜讀倦氏泣曰汝少孤祖若
父四目炯炯從泉下望且訶且泣且織達旦矣修業
後為府學生嘉慶十六年學憲鮑　獎以貞壽慈徽

額
陳氏章正禮妻年二十守節嘉慶二十二年學憲沈
賜額
程氏高傳瑛妻年二十守節六十餘歲卒嘉慶二十二
年學憲沈　賜額
甘氏縣學生陝身仁妻仁隨父尙舉鄉試沒於省氏年
二十七養老字孤甘心苦節嘉慶時學憲　賜額
鄧氏西辛里貢生羅才標妻年二十一標沒守節三十
七年嘉慶廿二年學憲沈　賜額監生光先其子也

鄧氏歐陽家和妻年二十一夫亡守節嘉慶二十五年
學憲楊　賜額
高氏陳士習妻年二十四夫亡苦節四十六年卒道光
二年學憲李　賜額家建祠祀焉
吳氏儒士易鴻範妻年十八于歸三十夫故撫七歲子
顯槐後入監孫德光國光珩光俱入監楚光把總曾
孫秉仁元孫體元俱縣學生年七十八卒道光二年
學憲李　賜額
劉氏千總晏光珏妻年二十九夫沒守節道光八年學

憲王許均　獎以額卒年九十一子明鎭監生承烈訓
導孫曙鑾訓導曙奎廩生曙泉庠生
陳氏王國臣妻年二十七夫故國臣原江陵人遷邑之
平樂里內外無强近親氏艱貞自矢教子士富入監
孫化隆曾孫植森俱入泮九十三歲卒道光時學憲
王　賜額咸豐十年　旌
沈氏監生雷開子妻年二十九夫故氏撫二子獻莘獻
荃國學生荃娶龔氏未數月荃卒龔年甫十八沈以
莘長子洪勳次洪煦爲之嗣當是時沈視龔若子龔

倚沈爲命姑媳完貞厥後勳爲附貢煦入國子監則
姑媳守貞之報也道光丙戌　旌學憲王　賜以兩
世清操額
陳氏監生楊澤浩妻年二十八夫故矢志不渝撫長子
曰嵩孫維學俱入監曾孫西序貢生國棟國楨俱武
生道光丙戌學憲王　賜額
傅氏特邱里高傳沅妻年二十六夫故家貧無子撫夫
弟爲娶婦生子炳忠嗣之守節五十五年道光丙辰
學憲王　賜額

張氏禹同級妻年二十八夫亡以姪監生履興嗣守節四十七年道光戊子學憲王　賜額監生泰璧邑庠訓典其孫也

趙氏大光里杜宜俊妻年二十夫故子幼姑瞽家貧恒忍飢以奉姑撫子苦節三十年卒道光戊子學憲王　賜額

鄒氏儒士沈獻璧妻年二十一夫故子廷秀甫數月姑年近八旬奉姑鞠子守節六十年道光丙戌學憲王　賜額

崔氏蘇澤霽妻夫沒氏年二十二侍祖姑及姑病刲臂以救守節六十一年道光丙戌學憲王　賜額

張氏汪世勳妻勳沒氏方二十餘矢志孀守姑病刲臂啖之愈次媳陳氏遠輝妻亦以節著姑張氏病亦刲臂啖之學憲王　賜額

羅氏甘誠中之妻年二十九夫沒氏守節八十三歲卒學憲王　賜額

成氏甘開揚妻年二十六夫故後其子弱冠亦亡氏守節數十年卒學憲王　賜額

洪氏禹同亮妻年二十七夫故家貧子幼矢志以終學憲王　賜額

張氏鄒宣讓妻年廿八守節六十九歲卒學憲王給額

劉氏毛業邃妻年三十夫亡守節二十六年卒學憲王給額

嚴氏朱克聖妻年二十守節以節終學憲王　給額

王氏陳代任妻年二十二夫故撫遺腹子昌友生子長忠德次忠饋監生饋子潤章增生道光八年學憲王　賜額年八十三卒

鄒氏朱礽垣妻年二十二守節以節終學憲王　給額

楊氏許正顯妻年二十三守節以節終學憲王　給額

朱氏龔家輝妻年二十五守節以節終學憲王　給額

易氏薛敏學妻年二十六夫亡撫遺腹子成泰苦節四十三年道光六年學憲王　賜額

張氏蘇夢諾妻年二十七守節同媳田氏俱以節終學憲王　給額

林氏劉宗典妻年二十九守節以節終學憲王　給額

徐氏汪相鼎妻年二十八生一子佐峻三十孀守撫孤

成立學憲王　賜額

何氏袁遵進妻年十八守節以節終道光十年學憲許　賜額

田氏儒士袁前璠妻年二十五夫故撫子憲礒娶媳田氏子復故時媳年二十四姑守節四十七年媳守節三十三年同治五年前縣袁詳請雙　旌

何氏蕭禮達妻年二十而寡子智性甫週歲氏撫子完娶二載子沒媳杜氏事寡姑撫子信誠成貢生道光十二年學憲吳　賜額

鄒氏易顯徳妻監生易光連母年三十夫沒連甫六歲忍死撫孤年五十卒道光十二年學憲吳　賜額

鄭氏武昌人訓導鄒振讓側室侍振時年十九三年振沒閱二載其兄迎至家微諷之氏急買舟回指漢江曰吾不復渡此矣與兄絶者三十年道光十六年學憲朱　給額

王氏張卓行妻年二十九守節七十六歲卒道光二十年學憲朱　賜額

毛氏監生陳昌極妻極病刲股進之愈越二載極沒氏年二十八守節年七十六卒學憲朱　賜額

鄧氏黄光天妻年二十二夫故矢志撫嗣子事公姑奉祖公姑年七十七無疾而終道光己酉學憲龍　賜額　徐氏牟振芳妻年廿四守節撫子治忠治恕成立學憲王賜以砥節懷清額

雷氏熊先貴妻年十九夫故誓守翁年九十病危刲臂進之愈咸豐九年學憲俞　賜額

李氏司馬維定妻年二十八夫故守節三十六年卒邑侯　賜額

李氏州同劉雲衢妻守節四十載卒逾七十道光二十五年學憲王　賜額

王氏白湖里陳家鰲妻年二十夫亡子盛楚甫二歲氏矢志撫之少不率教未嘗寬貸由是克守先業就職衛守備同治四年學憲孫　賜額現年六十有二

邱氏州司馬鄒敬恭之妻姑陳氏患目疾而眇氏瓣香潛禱未卽瘥乃刲臂勸餐立愈姑殁事乃著緘默數十年不忍一言以傷姑心學憲邊奏請　旌入省志卒年八十有二

羅氏陝以明妻年三十夫故姑疾氏刲臂和羹以進以

草根貼治醫痕姑媳俱安邑侯 賜額
鄒氏縣學生司馬登甲妻祖翁千總盛桂病篤割股救
愈咸豐七年學憲馮 給至孝難能額
張氏州同朱克平妻刲股救姑府憲張 賜額
彭氏劉文煥妻刲股救翁學憲馮 賜額
鄭氏監生呙壯勲妻勲就外傅氏侍姑疾不懈刲股和
藥進之愈學憲王 賜額
甘氏袁前桓妻年十八于歸性至孝繼姑病卧月餘不
起氏割股和藥以進愈學憲王 獎以天鑒誠孝額

劉氏樂平里田能剛妻夫亡守節以終道光戊午學憲
王 獎額
蕭氏龍學珍妻年二十夫亡子淵煜幼家極貧紡績奉
舅姑道光年間 旌
魏氏陳寅厚妻寅故氏年二十二矢志守節道光年間
學憲朱 賜額現年六十有五
司馬氏侯補齋奏麗易盛光妻年二十九守節五十四
歲卒于秉基貢生次秉堅監生三秉型同治十一年
旌

袁氏楊秉標妻年二十八守節現年六十三歲同治五
年 旌
胡氏貢生羅才枉妻學憲王 獎以儒門淑節額
唐氏國學生羅才珩母學憲王 獎以節孝可風額
毛貞女司馬有泰聘室未婚泰沒女年二十二親製素
服往臨憑棺慟極誓以身殉後立姪爲子五十年如
一日前知縣鳳 賜苦心守貞額知縣張 賜松筠
冰霜額知縣施詳入省志嘉慶十四年建坊
鄒貞女舉人鄒敬謨女字湖南安鄉縣羅山親迎有日

羅疾革女聞悲悼母詰之則云願往侍疾詣羅甫二
日羅沒女曰予未亡人也何生爲但以有兩白首在
他日謀所以嗣之可報夫子於九原矣柏舟自誓事
兩幃數十年如一日安鄉士民建烈女橋故址尚存
張貞女江陵舉人張之曙季女女讀書明大義許字邑
庠生李向春長子世樸年十四婿溺於江時女父已
故母與兄將另議婚女恚曰兒李氏人也止知守父
之前言不敢從母之後命母知其志不可奪擇日歸
李氏後以叔世極子爲嗣子慧甚四五歲時氏口授

詩句悉能背誦無何以疾殤痛極與子偕亡卒年三十世極就墓後立祠祀之道光癸未學憲李 奬以蘭閨蘊璞額邑人士爭爲之誄知縣太史陸炯賦詩贈之

一摘葵葉落再摘葵葉稀葵葉泣朝露清淚夾沾衣雙鸞未成羽一鸞已孤飛江北望江南東流不復西堅心逾金石不使慈幃知阿兄窺其意勸母託微詞上堂啟阿母父書熟兒時此身已許人生死以爲期有志難相强嫁娶不須提古鏡歸半面半面知不知

是日三月初江豚隨風吹素衣及冰泮天色慘悽悽風息波如掌精氣足感之居然修婦禮見者雜喜悲二十有餘載井臼苦操持輶軒採軼事蘊璞錫蘭閨撫姪爲己子揚烏忽又摧嗟哉命不辰九原得依歸吾來學製錦見聞悔已遲聊爲貞女吟起立增歔欷諸生紛歌詠貞珉勒祟祠寒泉薦秋菊再拜仰芳徽

楊貞女監生楊德恕女許字舉人袁潤長子未婚而袁沒訃至女往弔慟不欲生父母憐其少欲諭解之相見必溯泣不能開口長齋五十一年卒後學憲 賜額奬之

陳貞女白湖里劉漢斌聘室未成禮而斌亡女泣求往弔遂不歸奉公姑撫從子卒年四十乾隆間 賜額

毛貞女縣學生毛承祜女舉人毛維煥孫女幼許字松滋監生伍翼權子燧後翁捐館燧且夭女未于歸訃至女聞號泣觸頭卧氣絕母救之甦詰其志泣曰求往伍宅一弔及往誓奉姑以終姑憐愛之相依五載姑又病且革遺季子纔六歲以付氏曰伍氏祇此一綫幸汝植之我當告之忠襄祖公於地下氏泣受命

撫之成立嗟乎衣冠僞道學往往改顏事仇至於幽閨少寡若毛貞女者無一日之伉儷矢百年之艱貞以不忍成其堅忍發世人無限惻隱羞惡之心不可以懸日月而泣鬼神也哉 舊志

汪貞女年五歲許字陳士淦將嫁淦沒女聞悲號因請於父母之夫家行服遂不歸越五載父母憐其無依潛許配秦氏子女聞翦髮毀面誓不生事乃寢後立夫從子爲嗣茹荼飲泣三十餘載如一日

王貞女許字張應選未婚應選入蜀貿易三十餘年無

音問女矢志依母以居與舅姑比鄰凡舅姑生養死葬女皆肩之行三年服無笑容

王貞女乾隆時人葬板橋西縈地約畝許縣學生杜必清爲之立石至今稱其地爲老女碑

馬貞女馬有鼎之女許字汪姓汪遷鄖陽縣頻年催其回籍未果母欲奪志不允守貞至三十七歲卒葬馬家橋建有烈女碑記

彭貞女彭文龍女許字陳顯廷廷十歲而殞女泣求往弔視殮畢曰此我家也父母迫之歸有議婚者則向

隅哭憤鬱而病歿時囑其父母合葬壻墓弗聽一夕陳父母夢女請歸葬明日彭人至夢亦如之遂合葬焉

陳貞女郭明善繼聘未婚而善歿女至郭家事公姑撫前子篤志守貞有微諷之者女正色曰女子不再字斯言胡至於我哉卒不渝

蕭貞女西辛里廩生蕭銘炎女許字王崇鑾鑾歿塾中女誓不再字素服三載而亡

蕭貞女魯陂里蕭知原女許字王姓及請期女忽病孽醫均云不起王遂婚他姓後病愈聞之慟曰渠何忍遽死我乎立焚奩具誓依母家以終年七十二卒

李烈女兄嫂偶外出獨浴室中鄰人葉某至其室欲犯之女大聲詈罵乃逸後兄歸女訴知其事遂自縊有司捕葉置於法乾隆十九年　旌

沈烈女邑庠生沈宏謨孫女許字張姓有戚楊某欺女父仰占懦弱受某聘貲嘉慶丙寅張親迎有日矣楊乃嗾某誣仰占悔婚控於邑並率衆刦女女匿得免忿恚不食或勸之女曰吾父在家猶吶吶一經庭訊

胡能自明且吾以深閨處子蹀躞公堂千人共覩辱莫甚遂投水死時知縣任鄘佑審得實寘楊於法餘黨論如律題其碣曰烈女沈五姑之墓

司馬烈女監生司馬倘德女幼與陳氏訂盟及于歸有亡賴子劉哭以先聘爭乘夜執火入室女辟匿刦母與兄去女悲憤絕食三日自縊鳴諸邑寘劉於法

蘇烈女西辛里蘇裕德女許字陳懋榮兩姓操舟爲業年已及笄同泊涂郭巷數日榮歿女設位哭奠寢食俱廢父母憐之侵晨覘女已作蟂磯就義矣因葬榮

墓側前知縣李榞誌其碣曰蘇烈女之墓

熊氏監生雷文進妻進沒子哲獻甫二歲氏撫成立僅一孫洪潤甫一歲而哲亦沒與媳王氏相依孀守咸豐七年學憲賈　賜額

陳氏薛純學妻年二十九夫沒氏撫子苦守年九十四

司馬氏牟士鐘妻年二十七夫故守節五十年子縣學生有倫妻袁氏年二十六倫故守節五十一年倫子韶來妻雷氏年二十四韶故守節四十八年

鄒氏文承偉妻年二十夫亡姑患癱疾喪明氏扶持四十餘年不少懈事庶姑以孝聞教子成立年七十九

歲卒

姚氏鄒諫毅妻年二十一生一女夫亡家貧翁姑卒無力殯葬鄰族助焉夫弟尚幼殷勤撫之後夫弟亦卒依壻以節終年五十四

伍氏鄒莊孝妻年二十一夫亡事翁姑撫繼嗣翁姑相繼喪辛苦營葬以哭泣過哀尋卒苦節二十四年

羅氏縣學生鄒毅逞妻年二十一夫亡奉翁姑撫孤子沒遺孫二復同媳鄭氏撫之守節四十年卒

李氏文前武妻年二十五守節以節終

李氏侯宗士妻年十九夫亡無子守制三年有議以再醮者氏遂自縊

毛氏鄭登鰲妻年二十二夫亡守節四十四年卒

張氏田汝檠妻年二十七夫亡守節四十二年卒

祝氏邱生赤妻年二十八夫亡守節三十六年卒

涂氏文昌緒妻年二十五夫亡守節三十五年卒

沈氏侯學敏妻夫故時氏年二十七守節三十一年道光五年學憲李　旌

張氏朱衍宗妻年二十二夫亡守節三十一年沒

易氏楊先明妻年十九夫亡守節三十年沒

曹氏王文鳳妻年二十夫亡守節五十三年沒

田氏楊大陽妻年二十六夫亡守節四十六年沒

袁氏田燕妻年二十四夫亡守節四十五年沒

羅氏馬恒紱妻年二十夫亡守節四十二年沒

馬氏鄒莊勅妻年二十五夫亡守節三十年沒

王氏監生薛文紀妻年二十四夫亡守節三十八年沒

張氏冉惠士妻年二十七夫亡守節三十二年沒

張氏楊俊儒妻年二十八夫亡守節三十年沒

成氏毆陽正邦妻年二十六夫亡守節三十一年沒

王氏馬維揩妻年二十一夫亡守節三十年沒

許氏唐官爵妻年二十五夫亡守節二十五年沒

田氏龔經人妻年二十二夫亡守節二十八年沒

彭氏陳國語妻年二十一夫亡守節二十九年沒

金氏呂宏釗妻年二十九夫亡守節二十一年沒

袁氏李學恕妻年十八夫亡守節三十年沒

徐氏監生文偉明妻年二十三夫亡守節二十六年沒

張氏刀環里林日袞妻年十六于歸後八載忽墻屋傾圮翁姑夫俱斃氏苦撫子家計稍紓諸孫林立卒年八十有四

劉氏張貽槐妻年二十六夫亡矢志六十餘載季子訓溥府學生孫敦恒敦暐歲貢曾孫德瑜縣學生

何氏平樂里田昭曠妻年二十九夫故孀守喜讀向太史文集善諷詠號所居曰晚翠軒長子汝偉遊泮志喜云乞取幽蘭手自栽王凝有子采芹回廣寒宮裏丹枝好勉襲天香入卷來咏梅云映水枝橫孤月影當窗雪擁一天寒他警句甚多其曾孫生員國熾往往誦之

吳氏平樂里王承珏妻年二十二夫亡家貧乞米奉姑撫子守節七十七歲卒

李氏司馬德璋妻舉人李也白之曾孫女姑韋氏病三年餘氏侍牀褥日濯穢汚姑謂曰汝事我如此願汝媳皆似汝則余死瞑目矣後媳李氏果相肖焉

馬氏熊永泰妻年十六于歸匝月夫外出積年無著有議以改適者歸母家自經而亡

喻氏喻遠鵬季女年十七適張姓道光已酉奇荒訛傳其夫有更嫁事氏聞之投水死

楊氏邑城李祥炳妻咸豐辛亥奇荒隨夫至㪷湖堤告貸無出炳欲自盡令氏再醮謀生氏曰君死妾何忍獨生遂俱投江死

司馬氏儒士鄒友讓妻于歸甫一載夫沒撫嗣子兌中生一孫亦不育苦節以終

劉氏曾陂里魏順綱妻年二十九夫亡家貧止一女以姪成孝嗣未幾子沒曰此身已矣飲憾而卒

司馬氏袁廷樞妻年二十四守節六十歲卒
甘氏鄒鈅中妻年十九鈅亡撫遺腹子崇璋奩撫夫所囑嗣子崇績無異己出翁早世事姑極孝五十五歲卒
胡氏丁光綸妻年二十守節五十二歲卒
喩氏沈田玉妻年十八于歸二十二夫故生二子一女其一子遺腹生道光壬辰奇荒兩叔逃亡氏每得少許米以奉瞽翁及子女已則專啖菜根後二叔歸翁就叔養常以拂意恒悒悒氏復迎歸翁卒殯葬皆如禮
陳氏監生易馥光妻年三十夫亡守節禮法自持子女婚嫁籌畫無遺策現年八十猶健長子秉經從九
吳氏袁大彥妻年二十五夫亡守節七十七歲卒
鄒氏易光泗妻年二十一夫亡撫二子未幾夭以姪秉鈐嗣鈐復亡撫孫成立六十八歲卒
李氏袁大明妻年二十九夫亡守節二十年卒
張氏袁大昭妻年二十四夫亡止一女復夭以姪嗣五十三歲卒

李氏王應連妻年十七于歸生子一女二連卒家壁立得母家經營始成葬後遇堤潰氏抱兒立水中時有鄰船呼與暫避氏曰我寡婦也而上若船乎其清潔如此苦節三十載卒
熊氏雷獻頼妻年二十四守節三十九年卒
吳氏易秉滙妻年二十夫亡無子以姪繩忠嗣繩復亡撫孫元善爲經理焉現年五十餘歲
羅氏安鄉舉人羅才銳女邑陝仁鎧妻年二十九夫沒翁姑繼逝撫子炳南入邑庠道光壬辰病疫氏死二日復甦言冥吏相迎延壽二紀至咸豐乙卯卒其言驗
司馬氏袁立錦妻年二十八夫亡無子親支兩房各立一子爲嗣六十八歲卒
張氏儒士談宏椿妻年二十夫亡守志孝養公姑教育孤子現年五十餘
楊氏袁立初妻年三十守節七十八歲卒
陳氏安鄉人赴陂里文宏琳妻琳少孤而瘠氏年十九夫亡祖母李氏以節孝蒙　旌氏撫子愫章成立卒

年七十三兩世著節人咸稱之

杜氏賀多志妻夫沒時氏年二十四矢志苦守現年六十歲

李氏廖解里袁時惕妻年二十五夫沒無子以夫衣一襲懸於牀頭朝夕對之流涕有慰以節哀者氏泣曰吾爲夫守靈三年後吾自有以處吾身者及服闋時一夕暴卒

毛氏陳毓源妻年二十八夫故矢志苦守六十八歲卒

李氏異宗李永寬妻年廿九守節七十一歲卒子培榮芝

王氏司馬德蘭妻年三十夫亡貧甚依母家紡績撫三子成立六十三歲卒

田氏袁憲祖妻年十九于歸時祖病甚扶以合巹越三日沒氏毋家令改適厲志守節終身不歸省

李氏袁立章妻陳氏立恒妻陳氏立貞妻皆曲阜知縣袁廷樾孫媳章沒李年二十四撫嗣子守節十五年卒兩陳氏俱二十九而寡恒妻守節四十六年卒貞妻守節現已四十八年貞次子文蔚妻侯氏年二十四守節今已三十五年蔚子映東生員

羅氏陳毓川妻年三十守節七十三歲卒

王氏程正官妻年二十三守節以節終

江氏州同王遠詔妾年二十六夫沒嫡室黃氏生子紹珏而黃卒江撫之爲娶鄭氏生子述濤甫五月而鄭卒珏妻陳氏年廿四珏卒與江苦守濤子瑞芝瑞麟均生員江守節三十八年卒陳守節十七年卒

李氏邱于純妻年二十八夫亡無子幼叔甫八歲撫之成立卒年五十九

嚴氏王鉽國妻年二十二夫亡守節三十二年卒

李氏龍著明妻年二十一夫亡守節現年七十九

熊氏伍化久妻伍入贅數載沒氏年二十二歸伍家僅一女而殤乃立伍姓子承嗣後子死媳無復撫八月孤孫迄於完娶年八十五卒

鄒氏龐艮連妻年二十三夫亡撫子才賢成立守節七十二歲卒

涂氏歐陽正文妻年二十五夫故撫子傳貴守節六十七歲卒

陳氏趙先發妻年二十七發疾革謂氏手詰之曰家貧

子幼汝將若何氏曰守而已守而子得成立妾職盡
萬一不虞將從君於地下耳貧何害矣志四十九年
卒孫枝林立
胡氏長安里人字吳文貴長子吳子病背僂恐誤女力
退婚女不許及于歸吳子病葦扶以合巹未一月而
吳沒翁姑令改適氏以死誓乃爲立嗣六十餘歲卒
侯氏楊先肇妻年二十八夫亡遺一子苦撫成立年七
十九卒
鄒氏陳仁厚妻年二十五守節六十一歲卒

鄒氏楊學乾妻生員開謙之母年二十四守節七十有
六卒
胡氏喻遠岫妻年十九夫亡撫嗣子光揚娶媳馬氏甫
三年揚亦亡僅生一女同房謀產者逼姑媳改節戸
長喻鶴松力阻之爲氏立嗣孫氏現年六十六馬氏
亦四十有九姑媳苦守人共憐之
龔氏袁時育妻年二十八而寡冉氏時祥妻年二十而
寡蕭氏時瑞妻年二十六而寡皆袁憲武媳也俱以
節終龔生一子名勤貴冉與蕭無出俱以夫兄子爲
嗣
朱氏蕭忠清妻年二十一守節七十歲卒
聶氏袁文榜妻年二十七夫亡無子以姪爲嗣六十九
歲卒
趙氏范植璜妻年十九夫亡無子以夫兄子承嗣七十
一歲卒
沈氏王纘典妻年三十夫故孀姑臥病數年牀第汚穢
氏日滌之無難色六十三歲卒其子受福訓導長孫
鋆生員

冉氏武生彭昌俊妻年二十六夫故生三子僅存季子
中典後入監年八十五卒孫先甲郡庠生照南武生
曾孫祖海監生
王氏李同方妻年二十五夫故以節終孫郡庠生懋信
爲建坊於廣濟橋東
盛氏李世標妻年二十五守節八十歲卒
胡氏陳英安妻年二十七夫亡氏撫弱子娶後復亡育
孤孫以成媳節七十七歲卒
陳氏李文熾妻年二十七守節六十七歲卒

張氏王後寬妻年廿六夫亡氏無子撫第三妾子嗣美
如已出年五十卒嗣美監生
毛氏羅艮貴妻年二十九守節現年六十
鞠氏楊紹祖妻年二十六夫亡撫子先炳矢志不移六
十歲卒
司馬氏牟作恭妻年二十七夫亡事孀姑孝矢志撫孤
孤沒又撫遺孫成立姑與氏俱年七十卒
潘氏陳宗艮妻年二十五守節三十五歲卒
朱氏李名之妻年二十一守節八十歲卒進士洪鏞贊

云幼嫻母訓長習婦工年甫十八于歸李門廿有一
歲生子楚莊是年夫故自稱未亡毋欲奪志日夜號
哭諸姪競逞伯叔嫉妒家窘績麻杜門不出壽享耋
齡井波同汲
鄧氏李經武妻年二十六夫亡撫子濟達守節七十一
歲卒　杜氏李祥熹妻年廿六矢志撫孤現年五十六
陳氏蘇傳雲妻年二十三夫亡以姪家鼎爲嗣事叔公
姑孝現年七十
魏氏夏國榮妻年二十七守節現年七十一

劉氏監生蘇作春妻性慈祥鄰有困乏者常勸夫卹之
雷井口募建橋需數百緡勸夫獨任踰年生子因名
橋生夫沒氏年二十九守志四十五年卒
林氏劉紹昆妻年二十夫亡子幼家貧既而子喪歲大
祲有勸之改適者氏曰失節而生不如守節而死竟
以餓卒
雷氏袁立定妻年二十六守節五十五歲卒
劉氏李文煜妻年二十五守節現年八十八
袁氏余祁垣妻舉人袁潤之女年二十于歸夫亡以夫

兄子祈鑄爲嗣七十六歲卒
陳氏王學海妻年二十八守節現年八十六
游氏王世盛妻年二十夫沒止一子家窘甚後子沒以
憂慮卒守節三十九年
朱氏唐光宗妻年十六于歸生一子夫沒氏年二十二
家貧又屢值歲饑辛苦萬狀而志終不屈守節五十
九歲卒
黃氏黃盛文妻年十七矢志以節終
陳氏武舉張傳甲妻年二十七守志以節終

曹氏楊學浦妻年二十七夫亡撫孤成家八十二歲卒

黃氏監生歐陽鳴岐妻年二十一夫故撫二子成立七十四歲卒亥子正霖武生

許氏李克鳳妻年二十二夫故家貧無子依母家守節現年六十六

侯氏儒士甘斯懋妻年二十六夫故無子以夫兄子爲嗣撫育完娶見三孫焉現年七十二

鄒氏儒士蕭孝梧妻年二十八而寡子文甲甫三歲守志十餘載病革泣告其姑曰請無令文甲廢讀以承父志子甲後入庠

張氏王祖光妻生員荆川之母年廿七夫故守節六十七歲卒

何氏姚官品妻年十七守節四十八歲卒

蔣氏王後學妻年二十四夫亡僅一女守節七十歲卒

雷氏龐聲容妻年二十守節六十餘歲卒

馬氏蕭信誠妻年二十夫亡撫遺腹子忠興完娶守節七十三歲卒

龔氏牟曰朗妻年二十四守節六十餘歲卒

何氏吳士學妻年二十三夫亡撫一子一女成人守志四十二年沒

李氏熊永桂妻年二十七守節七十五歲卒

毛氏李試譽妻年二十一夫故以姪必立爲嗣守節七十歲卒

蕭氏祝家炳妻年二十守節現年五十四

高氏廖嗣榜妻年二十八守節現年六十四

王氏聶夢龍妻年二十八守節無子以姪嗣現年六十有六

謝氏周世倫妻年二十守節現年六十四

譚氏喻光輝妻年二十八夫沒撫孤子成立現年八十二曾孫繁衍

何氏桑國風妻年二十三守節現年六十三

張氏雷光瑜妻夫沒遺孤琢儀甫一齡撫之成立生員聲逵其孫也

雷氏朱世學妻年十七適朱甫七月夫亡以姪上蘭嗣後入泮諸孫林立矢志二十餘年沒

毛氏熊家瑛妻年二十二守志以節終

聶氏陳宗元妻年二十七守節七十歲卒
袁氏廖萬選妻年二十守節現年八十三子辛甲孫焜望俱生員
何氏咼文太妻年二十八守節六十八歲卒
陳氏李試培妻年十九生一女夫亡年逾四十女復亡氏赴水死
鄒氏楊學友妻年二十六守節現年七十六
張氏陳興逵妻年二十八夫亡無子守節現年六十餘
徐氏朱士衙妻年二十守節現年六十餘

徐氏咼玉泰妻年二十一夫故家貧撫子成人現年五十歲
李氏章德禮妻年二十九守節現年六十三
劉氏范純厚妻事繼姑以孝聞夫亡七月生遺腹子又夭時氏年二十叔祖監生培棟爲之立嗣以節終
邱氏陳松厚妻夫病氏刲股進之及沒氏年二十餘止二女事孀姑鄒以孝聞後依長女以終
鄒氏司馬道盛妻年二十九守節八十七歲卒
袁氏司馬惕德妻年二十九守節六十三歲卒

雷氏鄒德高妻年二十夫亡撫孤子祖祜成立苦節二十四年
賀氏蕭銘玿妻年二十二守節四十餘歲卒
司馬氏牟有紀妻年二十八夫亡教子甚嚴守節七十歲卒
鄒氏邑庠生羅才甲妻年二十六守節六十四歲卒
曾氏楊昭煥妻年二十六守節六十五歲卒
范氏李義陞妻年二十三夫故與孀姑田氏俱以柏舟自矢氏現年六十餘

賀氏袁勤益妻年十八夫亡撫遺孤日夜紡績以食其子叔翁令再醮正言拒之現年五十三
陳氏易顯芳妻年二十六夫故撫孤守節年七十餘
劉氏龔家彥妻年十九生一子夫逝攜子歸母家與孀母孀嫂同居子成立後始返故廬
孟氏陳福忠妻生員陳易霆母年二十六夫故守志三十二年卒
鄭氏張兆鑑妻年二十九夫故苦節二十八載卒
樂氏王裕禪妻年二十九守節六十三歲卒

侯氏陳祖喬妻年二十八守節五十八歲卒

胡氏李必聞妻年二十六夫亡撫兩子成立守節六十歲卒

彭氏蕭夏玉妻年二十守節八十餘歲卒

鄒氏周之典妻年二十八夫亡遺一子甫七月外侮迭來獨肩重任苦節五十年沒

李氏劉世舉妻年二十六守節現年七十四

賀氏謝承昌一作安妻年二十四守節現年七十

劉氏儒士甘諭訓妻年二十五夫故撫孤子成人今諸

孫林立卒年六十八

劉氏熊緒振妻年二十九守節五十八歲卒

藍氏李鑼妻年二十二守節五十餘歲卒

何氏馮志光妻年二十九守節七十歲卒

唐氏杜盛烈妻年二十八夫故遺一子明年子亦殤氏遵翁姑命以姪宜章嗣守節二十六年卒

曾氏王守親妻年十九守節現年六十三

秦氏羅輝詰妻年二十四守節現年九十四

郭氏劉光廷妻年十九夫故撫遺腹子明紀後入監卒年七十

盧氏江悅堂妻年二十一生一女夫故越年女殤有譏諷者斷左食指以明志五十三歲卒

蘇氏熊嗣綬妻年十八守節二十七歲卒

夏氏熊振先妻年二十守節四十九歲卒

胡氏熊緒琳妻年二十夫故撫子家璽成立入監三十五年卒

曹氏毛傑先妻年二十三夫故子幼家貧乞食撫之至抱孫後子與孫俱沒苦節五十二年卒

曹氏田國璽妻年二十三守節八十四歲卒

胡氏毛業柱妻年二十四守節三十四歲卒

徐氏毛進先妻年二十九夫故遺二子俱幼氏持家教子守節五十八歲卒

熊氏劉達遵妻年三十守節現年五十六

晏氏儒士鄒炳讓妻年二十九守節現年六十一

王氏竺明誠妻年二十二夫亡無出撫嗣子成立現年六十六歲

張氏趙維熊妻年三十五守節五十七歲卒

辛氏監生楊光祿妻年二十六守節八十二歲卒
司馬氏儒士牟祧來妻年二十八夫亡撫二幼子成立守節六十九歲卒
趙氏秦輔錦妻年二十八夫亡無子撫姪鴻樟嗣六十七歲卒
羅氏袁立椿妻年二十七守節現年六十四
何氏袁立極妻年二十九守節現年六十八
鄒氏廖解里牟治濂妻年二十六夫亡守節僅一女適沈門亦早寡氏常以苦節勵之現年六十一

徐氏儒士鄒崇潞繼室年二十七夫亡撫子高銓成立現年五十一
黃氏易光鐘妻年二十五夫故撫子秉乾成立五十八歲卒
戴氏徐德光妻年二十夫亡苦節六十年卒
雷氏袁文進妻年二十八守節現年六十四
侯氏袁棟立繼室年二十一守節現年七十七
涂氏馬北海母年二十九守節現年八十三
黃氏湛志時妻年十九夫故子女俱無苦節四十一年

沈氏龔芳輝妻年二十六守節現年五十八
蔣氏雷世琇妻年二十八夫亡守節止一女招贅趙姓子女旋故復爲壻娶劉氏生二子一復趙宗一奉雷祀現年七十六
高氏謝明魁妻年二十七守節現年七十三
胡氏儒士雷洪丁妻年十八夫亡逾三月始生遺腹子業泰茹苦撫之迄今二十餘載望子成名甚切現年五十二歲
藍氏張宗貴妻年二十一夫亡以節終

王氏談廷建妻年二十八夫亡撫五歲子成立守節十年卒
田氏趙從熲妻年二十二守節五十餘歲卒
向氏儒士車昌範妻年二十夫沒撫遺腹子大有成立現年六十五
龍氏羅澤葵妻年二十六夫亡夫家逼再醮氏誓死不從其弟迎之大歸得完節焉現年五十七
周氏儒士鄒珉中妻年二十夫亡守節以夫從弟子崇寬嗣現年七十五

汪氏毛家燦妻年二十七夫亡撫子成立守節四十八年卒

王氏司馬盛照妻年二十七守節八十五歲卒

李氏儒士胡體全妻年二十夫故撫孤子光紳苦節三十六年

高氏趙維著妻年二十六守節現年七十四歲

司馬氏咼壯榮妻年三十守節現年六十七歲

熊氏毛貞先妻年二十四守節現年六十四歲

鄒氏高肇厚妻年二十四厚病刲股以療不愈撫遺腹子家皓成立現年五十五歲

李氏郭光炳母年二十守節四十年莫覩笑容

袁氏謝友棟妻年二十于歸夫故撫遺腹子成立現年六十六歲

劉氏王家連妻年二十六夫故撫五歲子貴成立現年七十一歲長孫毓椿生員

劉氏平樂里田家祥妻祥家貧成婚劉宅生子奉義甫一歲祥沒時氏年二十四茹苦撫孤稍長不率教則懸其夫像撻而誨之奉義因爲克家子今抱孫焉現年六十二歲

張氏王祖訓妻年二十九守節六十七歲卒

陳氏鄧家琳妻年二十一守節現年五十三歲

崔氏戴鴻文妻年二十五守節現年六十餘歲

陳氏劉明顯妻年二十生一子夫亡與孀姑陳撫其子入監姑年九十卒氏現年八十三眼觀五代

梁氏郭之玉妻年十九夫亡家貧無子伯兄諷令再適氏不同現年六十三歲

桑氏張登銓妻年二十九守節六十三歲卒

劉氏鄒中溥妻年二十一守節現年六十六歲

高氏歐陽傳榜妻年二十四守節現年六十一歲

程氏監生陳鳳昌妻年二十夫沒撫七歲子入武庠子沒又撫孫現年七十六歲

龍氏廖祖淵妻年二十九夫亡撫二孤長德俊早逝媳王氏年三十姑媳同厲節王現年五十八歲

陳氏儒士易繩忠妻年二十八夫亡守節十五年卒

易氏徐宏銘妻年二十二守節現年四十七歲

毛氏譚光炯妻年三十夫故撫孤子五值年荒氏售奩

田贖祖宅長子汝金從九現年六十三歲
蕭氏竺家柏妻年十九夫亡守節三十年卒
朱氏監生朱光册女儒士龔人俊妻俊故無子守節後
姑病封臂和羹以進
易氏徐周琥妻年二十二守節三十二歲卒
邱氏邑庠生張德瑜妻年二十一守節現年五十一歲
程氏儒士易秉信妻年二十六夫故守節三十六年卒
張氏儒士王傳詩妻年二十九夫故守節三十七年卒
汪氏張兆秀妻年二十二守節六十九歲卒

朱氏楊維炳妻年二十九夫故矢志貞守撫子西園成
立年五十三卒
王氏向武坦妻年二十九夫故守節八十一卒
譚氏貢生鄒履中妻年十八守節以節終
毛氏侯學炳妻年二十九夫沒矢志貞守撫子傳增成
立現年六十
鄒氏王賢義之母年二十四守節晚年嗜佛撫子成立
卒年七十
杜氏龔人樾之妻生員杜宜槐之女年二十夫故撫子

成立矢志不渝
王氏盧紹唐妻家貧事姑羅氏常忍飢寒以奉姑及王
氏沒姑哭之極慟不久亦死
謝氏何志讓妻孀姑林有四媳氏居其季獨與姑形影
相隨姑有疾不食氏亦不食侍湯藥未嘗懈年三十
卒姑自氏亡後每憶婦哀聲震鄰至沒乃止
貞女葉么姑以下俱通志　鞠氏王文範妻
賀氏王文敷妻　李氏胡士仁妻
劉氏徐肇文妻　毛氏林慶禧妻

陳氏杜志超妻　羅氏陳代舜妻
吳氏田　昭妻　雷氏袁叙一妻
冉氏田俊生妻　陳氏王國義妻
楊氏敖占魁妻　吳氏朱之翻妻
馬氏羅在清妻　王氏陳嘉謨妻
毛氏龍　松妻　劉氏杜成賢妻
陳氏徐之泰妻　鄒氏羅國甯妻
陝氏徐尚品妻　沈氏鄒毅任妻
田氏陳世毀妻　李氏王世寬妻

張氏萬世道妻　陳氏沈美仁妻
王氏羅國勛妻　袁氏朱兆昌妻
熊氏陝以嵩妻　王氏周　篤妻
劉氏田世澤妻　朱氏徐相玉妻
汪氏毛祚先妻　王氏咼大任妻
毛氏王志銘妻　朱氏王宗道妻
朱氏陳家和妻　李氏饒興鼇妻媳孫氏
李氏司馬升妻　吳氏陳毓連妻
袁氏陳士桀妻　劉氏袁遵宗妻

田氏袁遵清妻　席氏羅在海妻
司馬氏龔傳鎧妻　涂氏王家量妻媳李氏
毛氏龔學源妻　袁氏馬盛祖妻
劉氏羅在泮妻　朱氏陳士毅妻
沈氏牟有格妻　余氏咼同玫妻
陝氏陳澤寬妻　楊氏傅承翼妻
陳氏鄒秉讓妻　邱氏蔣之檄妻
陳氏杜紹柏妻　周氏毛棟先妻
袁氏田昭聲妻　鄧氏馬有定妻

鄒氏王祖訓妻以下新增年遺　杜氏陳懋琳妻
桑氏張敦銓妻　涂氏游大敏妻
鄧氏王富連妻　司馬氏袁對均妻

潘氏王振祥妻割股救姑病愈梓里贈彤管揚輝額

鄒氏監生謝龍光妻翁病篤諸醫束手氏以夫三世單傳翁脫不諱夫之方寸亂謝氏之祚危矣氏飲泣刲股進愈越二十餘年諸子林立長子夢巖爲邑庠生

魏氏田國贍妻刲股救姑先是兄亦刲股救親邑舉人田國文著有兄妹刲股傳

咼氏邑庠生朱兆蘭妻姑喪明氏刲臂和藥進之愈後公病適氏有疾不能操刀乃倩夫妹爲之刲臂

喻氏劉顯祿妻母夏氏病刲左臂啖之愈母嘉其志給奩田五斗不受至今八十猶健

牟氏監生牟丕振之甥女撫爲己女于歸李姓後養母病刲臂勸餐病頓已

杜氏監生王傳華妻監生杜隆烈之女其姑劉氏病篤氏刲左股救之尋愈

毛氏白里貢生劉瑞逵妻母病篤不獲歸省刲股和藥

遺之一服而愈

王氏司馬啟漢妻以下割股救姑

駱氏生員熊夢祥妻

李氏杜其蘇妻

田氏陳宗溥妻

陳氏武生張鵬舉妻

司馬氏陳顯銘妻

張氏汪漢陽妻

李氏毛業芬妻

劉氏汪廷玉妻

喻氏貢生毛業鳴妻

劉氏生員蘇楚巘妻

牟氏魯必雄妻

胡氏李蘭階妻

楊氏陳渭厚妻

周氏生員楊化遠妻

袁氏司馬有鐸妻

向氏毛學敎妻

田氏鄧道材妻

周氏生員毛業喜妻

附壽婦

謝學鰲之母涂氏現年百壽

增生陳光震之祖母王氏百壽

周兆明之母華氏九十六歲

田大琨之母蕭氏九十三歲

姜開燦之母牟氏九十一歲

儒上李永隆之母陳氏九十一歲

貢生袁時清之母鄒氏九十八歲

鄭昌選之母王氏九十五歲

生員宋炳燧之祖母唐氏九十七歲

竺發佚之母何氏九十一歲

杜守玉之母錢氏九十七歲

公安縣志

卷七 藝文上

公安縣志卷之七

藝文志上

甚矣辭之不可以已也杜陵詩曰文章千古事得失寸心知黼黻隆平務摛華而行遠知可傳者在人善鳴者不朽至與善傳懿有裨於世道人心以及抽思弔古嘔心咏物是皆不可磨滅者山以仙靈川以珠媚能無識乎

贈大司徒黄山鄒公致政南歸序

明學士　李　時

嘉靖戊子冬大司徒黄山鄒公引年請老上曰邦計重寄是毗是倚卿其勿辭公遂閉門稱疾上遣醫命中貴賚賜酒米肉菜以示眷留公既具謝其請益堅疏三上上乃俞允錫之璽書令有司歲給輿皂月廩於是中外識與不識咸曰榮哉鄒公之歸也將行朝紳九卿而下相與醵餞之司徒儉菴梁公杏岡李公屬詞於予予惟士大夫出處之際亦大矣其始進也有簪組之華廩祿之給封錫之褒榮孰甚焉及其去也或罹於邦刑或戾於公議或忤於君上歉於其行者十常八九惟夫賢者能審於去就見幾明決不蹈三者之患故進進也退亦進也其榮無異軌焉公舉癸丑進士予進也晚未始識公公爲諫議予友蓮北魯公嘗曰吾鄉有鄒黄山者恭而廉讓而不競賢者也予竊識之公爲少司徒予表兄桂巖遂公亦曰吾寅有鄒黄山者確而和通而不詭賢者也予又識之去年夏予以戸部起復至得侍公見其恭而廉也確而和也讓而不競通而不詭也魯遂二公之言符焉是以今日之舉明哲之義特達之識無愧於古人君

寵優渥公論交與既高其節又惜其去豈不眞榮矣哉且康強怡愉氣和而充茲歸也黄山之麓爲三楚之秀昔人所謂虎渡龍洲又公所釣遊之地登高舒嘯臨流賦詩徜徉山水其樂詎有窮乎雖然君子居廊廟則憂其民處江湖則憂其君聖天子勵精圖治篤意斯民公之所親見也即今汝潁樊鄧關陝梁益道殣相望公征車所歷得於目擊之餘其能已於中耶長章短疏必有嘉謨以慰九重南顧之憂此又諸薦紳之所望於公者公以爲何如

送陳道人宅白雲山序　洪鐘

平河之口白雲之山野壙壘壘荆棘縱横狐穴蟻國問者不就樵夫牧子日上下呼唱而雨夜風夕走燐飛螢也中有菴茅茨弗剪佛半老朽不辨面目僧之住持者未月而避八九山人陳慧通見而悅悅而往居同人力止之不從徑去戊辰春余嘗同客泛舟遊茲山矣山半有塘半爲草茸由塘而北轉得平地畧畝層級而上入菴禮佛畢出菴後野壙之南短竹藤網徑道蔓塞客促返舟徑下予以手劈叢行七八十

步得柏五六株梅三樹老幹扶疏不知何代物也旁有泉沮洳未涸余目賞心會而林密雲深中聞山鬼呵聲噫此地景物豈有神護者乎入林里許越岡遇一老翁貌古而韻致不減偕二三小童咏曰攜手來春林林深失去處仙犬雲外吠吠入桃源渡予傾耳久前叩其姓字翁俯不答飄飄自前蹊去予悵然返舟則已夕陽在山矣今陳山人往居書此送之不識庵前淒涼景色其改觀焉否庵後古柏其改柯焉否梅之拳曲虬盤噴其幽香者尚如昨焉否昔之詠歌

而自得者能復遇焉否

東門護城堤記　袁宏道

公安治倚江江水齧岸者百有餘年至近歲遂割城之半以予水議者畫爲三說以上一日避勿與爭道也將盡撤其堂皇闤井以就高而公私困竭不與者十常七也二曰築堤於江之上流以殺水堤虹偃而出水勢北走迤南一帶庶免衝激而勢湍速撥之石未必膠委千金於洪流途之人知不可也三曰疏二聖洲之故道以分江勢夫江身在南水去原而就洪

疏之不勝淤也策乃下會道指使者應公行部至邑愀然嘆曰江患逼矣而江議迄無定畫居者危危若簣下之火愚則處堂抑豈無智者也江防使者徐公進曰適有薦紳大夫言未竟也邑三面負堤而缺其東孟公堤亘右臂下楊令增其支爲前障往年江決東門邑居漂盡者左臂虛故也邇來江患少定幸萬一之復而峻其左可以壘守此百世之計也應公曰善是邦也詘詘又不可以需則爲邑出鍰若干監司郡大夫而下捐貲各有差閱月而堤成邑士民相與

歌舞於市皆曰微宣指使者重念災國不及此予與曰以佚道使民則不怨況其不使且爲出貲以貸命也一時善形家者皆言邑形勢自西北來後疊而前削截之以堤則氣留留則能爲諸祥且於邑爲左左屬龍也地宜豐形勢之所賓也是役之興盈庭之議頡止自忠襄公以來未之有也

儒學梁公生祠記　袁宏道

天之大也無所不有而非挾其有以角也聖人亦然使天曉曉然與春爭華與秋爭實與萬物爭洪纖大

小天亦物耳故聖人之大以愛不以勝天下之爲道者歧眞其道皆竊吾近似者也吾僕役之則吾用而角之必且外吾而求張故以宣尼之聖而識小師老聃問道不以是貶大暨於後儒挾吾之所有以求勝而吾之道一變而儒始名再變而儒退然居九流之列三變而儒乃有爲異道用者是則角之而張者也且夫諸子百家固未有能出吾範者也棼而爲名法比而爲楊墨遁而爲老釋唯其竊吾似而甚焉則指之曰異學而實不出吾之所有夫聽所言觀所行譽所試是聖人未嘗不名家也春秋之斧鉞雖隱必誅是聖人未嘗不法家也吾蔬食而愉快其樂我席不溫轍不解其愛兼是聖人未嘗廢楊墨也寢有經食有戒是聖人未嘗廢攝生也幾研於未發道竟於無聲臭是聖人未嘗廢虛無也唯其無所不有而出之以平淡故其大至於不可名異學者竊其一以求尙其譽故迹詭而言放以爲不如是不足以自崇其道而不知千變萬化皆不出吾儒之固有吾取其精以供吾用而汰其甚告之以所蔽彼亦且樂爲吾用吾

覆之以天臨之以君庇之以父母彼安敢出而爲吾害唯吾自挾其道而與之角居然以敵名予之而彼亦傲焉以敵自居於是異端之禍與吾儒相終始名曰尊吾道其實溥吾藩而益賊以戈者也孟氏善衛道者其言不過曰歸斯受曰反經而已矣反經者使天下曉然知常道之大而本之身以措天下皆綽綽然而有餘吾常有餘而彼不足又安用借貲於彼天下皆知吾之不借彼所謂濯龍之宮白馬之舍其黨不得不少而道自衰此所謂不攻而破者也故今之

欲廓吾道莫若遵孔孟之家法而明其書暢其旨先是中丞梁公以監司臨敝邑見學宫圮慨然捐鍰新之每至邑則進諸生徒告以聖賢之微旨其言樸直無雕飾已又出書傳若干多先儒之所未發蓋公之所以衛道者與孟氏反經之旨千古若一券也昔者昌黎氏衛吾道徒爲憤激之論而不標其本是以介冑衛也夫介冑所以攻非所以服也今公第發明孔孟之深旨使人知道之無遺覆而諸子百家無異載此猶禮樂盛而悍獷銷聖門之伊呂也邑士民戴公

德爭請祠公邑錢侯聞之甚喜曰是王政之大者竟如士民請祠成以記屬余余拜手曰公他日當俎豆於白沙諸公之間者也然使後世知邑中有聖學自公始公之從祀自敝邑始一時令長師儒兼其德而快其事而不肖某得以文字濫其役是皆不朽之精也公名雲龍廣之瓊山人楚人戴公如羊叔子今者特祠贊序問故畧述其功在聖門者其他威惠不具載以俟異日志峴首者

儒學周公生祠記　袁宏道

邑學宫舊瀕江江水齧其址宫遂遷邑頻歲苦陽侯殿材蠹過者岌岌然慮其壓則以孫木贅之又十餘年而贅者蝕其半邑人相顧嘆惋竟不敢議與葺夫邑之薦紳大夫以至縫衣緩帶皆誦法孔氏者也積纍而縮積塵而嶽邑之人亦能辨此獨以事重而地卑故不敢不緩其議以俟天子之命吏夫今鄉校雖一鄉其始蓋有所受之小至一籩一豆皆奉功令而行不敢輒增損故學宫之重與太廟等而其興葺一稟於天子外爲者退而不得達則稟於天子之命吏

今夫佛者之舍朝而圮焉夕而呼於市市之屠伯傭保操其與葺烏合而集事者何則其事輕也昔李師道請出私財贖魏徵舊宅白居易諭奏以爲事關激勸合出朝廷夫此名臣舊第耳當時惜大體者慎且重若是其敢輕議數仞之宫牆與必有所操而後議故下之人不得不緩緩於下而急於上故體統尊而事行古之爲治者政學出於一故曰在泮獻囚在泮獻馘後之人特以爲文章之具觀故其修舉常後於官寺區署一有興葺直付之一二章縫而其事僅與

釋老之宫等於是學宫始輕而絃誦之地鬱爲苔蘚後生末學有經年不窺夫子之門屏者是亦爲政之責也監司周公醕儒也修姱之節聞於天下天子超常格拔之論者以比胡威陽道州下車未浹月威愛遂行聞邑 大成殿敝即與前分守梁公捐貲撤而新之既命有所操無失體衆力遂集而邑人士數十年嘆惋而不敢議者一旦如釋重負宫既成邑錢侯率諸薦紳士落之皆曰非公余等何顔復見先聖洩洩然如唐子之久亡而忽見其鄉也則又曰邑公之

畏壘也將世世子孫俎豆公舍學宫其安之遂并梁公兩祠於宫之左公名應中浙之會稽人夫非謂學宫之能重公而學宫待公而重將使後之作者知其重以時加修飾而後生末學望宫牆而肅然是祠之所以作也

白蘇齋記　袁宏道

伯修賦性整潔所之必葺一室掃地焚香宴坐而所居之室必以白蘇名去年買一宅長安堦上竹柏森疎香藤怪石大有幽意乃於抱甕亭後潔治靜室室雖易而其名不改其尚友樂天子瞻之意固有不能一刻忘者詩云維其有之是以似之予謂維其似之是以好之也夫不能似之而好之則其好之也爲浮蓋予少而侍伯修山中長而依於官邸歷求其生平與兩公眞有大同焉者吾觀樂天子瞻爲人大約皆眞實渹篤不立城府而伯修亦温良重厚胸中無半毫鱗甲是其心同也樂天典大郡所攜不過天竺石華亭鶴折腰菱晚年買履道里宅至鬻駝馬子瞻雖處顛沛不輕規取絲毫無田可歸竟至流落而伯修

賦性梗介泊然自守雖居官十餘年無異寒士終不以隻字干人是其操同也若夫醉墨淋漓於湖山間情寄託於花月借聲歌以寫心取文酒以自適則樂天子瞻蕭然皆塵外人而伯修少有逸興愛念光景耽情水石塵鞅之暇招攜二三雋人或高齋聽雨或射堂看月城內外刹菴遠自西山以至上方小西天諸處鼓舞同侶遍往登臨是其趣同也樂天子瞻其文詞皆爲一代宗匠而伯修少時操筆便有新意予遊天下多矣若詩律之脫而當文字之簡而有致亦

未能有勝伯修者過此以往又焉可量是其才同也樂天子瞻雖現宰官之身皆契無生之理而伯修參訪既久塵心久絕是其學同也其不同者兩公矯矯諫諍覺風節外見耳然是時樂天身爲諫官子瞻起家制科皆有議論之責今伯修方侍春宮育養元良旦暮陶鑄天下養其身以大有所用豈出位而言效制科人之習氣以爲極則乎假使伯修爲諫官其又肯默然耶是亦未嘗不同也昔子瞻亦自以爲出處老少同於樂天蓋庶幾此翁晩年間適之樂而老爲

逐人卒飄泊於蠻塢猿洞之中竟不得與樂天同樂蓋有故矣樂天當朋黨甫動時即奉身而退爲散官爲分司而子瞻自元祐以來徘徊公卿間如食蔗然曾不爲引決之計故宜未幾而禍生也樂天懷知足之情子瞻多幹世之意然禍福之幾亦可畏矣今伯修官漸高祿漸厚然每見必屈指謂予曰吾數年內歸矣嗟乎伯修近日所欲同而吾輩亦必欲其同之者其尤在白乎其尤在白乎

遊荷葉山房記　袁宗道

予別邱墓三年矣今年夏予與二弟至里中拜於松楸而憩於先居先居傍有荷葉山喬木千章今日諸叔偶不見召日暮無事乃與二弟步於山中擇高阜處藉草而坐因思兒時常騎羊來此每一至不啻如四五十里外而今視之數步耳山之蒼蒼水之晶晶樹之森森自少至長習而安之不見有異今偶遊焉而覺其幽靜蓊鬱愛玩不能舍去久矣夫予之在城市也俄而月色上衣樹影滿地紛綸參差或纖而簾又鶩而規至於密樹深林迥不受月陰陰昏昏望之

若千里萬里杳不可測劃然放歌山應谷答宿鳥皆騰噫嘻予生於斯長於斯遊戲於斯二十餘年而猶有不盡之景乎徘徊欲去而有聲自東南來慷慨悲怨如嘆如哭即而聽之雜以轆轤之響予乃謂二弟曰此憂旱之聲也夫人心有感於中而發於外喜則其聲愉哀則其聲悽女試聽夫酸以楚者憂禾稼也沉以下者勞苦極也忽而疾者勸以力也其詞俚其音亂然與旱既太甚之詩不同文而同聲不同聲而同氣眞詩其果在民間乎語終而天風夜起歌聲漸

近二弟無言予亦嘿嘿聲之悲怨有加於初嚮之歡適者化爲悽愴矣遂相與踏月而去

柳浪湖記　　袁中道

郭外西南柳湖與斗湖一湖也長堤間之爲大道達於南門其内爲柳浪柳浪滙通國之水穿橋入於斗湖柳浪實湖也田之然常浩浩焉獨其中高阜者幾四十畝可田絡以堤堤内外皆種柳及楓帶以渠渠樹之内始爲田田之内地較阜復爲堤周之堤上復種柳堤之内前爲放生池種白蓮亭臨之後漸阜爲

臺臺之上則柳浪館在焉爲室三楹環以深臺上及渠内外皆種柳凡堤之襲者三渠之襲者二樹之襲者六若筍蕉若陣若城翠碧醞釀不知紀極放生池堤外右有窪地不可田築横堤與田隔中種紅蓮水中有洲爲室三楹以待名僧及過客也右爲小堤以出是爲門徑左爲小堤達於柳浪館欲泛舟則繞臺下從右出橋下達於放生池盤旋亭前折而右穿橋至紅蓮池繞僧舍而西穿於後渠後渠西可達斗湖水最濶返棹仍從後渠達於左左既則前望見臺上朱欄畫檻隱隱繞而右後還後渠過僧舍從紅蓮池舊路歸焉可二里許日午渠內無曦暘濃樹遮檐參差見碎天水清徹底此柳浪大略也暑中中郎與予坐臥其中辰起偕數僧麈譚倦則泛舟月夜尤佳常有一客若熱夜來避暑忘攜襆夜半凍欲絶樹凡萬株種楓柳者宜水也楚中柳色止一月黄落入秋楓葉紅酣如錦土人云後有篔簹前有柳浪篔簹爲予居柳浪爲中郎別業也

錦石灘記　　袁宗道

余家江上江心湧出一洲長可五七里滿洲皆五色石子或潔白如玉或紅黄透明如瑪瑙如今時所重六合石子千錢一枚者不可勝計余屢同友人泛舟登焉淨綠外繞花樹內横列坐其上似在瑶島中余嘗拾取數枚歸一類雀卵中分元黄二色一類圭正青色紅紋數道如秋天晚霞又一枚黑地布金彩文約如小李將軍山水人物東坡怪石供所述殊覺平常藏篋中數日不知何人取去亦易得不重之耳一日偕諸舅及兩弟游洲中忽小艇飛來一老翁向予

戟手至則外大父方伯龔公也登舟大笑若等謗我取樂次日送遊錦石洲詩一首用蠅頭字跋詩尾曰老懷衰颯不知所云若爲我塗抹雖一字不留亦可嗟夫此番歸去欲再覩色笑不可得矣

二聖寺遊記　袁宗道

甲午清明諸舅率余兄弟出東門踏青行二里許至二聖寺憩焉寺僧具茶菓仍出余少時題壁詩每讀蟲蚯似覩古人墨蹟不復知爲少時筆也寺有辟支佛牙方長寸許凹凸處如古篆又有宋黃衣使者赦

絹墨若新僧爲言往有趙松雪羅漢卷已入故相家今存其贋者其松雪本覽畢出禪房倚門外叢樹間僧二聖因緣一老僧答曰二聖寺載芬陀利經中其顯異則始於唐此中老宿相傳唐某年邑令與沿江居民一夕同夢神人來告明日當候我江干次早官民相驚候江上有沉香二根逆水而上相率牽挽而至岸忽行者自西來云此木奇甚然非我等莫能雕飾乃令官民移至安遠寺殿中闔扉七日煙霧迷空朝昏莫辨七日以後忽露光明啟扉視之則二像宛

然夾佛而立大約如世所塑金剛威猛異常而杭州有商人某者舟出楊子二童子求附舟至暮謂商曰今夕當爲汝牽舟但莫行即速也至夜舟行若飛耳惟聞風濤聲商穴蓬窺之惟見二金剛挾舟而翔懼甚不敢復窺比曉舟已達寺傍問知爲南郡公安蓋一夜行三千里矣商大驚起視寺中佛邊所立二像即昨日挾舟人也商愈駭方欲瞻禮亦立化像前衆僧聞之競來瞻禮商顯頻忽長眼突而頳儼若龍形食頃復活告衆僧曰吾二聖護法龍也二聖一爲青

葉髻如來一爲盧至德如來皆過去恒沙刦前寶藏佛授記五百童子之二歷百年後吾肉身當有難然不敢加害更三百年香像肉身方歸刦火言已復瞑衆僧爲漆其軀祀二聖傍即救所謂黃衣使者也黃巢之亂賊見像抽矢欲射像忽汗出若雨賊大懼引兵去一邑獲全至宋某年寺果火年月一如所記余因嘆佛法在周末時芬陀經之入在六朝時而青葉盧至之跡顯於唐者與經所說若合符券噫何其奇也同游俱攜有酒肴布席門外樹下各賦詩一而歸

歸憶此古佛獨顯異於吾邑而他處招提卽未見有供二聖像者亦法苑中一僻事也遂籌燈記之使局士觀此知佛法者廣大不可思議

培風書院記　夏策謙

書院之設所以宏文教育英才講學肄業養成材器爲國家用自昔楚有嶽麓與嵩陽應天白鹿四立爲大而各州邑因其名地爲游息所者不一總以作育人才亦綦重矣公安自宋端平間孟忠襄公爲竹林書院以處一時流寓之士而後莫有踵其事者卽明

之中葉袁氏三珠樹起主盟騷壇遂有公安亦止各適其適而已今日者

聖天子崇重儒術薄海內外家絃歌而戶誦讀而我邑侯

楊公尤加意作人甫下車首葺

學宮於茂草中復修諸葛公寇萊公兩祠堂並新鄉賢之宇薦楚三閭大夫神主捐修邑志凡此皆關教化之大體然而邑荒多故俸薄割截亦已甚已饑者諸生通名以㨿公令倣江南例槪以刺鄉會二試贐餞有加禮所以崇斯文養士氣正所以勵廉恥鼓藏修也至於館穀義學在新建之寇公祠而公以地無專屬非所以居靜業嘗言得城市山林之處規而恢之庶乎暴無寒至於古教之之義始稱於時紳士父老咸相與謀曰楊公六年來一舉一動必爲我田疇子弟計眞父母也善事父母者先意而承志盍以我眾擎之舉慰公難汲之深衷稱善適居人以所居求售其地爽塏其屋廠㡳在北城內前臨街街南面後暨右有園圃有水有竹有樹想春風鳴禽秋月篩影諸生以時習禮講課吟哦其間亦公安新邑之大觀也

啓公閱視公喜顏之曰培風就遷義學師弟子而學焉予以旹稽一席親炙盛事樂爲之言今公且以內召去異日者卽以俎豆公爲去也思者不第爲去也思豈不與召棠狄樹並垂遺愛也哉始購得基宅七十五金修理續費約百金捐金人多不能記

重修武侯祠記　李也白

邑名公安因漢昭烈也而當日之以仁易暴諸葛公輔相之力居多故邑之祀名宦首武鄉乃孱陵街大道之北又有專祠襟河流而帶湖澤南面對黃山不

知始於何時或謂先是以祀呂蒙明季進士劉珠醜呂之昧於擇主詩以誚之祠一夕火因改祀焉今祠前門石柱屹立有漢業鼎新一表見出師之意蒙城廟食千年愧僭賊之心之句爲劉所題聯考古祀典五而諸葛公兼有之能致其主翻然翺翔於蹈虎涉冰之餘而猶能以德施民尸而祝之雖曰人心不死然非君子之不可諠不及此祠之廢興不知凡幾自明末流寇一炬七十年來亦棘黃蘆徙增過客感慨歲乙亥夏仙田楊公卽其舊址捐俸修之爲正殿三

楹奉安神主傍作兩廂房週以墻前至舊石柱而止爲門門內亦三楹且購得踁近之土課其毛以食廟祝一時父老相與流嘆曰茲役之繼寇公祠而起世道人心之大幸也　楊公之誨我子弟計深且遠固非不學無術者所敢知也　楊公之德其又可忘也哉祠之成閱兩載約費百二十金是不可無以記之

竹林萊公祠堂記　元　劉坦

忠愍萊國寇公障蔽於讒謫死瘴鄉喪歸次於公安野祭插竹既乃芽茁竟成修林後人郞其所祠之今餘三百年西洛薛君友諒來令茲邑伏謁祠下顧瞻遺像與家藏本不相似命工改作奠神宇更新焉垂成而代至乃屬邑士徐森成之既成將伐石爲記俾圖投簡則相與言曰竹植物也於人爲君子當其雪霜寒擊萬物盡凋獨挺然不改其操春雷發榮遍地而出蟄焉固也今是竹出於芟夷之餘非有宿植而生意勃不可遏謂造物者表公之節非邪公出在朝無所阿附小人噂沓必欲置之死地不知公之處死也素矣百世之下聞風興起凜凜猶有生氣彼丁謂

王欽若輩雖衣冠廣庭視之若泉下人終與草木俱腐而已薛君景行先哲竭䖍而妥靈恐其貌弗克肖其德必有與之肖者矣夫貌表於外者也德蘊於內者也臨大節而奪遇外患而怵朝夕身親炙如隅宇宙尸而祝焉其顏顧不有泚哉祠成之後甲午四月竹生於楹一本兩岐瑞應圖牒夫是竹也植萌於肇祀之先騈産於新廟之變謂以是表公之節千萬世不易吾言矣其在後之人善封殖之庶無愧於公亦無負於人之望云

重建學宮記　　趙申喬

公安爲三國用兵地其在於今則荆南屬邑也邑舊有學屢燹於兵歲久不治許縣尹磐慨然念之偕魏教諭士俊楊訓導兆儒因紳士僉議捐修請之魏郡守勤報可而後庀材鳩工剋期告竣煥然可觀又新鄉賢名宦之祠於櫺星門之旁增祀有功德斯邑者以桐鄉遺愛之故論先大夫治績久而益定升進几筵事在壬午冬十月之望主已薦矣越匝月會余奉

簡命察審鎮筸紅苗之案輅車過焉肅謁祠下焄蒿悽愴感念音容屈指先大夫去官之日與茲瞻拜之期相合事會適逢夫豈偶爾因歎甘棠舊澤已閱六十年往矣而三代直道猶在斯民孰謂今人之心必不逮古哉學博率其庠之弟子乞言於予予方戴星復命東下迎

鑾匆匆未果爲未幾由浙調撫楚南所駐長沙距公安不越數百里追思先德靈爽式憑爰爲之說以勗多士曰古昔盛時立學造士自成均逮閭黨皆有師也是以上無私師下無私學周末王道寖湮士之不得位者輒相與授受於山野觀洙泗西河鄒嶧之前事可見漢與迺重經學歷考關西濟南琅琊千乘生徒各不下萬人數葉之後習其傳者必曰出自某師良亦專矣要不可謂之非私學也若夫王道興則師道公諸天下今非其時乎多士生長同風之世遭逢

堯舜亦知

朝廷養士之意不專科舉而實望之以希聖希賢之學乎善乎王文成之言有云殿廡堂舍拓而葺之餼廩條教具而察之是有司之修學也求天下之廣居安

宅而修諸其身是爲師爲弟子者之修學也公安郎彈丸乎代多聞人科舉登進不足爲難其聞先王大同之教雅志修身治心而深疾夫馳騖功利之寵者將必有人焉從此噓染成俗上應　昌隆因而遡聽風聲雲蒸霞蔚能遵

天子崇重　先聖之道蒸蒸向上比戸可封始信德教覃敷不於山野而於庠序公安且歸首庸焉詎不休哉先大夫在任曾力爭公安取士之額遠不遠江陵偏偏學使者前必得所請後巳嗣此士風翕變文章

經濟卓犖一時正圖拔本塞源養士於庠以期澤諸
道德結竟楚才之盛顧以輯瑞北征斯志不克終遂
矣幸值閟宮之有侐而闡幽與行多士徘徊棟宇瞻
想儀型能無油然興起於佾舞工歌之際乎是則余
之稱引弗後仰體　廟堂之良法美意以詔告多士
實本先大夫設施未竟之心殆亦不出邑紳士踴躍
樂襄之志矣夫雖然甯獨爲公安一邑言之也哉列
其崖畧鄙畀兩學博刻詞麗牲之石所糜白金若干
鏤及經始落成月日具著於籍以非其大者不復書

重新學宫記　沈爾燝

公邑舊治濱江自明季戊辰以後城再遷學宫規撫
略具陵谷代更洊經喪亂其人士僅以自保殿廡間
幾於鞠茂余奉命來尹茲土每月吉祇謁未嘗不愁
焉爲之顧歎歲力勿遑也會富川鄧君以司訓主教
事屢謀於余併力圖其事次年春度地於學宫之左
剏啓聖祠三楹厥工甫竣夏四月黷雨毁宫之後壁
殿材且半蠹循牆蹴踖岌岌乎隕墜是懼亟偕鄧君
悉捐俸入庀材糾工易其蠹之鈌者而堊焉淶其木

之廡者而斲爲五閱月門觀既壯榱垣漸週凡此皆
體國之常經肇造新邑以來數十季荊榛灌莽以有
待於今日者也嘗論世數之汚隆與文運之顯晦相
爲倚藉公邑魁梧大儒如王襄簡鄒莊簡以高第秉
時策勛譽流竹帛近代三袁先生領袖科名主持風
雅海内士大夫樂得而道之曾幾何時而芳徽不再
覩與數十年僅以戊亥間鳴其盛豈運會之推移抑
絃誦之聲少衰息耶夫上有好爵之縻下有始修之
立舍是則維鵜貽刺矣歲周星紀景運其昌午之秋

邑之人文蔚然丕振
天子方側席求賢經明行修之選登進無少遺誠以是時
端父兄之教愼子弟之率尊聞行知以絶隙怪之趨
敎詩說禮以安雅言之訓而以歲時陳俎豆習干羽
於中將業日修而德日進彼洋洋鼓簧嗚鳧聖而來
者非其嚆矢乎太史輶軒採風即以之比美齊魯焉
可也是余之有事於新宫而不能無望於後起之士
也

危泰公祠堂記　龔三捷

皇帝御極五十有七年著雍閹茂之歲我
邑侯廬江楊公莅治再期月政通而人和慨然念宋
忠愍萊國竹林祠堂之鞠爲茂草也曰寇公之生而
爲英役灘神感鳴鹿死而爲靈令道傍既折之竹復
生雲車風馬在帝左右其不能忘情於茲也可知承
平既久野火寒烟中不得一盂麥飯此都人士之羞
守土者之責也顧遺蹟在邑舊治南明季邑再遷舊
治爲天吳割截垂將盡祠址去江遠不三百步而岸
又善崩衆皆疑之侯曰噫舊之爇奚盤庚五遷云胡

不國於是捐俸薪卜爽塏於新城之北亦傍大道縱
橫若干步置屋上下各三楹上爲臺高三尺許奉神
主使登降可覯下爲堂以待游息之過客兩翼爲書
舍若干置館穀以處誦習之師弟子前對湖光千頃
望松滋衆山秀出雲際如笏如圭如卓筆溪河千里
曲折而來下合便河再合港口分江之水而始南迴
以繚垣內盡植竹間以楊柳隙者甃樹蔬爲劃粥資
南截大道仍闢門與城之北門相對使靈淑之氣相
貫注顏其額曰竹林寇公祠有奸雄過此能無仔細

思量耶或又疑之侯又曰祠之不南面而西面者避
壅蔽選形勝也昔寇公之令巴東移邑治於白鹿崖
之麓諗江流之有情不忍背之飭其署北向手植雙
柏後人比之甘棠爲今祠傍作南門與城之北門夾
道而通行者亦將爲不忘當日鎖鑰之意也衆皆喜
驩而落之則相與言曰竹之爲物虛中而高節不畏
歲寒其葉似鳳毛其筍號龍孫其於人稱爲君子公
安何有於寇公其所以示靈異於此者此土原非偶
然初以羽流主祀事號竹林道院孟制置擴爲書院

理宗親灑宸翰以賜之而四方流寓之士之至者如
歸後三百年西洛薛公諱友諒者尹茲邑正其遺像
新其棟宇時則有竹生於楹一本兩岐之瑞明世廟
初邑人大司徒莊簡鄒公諱文盛者題請祀典大抵
祠之由廢而興存乎其人孟薛踵其事而鄒增其華
鼎新以來蕪沒者七十五年而有待於今日侯毅然
以獨力振興之直改卜焉清風袖裏費若千金創之
功遠過於繼雖祀典未易驟復而作廟翼翼依然舊
觀寇公之靈妥巳侑巳侯之急先務而大有裨於人

心可以不朽已太史採風而上之
聖天子必將曰吁黎民於變賴有此耳

藏書記　鄒美中

余性嗜書每試輒購數簏以歸邑業制舉者咸目笑之余竊以之自多人事之弗知飢寒之弗恤晦明風雨手一編不輟也漫畫之烏蠹字之魚大都類是書舊藏西林山房懼其散遺移於宅之西廂室數椽不能容兒輩議以藏他所余方疾聞之謂與其藏之無甯散之幸愕眙謂是病中寐語也余招而進之曰士

饜心於科名久矣副墨之子挾兔園冊數種會逢其適亦能掇巍科負大名以去而余也窮年兀兀妄希稽古之榮神疲力盡究竟何裨猶憶十年前偕友人夜坐縱談酒酣耳熱悵江河之日下廻狂瀾而無從友人曰君果欲階何科目也今之士類皆章句之外無學術帖括之外無文章應酬之外無經濟然非是而望針芥之相合難矣子顧噓秦坑之冷灰蠹漢臺之殘簡所學非所好吾惜操瑟而來者不早挾瑟以去耳縱有汲冢誰搜竹書何如百城徒擁萬卷吾子休矣吾思之吾重思之覺其言有足以警余者且夫古今猶旦暮也白頭可期汗青無日一邱之貉恐終不免爲所瞰盡異時能致青蠅作弔客否耶故曰與其藏之無甯散之兒輩曰是固然然若大人言則與其散之終不如藏之之爲愈也屈指而計吾邑之業制舉者衆矣數十年來要未見一人掇巍科負大名以去也抑又聞學古而遇知己得則俱得否則倘有一得焉其弗信矣乎余曰有是哉而乃見及此哉甫再欲有言聞剝啄聲甚厲則故人李春溪踏雪來園

爐話舊偶及之春溪因言江陵居停主人藏書甲一邑然吾聞其牙籤萬軸縹緗粲如而竟至今新若手未觸者則又何也

學田紀畧　許磐

從來郡邑之設首隆　學宮重文教也士苟薰陶旣久必能矜名節抑奔競雖操瓢與簞凜然持稼穡狩獵之志而聖君賢相惻然念之廩餼常數外復有學田典綦隆矣獨是田無定所畝無定額故儼然號名邑而敦詩說禮輩或致難以自給雖歷奉上行以無

礙官區撥充而侵漁隱占覬公地爲私物者往往有
之院不加意剔釐將膏雨之沛實去而名存單寒之
儒顧天而無從也公安撥充之學田止椒園一處爲
田無幾歲入有限欲卬給於中者人有石田之嘆欲
家分升斗不亦難哉幸賴　司士顏先生自癸酉至
己卯經營六七載動費數百金　司訓楊先生丙子
受事後翊贊以終其美則延袤數百畝寔有放馬官
湖一區有沿江廢堤數處曰官湖則非民田也曰廢
堤則非民業也而兵燹之後考核無從竟爲豪强所

竊據於康熙三十一年庠生李之芬龔三捷等具控
前署事吳當是時　顏先生秉鐸茲邑已一年矣隨
詳請　府憲魏公轉送　糧憲李公明鏡高懸羣蜮
盡消由是侵奪者還隱占者復通詳各　上憲而其
案始定磐承乏茲邑檢閱前案未嘗不歛容稱嘆以
數十年未有之業一旦楚得楚弓豈其不廢一財弗
勞餘力頓致羣小俯首聽命耶卒能鋤奸去弊使畎
畮鬱然樹種稑以穀士子者誰之賜哉事既成　顏
先生邀余履畝踏勘爰是逐一丈量經界四至悉弗

條分縷析放馬湖一處計地四百六十七畝四分八
釐廢堤十處共地一百七十四畝所入之租據實造
册所給之人照册分領俾彈丸不失之豪强絲毫必
給之寒儒以廣
皇仁以資絃誦臣職也亦師道也異日諸君子相與食租
衣稅稍穡既登稽古益力爲大儒爲名臣遡所自來
知學產經理有人翊贊有人其無忘此日剩洄之仁
恩也哉

福井先生集敍　袁中道

蓋予少時誦福井先生詩而知其爲才人也已得先
生疑菴諸集讀之而後知先生爲學問中人也先生
少具穎異之才下筆數千言立就安世默識世叔强
記殆無以過焉顧其所爲歌詩不唐不宋直攄其意
之所欲言蓋無心於雕龍繡虎之名而獨一其志於
學乃先生之學不浸淫於二氏而一稟緇林爲繩尺
又親見當時之聚徒講學者徒鸚鵡其舌貿之生平
如縷冰畫空都非眞實故一一具諸履踐以其身爲
圭璋乃世或曰先生晚達蓋功名富貴中人也或曰

篤行君子也皆非也當江陵相公盛時先生與爲布衣交溫蠖其跡而潔白其心以先生爲介也耶則甯計偕往來平津邸中爲上客卒未嘗畏其薰轑急逃之以爲高以先生爲通也耶則其指日回天之勢稍曬就之功名可唾取而先生白首乃得一第浮沉郎署閒竟未嘗獵取一班一級以沒彼時與槐棘齊列者見馮子都王子方輩作刺刺可憐色而不足以當先生之一盼春蠶腐鼠豈堪點其胸次蓋鷗機雖忘龍性難馴不可得而親踈榮辱先生於道也幾矣昔

子瞻有言人生如國手碁末後畧贏數子便是勝局先生少時侘傺不遇人或有賈島孟郊之嘆而晚年不隳用世之志竟取青紫馬文淵所云窮且益堅老當益壯者非先生烏足當之先生著作甚富其游於風雲月露者盡汰之獨存數種而以疑菴名其篇夫疑者悟之因也昔楊慈湖於學大悟一十八遍小悟不計其數蓋屢疑而屢悟也故儒門之學慈湖最爲先明先生以疑自居非苦心於學者烏足知之則先生於道已深矣先生之孫世臣從游中郎先兄之門最久極得其沾衣霧露之潤是不媿先生之箕裘者手持是集示予予畧述其梗槪歸之若先生行事之蹟具中郎邑乘中已有虎頭傳其神矣玆不復贅云

敘咼氏家繩集

袁宏道

蘇子瞻酷嗜陶令詩貴其淡而適也凡物釀之得甘炙之得苦唯淡也不可造不可造是文之眞性靈也濃者不復薄甘者不復辛唯淡也無不可造無不可造是文之眞變態也風值水而漪生日薄山而嵐出雖有顧吳不能設色也淡之至也元亮以之東野長

江欲以人力取淡刻露之極遂成寒瘦香山之率也玉局之放也而一累於理一累於學故皆望岫焉而却其才非不至也非淡之本色也里咼氏世有文譽而遂溪公尤多著述前後爲令不及數十日輒自罷去家甚貧出處志節大約似陶令而詩文之淡亦似之非似陶令也公自似也公之出處超然世味似公之性公之性眞率簡易無復雕飾似公之文若詩故曰公自似者也今之學陶者率如響搨其勾畫是也而韻致非故不類公以身爲陶故信心而言皆東籬

也余非謂公之才遂超東野諸人而公實淡之本色故一往所請古人或有至有不至耳余束髮已知嚮慕公逝者吳川公梓其家集始獲盡公及咼氏三世之藏吳川公者公仲子高才邃學先兄庶子之師也爲令以伉直著聲閱數月亦去還先輩也懷公集三十年出入必俱今春始成帙遂以先王父孝廉公三詩賦冠首而已所著若干卷綴其後孝廉公之生甫二十有二歲才思澎湃如川之方至吳川自出機軸氣儁語快博於取才而藻於屬辭比之遂溪蓋由淡

而造於色態者所謂秋水芙蓉也昔陶氏五男不好紙筆而遂溪之後雲蔚霞起豈贊頭歷齒所敢望哉王元禮論家門集曰史稱安平崔氏及汝南應氏並累葉有文才所以范蔚宗云崔氏雕龍父子三世然未有七葉之中人人有集如吾門者也余邑不能文而恥言文最爲惡習獨咼氏能世擅其業噫彼安知烏衣諸郎爲史所豔稱若此也

中郎先生全集敍

袁中道

中郎先生少時慧業弱冠成進士即有集行世其敝篋集爲諸生孝廉及初登第時作也錦帆集令吳門時作也解脫集以病改吳令遊吳越諸山水時作也廣陵集去吳客眞川時作也瓶花集爲京兆授爲太學博士補儀曹時作也瀟碧堂集請告歸臥柳浪湖上六年作也破硯集再補儀曹出使時作也華嵩遊集官銓部典試秦中往返作也蓋自秦中歸移病還山不數月而先生逝矣其存者仍爲續集二卷

新修錢公堤碑記

袁宏道

澤國之有江警猶西北之有虜警東南之有倭警也

倭虜之患至於芟夷我赤子蹂踐我城郭而水之虐正等故捍衛之功比於折衝邑故雉澤割江身爲都每入夏後漲水暴漏雲昏天回幾撼地軸白浪躍雉堞出居民望之搖搖然夜則萬雷殷枕甫就席輒彷徨起若此者十餘日或五六日每歲率三四至以爲常倉皇有警則扶白負稚走郭西之斗堤涕泣之聲聞數十里而堤故孟公舊址前此去江遠今蠶食且半文村之水直擣其背萬一水從後決地勢面雖高而方張之怒猝不得洩必且爲旁齧必且爲橫激我

民欲别走則四顧皆壑如坳堂之蟻急而趨芥及芥
一漂不可保則固未如何也已數十年來邑人岌岌
議增護堤當事者檄縣覆核竟中華而慈谿錢侯應
選以甲辰之秋來牧茇積舉廢凡我民之所疾如其
痾不盡其蠹不止也凡我民之所急如其家不擇怨
勞險易慨然當之無邀倖無却退邑人士知侯將大
有爲遂先以堤爲請而華議者有數辭敵虞其壓輒
欲蹕故械侯陰悉之偕今丞周君陛躬自按行見遮
道者數輩侯迎問曰是故楊公堤址雖徵可尋也若

何許數輩伏曰故堤也何敢言而堤之一角塚壘壘
穿之則暴骸避之則廢工柰何侯顧丞笑曰若以余
等不習其鄉令賄者曲爲導可謾也叱騶人後去與
蓋與丞偕步叢草間顧謂役夫曰視吾趾所及即爲
堤徑行至關廟前率畚土無半鬣羣輩以爲神皆股
慄反走量之得若干丈分丁夫若干名丞周君督率
之閱三月告成諸父老有識者謂其子弟曰若無謂
此舉易也當江防徐公建議時首爲臺使者言狀使
者而下愀然動色至爲出鏹趣具議上而一時狐鼠

竟以他議奪昔出於上而難今出於下而易若謂侯
何等父母也江防者舊郡守堯莘也嗟夫今江水之
憑陵靖康以後之虜也邑頻徙頻却大似南渡之跼
蹐幸此堤復我民倚斗堤爲長城聞侯又欲疏北江
之故道以分水勢如此則中興可望也諸澤國皆有
堤雖甚重而無關司命唯是堤與我民爲存亡堤與
我民爲存亡故知侯與我民者命也非堤也夫閫外
之寄唯命則重余之比於折衝非過也是記也固燕
然之勒也

修築黄絲嶺堤碑記　毛廷申

公安古夢澤地沿江上下倚堤爲保障而里名茅穗
於邑中爲尤下江水自虎渡分流南入洞庭茅穗四
里横當其衝所恃以畝田宅宅者又有坟堤一線舊
例半請糧夫半役烟戶人自捍患修理期以勿壞無
如隣封失守餘波往往及我即如去年丁酉夏秋之
交我稼未穡江陵上流堤決滸沒我田廬邱墓殘盡
我楊公下車未及期月顧飢溺猶已德性自然即往
相視謂父老曰水自他來我不得以身塞洪流爲今

之計不若急築黄絲嶺則荸穗西扑尚有一隅可以託足人民幸無遠竄計被水於闔邑八分之一我又不得爲民請　命惟約少緩催科耳言下惻然聞者莫不嗚咽一時感激更相告語不忍離徙且勉爲輸將然而澇荒之餘亦憊甚矣公知之初冬檄修舊堤無食者不能前公乃割俸爲糴招災民之應有役者每人日給米一升錢十五文受役者數百三閱月我支堤遂與江堤同告成功嗟乎爲民父母噢咻而補助之恒也然無是心則無是政無是政則亦無是心

如公以指顧救其魚於倉猝使不至流離捐囊告糴使不可緩之役汔濟而災民且因以得食是能推周禮荒政十二而行之以委曲者也只今愚夫愚婦感念稱述多至泣然誠能動物有如是哉勒石以紀功非公意也然慶更生而卽康功者不有以紀之都覺寢食難安故畧記其事以垂不朽

闔邑頌鄉宦侯公碑記　春坊庶子　文安之　西陵人

嘗謂今天下受朝廷股肱之託而動思遠舉以安社稷爲心者有人矣專喉舌之司而披丹攄赤以弼直答神明者有人矣職任樞要而賢能行其所學任在軍旅而封疆不倦於勤或省會之一面守土之一方而保綏賴以無虞休養得其至當比比而然矣要不過體皇上奉　天子民之德而各勉焉於其位之所當盡者試方之詩書所稱不懈於位民之攸暨庶政惟和萬國咸甯奚以加焉若乃身居閭巷而賓朋故舊往來雜沓也車馬僕御靡焉相矜也以迨求田問舍耳厭目飫習尚紛如也獨有人焉志安社稷不忘聖明惓恐井里之多事而行所學以加惠保綏休養不

殊服官任事之日則誠難哉則誠難哉夫甯矯俗遺衆要譽爲名高乎蓋必其天性所成立身有基抑家世清廉遺子孫者厚故忠孝德業天備之耳不佞曩以辛未之春闈分校葩經午夜焚香默禱願得賢良士尤願得之吾楚可相切劘以報國家爐篆縹緲之際首拔一卷乃公安侯君異度理則深厚虞則春容詞則宏博想其人必如金如玉鼎鉉可期者及揖見之而對大廷實獲我心旋奉命治邑粤之陽江卓異有聲已拜內召而讀禮家居更聞恬靜寡營手不釋

卷仍然寒窗風味其有心於蒼生可知矣適不佞北上取道陪京舟泊公安之油江口亦將進而切劘之以不違乎初念忽闔邑鄉耆欙長遠揖而告曰唯公知人以有今日亟詢之則頌侯君德爲條其邑利弊於當路而刊行稱便者詞有之曰起我瘡痍解我倒懸匪身爲之實稱象賢其先君子令德綿延桑梓懷恩木鋟石鐫居有間子衿數十輩投刺而進語其事甚詳喜動眉宇謂其鄉先達鄒莊簡公改正南糧省民千金方伯龔春所公疏豁以塞秋稅若干與可媲

美流芳公安年若災祲荷此宏施乞公贈言以勸不朽不佞初心驚而異之嗣乃偵其實不爽也至若君之文學不負科第政事不負天子德行不負前人友弟不負鄉隣總不負不佞之鑒取者也倘有進焉者昔韓魏國公每謂保初節易保晚節難眞宰相語也蘇公題歐陽文忠公家書後曰凡人勉強於外何所不至惟考之於其終乃見眞僞此皆名臣實錄士大夫之規箴可移於官之訓誡者也侯子以此報公安歌咏之情而永終譽也庶有當乎是爲記

重修宮保懷白公故第碑　鄒美中

邑城舊瀕大江明崇禎末宮保懷白公疏遷今治其東北隅公之第在焉道光十二年江決上游水下注城不没者三版耳瀾安後濟南焦明府今郡司馬牧銓先生奉檄飭修墉堞之頹圮者時有昭宮保公後裔以重金鬻公之基於官爲射圃且毁垣甓城獲十鐙先叔父梅軒公嘅爲題詩敗壁有王謝舊時雙燕子銜泥猶傍古牆頭之句託意深微匪第傷心於野草夕陽已也會司馬佐郡日過此見詩駐車徘徊者

久之已而仰屋歎曰是非當年遷城以固國衛民者耶今金墉鬱其萬雉而已顧不能享此一片土高臺曲池詎堪憑弔其以宅歸鄒氏値勿取嗚乎武子清風惟餘片石萊公祠宇莫問竹林每覽昔人生長之區嘯咏釣遊之所大都歌舞旣歇荊棘生焉更數十百年欲求遺蹟之所在而碎瓦斷甓徒髣髴於冷露荒烟間旣已蕩爲邱墟隴畝矣設有好事如李子蘭之於漢陽園圃雖世遠年湮漠不相關之人猶將感激欷歔而不能自已況爲吾宮保公之子孫乎哉且

夫有功烈於民者皆在祀典而崇鄉賢以慰士民之謳吟則亙有司事也惟宫保爲民人捍萬世之患而奠厥攸居惟司馬爲國家酬勤事之勞而有基勿壞惟吾族人士僉立德立功之大與肯堂肯構之思則今之庀材鳩工因舊第而斲鵠之翺至之祀宫保亦以表司馬也抑吾猶有慨焉宫保公五世祖太子少保户部尚書莊簡公第臨邑之白蓮湖府縣圖志所謂白蓮庄者久爲里人所據其子孫弗能有亦更無表宅里如司馬其人門户之故一廢一興能無爲之悲喜交集也哉瞻堂中之俎豆弔湖上之煙波後之覽者尚有感於斯文

告城隍文

趙希階

維康熙三十有三年六月十三日新任湖廣荆州府公安縣知縣趙希階謹以牲醴庶饈香帛告於公安城隍之神曰歲三月己酉膺
天子簡命蒞公安拜命之下悚恐不遑思公安據荆州扼塞地勢要區自昔聖賢豪傑歷漢唐而宋而元明史不絶書矣希階章句儒生當此重寄撫心自問其悚恐不遑者非敢爲僞蓋直道其實也今入境循往例長跪而告於神夫神治於幽者也邑令治於明者也其同處此土也神於令有兄弟之誼焉詩曰孔懷兄弟又曰將伯助予故同氣一體義所不容辭亦情所不忍恝階三十年來困頓孤危足跡半天下民間疾苦竊幸周知每至津梁歧路觸目傷心又或旅夢聞雞撫膺嘆息夫保民若保赤子亦有司之責也好惡同民樂只之父母也有其心無其力令固不敢不勉於力以負
天子然有其心有其力設力之所至勢有所阻遇有所窮而神且視爲泛常泄泄然而不知助是神又以負令者負
天子其於孔懷將伯之誼未有當也令亦何必賴有神哉令堅白自矢見信於磨涅者已非一日想神之信令者亦非一日繼自今伊始令之倚藉者惟神神之眷顧者惟令惟神正直其相令以才猷惟神聰明其啓令以智慧惟神剛毅其植令以果斷惟神寬大其牖令以容忍令所不逮者神匡之令所不給者神助之令所危疑而不能自已者神安全而曲成之俾令以勢無所阻遇無

所竊得勉於力以無負　天子休命與神相終始
斯固以明協幽以陰輔陽天地彌綸之大道也敢布
愚誠尙其臨鑒謹告

募修刻木觀殿文　袁中道

寺觀募疏概不敢錄獨誌此文以風錫類且
以見文士之筆端妙有微旨也

丁蘭者河內人也母歿蘭以木刻母貌祀之最靈喜
愠呈色隣人借鋤蘭適他出妻稟之母母色不允妻
辭之隣人知其故撾扶木人蘭歸見母貌不怡詰之

妻大怒手刃其隣人事聞於官逮之蘭辭木人木人
墮淚遠者以聞官神而貸之遂上聞於朝竟荷朝獎
天下以其孝格鬼神相與尸而祝之至於今不絕事
該三教不宜專屬之道門第以至德精誠上帝所欽
諸仙所重卽屬之道門可也此觀之所由起也里中
舊有觀殿堂已圮先舅靜亭公施屋一所議拆去樹
立而舅氏亡矣表弟晦伯等不忘父志竟如原議有
丁公不沒其親之遺意焉第繕修之費尙自蕭然不
能無望於孝子仁人蓋二氏之說儒者之所不譚較

其不施也非慳也以衞教也今大孝蒸嘗之所爲儒
門之所首重正諸儒攘臂捐財時也急相與共出金
錢刀幣以廣大其室宇而恢廓其垣墉使一邑之人
皆曰儒者之舉動果何如哉向爲闢邪則主慳今爲
崇孝則主施慳施得宜所以爲儒者也是疏出而觸
發一邑孝子之心舉數十年鬱而未施之財乘此可
施當施不忍不施之處而盡出之此一片地當與灌
龍青羊諸處同一華整矣何幸如之

題竹林舊隱卷　太岳集　張居正

竹林者萬子榮故居也萬子生於房陵長待詔官者
署出爲益內史是時宗藩中益殿下最爲親賢好學
而萬子以修潔自將又聰慧穎悟以故得幸於王三
年以類奏走京師而余與萬子同鄉里既相見道故
舊勞苦如平生懽已廼向予嘆曰吾聞君子樂其所
生而有情之物思不忘本故楚客越吟莊生愛似其
致一也吾少有烟霞之想方其隱居修竹之間圖書
自娛蓋自謂與此君終焉爾竹堅貞有常性貫四時
凌霜雪而不改又盤踞糾結固守其所得君子之止

焉而吾輕去父母親戚遠宦他國舊業日蕪枝柯零落竹不負吾而吾負於竹多矣能無思乎張子曰若是則子之愛竹是得其形而不得其神者也夫得其形則視天下之物皆物也得其神則視天下之物皆我也故竹微物而昔之君子貴之皆意有所㮶焉者也夫外直而中洞音中律呂者虛也發萌隕籜猗然慈脩者文也嚴霜下零眾草俱萎寒色森森與貞松而並秀者節也君子取其虛以宅心可以宏翕受之德取其文以飾聽可以煥至德之光取其節以勵行

可以堅獨立之操斯所謂得其神者也得神而形可忘矣且聖人不攖情於物而委心以任去留故以天地為寄跡以四海為一區若子之言必處瀟湘之間日與其蒼翠檀欒者居而後為友也毋亦與昔人之所存者異乎萬子矍然曰遠哉先生之談吾乃今而得與竹為友也吾向者之言固既聞至論請以終身服之

二聖寺碑誌　　洪鐘

邇者

天子神聖德洽幽明瑞兆清和羣牧用命百神效職相與福茲黎元俾克永享昇平理莫易也邑南服澤國也瀕大江白湧碧翻長堤虹帶資保障焉　朝廷之所引重當事之所經營而境中父老子弟所不憚其勞瘁修築防護靡有定歲者也癸酉夏雨霪連月水溢勢近潰邑人大恐出死力支持幾不勝呼號震天地指青婁二如來暨黃衣使君默祈幽護須臾烟霧迷望二乞人至曰公等何坐困也言訖就潰漏所徑下築之半嚮出曰無懼矣吾前治黃河類此去六月四

日事也時觀者徬徨莫措會疑信半各散歸為避水計而近堤居者視江中水潮平趨視築處完固前之汩汩噴出者似遁旋踪乞不得自是邑安堵無恐長老為述寺二如來丙子癸丑顯靈捍水入婁遺事於是恍然曰乞者非人也其神也謀所以報之夫聖自東晉來建寺敕封靈異載邑乘諸先輩碑文詳矣而此復現身低眉伸大手叚出億萬生靈於魚腹中則於斯莊嚴其像煇煌其居在人非以獻媚在聖抑豈為竊奉乎顧吾思神受職於天與臣受職於君勿異

也天與君所託爲我民捍患禦災責至重也神克盡其職不以土木享椎祭則神之忠於天也臣克盡其職不以尸曠盜朝冕則臣之忠於君也以今二如來觀夫亦可謂不怠於爲民無欺於天者矣況夫幽贊治理上慰

聖天子已飢已溺之願哉是固樂得誌之以爲凡神凰且俾司牧者防江時入寺禮聖餘覽之知所勸云

附觀風示　陸炯

貢玉掄珠必在琳瑯之府規天萬地首求輪囷之材

蓋拜獻必有先資惟文章足以華國公邑地多勝蹟代有傳人工部堂存浣花分韻靈均祠古餐鞠揚芬謐典則兩美鑣聯科名則一門鼎峙至於蒲綴連珠穀登雙穗凡此地靈人傑允推俗美風醇若夫士習之端攸關風氣人文之萃首賴觀光況典索邱墳本多博物梗楠杞梓夙裕艮材

欣逢

聖天子加意藝林頻開蕊榜詔舉臨雍之典聿宏同軌之風學海性山震今鑠古本縣三魚承業五鳳濫聲芹藻歲丝秋高鳴鹿遴萊爲寮春露翔鸞慈雖一行作吏尙祈三物興民多士菲殃枕經夙刷搏風之翮薰香摘豔宜抽畫日之毫欲愜鄙情須觀佳作茲擇於本月二十二日躬詣書院面試多才行見筆燦生花不愧冰甌之滌聲聽食葉何須銅鉢之催窺豹見一斑固所願也吐鳳翔千仞請嘗試之

救荒奇策　袁宗道

日者天災頻仍萬口嗷嗷東南苦於天吳西北困於旱魃山陝之間食石以延須臾之命何論懸罄哉天

子旰食公卿拊髀計可甦元元者不難胼手濡足圖之而二三臺諫皂囊屢上郎不能外蠲賑二議者以愚讀周禮荒政可裨今緩急莫如散利莫如薄徵散利即今之賑薄徵卽今之蠲蠲賑二議卽令管晏持籌賈晁精算計必出此矣然而竟未能濟元元之急者何也持其迹而拘攣弗變獵其名而奉行勘實也拘攣弗變奉行勘實卽絲綸時下日縣載少府之金而馳之郊何益乎故愚竊計蠲之策一善行其蠲之策三賑之策一善行其賑之策六今海內重菑郡邑

之稅應存留者業已免徵而起運者尚未全豁也楞腹矛遺救死不暇而朝夕辦此故起運之課宜省也流聞州邑不肖之吏黃封雖下白紙猶催餓羸之夫腹無半菽而手足猶縶於桁楊藉當代之曠恩爲潤槖之便計乃其姓名猶有不入撫巡之白簡者何其貪而黠也故苛徵之察宜密也民方草食不充而大吏猶華軒盛騶烜赫載道軒輶之使至餽遺尤斥供張豐腆此非民膏何以給之故官守之自奉宜薄也茲善行其蠲之三策矣以幽遐蔀屋悉仰內帑其勢

易窮而悉舉州邑之庫藏贖鍰給州邑之窶者鮮不濟矣故從朝廷賑之則難從州邑賑之則易也一邑之中一都之內豈無豪貨財好施與者故令上賑之則難令下民自相賑則易也里之厚貲者所捐若而百則賜棹楔旌之若而千則爵之若而萬則厚爵之富民有不竭蹶以趨者乎故強之使賑則難勸之使賑則易也幽遠山民去城百里晨起裹糧蹩躠趨城猾胥猶持其短長非少賂之弗得徑受賑得不償失奈何宜令耆民之廉平者偕里之富好施者臨其聚

落招給焉平有賞私有罰茂不蔵矣故趁民就食則難移食救民則易也或量里之廣狹爲爨若干令耆民及富民之平者烹糜而日飼之期於便近民無薪水之煩得飽食矣故散粟給民尚難爲糜以飼民尤易也夫珠不可襦玉不可食有米粟乏絶之處人至抱璧以殞者故卽得州邑及貲戶之賑而操金貿易轉移尚艱故使下民貸粟則難官司爲轉貨而給之尤易也凡此皆善行其賑之策矣語云中流失船一壺千金小補罅隙之計大都若此豈能奇乎善哉先

儒言之也有治法無治人今法非不犂然具而州邑之吏故紙尺一以壅瀛澤可濟乎故在天子清心節用凡内府供應一切倣諸祖制毫無所增上絶冗費則公府有餘金而賑易私家不必濫取而蠲又易撫巡諸臣又窺見意指誰敢不堅羔羊之節以玷官箴一二奉行不謹之吏且解組去不爲蠹矣不然吾未知果有奇策之可以救民也

南平獻瑞麥頌 并序

監利舉人　潘學植

收銓先生治公之四年夏五月長里唐姓民鄧姓家

田產瑞麥數本或二岐三岐五岐夾里胥獻之得述書
公德政所致公謙退不以自居勞賞農人謂係耕作
之勤豐亨之兆焉邑人士感公德政越數百里丐敘
於植植聞而喜弗敢辭謹按邑長里枕河之東隄亘
三十餘里趙楊孫諸垸資爲保障壬辰隄齧於水公
勞心撫字隄之廢者次第畢修而瑞麥即由是而出
植嘗讀史如張堪守漁陽開稻田八百餘頃民歌其
桑無附枝麥穗兩岐而瑞麥一見宋皇祐三年眉州
彭山縣獻瑞麥圖五岐者一本三岐者二本二岐者

十餘本上詔以束帛賜農夫而瑞麥一見明洪武三
年陝西寶雞縣麥秀三岐五岐劉青田作頌歸美上
德而瑞麥又一見夫由漢及今幾二千年矣由漢而
上夏同本異穎殷異本同秀周三穎同秀亦不詳其
爲禾爲麥遥遥數千載獨於公之治民而麥之二岐
三岐五岐者始又一見豈非不可倖致與植壬辰主
講南平書院側見公請郵請賑不畏　廷議有古苗
蓋風念重隄防不避風雨有古王尊風議蠲議緩不
忍催科有古元結風今果政成而瑞叶時和而祥應

善乎宋祖有言曰朕以豐年爲瑞五穀爲寶若蕃多
岐之麥則又瑞之大寶之尤者也
國家久道化成河清星聚史不絕書和氣致祥固不待
言然非有愛民如子務本重農之良有司則麟遊而
山陽至再鳳集而潁川尤多豈不以祕景休徵固
聖天子遊河觀洛之希瑞而一方一隅尤足以徵善政而
驗化理者乎植以振鐸於黃不獲買舟南旋躬覩多
岐異狀然以數千年寥寥僅見之瑞得預紀載之榮
斯亦檮昧所不暇揣者矣謹拜手而獻頌曰

重輪抱戴徒事鋪張醴泉浪井附會荒唐朱英紫
脫獬廌當康飛走動植瑞溢渺茫於惟賢宰琴鳴
於堂澄心撫字敦勸農桑一行一效鐵低炭昂爰
有嘉麥在邑之陽三岐五岐競秀連芳天人交感
兆應循良凡厥庶民口碑載揚公乃謙退辭弗肯
當不自爲賢其賢愈彰政成將去猶慎宣防挽鄧
情左借寇思長雖然此固公邑士民之私見植則
願公之八
綸扉而贊化理俾太史得以徧天下而書瑞書祥

請給寇公祠祀典疏 明嘉靖七年

戸部尚書臣鄒文盛謹奏臣原籍湖廣公安縣境内有宋臣忠愍萊國公寇準祠堂一區史誌所載故老所傳蓋謂準自雷州喪還道出公安邑民揷竹迎祭後復生笋成林即立廟祭祀以羽流主祭事號竹林道院宋南渡後孟珙制置荆襄於道院東南築書院以處四方流寓之士祀準於内因名竹林書院理宗親灑宸翰書額賜之本朝改書院爲儒學而道院仍舊數百年來邑人歲時致祭率以爲常臣按宋史本

傳準事太宗眞宗朝爲相忘身殉國如壽王之立澶淵之議是其功之大者餘不能悉數也及遭讒而死感民弔祭能使旣斬之竹含生出笋蓋其忠誠義氣有以動天地爭草木非偶然之故也今祠宇雖存而儀文不備伏望陛下追念忠賢祭需等項定立品式每歲春秋縣官舉行祀事永爲定制實天下爲臣子者之大勸也部覆如議行後有司遵行之

祠自楊公之斷改遷北關外復又遷於城内道光己酉祠圮復遷南平書院之西

舊縣遷城疏 明崇禎七年二月初七日

欽差提督西司房官旗辦事錦衣衛管衛事都督同知臣鄒之有謹奏爲流賊勢逼荆襄土城濱水非地懇乞聖明俯允輿情擇基遷建以安保障以垂永久事竊照流賊豕突鄖襄則荆州有剝膚之勢臣籍公安正當要害雖蕞爾小邑實荆州之襟帶江漢之門戸洞庭之咽喉七省之孔道也寇至惟憑城守以無恐若臣邑則有不可恃者矣臣忝禁衛痛切時艱桑梓利害不容不及時爲我皇上陳之而有所請也臣

邑地勢下流滄桑靡定二百年來自柴林街遷至二聖洲復自二聖洲遷至油江口至崇禎元年又以江圮請遷蒙皇上鑒允下臣鄉撫按估費欲動錢糧一萬八千兩卜遷地名椒園計土址初成四門學宮建立並現存磚料等項僅費七千金其餘將次第經營矣不期江水奔潰異常亡何遷基復近大江之澤家鄉蛟室民切魚心人情俱趑趄而不前城工亦蹉跎以漸緩迄今七年仍成曠壤空立泥垣此何城也而可爲要地保障耶茲皇威震赫羣賊旦夕就殄或可

無慮但創建之初正欲爲久安長治之計避江而遷
則近江之地終不可卜迄今雉堞未厎厥成錢糧尚
餘多半不宜另擇安土以立不拔之基乎 臣 邑中父
老子弟僉擇本縣西南四十里曰祝家岡前有峯巒
後依岡阜左右岫壑環繞層叢凝結世世保無水患
蓋與其近而就窪不若遠以依高且地與新遷舟楫
相通可以運載移此造彼朝發夕至遷果得地一勞
永逸矣況暫成之而復淪於江朝廷金錢豈不可惜
若遷祝家岡不惟永免波濤之害即未動之一萬一

千用於實地僉已費之七千亦歸實際矣 臣 思錢糧
仍本舊估基址可爲長業且時正切保障而事又下
屬人心上關國計用是疏陳上請伏乞我皇上俯憐
一方魚鱉之可悲洞鑒百里河江之所繫敕令 臣 鄉
撫按道府縣諸臣速給未發錢糧早遷催竣庶金湯
永固帶礪長存萬民享樂利以無驚千載共乾坤而
並久 臣 與合邑民同戴皇恩於不朽 臣不勝激切待命之至

再疏 崇禎九年

欽差提督東司房官旗辦事太子太保錦衣衛掌衛
事後軍都督左都督 臣 鄒之有謹疏爲遷城奉旨已
久流氛橫突宜防伏乞聖明嚴敕速竣城工以固保
障事 臣 邑公安濱江水嚙城圮又罹火災 臣 於崇禎
七年二月內具有流賊勢逼荆襄等事一疏奉聖旨
遷城避水依高有裨保障但事關合邑動費萬金着
彼處撫按官會議具奏該部知道欽此欽遵迄今三
年矣時流賊遍滿 臣 鄉官民憑何守禦誠有足爲寒
心者蓋因改遷以來縣官凡經五易掌篆有如傳舍
是以朝方受事夕忽輟工倘非久任責成難就金湯

鞏固茲賴撫臣余應桂爲按臣時加意地方苦心設
處捐貲助費錢糧陸續接濟今有新按臣徐之垣激
揚振作刻期可竣兼之府道竭力贊襄縣官張大韶
精敏練達諸務綜覈僉督工驛丞袁之彥等分任催
趲率力畢舉工程正有頭緒但恐轉盼瓜期銓陞忽
至經手之人倏而卸事將垂成之績爲半途之墮矣
公安一邑不足惜其如皇上封疆何伏敕吏部暫停
陞轉俟其工完優敘示酬庶責任專而城工可計日
俟矣 臣 不勝激切待命之至

六瑞說

李應鷟

語有之和氣致祥和之義大矣哉今夫動植之物何地蔑有乃公安一隅居者相與嗟嘆於野行者相與傳說於路遠近奔走驗覩狀其物之異而為瑞者凡六以歸之

邑侯楊公公卻其詞謙讓不居且禁以必毋上達竟不能止嗟乎物之異非物爲之也造物者爲之也而民之致此媚茲非民爲之也宜民者爲之也民之言曰楊公之守茲土也汔五年所士安於讀農安於耕工商安於市廛既寬惠以柔民復明慎而折獄事事出於至誠是以惟德動天所謂政通而人和非耶人和而天休至自然之理也

穀穗兩歧　葑田穭穫

龍升城內　牛犢雙產

蒲綴連珠　枯木復生

跋

龔三捷

志者史之一體自漢儒撰地理風俗諸篇郡邑始皆有志要皆昉小史外史之義以裨益吏治考鏡得失賈誼曰移風易俗使蒸庶同心而嚮道類非俗吏所能為在昔朱文公守鄱陽首問郡志識者謂其知大體我　邑侯楊公之所爲豈復異是　捷以稀年衰老召應鈔寫之役竊窺　公之苦心其所以扶植世道黼黻泰平儒術卓有本源而附驥之蠅遂得因之以千里抑何幸歟聊識數言於簡末

公安縣志卷之七

藝文志下

書目

宋

張景　洪範解一卷　集十卷

明

王恂　誠齋集

王軾　平蠻錄二卷　明史本傳稱軾於宏治十三年督貴州軍務討普安賊婦米魯用兵五月破

賊砦千餘盡平其地是編所錄卽其奏捷之疏也

王輅　師卦解一卷　輅以鳳翔府通判歸隱平樂村竹林蔡復一撫黔過而問學輅著師卦解一卷報之皆折衷至理

鄒文盛　瑣闈奏議　黙葊奏議

袁士瑜　海蠡編二卷　此書大旨以儒釋二家同源異派或援釋疏孔或證孔於釋謂濂洛諸儒於聖人之書詮釋妙暢如樽海是編如蠡注海故名海蠡編

龔世薦　方湖講學集

袁宗道　尙書纂註四卷　白蘇齋類稿二十四卷

袁宏道　瓶花齋雜錄一卷　此書多記聞雜事及經驗良方閒及書傳　觴政一卷　是書記觴政凡十六則前有宏道引語採古科之簡正者附以新條爲醉鄉甲令朱國楨湧幢小品曰袁中郎不善飲而好談飲著觴政一篇卽此書也

宗鏡錄十二卷　明文雋八卷　錦帆集

敝篋集　廣陵集　破硯齋集　華嵩遊草

瀟碧堂集　中郎集四十卷　公安縣志

袁中道　珂雪齋集二十四卷　禪宗正統一卷

遊居柿錄二十卷

袁彭年　省垣奏議　掌憲奏議　土風遺稿

詩細　史屑

袁祈年　梅花奥集　南遊草　三冬草　鷰蓐草

續花源遊草

咼校　咼氏家繩集

咼文光　擬陶詩　褱谷詩文集　北覲稿

燕翼錄

咼重望　致遠齋集　遠青閣集

毛羽健　西臺奏議十卷　和兒詩十卷

委羽集一卷

劉　珠　疑庵集

成　巳　七洲集

王　格　少泉集三十三卷

田　昌　吳越草　爵茲館　綠映軒　微尚亭

王承先　豔雪齋

龔仲慶　遯庵集

馬　芝　紫崖詩集

房　陵　公安縣志 正統時修

梁　善　公安縣志 成化時取房志增修

國朝

孫錫蕃　公安縣志　舉人咼拙庵袁夢溪諸生何粹中同事纂修

何國棟　公安縣志三卷

楊之駢　公安縣志六卷

馬龍騤　時藝稾

陳文燦　實齋詩文畧

毛壽登　廓園集四卷

龔家仁　雙田詩文集四卷

陳信中　新遠集

沈光斗　性理五聲　躍亭文集

洪　鐘　嘯谷集

嚴文謨　宦閩紀事

羅宏漳　崇本堂文稿

田鍾雨　海浦遺愛編

袁廷瓛　竹嶼堂集

羅才標　平苗紀畧

田國文　荆陽七藝　廿二史提要　少陵詩選

鄒美中　燕石藏稾　西林雜著　左傳約編

左傳分紀　古詩選　語策編年　唐詩中聲集

試律約箋　華亭韻通　切韻表　音韻支析

田家崧　人鑑

袁憲健　小篔簹谷詩集

侯家璋　守默齋詩集

侯家光　偃蓋山房賦草

李廷璧　跨鶴樓詩集

詩　古今雜體

公安懷古　　唐　杜甫

野曠呂蒙營江深劉備城寒天催日短風浪與雲平
灑落君臣契飛騰戰伐名維舟倚前浦長嘯一含情

官亭夕坐戲簡顏十少府　少府公安尉

南國調寒杵西江浸日車客愁連蟋蟀亭古帶蒹葭
不返青絲鞚虛燒夜燭花老翁須地主細細酌流霞

公安送李二十九弟晉肅入蜀余下鄂沔

正解柴桑纜仍看蜀道行檣烏相背發塞雁一行鳴
南紀連銅柱西江接錦城憑將百錢卜漂泊問君平

移居公安敬贈衛大郎

衛侯不易得余病汝知之雅量涵高遠清襟照等夷
生平感意氣少小愛文詞江海由來合風雲若有期
形容勞宇宙質樸謝軒墀自古幽人泣流連壯士悲
水烟通徑草秋露接園葵入邑豺狼鬭傷弓鳥雀飢
白頭共宴語烏几侍棲遲交態遭輕薄今朝豁所思

公安送韋二少府匡贊　一作建贊

逍遙公後世多賢送爾維舟惜別筵念我能書數字

至將詩不必萬人傳時危兵甲黃塵裏日短江湖白髮前古往今來皆涕淚斷腸分手各風烟

留別公安大易沙門

隱居欲就廬山遠麗藻初逢休上人數問舟航留制作長開篋笥擬心神沙村白雪仍含凍江縣紅梅欲放春先踏爐峯置蘭若徐飛錫杖出風塵

曉發公安

北城擊柝復欲罷東方明星亦不遲鄰鷄野哭如昨日物色生態能幾時舟楫渺然自此去江湖遠適無

前期出門轉盼已陳跡藥餌扶吾隨所之

醉歌行贈公安顏十少府請顧八題壁

神仙中人不易得顏氏之子才孤標天馬長鳴待駕馭秋鷹整翮當雲霄君不見東吳顧文學君不見西漢杜陵老詩家筆勢君不嫌詞翰升堂爲君掃是日風霜動七澤烏蠻落照銜赤壁酒酣耳熱忘白頭感君意氣無所惜一爲歌行歌主客

公安安遠寺水亭見展公題壁愴然流淚因書四韻安遠寺即二聖寺　元　正

碧澗去年會與師兩三人今來見題壁師已是前身芰葉迎僧夏楊花度俗春空將數行淚灑遍塔中塵

留別公安賈明府　戎　昱

葉落門前江水深淺於羇客報恩心把君詩卷西歸去一度相思一度吟

贈宗人前公安縣令君　鄭　谷

喧卑從宦出喧卑別畫能琴又解棋海上春耕因亂廢年來冬薦得官遲風中夜犬驚槐巷月下寒驢嚙槿籬孤散憾無推唱路耿懷吟得贈君詩

公安　宋　陸　游

地曠江天接沙隤市井移避風留半日買米待多時蜨冷停菰葉鶴馴傍艣枝昔人勳業地搔首嘆吾衰

泊公安縣

秦關蜀道何遼哉公安渡頭今始回無窮江水與天接不斷海風吹月來船牕簾捲螢火鬧沙渚露下蘋花開少年許國忽衰老心折船樓聞笛哀

孫黃渡　范成大

捨舟從陸更閒闗徑仄仍荒亦未乾棘刺近人牢閉

眼泥塗兀馬緊扶鞍茶山盜藪路程惡麥隴人家壞
抱寬擔僕輿夫盡劬瘁病翁那得更加餐

發襄陽後却寄公安故人　包佶

揮淚送故人將書報所親晚年多疾病中路有風塵
王粲頻徵楚君恩許入秦還同星火去馬上別江春

竹林祠　王十朋

油水江頭慥相祠凜然如坐廟堂時一點精忠不負
國枯竹知公人不知

過公安　趙抃

劉郎浦上公安渡我過高吟老杜詩烟浪幾重江幾
曲算應風物似當時

公安縣　陶商翁

門沿大堤入路傍淺沙行樹短天根起山窮地勢傾
孤舟難泊岸遠水欲沉城夜半尋津濟烟中爇火明

蕭寺黃冠夜泣　明　建文帝

壬子春正十三日寺遇黃冠不相識結蒲拄杖坐西
偏低頭不語意自閒亡何一人復冠鑵髮黃面縐多
愁顏撫掌遽驚還嘆息漏分但聞聲唧唧似裹萬斛
愁難傾哀猿夜嗷寒鴉泣余腸縈結詎堪言布衾溼
透皆淚痕晨興往探訊其苦兩公蹤跡雲無根空餘
蟬斷字數箇依稀恍是亡臣名我欲把毫悉胸臆氷
凍筆花寫不得出程濟從亡隨筆記

送荊南帥戶侯移鎮公安　浦　源

悠悠旌旆碧雲端遠去孤城入亂山淮月上樓人奏
角海天低樹雁臨關幾家白髮遺民在千里青絲獵
騎還舊日荊南多勝概別來惟見畫圖閒

慥公祠餞江編修還蜀　王　恂

仙舟西去溯流遲江上登臨弔古時錦纜纔牽巴子
國椒園先拜慥公祠絲楊烟鎖連芳徑修竹雲高長
茂枝千載忠腸遺憾在天涯此日動君思

前題　王　軾

大事當頭只自知誰能協力濟艱危君王不肯爲孤
注宗社將應到色絲也有通天犀作帶更無插地竹
生枝尋幽坐徹風篁裏山鳥山花總寄思

前題　鄒文盛

名在當時虜亦知北門鎖鑰寄安危擢鋒聊試千鈞

弩補袞應須五色絲，奸骨已消炎海瘴，忠魂猶託渭川枝。崖州咫尺還相遇，天道分明可再思。

前題　成己

江上遺來冠相祠，旋將舊竹挿新枝。北門鎖鑰偏遺憾，南國蘋蘩重所思。自昔樓臺無地起，於今梁棟有人支。春囘精爽荒烟裏，爲借鄒陽玉律吹。

懷友人

懷君不見苦低垂，漫倚瑤琴寄所思。天遠幾時靈劍合，月明無那洞簫吹。孤村碧樹劉郎浦，淡日蒼雲冠老祠。追憶同袍舊游地，鷄鳴僧榻夢囘時。

江中凱旋爲伍松月賦　鄒文盛

中丞執法統江防，文武才兼孰短長。石浦昔曾占宅相，松滋今已破天荒。石浦公外祖所居，松滋甲科自公始。勤王事業眞轟烈，報主忠誠正激昂。考最不須離信地，殊勳多日紀旂常。

送熊太守致仕還澧陽

咫尺孱陵接澧城，無因杯酒餞君行。洞庭船下風仍健，霄漢雲遮月自明。宦績眞堪青史載，閒情直與白鷗盟。囘看九子池頭水，會有靈雛向日鳴。

鄒大司徒致政歸里　何珊

輔國功成便乞身，錫歸尤荷聖皇仁。崇階要秩鄰三少，全節完名更幾人。宦海其如專盛美，周行誰不望清塵。居閒且作耆英會，載酒尋幽莫厭頻。

前題　上海祭酒陸深

長江西來灣更灣，瀟湘洞庭波潺湲。大司徒公孕其秀，雨疏萬石伯仲閒。余昔抱痾卧空谷，聞公慕公不可攀。接公巖廊擁紳珮，所憾向晚隨清班。一朝抗疏

辭天子，但道老臣宜投閒。古人肝膽貴眞意，向來出處乃大閑。卽從當代數名碩，前有東山後黃山。我公福履尤過之，今日方成晝錦還。綠野自應娛宰相，南陽况是帝鄉關。長江蒼蒼水雲密，端可起儒兼廉頑。此風此道詎可少，吾儕小人空厚顔。吾儕小人空厚顔。

前題　分宜侍郎嚴嵩

力捲風塵屢乞身，都門冠蓋送歸人。病來國計關心在，老去鄉山入夢頻。沙上鷺鷗堪避俗，山中薇蕨正逢春。亦知感激君恩重，夜夜滄洲望北辰。

前題　餘姚指揮孫堪

心安皆雅適道在有餘光歸試黃山屐春深萬木長

畫錦堂　劉珠

丹青運盡精神巧山水移來畫錦堂透石筍根穿地竅探花蛺蝶惹天香蛙鳴宿雨催春老魚躍東風引浪長自是化工眞發育昆蟲無處不悠揚

外大父方伯公　袁宗道

鳳薦只似壯齡時鶴髮丹顔古接䍦此日南平白社長當年中土紫薇司燈前歷歷蠅頭字篋內翩翩近

體詩江月江花時共賞非仙非隱使人疑

孝廉舅惟學

少年經術兼詞學中歲空門又道家服藥前身應許遠博聞風世定張華懷中明月珠堪售壟裏神仙路不賒只恐鳳池須綵筆難得勾漏問丹砂

侍御舅惟長

慨慢人間惟叔夜閒居膝下似安仁雲霄調外沉冥容花月尊前感慨身圖學東陵瓜欲結家通北渚蕙堪紉長卿此日游將倦醉月吟風幸託鄰

中郎弟進士

前年羽獵獻長楊歸去三湘問鴈行作賦麗如袁彥伯通經精似蔡中郎角巾領袖高陽侶麈尾憑陵俠少場夢草眞堪對小謝種花無那去河陽

小修弟文學

卻憐射虎人難偶祇覺雕蟲技益工白日悲歌燕市筑青春失意楚人弓隴西不媿稱金友僕射從今避火攻如此無官窮亦得高名誰復杜欽同

以上五人與石浦先生舊爲南平社六人

行部公安袁進士中郎過訪　參政陸懋龍

雙旌初到部片刺忽臨門冷榻塵誰掃新茶火正溫望君收白眼屏從接清言待漸官廚米置燈坐日昏

送王以明先生赴南都試　袁宏道

把酒初聽百舌鳴蒼烟盡處看君行梨花雨漲春流疾柳絮風飄畫槳輕寶劍危冠眞國士高牙大纛盡門生秋來怒翮天池老不怕垂天化不成

別龔散木

梅雨濯江千江風細吐寒紅亭一杯酒慘無主賓歡

天風吹子墮倏忽送子還遊蹟如電影閃爍太無端
子曰爲官若予嗟行路難各自相慰勞言言沁心肝
與子如林鳥升沉各羽翰別子如湍水東西異波瀾
何如一合併白首臭春蘭萍散有時聚雲老終還山
江頭風日雨容易凋朱顏

過藕花莊

深院竹編牆叢梢若箇長入門溪雨濺滿路麥風香
好夢因涼得閒愁到水忘因循二十載未到藕花莊

柳浪館同龔散木小修賦得雪中新柳

纈青縈白幾千條胡粉聊將贈舞腰當日輞川無此
景漲于雪裏寫芭蕉

書館　鄒得會

孤館蕭蕭燒短檠蛩聲斷處蟋聲聞侍兒不解忘眠
趣報道譙樓已四更

讀錦帆集寄卓老　袁中道

世事玲瓏說不周慧心人遠碧湘流都將舌上青蓮
子摘與公安袁六休（六休袁宗道子）

贈龔散木舅謝諸生歸隱

黃雞唱罷慘無歡萬事勞人轉覺難君自愛看高士
傳予今欲溺腐儒冠朝耕西嶺雲千畝夜釣南湖月
一灘身似閒鷗心似水纔離火宅便輕安

元宵

同雲急雨暗亭臺幾有瑤華照酒杯佳節風光雖不
似歡場懷抱也宜開時移入眼無塵物老嬾隨君作
散材歲歲願如燈上影兒童拍手說重來

草堂　龔仲元

聊且戢烏羽如何捋虎鬚詎能妨性命醉不計頭顱

閱歷成今古幽尋盡有無油江千尺水夜夜明月孤

送初月弟還公安　袁彭年

久與流離習鄉情漸漸灰一聲吾弟去萬感片時來
友戚今俱盡音書何處裁若逢兒在汭但說我將回

哭侯公異度殉節衡湘　王調甫

漢臣殉節亦頻書義烈惟君倍凜如膝骨撾殘尤奮
迅舌鋒泉湧舊迂疎屢銓多士歸冰鑑誰贖孤兒載
轜車痛哭荒村風雨夜常瞻精爽夢魂餘

館中寄友人　貢生　羅遇奇

坐成枯寂勝蒲團月滿風清苜蓿盤飽足黃山一片色擕歸分寄共君餐

國朝詩

酬贈田二伯珩見和移居石坪　毛壽登

親老思偕隱兵凶倚降祥每嗟魚饌薄但覺馬通香草樹林邊認笙歌火裏忙餘生惟爾我且喜各能康

寇退寄毛恭則　華容貢生嚴首升

兩年憐罍罊今日尚吾廬雨歇林無雀春歸食有魚漸收既去僕喜看不全書念予猶行野言旋幸莫徐

送周來公之任　馬芝

文氣日凋敝吾子特善鳴因茲濂洛後暗室一炬明懷道不自私君子尙其貞勉莫爲仕貧氷雪甯錚錚

天王堤　諸生毛仁軏

暗裏天王效指揮周堤蜿蜒象輪圍世塵迴隔應難到惟放鐘聲出翠微

明月池

堂前忽現琉璃地流潤還滋功德林最憶昔賢詩句好清池皓月照禪心

築堤吟　知縣何國棟

岷山萬派赴荆門三月桃花怒漲翻但使安流還禹貢敢言真勇是王尊千家鼙鼓連波沸百里虹霓載浪屯汗雨師雲民力普汚邪禾黍勝高原

丈勘二聖洲蘆政　知縣沈爾燝

再權容城秋水清荒洲履勘又催程無邊野色連雲暮不斷征帆隔浦明少府金錢仍藏入漢京湯沐問遺民寒潮夜落蒹葭冷故國蒼涼幾變更

泛舟柳浪湖　訓導孫錫蕃

柳浪千年綠中郎故里墟雙星懸夕永孤月掛林疎棹泛銀河遠風高脫葉徐瓶花何處是隔岸冷紅蕖

行宮應制賦得佳氣滿山川　陳文燦

康熙癸未聖祖仁皇帝巡幸豫州命試有司欽定第一

洛道東巡玉輦來出關紫氣望中開恩高嵩嶽雙峯靄澤滿黃河巨浪催是處絪縕縈綵仗無邊景色挨僊臺休徵自應昇平象遙聽懽呼徧草萊　中州藝文志

賀荆南新任副憲孔東玉隨車雨後卽晴七月二十日

乘驄巡楚喜遙臨膏澤隨霑潤已深禾實四郊秋有粒風淸三郡境聞琴家傳時雨作霖雨身慰民心動帝心旬日遠同朞月意相看何處不謳吟

武侯祠落成　　知縣 楊之騂

幼讀三國志師相倍生欽喜讀出師表愛誦梁父吟江南無專祀惆悵罔登臨出宰南平日入境首相尋人指三橋裏野曠樹蕭森昔建武侯祠祠荒榛棘深倘存雙石柱居民不敢侵未幾來事事黃鸝空好音停輿覽舊址忠魂曷忍沈柦極難猝就三載捐俸金鳩工賴文子邑庠文貽煥廟貌煥幽岑雖乏參天柏翠栁自成陰行人肅瞻拜勝蹟留古今舉墜爲予職悠哉愜素心

舊縣感懷

荻葦蕭蕭一望迷當年曾此建城池殘碑猶識三袁里斷岸空存二聖祠栁浪名亭波浩浩虜陵舊道草離離堤邊憑弔堪惆悵最是風淸月照時

閱堤至民安驛遇雨口占

勞心修築堵狂瀾宵晝無分次第看細雨沾衣防淺滑微風撲面耐輕寒旁觀只道居官好局內方知作宰難但得崇墉開百室此行差不愧民安

楊公堤

全楚皆澤國南平素苦水大堤臨江渚綿亘百餘里下車正値興工時策馬閱視任奔馳在在雖可堵狂瀾堅厚無過楊公堤楊公邑乘載其詳學問經濟誰能比當昔舊邑繁華日便識滄桑更變理遙憶數十餘年後城郭盡付波心裏預築此堤廿里餘廬舍田園無傾圮至今俎豆崇祀典千秋萬世樂歌只吁嗟噫嘻四世三公吾家舊如君無愧關西後前有召父後杜母未識余能繼公否

縣歸晚舟　　鄒養赤

山塘城市怯日落獨歸船遠火如浮水懸星不在天依稀記草樹浩蕩傍葑田岸泊防飢虎呼童笑語還

油江懷古　　諸生 田藍玉

丞相濟吳師艱難此地支一枝鳩借蹔半壁虎爭危周陸遺踪杳孫劉霸業隳但憑天塹在控扼重當時

檄公桅 用恒將軍韻　　諸生 杜顯傑

郡城之東檄公桅鬼護神守倚雲隈一代精忠原不死淒風苦雨長蒼苔歲在丁丑菊花秋將軍閒眺望楚樓憐才提唱發浩歌表忠健筆貫斗牛過客一覽紀之詳立亭泐石爛成章滿漢瑤篇連雲錦孤桅屹立彌精光當年闖賊寇荆關司訓將才腰箭環挺身力距戰且守氣節鼎然成斗山可憐力盡遭毒射身縛長竿三晝夜穿胸斷臂雲路坊長軀修髯桅上化熱血飲桅桅不摧紀南弔古何勝悲雲鶴歸來棲難穩想君掀髯更張眉英風懔懔城上竿竿頭有淚落

吟壇滔滔東下長江水嗚咽萬古走波瀾公之巔末錄郢志名教綱常匪細事我欲爲君賦招魂腸枯髮禿難爲序君不見城頭隍池水光白桅影臨潭揖過客舟前說與雙飛燕莫將輕橈打靈魄

白燕　毛業溥

色比梨花花減神素心一片傲風塵高飛黃閣金鑣玉低舞青池雪打蘋皓鶴行中呼小友烏衣國裏號山人如今正好凌雲去不作尋常入幕賓

渡荆江至孱陵驛　南滙編修　吳省欽

劉備營何在川原極望疎秋生梧桐下雨逅荳花初折戟埋終古迴帆切太虛吹燈有山鬼郎次委琴書

輓蔡孝廉輝璘　知縣　任郿祐

灼灼春月花離離秋日草春盡花翻飛秋深草枯槁人生非金石豈能長壽考君死亦何悲悲君死太早兒女未成行雙親復衰老家無顏氏田經史苦探討獻策阻金門一第徒自好胡天詔斯文令人生煩惱我雖吏風塵愛才如愛寶去歲事棘闈爲君文傾倒契合磁引針神洽臭在藻譬彼灌園人相期在合抱

一朝失所珍無處堪祈禱簡編不忍開恐見君遺稿

雅愛杜愛竹秀才大號賦此藉以相勖　知縣　劉廷謨

君能愛竹解堅貞我愛虛心氣節清他日操持今日裕鼎鐘事業本書生

同孫紫溪茂才余次卿侍御長湖晚泊　毛家槐

維舟湖畔暮雲深近水遙山客正臨無限風烟迷古渡幾多意緒觸寒砧紅圍村落楓林晚碧點溪磯柳色侵吟罷奇文方載槖雕蟲偏惹壯夫心

暮春登東門城樓　易斗光

岌嶪危樓俯治東登臨搔首夕陽紅征帆哨落關河水牧笛橫吹驛道風臺宅漫尋車武子祠堂猶說寇萊公春城多少前朝事都在青苔碧草中

柳浪懷古　侯家光

柳浪湖上柳如烟柳浪湖下浪接天浪花柳絮交春色沿湖多泊釣魚船可憐湖岸釣魚翁去來打槳浪花中豈知浩渺烟波裏當年會此任袁公我聞昔日油江口三袁兄弟躭詩酒湖邊搆起水心亭陶潛門

外多種柳伯修小修擅文詞中郎更是開天手天馬行空不可覊遊戲騷壇世罕有三百年來景物非人去亭空水四圍柳不垂絲湖無主碧波千頃鷺鷗飛白鷺沙鷗紛起落九原才子不可作東風吹浪碧參差畫棟雕梁成蕭索君不見湖柳不是舊時腰年年風雨傍野橋惟有三更湖上月曾照先生貯詩瓢

過公安　松滋觀察謝元淮

青山如故人遙見心已悅前峰迎我歸後峰送我別迎者喜低昂送者愁巇嶫薄暮望公安孤城遠凹凸咫尺辨家園翹首歸思結思欲問道歸躊躇那可說有家不如無旣近轉騷屑是日天氣清微雨耽炎熱城北啼鷓鴣城南叫鵾鴂感茲禽鳥情助我離懷切長嘆語舊山曷由回我轍

走馬堤　諸生嚴壽春

何年帝子卸金鞍零落遺蹤馬上看萬樹梨花春雨溼千門楊柳晚風寒紅塵有夢從來幻白骨無情只自酸莫問長堤興廢事錦官陵寢舊凋殘

題袁中郎先生集後　侯家璋

巨眼空千古縱橫止一人步兵爲益友坡老是前身氣烈聞聲壯才奇出語新滔滔江漢水浩渺放游鱗

留別詩八首　錄四首　知縣焦家麟

上接三巴下澧陽交馳水陸織梭忙逢迎我本安於拙調劑君應別有方村舍月明尨易吠庭除花落蠹宜防劇憐階下胥徒輩撫馭猶需解澀囊

衣冠從古邁羣倫名教維持戒笑嚬不守楷模終敗類況稱刀筆愧齊民風雲變幻貪黍富雨露滋培義及仁此別應須各努力懷刑懷德冀書紳

論文漫詡品題眞我是芸窗悟後身口耳詞章徒涉
獵性靈杼柚總淸新分來鶴俸知心苦探得驪珠郎
掌珍濟濟前程頻拭目皋比巳定愛蓮人
黃童白叟莫聲吞不入公門記至言鄰里有情消雀
鼠吏胥無計擾鷄豚能勤畚鍤堤防固著意耕耘稼
穡蕃舊政定輸新政好臨歧何事又攀轅

留别詩六首 錄四首　　知縣　李　栐

頻年星月未神疲肯遣鋒車聽唱驪薄宦渾忘鳬舃
幻輕裝不用鶴琴隨悟來圓澤三生石 用李源與僧圓澤在荆故

事見甘澤謠 載得中郎一卷詩 袁公安詩出於性情絶無摹擬塗飾之迹余深愛之
惆悵頻行當道卧有何治績繫人思
金堤千里重防川禹跡茫茫數未全 荆江有九穴十三口今只存虎
渡調弦兩口餘俱湮沒不可考 書有河渠誰委壑志詳溝洫奈塡淵
淒涼水國餘孤艇零落村墟認斷烟唫到東坡窮命
句 竊取東坡罷徐州往南京馬上作舉鞭謝父老只坐使君窮窮人命分惡所向招災凶水來非吾過去亦非吾功云云意 幾番沉玉訴蒼天
接士猶深翰墨緣一回小别一悽然新陰桃李期時
彥空谷芝蘭望夙賢砥節宜存孝先志 王沂公登程字孝先

好著祖生鞭臨歧莫忘殷勤意留取心香証謫仙
指點長堤去住頻條條疎柳繫江濱漫因風雨懷前
令自有循良在替人鄭渾桑麻慚四載汪倫情緒溯
三春何時再泛荆南棹好儘壺漿認部民

斗湖堤工次 四首之一　　知縣　徐步雲

曲陽薄宦又南平戴月餐風曉夜行夾岸芳塍添秀
色沿堤茅屋聽書聲瘡痍滿眼思難徧飢溺關心夢
不成庸吏愛民無妙策瓣香先祝一春晴

道光壬辰大兵南下道經公安　　鄒美中

妖星睒睒射天狼羽檄飛來自鬼方萬馬奔騰塵不
斷將軍昨夜發襄陽
城狐社鼠寄餘生敢向潢池盜弄兵釜底游魂終授
首天南時雨逐軍行
大將旌旗逼斗寒前驅戰士後材官一聲鼓角齊回
首箇箇爭從壁上觀
春風指日賀平蠻銅柱何須界漢關從此南人不復
反銘功直上九疑山

寄西林山人　　李澤濤

西林山上一片雪西林山下人踪滅我爲訪戴乘興來今宵霏霏談玉屑歐陽六一稱醉翁山水之樂樂無窮得諸心而寓諸酒豈眞耆頹頽乎中問君何事先白頭一生爲替別人愁豈知多愁卽多病胡不遣興酣高樓亦覺春色共流水世事變幻長如此請君爲我一駐顔四顧茫茫誰知已

城外晚眺　諸生 李文清

小立荒城外蕭蕭夜氣涼山峯瞒塔影月色淡燈光富貴邯鄲夢姻緣熱惱場何如一樽酒小醉任滄桑

客舍烹茶憶鄒星溪

火爐新煮茗小飲當金甌水泗溪毛現月高樹影收敲砧千里夢擊柝一聲秋遙憶沙津客擧杯正未休

禾田岡觀耕者偶成

荆榛滿地少人行累日窮陰偶放晴且喜荒城爲賊棄長留片土與民耕水光渺渺揚帆遠木葉飄飄落地輕擧目不須悲寂寞三湘士女盡南征

節孝祠月夜獨坐

水國波平夜氣清客情無那漏三更金風故故催殘

雙槳碎芭蕉作雨聲

邑侯周壽農司馬徙治新城并志書刻期告竣長句紀實三月十五日　易秉璋

仙吏風裁迥出塵雙鳧飛下宰官身趙衰日趁三冬暖城工始客歲冬潘岳花開滿縣春擬築崇墉與雉堞好從原隰認龍鱗一年治績千年仰膏雨隨車迓部民

瑶函纂成幾經年成帙公然費俸錢讀史初添循吏傳當官不忝侍臣賢先侍御公乙未典試楚北河山滿目收新治耆赤關心託舊編自是文章崇政事一封手敕

落花天

贊

王襄簡贊　明學士廖道南

遣羽詞林綴班鑾坡有美一人秉性清和典教成均文行忠信委心文定不失其正公任巡撫祭酒深爲楊文定溥所推許

鄒莊簡贊

德厚無疆業廣有常節堅不渝烈永彌光擧擢諫垣排闥飛章乃忤逆瑾出守畿邦繼司藩臬惠播甘棠乃戡叛裔勳紀旂常入握臺紀丕振大綱薦典國計贊亮朝堂懇疏歸老黃山高岡

題畫松石贈侍御毛芝田年兄　倪元璐

石旣巉巗松亦傲岸有人如此豈非鐵漢

銘

張景銘　宋學士宋企

皭才華兮懿孝至應仕兮難老蹇皇皇兮晩獲伸發吾懷兮露珍茫茫兮安究尙立言兮不朽

鄒莊簡銘　明大學士顧鼎臣

九澤七川地靈瀦殷鍾賢毓秀乘會昌辰忠言直節爲國藎臣盤錯屢試器利如新樹勳巖廊正笏垂紳明良都俞一德有鄰惟德濟時惟德潤身功成身退人稱哲人

侯偉時銘　鄒養赤

生不必其不朽死不必其不壽孰重孰輕孰先孰後苟不愧其晶白之心而何患乎悠游之日公之死與日月爭光山河同久

田鍾雨銘　嚴首昇

其質醕兮其氣清文在中兮澤在民近其光者如有獲而嘗親聞其風者若或起而自欽以克永世兮而昌而甯

灰如禪師塔銘并敍

師諱亮字灰如萍鄉王氏子自薙髮受戒後足跡半天下終老於公安報慈寺其於彼道求之綦切得之綦深而守之綦固其舉以示人也引而不發直而不徇易入而難窮生於萬歷壬寅告寂於康熙辛酉從其教火浴之得舍利數十齒牙念珠大半不壞斯亦奇矣前後語錄若干卷叢林重之其徒樹可雪幹建塔藏其蛻餘予爲之銘曰

雙樹談寂五葉燈傳教網乍裂眞輪恒圓後五百年
疇悉解脫肓龍跛象牛尾麟角孰振其靡孰滙其宗
熊熊太白矗矗三峰亦越海門播聲吳楚白雲高褰
流作甘雨有老古錐繼出江西披襟承流一笑全提
佩以法印辭之不得試一展演天歡魔懾報慈之剎
輿公所創風火刼更金地榛莽爰卓我錫有衆雲翔
開田說義堊草爲坊荆東灃西湘南潭北緇白顒顒
瞻此佛國載陟神山浮乳之源掃塔邦象太陽破顏
凡我傳法爲拔迷情迷不自迷明卽無明云何諸方

江河日下濫膺謬錫煩師唾罵十方無住心爲道場
秘藏無遮身作金湯津梁匪遐機緣有息代我敷宣
水光山色道影寂寂烈燄騰騰胥諸不壞再轉法輪
湖畔窣堵眞身永固我作詩銘百靈同護

賦

囊螢讀書賦 并敘

龔三捷

明府廬江楊公具淵雲之才思裕冉季之猷爲撫民
則燭照逃亡造士則斗輝衿履慨夏日之既去喜秋
風之徐來於是鶴立一足琴弛七弦進諸生而告之
曰貧者士之常焚膏繼晷庶事皇皇爾南平舊境車
武子讀書之鄉也警心午夜苦志縹緗感流螢之有
耀故攝之以一囊卒成大器致身廟堂蔚儒林之所
樂道抑爲之前而美彰予曷爲我賦之捷曰唯唯

塊洪爐之大造兮化無情爲有情悲何草之不黃兮
置之死地而後生具兩翼而六足兮託形體於蠙蠅
羌渺細而騫舉兮散入夜之微明竊夜光之大號兮
曾何有於照乘顧收之以處囊中兮雅有裨於横經
聞之螢之爲物也載在月令鶉火之次腐草斯蔚當
其郁郁河上共此春暘遭薙氏之蘊崇致零落於道
傍薰灼兮趙宣之日酷烈浸淫乎魯僖之雨滂滂一
燥一溼負陰負陽初蠕蠕而蠢動漸熠熠而生光豈
老蚌之含水而登陸兮倘燭龍之多子而光芒過目

發鑽燧之餤屬耳無擊石之鏘羽翼粗成翩然而起
水瀨山巔荒陬錦里月下風前競兒喧女道阻結行
子之淒簾疎窺坐人之綺弄輝輝之花蕋奄乍明而
乍滅添個個於井欄似倡于而和女乃有簞瓢書客
志吞萬卷感鑿壁之無鄰閱墨墨而浩嘆忽爾觸目
憬然而會用不在大妙用以萃詎聚蚊之成響兮而
集螢之不彗爾乃徵敝絺命刀尺線無取乎折襪製
彷彿乎勿密緊裁成之大如斗諒照夜之赤如日居
然括囊以充明吾何畏乎暗室陳書數篋簡鍊揣摩

白魚急而走死三豕安得渡河藏錦繡才於肝腸憂
金石聲以吟哦想其處置或有縱擒顧草木之若在
抱豈昆蟲之傷不禁頻卜夜之輝煌當計日而賤更
時或出入妙有增減亦聚集而稠密亦離羣而疎散
出返月露之場入張風雲之氣滅壯大畧之觀增辨
魯魚之細稠密逬天祿之藜火疎散擘金蓮之流麗
二酉窮三篋楸牙籤刓墨莊既萬卷樓空富文閣閉
慨黔首之未愚徒邱索之終祕斷秦漢而上之摛文
武於未墜彼光遠而自他有耀何惜乎委曲而益人

神智在昔南平之南嗜學武子之鄉乞靈宵燭餘足
書長留芳名於車胤發澧蘭之幽香固非止風雙矜
宣武之座崇高發豪宰之堂而已也吁嗟乎暮讀書
兮朝大廷鄉長繫兮歌短檠依日月兮上星辰竊獨
念此流螢

公安縣志卷之八

雜記

雜記之名本於戴禮故邦國志創立體例簡末綜舉古今故實取其信而有徵者都爲一帙所以示典則昭法戒也分援古補遺二門瑣屑攟拾使各以類相從要在約而不漏該而不雜其無關實事者無容沿襲編入以眩耳目

援古

志者史之餘也傳疑襲謬世間不少不一辨析久益

沿爲誕妄爰博採旁搜隨筆登紀以完志之不得不止匪敢曰六經註我要當使我註六經耳

南國考

路史曰江陵古南國姒姓號有南氏又云殷盤庚妃姜氏夢赤龍入懷生子手握南字世長荆州則子姓之代姒者也呂覽云禹巡南土塗山之女作歌曰候人兮猗此南音之始周文受命化行江漢二南之篇遂爲四詩冠後雖騷賦迭更咸本屈宋風雅先聲含南奚歸哉舊志南之爲言僻也故其變也流爲僻音僻與澼同公安屬在南國　以下新增

沱水考

禹貢岷山導江東別爲沱沱之名梁與荆皆有之酈道元桑欽未確指其地以沱爲水之公名也雖然梁與荆要有辨考岷江之源出於黃河之西漢書所謂岷山在西徼外江水所出是也而禹貢導江之處在今四川黃勝關外之乃褚山古人謂江源與河源相近禹貢岷山導江乃其流非其源也自黃勝關流至灌縣都江堰分流而下其東北去者曰沱陶文毅公澍蜀輶記程嘉定之大渡河江之別派源出西南徼

外入中國後過郡三行二千餘里其源本與江同而復會即禹貢梁州之沱自敘州府與金沙江合流出三峽入湖北界又東過巴東縣北則有萬戶沱又東南過歸州則有屈原三沱此彝陵以上之沱也不具論自歸州流逕枝江羊角洲江汜支分東入大江王叔瑀曰枝江縣百里洲夾江沱二水之閒其與江分處謂之上沱與江合處謂之下沱是沱在北江也按此即詩所云江有沱者是其後北江漸盛南江漸微反以北爲江南爲沱矣或以今江水未嘗至澧遂疑

禹貢又東至于澧之文爲不可解不知江水逕江陵縣南枝迴洲（俗名窖金洲）分爲南北江其南一枝入虎渡口禹貢錐指云南江爲古岷江之經流逕公安縣西又東南流合涔水入澧州界爲涵水口歷州之東北又東南合澧水逕安鄉入洞庭湖下合北江正與經文東至于澧相符袁中道澧遊記南江即江水由澧入洞庭故道自北江獨專其大而南江之迹稍稍湮滅今虎渡南流之水實即東別爲沱雷思霈曰昔以長江入九江故殺而緩今以九江入長江故扼而溢

勢使然也蜀輶記程江自虎渡而下經柳市彌陀市至公安縣之黃金口又南經港口闕賽口楊家蕩涵水鋪入湖南澧州界所謂沱也總之江水入虎渡南流至縣境爲禹貢之沱水確不可易或又謂水之出於江而復合者爲沱邑沱市何以名曰三國吳孫亮時廖解里有靈鼉鳴正其地也舊志鼉穴作鼉空識去聲空又譌爲孔茲謹据地理志參以諸名家集說俾知夫鼉之爲沱沿里有祥異之徵空之爲孔由音有假借之異而傳聞異辭僉誌之補酈道元桑欽水經之所未注

油水考

自左公領荆州牧立營油口改曰公安邑之有油水舊已顧或稱油江或稱油河歷世既遠疑以傳疑如楚北水利堤防紀要謂黃金口即油河口不愈滋後人之大惑乎考油水在舊縣斗堤西舊由此入江由古作繇後人因智者化水爲油事於偏旁增水故曰油水漢書地理志南郡高成縣（今松滋）繇水南至華容入江過郡二行五百里按漢時孱陵亦云華容包石

首監利之地非今之華容也桑欽水經江水逕南平郡孱陵縣之樂鄉北油水從西南來注之又東右合油口又東逕公安縣北注武陵白石山油水所出東逕其縣西與洈水合（洈水出高成縣洈山）逕公安縣西又北流注於大江雷思霈荆州方輿書孱陵城背油向澤其油水流公安縣西又北乃入江又云江水由虎渡支流逕縣之三穴橋油水從西北來注之江水衍溢入於油河三十里會虎渡口水入洞庭舊志三穴橋渡注上即江瀆堤是爲油河據此則知油水自松滋流

入縣境實即會虎渡之水流入油河以達於北江所謂油江者從其外而言之也所謂油河者從其內而言之也二說似歧而實一也今雖滄桑屢易油河遺跡具在舊通五里三橋諸水達江斗堤油河工其明徵也則油江口之在斗湖堤無疑前此江水入油口西流里許一港灣環而出板橋由邱家營過周家壩至桑檀舖而派復分一由白石碑走馬堤燒䅿湖會板橋港水而出小橋一逕武侯祠出三穴橋而歸西河行五里至黃金口則黃金口之非油河口又無疑

自孟珙興江防厥後口之在大江者既築於官在西河者又塞於民油河兩岸父老所指畫者猶歷歷可覩近斗湖楊公堤潰下流淤高桑檀舖燒䅿湖一帶水涸時猶匯數十里爲一壑油河故迹遂不可復識爰歷誌之以諗來者

雲夢解

舊尚書雲夢土作乂宋太宗時得古本尚書作雲土夢作乂詔改禹貢從古本孔安國注雲夢之澤在江南非也按左傳吳入郢楚子涉雎濟江入於雲中王寢盜攻之以戈擊王王奔鄖楚子自郢西走涉雎則當於江南其後涉江入於雲中遂奔鄖鄖則今之安陸州涉江而後至雲入雲然後至鄖則雲在江北也左傳曰鄭伯如楚王以田江南之夢曰江南之夢則雲在江北明甚沈括夢溪筆談元豐中予自隨州道安陸有竟陵主簿郭思者能言漢沔間地理亦以江南爲夢江北爲雲以左傳驗之思之說信然江南則今之公安石首建甯等縣江北則玉沙監利竟陵等縣乃水之所委其地最下江南二浙水出稍高方

土而夢已作乂此古本之爲允也

附櫺星門說

按廟制自正殿而南有戟門有櫺星門戟門宋建隆年間準儀立戟按釋文云櫺者楣門總格也班孟堅西都賦捨櫺檻而卻倚文選詩曲櫺激鮮飈韓昌黎詩暑夕眠風櫺蘇東坡詩皎如明月照窗櫺是也其名星何陸放翁老學菴記窗格縱橫相間名星眼合之戟門古爲楣門制用櫺窗格撤去障板取闢門求賢之意其兼取星者同於王制尊之至也周禮有皐

門有應門有闕門巍然中國上懸治象謂之象魏自漢以來天子正門曰端門後世用天子禮尊先聖爲欞星門卽今所云宸居法宮是也二條錄愛承烈舊志刊誤

上荆南道王璲報慈大佛殿募疏康熙九年後二月廿一日

孱陵之在荆州名公巨卿文章事業往往甲於三楚稱名邑又二聖智者大士則皆邑産也故又稱佛里邑有報慈名刹創自藏嶼禪師嶼公得法龍牙系出洞山自唐歷宋宗風蔚然至元延祐中奉敕重建佛像莊嚴殿宇洪麗明季鼎革燼於兵火獨圓通一殿

古刹蒼然雖屢經興廢子然獨存然僅支梁柱耳其他廊廡僧舍牆垣皆蕩然無有昔人謂禪宮亦消歇塵世總堪哀信然哉邑紳延請灰如大和尚住錫興復灰師乃三峰嫡孫白雲問公之嫡子也白雲歿後潛蹤夾山神鼎匡廬閉十有五年精進操履不逾塵世蓋其心深慨法末俗學理行不侔故絕意肥遯若此靈巖和尚白雲法兄弟也遣使勸之曰公以堅忍之操韜光鏟彩不肯自欺當思畢命利生以報從上詞意堅切師徘徊數日方應報慈之請住寺說法者

六年然其門風高峻又貢性孤介嚴冷有契嵩善嗔慈明善罵之風及門者多望崖而退寺中如法堂禪關香積俱次第建立布茅獨大殿工力浩繁尚未敢輕舉修砌癸卯春予解組入山問道報慈者半載故親近和尚最深又與其法嗣樹可雪幹倡和者最久因憶萬歷中三袁先生深禪理崇佛教與先大司徒公同譜籍故予以年家子與袁氏昆仲稱世兄弟又予曾待罪荆南爲鄒毛馬陳諸公皆世交夙好予請曰人情無常善惡從境以善境誘之則善心生以惡

境薰炙則惡意起昔佛經行俄指曰此處可建一梵刹時賢于長者信手拈一莖草插巳曰建梵刹竟倘于此處會得使眾生磕著撞著觸處善境寅移其習密化其惡不亦可乎請從此刹殿始縉紳諸先生聞予言皆踴躍歡喜爲拈菴封翁尤夙有此願力乃各施若干金而年內湖邑苦旱澇苦賦役猶未敢輕動工和尚又同樹可應神山之請與復祖庭獨雪幹獨力在寺支撐諸紳士與大眾皆請及時修砌以了灰和尚夙願予適還蜀道經沙頭雪幹復徵予疏予不

佞謂博施濟衆堯舜猶病佛教必以此勸人者欲人自發其感福之心也儒曰福者備也無所不順之謂備伏願見者聞者於此因緣發大歡喜生大感激量力喜捨培植善因可以資冥福謂報慈親可也將此身心奉塵剎謂報佛慈可也可以作今生之福田可以種來世之因果則報慈之瓦礫荆榛湖光山色皆諸君廣長舌相也以故代爲十方白云

附袁小修當陽柴紫菴贖復香火田記 節錄

當陽柴紫菴明萬歷甲寅禮部郎中袁小修建也

先是玉泉寺僧無迹以請藏入京晤袁伯修小修昆季暨南充黃平倩等草疏捐俸得金錢巨萬歸當玉泉極壯麗柴紫菴在玉泉右掖祀諸護法居士中維摩詰左

關聖右庶子袁宗道吏部袁宏道庶子黃輝太史雷思霈諸神主復置田計八分每分田二石五斗共二十石又旱田一分三石三斗付度門寺僧無迹後裔執管洎今祠宇空存神主久廢香火田八分僅存一分在度門寺餘者典賣殆盡事到極處别有奇緣同治十年邑訓導易祥光署理當陽縣學遊玉泉是菴寂寞蒼涼憮然念里中先達創建苦心田產蕩棄徘徊不忍遽去有老僧狀龍鍾名明心者卒然問曰遊樂乎公曰快甚僧曰何居公曰此菴吾邑前輩袁小修所建置田若干畝供奉香火今無存者奚樂爲僧具道田地典賣承售主人姓名（俱係玉泉各廟住持僧）開列清册付公盡變賣田產者即是僧也湘崖將柴紫菴田畝興廢始末備文附摺牒請邑侯戴晴初查復並飭繕祠主當傳獲原主

度門今大通寺住持僧明心並傳玉泉寺僧大智等究出明心私賣田地三分度門寺僧尚存一分共計四分惟此僧老朽萬難贖復議歸玉泉寺公堂備價取贖另派妥僧照管度門寺所存水田一分二石五斗旱田三石三斗明心當堂立約交玉泉公堂掌管其從前承售三分之五飭令各住持僧當堂吐退公堂備價每分備錢三十五串分别立約計已贖田畝三分七石五斗度門寺先存一分三石五斗合計四分大共水田十石又旱田一

分三石三斗承作柴紫巷香火並僧人日用之資田畝復則香火供香火供則柴紫存且神靈之祀存而小修建立之功經營之迹得以承存事已諸不可不爲之記

車允辨

車允字武子南平人曾祖浚爲吳會稽太守公清有政績値郡旱饑表求賑貸與王孫皓以爲收私恩遣使梟首父育郡主簿太守王胡之名知人見允童幼謂育曰此兒當大興卿門允恭勤不倦博學多通家

貧不常得油囊螢火以照書比長美丰姿機警敏悟與吳隱之俱以寒素知名桓温辟爲從事遷別駕征西長史謝安亦厚待允每公卿有宴允或不與皆云坐無車公不樂甯康中以允爲中書侍郎關内侯帝嘗講孝經謝安侍坐陸納侍講卞躭執讀謝石袁宏執經允與王混摘句時論榮之累遷侍中孝武太元十二年領國子監博士會議郊廟明堂事允以明堂之制難詳且樂主於和禮主於敬故質文不同音器亦殊茅茨廣廈各一其度固當宏本順時不必守其

形範也請依九服咸寗四野無塵然後具修時從其議遷驃騎長史太常進爵臨湘侯以疾去職安帝隆安四年允起爲護國將軍尋爲會稽世子元顯陷害卒朝廷傷之按武子自其父爲郡主簿因家焉今西辛里有武子臺武子宅讀書臺在此乃澧州安鄉爭志以爲桀與巢縣爭塗山會稽爭禹穴前後一轍豈以晉時南平治作唐故彼地車姓附會之若澧之囊螢臺武子宅基新州城門石額之車城自古名賢多如此後之人可以興矣 參澧志舉要

謝祠辨

邑東南六十里黃山相傳劉宋刺史謝晦葬其巔有神異邑人建屋祀之宋徽宗政和二年大旱荆澧之禱雨者應如響二州軍儲獨不乏奏封惠應侯賜額忠濟廟按晦陳郡陽夏人元嘉元年使持節撫軍將軍都督七州任兼領南蠻校尉三年反兵敗伏誅澧志舉要以晦爲反誅之賊非死於是地亦必不葬於此山元安鄉知縣鄭因碑稱爲西晉謝遷通志稱謝鮮其非晦可知 古未有逆臣而得爲明神者忠濟二字更非晦所得受也

補遺

一邑之中關人成世有關於懲勸或聞之昔而舊所不載或見之今而事體奇零書之亦所以教也況天地閒不乏奇異姬經山海廣不逢不若之意魯史宋鷁想祥桑枯死之難夫不有大制作取象於鳥獸草木人情感起於昆蟲者乎

諸葛瑾字子瑜瑯琊陽都人漢建安二十四年以綏南將軍代呂蒙爲南郡太守任公安劉先主東伐吳或疑別遣親人與相問權曰孤與子瑜有死生不易之誓子瑜之不負孤猶孤之不負子瑜也吳黃武元年遷左將軍督公安 府志

繆士遹劉宋永初中爲江安令卒官時江陵令甄法崇在任嚴整至其年未法崇在聽事士遹前見法崇知其已亡愕然未言坐定云鄉縣人宋雅見負米千餘石不還令兒窮倣不自存故訴法崇命口授爲辭因遜謝下席而去法崇爲問宋家狼狽輸送太守王華聞而嘆美之 南史本傳

韓望南平郡處士風塵脫落孝友深純梁天監七年荆

州刺史安成王秀辟之與南郡庾承先及河東韓懷郭麻其下教有曰橡飯菁羹惟日不足蕞牆艾席樂在其中 澧志舉要

解潛紹興初荆南鎮撫使奏辟宗綱樊賓措置屯田荆州軍食仰給省縣官之半建炎閒諸州鎮撫使或戰死或降僞齊惟餘潛在不主和議時論稱之 文獻通考

向友正淳熙八年攝公安令有善政癰發於胸臆閒嘗委頓而卧似夢非夢見一偉丈夫傳藥方與之曰用溲藥瓜蔞乳香三味以酒煎服友正敬謝不終劑而痊後詣玉泉禱雨瞻關帝像蓋所感夢者

何鼒令雎甯時有三異政麥秀三穗蝗蝻不入境牛多產雙犢九載召入爲戶部郎尋告歸世宗御題賜犢歸莊圖以榮之 楚紀

王襄甫軾髫齡時常遇呂仙奇其風骨預爲記授後科名次第及宦迹所至無不符合公自有傳此其軼事也

劉珠故與張江陵相公同爲諸生相厚善及辛未江陵主會試劉始登第則年已及稀齡矣又三年江陵滿五旬劉在郎署爲詩以壽中一聯云欲知座主山齊

壽但看門生雪滿簪江陵爲一啟齒（敝帚齋常談）

毛羽健天啟壬戌進士嘗晝夢關帝持墨瀋一器强飲之及覺餘瀋猶漬衽席自此文思大進少慷慨好施急人之急嘗破產贖亂兵所掠婦女數百人悉送還家後自戍所歸值寇陷荆郡猶與其門人偏撫李乾德同守岳常斬賊甚衆已而道病尋卒歸葬

袁儀部中道十歲著黃山雪三賦五千餘言長而通輕俠以豪傑自命窮覽燕齊魯吳越之地歸學於李龍湖有志出世久困瑣闈萬歷丙辰始成進士授蘇州

教授遷國子博士乞南得禮部主事歷郎中旋乞休以疾卒年五十四錢謙益謂其詩文有才多之患朱彝尊謂其才不逮中郎而過於伯氏皆定評云（府志文苑）

蕭都堂毅中天啟癸亥任南京江南提學甲子授大理寺時魏璫披猖應山楊公疏璫獲罪舉朝色沮公抗疏直諫有三十年泡影之功名轉眼殆盡五百載帶來之良心至死不昧從古無不郊不禘之天子而陛下爲創見創聞之奇事等語觸璫放歸崇禎初璫敗起公由太僕少卿陞南贛巡撫忠義之名相傳（不朽）

毛羽宸爲文根極理要崇禎丁丑會試已取中拆卷日主試係溫周黨知爲侍御芝田公兄也遂不錄是後有毛羽儀者孝感人中進士亦疑爲侍御族嗾番校緝其家屬致之獄竟革成奸黨之忌公如此

袁致道與從兄履道師李再白萬歷庚子同舉於鄉三公同學又同寓時以爲盛致道萬歷末授荆門州學正敦勵名節振興文教所舉優劣悉服士心學使葛屺瞻甚褎之一時科目蓁盛公之力也陞河南登封知縣去人多思之（荆門州志）

陳忠國字升揆公安諸生曾中四川鄉試副榜以冒籍黜壬午來京師其鬚長過於腹行則自兩肩搭於背每行過市人競隨觀之（香祖筆記）

鄒操富文學任澧州教諭感澧久乏科第力移學宮時六月落成有露如霜凝結一魁字於大成殿上後遂科第不絕事載碑石

田垣由歲貢任河南獲嘉訓導歸所乘馬產麒麟獨角鱗甲有光生即能食金鐵聞於官一時異之傳爲龍馬田氏云（舊志本傳）

王從貴房陵村人有妹未嫁常持誦金剛經貞元中暴病卒埋已三日其家覆墓聞塚中呻吟遂發視之果有氣舁歸數日能言云初至冥間冥吏以持經功德放還王從貴能治木嘗於公安靈化寺起造其寺僧曙中嘗見從貴說云酉陽雜俎

毛太涵生員家甚饒背父早僮僕百餘至莫能辨一日理家政僕有負嵎松滋者拘之不獲獲其婦歸拷掠數日經死夫遂夥親隨僕子約五十人白晝入劫破主腸而腊出毛妾劉故娼也力以身捍毛被創者數

俄欲斷毛頭時六月初十日赤日當空無雲而雷震者三羣兇股栗中止良久擁婦屍還松滋挾毛護行至十五里外一寺中稍息毛有友王光國擁身入兇黨覩之曰吾汝無讐來何爲王曰惟無讐故來毛吾友也彼遭難吾覩之情也與毛偎坐故不去無何塵起持鋒及疾呼而至者幾數百人羣兇懼王曰汝但舍毛速走我爲政羣兇唯唯王乃督數百人追之至一港羣兇不得渡於是死及下者十數人溺水者四五人脫走者半蓋王方挺身救毛時已陰促數僕撥衆來援又遣人將港船盡移匿蘆葦中故耳王抗死救友倉卒謀畧周匝勇而有智如此乃劉妾亦烈女子哉湧幢小品

彌宗和尙滇南武進士也康熙初自京師歸道過公安泣與同侶別作書寄家人曰是嶺名白雲吾當老死白雲鄉矣乃剃度披緇入塔岡梵剎爲僧或叩其故不對固詰之則曰僧雖武夫頗諳天文邇瞻故鄉其氣甚惡不數年當有兵起故託功名北上謀一安樂窩耳頃從帝京南旋襄樊一路皆非吉土惟是地風

俗醇厚雖有小劫可無大禍欲藉諸子福澤保此頭顱夫豈眞如痴獃漢妄云舍身出世可證佛果哉又問果爾何不挈家以來彌宗長號曰是有數在乃以眼淚洗面亡何三藩反滇南萬里無噍類彌宗南望悲痛剪紙招魂自是或哭或笑不看經不念佛唯日飲醇醪數斗兀坐蒲團若世所畫布袋和尙狀及入涅盤時謂其徒曰吾死即葬山門前題石曰彌宗和尙之墓存日繪小像一軸徒衆謹藏之偃蓋山房雜著

牟冕字周服年九十鬚長過臍瀟灑出塵道一道人來

吐囑元妙牟朝夕供禮之一日約與遊名山則以子女之局未終對道人笑曰君猶知有子女耶取大紙塗墨於手印之命藏匣中遂別去取視乃張眞人三字也遍覓不獲又一道人來寓數日偶適昇明臺過本境社神前足忽傾道人漫語曰好好送汝酆都去牟是夜夢一白髮翁求救醒以問道人道人曰信有是且與伊他族遂命一無子僕移於港口期年僕生子因名土地保

鄒授讓精於卜筮役有逸其囚者卜匿於縣治之西南

十五里市廛閒鷄鳴時急捕勿失也遲則遠遁矣如言獲之又某妻逃卜曰盍索諸東南敗屋中已變少女爲長男矣削爾頤鑿爾眉黔且頎兮是所私兮迹其言於叢祠積薪下搜得之則服男子衣冠與所私者偕其人癯削而長眉閒黑子隆起纍纍然如刻畫云

徐二者不知何許人也口操吳音多幻術乾隆閒至邑以符咒治病僑寄於侯氏祖祠時有邑庠侯國楨往延徐家人烹伏以待謾罵曰賊奴久不來鼎中肉已化准備鷄骨刺喉矣時徐方與楨喃喃絮談忽笑曰君家許詈予現作何語予弗去矣強邀之則曰病已邃可無往公盍歸如不驗來未晚也楨無奈踉蹌歸詰之一如徐言始知徐非常人村中詫其異每過從必具酒食以款一日至某家適男子出力田婦婢不識徐未之理俄聞厨脊上有物震撼牆屋俱動出視則一巨蟒盤欲下相與大譁奔田閒某心疑爲徐追及之邀杯酌謝過徐來攘臂招蟒則朽索數尺而已又某家一日耨草應傭者無幾而田畝甚多度工不能竣頗愁悶適徐至飲之酒告以故徐曰此易耳翦

圓紙如盤大取碓撐壁閒臨行囑曰伺田功畢可急取也家人如其說傭者歸則新月已上矣蓋當在田時帷怪日色平西胡遲遲久不落而不知在天者之已爲月也事既過幻人口嘖嘖徐亦不自安一夕不辭而去

彭某蒲家湖人母苦節撫子成立時鄉俗揷秧皆食粥彭忿其母以乾飯餉田工大罵且傾飯甑於地母呼天疾雷震死眾以孤諭其母哀求忽霹靂一聲而甦其人終身口瘖時崇禎十年事也　是年饑黃金口

人家畜一豕販者以贗銀九錢誑其妻易之去夫回大恚罵其妻妻憤甚自縊死次晨雷擊一人跪其門外視之則買猪人也妻亦旋甦

翟某西辛里車公橋康熙三十六年貸穀富室時春雨初晴自驅驢駝其父肩擔失足穀傾翟怒罵父即呼天雷震於路而死

牛頭里人明末大亂後自容美司歸省時里中人相食有數人驚喜謂何處來此肥人欲搶而屠之其人聞言飛奔衆不能追而免 舊志

文子銳板橋里人明末爲土賊所仇必索而殺之繫其僕名從學者掫刑拷訊終不告主所在賊縛之樹碎磔其肉而死子銳得以逃避子孫尸而祝之 舊志

楊某城內南門人康熙十八年春滇賊敗走城內虛無人楊獨自居守夜爲人所殺屍横室地家所畜犬守之時城中餓犬靡靡成羣楊犬見則嚙之不令入門迄三日後方得收殮而犬以傷力不食死

文士芳大光里諸生素長厚家畜一犬高二尺許黑毛修尾呼以獅即至士芳沒殯於堂犬晝夜臥柩下驅之不去飼之不食櫬出隨至墓哀嗥而死

咸豐十一年夏各鄉村晨起放雞翼毛皆翦去人行道上或坐室中羊角風起辮髮即失初皆疑畏然卒無他異

白教諭妻死吳訓導倡言姦學吏婦其妻有言遂勒令縊死事聞撫院林二山欲黜其官守道陳艮讜力辯之乃免後白教諭陞國子監助教二山遇於京師問茲白乃備述係吳訓導造誣陷故二山曰若非陳公急辯幾誤公矣後吳訓導陞萍鄉教諭未逾年亦受

同僚飛語過鄱陽湖舟覆以死 紀文達公如是我聞

北門觀音閣嘉慶間後牆偶有雲頭鬼腳若人若馬轟動城內外男女老少蜂擁雜觀知縣任公鄖鄃作畫圖說令瓦工塗之乃止

赴陂里保裕圍有圓臺可畝許四面皆水若葩詩所圖須壓然相傳係明都堂熊公膏憩涼之所按府志明嘉靖時有龍解體鱗爪畢現土人建熊起四旁土瘞之鎮以巨石其堆突兀畝餘謂之龍堆

邑中有竹如箭叢生四季出笋冬春笋在外以蔽母寒

夏秋笋在内毋得取凉竹譜名爲孝竹人家多栽植之舊志

赳陂里馬鞍山麓同治初張姓園内生楮樹連理

跋

是書之成也九閲寒暑矣自乙丑丙寅歲前邑侯袁公金和創議設局勸捐訪邑人士之翹楚者任管城採輯新聞網羅散失固已畧有端緒以頻戹於水時修時輟迄未成功兼之經費不敷而嗣是邑宰屢經更代大都不暇計此越歲癸酉周公壽農明府涖任

奇災迭遇首議遷城而更諄諄於修志一事力催脱稿速付剞劂亟爲請命於　府憲倪公慨然捐貲百緡公亦分鶴俸相佽助不數月而工竣厥功爲甚偉也余司諭是邑歷年最久人情風土頗不疎於見聞局中諸君子謬以主纂屬余然余實不過董其成而已時協修者李君寬夫鄒君魯溪杜君丙軒而始終其事則惟易君琢堂之力居多云旹同治甲戌春三月吉旦安陸王慰跋

公安縣志卷之八終

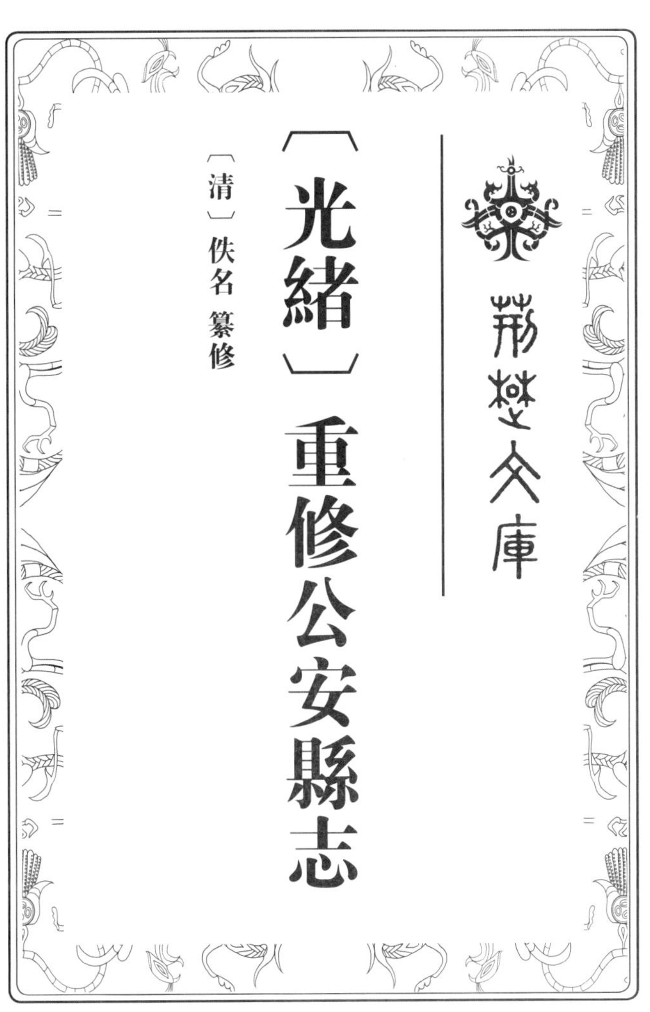

荆楚文库

〔光緒〕重修公安縣志

〔清〕佚名　纂修

《荆楚文庫·方志編》編纂組

組　　長：劉偉成　陽海清（執行）

副 組 長：劉傑民（執行）　王濤　謝春枝　郝敏　嚴繼東

　　　　　范志毅（執行）

參編人員（以姓氏筆畫爲序）：

　　王　濤　李云超　宋澤宇　范志毅　郝　敏　柳　巍　馬盛南

　　陳建勛　夏漢群　梅　琳　陽海清　彭余焕　彭筱濺　楊　萍

　　楊愛華　劉水清　劉偉成　劉傑民　謝春枝　戴　波　嚴繼東

編　　審：周　榮

顧　　問：沈乃文　李國慶　吴　格

前言

《〔光緒〕重修公安縣志》十卷附一卷，佚名纂修，清光緒間抄本。

公安有志始於明永樂，知縣鮑綸創修。正統時，教諭房陵續之。成化十六年（一四八〇），梁善復增修。萬曆三十二年（一六〇四），袁宏道之書經兵燹後無存。清順治間，孫錫蕃撰《楚荆公安縣志略》，後又修《公安縣志書》，惜書成後未付梓即去，雖有康熙九年（一六七〇）麓樵居刻本存世，後人視之未竟。繼有知縣何國棟延邑人毛壽登纂修志書，佚不存。康熙六十年（一七二一）由龔三捷修成志書。前志爲兩任知縣袁鳴珂、周承弼所修，付梓於同治十三年（一八七四）。

是志内封署『光緒年重修公安縣志』，全書無纂修者落款，『户口』卷中缺調查結果，可見志事未畢。志分十一目：人類、户口、氏族、宗教、實業、地理、山、水、道路、物産、商務。是志前言中有『今更際維新之時，采歐美之法爲立憲之模』等語，據此，志疑修於戊戌變法之後。對比清光緒三十一年（一九〇五）朝廷所頒布《鄉土志例目》，是志體例與《例目》中所列幾乎一致，僅缺部分門目。故是志雖以『縣志』題名，或應歸於鄉土志中。

全志内容，除地理、山、水、道路四卷較爲詳盡，其餘所載皆頗簡略，纂修者所撰前言佔比極大。據纂修者前言，可知修志目的，除記載當時公安一邑風貌外，尚含纂修者個人殷切期盼。書中多次提及，希望以志書内容，激勵幼童勉勵向上，以己之力爲邑謀利，再利國家。可見維新强國思想，已深入纂修者内心。

志書之中有數語略提公安水患與水利，既有事實，卻未見重視，難免遺憾。

據《中國地方志聯合目録》，是志無刻本，僅北師大有藏抄本。本次據之影印。（彭筱澂）

目録

重修公安縣志

光緒年重修

公安縣志

人類一卷

人之類可不分乎何西人之研究人種學也自利瑪竇東漸以後而地既判為五州人亦别以五色矣人之類竟必分乎何春秋之時而赤狄山戎雜居内地也況羅馬之强俄羅之盛併能吸收異種使歸化者喁喁輸忱而已亦得以互换智識乎究之人之類不能不分也大同之化未可驟臻但使血統同語言同文字同則其情更親焉而又非必於異類有畛域之分也知其類之不同則哀矜之念即保護之方排之者非媢之者亦非公安蕞爾邑祇有回種一二家久已漸染於中國文化而不自知今特標明以見

聖朝一視同仁之厚澤焉

黄金口項姓馬姓二家
松濤垸羅姓哈姓十家

戶口二卷

郡縣戶口之登耗視其時之盛衰為比例差

國朝

聖明繼序寰宇乂安戶口滋生遠軼前代康熙癸巳

上諭永除徭賦繼又散丁銀於田畝俾無田者無絲粟之

費

深仁厚澤曠古無兩已五年編審之時食毛踐土者敢不

據實以上呈乎惟是調查之法太西各國有用家別表者則統口於戶也有用人別表者則析口於戶也近者兼而用之矣其所以斷斷於此者以此為地方行政之基礎也今更際

維新之時采歐美之法為立憲之模學校教員與學生皆

有襄助調查之責鄉土志列戶口一則使幼童見戶口之繁殖見德澤之深厚而編審之際心思又不能不縝密云

現今調查確數

城内　戶　口

東一里戶　口

東二里戶　口

爪渚里戶　口

長一里戶　口

長二里戶　口

大一里戶　口

大二里戶　口

白里　戶　口

西一里戶　口

西三里戶　口

西四里戶　口

西五里戶　口

牛一里戶　口

牛二里戶　口

廖一里戶　口

廖二里戶　口

赴一里戶　口

赴二里戶　口

特卯里戶　口

魯一里戶　　口
魯二里戶　　口
板橋里戶　　口
平樂里戶　　口
谷一里戶　　口
谷二里戶　　口
市一里戶　　口
市二里戶　　口
刀環里戶　　口
茅一里戶　　口
茅二里戶　　口
茅三里戶　　口

茅四里戶　口
申梓洲戶　口
平灘洲戶　口
沅陵洲戶　口
共計

攷公安人丁康熙五十年丁册原額八千七百五十四丁至乾隆十六年八次編審共增滋生人丁一千三百一十七丁永不加賦經道光壬辰水災朱家埠潰公安大半為澤國民多流亡然士則餬口他方農則自食其力從無強丐惡討之舉自光緒庚寅辛卯年間縣令余公彬禀知上憲築斗湖隄於是澤國漸成沃壤民始有室家之樂矣邇來客民多於土著爭

田興訟賢有司秉公直訊幸得相安無事幼童讀戶口一册當知還定安集之功實賢父母苦心之調劑也既為公安一分子即當為公安一國民不可妄自菲薄也

氏族三卷

中國之民無階級數千年而已然矣非如印度之喀私德太西之埃士梯德一成而不可變者也中閒惟六朝稍有門第習氣餘則概為平等也雖在單寒可以躋其身於通顯雖屬貴胄忽焉置其等於齊民雲泥之判祇在俄頃視人之自命何如耳區區氏族何足驕人不知其貴而忽賤者必餘殃也其賤而忽貴者必餘慶也否則犂牛之子足以幹蠱而亢宗者也鄉土志列氏族一門使人無輕去其鄉而土著足重以此見桑梓之自可敬恭而幼童念水源木本清芬不可失墜自當勉力於向上之域一家得佳子弟斯社會有好人羣國家亦有良國民一舉而三善備者

馬巴

宗教四卷

凡教主之創一新教也莫不欲人尊而奉之以為終
身之所宗仰而莫之或二故於同已者則親之異已
者則仇之若是乎宗教之分門戶也綜觀太西歷史
耶回相仇而十字軍起糜爛至百餘年之久同一耶
教而分新舊自路得對簿而後彼勝此仆報復不休
信仰安能自由哉不知皆未能會通而觀之也凡教
皆以勸人為善為宗旨學者不必有黨同伐異之見
聖朝如天之仁凡宗教皆準人信仰自由未嘗有阻遏之
見教堂所在
命地方官著意保護所以哀矜遠人者無微弗至已

回教人十二名

喇嘛黃紅教人四十名

天主教人五百名

耶蘇教人二百名

實業五卷

曠土有罰游民有罰周公之治周也凡以務實而已管仲治齊使四民不相雜處免其事雜而言咒亦以務實也現近太西各國法民之性喜浮動故其氣囂英民之性喜漸進故其學純其效不可覩哉計學家斯密亞丹亦以生利分利之多寡定其國之貧富强弱其風潮已鼓動一世矣公安士風純篤農業亦復勤勞惟工商之業未發達然務本者多遂末者少亦無害也幼童應知既為國家一分子即當為國家一完人殫心竭慮盡其義務既以利己亦以利人有分功易事之時無爾詐我虞之弊是所厚望焉

士一千人

農四千人
工三千人
商二千人

地理六卷

五方八位經畫所出疆域分焉今縣在兩漢時幅幀廣袤兼澧屬各境之大半自南北附屬以後境漸狹矣然畫疆而履域與鄰壤犬牙相錯因綜舉方隅里至綴以形勢諸説地雖蕞爾實為東南要區焉

廣八十七里縱九十六里至　京師陸程三千四百里至省水程六百一十里陸程四百四十里至府陸程一百二十里横距府經線二十五里縱距府緯線八十七里斜距府九十三里

東至石首縣界五十八里

西至松滋縣界二十九里

南至湖南澧洲界四十二里

北至江陵縣界五十四里

東南至石首縣界三十八里

東北至江陵縣界四十四里

西南至湖南澧州界二十九里

西北至松滋縣界三十六里

鄉五　里三十二

東曰長安鄉轄里九　東村二里　長安村二里

大光村二里　廖解村二里　瓜渚村一里

南曰長樂鄉轄里七魯陂村二里　赴陂村二里

谷昇村二里特邱村一里

西曰永安鄉轄里四　白湖村一里　刀環村一里

牛頭村二里

北曰平樂鄉轄里六　平樂村一里　茅穗村四里　板橋村一里

東北曰湝風鄉轄里六　市鎮村二里　西辛村四里

洲三　平灘洲　沅陵洲　申梓洲

古蹟

漢先主營在油江口板橋一帶溪流宛轉即其遺址今板橋里

孫夫人城漢先主孫夫人所築今板橋里

走馬隄漢先主走馬處今板橋里

漉鶴壋漢張飛戰周瑜處今西辛里

吳孱陵城吳大帝封吕蒙於此今板橋里

陸遜古城吳陸遜築今西辛里

晉倉儲城水經注油水相接悉是南蠻府屯有大城

相承云倉儲城今板橋里

囊螢臺晉車武子讀書處今西辛里

唐杜息亭杜甫移居公安憩息於此後人因以名亭

今市鎮里

宋孟珙莊孟珙開閫荆襄時置今市鎮里

明斗湖書舍王恂讀書處

倦還亭鄒文盛築數十頃皆湖種蓮華一名白蓮莊

在市鎮里

長春臺龔大器以方伯致仕娱老所築在長安里

兩湖書屋蕭毅中讀書處在長安里

空明亭何珊建四周皆水一片空明今市鎮里

杜機園龔仲慶造中有光碧堂雲在亭今市鎮里

小竹林王輅所居今平樂里

荷葉山房袁宗道讀書處澗曰松風臺曰清蔭後有室曰白蘇齋有土阜可眺遠曰幕翠嶺旁爲廊曰斜月廊自阜而下地勢平坦修竹萬竿搆草堂曰淨綠在長安里

柳浪館袁宏道別業在市鎮里

篔簹谷袁中道別業在市鎮里

白石山房袁夢溪讀書處

遠青閣咼重望讀書處

祠廟

凡載在祀典者均有廟祀之如

社稷壇每歲春秋二仲上戊日祀之　風雷雲雨山川壇同日

先農壇仲春亥日祭之

常雩壇孟夏擇日祭之

厲壇清明七月望日十月朔日祭之

文廟春秋二仲上丁祭之

武廟春秋二仲及五月十三日祭之

文昌廟春用二月朔秋擇日祭之

龍神祠春秋二仲辰日祭之

火德祠春秋祭之

旗纛神霜降武官祭之

劉猛將軍廟春秋擇日祭之
城隍廟每月朔望祭之
名宦祠鄉賢祠節烈祠俱於春秋上丁坿祭
其餘古廟之存者如
晉太和二年所造之二聖寺在市鎮里
太和五年所造之谷昇寺在谷昇里
太和二年所造之天寗寺在白湖里
隋智者禪師所造之報本寺在茅穗里
唐勅建之報慈寺在魯陂里
宋景定所造之刻木觀在魯陂里
宋紹興中岳飛討楊么還祭陣亡士卒於此後人因
建義堂寺在長安里

以上祠宇雖非祀典所載然魯殿靈光巍然獨存廟貌莊嚴令人肅然起敬况山色水光尤令人攬之不盡乎

坊表

祭酒坊一明王恂　御史坊二明李芳毛羽健　太保坊一明王軾　尚書坊一明鄒文盛　布政坊四明何珊龔大器熊膏蕭毅中　會元坊一明袁宏道太常坊一明李守約　進士坊三咼正儀陳文燦馬龍驥　太史坊一毛業溥　庶常坊一毛家槐

橋梁

岐港小橋甚多非係通衢故從略

市鎮

與道路門叅觀

學堂

城内高等小學堂縣令周公龥始修聘堂長一員教習四人學生四十人今縣令張公清增學生額至六十人且有廣至百人之雅意焉

師範傳習所堂長一人教習四人師範生二十二人縣令張公圖教育之普及此二十二人即初等之教習基礎也法良而誼美已

山七卷

禹貢導水必先導山蓋山者地之筋骨川者地之脉絡未有筋骨不析而脉絡得明者縣屬地勢平衍險峻無多求所謂重巒疊嶂足以生殖草木鳥獸蘊藏金碧丹砂者實屬無有但地舊名孱陵則岡陵起伏吞吐烟雲亦使人一覽不盡幼童登囊螢之臺則勤學之念起撫冠公之竹則忠愛之忱生山勢依然佳名常在不獨登峴首而脩然意遠也

輶子岡在縣南五十五里自澧州北迆入縣境其北曰賀家岡又北曰張家岡又北曰唐虞岡又東北曰周家岡周家岡之東曰風斗岡其北曰襪子岡其東曰鴨子觜周家岡之東南曰馬鞍山其東曰炊皮山

其南曰黄山周家岡之西北曰烟堆岡縣與澧州界山也其西曰梳子岡岡西曰貓兒山岡南曰金銀岡跨縣與澧州界又自烟堆岡東北迆曰易家岡又東北曰石柱山又東北曰跑馬岡又西北曰戈家岡其西曰鳳凰山又西北曰畢家山戈家岡之北曰面山其西北曰薛家岡臨於泥湖汊又東北曰枇杷山又西北曰鐵匠山其西南曰桃景岡臨淤泥湖汊鐵匠山之北曰柿子樹岡又東北曰王家山又西曰孝子岡又西北曰羊鵲山其西曰譚家岡羊鵲山之西北曰花子山其北曰唐家岡花子山之西曰劉家山又西曰渣子岡又西曰四望岡分二支四望岡之南曰豬頭山又南曰杜家岡又西南曰白毛塚四望岡之

西南曰郝家岡又南曰鄒家岡此自縣之南境西北迆至虎渡河東支山也

蕭家山在縣西南十六里又西曰禹田岡又西曰老婆山又西曰烟堆岡又西北曰柘樹岡又西曰尤毛岡尤毛岡之東曰草皮山其北曰王陂岡其東曰齊家山尤毛岡之南曰木王岡又東曰跑馬岡又東南曰馮家岡又東曰羅家山此虎渡河以西山河以東支山也

司馬岡在縣西四十八里又北曰唐家岡又北曰鄭家岡又北曰桃子岡又東北曰林家岡此山河以西與松滋縣交界支山也

周家岡在縣東北三十二里又西曰胡家岡又南曰

萬家嶺又東曰明人岡又東曰楊陵岡此薦子溪以南白花港以北支山也

王陵岡在縣東四十八里又東北曰謝家嶺又西北曰豬尾山又北曰一龍岡又北曰雷家嶺此大江以西斗湖隄支津以東支山也

水八卷

公安為岷江南入洞庭故道無崇山峻嶺之險沮洳卑濕衆流所趨水漲輒成巨浸昔人句云江湖數片白黄山一點青摹寫公安情形最為確切土人分晝地段有岡與平之分岡則不虞水淹平則沮洳處也春水未發生時力田者薺麥可望有秋夏季則聽天之豐歉而已然溝洫不通水無所洩旱無所潤亦幾束手無策故官斯土者率以修防澹災為先務幼童生斯長斯誦讀於斯生澤國而仍得以絃誦者皆享聖朝休養生息之恩而不自知也而愈不能不自勉已

江水自江陵縣西南流至縣東北五十二里之馬家觜右岸入縣境南流八里逕草廟子東又南迆東流

四里逕古油口即水經注油水入江之口今淤塞又南迆西流三里逕青龍廟東又南流四里逕阧湖隄北有支津出阧湖隄東左岸即江陵二聖洲也

阧湖隄東支津自江出南流半里又東南流四里逕黃家岸西折而西南流三里至郭家渡有薦子溪支津東流三里來注又折而東南流四里逕毛家溝西又東南流二里逕龍岡西又南少東流四里逕豬尾山西南又東南流六里逕麻濠口市西又東南流五里為余家潭又東南流六里逕淡頭廠之東趙家灣之西又南流五里逕豆腐觜西轉而西南流三里為蛾子港又西南流四里逕徐家臺東又南少西流三里逕吳老口西又南少西流

三里逕邱家臺西又南流三里逕汪家樓西又南流二里西南流二里匯為湖曰陸遜湖唐田湖西北跨縣境東南跨石首自東南岸至西北岸濶七里自東北岸至西南岸濶十八里湖西偏有港入港流一里半注於薦子溪

江水又轉而東少北流七里逕趙家灣之北又東南流八里逕何家潭之東北又東流一里逕趙家巷之北去石岸半里有白沙新淤等洲緜亘江中北起趙家巷之北南盡石首黄水湷之東長四十四里廣五里畧如弓形分江流為二行洲東者正流也行洲西者分派廣約半里傍石岸而行至石首洲盡復會於正流江水又東流七里左逕雙聖潭南又東迆南流

二十里半左逕郝穴西又南流二十二里逕洪水淵之西謝家嶺之東右岸入石首縣界左岸亦離江陵入石首矣

虎渡河自江陵縣南流至縣北四十五里之代家塲北入縣境西少南流六里逕孱陵驛東轉而南流四里逕郭大口東又南曲折流八里逕張家灣西又南少東流三里南少西流三里又南流一里逕黃金口塘之西塘嘴之東有支津東出曰薦子溪東流二里迤而東南流四里逕胡家岡北又轉而東北流二里逕周家岡北又轉而東流二里餘至金毛口又東流三里逕易家樓口南又東流一里轉而東北流二里逕重陽樹口北又東流四里

轉而南流一里逕小橋子市東有支津出東流三里注於阧湖隄支津薦子溪又西少南流一里又南流二里西南流六里逕唐家牌樓東又南流四里南少西流二里又南流一里半逕觀音寺市西又南流二里南少東流二里逕沈家灣西楊陵岡東又南少西流三里逕村子湖東又南少東流二里又南流一里至羅家渡又南少東流一里又南少西流二里至江管渡有支津西南出流二里注白花港薦子溪又轉而東少南流四里半逕吳達河市南曰吳達河又東南流四里曰渣子港又南流四里曰鹽蚕河又南流二里逕孫阮洲東有陸遜湖唐田湖水西流來注又南流四里逕劉家臺

東又南流二里有白花港自虎渡河分支東流四里許逕毛家鋪南又東少北流一里東少南流一里逕朱家嵴南又東南流三里東少南流三里又東南流二里逕謝楊橋市東北又東少南流二里逕新壋南又東南流二里逕蕭家嵴西南又東南流二里許逕劉家店南又東少南流一里左受蔿子溪支津又迆而南流二里逕石家洲東又南流二里東南流一里又南流一里半逕楊家嵴西王家山東又南流六里石受獅子堰小水又南流四里逕南陽灣北又轉而東流四里來注蔿子溪又南流一里逕霧溪嵴市西左入石首縣境又迆而西南流四里逕大車廟東南又南流二里左至柳

口有港東通藕池口薦子溪又南流三里許至朱家橋又南流八里逕王家垻東又南流二里許左逕荷花山西又南少西流二里又南流十里逕墨溪湖東又南流二里右亦入石首縣境詳石首水道篇虎渡河既出薦子溪又自黃金口西南流四里逕馬長港塘東又西南流六里逕潘家壋市之西雞蜑廟之東又南流二里逕蔣何樓東又南流二里逕董家鋪西又迆而西南流三里逕曾家灣西又南流二里南少東流一里又南流二里逕朱家湖口西又南流三里至麻濠口有支津東出曰白花港詳前又轉而西流二里又南流一里逕孔市北又東流一里有飛鐘山西支津自江陵分大江

水南流入縣之北境距縣城五十四里南少西流三里逕劉家鋪子西北又西少南流四里轉而南流二里許逕窖口西又南流二里逕張家竹院西又南流三里逕新店廠西又南流一里轉而東南流八里又南流三里逕僧佛觀西三穴鋪東又南流一里曰土橋港又南流五里逕義郝院西又南少西流六里半石受癸巳湖支津又南流四里匯為大扁湖東西闊十里南北闊十四里湖南有港入港南流二里來注虎渡河又南流半里逕大吉庵西又西流二里逕港關南有滄水自松滋縣東北流入縣之西境距縣城二十三里東北流半里又東流二里至獨口有支津南出曰山河南流二

里半逕申津渡廠東又南流二里折而西流二里又南少西流二里逕管家院東南有支津東南出流七里注陳家湖又西南流二里逕瓦窯湖西北又西流二里轉而南流三里逕廟灣西又南少西流六里至横溪橋又南流三里逕毛家廠東北折而東流一里又轉而南流半里又西南流四里半逕鄭四房灣西又南流二里逕象鼻嘴東又南流一里右入松滋縣境又轉而西流三里至石子灘右受石子河水又入縣境南流四里半至蛇公壋西又東南流四里曰三汊港有支津南出流半里入澧州界山河又東流四里逕界溪橋市北又東流三里匯為牛浪湖自山河口南匯二里入澧州

界自山河口東匯一里至曾家嘴又東匯一里有汊汊北有毛家坪水注之又渡汊口東匯四里至李湖嘴嘴東有汊北匯約三里又東渡汊口匯三里至馬家嘴嘴東有汊北匯約二里又自馬家嘴東匯四里又南匯八里至楊家壋有港東通虎渡河又渡港口西南匯四里入澧州界滄水既出山河水又北流四里匯為癸巳湖自河口北匯五里入松滋縣界自河口東匯十四里至班竹壋有港南出為癸巳湖南出之正流又自班竹壋東匯二里東少北匯三里有支流東南出流五里注飛鐘山西支津又轉而西北匯七里至東西港嘴嘴北有汊曰長湖東匯五里及趙公壋西南北闊約四

里又北渡長湖口凡二里至王復田西南觜又北匯十里至龔家院西又東北匯四里轉而西匯三里至徐洞西南入松滋縣界癸巳湖西北跨松滋東南跨縣境東西闊十六里南北闊二十里入班竹壋東港南流六里逕鑵子鋪西又南流十三里匯為陳家湖自港口西少北匯七里北會王家大湖水王家大湖南北闊二里東西闊八里又自王家大湖港口西匯六里有山河支津東南流來注又南匯四里至王家廠東又東南匯二里又南匯二里至姚家鋪東又東匯三里有正道庵港東南流六里至鮑家壋西南轉而東流七里左有港通陳家湖又迆而南流四里注虎渡河之西支陳家

湖又自港口東北匯三里至黄家隄北又東北匯一里東迆南匯一里至風堆岡東北又東匯六里有港通正道庵港湖水又東北匯一里至得功廟西有港為陳家湖出口之港西北距匯湖之口四里港受湖水東南流五里過縣城北以注於虎渡河虎渡河又南流一里半南少東流一里又南流二里逕雞公嘴西又南流二里至柘林潭又南流半里分為東西二支西支西流一里有正道庵北之港東南往來注又迆而南流六里逕蔡田湖西又南流五里有港通東支又南少西流五里逕鄭公渡市東又南流六里許逕楊家壋東有牛浪湖港東流來注又南流五里逕泗水口塘東有港通

東支又南流二里迆而東南流四里與東支會東支自柘林潭下南流二里逕楊湖口西又南流二里南少西流二里逕孟家溪市西又南流二里逕高廟西有港通西支又南少東流六里至楊陵灘河中有洲長四里廣半里左有淤泥湖自縣南三十一里之廟子嵛東匯五里至鮑田寺嵛嵛南有汊東少南匯七里及石柱山西又自鮑田寺嵛東北匯七里至辥家岡西北嵛嵛南有汊東南匯六里及鳳凰山東嵛北有汊東匯約六里汊北有嵛南距辥家岡西北嵛約三里又自汊嵛北匯二里至桃景岡西嵛兩嵛閒有汊東匯六里及楊家岡西又自桃景岡西嵛轉而西北匯八里至錫家嵛

觜南對南岸之鮑田寺觜相距十九里為湖自南至北之闊數觜東有汊東北匯七里及杉木橋西南汊東南有觜西北對錫家觜相距約三里又自錫家觜西北匯三里至義堂寺觜兩觜間有汊北少東匯七里及孫鴨子港又自義堂寺觜西匯四里至石牌口觜兩觜間凡二汊東汊北匯三里及李家榨西汊西北匯二里及白毛塚兩汊間有觜東距義堂寺觜約二里西距石牌口觜約二里又自石牌口觜轉而南匯六里有觜對東岸桃景岡西觜相距十里為湖自東至西之闊數又南匯七里有觜西南對廟子觜相距約四里觜西有桃家汊北匯六里及鄒家廠又轉而西匯六里至龔家

嵛之西南石牌腦之東北又西匯二里爲港南受么吴嵛水北流二里逕石竹園西又北流三里迆而西北流一里許至楊陵灘注虎渡河之東支虎渡河東支又南少西流五里又南流四里逕黄金隄市西又南流四里逕同金院西又南流一里有港通西支又南流四里與西支會又南流三里至葛公壋入澧州界按虎渡河自江陵虎渡口分江水南流過縣境至澧州城東入澧水即禹貢所謂東至於澧者也

道路九卷

道路其今之要政乎將握其權於中央政府陸之鐵軌水之輪航無形之傳在電線有形之之傳在郵便消息得以靈通往來益以便利朝廷既設官以督其成矣若夫地方之自治則一市鎮一街衢一津渡一橋梁凡屬往來之區皆不可以不修潔不可以不齊整衛生有益運貨亦便此公德也公利也公益也公安本為澤國多沮洳卑溼之處雨淋日靈行旅諸多不便聖朝百度維新力行憲法地方既能自治必有賢父兄於道路而改良者乘輿濟人子產猶勞安能盡諉之於賢有司乎

縣有市集三十鄉五里三十二
汜孔市在城東五里謝楊橋市在城東十八里猴子
店在城東二十一里觀音寺市在城東二十五里吳
達河市在城東三十一里金雞廟市在城東三十五
里麻濠口市在城東四十三里涂郭廠在城東四十
八里淡頭廠在城東四十九里祝家廠在城東南三
十四里霧溪嘴市在城東南三十八里小橋子市在
城東北三十八里㪷湖隄市在城東北四十四里王
家廠在城西十九里界溪橋市在城西二十五里毛
家廠在城西二十六里東嶽廟市在城西三十九里
韋家廠在城西南十八里申津渡廠在城西北二十
八里鄒家廠在城南二十一里鄭公渡市在城南二

十一里黄金隄市在城南三十里胡家廠在城南三十里何家潭市在城南三十六里楊家廠在城南四十一里大門土地市在城南四十九里潘家壋市在城北十八里班竹壋市在城北二十四里新店廠在城北四十二里李家口市在城北四十三里

鄉在城東者曰長安鄉在城西者曰永安鄉在城南者曰長樂鄉在城北者曰平樂鄉在城東北者曰湣風鄉

長樂鄉有九里曰東村一里曰東村二里曰長安一里曰長安二里曰大光一里曰大光二里曰廖解一里曰廖解二里曰瓜渚里永安鄉有里四曰白湖里曰刀環里曰牛頭一里曰牛頭二里長樂鄉有里七

曰魯陂一里魯陂二里曰赴陂一里曰赴陂二里曰谷昇一里曰谷昇二里曰特邱里平樂鄉有里六曰平樂里曰茅穗一里曰茅穗二里曰茅穗三里曰茅穗四里曰板橋里涫風鄉有里六曰市鎮一里曰市鎮二里曰西辛一里曰西辛二里曰西辛三里曰西辛四里

孟家溪汎在城南十五里

南路由孫黃驛四十二里至澧州界

北路由孫黃驛四十八里至孱陵驛又五里至江陵縣界

横路鋪五自縣城二十里至灌子鋪又二十五里至三穴鋪又四十里至申伏鋪又二十里至梁家鋪又

十里至沙隄鋪又十里至石首界

物產十卷

盡人性盡物性參贊化育惟至誠能之初學何敢語此不知太西自十七世紀以後瓦特因水沸而悟汽學之理奈端因果落而悟重學之理富蘭克因放紙鳶而悟電學之理虛理日闢實驗愈精其於物也必求其元質如何神經如何性情如何功用如何使天生一物即得一物之用於是有植物學動物學礦物學凡有機無機者無不備其標本以供學童之試驗故其國之人無不學其學焉者無不求寔用以利己而利人我

國家既仿而行之矣公安壤地褊小其物產既不多其製造亦不精天然產尚可羅列以供學子之研究製造

則瞠乎其後矣然學堂廣開教員日為講博物講格致則潛心領受日事研求是所望於聰慧之小子

植物

稻　凡數十種有粳有糯其一名香稻置少許甑中清香撲鼻

麥　有大麥小麥米麥數種

蕎　莖紅花白有甜苦之别春秋皆可種

粟　有粳有糯形如魚子宋文學參軍張景對仁宗曰新粟米炊魚子飯嫩冬瓜煮鱉裙羹是也

黍　有赤黄黑白數種

高粱　有赤黑二色有粳糯二種可釀酒

稷　有粳有糯可釀酒

豆　凡數十種有名美人豆者每粒眉眼皆具亦一奇也

芝麻　可醡油

菌　汪家山東岳廟所出味鮮可泡油

茶　黄山緣澗所出土人不知分種不知采擇棄置可惜山僧時擷取以供遊客

蓮子　低田多種之

棉花　有紫白二色有土洋二種

紅花

靛　低田種蓼靛高田種廣靛

烏臼　可醡油

半夏　紫蘇　芥　益母　可供葯品

植物製造

土人精紡織紫棉以本色成布白棉成布施各種米色可販遠方

動物

虎　陳家湖大扁湖叢密之處時有虎跡

麂　土人呼為羊驃

牛　地近桃源牛產甚旺江北春耕多來販賣

羊　無多冬令河南人販來

馬　驢　騾　犬　豕

雞　鳧　雁　白鴿

魚類甚夥惟黃金口之鯽大扁湖之鯿味美色鮮可為特色

動物製造

牛皮無消治之法鼈板無煉治之方一切原料竟被賤價售去他日格致大明庶乎以生貨爲熟貨可以挽回利權云

鑛物　無

鑛物製造　無

商務附卷

甚哉商戰之天下而人不知商務之可重也官與商不親從而斥之曰奸商士與商殊途從而賤之曰市儈為商者見官與士之奸之市之也亦遂自以奸商市儈自居吁傎已夫以太西各國所全力保護殫心研究幾以為富國之道舍此莫由者而我獨賤而鄙之其不能發達也固宜令

聖朝明鑒其弊設立商部矣商人有以為不便者則於官是訴商部有以為當行者則於商是勸開商之智裕商之力培商之德用全力以維持焉設嚴法以督戒焉分公利以補助焉是之謂商務公安本蕞爾邑祇有尋常小貿但既開學堂則其智未必不大開通不

以商而龍斷當以商而流通是則大幸也夫
城鄉俱尋常小貿

公安縣志終